Yannick Möller

Die Prohibitionspolitik
als Element sozialer Kontrolle

Hamburger Studien zur Kriminologie und Kriminalpolitik

Herausgegeben von

Prof. Dr. Susanne Krasmann
Prof. Dr. Fritz Sack
Prof. Dr. Klaus Sessar
Prof. Dr. Bernhard Villmow
Prof. Dr. Peter Wetzels

Band 54

LIT

Yannick Möller

Die Prohibitionspolitik als Element sozialer Kontrolle

Zur Effektivität und Legitimität des staatlichen Umgangs mit Cannabis

LIT

Gedruckt auf alterungsbeständigem Werkdruckpapier entsprechend
ANSI Z3948   DIN ISO 9706

D 6

Bibliografische Information der Deutschen Nationalbibliothek
Die Deutsche Nationalbibliothek verzeichnet diese Publikation in der
Deutschen Nationalbibliografie; detaillierte bibliografische Daten sind
im Internet über http://dnb.d-nb.de abrufbar.

ISBN 978-3-643-14168-2 (br.)
ISBN 978-3-643-34168-6 (PDF.)
Zugl.: Münster (Westf.), Univ., Diss. der Rechtswissenschaftlichen
Fakultät, 2018

© LIT VERLAG Dr. W. Hopf Berlin 2018
Verlagskontakt:
Fresnostr. 2   D-48159 Münster
Tel. +49 (0) 2 51-62 03 20
E-Mail: lit@lit-verlag.de   http://www.lit-verlag.de

Auslieferung:
Deutschland: LIT Verlag, Fresnostr. 2, D-48159 Münster
Tel. +49 (0) 2 51-620 32 22, E-Mail: vertrieb@lit-verlag.de
E-Books sind erhältlich unter www.litwebshop.de

Die schriftliche Ausarbeitung des Themas wurde im Januar 2018 abgeschlossen. Nach Abschluss des Promotionsverfahrens wurde die Dissertation gegenüber der dem Promotionsausschuss ursprünglich vorgelegten Ausarbeitung geringfügig geändert, was insbesondere das Kapitel D.I.1.a) Experiment und D.II.1. Das Problem des ökologischen Fehlschlusses betrifft.

Danksagung

Als erstes möchte ich mich bei meinem Doktorvater Professor Dr. Fabian Wittreck dafür bedanken, dass er es mir ermöglicht hat, diese Dissertation zu schreiben. Seine umfassende Betreuung und seine wertvollen Anregungen haben zum guten Gelingen dieser Arbeit maßgeblich beigetragen. Professor Dr. Niels Petersen danke ich für die zeitnahe Zweitbegutachtung und seine hilfreichen Anmerkungen.

Ganz besonders möchte ich mich bei meinen guten Freunden Daria Brauner und Mathias Tertilt für die kritische Durchsicht meiner Arbeit, ihre stetige Unterstützung und die langjährige Freundschaft bedanken. Ihre Hilfe war von unermesslichem Wert beim Schreiben und Finalisieren dieses Werkes.

Großer Dank gilt auch meinen Eltern Raimund Möller und Sonja Möller, die mich auf vielfältige Weise während meines gesamten Studiums und meines Promotionsvorhabens unterstützt haben.

Inhaltsübersicht

Inhaltsübersicht VII

Inhaltsverzeichnis XI

Abbildungsverzeichnis XIX

A. Einleitung 1

B. Soziale Kontrolle und ihre Grenzen 9

   I. Was ist soziale Kontrolle? 9

   II. Soziale Kontrolle mittels Strafrecht 11

      1. Innere und äußere Kontrolle 11

      2. Formelle und informelle Kontrolle 12

   III. Die generalpräventive Wirkung des Strafrechts 13

      1. Negative Generalprävention 13

      2. Positive Generalprävention 29

   IV. Die spezialpräventive Wirkung des Strafrechts 37

      1. Negative Spezialprävention 37

      2. Positive Spezialprävention 39

      3. Empirische Befunde 41

   V. Grenzen sozialer Kontrolle 47

      1. Verhaltenssteuerung und Paternalismus als Aufgaben der Rechtsordnung 47

      2. Normgenese und Konflikttheorie 56

C. Rechtmäßigkeit des Cannabisverbotes in Deutschland 61

   I. Was ist Cannabis? 61

   II. Rechtliche Behandlung von Cannabis 61

      1. Momentane Regelung 61

      2. Möglichkeiten des Strafentfalls 62

      3. Kritische Würdigung der Möglichkeiten des Strafentfalls 71

   III. Gesetzesbegründung 74

      1. Regierungsvorlagen 74

      2. Gesundheitsgefahren durch Cannabiskonsum 75

IV.   Mögliche Verfassungsverstöße des Betäubungsmittelgesetzes unter Berücksichtigung des Cannabis-Urteils des Bundesverfassungsgerichts von 1994 96

    1.   Allgemeine Handlungsfreiheit (Art. 2 Abs. 1 GG) und das allgemeine Persönlichkeitsrecht (Art. 1 Abs. 1 GG i.V.m. Art. 2 Abs. 1 GG) 96

    2.   Recht auf körperliche Unversehrtheit (Art. 2 Abs. 2 S. 1 GG) 109

    3.   Freiheit der Person (Art. 2 Abs. 2 S. 2 GG, Art. 104 GG) 111

    4.   Meinungsäußerungsfreiheit (Art. 5 Abs. 1 S. 1 GG) 113

    5.   Glaubensfreiheit (Art. 4 Abs. 1 und 2 GG) 114

    6.   Gewissensfreiheit (Art. 4 Abs. 1 GG) 117

    7.   Kunstfreiheit (Art. 5 Abs. 3 S. 1 GG) 117

    8.   Gleichheitsgrundsatz (Art. 3 Abs. 1 GG) 119

    9.   Bestimmtheitsgrundsatz (Art. 103 Abs. 2 GG) 124

    10.   Rechtsweggarantie (Art. 19 Abs. 4 GG) 126

    11.   Ergebnis 127

V.   Extralegale Gründe der Prohibition 127

    1.   Cannabis als Protestdroge 127

    2.   Ablenkung von bestehenden sozial-politischen Problemen 130

D.   Effektivität des Cannabisverbotes 133

I.   Analyse empirischer Individualdaten 133

    1.   Idealtypus 133

    2.   Datenlage 141

II.   Analyse empirischer Aggregatdaten 147

    1.   Das Problem des ökologischen Fehlschlusses 147

    2.   Datenlage 149

III.   Das Beispiel USA 154

    1.   Entwicklung der Prävalenzen 155

    2.   Alternative Erklärungszusammenhänge 157

    3.   Methodik 158

    4.   Fazit 159

IV.   Das Beispiel Niederlande 159

    1.   Das Opportunitätsprinzip 160

    2.   *De facto*-Legalisierung 161

VIII

3. Entwicklung der Prävalenzen 164

4. „Coffeeshops" als moderierende Variable 164

5. Alleinstellungsmerkmale der Niederlande 166

6. Fazit 169

V. Wertestrukturen in der deutschen Gesellschaft 170

1. Theorie des Wertewandels 171

2. Entwicklung des Wertewandels 172

3. Aktuelle Situation 174

4. Postmaterialistische Strukturen 175

5. Materialistische Strukturen 179

6. Kritik an und Alternativen zur Theorie vom Wertewandel 180

7. Fazit 182

VI. Folgen des Verbotes und der Ahndung für Betroffene 183

1. Die Labeling Theory 183

2. Empirische Daten 188

E. Alternative Strategien im Umgang mit Cannabis unter Berücksichtigung der
Verantwortlichkeit informeller sozialer Kontrolle 195

I. Informelle soziale Kontrolle 195

1. Die Bedeutung informeller sozialer Kontrolle 195

2. Theorie differentieller Kontakte 196

3. Instanzen informeller sozialer Kontrolle 202

II. Ubiquität und Spontanbewährung 218

III. Alternative Strategien im Umgang mit Cannabis 221

1. Entpönalisierung 222

2. Entkriminalisierung 223

3. Legalisierung 225

4. Gesetze und Gesetzesinitiativen 230

5. Empfehlungen 236

IV. Übertragbarkeit der Ergebnisse auf andere Drogen 239

F. Zusammenfassung 241

I. Soziale Kontrolle und ihre Grenzen 241

IX

II.   Rechtmäßigkeit des Cannabisverbotes in Deutschland.............................. 243

III. Effektivität des Cannabisverbotes... 249

IV. Alternative Strategien im Umgang mit Cannabis unter Berücksichtigung der Verantwortlichkeit informeller sozialer Kontrolle.. 254

G. Literaturverzeichnis... 263

X

Inhaltsverzeichnis

Inhaltsübersicht VII

Inhaltsverzeichnis XI

Abbildungsverzeichnis XIX

A. Einleitung 1

B. Soziale Kontrolle und ihre Grenzen 9

   I. Was ist soziale Kontrolle? 9

   II. Soziale Kontrolle mittels Strafrecht 11

      1. Innere und äußere Kontrolle 11

      2. Formelle und informelle Kontrolle 12

   III. Die generalpräventive Wirkung des Strafrechts 13

      1. Negative Generalprävention 13

         a) Theoriemodelle 14

            aa) *Rational choice*-Theorien 14

               aaa) Kennzeichen der Theorien 14

               bbb) Abgrenzung der *rational choice*-Theorien 15

               ccc) Kritik 16

               ddd) Fazit 18

            bb) Kontrolltheorie nach *Hirschi* 19

               aaa) Determinanten 19

               bbb) Kritik 22

               ccc) Fazit 23

         b) Empirische Befunde 24

            aa) Arten der Erhebung 24

            bb) Entdeckungs- und Verfolgungswahrscheinlichkeit 26

            cc) Differenzierung nach Art des Delikts 26

            dd) Informationsstand des Täters 27

            ee) Abschreckung im Rahmen von Betäubungsmitteldelikten 27

            ff) Fazit 28

      2. Positive Generalprävention 29

a) Systemtheorie 29

    aa) Selbstreferentiell und autopoietisch 29

    bb) Reduktion von Komplexität und Kontingenz 30

    cc) Sicherung von Erwartungen 31

    dd) Wirkung von Normverstößen 32

    ee) Kritik 33

b) Empirische Befunde 34

    aa) Nachweisbarkeit positiv generalpräventiver Effekte 35

    bb) Notwendigkeit aller Informationen 36

    cc) Fazit 36

IV. Die spezialpräventive Wirkung des Strafrechts 37

  1. Negative Spezialprävention 37

  2. Positive Spezialprävention 39

  3. Empirische Befunde 41

    a) Operationalisierung 41

    b) Zusammenhang zwischen Sanktion und Legalbewährung 43

    c) Austauschbarkeit der Sanktionen 44

    d) Rückfallstatistik 45

    e) Therapie 46

    f) Fazit 46

V. Grenzen sozialer Kontrolle 47

  1. Verhaltenssteuerung und Paternalismus als Aufgaben der Rechtsordnung 47

    a) Aufgaben des Rechts 47

    b) Paternalismus 48

        aa) Starker und schwacher Paternalismus 49

        bb) Direkter und indirekter Paternalismus 50

        cc) Paternalismus und das Betäubungsmittelgesetz 51

    c) Kritik 51

    d) Verhinderung von Fremdschädigungen statt Paternalismus 54

    e) Volksgesundheit 55

    f) Fazit 55

2. Normgenese und Konflikttheorie 56

    a) Art der Konflikte 56

    b) Macht als Ziel von Konflikten 57

    c) Die Normgenese des Betäubungsmittelgesetzes 58

    d) Kritik 58

    e) Fazit 59

C. Rechtmäßigkeit des Cannabisverbotes in Deutschland 61

I. Was ist Cannabis? 61

II. Rechtliche Behandlung von Cannabis 61

    1. Momentane Regelung 61

    2. Möglichkeiten des Strafentfalls 62

        a) § 29 Abs. 5 Betäubungsmittelgesetz 62

            aa) Analyse der bestehenden Regelung 62

            bb) Empirische Daten zu § 29 Abs. 5 BtMG 64

        b) § 31a Betäubungsmittelgesetz 65

            aa) Analyse der bestehenden Regelung 65

            bb) Empirische Daten zu § 31a BtMG 67

        c) § 37 Betäubungsmittelgesetz 69

            aa) Analyse der bestehenden Regelung 69

            bb) Empirische Daten zu § 37 BtMG 70

    3. Kritische Würdigung der Möglichkeiten des Strafentfalls 71

        a) Geringe Menge – Normale Menge 71

        b) Lediglich prozessuale Lösung 72

        c) Fazit 74

III. Gesetzesbegründung 74

    1. Regierungsvorlagen 74

    2. Gesundheitsgefahren durch Cannabiskonsum 75

        a) Physis 76

            aa) Physische Gesundheitsgefahren 76

            bb) Physische Abhängigkeit 78

        b) Psyche 80

aa) Psychische Gesundheitsgefahren 80

bb) Psychische Abhängigkeit 83

cc) Gefahren für psychische Grundfunktionen und die Intelligenz 84

dd) Psychosen 86

ee) Amotivationales Syndrom 88

ff) Leistungsorientierung 89

c) Schrittmacherfunktion 90

d) Auswirkungen des THC-Gehaltes 91

e) Alternative Erklärungen psychischer Beeinträchtigungen bei Cannabiskonsumenten 92

f) Fazit 95

IV. Mögliche Verfassungsverstöße des Betäubungsmittelgesetzes unter Berücksichtigung des Cannabis-Urteils des Bundesverfassungsgerichts von 1994 96

1. Allgemeine Handlungsfreiheit (Art. 2 Abs. 1 GG) und das allgemeine Persönlichkeitsrecht (Art. 1 Abs. 1 GG i.V.m. Art. 2 Abs. 1 GG) 96

a) Schutzbereich 96

b) Eingriff 97

c) Rechtfertigung 98

aa) Schranke 98

bb) Verhältnismäßigkeit 100

aaa) Legitimer Zweck 100

bbb) Geeignetheit 103

ccc) Erforderlichkeit 105

ddd) Verhältnismäßigkeit (im engeren Sinne) 106

2. Recht auf körperliche Unversehrtheit (Art. 2 Abs. 2 S. 1 GG) 109

3. Freiheit der Person (Art. 2 Abs. 2 S. 2 GG, Art. 104 GG) 111

4. Meinungsäußerungsfreiheit (Art. 5 Abs. 1 S. 1 GG) 113

5. Glaubensfreiheit (Art. 4 Abs. 1 und 2 GG) 114

6. Gewissensfreiheit (Art. 4 Abs. 1 GG) 117

7. Kunstfreiheit (Art. 5 Abs. 3 S. 1 GG) 117

8. Gleichheitsgrundsatz (Art. 3 Abs. 1 GG) 119

a) Unterschiedliche Einstellungspraxis der Länder 120

XIV

    b)   Unterschiedliche Behandlung von Cannabis und Alkohol/Nikotin 120

    c)   Mangelnde Differenzierung zwischen weichen und harten Drogen 123

  9.   Bestimmtheitsgrundsatz (Art. 103 Abs. 2 GG) 124

 10.   Rechtsweggarantie (Art. 19 Abs. 4 GG) 126

 11.   Ergebnis 127

V.   Extralegale Gründe der Prohibition 127

  1.   Cannabis als Protestdroge 127

    a)   60er Jahre 127

    b)   Reaktion auf Abweichung 128

  2.   Ablenkung von bestehenden sozial-politischen Problemen 130

D.   Effektivität des Cannabisverbotes 133

  I.   Analyse empirischer Individualdaten 133

    1.   Idealtypus 133

    a)   Experiment 133

    b)   Quasi-Experiment 137

    c)   Fazit („Sherman Report") 139

    2.   Datenlage 141

 II.   Analyse empirischer Aggregatdaten 147

    1.   Das Problem des ökologischen Fehlschlusses 147

    2.   Datenlage 149

III.   Das Beispiel USA 154

    1.   Entwicklung der Prävalenzen 155

    2.   Alternative Erklärungszusammenhänge 157

    3.   Methodik 158

    4.   Fazit 159

IV.   Das Beispiel Niederlande 159

    1.   Das Opportunitätsprinzip 160

    2.   *De facto*-Legalisierung 161

    3.   Entwicklung der Prävalenzen 164

    4.   „Coffeeshops" als moderierende Variable 164

    5.   Alleinstellungsmerkmale der Niederlande 166

6. Fazit... 169

V. Wertestrukturen in der deutschen Gesellschaft................................ 170

1. Theorie des Wertewandels.. 171

2. Entwicklung des Wertewandels... 172

3. Aktuelle Situation... 174

4. Postmaterialistische Strukturen... 175

5. Materialistische Strukturen.. 179

6. Kritik an und Alternativen zur Theorie vom Wertewandel.............. 180

7. Fazit.. 182

VI. Folgen des Verbotes und der Ahndung für Betroffene..................... 183

1. Die *Labeling Theory*.. 183

    a) Sekundäre Devianz... 184

    b) Definitorische Aspekte.. 186

    c) Kritik... 186

    d) Fazit.. 187

2. Empirische Daten... 188

    a) Störvariablen... 190

    b) Kritik... 191

    c) Fazit.. 192

E. **Alternative Strategien im Umgang mit Cannabis unter Berücksichtigung der Verantwortlichkeit informeller sozialer Kontrolle 195**

I. Informelle soziale Kontrolle... 195

1. Die Bedeutung informeller sozialer Kontrolle.............................. 195

2. Theorie differentieller Kontakte... 196

    a) Verhältnis zur Kontrolltheorie.. 198

    b) Kritik... 200

3. Instanzen informeller sozialer Kontrolle..................................... 202

    a) Familie... 202

        aa) Protektive Verhältnisse... 202

        bb) Risikoverhältnisse... 204

        cc) Wirkweise des elterlichen Einflusses.............................. 206

XVI

dd) Methodik 208

ee) Bedeutung der Familie für den Cannabiskonsum Jugendlicher 209

b) *Peers* 211

aa) Struktur 211

bb) Wirkweise des *peer*-Einflusses 213

cc) Methodik 214

dd) Bedeutung der *peers* für den Cannabiskonsum Jugendlicher 215

c) Sonderrolle der Geschwister 217

d) Fazit 217

II. Ubiquität und Spontanbewährung 218

III. Alternative Strategien im Umgang mit Cannabis 221

1. Entpönalisierung 222

2. Entkriminalisierung 223

3. Legalisierung 225

a) Volllegalisierung 225

b) Staatlich lizensiertes Abgabemodell und Rahmenbedingungen 226

c) Apothekenmodell 230

4. Gesetze und Gesetzesinitiativen 230

a) Reformvorschläge der Hessischen Kommission „Kriminalpolitik" 231

b) Entwurf eines Cannabiskontrollgesetzes 232

c) Gesetz zur Änderung betäubungsmittelrechtlicher und anderer Vorschriften ... 235

d) Entwurf eines Gesetzes zur Änderung betäubungsmittelrechtlicher und anderer Vorschriften 235

5. Empfehlungen 236

a) Rahmenbedingungen einer Legalisierung 237

b) Vorteile einer staatlich lizensierten Abgabe 238

IV. Übertragbarkeit der Ergebnisse auf andere Drogen 239

F. **Zusammenfassung** 241

I. Soziale Kontrolle und ihre Grenzen 241

II. Rechtmäßigkeit des Cannabisverbotes in Deutschland 243

III. Effektivität des Cannabisverbotes 249

XVII

IV.   Alternative Strategien im Umgang mit Cannabis unter Berücksichtigung der Verantwortlichkeit informeller sozialer Kontrolle 254

G.   Literaturverzeichnis.. **263**

XVIII

Abbildungsverzeichnis

Abbildung 1: Empirische Daten zu § 29 Abs. 5 BtMG 65

Abbildung 2: Empirische Daten zu § 31a BtMG 69

Abbildung 3: Empirische Daten zu § 37 BtMG 71

Abbildung 4: Wertewandel in Deutschland 1980-2010 173

Abbildung 5: Gewünschte rechtliche Einordnung von Cannabis-Besitz zum Eigenkonsum bzw. von Cannabis generell bei potentiellen Wählern verschiedener Parteien bei einer Emnid-Umfrage Juli 2010 177

A. Einleitung

Das Verbot des Cannabiskonsums in Deutschland stellt ein seit Jahren kontrovers diskutiertes Thema dar. Aktualität erhält es nicht zuletzt durch die Unterzeichnung einer Petition für die Reform des Betäubungsmittelstrafrechts durch 106 deutsche Strafrechtsprofessoren, durch den Gesetzesentwurf zum Erlass eines Cannabiskontrollgesetzes und den Erlass des Gesetzes zur Änderung betäubungsmittelrechtlicher und anderer Vorschriften.

Indem sich auch Strafrechtsexperten für eine Legalisierung von Cannabis als Rauschmittel einsetzen, wird zudem die Frage aufgeworfen, welche rechtlichen Aspekte überhaupt für ein Verbot sprechen. Dementsprechend werden Parallelen zum straffreien Umgang mit Alkohol und Tabak gezogen und die Notwendigkeit und Rechtmäßigkeit eines rechtlichen Verbotes in Frage gestellt.

Die vorliegende Arbeit soll der Debatte ein rationales und evidenzbasiertes Gerüst verleihen. Hierzu werden sowohl die Effektivität als auch die Legitimität des rechtlichen Umgangs mit Cannabis in den Blick genommen.

Das erste Kapitel (B. Soziale Kontrolle und ihre Grenzen) widmet sich dem Thema der sozialen Kontrolle. Die Cannabisprohibition wird vorliegend vor allem als Teilaspekt der sozialen Kontrolle untersucht. Nach einer Definition des Begriffs der sozialen Kontrolle und einer weitergehenden Einteilung wendet sich die Arbeit der Analyse der relativen Straftheorien zu. Indem sowohl die theoretischen Fundierungen dieser Ansätze als auch deren empirischer Gehalt in den Fokus gerückt werden, soll geklärt werden, ob das Betäubungsmittelgesetz überhaupt in der Lage ist, eine Wirkung entsprechend der relativen Straftheorien zu entfalten. Mithin soll also seine Effektivität evaluiert werden. Zunächst wird auf die negative Generalprävention eingegangen. Als theoretisches Fundament dienen die *rational-choice* Theorien und die Kontrolltheorie nach *Hirschi*. Beide Theorien beinhalten Elemente des rationalen Wahlhandelns. Diese sind für die Entstehung eines Abschreckungseffektes unerlässlich und bieten daher eine geeignete Grundlage für die Erklärung einer negativ generalpräventiven Wirkung des Strafrechts. Die Auswertung empirischer Befunde und Studien soll zudem darlegen, ob und inwieweit sich eine solche Wirkung in der Realität tatsächlich abbilden lässt. Es ist davon auszugehen, dass die empirische Forschung heutzutage die verlässlichste Methode ist, die Wirksamkeit von theoretischen Modellen zu überprüfen. Im Rahmen der positiven Generalprävention dient die Systemtheorie als theoretische Grundlage. Nach einer entsprechenden Analyse dieser Theorie folgt auch hier die empirische Auswertung zu der positiv generalpräventiven Wirkung. Den Abschluss bilden die negative und positive Spezialprävention. Es werden zunächst die Konzepte der beiden Straftheorien erläutert, um im Anschluss ebenfalls empirische Daten zu diesen auszuwerten und zu überprüfen, ob sich die Erreichung der Zielbestimmungen in den Ergebnissen nachweisen lässt.

Den Abschluss des ersten Kapitels bildet die Festlegung der Grenzen sozialer Kontrolle. Diese kann den Einzelnen nicht unbeschränkt in seinen Rechten beschneiden. Eine Konturierung der vertretbaren Reichweite sozialer Kontrolle zeigt auf, ab welchem Punkt sich diese als illegitim darstellt. Hierzu wird auf den Paternalismus, genauer auf den strafrechtlichen Paternalismus, eingegangen. Indem das Betäubungsmittelstrafrecht (auch) den Einzelnen von einer Selbstschädigung abhalten will, wirkt dieses paternalistisch und setzt sich in einen Widerspruch zu den Prinzipien der straflosen Selbstschädigung und der Autonomie des Einzelnen. Hier bedarf es einer Diskussion, bis zu welchem Grad eine solche paternalistische Fürsorge und Bevormundung in einem liberalen Rechtsstaat zulässig sind. Darüber hinaus wird auf die Normgenese in Interdependenz zur Konflikttheorie eingegangen. Es soll verdeutlicht werden, welchen Einfluss asymmetrisch verteilte Machtstrukturen in der Gesellschaft auf die Entstehung von Normen und im spezielleren auf die Entstehung des Betäubungsmittelgesetzes haben. Auch die Wertigkeit von Konflikten für die Evolution von Gesellschaften wird näher beleuchtet.

Das zweite Kapitel (C. Rechtmäßigkeit des Cannabisverbotes in Deutschland) widmet sich der Legitimität des Betäubungsmittelgesetzes. Nach einer kurzen Charakterisierung der biologischen und chemischen Eigenschaften von Cannabis wird auf die aktuelle Rechtslage in Bezug auf Cannabis eingegangen. Dabei setzt sich die Arbeit mit den Möglichkeiten des Strafentfalls, die das Betäubungsmittelgesetz vorsieht, auseinander (§§ 29 Abs. 5, 31a und 37 BtMG). Die Einstellungsmöglichkeiten sind bedeutsam für die anschließende Prüfung der Verfassungsgemäßheit der Vorschriften des Betäubungsmittelgesetzes in Bezug auf Cannabis. Daraus rechtfertigt sich eine umfasse Bewertung dieser Möglichkeiten. Um die jeweilige Bedeutung der Vorschriften darzustellen, wird auf empirische Daten zur Anwendungshäufigkeit zurückgegriffen. Im Anschluss werden die Möglichkeiten des Strafentfalls einer kritischen Würdigung unterzogen. Hierbei sollen vor allem bestehende Schwächen der aktuellen Regelung zum Vorschein kommen, die dazu dienen, effektivere Formen des Umgangs mit Cannabis zu entwickeln.

Eine pointierte Darstellung der Gesetzesbegründung zum Betäubungsmittelgesetz dient dem Auffinden der Zwecksetzung des Betäubungsmittelgesetzes. Diese wird im Rahmen der Verhältnismäßigkeit der Prüfung der Verfassungsgemäßheit des Betäubungsmittelgesetzes notwendig. Die zentrale Zielsetzung, der Gesundheitsschutz der Bevölkerung und des Einzelnen, wird näher erläutert. Es werden zunächst die physischen Gesundheitsgefahren sowie die Möglichkeit einer physischen Abhängigkeit durch den Konsum eingehend bewertet. Im Anschluss wird auf die psychischen Gefahren eingegangen. Da sich in der Literatur eine Vielzahl möglicher Beeinträchtigungen in Zusammenhang mit der menschlichen Psyche finden, werden diese nach einzelnen Krankheitsbildern dargestellt. So wird im Rahmen der Psyche auf die Bereiche psychische Gesundheit, psychische Abhängigkeit, Gefahren für psychische Grundfunktionen und die Intelligenz, Psychosen, amotivationales Syndrom und Leistungsorientierung eingegangen und der jeweilige Zusammenhang zwischen Cannabis und der entsprechenden Störung beschrieben. Auch die Auswirkungen des THC-Gehaltes und dessen Entwicklung werden einbezogen. Da neben dem Konsum *per se* stets auch andere Faktoren die menschliche Psyche beeinflussen, werden zudem alternative Erklärungen gewürdigt, die als unabhängige Variablen auf die psychische Gesundheit von Einfluss sein können. Dieses Vorgehen soll eine Bewertung

2

ermöglichen, zu welchem Grad eventuelle Beeinträchtigungen auf den Cannabiskonsum zurückzuführen sind und inwieweit auf sog. *confounder*.

Anschließend wird die Verfassungsgemäßheit des Betäubungsmittelgesetzes untersucht, wobei der Fokus auf den konsumorientierten Handlungsalternativen liegt. Besondere Berücksichtigung findet die Konstellation der lediglich geringen Menge Cannabis zum Eigenverbrauch. Die Prüfung der Verfassungsgemäßheit erfolgt unter ständiger Rückbindung an das Cannabis-Urteil des Bundesverfassungsgerichts von 1994. Dieses Urteil bildet die Grundlage heutiger gerichtlicher Entscheidungen in Zusammenhang mit Cannabis sowie der heutigen Praxis der Verfahrenseinstellungen. Dies gilt in besonderem Maße für den Erlass von Richtlinien in allen Bundesländern. Der Konflikt zwischen dem Betäubungsmittelgesetz und dem Grundgesetz entsteht primär in Bezug auf die allgemeine Handlungsfreiheit und das allgemeine Persönlichkeitsrecht. Daher findet im Hinblick auf Art. 2 Abs. 1 i.V.m. Art. 1 Abs. 1 GG eine umfassende Prüfung statt. Daneben wird ebenfalls auf potentielle Verstöße gegen das Recht auf körperliche Unversehrtheit, die Freiheit der Person, die Meinungsäußerungsfreiheit, die Glaubens- und Gewissensfreiheit sowie die Kunstfreiheit eingegangen. Ebenfalls von großer Bedeutung im Rahmen der Evaluation der Legitimität des Betäubungsmittelgesetzes ist der Gleichheitsgrundsatz des Art. 3 Abs. 1 GG. Hier spielen vor allem die unterschiedliche Einstellungspraxis in den Bundesländern, die unterschiedliche Behandlung von Alkohol/Nikotin und Cannabis und die mangelnde Differenzierung zwischen weichen und harten Drogen eine Rolle. Darüber hinaus werden Verstöße gegen den Bestimmtheitsgrundsatz und die Rechtsweggarantie geprüft.

Der letzte Abschnitt dieses Kapitels ist den extralegalen Gründen gewidmet, die stellenweise hinter der Cannabisprohibition vermutet werden. Oftmals wird angenommen, dass das Verbot in einem Zusammenhang mit den Protestbewegungen der 60er Jahre steht und dazu dienen sollte, diese Bewegungen zu bekämpfen, indem eines ihrer wichtigsten Symbole verboten wurde. Dieser Umstand könnte zu der Implementierung des Verbotes beigetragen haben. Heute ist Cannabis nicht mehr in erster Linie Ausdruck oder identitätsstiftendes Symbol einer solchen Bewegung, die von konventionellen Schichten und Milieus als Bedrohung empfunden wird. Die Aufrechterhaltung des Verbotes wird heute unter anderem mit einer Ablenkung von bestehenden sozial-politischen Problemen erklärt. Ob diese Erklärungszusammenhänge tragfähig sind und welche Auswirkungen das Bestehen solcher extralegaler Gründe hat, wird an dieser Stelle eruiert.

Das dritte Kapitel (D. Effektivität des Cannabisverbotes) befasst sich mit der Effektivität des Betäubungsmittelgesetzes. In einem ersten Schritt werden Individualdaten in Zusammenhang mit dem Cannabiskonsum analysiert. Hierzu werden zunächst verschiedene Studiendesigns empirischer Erhebungen dargestellt und nach ihrer Validität beurteilt. Im Anschluss wird eine Auswertung der Datenlage auf dem Gebiet der Individualdaten vorgenommen, die die verschiedenen Vor- und Nachteile der Erhebungsmethoden entsprechend berücksichtigt. Da es sich bei den Konsumprävalenzen um Daten auf der Individualebene handelt, kommt der Analyse dieser

Daten gesteigerte Bedeutung zu. Bei den Daten handelt es sich vor allem um Befragungsstudien, die erheben, welche Faktoren den Konsumbeginn bzw. die Konsumbeendigung beeinflussen. Ziel ist es, zu ermitteln, welchen Einfluss die rechtliche Lage auf die Konsumentscheidungen hat und welche *confounder* neben der Rechtslage von Bedeutung sind. Das Herausarbeiten der entscheidenden Variablen soll es ermöglichen, den effektivsten Ansatzpunkt für den staatlichen Umgang mit Drogen herauszuarbeiten. Daneben wird auch auf Aggregatdaten, mithin also die drogenpolitischen Strategien von Ländern, eingegangen. Im Rahmen der Analyse von Interdependenzen zwischen der Drogenpolitik eines Landes und den dort vorherrschenden Konsumprävalenzen ist stets das Problem des ökologischen Fehlschlusses zu berücksichtigen. Dieser kann auftreten, wenn Daten auf Aggregatebene und Individualebene miteinander verglichen werden. Trotz dieses Problems wird unter Berücksichtigung der eingeschränkten Interpretierbarkeit der Ergebnisse auf einen solchen Zusammenhang eingegangen. Letztlich kann eine solche Untersuchung dennoch Aussagen darüber ermöglichen, ob bestimmte staatliche Umgangsformen mit Cannabis in Verbindung mit niedrigen oder erhöhten Konsumprävalenzen stehen.

Im Rahmen der Analyse von Aggregatdaten erscheint es sinnvoll, auch internationale Erfahrungen im Umgang mit Cannabis einfließen zu lassen. Die USA durchleben in letzter Zeit eine Phase der deutlichen Liberalisierung des Drogenstrafrechts. Die Bundesstaaten Colorado, Washington, Alaska, Oregon, Kalifornien, Nevada, Massachusetts, Maine und der District of Columbia haben den Verkauf von Cannabis bislang legalisiert. Zudem haben 29 Bundesstaaten und die Distrikte Columbia, Guam und Puerto Rico sog. *Medical Marihuana Laws* erlassen. Da eine vollständige Legalisierung erst seit kurzer Zeit existiert, sind hier keine ausreichenden Studien vorhanden, sodass vor allem die Auswirkungen der Implementierung der *Medical Marihuana Laws* auf den Freizeitkonsum untersucht werden. Es soll festgestellt werden, ob eine Liberalisierung der staatlichen Drogenpolitik tatsächlich in Verbindung mit einem Anstieg der Konsumprävalenzen steht. Gleichzeitig wird versucht festzustellen, welche alternativen Variablen für eine Veränderung der Trajektorien der Konsumprävalenzen verantwortlich sein könnten.

Während sich die USA erst in jüngerer Zeit der Liberalisierung des Drogenstrafrechts zuwenden, weisen die Niederlande eine lange Tradition der liberalen Drogenpolitik auf. Diese Tatsache sowie die gute Vergleichbarkeit der Niederlande mit Deutschland machen einen Vergleich dieser beiden Staaten erforderlich. Indem vor allem die Umstände und Besonderheiten herausgearbeitet werden, die für den liberalen Weg der Niederlande verantwortlich sind, soll ein verbessertes Verständnis für diese Entwicklung entstehen und eine Prognose ermöglicht werden, ob sich die Ergebnisse auf Deutschland übertragen lassen. Hierzu wird vor allem die historische Entwicklung des „Opiumwet" und der *de facto*-Legalisierung nachgezeichnet sowie auf das Phänomen der „Coffeeshops" eingegangen. Näher untersucht werden zudem postmaterialistische Strömungen in den Niederlanden ebenso wie die Spezifika der Handhabung des Strafrechts.

Anschließend erfolgt der Übergang zu den Wertestrukturen innerhalb Deutschlands. Eine Untersuchung soll darlegen, ob sich in Deutschland Strukturen finden, die eine weitergehende Liberalisierung des Drogenstrafrechts mittragen würden. Dargestellt wird die Wertestruktur anhand der Theorie vom Wertewandel nach *Inglehart*. Dieser nimmt eine dichotome Einteilung der Werte in materialistisch und postmaterialistisch vor und geht davon aus, dass sich westliche Gesellschaften seit dem zweiten Weltkrieg immer weiter in Richtung postmaterialistischer Verfasstheit entwickeln. Der Postmaterialismus geht dabei einher mit Phänomenen wie Individualisierung und Pluralisierung von Lebensstilen. Mithin also Phänomenen, die einer Diversifikation von Lebensentwürfen offen und tolerant gegenüberstehen. Es wird davon ausgegangen, dass postmaterialistische Strukturen auf den Konsum von Cannabis mit einer akzeptanzorientierten Haltung reagieren. Letztlich sollen postmaterialistische Werthaltungen nicht nur den Konsum *per se* befördern, sondern auch eine weitergehende Liberalisierung des Drogenstrafrechts. Im Gegensatz dazu stehen die materialistischen Strukturen, die vor allem traditionelle und konservative Werte widerspiegeln und damit eher in einen Zusammenhang mit repressiven drogenpolitischen Strategien gebracht werden. Indem entsprechende Strömungen und Strukturen ausgewertet werden, soll eine Prognose der Entwicklung des Betäubungsmittelstrafrechts in Deutschland ermöglicht werden.

In einem letzten Abschnitt werden die negativen Auswirkungen der Kriminalisierung anhand der *Labeling Theory* dargestellt. Die Theorie geht davon aus, dass nicht die primäre Devianz problematisch ist, sondern die Reaktionen auf diese und die daraus resultierenden Folgen. So soll eine formelle Intervention auf erstmalige Kriminalität zu sekundärer Devianz führen, da der Täter das *label* des Kriminellen in sein Selbstbild übernimmt und sein Verhalten zukünftig an diesem ausrichtet. Des Weiteren soll die Kriminalisierung zu einer Reduktion der Ressourcen zur legalen Lebensführung führen, die dem Einzelnen am Ende keine Wahl mehr lässt, als deviante und delinquente Strategien zu verfolgen. Auch diese Theorie wird einer empirischen Überprüfung unterworfen, um festzustellen ob sich *labeling*-Effekte auch in der Realität nachzeichnen lassen. Wenn dies der Fall ist, spricht dieser Befund für eine Kontraindikation der Sanktionierung nach dem Betäubungsmittelstrafrecht bei Verstößen in Zusammenhang mit Cannabiskonsum.

Das letzte Kapitel (E. Alternative Strategien im Umgang mit Cannabis unter Berücksichtigung der Verantwortlichkeit informeller sozialer Kontrolle) widmet sich der Darlegung von Ansatzpunkten einer effektiven sozialen Kontrolle in Bezug auf den Cannabiskonsum. Da bislang vor allem die formelle soziale Kontrolle einer Evaluation unterzogen wurde, wird der Blick nun auf den Einflussbereich und die Effektivität der informellen sozialen Kontrolle erweitert. Als theoretische Grundlage der Wirkweise der informellen sozialen Kontrolle dient die Theorie differentieller Kontakte. Diese geht davon aus, dass kriminelles Verhalten erlerntes Verhalten ist und dass der Lernprozess vor allem im sozialen Nahbereich stattfindet. Daher ist diese Theorie bestens als Überbau geeignet, um den Einfluss von Familie und *peers* auf den jugendlichen Cannabiskonsum zu untersuchen.

Zunächst wird auf die Familie als Instanz sozialer Kontrolle eingegangen. Eine Analyse verschiedener Familienstrukturen dient dazu protektive Faktoren und Risikofaktoren für den jugendlichen Konsum herauszuarbeiten. Es wird davon ausgegangen, dass die Familie als primäre Sozialisationsinstanz einen besonders gewichtigen Einfluss auf die Entscheidungen Jugendlicher hat. Darüber hinaus wird die Art des Einflusses davon abhängig gemacht, wie das jeweilige Familienleben ausgestaltet ist. So soll ein unterstützendes, positives Zuhause als protektiver Faktor wirken, während ein Elternhaus in dem Rauschmittel konsumiert werden und in dem der Jugendliche vernachlässigt wird, als Risikofaktoren anzusehen sind. Es soll eine Aussage darüber ermöglicht werden, welcher Art der Einfluss der Eltern ist. Genauer, ob dieser direkt oder indirekt wirkt. Am Ende soll eine Beurteilung der Reichweite des elterlichen Einflusses möglich sein, um so abzuschätzen, zu welchem Grad die Familie für den Cannabiskonsum verantwortlich ist.

Neben der Familie ist davon auszugehen, dass den *peers* ebenfalls ein hohes Maß an Einfluss auf Jugendliche und deren Konsumentscheidung zufällt. Der Cannabiskonsum findet zum überwiegenden Teil in *settings* statt, die *peer*-Bezug haben, sodass eine Analyse der *peer*-Gruppen wichtige Erkenntnisse verspricht. Auch hier wird untersucht, welche Strukturen innerhalb der *peers* den Konsum befördern und welche diesen verhindern. Es wird davon ausgegangen, dass konventionelle *peers* den Jugendlichen vom Konsum abhalten, während *peers*, die selbst konsumieren und deviant ausgestaltet sind, als Risikofaktoren wirken. In Parallele zur Untersuchung der Familie soll auch bei den *peers* erarbeitet werden, ob der Einfluss direkt auf den Jugendlichen wirkt oder indirekter Natur ist. Ebenso soll in einem letzten Schritt geklärt werden, wie groß der Einfluss der *peers* auf den Cannabiskonsum ist, um so die Bedeutung dieser Instanz informeller sozialer Kontrolle zu klären. Den Geschwistern fällt eine Sonderrolle zu, da sie zur Familie gehören, von ihrem Einfluss aber vergleichbar mit den *peers* sind, sodass auf diese in einem separaten Abschnitt eingegangen wird.

Da Cannabiskonsum vor allem ein jugendtypisches Phänomen ist, ist im Rahmen dieser Arbeit auch auf die Phänomene der Ubiquität und der Spontanbewährung einzugehen. Die Ubiquität beschreibt den Umstand, dass Jugendkriminalität weit verbreitet ist und im Alter zwischen 14 und 16 Jahren als „normal" gilt. Die Spontanbewährung bezeichnet den natürlich verlaufenden Abbruch der Kriminalität, ohne dass es einer formellen Intervention bedarf. Informelle Sanktionen können hingegen die erfolgreiche Spontanbewährung begleiten. Diese Phänomene werden vor allem für Gewalt- und Eigentumskriminalität, das Erschleichen von Leistungen und in gewissem Umfang für die Internetkriminalität beschrieben. Indem diese Phänomene auf die Drogenkriminalität übertragen werden, wird der Frage nachgegangen, ob formelle Interventionen bei Verstößen Jugendlicher gegen das Betäubungsmittelgesetz überhaupt sinnvoll sind. Finden sich Ubiquität und Spontanbewährung auch in Bezug auf den Umgang Jugendlicher mit Cannabis, wären formelle Interventionen kontraindiziert, da diese den Verlauf der Spontanbewährung konterkarieren können.

Im vorletzten Abschnitt sollen alternative Strategien im Umgang mit Cannabis erarbeitet und bewertet werden. Als solche kommen vor allem die Entpönalisierung, die Entkriminalisierung und die Legalisierung in Betracht. Bei der Entpönalisierung geht es vor allem um die vermehrte Anwendung von Diversionsmaßnahmen in Bezug auf Verstöße gegen das Betäubungsmittelgesetz, während die Entkriminalisierung zumeist konsumorientierte Handlungsalternativen von einer Sanktionierung ausnimmt. Die Volllegalisierung geht als Konzept am weitesten, da hier Cannabis gänzlich aus dem Anwendungsbereich des Drogenstrafrechts herausgenommen werden soll. Neben der Volllegalisierung umfasst die Legalisierung aber auch die Modelle der staatlich lizensierten Abgabe von Cannabis in speziellen Geschäften oder in Apotheken. Diese Modelle werden in den Niederlanden und den USA praktiziert, sodass diese einer genauen Überprüfung hinsichtlich ihrer Effektivität und Legitimität unterzogen werden. So sollen passende Strategien für einen zukünftigen Umgang mit Cannabis entwickelt werden.

Ein Überblick über bisherige Gesetze und Gesetzesinitiativen, die eine Reform bzw. Liberalisierung des deutschen Betäubungsmittelstrafrechts zum Ziel hatten, dient dazu, erfolgversprechende Ansätze zu identifizieren, an die bei zukünftigen Entwicklungen angeknüpft werden kann. Zudem dient die Darstellung dazu, festzustellen, auf welchem Stand sich Deutschland hinsichtlich einer Liberalisierung befindet. Abschließend werden die Ergebnisse der Arbeit in Reformvorschlägen für den zukünftigen staatlichen Umgang mit Cannabis zusammengefasst. Begleitet werden die Vorschläge von einer Zusammenschau der Vorteile, die dieser Weg im Vergleich zur aktuellen Regelung bietet. Die Vorschläge sollen als wissenschaftlich fundierter Leitfaden für zukünftige Gesetzesänderungen auf dem Gebiet des Drogenstrafrechts dienen.

Schlussendlich wird noch die Übertragbarkeit der Befunde dieser Arbeit auf andere Drogen dargestellt, denn es ist davon auszugehen, dass einige Abschnitte der Arbeit auch substanzübergreifend Geltung für sich beanspruchen werden. Auf diese Weise kann die Grundlage für weitergehende Überlegungen gelegt werden.

B.   Soziale Kontrolle und ihre Grenzen

I.   Was ist soziale Kontrolle?

Die Bestimmung des Untersuchungsgegenstandes, die bei dem Thema „Soziale Kontrolle" einer Begriffsbestimmung gleichkommt, bietet auf den ersten Blick nicht ganz unerhebliche Schwierigkeiten. Der Begriff der sozialen Kontrolle ist ein vieldiskutierter, wandelbarer und vielen Interpretationen zugänglicher Begriff, der seit seiner Entstehung einer permanenten Diskussion über seinen Inhalt unterworfen ist.

Zuweilen gehen manche Autoren davon aus, dass der Versuch einer Definition von sozialer Kontrolle aufgrund der Unschärfe des Begriffs von Anfang an zum Scheitern verurteilt ist und er besser aufgegeben werden bzw. durch andere Begriffe ersetzt werden sollte[1]. So bezeichnete *Cohen* den Begriff der sozialen Kontrolle als „*Mickey Mouse concept*"[2].

Erstmals taucht der Begriff ‚social control' in *Eward A. Ross's* Aufsatz ‚Social Control' aus dem Jahre 1896 auf. Nach *Ross* ist soziale Kontrolle die „ascendency over the aims and acts of the individual which is exercised on behalf of the group."[3] Ausgeübt wird die soziale Kontrolle nach *Ross* entweder von formell dazu bestimmten Organen, welche dem Willen der Gesellschaft unterstehen, oder von informellen Gruppierungen, die ebenfalls im Sinne der Gesellschaft handeln und unter stetiger Kontrolle durch höherrangige Organe stehen. *Ross* beschreibt damit zwei entscheidende Merkmale der sozialen Kontrolle, die auch im Folgenden von Bedeutung sein werden. Zum einen muss soziale Kontrolle im Sinne der Gesellschaft bzw. der Mehrheit der Gesellschaft erfolgen. Zum anderen wird soziale Kontrolle von der Gesellschaft bzw. Vertretern dieser gegenüber dem Einzelnen ausgeübt.

Diese *essentialia* bleiben bei allen heutigen Auffassungen und Reformulierungen des Begriffs der Sozialkontrolle bestehen. Divergierende Ansichten gibt es vor allem in Bezug auf die Reichweite von sozialer Kontrolle. So reduzieren *Clark* und *Gibbs* die soziale Kontrolle aus pragmatischen Gründen auf die Reaktionen auf Devianz und schließen damit präventive Maßnahmen zur Verhinderung von Abweichung vom Wirkungsbereich sozialer Kontrolle aus[4]. Pragmatisch kann diese Reduzierung allerdings nur im Hinblick auf die jeweilige Fragestellung sein. Dieser Definition grundsätzlich den Vorrang zu gewähren, erscheint indes fraglich. Zumindest für diese Arbeit lässt sich konstatieren, dass eine Reduktion auf reaktive Mechanismen zu eng gefasst ist. Das Strafrecht als einer der Hauptpunkte wird zwar von diesem Begriff umfasst, allerdings werden im weiteren Verlauf Wirkungsweisen verschiedener Maßnahmen auf der Meso-

---

[1]   *R.F. Meier*, Perspectives on the Concept of Social Control, in: Annual Review of Sociology 8 (1982), S. 35 (35); *F. Sack*, Strafrechtliche Kontrolle und Sozialdisziplinierung, in: D. Frehsee/G. Löschper/K. F. Schumann (Hrsg.), Strafrecht, soziale Kontrolle, soziale Disziplinierung, 1993, S. 16 (38 f.); *H. Steinert*, Soziale Ausschließung – Das richtige Thema zur richtigen Zeit, in: KrimJ 27 (1995), S. 82 (82, 88).

[2]   *S. Cohen*, Visions of Social Control. Crime, Punishment and Classification, Cambridge 1985, S. 2.

[3]   *E.A. Ross*, Social control, in: American Journal of Sociology 1 (1896), S. 513 (519).

[4]   *A.L. Clark/J.P. Gibbs*, Social Control: A Reformulation, in: Social Problems 13 (1965), S. 398 (398 ff.).

und Mikroebene behandelt, welche präventiver Natur sind und damit nicht mehr inbegriffen wären.

Ein weiterer Unterschied besteht in der Frage, inwiefern eine Intention notwendig ist, damit die jeweiligen Handlungen oder Maßnahmen noch zur sozialen Kontrolle gehörig gewertet werden können. Dieser Faktor ist entscheidend, wenn es darum geht, den Wirkungsbereich der sozialen Kontrolle nicht ausufern zu lassen. Ohne die Notwendigkeit einer Intention würden auch Handlungen erfasst, die nur zufällig Devianz verhindern. Zählt man auch solche Handlungen, die nicht intentionell auf die Verhinderung von Devianz gerichtet sind, zur sozialen Kontrolle, wird der Begriff sehr weit und verliert an Kontur. Und doch wird stellenweise von der Notwendigkeit einer Intention abgesehen[5]. Hierdurch wird der Begriff der sozialen Kontrolle zu einer Art „Omnibusbegriff"[6]. Daher umfassen die meisten Definitionsversuche heute die Notwendigkeit einer Intention der Handlungen[7]. *Peters* fordert überdies, dass jeder Akt der sozialen Kontrolle von einer höheren Instanz kontrolliert werden müsse, damit auf diese Weise Willkür als Motiv ausgeschlossen werden könne[8]. Dem ist zu widersprechen, da naturgemäß höchstrichterliche Entscheidungen sonst vom Begriff der sozialen Kontrolle ausgeschlossen wären. Diese fallen jedoch unstreitig in den Anwendungsbereich der Sozialkontrolle. Damit kann nach dem bisher Gesagten und unter Berücksichtigung der weiteren Fragestellungen soziale Kontrolle definiert werden als Gesamtheit der formellen und informellen Verfahren zur Durchsetzung formeller und informeller Normen durch soziale Instanzen[9]. Auslöser der Verfahren ist gegenwärtige oder erwartete Devianz, welche präventiv verhindert oder reaktiv sanktioniert werden soll, um normkonformes Verhalten herbeizuführen. Als soziale Instanzen kommen dabei sowohl formell dafür vorgesehene Instanzen wie Justiz, Polizei, Strafvollzug u.ä. als auch informelle Instanzen wie Schule, Familie und *peer-groups* in Betracht. Dieser Definitionsversuch beansprucht keine Allgemeingültigkeit. Was unter sozialer Kontrolle zu verstehen ist, wird stets durch den Kontext, in den sie eingebettet ist, bestimmt. So kann es für *Clark* und *Gibbs* durchaus Sinn ergeben haben, soziale Kontrolle nur auf reaktive Mechanismen zu beschränken, da der Begriff so sehr trennscharf wird, aber für *ihre* Arbeit weiterhin praktikabel blieb. Eine einheitliche Definition kann und muss es damit nicht geben. Der Vorwurf mangelnder Substanz des Begriffs kann nur auf den ersten Blick ein Argument bilden. Denn bei gleichem Untersuchungsgegenstand wird auch die soziale Kontrolle, über verschiedene Arbeiten hinweg, gleich

---

[5]   *S. Scheerer/H. Hess,* Social Control: a Defence and Reformulation, in: R. Bergalli/C. Sumner (Hrsg.), Social Control and Political Order, London/Thousand Oaks/New Delhi 1997, S. 96 (103 f.); *S. Scheerer,* „Soziale Kontrolle" – schöner Begriff für böse Dinge?, in: H. Peters (Hrsg.), Soziale Kontrolle, 2000, S. 153 (167).

[6]   *D. Nogala,* Erscheinungs- und Begriffswandel von Sozialkontrolle eingangs des 21. Jahrhunderts, in: Peters, Soziale Kontrolle (Fn. 5), S. 111 (128).

[7]   *Nogala,* Begriffswandel (Fn. 6), S. 127; *U. Eisenberg,* Kriminologie, 6. Aufl. 2005, § 1 Rn. 7; *T. Singelnstein/P. Stolle,* Die Sicherheitsgesellschaft, 1. Aufl. 2006, S. 11; *H. Peters,* Devianz und soziale Kontrolle, 3. Aufl. 2009, S. 136.

[8]   *Peters,* Devianz (Fn. 7), S. 137.

[9]   So bereits: *H. Peters,* Devianz und soziale Kontrolle, 2. Aufl. 1995, S. 131; weniger deutlich, im Ergebnis aber ebenso: *H. Peters,* Soziale Probleme und soziale Kontrolle, 2002, S. 115.

definiert, abgesehen davon, dass ein gewisser Grundstock an Elementen allen Definitionsversuchen gemein ist.

II. Soziale Kontrolle mittels Strafrecht

Vorliegend soll das Strafrecht, genauer die §§ 29 ff. BtMG, als Instrument der sozialen Kontrolle im Fokus stehen. Dazu muss die Einbettung des Strafrechts in die hier vorgenommene Definition des Begriffs weitergehender erörtert werden.

1. Innere und äußere Kontrolle

Soziale Kontrolle kann nach ihrer Wirkungsweise in innere und äußere Kontrolle aufgeteilt werden[10]. Unter innerer Kontrolle ist die Internalisierung von Normen zu verstehen, aus der folgt, dass diese zum Maßstab für das eigene Handeln werden. Manche gehen davon aus, dass die Grenzen zwischen dem, was unter sozialer Kontrolle, und dem, was unter Sozialisation verstanden wird, fließend sind[11]. Andere wiederum sehen Sozialisation als das Mittel, mit welchem der Zweck der inneren Kontrolle erreicht werden soll[12]. Die Sozialisation geht primär vom informellen Bereich sozialer Kontrolle aus und findet in der Familie und den *peer*-Gruppen statt (dazu näher unter E.I. Informelle soziale Kontrolle). In jedem Fall geht es bei der inneren Kontrolle, um es mit *Popitz* zu halten, darum, „zu wollen, was wir sollen, und es schließlich zu tun, ohne es zu merken"[13]. Innere Kontrolle ist als präventive Kontrolle ausgestaltet. Durch die Akzeptanz und Aufnahme der gesellschaftlichen Normen in das Selbstbild befolgt das Individuum diese Normen, da es sie als richtig für sich anerkennt. Deviantes Verhalten entsteht so erst gar nicht.

Äußere Kontrolle bezeichnet die reaktiven Folgen auf deviantes Verhalten durch die „Anderen". Hier wird durch drohende positive oder negative Sanktionen Druck sowohl auf das Individuum als auch auf die Gesellschaft ausgeübt. Das normkonforme Verhalten resultiert entweder aus Angst vor den negativen Sanktionen oder aus dem Wunsch nach Belohnung in Form positiver Sanktionen. Mögliche negative reaktive Kontrollinstrumente stellen die Kriminalisierung, die Pathologisierung und die Neutralisierung dar[14]. Durch ihren Sanktionscharakter und die Fremdbestimmtheit ist die äußere Kontrolle weniger positiv konnotiert als die innere Kontrolle.

Das Strafrecht scheint seiner Wirkungsweise nach zunächst der äußeren Kontrolle zuzuweisen zu sein. Es bildet eine negative Sanktion und bedient sich aller drei zur Verfügung stehenden Kontrollinstrumente. Danach sind alle Merkmale der äußeren sozialen Kontrolle erfüllt. Es ist

---

[10] *H. Hess*, Probleme der sozialen Kontrolle, in: H.-J. Kerner/H. Göppinger/F. Streng (Hrsg.), Kriminologie – Psychiatrie – Strafrecht, 1983, S. 3 (9 ff.); *H. Treiber*, Art. Kontrolle, äußere, in: W. Fuchs-Heinritz u.a. (Hrsg.), Lexikon zur Soziologie, 5. Aufl. 2011, S. 372 (372 f.); *ders.*, Art. Kontrolle, innere, in: ebda., S. 373 (373).

[11] *Eisenberg*, Kriminologie (Fn. 7), § 1 Rn. 7.

[12] *Hess*, Probleme (Fn. 10), S. 9; *G. Kaiser*, Kriminologie, 3. Aufl. 1996, § 27 Rn. 9.

[13] *H. Popitz*, Der Begriff der sozialen Rolle als Element der soziologischen Theorie, 4. Aufl. 1975, S. 6.

[14] *Hess*, Probleme (Fn. 10), S. 15.

jedoch einzuwenden, dass das Strafrecht ebenso dem Aufbau einer inneren Kontrolle dienen kann und damit auch zur inneren sozialen Kontrolle zählt[15]. Hierauf bauen die Konzepte der positiven Spezial- und Generalprävention auf. Allerdings dürfen die Begriffe der inneren sozialen Kontrolle und der positiven Generalprävention nicht durcheinandergebracht werden. Bei der inneren sozialen Kontrolle stehen präventive Maßnahmen, also solche, die bereits vor einem Normverstoß ergehen, im Vordergrund. Hier geht es primär um Akte der Sozialisation und um soziale Kontrolle im informellen Bereich. Die positive Spezial- und Generalprävention versteht sich als Wirkung, welche durch erfolgte Sanktion zu erzielen ist. Sie beansprucht ein reaktives Moment für sich und kommt erst nach erfolgter Normabweichung zum Tragen. Somit bleibt es dabei, dass das Strafrecht, und damit auch die §§ 29 ff. BtMG, der äußeren sozialen Kontrolle zugeordnet werden müssen. Die §§ 29 ff. BtMG reagieren auf erfolgte Abweichung mit Sanktionen, bilden also ein reaktives Kontrollmoment. Im Betäubungsmittelgesetz finden sich alle drei Kontrollinstrumente wieder. Die §§ 29 ff. BtMG bilden die Vorschriften zur Kriminalisierung des Umgangs mit Cannabis. Die in ihnen enthaltenen Sanktionsdrohungen bilden die Möglichkeit der Neutralisierung von Delinquenten, während in §§ 35 ff. BtMG eine Pathologisierung von Cannabiskonsumenten vorgenommen wird.

2.   Formelle und informelle Kontrolle

Weitergehend lässt sich soziale Kontrolle nach den agierenden Institutionen aufteilen. Unterschieden wird dabei zwischen formellen und informellen Instanzen sozialer Kontrolle[16]. Formelle Instanzen sozialer Kontrolle sind zur Bekämpfung von Kriminalität vorgesehene und durch Rechtssetzungsakt dazu ermächtigte staatliche Instanzen (Polizei, Gerichte, Strafvollzug etc.). Informelle Instanzen sozialer Kontrolle sind solche, denen eine entsprechende Ermächtigung fehlt (Familie, Schule, *peer-groups*) (dazu näher unter E.I. Informelle soziale Kontrolle). Die Ermächtigung fehlt den genannten Instanzen informeller sozialer Kontrolle, da sie vor allem Devianzen kontrollieren sollen, welche nicht unmittelbar kriminelles Verhalten darstellen[17].

Neben einer Unterscheidung nach den Instanzen kann auch eine Unterscheidung anhand der Kontrollhandlung vorgenommen werden. Formelle Kontrollhandlungen können nur von Instanzen formeller sozialer Kontrolle vorgenommen werden[18]. Formelle Kontrollhandlungen beruhen demzufolge immer auf Verfahrensregeln, die zur Bekämpfung von Delinquenz erlassen wurden. So zählen das gesamte Strafrecht, das Recht des Strafvollzugs und sämtliche auf der Strafprozessordnung basierenden Maßnahmen zu den formellen Kontrollhandlungen. Dies betrifft auch die Verfahrenseinstellungen und das Absehen von Strafe (dazu näher unter C.II.2.

---

[15]   *M. Baurmann*, Vorüberlegungen zu einer empirischen Theorie der positiven Generalprävention, in: GA 141 (1994), S. 368 (368).

[16]   *Hess*, Probleme (Fn. 10), S. 12; *Kaiser*, Kriminologie (Fn. 12), § 28 Rn. 5; *K. Weis*, Art. soziale Kontrolle, in: G. Reinhold/S. Lamnek/H. Recker (Hrsg.), Soziologie-Lexikon, 4. Aufl. 2000, S. 568 (570); *B. Bischoff*, Die Stabsstelle Besondere Aufgaben bei der Treuhandanstalt, 2016, S. 29 ff.

[17]   *Bischoff*, Stabsstelle (Fn. 16), S. 30 f.

[18]   *Bischoff*, Stabsstelle (Fn. 16), S. 31.

Möglichkeiten des Strafentfalls). Alle staatlichen Maßnahmen zur Durchsetzung der §§ 29 ff. BtMG sind den formellen Kontrollhandlungen zuzurechnen, ebenso wie der Erlass des Betäubungsmittelgesetzes selbst. Maßnahmen der Institutionen informeller sozialer Kontrolle sind danach stets informelle Kontrollhandlungen.

III. Die generalpräventive Wirkung des Strafrechts

Die hier angesprochene Wirkrichtung ist mit dem Begriff des Strafzwecks identisch und es kann auf die relativen Straftheorien Bezug genommen werden. Diese bilden einen zweiten Begründungsstrang für Strafe, zusammen mit der absoluten Straftheorie[19]. Die absolute Straftheorie sieht den Sinn der Strafe allein in dem Schuldausgleich und der Vergeltung für das begangene Unrecht. Diese Straftheorie findet ihren Ursprung im deutschen Idealismus, zeitlich angesiedelt zwischen dem Erscheinen von *Kants* „Kritik der reinen Vernunft" (1781) und dem Tod *Hegels* (1831). Eben jene beiden deutschen Philosophen, *Kant* und *Hegel*, waren es auch, die diese Zeit entscheidend prägten. Als symptomatisch können folgende Sätze gelten:

> „Es ist mit der Begründung der Strafe auf diese Weise, als wenn man gegen einen Hund den Stock erhebt ..."[20].

> „...der Mensch kann nie bloß als Mittel zu den Absichten eines anderen gehandhabt und unter die Gegenstände des Sachenrechts gemengt werden, wowider ihn seine angeborene Persönlichkeit schützt ..."[21].

Die relativen Straftheorien messen der Strafe weitergehende Zwecke bei. Diese Auffassung geht auf *v. Feuerbach* zurück, der als Erster eine über den Schuldausgleich hinausgehende Zweckverfolgung forderte[22]. Diese besteht heute in der Generalprävention und der Spezialprävention mit jeweils positiver und negativer Ausgestaltung[23]. Die Generalprävention umfasst die Auswirkungen staatlichen Strafens auf die Gesellschaft, während die Spezialprävention den Fokus auf das Individuum legt.

1. Negative Generalprävention

Beim Strafzweck der negativen Generalprävention wird davon ausgegangen, dass das Strafrecht *per se* eine abschreckende Wirkung auf potentielle Täter hat. Allein durch die Existenz von Sanktionen soll Delinquenz innerhalb der Gesellschaft verhindert werden. Darüber hinaus

---

[19]   *F. Wittreck*, Art. Straftheorien, in: P. Prechtl/F.-P. Burkard (Hrsg.), Metzler Lexikon Philosophie, 3. Aufl. 2008, S. 586 (586).

[20]   *G.W.F. Hegel*, Grundlinien der Philosophie des Rechts oder Naturrecht und Staatswissenschaft im Grundriße (1820), § 99, Zusatz (zitiert nach der Glockner-Ausgabe, 3. Aufl. 1952, S. 154).

[21]   *I. Kant*, Metaphysik der Sitten (1797), Erster Teil: Metaphysische Anfangsgründe der Rechtslehre. Der Rechtslehre zweiter Teil: Das öffentliche Recht, Erster Abschnitt: Das Staatsrecht, Allgemeine Anmerkung E, I (zitiert nach der Meiner-Ausgabe, 3. Aufl. 2009, S. 155).

[22]   *P.J.A. v. Feuerbach*, Lehrbuch des gemeinen in Deutschland gültigen peinlichen Rechts, 14. Aufl. 1847, S. 38.

[23]   *H.-J. Albrecht*, Die generalpräventive Effizienz von strafrechtlichen Sanktionen, in: G. Kaiser (Hrsg.), Empirische Kriminologie, 1980, S. 305 (305); *K.-L. Kunz/T. Singelnstein*, Kriminologie, 7. Aufl. 2016, § 20 Rn. 4 ff.

sollen Veränderungen in der Strafzumessung Einfluss auf die Tathäufigkeit bzw. im Falle des Betäubungsmittelgesetzes auf die Konsumprävalenzen haben. Durch die Bestrafung Einzelner sollen die restlichen, potentiell konsumgeneigten Personen in der Bevölkerung von einem Verstoß gegen das Betäubungsmittelgesetz abgehalten werden, da sich die Sanktionierung abschreckend auswirkt.

a) Theoriemodelle

aa) *Rational choice*-Theorien

Die Annahme, dass dem Strafrecht eine abschreckende Wirkung zukommt, ist wohl die älteste und auch erfolgreichste aller ökonomischen Kriminalitätstheorien, welche sich vor allem zu Beginn der Postmoderne in den 1980er Jahren herausgebildet haben[24]. Es wird im Folgenden von „Theorien" gesprochen, da es zahlreiche Ansätze zur Erklärung kriminellen Verhaltens gibt, denen ökonomisches Gedankengut zugrunde liegt[25].

aaa) Kennzeichen der Theorien

Während des Übergangs vom Industriezeitalter zur Spätmoderne vollzog sich ein Wandel vom soziologischen zum ökonomischen Paradigma. Dem Einzelnen wurde innerhalb der Gesellschaft mehr Eigenverantwortlichkeit übertragen. Er galt ab diesem Zeitpunkt als autonomes Wesen, welches für jede Entscheidung allein verantwortlich war. Dieses Bild der individuellen Verantwortlichkeit für alle Lebensbereiche fand ebenfalls Einzug in die Kriminologie und veränderte den Blickwinkel auf Straftäter. Hierauf bauen die *rational choice*-Theorien auf. Diese Ansätze spiegeln den *common sense* fortgeschrittener kapitalistischer Industriegesellschaften wider[26]. Der Mensch wird innerhalb dieser Theorien als *homo oeconomicus* dargestellt. Kennzeichen des *homo oeconomicus* ist, dass dieser sein gesamtes Verhalten auf eine Nutzenmaximierung ausrichtet[27]. Er erstellt ein Kosten-Nutzen-Kalkül und trifft dann, rein rational, die Entscheidung, welche den höchsten Profit für ihn verspricht. Die Abwägung von Vor- und Nachteilen geschieht aus einer rein subjektiven Perspektive[28]. Es fließen die individuellen Erfahrungen, Präferenzen, psychischen Kosten und Nutzen, Kenntnis aller Umstände, Risikobereitschaft, das subjektiv empfundene Entdeckungsrisiko usw. in die Rechnung mit ein[29].

---

[24] *A. Giddens*, Modernity and Self-Identity, Stanford 1991, S. 210 ff.; *S. Karstedt/W. Greve*, Die Vernunft des Verbrechens, in: K.-D. Bussman/R. Kreissl (Hrsg.), Kritische Kriminologie in der Diskussion, 1996, S. 171 (175); *Kunz/Singelnstein*, Kriminologie (Fn. 23), § 12 Rn. 22 ff.

[25] Näher dazu: *H. Göppinger*, Kriminologie, 6. Aufl. 2008, § 10 Rn. 90 m.w.N.

[26] *F. Sack*, Conflicts and Convergences of Theoretical and Methodological Perspectives in Criminology, in: European Journal of Crime, Criminal Law, and Criminal Justice 2 (1994), S. 2 (17).

[27] *G.S. Becker*, Der ökonomische Ansatz zur Erklärung menschlichen Verhaltens, 2. Aufl. 1993, S. 4; *P. Wittig*, Der rationale Verbrecher, 1993, S. 60.

[28] *Karstedt/Greve*, Vernunft (Fn. 24), S. 174; *A. Hochstettler*, Classical Perspectives, in: J.M. Miller (Hrsg.), 21st Century Crimionology, Bd. 1, Thousand Oaks 2009, S. 201 (201).

[29] *Wittig*, Verbrecher (Fn. 27), S. 131; *Karstedt/Greve*, Vernunft (Fn. 24), S. 182; *Göppinger*, Kriminologie (Fn. 25), § 10 Rn. 89.

bbb) Abgrenzung der *rational choice*-Theorien

Damit unterscheiden sich die ökonomischen Kriminalitätstheorien in einem ganz entscheidenden Punkt von den soziologischen, psychologischen und biologischen Erklärungsansätzen. Kriminelle werden nicht mehr als besondere Personen gesehen, welche Defizite in der Sozialisation, der Psyche oder den Genen aufweisen. Kriminelle unterscheiden sich in ihrer Person nicht von den restlichen Mitgliedern einer Gesellschaft[30]. Der einzige Unterschied besteht in der Entscheidung für das delinquente Verhalten, welche unter Berücksichtigung der zur Verfügung stehenden, knappen Ressourcen getroffen wurde. Danach kann mittels *rational choice* nicht nur jede Art von Straftat, sondern jedwedes menschliche Verhalten erklärt werden[31].

„Thus the decision to become a criminal is in principle no different from the decision to become a bricklayer or a carpenter, or, indeed, an economist. The individual considers the net costs and benefits of each alternative and makes his decision on this basis."[32]

Der Mensch wird als „unsocialized, entirely self-interested, not constrained by norms of a system, but only rationally calculating to further his own self interest" dargestellt[33].

Einigen Autoren ist diese Ansicht allerdings zu radikal. Sie verorten den Unterschied zu soziologischen Kriminalitätstheorien nicht in dem Egoismus des Täters, sondern vielmehr in der Abhängigkeit von situativen Kontexten[34]. Durch die Ablehnung des Einflusses von Normen und Werten auf das Präferenzsystem ist die Herausbildung persistenter Verhaltensmuster nicht möglich. Das Individuum entscheidet in jeder potentiellen Tatsituation unter Bewertung aller Umstände neu. Damit ist diese Ansicht in der Lage, auch altruistisches Handeln mit Hilfe von *rational choice* zu erklären.

Einen großen Einfluss von Normen und Werten auf das Verhaltensmuster sehen die soziologischen Theorien und öffnen damit der positiven Generalprävention Tür und Tor, welche von den ökonomischen Theorien entschieden abgelehnt wird[35]. Der Mensch wird hier als *homo sociologicus* dargestellt. Er ist beeinflusst durch eine gesellschaftlich vermittelte Internalisierung von Werten und Normen[36]. Im Zuge der Sozialisation bildet der Mensch so stabile Verhaltensmuster aus, welche konsequent zu denselben Entscheidungen führen, ohne die situative Kontingenz, welcher der *homo oeconomicus* ausgeliefert ist.

Die *rational choice*-Ansätze favorisieren dagegen die These von der abschreckenden Wirkung, welche von Sanktionsdrohungen und Sanktionen ausgehen soll und folgen somit der negativen

---

[30]   *Becker,* Ansatz (Fn. 27), S. 48; *P. Wittig,* Der ökonomische Ansatz zur Erklärung kriminellen Verhaltens, in: MSchrKrim 76 (1993), S. 328 (331).

[31]   *Wittig,* Ansatz (Fn. 30), S. 329; *Kunz/Singelnstein,* Kriminologie (Fn. 23), § 12 Rn. 24.

[32]   *P.H. Rubin,* The Economics of Crime, in: R. Andreano/J.J. Siegfried (Hrsg.), The Economics of Crime, Cambridge 1980, S. 13 (13).

[33]   *J.S. Coleman,* Collective Decisions, in: Sociological Inquiry 34 (1964), S. 166 (166).

[34]   *H.-J. Otto,* Generalprävention und externe Verhaltenskontrolle, 1982, S. 139 f.; *R. Münch,* Theorie des Handelns, 1982, S. 262; *Wittig,* Verbrecher (Fn. 27), S. 62.

[35]   *Wittig,* Verbrecher (Fn. 27), S. 57; *Wittig,* Ansatz (Fn. 30), S. 332.

[36]   *Wittig,* Verbrecher (Fn. 27), S. 58 f.

Generalprävention[37]. Die Beeinflussung in Richtung Konformität wird über den Kostenpunkt bei der Kosten-Nutzen-Kalkulation gesteuert. Durch die Kriminalisierung eines Verhaltens bzw. durch die Heraufsetzung der Strafhöhe für ein solches Verhalten entstehen für den Täter erhöhte Kosten, welche er im Zuge seiner Nutzenmaximierung zu berücksichtigen hat. So müssen die Strafen für ein Verhalten nach dieser These nur entsprechend weit erhöht werden, bis die Entscheidung für das delinquente Verhalten nicht mehr den höheren Nutzen im Vergleich zu konformem Verhalten verspricht. Dies wäre dann auch das natürliche Höchstmaß für eine Strafe. Der persönlichen Schuld wird eine straflimitierende Funktion innerhalb der negativen Generalprävention zuerkannt[38].

Zum Einfluss anderer externer Faktoren auf die Kriminalität schreibt *Becker*[39]:

> „Ich behaupte, daß der ökonomische Ansatz einen wertvollen, einheitlichen Bezugsrahmen für das Verständnis *allen* menschlichen Verhaltens bietet, obwohl ich selbstverständlich zugebe, daß ein Großteil des Verhaltens noch nicht geklärt ist, und das nicht-ökonomische Variablen ebenso wie Forschungstechniken und Ergebnisse anderer Wissenschaften wesentlich zum Verständnis menschlichen Verhaltens beitragen. D.h., obwohl der ökonomische Ansatz einen umfassenden *Bezugsrahmen* bietet, stammen viele wichtige Begriffe und Methoden von anderen Disziplinen und werden auch weiterhin von diesen erbracht werden."

Diese Auffassung von der ökonomischen Theorie als Bezugsrahmen findet in der Kriminologie großen Anklang[40]. So sieht auch *Hirschi* die Idee des *rational choice* als eng verbunden mit der Kriminologie an und gesteht ihr einen entscheidenden Einfluss auf viele soziologische Theorien zu[41]. *Becker* geht sogar so weit zu behaupten, dass *rational choice*-Theorien und soziologische Theorien gänzlich miteinander vereinbar seien[42].

Ein Problem bei einer derartigen Durchmischung beider Theorieansätze ist, dass die Grenzen stark verschwimmen. Gestehen die ökonomischen Theorien weiträumig soziologischen, psychologischen oder biologischen Faktoren Einfluss zu, wird die Frage laut, welchen eigenständigen Mehrgewinn der *rational choice*-Ansatz dann noch bietet. Von der Ausgangsthese, alles menschliche Handeln als rational und am Nutzenmaximierungsprinzip orientiert zu betrachten, bleibt dann nicht mehr viel übrig.

ccc) Kritik

Die *rational choice*-Theorien in ihrer Reinform wirken nach dem Gesagten eher als idealisiertes Modell, welches zuerst sehr überzeugend wirkt, allerdings einen Blick hinter den Vorhang nicht

---

[37] *Wittig,* Ansatz (Fn. 30), S. 333; *Göppinger,* Kriminologie (Fn. 25), § 10 Rn. 90.
[38] *H. Zipf,* Die Strafzumessung, 1977, S. 46; *H.-J. Bruns,* Strafzumessungsrecht, 2. Aufl. 1985, S. 205; *P.-A. Albrecht,* Kriminologie, 4. Aufl. 2010, S. 45.
[39] *Becker,* Ansatz (Fn. 27), S. 15 (Hervorhebung durch Kursivierung i.O.).
[40] *Otto,* Generalprävention (Fn. 34), S. 179; *Karstedt/Greve,* Vernunft (Fn. 24), S. 173.
[41] *T. Hirschi,* On the Compatibility of *Rational choice* and Social Control Theories of Crime, in: D.B. Cornish/R.V. Clarke (Hrsg.), The Reasoning Criminal, New York 1986, S. 105 (107).
[42] *Becker,* Ansatz (Fn. 27), S. 16; anders *Wittig,* Verbrecher (Fn. 27), S. 134 ff.

schadensfrei übersteht. Die Beweisführung für ihre inhaltliche Konsistenz wird von den *rational choice*-Theorien zudem häufig zu tautologisch geführt[43]. Tautologisch deshalb, weil aus dem tatsächlichen Wahlverhalten Schlüsse über die Präferenz, den Informationsstand und die subjektive Wahrscheinlichkeit gezogen und diese wiederum in das Modell eingestellt werden[44]. Dieses Vorgehen entspricht dem Konzept der *revealed preferences*. Mit Hilfe des Modells kann letztlich weder vorausgesagt werden, welches Handeln in einer bestimmten Situation und unter bestimmten Umständen rational ist, noch können aus einem beobachteten Verhalten Rückschlüsse auf das nutzenmaximierende Verhalten gezogen werden. Im Nachhinein lassen sich Entscheidungen unter Berücksichtigung aller Umstände immer als rational einstufen. Allerdings ist dies auf die *backward induction* zurückzuführen und spiegelt mehr einen Pseudo-Rationalismus, als dass es einen Beleg für die Tragfähigkeit der Theorie schafft[45]. Zudem gibt es zahlreiche Beispiele, in welchen rationales Handeln der Beteiligten sehr fernliegend ist. Dort kann, wenn überhaupt, *rational choice* nur über den Umweg des Unbewussten angenommen werden. Dazu zählen unter anderem Taten Geisteskranker, Taten unter Alkohol- oder Drogeneinfluss, Taten im Affekt und in einem weiteren Sinne auch Jugendstraftaten[46].

Gerade die Tatsache, dass Taten Jugendlicher mit den *rational choice*-Theorien nur eingeschränkt erklärbar sind, ist vorliegend von großer Bedeutung. Im Hinblick auf Cannabiskonsum sind Jugendliche die Hauptkonsumenten und somit die Gruppe, die von der Begehung delinquenter Handlungen abgeschreckt werden soll. Ist allerdings bereits das Theoriemodell im Hinblick auf die Gruppe lückenhaft, spiegelt sich dies umso mehr in empirischen Erhebungen. Gründe dafür, dass der *rational choice*-Ansatz bei Jugendlichen nur eingeschränkt anwendbar ist, sind vor allem die Motive, die jugendliches Handeln leiten. Das Abwägen der eigenen Handlung im Rahmen eines Kosten-Nutzen-Kalküls ist hier häufig nicht zu finden. Spontanität, Entwicklungsverzögerungen und subkulturelle Beeinflussung sind dagegen symptomatische Handlungsorientierungen und -motive von Personen während der Adoleszenz. Das rationale Abwägen der eigenen Handlungen und das Absehen von Konsequenzen in einem weiten Rahmen sind Fähigkeiten, die Jugendliche erst in einem Reifeprozess hin zum Erwachsenen lernen. Eingeschränkt ist die *rational choice*-Theorie hier anwendbar, da es stets auf den Einzelfall der betreffenden Person ankommt. Reifegrade können nicht starr am Alter gemessen werden. So wird es Sechzehnjährige geben, die ihr Verhalten sehr gut kalkulieren können, und solche, die dazu nicht in der Lage sind. Hinzu kommt, dass sich Nicht-Konsumenten im Schnitt eher von rationalen Erwägungen leiten lassen als Konsumenten (dazu auch unter E.I.2. Theorie differentieller Kontakte). Von diesem Ergebnis aus lässt sich vermuten, dass empirische Erhebungen zu sehr durchmischten Ergebnissen kommen könnten. Ebenso kann das Bild eines Spielsüchti-

---

[43]   *Göppinger*, Kriminologie (Fn. 25), § 10 Rn. 94; *Kunz/Singelnstein*, Kriminologie (Fn. 23), § 12 Rn. 34; anders *Becker*, Ansatz (Fn. 27), S. 6.

[44]   *Wittig*, Verbrecher (Fn. 27), S. 131.

[45]   *J. Elster*, Some Unsolved Problems in the Theory of Rational Behavior, in: Acta Sociologica 36 (1993), S. 179 (182 ff.).

[46]   *Göppinger*, Kriminologie (Fn. 25), § 10 Rn. 94.

gen verdeutlichen, dass menschliches Handeln nicht immer rational ist. Der Spielsüchtige überschätzt weithin seine Gewinnchancen und hat gänzlich andere Motive zu spielen, als dies bei einem normalen Spieler der Fall ist[47].

Die meisten Vertreter des *rational choice* sehen die einzig mögliche Reaktion auf Delinquenz in Form des Strafrechts bzw. in der Erhöhung der Strafrahmen. Dies ist zu einseitig. *Karstedt/Greve* führen richtigerweise an, dass die Reaktionen auf abweichendes Verhalten sehr viel differenzierter ausfallen und an unterschiedlichen Punkten ansetzen können, z.b. an Entscheidungen im Vorfeld, an dem Verhalten der Opfer und an der Normgenese bzw. den Strategien politischer Akteure[48].

ddd) Fazit

Die *rational choice*-Theorien beinhalten durchaus zahlreiche positiv besetzte Aspekte. So bieten sie die Möglichkeit der Entwicklung einer Handlungstheorie, welche pathologische Aspekte außen vor lässt; die Theorien analysieren situationsspezifische Machtstrukturen, Normen und Einflüsse; sie bieten ein Instrumentarium zur Analyse der Entstehung von Normen (näher dazu unter B.V.2. Normgenese und Konflikttheorie).

Das Gewicht, welches den *rational choice*-Theorien gerade innerhalb der Politik zukommt, begründet sich aber vor allem in deren Praktikabilität. Mit der *situational crime prevention* beinhalten diese Theorien ein aussichtsreiches Programm zur Kriminalitätsverhinderung, welches leicht umgesetzt werden kann und auch in der Bevölkerung leicht nachvollzogen wird[49]. Als positiv muss ebenfalls bewertet werden, dass einzelne Aspekte der ökonomischen Theorien ein hohes Maß an Integrationsvermögen aufweisen. Sie lassen sich gut mit anderen Kriminalitätstheorien verbinden oder in diese einfügen. So können die nutzenbringenden Elemente des *rational choice*-Gedankens auch isoliert verwendet werden und erbringen einen Beitrag zur Weiterentwicklung in der Kriminalitätsforschung.

Letztlich wird allerdings durch die zahlreichen Unstimmigkeiten innerhalb der *rational choice*-Theorien die abschreckende Wirkung des Strafrechts in Frage gestellt. Die negative Generalprävention gründet sich eben auf einen rational handelnden Täter, welcher das Strafrecht in seine Kosten-Nutzen-Rechnung einstellt und sich so von diesem beeinflussen lässt. Die Mängel in der Theoriekonzeption der ökonomischen Ansätze lassen erste Zweifel an der Wirksamkeit der negativen Generalprävention aufkommen. Die im Bereich des Betäubungsmittelstrafrechts erwartete Wirkung scheint eher idealisiertes Modell denn praxistauglich zu sein. Bei unreflektierter Adaption dieses Modells bestünde die Gefahr, dass von den wahren individuellen und sozialen Bedingungen der Kriminalität abgelenkt wird (dazu näher unter C.V.2. Ablenkung von bestehenden sozial-politischen Problemen)[50].

---

[47]   *Hochstettler,* Perspectives (Fn. 28), S. 206.
[48]   *Karstedt/Greve,* Vernunft (Fn. 24), S. 198 ff.
[49]   *Karstedt/Greve,* Vernunft (Fn. 24), S. 191.
[50]   *Kunz/Singelnstein,* Kriminologie (Fn. 23), § 12 Rn. 37.

bb) Kontrolltheorie nach *Hirschi*

1969 führte *Travis Hirschi* in seinem Werk „Causes of delinquency" eine der meist beachteten Kriminalitätstheorien in die Kriminologie ein[51]. Als Kontrolltheorien gelten solche Theorien, die Kriminalität als Folge mangelnder Disziplinierungskräfte sehen[52]. Somit antwortet *Hirschis* Kontrolltheorie nicht auf die *Hobbessche* Frage, Why do men *not* obey rules of society?, sondern stellt die Frage, Why *do* men obey rules of society?[53]. *Hirschis* Version der Kontrolltheorie zählt zu den *bonding theories*[54]. Diese zeichnen sich dadurch aus, dass sie Devianz durch das Maß an Einbindung des Einzelnen in die Gesellschaft zu erklären versuchen. *Hirschi* bedient sich dazu vierer Determinanten, welche diese Einbindung widerspiegeln sollen. Diese bezeichnet er als *attachment to meaningful persons, commitment to conventional goals, involvement in conventional activities* und *belief in social rules*[55].

aaa) Determinanten

Unter *attachment to meaningful persons* ist das Band zu verstehen, welches den Einzelnen mit anderen (Bezugs-)Personen verbindet[56]. Auf diesem Band beruhen zum einen die Verpflichtungen des Einzelnen gegenüber (Bezugs-)Personen. Sind einer Person die Wünsche und Erwartungen anderer egal, kann diese als *free to deviate* bezeichnet werden[57]. Zum anderen beruhen darauf die Bedeutungen, welche die sozialen Beziehungen für das Leben des Einzelnen haben. *Attachment* kann als kontrolltheoretisches Pendant zur sozialisationstheoretischen Norminternalisierung gesehen werden[58]. *Hirschi* lehnt in seiner Theorie, ebenso wie die *rational choice*-Theorien, persönlichkeitsbezogene Norminternalisierung ab. Es kann keine dauerhaft prägenden sozialen Einflüsse geben, welche dem Individuum persistente Verhaltensmuster oktroyieren. So entspricht *attachment* zwar von der Wirkung her der Norminternalisierung, verzichtet allerdings auf deren langzeitlichen Effekt. *Attachment* steht in einem permanenten Wechselspiel zur emotionalen Bindung an weitere (Bezugs-)Personen. Das Band zu den (Bezugs-)Personen kann jederzeit reißen oder fragiler werden, was die Wahrscheinlichkeit delinquenten Verhaltens erhöht. Der Vorteil dieser Sichtweise ist, dass so auch Delinquenz von sozialisierten Personen erklärbar wird.

Die Abhängigkeit von situativen Kontexten wurde bereits bei den *rational choice*-Theorien relevant. Allerdings bezieht sich die Betonung der Aktualität im Rahmen der Kontrolltheorie nur auf die Determinante des *attachment*. Die Kontrolltheorie soll, im Gegensatz zu den *rational*

---

[51] *M.A. Niggli*, Kriminologische Theorien und ihre Bedeutung für die Kriminologie in Deutschland, der Schweiz und den USA – Ein empirischer Vergleich, in: MSchrKrim 75 (1992), S. 261 (266).

[52] *Otto*, Generalprävention (Fn. 34), S. 51.

[53] *T. Hirschi*, Causes of Delinquency, Berkeley u.a. 1969, S. 10.

[54] *Otto*, Generalprävention (Fn. 34), S. 69.

[55] *Hirschi*, Causes (Fn. 53), S. 16 ff.

[56] *Otto*, Generalprävention (Fn. 34), S. 69 f.; *Kaiser*, Kriminologie (Fn. 12), § 27 Rn. 18.

[57] *Hirschi*, Causes (Fn. 53), S. 18.

[58] *Hirschi*, Causes (Fn. 53), S. 28; auf einen Widerspruch dieses Vergleichs hinweisend: *Otto*, Generalprävention (Fn. 34), S. 69 f.

choice-Theorien, eher langfristige Erklärungen für Delinquenz liefern, während sich die *rational choice*-Theorien auf situative Gründe für Kriminalität beziehen[59]. Die Kontrolltheorie ist eher eine *theory of criminality*, während die *rational choice*-Theorien als *theories of crime* gelten[60]. Die kurzfristige Beeinflussbarkeit des Merkmals *attachment* wird durch die Tatsache aufgefangen, dass es sich insgesamt um vier Determinanten handelt, welche der Kontrolltheorie zugrunde liegen. Eine Kombination aus vier Merkmalen bietet die Möglichkeit, Verhalten langfristig zu beurteilen, da die Änderung einer Determinante durch die anderen aufgefangen werden kann. Weiterhin kann *attachment* auch als Entsprechung des „Über-Ich" in der Psychoanalyse gesehen werden[61]. Die Bedeutung des *attachment* wird in Bezug auf Jugendliche besonders deutlich. Die situative Abhängigkeit sozialer Beziehungen und deren sprunghafter Wechsel sind symptomatisch für die Adoleszenz. Das Band zu (Bezugs-)Personen ist gerade in dieser Lebensphase sehr fragil, und eine feste Bindung besteht häufig nicht. Da Jugendliche die Hauptkonsumenten von Cannabis sind, ist die Bedeutung der Determinante *attachment* für die Erklärung von Delinquenz in Zusammenhang mit Cannabis von besonderer Bedeutung. Denn diese Determinante scheint gerade bei Jugendlichen häufig zu fehlen, was nach der Kontrolltheorie die Wahrscheinlichkeit devianten Verhaltens bzw. von Cannabiskonsum erhöht.

Commitment to conventional goals ist die rationale Komponente der Determinanten[62]. Es wird dort Bezug genommen auf den Besitzstand an materiellen und immateriellen Gütern, welche eine Person verlieren könnte, für den Fall, dass diese delinquente Verhaltensweisen an den Tag legt[63]. Dieser Besitzstand wird durch deviantes Verhalten gefährdet, da (wenigstens auf lange Sicht gesehen) solche Verhaltensweisen mit physischen, psychischen, sozialen oder rechtlichen Nachteilen verbunden sind[64]. Der Einzelne wird abwägen, ob der Verlust dieses Besitzes durch die Vorteile aufgewogen wird, welche aus dem delinquenten Verhalten resultieren. Damit stellt das *commitment* einen Ansatzpunkt für einen Abschreckungseffekt innerhalb der Kontrolltheorie dar. Im Einzelnen beruht die Kontrolltheorie ebenso wie die *rational choice*-Theorien auf methodologischem Individualismus[65]. Aber durch die rationale Abwägung hinsichtlich seines Besitzstandes können sowohl Strafe als auch das jeweilige Maß an Strafe entscheidend dafür sein, ob sich der Einzelne deviant verhält oder nicht. Ein hoher Besitzstand führt in der Theorie dazu, dass die Kostenseite stärker betont wird und der Einzelne weniger geneigt sein wird, kurzfristige Befriedigung in der Kriminalität zu suchen, als vielmehr auf seine konventionellen Ressourcen zu achten. Steigen nun die Strafen für ein bestimmtes Verhalten, ist auch der Besitzstand stärker gefährdet, und der rational kalkulierende Täter entscheidet sich eher für ein konformes Verhaltensmuster. Damit könnte an diesem Punkt ein Abschreckungseffekt eintreten, welcher in einem interdependenten Verhältnis zum Besitzstand steht. Die Tatsache, dass

---

[59]   *Kaiser*, Kriminologie (Fn. 12), § 27 Rn. 17; *Karstedt/Greve*, Vernunft (Fn. 24), S. 181.
[60]   *Hirschi*, Compatibilty (Fn. 41), S. 114.
[61]   M. *Amelang*, Sozial abweichendes Verhalten, 1986, S. 191.
[62]   *Kaiser*, Kriminologie (Fn. 12), § 27 Rn. 18.
[63]   *Amelang*, Verhalten (Fn. 61), S. 192.
[64]   T. *Hirschi*, Das Karriereparadigma aus Sicht der Kontrolltheorie, in: MSchrKrim 72 (1989), S. 413 (417).
[65]   *Otto*, Generalprävention (Fn. 34), S. 67.

Hirschi selbst einen Abschreckungseffekt in seiner Theorie nicht thematisiert, kann entweder darin begründet sein, dass dieser hier empirische Probleme sah, oder, dass 1969 der Begriff der *deterrence* noch nicht weit genug verbreitet war[66]. Das *commitment* ist letztlich das Gegenstück zum „Ich" in der Psychoanalyse, bzw. zum *common sense*[67]. Hier gelten wieder die bereits im Rahmen der *rational choice*-Theorien getroffenen Erläuterungen zu Jugendlichen. Jugendliche richten ihr Verhalten häufig an kurzfristiger Bedürfnisbefriedigung und nicht an rationalen Aspekten aus. Der Erklärungsgehalt des *commitment* scheint daher bezogen auf den jugendlichen Konsum von Cannabisprodukten eher gering. Von Jugendlichen begangene Delikte im Bereich des Betäubungsmittelgesetzes sind rationalem Wahlhandeln nur sehr beschränkt zugänglich. Handlungen Jugendlicher erscheinen hier vermehrt als *ad hoc*-Entscheidungen, beeinflusst durch Gruppendynamiken, welchen keine Kosten-Nutzen-Analyse vorausgeht. Zudem ist der Besitzstand im Jugendalter noch wenig ausgeprägt, sodass Jugendliche in der Regel weniger zu verlieren haben als Erwachsene. Die Determinante des *commitment* ist auf Jugendliche nur eingeschränkt anwendbar.

Involvement in conventional activities meint die Einbindung des Einzelnen in konventionelle Alltagstätigkeiten wie Schule, Beruf, Verabredungen, Pläne, Familie usw.[68]. Es wird davon ausgegangen, dass jemand, der stark in diese Tätigkeiten eingebunden ist, keine zeitlichen Ressourcen dafür aufbringen kann, devianten Plänen nachzugehen. *Hirschi* trifft es sehr gut, wenn er in diesem Zusammenhang sagt, „idle hands are the devil's workshop"[69]. Auch diese Determinante ist bei Jugendlichen weniger ausgeprägt als bei Erwachsenen. Jugendliche, welche primär in einen schulischen Alltag eingebunden sind, haben deutlich geringere Anbindung an konventionelle Tätigkeiten, als Erwachsene, die im Berufsleben stehen. Jugendlichen steht mehr Freizeit zur Verfügung, die sie selbst gestalten können. Hier besteht das Risiko, dass Jugendliche dieses Mehr an freier Zeit auch mit dem Konsum von Cannabis zubringen. Der Konsum von Drogen kann für Jugendliche eine Art der Freizeitgestaltung sein. In diesem Zusammenhang spricht man auch von *recreational drug use* (Freizeitkonsum). Defizite im *involvement* bieten daher einen Erklärungsansatz für Devianz durch Cannabiskonsum.

Belief in social rules bezieht sich auf die Anerkennung des konventionellen sozialen Wertesystems[70]. Kontrolltheoretiker gehen davon aus, dass für die gesamte Gesellschaft ein einheitliches Wertesystem besteht. Problematisch wird es, wenn jemand trotz Anerkennung dieses Wertesystems gegen Selbiges verstößt. Bei differierenden Wertesystemen taucht dieses Problem indes nicht auf.

---

[66]   *Otto*, Generalprävention (Fn. 34), S. 72.
[67]   *Hirschi*, Causes (Fn. 53), S. 20.
[68]   *Amelang*, Verhalten (Fn. 61), S. 192.
[69]   *Hirschi*, Causes (Fn. 53), S. 22.
[70]   *Otto*, Generalprävention (Fn. 34), S. 73 ff.; *Amelang*, Verhalten (Fn. 61), S. 192; *Kaiser*, Kriminologie (Fn. 12), § 27 Rn. 18

Die Kontrolltheorie stellt sich damit als eine Verbindung aus *rational choice*-Theorien und Elementen der Sozialisationstheorie dar[71]. Dies stellt *Hirschi* sogar ausdrücklich klar, indem er die vier Determinanten seiner Kontrolltheorie, als auf die *rational choice*-Theorien übertragbar ansieht.

bbb) Kritik

Durch die Verbindung der *rational choice*-Theorien mit funktionalistischen Elementen wird die Gefahr einer Verwässerung der Theorien, wie sie unter A.III.1.a)aa)bbb) Abgrenzung der *rational choice*-Theorien thematisiert wurde, aktuell.

Kritik entzündet sich vor allem an den Punkten des *attachment* und des *belief*. In Bezug auf das *attachment* wird häufig angeführt, dass *Hirschi* nicht erklärt, wie Bindungen entstehen, wie diese ausgestaltet sein müssen und wie sie enden[72]. Dies ist jedoch nur bedingt richtig. In Zusammenhang mit dem *attachment* wurde bereits auf das Sozialisationsprinzip hingewiesen. Dieses bietet durchaus die Möglichkeit der Erklärung von Bindungsaufbau sowie -beendigung. Dass das Sozialisationsprinzip mit der Kontrolltheorie, mit Ausnahme der Langzeitwirkung im Rahmen des *attachment*, vereinbar ist, stellt *Hirschi* in diesem Zusammenhang noch einmal klar[73]. Bezüglich der Ausgestaltung der *bonds* weist *Hirschi* darauf hin, dass diese keiner spezifischen Ausgestaltung bedürfen. Wichtig sei nur, dass diese vorhanden sind[74]. Dies widerspricht dem Erkenntnisstand der Lerntheorien, die nachgewiesen haben, dass die Art des sozialen Umfeldes von entscheidender Bedeutung für die Sozialisation von Individuen ist (dazu auch unter E.I.3. Instanzen informeller sozialer Kontrolle)[75]. Ebenso wird nicht darauf eingegangen, ob geschwächte Bindungen Delinquenz hervorrufen, Delinquenz soziale Bindungen schwächt oder ob eine Wechselwirkung zwischen beiden besteht[76]. Auch versagt die Kontrolltheorie bei der Erklärung, warum Personen mit ausreichend starken *bonds* kriminell werden oder warum Personen mit gleichen *bonds* unterschiedliche Wege beschreiten (s. dazu auch E.I.2. Theorie differentieller Kontakte)[77].

Hinsichtlich des *belief* stellt sich die Frage, inwiefern diese Determinante mit der Kontrolltheorie vereinbar ist[78]. Die Kontrolltheorie geht davon aus, dass sowohl konform lebende Personen als auch Delinquente einem einheitlichen Wertesystem folgen. Wie kann dann aber der Delinquente gegen ein Wertesystem verstoßen, welchem er eigentlich folgt? Eine mögliche Antwort

---

[71]   *Kaiser,* Kriminologie (Fn. 12), § 27 Rn. 23.
[72]   *Kaiser,* Kriminologie (Fn. 12), § 27 Rn. 22; *H.J. Schneider,* Kriminologie, Bd. 1, 2014, S. 421.
[73]   *M. Gottfredson/T. Hirschi,* A General Theory of Crime, Stanford 1990, S. 269, 272 ff.; kritisch: *R.L. Akers,* Self-Control as a General Theory of Crime, in: Journal of Quantative Criminology 28 (1991), S. 201 (209).
[74]   *Hirschi,* Causes (Fn. 53), S. 152.
[75]   *Amelang,* Verhalten (Fn. 61), S. 193; *Göppinger,* Kriminologie (Fn. 25), § 9 Rn. 31 ff.; *Kunz/Singelnstein,* Kriminologie (Fn. 23), § 11 Rn. 6; *M. Bock,* Kriminologie, 4. Aufl. 2013, Rn. 139 ff.
[76]   *Kunz/Singelnstein,* Kriminologie (Fn. 23), § 11 Rn. 6.
[77]   *H.-D. Schwind,* Kriminologie, 23. Aufl. 2016, § 6 Rn. 18a.
[78]   *Otto,* Generalprävention (Fn. 34), S. 74 ff.; *Kunz/Singelnstein,* Kriminologie (Fn. 23), § 11 Rn. 8.

sind Neutralisierungstechniken. Mit Hilfe solcher Techniken kann amoralischen Entscheidungen ein Anstrich von Rechtmäßigkeit verliehen werden, indem diese rationalisiert werden. Das deviante Individuum findet für sich Rechtfertigungen, weshalb das deviante Verhalten in eben dieser Situation doch als moralisch vertretbar angesehen werden kann[79]. Allerdings müssen nach der Kontrolltheorie keine moralischen Grenzen überwunden werden, da die Theorie die Existenz solcher Grenzen von Grund auf vereint[80]. Es werden dazu zwei Lösungen vertreten. Entweder wird *belief* nur als leere Hülle gesehen, welche nur zur Anwendung kommt, wenn die anderen drei Determinanten keine ausreichenden Ergebnisse liefern, oder die Neutralisierungstechniken müssen anders verstanden werden[81]. Die Modifikation verläuft dabei derart, dass die Neutralisation nicht mehr intendiert und vor der Tat erfolgen muss. Sie geschieht eher unbewusst und bezieht sich weniger auf moralische Bedenken als auf allgemeine Überzeugungen hinsichtlich sozialer Regeln. Natürlich erscheint die letzte Vorgehensweise als Hilfsgriff, welcher eine saubere Eingliederung von *belief* in die Kontrolltheorie nicht zu bewerkstelligen vermag und dem *belief* lediglich eine ergänzende Funktion zuweist. So sieht *Otto* den Begriff des *belief* auch als nicht vereinbar mit der Kontrolltheorie an. Nach ihm musste *Hirschi* diesen jedoch aufnehmen, da in ihm die Legitimation der staatlichen Ordnung, welche hergestellt werden soll, begründet liegt.

Die stellenweise geäußerte Kritik zu dem Punkt, dass die Kontrolltheorie Kriminalität nur mit der Abwesenheit von etwas, nämlich den *bonds* erkläre, scheint indes nicht nachvollziehbar[82]. Es ist anerkannt, dass es sowohl positive wie negative Korrelationen geben kann. Daher kann auch Kriminalität durch die Abwesenheit von *bonds* erklärt werden.

ccc) Fazit

Insgesamt weist die Kontrolltheorie einige Mängel auf, welche ihren Erklärungswert hinsichtlich des Phänomens Kriminalität schmälern. Zugute gehalten werden kann ihr ein unbestrittener heuristischer sowie integrativer Wert[83]. Eine Integration in oder Verbindung mit anderen Konzepten ist für die Kontrolltheorie relativ einfach. Die große Bandbreite an zu integrierenden Variablen bietet einen Vorteil an Flexibilität. Allerdings können diese Punkte nicht über die Schwächen in der theoretischen Konstruktion hinwegtäuschen, und das Konzept der Kontrolltheorie muss, trotz seiner hohen Reputation in Wissenschaft und Forschung, mit Vorsicht genossen werden. Neben den eigenen Defiziten kämpft die Kontrolltheorie infolge der Adaption des rationalen Wahlhandelns mit denselben Punkten wie die *rational choice*-Theorien.

Die brauchbaren Ansätze werden vor allem im Bereich der Jugendkriminalität, welcher untrennbar mit Delikten im Bereich des Betäubungsmittelstrafrechts verbunden ist, sichtbar. Die einzelnen Determinanten der Kontrolltheorie sind gerade bei Jugendlichen defizitär ausgeprägt.

---

[79] *Göppinger,* Kriminologie (Fn. 25), § 25 Rn. 24 f.; *Bock,* Kriminologie (Fn. 75), Rn. 170 f.
[80] *Hirschi,* Causes (Fn. 53), S. 24 f.
[81] *Amelang,* Verhalten (Fn. 61), S. 192 f.
[82] *Otto,* Generalprävention (Fn. 34), S. 51.
[83] *Amelang,* Verhalten (Fn. 61), S. 205; *Kaiser,* Kriminologie (Fn. 12), § 27 Rn. 19.

So haben die Disziplinierungskräfte auf Personen in der Adoleszenz nur beschränkten Einfluss. Der Reifungsprozess in diesem Alter und das typische Ausloten von Grenzbereichen verhindern ein adäquates Maß an Kontrolle. Betäubungsmitteldelikte und ihr Zusammenhang zu jungen Tätergruppen werden so sichtbar und erklärbar. Gerade die Implementierung von sozialisationstheoretischen Aspekten macht die Kontrolltheorie für die Erklärung von Rauschgiftdelikten sehr fruchtbar.

b) Empirische Befunde

In der Soziologie und damit auch der Kriminologie müssen Theorien nicht nur abstrakt und in sich schlüssig, sondern auch einem empirischen Nachweis zugänglich sein. Deshalb müsste sich ein Abschreckungseffekt des Strafrechts, sofern er existiert, mit den Methoden der empirischen Sozialwissenschaften nachweisen lassen. Wäre das nicht der Fall, würden zumindest erhebliche Zweifel an dem Strafzweck der negativen Generalprävention aufkommen.

Die Befunde zu den zahlreichen, fast unüberschaubaren empirischen Erhebungen, welche sich mit dem Thema der negativen Generalprävention beschäftigen, fallen so unterschiedlich aus, wie es eben nur geht. Exemplarisch sei auf die Metaanalyse von *Eisele* verwiesen[84]. Von den untersuchten Studien bestätigten neun Studien die Abschreckungshypothese, neun widerlegten sie und die restlichen zehn modifizierten die ursprüngliche Hypothese und postulierten die Abhängigkeit von weiteren Rahmenbedingungen. Hier wird bereits die inkonsistente Datenlage auf dem Gebiet deutlich.

Eine weitere Metaanalyse von *Dölling u.a.* kommt zu dem Schluss, dass sich ein abschreckender Effekt von Strafe eher nachweisen als falsifizieren lässt[85]. Dem stellen sich wiederum zahlreiche Autoren entgegen, die keine empirische Nachweisbarkeit eines Abschreckungseffektes in ihren Analysen feststellen konnten[86].

aa) Arten der Erhebung

Die Operationalisierung kann bei Untersuchungen hinsichtlich des Abschreckungseffektes auf zwei Weisen geschehen. Zum einen durch einen Vergleich zwischen Sanktionspraxis und Straftaten-, Verurteiltenziffer bzw. durch einen Vergleich zwischen erwarteter Strafe und dem eigenen Legalverhalten, wobei letzteres mittels Befragungen ermittelt wird. Beide Ansatzpunkte bieten Anlass zur Kritik.

---

[84] *H. Eisele*, Die general- und spezialpräventive Wirkung strafrechtlicher Sanktionen – Methoden – Ergebnisse – Metaanalysen, 1999, S. 78 ff.

[85] *D. Dölling u.a.*, Metaanalyse empirischer Abschreckungsstudien in: F. Lösel/D. Bender/J.-M. Jehle (Hrsg.), Kriminologie und wissensbasierte Kriminalpolitik, 2007, S. 633 (633 ff.); ebenso: *J. Antony/H. Entorf*, Zur Gültigkeit der Abschreckung im Sinne der ökonomischen Theorie der Kriminalität, in: H.-J. Albrecht/H. Entorf (Hrsg.), Kriminalität, Ökonomie und Europäischer Sozialstaat, 2003, S. 167 (182).

[86] *G. Rusche/O. Kirchheimer*, Punishment and Social Structure, New York 1939, S. 203 ff.; *Bruns*, Strafzumessungsrecht (Fn. 38), S. 206; *K. Hart-Hönig*, Gerechte und zweckmäßige Strafe, 1992, S. 49; *A. v. Hirsch u.a.*, Criminal Deterrence and Sentence Severity, Oxford 1999, S. 48; *Albrecht*, Kriminologie (Fn. 38), S. 61.

Stellt man auf die Straftaten- bzw. Verurteiltenziffer in Abhängigkeit von der Sanktionspraxis ab, handelt es sich in der Analyse nur um Hellfelddaten. Hellfelddaten unterliegen jedoch vielerlei Einflüssen, wie zum Beispiel einem veränderten Anzeigeverhalten innerhalb der Bevölkerung, einer Änderung in der Ermittlungsintensität staatlicher Organe, Amnestien oder der Arbeitsbelastung der Justiz. Diese Einflüsse können den Effekt der Sanktionspraxis verzerren, sodass ein Rückschluss aus den Hellfelddaten eher einer vagen Vermutung hinsichtlich eines Zusammenhangs gleicht. Wenn stellenweise behauptet wird, dass es keinen Unterschied mache, ob Hell- oder Dunkelfelddaten zugrunde gelegt werden, mag das für die Untersuchung, auf welche Bezug genommen wird, im Einzelfall zutreffen. Daraus lässt sich allerdings keine Regel ableiten[87].

Um diese Einflüsse zu kontrollieren, ist es notwendig, die Erhebung mit Dunkelfelddaten durchzuführen. Zur Erhebung von Dunkelfelddaten ist man auf Befragungen angewiesen. Hier stellt sich ein anderes Problem. Die Probanden müssen in den Befragungen Bezug nehmen auf zukünftiges erwartetes eigenes Verhalten. Dies stellt ein Problem insofern dar, als es sich bei den Angaben nur um Prognosen handelt[88]. Solche Prognosen sind schon in der Wissenschaft fehleranfällig. Umso eher gilt dies bei Probanden. *Bock* weist auch darauf hin, dass letztlich nicht der Zusammenhang zwischen Strafdrohung oder Entdeckungsrisiko und potentiellem delinquentem Verhalten erhoben wird, sondern solche Erhebungen nur die Einstellung der Probanden festhalten. Vermittelnd könnte man argumentieren, dass von den Einstellungen des Einzelnen gegenüber Rechtsnormen und Sanktionspraxis durchaus auf zukünftiges Legalverhalten geschlossen werden kann[89]. Allerdings ist hier eine vorsichtige Interpretation der Ergebnisse angezeigt. Es zeigt sich, dass beide Möglichkeiten der Operationalisierung Schwächen aufweisen. Dunkelfeldbefragungen scheinen trotz der Notwendigkeit einer Prognose die verlässlichere Wahl zu sein. Es muss jedoch auf die Auswahl der Probanden geachtet werden. Zu häufig werden nur solche Personen befragt, die nicht zu delinquentem Verhalten neigen und somit keine repräsentative Auswahl bilden[90].

Unabhängig von den jeweils bestehenden Schwachstellen der beiden Methoden ist bereits die Existenz verschiedener Operationalisierungen problematisch. Beim Vergleich von Studien muss beachtet werden, welche Methode jeweils genutzt wurde. Bei verschiedener Operationalisierung ist eine Vergleichbarkeit der Ergebnisse unter Umständen nicht gegeben[91]. Darüber

---

[87] *Dölling u.a.,* Metaanalyse (Fn. 85), S. 642.
[88] *M. Bock,* Prävention und Empirie – Über das Verhältnis von Strafzwecken und Erfahrungswissen, in: JuS 1994, S. 89 (95); anders: *H. Schöch,* Empirische Grundlagen der Generalprävention, in: T. Vogler (Hrsg.), Festschrift für Hans-Heinrich Jescheck, 1985, S. 1081 (1086).
[89] *Albrecht,* Effizienz (Fn. 23), S. 316.
[90] *A. Kreuzer,* Prävention durch Repression, in: H. Schöch/J.-M. Jehle (Hrsg.), Angewandte Kriminologie zwischen Freiheit und Sicherheit, 2004, S. 205 (209).
[91] *D. Dölling/D. Hermann,* Befragungsstudien zur negativen Generalprävention, in: Albrecht/Entorf, Kriminalität (Fn. 85), S. 133 (133 ff.).

hinaus tragen auch unterschiedliche Messmethoden, Messfehler sowie die Wahl von Kontroll-variablen zur disparaten Datenlage bei[92].

bb) Entdeckungs- und Verfolgungswahrscheinlichkeit

Entscheidende Bedeutung kommt zusätzlich der Variable „Entdeckungs- und Verfolgungs-wahrscheinlichkeit" zu. Es deutet viel darauf hin, dass die subjektiv empfundene Entdeckungs- und Verfolgungswahrscheinlichkeit einen wesentlich größeren Einfluss auf das Legalverhalten ausübt als der Abschreckungseffekt, welcher vom Strafrecht und der Sanktionspraxis abstrakt ausgeht[93]. Dies ist darauf zurückzuführen, dass selbst extensive Strafdrohungen ein stumpfes Schwert sind, wenn die Taten gar nicht erst entdeckt werden. Voraussetzung dafür, dass dem Entdeckungs- und Verfolgungsrisiko eine große Bedeutung zukommt, ist, dass es sich um einen rational kalkulierenden Täter handelt, welcher diese Variable bei seinem Vorgehen beachtet[94].

cc) Differenzierung nach Art des Delikts

Diese rationale Kalkulation der Tat, welche auch schon der entscheidende Punkt bei dem theo-retischen Hintergrund der negativen Generalprävention war, bildet häufig ein Abgrenzungskri-terium hinsichtlich der Wirksamkeit eines Abschreckungseffektes. So gehen manche Analysen davon aus, dass die negative Generalprävention nur bei bestimmten Delikten greift, und zwar bei solchen, denen ein rationales Wahlhandeln vorausgeht[95]. Dazu zählen vor allem Delikte im Bereich des Vermögens-, Wirtschafts-, Steuer-, und Straßenverkehrsrechts. Anders ist es hin-gegen im Bereich der Gewaltkriminalität. Delikte aus diesem Bereich sind zumeist Affekttaten ohne rationale (Vor-)Überlegungen. Außerdem werden die Delikte häufig unter Alkoholein-fluss begangen. Weiter wird noch zwischen leichten bis mittelschweren Delikten und schweren Delikten unterschieden. So kommt eine Studie von *Schumann* zu dem Ergebnis, dass gerade im Bereich der leichteren Delinquenz ein Abschreckungseffekt nachzuweisen ist[96]. Dem wider-spricht *Albrecht* mit dem Hinweis, dass im Bereich der leichten bis mittelschweren Delinquenz das Entdeckungs- und Verfolgungsrisiko zu gering ist, als dass strafrechtliche Sanktionen einen abschreckenden Charakter haben könnten[97]. Auch hier wird erneut deutlich, dass eine isolierte Betrachtung des Abschreckungseffektes nicht möglich ist, da die Kontrollvariable der Entde-ckungs- und Verfolgungswahrscheinlichkeit das Ergebnis erheblich beeinflusst.

---

[92]   *Dölling u.a.,* Metaanalyse (Fn. 85), S. 647 f.
[93]   *Hirsch u.a.,* Deterrence (Fn. 86), S. 48; *Dölling/Hermann,* Befragungsstudien (Fn. 91), S. 157; *R.J. Mac-Coun/P. Reuter,* Drug War Heresies, Cambridge 2001, S. 83; *Albrecht,* Kriminologie (Fn. 38), S. 47; *B.-D. Meier,* Strafrechtliche Sanktionen, 4. Aufl. 2015, S. 28.
[94]   *Albrecht,* Kriminologie (Fn. 38), S.59.
[95]   *Zipf,* Strafzumessung (Fn. 38), S. 49; *Kreuzer,* Prävention (Fn. 90), S. 210; *Dölling u.a.,* Metaanalyse (Fn. 85), S. 642.
[96]   *K.F. Schumann u.a.,* Jugendkriminalität und die Grenzen der Generalprävention, 1987, S. 161 ff.; so auch *Schöch,* Grundlagen (Fn. 88), S. 1090; mit Hinweis auf Betäubungsmitteldelikte: *Kunz/Singelnstein,* Kri-minologie (Fn. 23), § 20 Rn. 20.
[97]   *Albrecht,* Kriminologie (Fn. 38), S. 60 f.

dd) Informationsstand des Täters

Angenommen, es handelt sich um einen rational kalkulierenden Täter und ein Delikt, welches ein rationales Wahlhandeln auch zulässt. Der Täter könnte hier die potentielle Sanktion in seine Überlegung mit einbeziehen und auf der Kostenseite verbuchen. Die Frage ist allerdings, inwieweit potentielle Delinquenten über Strafrahmen und Sanktionspraxis informiert sind. Dieser Punkt ist wichtig, da Abschreckung mittels Strafrecht nur funktionieren kann, wenn der Täter die Folgen seines Handelns auch richtig einzuschätzen weiß. Dies wird in den meisten Fällen jedoch nicht der Fall sein[98]. Zum einen kümmern sich die Menschen im Schnitt nicht um genaue Strafrahmen und schon gar nicht um die exakte Sanktionspraxis der Gerichte, und zum anderen beziehen die meisten Personen Informationen diesbezüglich aus den Medien, was für eine stark verfälschte Adaption der tatsächlichen Verhältnisse sorgt. Die Vorstellungen innerhalb der Gesellschaft weichen häufig deutlich von den realen Verhältnissen ab, sodass das Strafrecht seine Wirkung nicht auf die gewünschte Weise entfalten kann. Das Entdeckungs- und Verfolgungsrisiko kann von den Tätern zumeist deutlich besser eingeschätzt werden, da es offensichtlicher ist[99]. Auch dies trägt zur Bedeutung der Variable bei.

ee) Abschreckung im Rahmen von Betäubungsmitteldelikten

Hassemer weist darauf hin, dass im Bereich des Betäubungsmittelrechts eine Ausnahme von den sonst vorherrschenden Fehlinformationen bestehen könnte. Danach sind Personen, welche Delikte in diesem Bereich begehen, im Schnitt sehr gut über potentielle Konsequenzen des delinquenten Verhaltens informiert. Allerdings darf hier der Aspekt des rationalen Handelns nicht vernachlässigt werden, ohne den eine Abschreckung ohnehin nicht stattfinden kann. Ein solches Handeln wird in der Regel nur beim *Handel* mit Betäubungsmitteln zu finden sein und weniger im Bereich des *Konsums*. So stößt der Versuch, einen Abschreckungseffekt empirisch nachzuweisen, bei Betäubungsmitteln aufgrund der dort gegebenen Deliktsstruktur an seine Grenzen. Vermögens-, Wirtschafts-, Steuer-, und Straßenverkehrsdelikte, bei denen ein latenter Abschreckungseffekt durch Strafrecht nachgewiesen werden kann, folgen anderen Mustern und werden von anderen Personengruppen begangen als Verstöße gegen das Betäubungsmittelgesetz. Dort sind es gerade junge Täter, deren Handeln sich an *peers* und spontaner Bedürfnisbefriedigung orientiert, die auffällig werden. Der gute Informationsstand dieser Klientel hinsichtlich der mit ihrem Handeln verbundenen Konsequenzen kann keinen protektiven Faktor gegen deviantes Verhalten bilden, da in den Tatzeitpunkten dieser Informationsstand nicht handlungsleitend ist. Dieser wird überlagert durch hedonistische Motive, hinter denen rationales Kalkül zurücktritt.

Etwas anderes könnte jedoch im Rahmen der Kontrolltheorie gelten, wenn diese losgelöst von einem Abschreckungseffekt untersucht wird. Für diesen Fall finden sich Hinweise darauf, dass

---

[98] *Hart-Hönig,* Strafe (Fn. 86), S. 47; *W. Hassemer,* Variationen der positiven Generalprävention, in: B. Schünemann/A. v. Hirsch/N. Jareborg (Hrsg.), Positive Generalprävention, 1998, S. 29 (35); *K.F. Schumann,* Experimente mit Kriminalitätsprävention, in: H. Hof/G. Lübbe-Wolff (Hrsg.), Wirkungsforschung zum Recht I, 1999, S. 501 (511).

[99] *Hirsch u.a.,* Deterrence (Fn. 86), S. 48.

vor allem die Determinante *attachment to meaningful persons* in der Lage ist den Drogenkonsum des Einzelnen positiv zu beeinflussen[100]. Voraussetzung ist, dass es sich um konventionelle Personen handelt. Dieses Ergebnis korreliert mit den Befunden zur Bedeutung der Instanzen informeller sozialer Kontrolle (E.I. Informelle soziale Kontrolle).

ff) Fazit

Die divergierenden Ergebnisse sollten aus wissenschaftlicher Sicht zur Vorsicht mahnen und Strafbegründungen auf Basis der negativen Generalprävention demzufolge überdacht werden. Kann der gewünschte Effekt, potentielle Täter von Straftaten abzuhalten, nicht hinreichend nachgewiesen werden – und das kann er nicht –, so muss überlegt werden inwiefern dieser Strafzweck eine legitime Grundlage bildet. Schwächen sowohl im theoretischen Fundament als auch in der empirischen Nachweisbarkeit lassen Zweifel an der negativen Generalprävention aufkommen.

Dass viele Studien zu dem Ergebnis kommen, dass es einen Abschreckungseffekt von Strafe nicht gibt oder dieser nur sehr eingeschränkt nachweisbar sei, könnte auch daran liegen, dass dieser Effekt mit den Methoden der empirischen Sozialwissenschaften schlicht nicht zu erfassen ist[101]. So wird vorgeschlagen, dass auch auf „spekulative, hermeneutische, systemorientierte und sich aus Einzelbeobachtungen ergebende qualitative Erkenntnisse" zurückgegriffen werden sollte[102]. Den Alleinvertretungsanspruch der Empirie in Frage zu stellen und den Blick auf andere Vorgehensweisen wie den *common sense* zu erweitern, scheint stets ein legitimer Weg zu sein, welchem das Potential innewohnt, die Wissenschaft zu neuen Erkenntnissen zu bringen. Fraglich ist jedoch, wieweit dabei von der Empirie als momentan aussagekräftigster Methode abgewichen werden darf. Gerade unter Berücksichtigung der Sensibilität des Themas Strafrecht muss hier sehr genau geprüft werden, welche Begründungen für Strafen herangezogen werden können. Ob dafür Hermeneutik und *common sense* eine ausreichende Grundlage bieten, dürfte zweifelhaft sein.

Abseits dieser wissenschaftlichen Überlegungen zu dem Thema ist jedoch letztlich zu berücksichtigen, dass sowohl das Bundesverfassungsgericht als auch der Bundesgerichtshof die negative Generalprävention zusammen mit den anderen Strafzwecken im Rahmen der Vereinigungstheorie als legitime Grundlage für eine Strafbegründung ansehen[103]. So soll die Kritik zur negativen Generalprävention als Anregung für zukünftige Überlegungen dienen; sie ändert jedoch nichts an der momentanen Legitimität dieses Strafzwecks.

---

[100] *W.R. Downs/J.F. Robertson,* Control Theory, Labeling Theory, and the Delivery of Services for Drug Abuse to Adolescents, in: Adolescence 32 (1997), S. 1 (13).
[101] *Kaiser,* Kriminologie (Fn. 12), § 31 Rn. 34; *Hirsch u.a.,* Deterrence (Fn. 86), S. 47.
[102] *Kreuzer,* Prävention (Fn. 90), S. 208 f.
[103] BGHSt 17, 321 (324); 20, 264 (267); 28, 318 (326); BVerfGE 21, 391 (404); 39, 1 (57); 45, 187 (253).

2. Positive Generalprävention

Die positive Generalprävention setzt im Gegensatz zur negativen Generalprävention auf eine sozialisierende Wirkung des Strafrechts. Durch die Existenz von Strafrecht und eine korrespondierende Sanktionspraxis soll innerhalb der Gesellschaft ein Normbewusstsein geschaffen werden, welches die Menschen dazu anhält, sich konform zu verhalten.

a) Systemtheorie

Auch die positive Generalprävention benötigt zunächst ein theoretisches Fundament, welches die Ziele der positiven Generalprävention plausibel erscheinen lässt. Hier können verschiedene Ansätze eine theoretische Grundlage bilden. Neben der hier behandelten Systemtheorie bieten auch die Sozialisationstheorien und im spezielleren die Lerntheorien Ansätze, welche den Strafzweck der positiven Generalprävention untermauern[104].

Eingeführt wurde die Systemtheorie in der Rechtssoziologie durch *Niklas Luhmann*, der als bedeutender Vertreter dieser Denkrichtung gilt. Das Konzept wurde später von *Jakobs* aufgenommen und weiterentwickelt. Die Systemtheorie unterteilt die Welt in verschiedene soziale Systeme. Unter einem sozialen System soll nach *Luhmann* der „Sinnzusammenhang von sozialen Handlungen verstanden werden, die aufeinander verweisen und sich von einer Umwelt nicht dazugehöriger Handlungen abgrenzen lassen"[105]. Zur Umwelt zählen für das System sowohl die anderen Systeme als auch die Gesellschaft[106]. Die Anzahl der Systeme, aus denen die Welt besteht, ist prinzipiell unendlich[107]. Das Recht ist eines dieser sozialen Systeme.

aa) Selbstreferentiell und autopoietisch

Kennzeichen der sozialen Systeme in der *luhmannschen* Variante ist, dass diese selbstreferentiell und autopoietisch sind. Selbstreferentiell bedeutet, dass das System auf sich selbst bezogen sein muss. Es muss „die Differenz von System und Umwelt systemintern als Orientierung und als Prinzip der Erzeugung von Informationen verwenden können."[108] Autopoiesie bezeichnet die Herstellung oder (Re-)Produktion seiner selbst, die Autonomie und die operative Geschlossenheit des jeweiligen Systems[109]. Das System muss alle Unterscheidungen und Bezeichnungen, die es verwendet, selbst produzieren und definieren. Danach spiegelt sich in der Systemtheorie die Vermutung wider, dass die Sanktionenwahl vor allem an eine Vorselektion innerhalb

---

[104]   *J. Andenaes*, The General Preventive Effects of Punishment, in: University of Pennsylvania Law Review 114 (1966), S. 949 (950); *B. Haffke*, Tiefenpsychologie und Generalprävention, 1976, S. 60 f.; *C. Roxin*, Die Wiedergutmachung im strafrechtlichen Sanktionensystem, in: H. Schöch (Hrsg.), Wiedergutmachung und Strafrecht, 1987, S. 37 (48).

[105]   *N. Luhmann*, Soziologie als Theorie sozialer Systeme (1967), in: ders. (Hrsg.), Soziologische Aufklärung, Bd. 1, 4. Aufl. 1974, S. 113 (115).

[106]   *S. Smid*, Zur Einführung: Niklas Luhmanns systemtheoretische Konzeption des Rechts, in: JuS 1986, S. 513 (513); *N. Luhmann*, Das Recht der Gesellschaft, 1995, S. 30.

[107]   *T. Raiser*, Grundlagen der Rechtssoziologie, 6. Aufl. 2013, S. 123.

[108]   *N. Luhmann*, Soziale Systeme, 1984, S. 25, 58 ff.

[109]   *Luhmann*, Systeme (Fn. 108), S. 60 ff.; *ders.*, Recht (Fn. 106), S. 30 f., 45 ff., 552 ff.; *Raiser*, Grundlagen (Fn. 107), S. 123.

des Systems anknüpft (s. dazu auch B.IV.3. Empirische Befunde)[110]. Mithin also vorausgegangene Urteile oder die Eignung bestimmter Personen für bestimmte Maßnahmen, z.B. Diversionsmaßnahmen. Aus dieser operativen Geschlossenheit der Systeme resultiert jedoch nicht eine kognitive Geschlossenheit[111]. Das System ist in kognitiver Hinsicht offen, was bedeutet, dass die Systeme auf spezifische Umwelteinflüsse reagieren können und nicht immun gegen diese sind. Die Umwelteinflüsse werden vom jeweiligen System als „kontinuierliche Irritation und Störung" bzw. Lärm empfunden[112]. Diese Umweltänderungen führen dann unter Umständen zu einer systeminternen Evolution, indem das soziale System auf die Änderungen mit internen Operationen reagiert[113]. Das Recht kann daher nicht unmittelbar durch Politik, Wirtschaft, Kultur oder soziale Phänomene beeinflusst werden. Erst durch die „Störungen", welche von diesen Systemen ausgehen, wird die Autopoiese des Rechts angeregt und führt so auf einem Umweg zu Änderungen im Bereich des Rechts selbst.

Ebenfalls gemein ist allen sozialen Systemen, dass diese eine binäre Codierung aufweisen. Beim Recht handelt es sich um die Codierung Recht – Unrecht, welche vom System selbst mittels der Autopoiese unterteilt wird[114]. Im Rahmen der Sanktionierung unterscheidet das System nach dem Code strafbar – nicht strafbar bzw. im Rahmen der Strafzumessung nach mehr strafwürdig – weniger strafwürdig[115].

bb) Reduktion von Komplexität und Kontingenz

Allen sozialen Systemen, und somit auch dem Recht, fallen analoge Aufgaben zu, nämlich die Reduktion von Komplexität und Kontingenz bei interpersonaler Kommunikation[116]. Nach *Luhmann* soll unter Komplexität die „Gesamtheit der Möglichkeiten des Erlebens und Handelns verstanden werden, deren Aktualisierung einen Sinnzusammenhang zuläßt"[117]. Diese Gesamtheit an Möglichkeiten kann innerhalb eines Kommunikationsvorgangs allerdings nie gleichzeitig aktualisiert werden[118]. Dies kann mithin zu einer Überforderungssituation führen, denn die Komplexität führt zu einem Selektionszwang, der die betroffenen Personen nötigt, aus der komplexen Anzahl an Möglichkeiten zu wählen.

---

[110] So auch: *K. Boers*, Vom möglichen Nutzen der Systemtheorie für die Kriminologie, in: D. Frehsee/G. Löpscher/G. Smaus (Hrsg.), Konstruktion der Wirklichkeit durch Kriminalität und Strafe, 1997, S. 552 (568); *ders.*, Kriminologische Forschung und Systemtheorie, in: ders. (Hrsg.), Kriminologische Perspektiven, 2012, S. 251 (275).

[111] *Raiser*, Grundlagen (Fn. 107), S. 124.

[112] *N. Luhmann*, Die soziologische Beobachtung des Rechts, 1986, S. 14; kritisch gegenüber der Möglichkeit zur Operationalisierung solcher Irritationen und Störungen: *Boers*, Nutzen (Fn. 110), S. 572.

[113] *Raiser*, Grundlagen (Fn. 107), S. 138.

[114] *Luhmann*, Recht (Fn. 106), S. 131; *Raiser*, Grundlagen (Fn. 107), S. 127.

[115] *Boers*, Nutzen (Fn. 110), S. 568.

[116] *N. Luhmann*, Rechtssoziologie, Bd. 1, 1972, S. 38; *Smid*, Einführung (Fn. 106), S. 513; *Raiser*, Grundlagen (Fn. 107), S. 122.

[117] *Luhmann*, Rechtssoziologie (Fn. 116), S. 6.

[118] *Luhmann*, Rechtssoziologie (Fn. 116), S. 31.

Dem Konzept der Kontingenz folgend könnten die angezeigten Möglichkeiten weiterer Erlebens auch anders ausfallen, als zunächst erwartet wurde[119]. „Kontingent ist etwas, das weder notwendig, noch unmöglich ist; was also so, wie es ist (war, sein, wird), sein kann, aber auch anders möglich ist. Der Begriff bezeichnet mithin Gegebenes (Erfahrenes, Erwartetes, Gedachtes, Phantasiertes) im Hinblick auf mögliches Anderssein; er bezeichnet Gegenstände im Horizont möglicher Abwandlungen. Er setzt die gegebene Welt voraus, bezeichnet also nicht das Mögliche überhaupt, sondern das, was von der Realität aus gesehen anders möglich ist."[120]

cc) Sicherung von Erwartungen

Aufgrund von Komplexität und Kontingenz kommt es zu spezifischen Überforderungssituationen innerhalb zwischenmenschlicher Kommunikationsprozesse. Die Unterteilung der Welt in soziale Systeme soll gerade diesem Umstand Rechnung tragen und versucht, Sicherheit und Orientierung zu bieten. Dies wird vornehmlich durch die Sicherung von Erwartungen erreicht[121]. Laut *Luhmann* stabilisieren soziale Systeme objektive, gültige Erwartungen, nach denen man sich richtet[122]. Erwartungen unterteilen sich in zwei Arten, normative und kognitive Erwartungen[123]. Normative Erwartungen sind dadurch gekennzeichnet, dass an ihnen auch im Enttäuschungsfall festgehalten wird. Sie werden von einer gewissen Entschlossenheit getragen. Der Fehler liegt in diesem Fall nicht beim Erwartenden, sondern bei demjenigen, der die Erwartung enttäuscht[124]. Kognitive Erwartungen hingegen werden im Enttäuschungsfall aufgegeben. Hier wird die Erwartungshaltung an die faktischen Gegebenheiten angepasst, sodass einem weiteren Verstoß gegen die ursprüngliche Erwartungshaltung zuvorgekommen wird. Die Entscheidung für die jeweilige Art der Erwartung wird nicht im Voraus festgelegt, sondern schließt sich an eine erfolgte Enttäuschung an. Erwartungen erwachsen somit aus Enttäuschungen[125]. Eine dritte Möglichkeit der Bewältigung von Enttäuschungen ist die Anwendung von Neutralisierungstechniken. Dabei wird das Fehlverhalten einer Person soweit rationalisiert, bis es als „normal" und nicht mehr deviant erscheint[126]. Rechtsnormen sind darauf angelegt, das Zusammenleben innerhalb der Gesellschaft berechenbar zu machen[127]. Ihre Einhaltung ist an eine normative Erwartungshaltung gekoppelt. Normen werden aufrechterhalten, unabhängig davon, ob sie befolgt werden oder nicht[128]. Das Recht als normative Erwartung kann damit als „kontrafaktisch stabilisierte Verhaltenserwartung" definiert werden[129].

---

[119] *Luhmann*, Rechtssoziologie (Fn. 116), S. 31.
[120] *Luhmann*, Systeme (Fn. 108), S. 152.
[121] *Smid*, Einführung (Fn. 106), S. 514.
[122] *Luhmann*, Rechtssoziologie (Fn. 116), S. 38.
[123] *Luhmann*, Rechtssoziologie (Fn. 116), S. 42 f.
[124] *J. C. Müller-Tuckfeld*, Integrationsprävention, 1998, S. 59.
[125] *Luhmann*, Rechtssoziologie (Fn. 116), S. 45 f.; *Müller-Tuckfeld,* Integrationsprävention (Fn. 124), S. 59.
[126] *Luhmann*, Rechtssoziologie (Fn. 116), S. 47.
[127] *T. Mushoff*, Strafe – Maßregel – Sicherungsverwahrung, 2008, S. 126.
[128] *Luhmann*, Rechtssoziologie (Fn. 116), S. 43.
[129] *Luhmann*, Rechtssoziologie (Fn. 116), S. 43.

Erwartungsstrukturen können in vier Stufen, gegliedert nach ihrem Grad der Abstraktion, unterteilt werden[130]. Auf der ersten Stufe stehen Personen. Erwartungen sind hier an die persönlichen Charakteristika der jeweiligen Person gebunden und daher kaum zu verallgemeinern. Auf der zweiten Stufe stehen Rollen. Hier geht das Erwarten über das Persönliche hinaus und beruht auf einem sozialen Status, den die Person innehat. Auf dritter Stufe folgen die Programme. Dies sind „verbal fixierte Entscheidungsregel[n], deren Anwendung durch Institutionalisierung garantiert ist"[131]. Auf der vierten Stufe befinden sich die Werte. Diese bezeichnen die allgemeine Vorzugswürdigkeit eines Verhaltens[132]. Werte sind so abstrakt, dass eine konkrete Entscheidungsfindung anhand ihrer nicht mehr möglich ist. Wichtig sind hier vor allem die Programme. Zu diesen zählen auch das Recht und seine Normen. Programme sind so abstrakt, dass sie losgelöst von einzelnen Personen und deren Rollen sind. Sie gelten übergreifend für die gesamte Gesellschaft.

dd) Wirkung von Normverstößen

Nun ist zu klären, welchen Einfluss ein Normverstoß in Form einer Straftat auf das soziale System des Rechts hat und welche Aufgaben damit dem Strafrecht bzw. der Strafe zufallen. Der Kerngedanke der Systemtheorie besteht darin, einen Normverstoß nicht bloß als Angriff auf individuelle Rechtsgüter zu sehen, sondern als Angriff auf das Recht als Ganzes, auf das Recht als Ordnung und auf das Recht als soziales System[133]. Eine Straftat stellt sich als soziales und nicht als individuelles Problem dar. Es entsteht ein öffentlicher Konflikt, den es zu lösen gilt[134]. Losgelöst vom einzelnen Ereignis stellt der Rechtsbruch ein symbolisches Infragestellen der Norm als Handlungsorientierung dar[135]. Die Bedeutung der Strafe ist nicht auf den konkreten Täter ausgerichtet, der weder abgeschreckt noch gebessert werden soll, sondern auf alle Personen, welche durch die Norm verpflichtet sind[136]. Bei diesen sollen das Normvertrauen und die Normanerkennung gestärkt werden, damit ihre Erwartungen in Kommunikationsprozessen auch in Zukunft als gesichert gelten dürfen. Die positive Generalprävention richtet sich an Menschen, die (in der Regel) normtreu sind, und soll bei diesen den Glauben an das Rechtssystem bestärken[137]. Es spielt indes keine Rolle, dass die Norm mit an Sicherheit grenzender Wahrscheinlichkeit auch in Zukunft gebrochen werden wird. Das Strafrecht bietet eine hinreichend starke Sicherung der normativen Erwartung. Es garantiert, dass auch in Zukunft der Fehler für den Normverstoß beim Enttäuschenden verortet werden wird und nicht beim Enttäuschten[138].

---

[130]   *Luhmann,* Rechtssoziologie (Fn. 116), S. 85 ff.; *Smid,* Einführung (Fn. 106), S. 515; *Raiser,* Grundlagen (Fn. 107), S. 125 f.
[131]   *Luhmann,* Rechtssoziologie (Fn. 116), S. 88.
[132]   *Luhmann,* Rechtssoziologie (Fn. 116), S. 88 ff.
[133]   *F. Maultzsch,* Hegels Rechtsphilosophie als Grundlage systemtheoretischer Strafbegründung, in: Jura 2001, S. 85 (91); *Mushoff,* Strafe (Fn. 127), S. 127.
[134]   *G. Jakobs,* Strafrecht Allgemeiner Teil, 2. Aufl. 1991, § 1 Rn. 8.
[135]   *A. Baratta,* Integrations-Prävention, in: KrimJ 16 (1984), S. 132 (133).
[136]   *Jakobs,* Strafrecht (Fn. 134), § 1 Rn. 15; *Mushoff,* Strafe (Fn. 127), S. 127.
[137]   *T. Hörnle,* Straftheorien, 2011, S. 25 f.
[138]   *Jakobs,* Strafrecht (Fn. 134), § 1 Rn. 11, 15.

Damit Strafe so gesehen werden kann, ist ein kommunikatives Verständnis der Tat erforderlich[139]. Strafe geht also weit über eine reine Übelzufügung hinaus. Dass sie dies auch muss, verdeutlicht *Jakobs,* wenn er unter Bezugnahme auf *Hegel* von der unvernünftigen Sequenz zweier Übel spricht[140].

Grundsätzlich lässt sich sagen, dass die Erwartungsenttäuschung durch einen Normbruch auch auf andere Weisen kompensiert werden kann[141]. Man könnte den Verstoß ignorieren und wegrationalisieren, man kann in Übereinkunft mit dem Täter einen Normbruch postulieren oder man kann Sanktionen verhängen. Der Hauptpunkt ist, dass die Norm „durch symbolische Prozesse der Darstellung des Erwartens und der Behandlung des enttäuschenden Ereignisses" wiederhergestellt wird[142]. Danach genügen auch informelle Sanktionen, die Einstellung von Verfahren oder Diversionsmaßnahmen, um dem Recht Geltung zu verschaffen[143].

ee) Kritik

Essentiellster Einwand ist die Vermengung von relativen und absoluten Straftheorien, wie sie im Rahmen der positiven Generalprävention stattfindet. Durch ihre weitergehenden Zweckbestimmungen machten es sich die relativen Straftheorien zum Ziel, von der reinen Vergeltungsstrafe Abstand zu nehmen. Damit setzten sie sich in Kontrast zu der absoluten Straftheorie. Eine Vermengung tritt auf, wenn man die Frage nach der angemessenen Höhe der Strafe zur Verfolgung positiv generalpräventiver Zwecke stellt. Für eine angemessene Verortung der Strafhöhe fehlen Anhaltspunkte, welche sich aus der positiven Generalprävention selbst ergeben[144]. Die Strafe müsste so bemessen sein, dass Normvertrauen und Normanerkennung innerhalb der Gesellschaft gestärkt werden. Allerdings stehen keine Methoden zur Verfügung, eine solche Interdependenz zu messen. Es ist völlig unklar, auf welches Maß Straftaten reduziert werden sollen oder ob das Ziel ist, dass diese komplett ausbleiben. Hier kann man entgegenhalten, dass diese Fragen zu präzise Vorstellungen verkörpern. Die positive Generalprävention soll keine Punktlandung bezüglich eines erwünschten Maßes an Straftaten schaffen. Vielmehr dient sie als übergeordnetes Konzept, welches eine Stärkung des Rechtsbewusstseins innerhalb der Gesellschaft herbeiführen soll. Es bleibt jedoch die Frage nach der angemessenen Höhe der Strafen zur Erreichung der Ziele der positiven Generalprävention. Da das Konzept *per se* keine Antwort auf diese Frage bereithält, wird vornehmlich auf die schuldangemessene Strafe zurückgegriffen[145]. Hier entsteht nun der Konflikt mit der absoluten Straftheorie. Denn schuldangemessenes

---

[139]   *G. Jakobs,* Strafrecht zwischen Funktionalismus und alteuropäischem Prinzipiendenken, in: ZStW 107 (1995), S. 843 (843 ff., 865).

[140]   *G. Jakobs,* Das Schuldprinzip, 1993, S. 27.

[141]   *Raiser,* Grundlagen (Fn. 107), S. 124 f.

[142]   *Luhmann,* Rechtssoziologie (Fn. 116), S. 53.

[143]   *Baratta,* Integrations-Prävention (Fn. 135), S. 140; anders: *J. Hausschild,* Die positive Generalprävention und das Strafverfahren, 2000, S. 148.

[144]   *W. Frisch,* Schwächen und berechtigte Aspekte der Theorie der positiven Generalprävention, in: Schünemann/Hirsch/Jareborg, Generalprävention (Fn. 98), S. 125 (134); *Hausschild,* Generalprävention (Fn. 143), S. 140; *Mushoff,* Strafe (Fn. 127), S. 134.

[145]   *Frisch,* Schwächen (Fn. 144), S. 134; *Mushoff,* Strafe (Fn. 127), S. 130; zur schuldangemessenen Strafe: *C. Roxin,* Zur jüngsten Diskussion über Schuld, Prävention und Verantwortlichkeit im Strafrecht, in: A.

Strafen ist Kernpunkt der absoluten Straftheorie, der nun von der Theorie der positiven Generalprävention adaptiert wird. So stellt *Herzog* das Ziel der Stärkung des Normvertrauens als lediglich zweckrationale Einkleidung dar, auf die zu verzichten ist[146]. Begreift man die positive Generalprävention aber als Leitidee, welche nicht ersetzen, sondern ergänzen soll, relativiert sich diese Kritik.

Am Ziel vorbei geht *Bocks* Kritik daran, dass der Zweck der Stärkung der Normanerkennung und des Normvertrauens stets latent zu bleiben hat[147]. Würde die Gesellschaft erfahren, dass die Strafe für eine Person auch dazu dient, bei ihren Mitgliedern das Rechtsbewusstsein zu stärken, so würden die Akzeptanz der Strafe und des Strafrechts sinken. Dadurch müsse der Staat die Bürger permanent täuschen, und dies könne kein legitimes Vorgehen sein. Hierzu ist anzumerken, dass ein gewisses Maß an Unwissen der Bürger für die Funktionstüchtigkeit des Rechtssystems essentiell ist. *Popitz* hat mit seiner These von der Präventivwirkung des Nichtwissens beispielsweise nachgewiesen, dass eine vollständige Aufklärung aller Straftaten kontraproduktiv für das Rechtssystem wäre.

Zuletzt sieht *Mushoff* das grundsätzliche Misstrauen des Staates in seine Bürger als problematisch an, welches durch die Notwendigkeit einer Einübung in Normtreue bei *Jakobs* zum Ausdruck kommt[148]. Allerdings kann auch bereits in der Schaffung von Strafrecht ein Misstrauen gegenüber den Bürgern gesehen werden, und dieses erscheint gerechtfertigt. Die positive Generalprävention stellt sich kaum als kollektive Vorverurteilung aller Bürger dar. Dies spiegelt sich gerade in ihrer positiven Zweckrichtung.

b) Empirische Befunde

Ebenso wie bereits die negative Generalprävention muss sich auch die positive Generalprävention einer empirischen Überprüfung stellen und sich an den Ergebnissen messen lassen. Dabei sind einige Befunde aus der Untersuchung bezüglich der negativen Generalprävention auf die positive Generalprävention übertragbar. Allerdings ist die Datenlage im Hinblick auf die positive Generalprävention nicht so dicht wie bei der negativen. Die Ansätze, welche eine empirische Überprüfbarkeit der positiven Generalprävention in Zweifel ziehen, weisen eine parallele Struktur zur Argumentation bei der negativen Generalprävention auf. Während bei der negativen Generalprävention häufig davon ausgegangen wurde, dass ein vom Strafrecht ausgehender

---

Kaufmann u.a. (Hrsg.), Festschrift für Paul Bockelmann zum 70. Geburtstag, 1979, S. 279 (304); *H. Müller-Dietz*, Integrationsprävention und Strafrecht, in: Vogel, Festschrift (Fn. 88), S. 813 (824); *C. Roxin*, Das Schuldprinzip im Wandel, in: F. Haft u.a. (Hrsg.), Strafgerechtigkeit. Festschrift für Arthur Kaufmann zum 70. Geburtstag, 1993, S. 519 (531).

[146]   *F. Herzog*, Prävention des Unrechts oder Manifestation des Rechts, 1987, S. 52 ff.; *Mushoff*, Strafe (Fn. 127), S. 129.

[147]   *M. Bock*, Ideen und Schimären im Strafrecht, in: ZStW 103 (1991), S. 636 (650); *ders.*, Prävention (Fn. 92), S. 97; *Mushoff*, Strafe (Fn. 127), S. 134.

[148]   *Mushoff*, Strafe (Fn. 127), S. 132.

Abschreckungseffekt mit empirischen Mitteln nicht nachzuweisen sei, so sollen auch die strafrechtlichen Wirkungen der Normbindung und Normanerkennung nicht isoliert nachweisbar sein[149].

aa) Nachweisbarkeit positiv generalpräventiver Effekte

Es werden verschiedene Gründe dafür angeführt, dass sich ein positiv generalpräventiver Effekt nicht nachweisen lässt. So unter anderem, dass das menschliche Verhalten zu unberechenbar sei, um es empirisch vorauszusagen, dass es zu viele Einflüsse gebe, welche menschliches Verhalten beeinflussen und diese nicht kontrolliert werden können[150], oder dass das menschliche Bewusstsein schlicht nicht empirisch erfassbar sei[151]. Einen weiteren Gedanken, welcher sich gegen die empirische Nachweisbarkeit wendet, bringt *Jakobs* ins Spiel[152]. Danach ist lediglich die Folge der Theorie, namentlich die Rechtstreue der Bürger, empirisch zu erheben. Dieser Umstand bildet allerdings lediglich das Umfeld der Theorie und nicht den Kern. Kern ist die Schaffung des Rechtsbewusstseins in den Köpfen der Menschen. Das wird allerdings nicht erhoben. Empirisch zu erfassen sind nur die Strafe, das Verfahren und ein Zusammenhang zwischen beidem. Die Aufrechterhaltung der Norm im Bewusstsein der Menschen ist dagegen nicht empirisch zu evaluieren. Somit wird im Ergebnis der Versuch einer empirischen Nachweisbarkeit als unpassend angesehen, da er den Kern der Theorie verfehlt.

Eine Folge der mangelnden empirischen Zugänglichkeit des menschlichen Bewusstseins ist, dass empirische Erhebungen in Bezug auf die positive Generalprävention stets mittelbare Erhebungen sind. Sie versuchen, mittels Wahrscheinlichkeitseinschätzung einzelner Probanden Daten zu erheben. Diese leiden jedoch an denselben Defiziten, die bereits bei der Operationalisierung der negativen Generalprävention beschrieben wurden[153]. Der häufig angeführte Einwand, die positive Generalprävention sei nicht imstande, allein eine tragfähige Rechtfertigung für Strafe zu bilden, erscheint verfehlt[154]. Richtig ist zwar, dass die positive Generalprävention dies nicht zu leisten in der Lage ist; jedoch wird verkannt, dass dies auch kein Anspruch ist, den die positive Generalprävention an sich stellt. Die positive Generalprävention schließt nicht aus, dass sie zusammen mit anderen Zweckbestimmungen des Strafrechts auftritt und wirkt. Ihre fundamentale Aufgabe liegt in der Bildung eines Bezugsrahmens, der einen Soll-Zustand deklariert, und nicht in der Schaffung einer alleinigen Zielbestimmung. Daher kann ein gescheiterter Alleinvertretungsanspruch keinen Anlass zur Kritik bilden. Gerade deshalb genügt für

---

[149] *Albrecht*, Kriminologie (Fn. 38), S. 61; *Clark/Gibbs*, Social Control (Fn. 4), S. 414 f.

[150] *W. Hassemer*, Generalprävention und Strafzumessung, in: ders./K. Lüderssen/W. Naucke (Hrsg.), Hauptprobleme der Generalprävention, 1979, S. 29 (43); *T. Hörnle/A. v. Hirsch*, Positive Generalprävention und Tadel, in: GA 142 (1995), S. 261 (262); *Meier*, Sanktionen (Fn. 93), S. 30.

[151] *K.-D. Bussmann*, Kritische Kriminologie und Systemtheorie, in: ders./R. Kreissl, Kriminologie (Fn. 24), S. 73 (84); *Frisch*, Schwächen (Fn. 144), S. 134.

[152] *Jakobs*, Funktionalismus (Fn. 139), S. 844 ff.; so auch: *A. Baratta*, Jenseits der Strafe – Rechtsgüterschutz in der Risikogesellschaft, in: Haft u.a., Strafgerechtigkeit (Fn. 145), S. 393 (393, 412); *C. Prittwitz*, Strafrecht und Risiko, 1993, S. 228.

[153] *Hart-Hönig*, Strafe (Fn. 86), S. 109; *Baurmann*, Vorüberlegungen (Fn. 15), S. 370 f.

[154] *A. Ashworth*, Was ist positive Generalprävention?, in: Schünemann/Hirsch/Jareborg, Generalprävention (Fn. 98), S. 65 (66, 68); *Baurmann*, Vorüberlegungen (Fn. 15), S. 383.

Hart-Hönig auch der Nachweis einer nur geringen Wirksamkeit der positiven Generalprävention[155]. Dass sich demnach die positive Generalprävention nicht gegenüber inkongruenten gesellschaftlichen Strukturen durchzusetzen vermag, tangiert ihre Rechtmäßigkeit als Zielsetzung aus zwei Gründen nicht. Zum einen beansprucht sie diese Durchsetzungsfähigkeit für sich nicht, und zum anderen sollte sie als Teil der sozialen Kontrolle, welche sich nach den Normen und Werten der Mehrheit richtet, solche Strukturen gar nicht vorfinden.

bb) Notwendigkeit aller Informationen

Es stellt sich die Frage, wie das Wissen um Sanktionspraxis und Strafschwere in das Bewusstsein der Gesellschaft gelangen soll[156]. Zur Begründung von Normtreue und Normvertrauen müssten die Strafgesetze und die Sanktionspraxis der Gerichte im Bewusstsein der Bevölkerung vorhanden sein, und dies ist zumeist nicht der Fall. Im Bewusstsein der Bevölkerung herrschen primär medial verzerrte Einzelbeispiele vor, die mit der realen Strafrechtspraxis wenig zu tun haben. Ebenso spielt das Eigeninteresse eine große Rolle, da der Einzelne sich nur für die Beispiele aus der Strafrechtspraxis interessiert, welche einen unmittelbaren Bezug zu ihm selbst aufweisen[157]. Die Ausbildung eines Rechtsbewusstseins läuft daher stets durch einen Filter, welcher die Realität nur ungenügend widerspiegelt. Die Vermittlung des entsprechenden Wissens um das Strafrechtssystem stellt also eine weitere Hürde dar, die dem Nachweis von Interdependenzen, mit empirischen Mitteln entgegen zu stehen scheint.

cc) Fazit

Insgesamt scheint aber bereits der Nachweis einer nur geringen Wirksamkeit kaum zu führen. Die starken Bedenken, welche bereits im Rahmen der Operationalisierung auftreten, verhindern hier das Finden valider Ergebnisse. Die Datenlage bleibt sehr dünn und wenig zuverlässig. Daher bleibt die positive Generalprävention häufig als primär durch den *common sense* belegt. Dies widerspricht zumindest dem aktuellen Standard in der sozialwissenschaftlichen Forschung.

Daher stellt sich – ebenso wie bei der negativen Generalprävention – die Frage, ob eine empirische Nachweisbarkeit mit den heutigen Methoden die einzig zulässige Methode ist, eine positiv generalpräventive Zweckbestimmung zu rechtfertigen. So könnte neben der Betrachtung der positiven Generalprävention als empirische Theorie die Betrachtung als normative Theorie zulässig sein, die in Form eines übergeordneten Prinzips vornehmlich darlegt, wie es sein sollte und nicht, wie es nachweislich ist[158]. Zudem bleibt weiterhin unklar, inwieweit sich eine Theorie heutzutage der empirischen Nachweisbarkeit entziehen darf, ohne an Glaubwürdigkeit einzubüßen.

---

[155]   *Hart-Hönig,* Strafe (Fn. 86), S. 100 f.
[156]   *Zipf,* Strafzumessung (Fn. 38), S. 48 f.; *Ashworth,* Generalprävention (Fn. 154), S. 71 f.
[157]   *K.F. Schumann,* Empirische Beweisbarkeit der Grundannahmen von positiver Generalprävention, in: Schünemann/Hirsch/Jareborg, Generalprävention (Fn. 98), S. 17 (24).
[158]   *L. Kuhlen,* Anmerkungen zur positiven Generalprävention, in: Schünemann/Hirsch/Jareborg, Generalprävention (Fn. 98), S. 55 (56 f.); *Hassemer,* Variationen (Fn. 98), S. 40.

Dennoch sehen viele Autoren die positive Generalprävention als eine der wichtigsten Zielbestimmungen und Rechtfertigungen des Strafrechts[159]. So sollen die Ziele der positiven Generalprävention leichter zu erreichen sein, da es bereits genügt, dass das entsprechende Verhalten von einem legitimen Gesetzgeber oktroyiert wird und eine tatsächliche moralische Verwerflichkeit nicht festgestellt zu werden braucht[160]. Für *Hassemer* spricht die mangelnde empirische Nachweisbarkeit nicht gegen die Theorie, sondern die mangelnde Widerlegbarkeit eben für sie. Er konstatiert, dass die positive Generalprävention die Chance hat, auf Dauer beherrschende Zielbestimmung eines modernen Strafrechts zu werden[161].

Am Ende gilt es den Blick auf die aktuelle rechtliche Lage zu richten, und dort befinden sowohl das Bundesverfassungsgericht als auch der Bundesgerichtshof die positive Generalprävention zusammen mit den anderen Strafzwecken im Rahmen der Vereinigungstheorie als legitime Grundlage für das Strafrecht[162]. Die Frage nach einem empirischen Beweis für die Wirksamkeit wird an dortiger Stelle mit der Begründung für obsolet gehalten, dass es bereits ausreiche, wenn das Strafrecht grundsätzlich zu einer solchen Wirkung in der Lage sei[163]. Es gilt also nichts anderes als für die negative Generalprävention. Auf die Generalprävention wird im Gesetz explizit Bezug genommen, so z.b. in § 47 Abs. 1 StGB, wenn es dort heißt, „zur Verteidigung der Rechtsordnung".

IV. Die spezialpräventive Wirkung des Strafrechts

1. Negative Spezialprävention

Die Spezialprävention und ihre Ausprägung als Gesetzeszweck gehen vor allem auf *v. Liszt* und sein „Marburger Programm" zurück. In seinem Werk „Strafrechtliche Vorträge und Aufsätze" legte *v. Liszt* zum ersten Mal grundlegend dar, was unter Spezialprävention zu verstehen ist. Danach war eine Einteilung in drei Kategorien von Tätern vorgesehen, mit denen jeweils unterschiedlich verfahren werden sollte[164]:

1. Besserung der besserungsfähigen und besserungsbedürftigen Verbrecher
2. Abschreckung der nicht besserungsbedürftigen Verbrecher
3. Unschädlichmachung der nicht besserungsfähigen Verbrecher

Dabei sind die Punkte 2. und 3. heute Teil der negativen Spezialprävention, die zweiteilig aufgebaut ist. Zum einen dient die negative Spezialprävention der Abschreckung des Täters und bezieht sich damit vor allem auf den gut sozialisierten Täter, der die Warn- und Appellfunktion

---

[159] *Hart-Hönig,* Strafe (Fn. 86), S. 122; *Jakobs,* Strafrecht (Fn. 134), § 1 Rn. 5 ff.
[160] *Ashworth,* Generalprävention (Fn. 154), S. 69 f.
[161] *Hassemer,* Generalprävention (Fn. 150), S. 36.
[162] BGHSt 20, 264 (266 f.); BVerfGE 45, 187 (253).
[163] *Schumann,* Beweisbarkeit (Fn. 157), S. 17; BayObLG, in: NJW 1978, S. 1337 (1337); OLG Celle, in: JR 1980, S. 256 (256).
[164] F. v. *Liszt,* Der Zweckgedanke im Strafrecht (1882), in: ders. (Hrsg.), Aufsätze und kleinere Monographien, Bd. 1, 1905; zitiert nach der Olms-Weidmann-Ausgabe, 1999, S. 126 (166).

der Strafe noch anerkennt[165]. Gemeinhin wird diese Funktion auch als Individualabschreckung bezeichnet. Ein abschreckender Effekt wird jeder Strafe zugeschrieben, jedoch soll dieser mit der Schwere der Strafe ansteigen[166]. Hier gelten die Ausführungen zur negativen Generalprävention entsprechend (dazu ausführlich unter B.III.1. Negative Generalprävention). Auch bei der negativen Spezialprävention wird davon ausgegangen, dass es sich um einen rational kalkulierenden Täter handelt, der die erfahrene Strafe in die Kosten-Nutzen-Abwägung zukünftigen Verhaltens einstellen wird. Dementsprechend weist die negative Spezialprävention an dieser Stelle dieselben Schwächen in der Theoriekonstruktion auf wie sie bei der negativen Generalprävention beschrieben wurden. Eine weitere Schwäche der negativen Spezialprävention ist, dass diese die Konstellation einer nicht notwendigen Strafe nicht anerkennt[167]. Nach *v. Liszt* sollen auch die nicht besserungsbedürftigen bzw. nicht abschreckungsbedürftigen Täter noch eine Strafe in Form eines „Denkzettels" erhalten. Allerdings ist zu berücksichtigen, dass dies heute nicht in aller Konsequenz angewendet wird. Als „Denkzettel" können auch bereits das Ermittlungsverfahren oder das Strafverfahren gelten. Die Diversion geht mithin davon aus, dass bereits die Einleitung eines Verfahrens dem gut sozialisierten Täter das Unrecht seines Handelns hinreichend nahelegt und dieser davon abgeschreckt wird (s. zu den negativen Effekten des Ermittlungsverfahrens D.VI.1. Die *Labeling Theory*). Die Ausweitung der Diversion und das Absehen von Strafe spielen im Bereich der Betäubungsmittelkriminalität eine große Rolle. Gerade jugendtypisches Probier- und Abgrenzungsverhalten sollte im Diversionsverfahren erledigt werden. Eine Denkzettelfunktion des Rechts ist an dieser Stelle häufig nicht nötig, und die negativen Effekte eines formellen Verfahrens würden gegenüber den positiven überwiegen. Gerade im Bereich von Cannabiskonsumenten ist eine gesteigerte Abschreckungswirkung durch formelle Sanktionen nicht zu erwarten. Die Täter konsumorientierter Delikte sind in den meisten Fällen gut integriert und sozialisiert. Würde hier stets auf eine formelle Sanktion gedrängt, hätte dies keinen gesteigerten abschreckenden Effekt. Vielmehr würde ein solches Vorgehen von den Betroffenen zumeist als ungerecht empfunden. Ein Verstoß gegen die konsumorientierten Tatbestände des Betäubungsmittelgesetzes im Hinblick auf Cannabis ist eine typische Konstellation nicht notwendiger Strafe.

---

[165] A. *Böhm*, Die spezialpräventiven Wirkungen der strafrechtlichen Sanktionen, in: J.-M. Jehle (Hrsg.), Kriminalprävention und Strafjustiz, 1996, S. 263 (266); *Kaiser*, Kriminologie (Fn. 12), § 31 Rn. 47; *D. Dölling*, Zur spezialpräventiven Aufgabe des Strafrechts, in: ders. (Hrsg.), Jus humanum, 2003, S. 597 (607).
[166] F. *Streng*, Strafrechtliche Sanktionen, 3. Aufl. 2012, Rn. 30.
[167] *Meier*, Sanktionen (Fn. 93), S. 27.

Zum anderen umfasst die negative Spezialprävention auch die Sicherung des Täters zum Schutz der Allgemeinheit[168]. Die Sicherung des Täters findet vor allem Niederschlag in der Freiheitsstrafe und im Besonderen in der lebenslangen Freiheitsstrafe[169]. Die Sicherung des Täters muss stets das letzte Mittel sein[170].

Gesetzliche Normierung erfährt die negative Spezialprävention in den §§ 46 Abs. 1 S. 2, 47 Abs. 1 StGB und § 2 S. 2 StVollzG (heute weitestgehend durch landesrechtliche Regelungen ersetzt), wo direkt auf sie Bezug genommen wird. Im Jugendstrafrecht spielt die Spezialprävention eine besondere Rolle, da hier das Verbot der generalpräventiven Urteilsbegründung herrscht[171]. Ziel der negativen Spezialprävention ist es nicht, dass keine Straftaten mehr begangen werden, sondern eine „signifikante Absenkung des Rückfallrisikos"[172].

2. Positive Spezialprävention

Die positive Spezialprävention findet ihren Ursprung in der ersten Kategorie, die *v. Liszt* beschreibt, nämlich in der Besserung der besserungsfähigen und besserungsbedürftigen Täter. Das Ziel der positiven Spezialprävention, die Besserung, wird heute vor allem unter dem Stichwort der „Resozialisierung", im Jugendstrafrecht auch unter der „Erziehung" (§ 2 Abs. 1 S. 2 JGG) behandelt. Das Ziel ist nicht der moralisch verantwortlich handelnde Täter, sondern erklärtes Ziel ist nach § 2 S. 1 StVollzG[173] die zukünftige Legalbewährung des Täters. Neben § 2 S. 1 StVollzG nimmt auch § 46 Abs. 1 S. 2 StGB Bezug auf die positive Spezialprävention.

Die positive Spezialprävention geht davon aus, dass mit Hilfe von Therapie, Trainingskursen und Betreuung derart auf den Täter eingewirkt zu werden vermag, dass dieser nach Abschluss der Behandlung ein straffreies Leben führen kann und zumeist auch will[174]. Ausprägungen dieser Überlegungen sind die §§ 35 ff. BtMG, die eine Behandlung von Betäubungsmittelabhängigen vorsehen. Darüber, inwieweit eine solche Einwirkung auf den Täter überhaupt legitim ist und ob es eine entsprechende Wirkung gibt, besteht Streit.

Kant und *Hegel* sahen gerade in diesem Vorgehen eine Verletzung der Menschenwürde, und auch heute noch werden der Behandlung in ihrer Reichweite entsprechende Grenzen gesetzt[175]. Ziel darf es niemals sein, den Täter zu einem angepassten, moralisch einwandfreien Individuum umzuerziehen. Die Behandlung ist nach dem Ziel des Strafvollzugs nur an der Legalbewährung auszurichten, damit nicht die Gefahr einer unethischen Persönlichkeitsveränderung des Täters

---

[168]   *Böhm*, Wirkungen (Fn. 165), S. 268; *Kaiser*, Kriminologie (Fn. 12), § 31 Rn. 47.
[169]   *H. Schöch*, Die Rechtswirklichkeit und präventive Effizienz strafrechtlicher Sanktionen, in: Jehle, Kriminalprävention (Fn. 165), S. 291 (304).
[170]   *Dölling*, Aufgabe (Fn. 165), S. 607.
[171]   BGH in: NJW 1961, S. 278 (278 f.); StV 1982, S. 121 (121 f.).
[172]   *B.-D. Meier*, What works?, in: JZ 2010, S. 112 (113).
[173]   S. dazu auch die heutigen landesrechtlichen Regelungen.
[174]   *Streng*, Sanktionen (Fn. 166), Rn. 31.
[175]   *U. Neumann/U. Schroth*, Neuere Theorien zur Kriminalität und Strafe, 1980, S. 25 ff.; *Meier*, Sanktionen (Fn. 93), S. 27.

besteht[176]. Eine Behandlung darf danach auch nur dann erfolgen, wenn eine Gefahr von dem Täter für sich oder andere ausgeht[177]. Gerade diese Tatsache ist jedoch bei Cannabiskonsumenten nicht gegeben. Im Rahmen der konsumorientierten Delikte kann von einer Fremdgefährdung nicht gesprochen werden, und angesichts geringer Gesundheitsgefahren durch den Konsum scheint auch eine Eigengefährdung äußerst fraglich (dazu näher unter C.III.2. Gesundheitsgefahren durch Cannabiskonsum). So spielt die ethische Vertretbarkeit von Behandlungsprogrammen im Rahmen des Betäubungsmittelrechts eine wichtige Rolle. Gerade hier scheint häufig – *contra legem* – eine moralische Verantwortlichkeit beim Täter das Ziel zu sein.

Die Behandlung, sofern sie denn überhaupt angebracht erscheint, darf jedenfalls nicht unter Zwang geschehen. Die Resozialisierung ist immer auf die freiwillige Teilnahme des jeweiligen Probanden angewiesen. Andernfalls würde es sich in der Tat um einen nicht zu rechtfertigenden Eingriff in die Menschenwürde handeln[178]. Die Resozialisierung zeichnet sich vor allem dadurch aus, dass sie für den Staat obligatorisch, für den Täter jedoch optional ist. Die Notwendigkeit der Implementierung der positiven Spezialprävention ist vor allem bedingt durch die Funktion als „ethisches Korrektiv" zum Schuldausgleich und als einzige Möglichkeit, Prisonisierungs- und Hospitalisierungseffekten etwas entgegen zu setzen[179].

Hinsichtlich der Wirksamkeit einer Behandlung ist vor allem umstritten, inwieweit eine solche im Rahmen stationärer Maßnahmen überhaupt Erfolg haben kann. Einig ist man sich sicherlich darüber, dass das Gefängnis nicht das optimale *setting* für eine Behandlung bietet[180]. Davon abgesehen wird jedoch von einer völligen Wirkungslosigkeit, die in der These vom *nothing works* gipfelte, bis hin zu einer recht optimistischen Einschätzung des Wirkungsgrades nahezu alles vertreten.

Für Sanktionen ohne Freiheitsentzug fehlen bis heute entsprechende Studien, die sich mit einer positiv spezialpräventiven Wirkung auseinandersetzen[181]. Jedoch sind es gerade diese Maßnahmen, die in Zusammenhang mit konsumorientierten Verstößen gegen das Betäubungsmittelgesetz verhängt werden. Bei der nachstehenden Evaluierung der empirischen Befunde zur Spezialprävention muss dieser Punkt stets Berücksichtigung finden. Denn Ergebnisse der Wirkungsforschung von Behandlungen im Strafvollzug sind nicht ohne Weiteres auf ambulante Maßnahmen zu übertragen.

---

[176]   *Neumann/Schroth,* Theorien (Fn. 175), S. 25.
[177]   BVerfGE 22, 180 (219 f.).
[178]   *W. Hassemer,* Darf der strafende Staat Verurteilte bessern wollen?, in: C. Prittwitz u.a. (Hrsg.), Festschrift für Klaus Lüderssen zum 70. Geburtstag, 2002, S. 221 (237); *Dölling,* Aufgabe (Fn. 165), S. 607.
[179]   *Kaiser,* Kriminologie (Fn. 12), § 31 Rn. 56; *Streng,* Sanktionen (Fn. 166), Rn. 31.
[180]   *A. Mergen,* Verunsicherte Kriminologie, 1975, S. 24; *P.-A. Albrecht,* Spezialprävention angesichts neuer Tätergruppen, in: ZStW 97 (1985), S. 831 (839); *Böhm,* Wirkungen (Fn. 165), S. 272; *Streng,* Sanktionen (Fn. 166), Rn. 31.
[181]   *Böhm,* Wirkungen (Fn. 165), S. 270.

Auch im Bereich der positiven Spezialprävention taucht das Problem auf, dass die Theorie kein probates Mittel für den Fall des nicht resozialisierungsbedürftigen Täters bereitstellt[182]. Auch hier ist auf die Erledigung im Diversionsverfahren zu verweisen. So ist es vor allem die positive Spezialprävention, die dafür sorgt, dass das Sozialstaatsprinzip auch im Bereich der Sanktionierung Berücksichtigung findet[183].

Vorgehalten wird der Theorie von der positiven Spezialprävention, ebenso wie der Theorie von der positiven Generalprävention, dass sie nicht in der Lage ist, selbstständig ein Strafmaß festzulegen[184]. Nach der positiven Spezialprävention wäre eine Sanktion solange aufrecht zu erhalten, bis ein Behandlungserfolg eintritt. Dies könnte auch auf unbestimmt lange Maßnahmen hinauslaufen, was mit dem Schuldprinzip nicht in Einklang zu bringen wäre. Daher muss auch die Theorie von der positiven Spezialprävention zur Limitierung der Sanktionsquantität auf andere Theorien zurückgreifen (dazu ausführlich unter B.III.2.a) Systemtheorie).

3. Empirische Befunde

a) Operationalisierung

Operationalisiert wird die Spezialprävention in der Regel durch die Legalbewährung des Probanden. Die Legalbewährung beschreibt das Ausbleiben einer erneuten Straftat innerhalb eines bestimmten Zeitraums nach erfolgter Sanktion[185]. Bei positiver Legalbewährung wird davon ausgegangen, dass der Proband entweder durch die abschreckende oder die (re-)sozialisierende Wirkung der Sanktion von weiteren Straftaten abgehalten wurde. Der übliche Zeitraum zwischen Verurteilung und erneuter Erhebung beträgt zwischen vier und fünf Jahren[186]. Manche Untersuchungen werten nur einschlägige Straftaten aus demselben Bereich wie die Ursprungstat als Verstoß gegen die Legalbewährung, und andere lassen Bagatelldelikte außen vor[187]. Das übliche Vorgehen ist, jede erneute Straffälligkeit als Verstoß gegen die Legalbewährung zu werten. Hier eröffnet sich bereits das erste Problem der empirischen Erhebung zur Spezialprävention. Die weitaus meisten Erhebungen greifen auf Hellfelddaten zurück[188]. Dies führt zu den bekannten Problemen. Es wird nur eine instanzielle Rückfälligkeit erhoben und nicht die tatsächliche. Hellfelddaten verzerren darüber hinaus das Ergebnis, da sie Faktoren nicht berücksichtigen, die eine erneute Erfassung im System begünstigen. Dies können beispielsweise erhöhter Ermittlungsdruck sein, eine gestiegene Anzeigebereitschaft hinsichtlich bestimmter Delikte in der Bevölkerung oder auch ein bestehender Migrationshintergrund. Das Nichterheben

[182]   *Neumann/Schroth*, Theorien (Fn. 175), S. 22; *C. Roxin*, Strafrecht Allgemeiner Teil, Bd. 1, 4. Aufl. 2006, § 3 Rn. 19.
[183]   *Roxin*, Strafrecht (Fn. 182), § 3 Rn. 15.
[184]   *Jakobs*, Strafrecht (Fn. 134), § 1 Rn. 45; *Schöch*, Rechtswirklichkeit (Fn. 169), S. 296 f.; *Roxin*, Strafrecht (Fn. 182), § 3 Rn. 16.
[185]   *Schöch*, Rechtswirklichkeit (Fn. 169), S. 293; *Kunz/Singelnstein*, Kriminologie (Fn. 23), § 20 Rn. 26; *Meier*, Sanktionen (Fn. 93), S. 30.
[186]   *Kunz/Singelnstein*, Kriminologie (Fn. 23), § 20 Rn. 29.
[187]   *Kunz/Singelnstein*, Kriminologie (Fn. 23), § 20 Rn. 28.
[188]   *Böhm*, Wirkungen (Fn. 165), S. 282; *Göppinger*, Kriminologie (Fn. 25), § 30 Rn. 45; *Kunz/Singelnstein*, Kriminologie (Fn. 23), § 20 Rn. 26.

paralleler Veränderungen im materiellen Recht und der Verfolgungstechnik spielt vor allem im Rahmen der Drogenkriminalität eine starke Rolle, da die vorgenannten Faktoren hier einem häufigen Wandel unterliegen und so die Ergebnisse verzerren[189]. Die Nichterfassung im justiziellen System muss nicht mit einer normkonformen Lebensweise einhergehen, wenn der Täter lediglich nicht mehr entdeckt wird. Auch Verfahrenseinstellungen werden nicht berücksichtigt, da diese (außer im Jugendstrafrecht) nicht ins Bundeszentralregister eingetragen werden.

Ein weiterer methodischer Einwand hinsichtlich solcher Erhebungen ist das Design der Studien. Um valide und methodisch saubere Ergebnisse zu erhalten, muss die empirische Forschung auf experimentelle Designs ihrer Studien bauen (näheres dazu Unter D.I.1. Idealtypus). Im Rahmen der Forschung zur Spezialprävention ist eine solche Ausgestaltung jedoch nicht möglich. Erforderlich dafür wäre, dass eine Experimentalgruppe und eine Kontrollgruppe gebildet werden, die sich außer in der Wahl der Sanktion nicht unterscheiden. Dieses Vorgehen begegnet sowohl rechtlichen als auch ethischen Bedenken[190]. Die Verhängung der Sanktion ist von vielen persönlichen und sozialen Faktoren abhängig, die auf die jeweilige Person und Persönlichkeit des Straftäters zugeschnitten sind. Zudem darf sich die Strafzumessung nur an den §§ 46 ff. StGB orientieren. Das Experimentieren in diesem Rahmen ist daher nicht vertretbar. Es kann dem einzelnen Straftäter nicht zugemutet werden, dass seine Strafe nach Zufallsgesichtspunkten ausgewählt wird. Dieses Vorgehen widerspräche in höchstem Maße rechtsstaatlichen Gesichtspunkten. So bleiben nur quasi-experimentelle Designs, welche ohne entsprechende Randomisierung auskommen müssen. Diese umfassen vor allem eine retrospektive Parallelisierung anhand der Aktenlage[191]. Dieses Vorgehen hat den Nachteil, dass die Entscheidungssituation und ihre jeweiligen Umstände nicht mehr exakt nachvollzogen werden können. Viele relevante Faktoren werden im Nachhinein nicht mehr richtig erfasst, sodass dieses Vorgehen eine nur unvollständige Rekonstruktion der Gegebenheiten ermöglicht.

Kaum erhoben wird, inwiefern die Probanden für die jeweils gewählte Sanktionsart überhaupt geeignet waren oder ob die Sanktion *lege artis* angewendet wurde[192]. Die Wahl der Sanktion wird vergleichsweise unkritisch als richtig gesetzt.

Hinzu kommt noch die Tatsache, dass es insgesamt bis heute schlicht zu wenige Untersuchungen zur Spezialprävention gibt. Dies gilt insbesondere in Bezug auf Deutschland[193]. Zudem weisen die vorhandenen Untersuchungen häufig eine mangelhafte methodische Qualität auf. Angesichts der Fülle an methodischen Problemen und der mangelnden Quantität an Studien,

---

[189]   *Albrecht,* Kriminologie (Fn. 38), S. 53.
[190]   *Göppinger,* Kriminologie (Fn. 25), § 30 Rn. 45; *Meier,* What works (Fn. 172), S. 114; *Bock,* Kriminologie (Fn. 75), Rn. 873.
[191]   *Kunz/Singelnstein,* Kriminologie (Fn. 23), § 20 Rn. 33.
[192]   *M. Bock,* Kriminologie und Spezialprävention, in: ZStW 102 (1990), S. 504 (506); *Göppinger,* Kriminologie (Fn. 25), § 30 Rn. 48.
[193]   *Meier,* What works (Fn. 172), S. 113.

könnte man die Auffassung vertreten, dass die Evaluation der Spezialprävention erst noch aussteht[194].

b) Zusammenhang zwischen Sanktion und Legalbewährung

Bei der Auswertung der Studien darf es nicht zu dem Fehlschluss kommen, dass die Wahl der Sanktion in einem kausalen Zusammenhang mit der späteren Legalbewährung steht[195]. Dieser Schluss berücksichtigt die Umstände der Auswahl der Sanktion zu wenig. Die Sanktion wird durch den Richter unter Berücksichtigung aller Umstände des Einzelfalls ausgewählt und beruht (zumindest auch) auf einer Prognose hinsichtlich der Legalbewährung. So wird die spätere Legalbewährung nicht als Folge der Sanktion, sondern vielmehr als Folge einer Vorselektion durch die Staatsanwaltschaften und Richter, später auch durch die Anstaltsleitung gesehen[196].
Die häufig zu findenden Ergebnisse, dass ambulante Sanktionen besser sind als stationäre und dass ein therapeutischer Vollzug besser wirkt als ein normaler, sind also nicht vorschnell darauf zurückzuführen, dass die jeweilige Maßnahme *per se* eine effektivere Rückfallverhütung darstellt. Es kann hier immer auch an der Personenauswahl liegen, sodass sich die spätere Legalbewährung schlicht als Ergebnis einer richtigen Prognose durch die jeweilige Entscheidungsinstanz darstellt.

Eine andere Variable, die eine hohe Korrelation mit der späteren Legalbewährung aufweist, ist die bisherige Vorbelastung des Täters[197]. Je stärker diese ausgeprägt ist, desto schlechter sind die Chancen einer späteren Legalbewährung. Aber auch das gesamte soziale Umfeld sowie die psychische Verfassung des Täters nach der Entlassung spielen eine wichtige Rolle bei dem späteren Legalverhalten[198]. Hervorzuheben sind insbesondere Faktoren wie das Herauswachsen aus dem kriminorelevanten Alter, der Wechsel des Bekanntenkreises, ein ausgefülltes Freizeitverhalten, ein neuer Partner und ein neuer Arbeitsplatz[199] (s. zum Einfluss dieser Faktoren auch B.III.1a)bb) Kontrolltheorie nach *Hirschi* und E.II. Ubiquität und Spontanbewährung). Der Mangel an Berücksichtigung dieser unabhängigen Variablen führt dazu, dass die meisten Auswertungen von Rückfallstatistiken keine brauchbaren Ergebnisse liefern[200].

---

[194] *H. Jung,* Sanktionensysteme und Menschenrechte, 1992, S. 54.
[195] *Dölling,* Aufgabe (Fn. 165), S. 606; *Bock,* Kriminologie (Fn. 75), Rn. 876; *Meier,* Sanktionen (Fn. 93), S. 32.
[196] *Schöch,* Rechtswirklichkeit (Fn. 169), S. 299; *Göppinger,* Kriminologie (Fn. 25), § 30 Rn. 45; *Bock,* Kriminologie (Fn. 75), Rn. 874; zum Zusammenhang dieses Befundes mit der Systemtheorie: *Boers,* Nutzen (Fn. 110), S. 568; *ders.,* Forschung (Fn. 110), S. 275.
[197] *Böhm,* Wirkungen (Fn. 165), S. 275; *Kunz/Singelnstein,* Kriminologie (Fn. 23), § 20 Rn. 36; *Streng,* Sanktionen (Fn. 166), Rn. 68.
[198] *Schöch,* Rechtswirklichkeit (Fn. 169), S. 299; *Streng,* Sanktionen (Fn. 166), Rn. 68.
[199] *Böhm,* Wirkungen (Fn. 165), S. 281; *Kunz/Singelnstein,* Kriminologie (Fn. 23), § 20 Rn. 30.
[200] So: *J.-M. Jehle/W. Heinz/P. Sutterer,* Legalbewährung nach strafrechtlichen Sanktionen, 2003; *J.-M. Jehle u.a.,* Legalbewährung nach strafrechtlichen Sanktionen, 2013.

c) Austauschbarkeit der Sanktionen

Diese Befunde führten letztlich zu der These von der Austauschbarkeit der Sanktionen. Danach spielt die Sanktionswahl für die spätere Legalbewährung keine Rolle[201]. Es wird nicht behauptet, dass im Einzelfall nicht eine spezifische Sanktion anderen überlegen sein kann oder dass nicht auch eine härtere Maßnahme effektiver sein kann als einer leichte. Jedoch soll bei einer generalisierenden Betrachtungsweise kein Unterschied zwischen den einzelnen Sanktionsformen festzustellen sein[202]. Noch weiter geht die Vermutung, dass es keinen Unterschied mache, ob eine Person nach dem ersten Polizeikontakt „laufengelassen" wird oder eine formelle Sanktion erhält[203].

Eine Untersuchung etwas älteren Datums, die aber methodisch sehr sauber arbeitet, findet sich in der Dissertation von *Kalpers-Schwaderlapp*[204]. Dieser untersuchte die Rückfallraten in Mainz und Koblenz. Während in Mainz eher konventionelle Erledigungsarten vorherrschten, neigten die Richter in Koblenz vermehrt zur Anwendung der Diversion. Eine Auswertung der Rückfallquoten zeigte, dass es in beiden Landgerichtsbezirken nahezu keine Unterschiede gab. Die fehlende Randomisierung wurde hier durch die ähnliche Struktur der beiden Städte aufgefangen, sodass Rückschlüsse auf die Sanktionswirkung zulässig sind. Die großzügigere Entlassungspraxis führte nicht wie erwartet zu einer höheren Rückfallquote. Dies gilt vor allem dann, wenn Personen mit extrem günstigen und extrem ungünstigen Legalprognosen aus der Statistik herausfallen[205]. Parallelisiert man nachträglich das Rückfallrisiko der Probanden, so schrumpfen die Unterschiede in der Legalbewährung gegen null[206]. Zu demselben Ergebnis kommt eine Metaanalyse von *Killias/Vilettaz,* die Unterschiede in der Legalbewährung zwischen Freiheitsstrafen und alternativen Strafen untersuchte[207].

Meier bringt einen weiteren interessanten Erklärungsansatz für eine Austauschbarkeit der Sanktionen[208]. Ihm zufolge dominiert im Strafrecht das Schuldprinzip (§ 46 Abs. 1 StGB). Die Rückfallverhütung ist nur sekundäres Ziel, denn diese darf auch nur im durch die Schuld vorgegebenen Rahmen berücksichtigt werden. Daher erscheint es verständlich, dass die Sanktion nicht den entscheidenden Einfluss auf die Legalbewährung hat, da diese nicht darauf ausgerichtet ist und in erster Linie eine andere Aufgabe erfüllt. Dies gilt vor allem dann, wenn Personen mit extrem günstigen und extrem ungünstigen Legalprognosen aus der Statistik herausfallen[209].

---

[201]   *Göppinger,* Kriminologie (Fn. 25), § 30 Rn. 331 m.w.N.; *Kunz/Singelnstein,* Kriminologie (Fn. 23), § 20 Rn. 49, § 24 Rn. 29.
[202]   *Streng,* Sanktionen (Fn. 166), Rn. 331.
[203]   *Albrecht,* Kriminologie (Fn. 38), S. 54.
[204]   *M. Kalpers-Schwaderlapp,* Diversion to Nothing, 1989.
[205]   *Schöch,* Rechtswirklichkeit (Fn. 169), S. 299.
[206]   *H.-J. Albrecht/F. Dünkel/G. Spieß,* Empirische Sanktionsforschung und die Begründbarkeit von Kriminalpolitik, in: MSchKrim 64 (1981), S. 310 (322 ff.); *H. Hirtenlehner/A. Birklbauer,* Rückfallprävention durch Entlassungspolitik?, in: NK 20 (2008), S. 25 (25 ff., 31).
[207]   *M. Killias/P. Vilettaz,* Rückfall nach Freiheits- und Alternativstrafen, in: Lösel/Bender/Jehle, Kriminologie (Fn. 85), S. 207 (213).
[208]   *Meier,* What works (Fn. 172), S. 115; *Meier,* Sanktionen (Fn. 93), S. 33.
[209]   *Schöch,* Rechtswirklichkeit (Fn. 169), S. 299.

d) Rückfallstatistik

Trotz der genannten Defizite wollen wir auf die Daten der aktuellsten Rückfallstatistik von *Jehle u.a.* in Zusammenhang mit Betäubungsmitteldelikten eingehen[210]. Die Rückfälligkeit wird in der Statistik in Abhängigkeit von der vorgehenden Bezugsentscheidung dargestellt. Der Bezugsentscheidung der nachfolgenden Daten liegt jeweils ein Verstoß gegen das Betäubungsmittelgesetz zugrunde. Die Statistik fördert zunächst Überraschendes zu Tage, denn mit einer Rückfallquote von lediglich 34,8% hat die Freiheitsstrafe „ohne Bewährung" die besten Aussichten auf eine anschließende positive Legalbewährung. Die Freiheitsstrafe „mit Bewährung" weist noch eine Rückfallquote von 39% auf und schneidet damit besser ab als die Geldstrafe, nach der immerhin 40,7% der Verurteilten wieder rückfällig werden. Überraschend schlecht sind auch die Quoten für eine Entscheidung nach den §§ 45 und 47 JGG. Hier werden immerhin 42,6% rückfällig. Schlusslicht ist der Jugendarrest mit 61,9% Rückfälligkeit. Aber auch die Jugendstrafe „ohne Bewährung" (55,2%) und die Jugendstrafe „mit Bewährung" (48,7%) weisen keine wirklich guten Resultate auf. Hinzuweisen ist mit Blick auf die Statistik, dass es sich auch hier nicht um eine einschlägige Rückfälligkeit handelt. Als Rückfall wird also jede erneute Verurteilung gewertet, auch wenn sie nicht aus dem Bereich der Betäubungsmitteldelikte stammt. Zudem bezieht sich die Statistik auf das gesamte Spektrum an Betäubungsmitteln und nicht gesondert auf Verstöße in Zusammenhang mit Cannabis. Die einschlägige Rückfälligkeit für Verstöße gegen das Betäubungsmittelgesetz hat die Schweiz gesondert ausgewiesen. Diese liegt nach einer Verurteilung bei 11% und nach erfolgtem Strafvollzug bei 16%[211]. Dies sind keine besonders hohen Werte. Zu berücksichtigen ist, dass eine einschlägige Rückfälligkeit grundsätzlich selten und vornehmlich im Bereich der Körperverletzungsdelikte zu finden ist[212].

Die Rückfallstatistik scheint für den Betäubungsmittelbereich die vertretenen Forderungen nach „im Zweifel weniger" nicht zu stützen[213]. Auch steht sie der sonst üblichen These entgegen, dass Personen nach stationärer Sanktionierung die schlechtesten Aussichten auf eine positive Legalbewährung haben[214]. Es lässt sich aus den Daten jedoch nicht der Schluss ziehen, dass bei Betäubungsmitteldelikten die Freiheitsstrafe ohne Bewährung die spezialpräventiv sinnvollste Sanktion ist. Dies gilt vor allem unter Berücksichtigung der jeweils individuellen Schuld. Hier macht sich das Defizit der Rückfallstatistik bemerkbar. Es ist schlicht nicht möglich, die Ursachen dafür zu ergründen, warum die Freiheitsstrafe mit Bewährung bei Betäubungsmittelverstößen die besten Chancen bietet. Die näheren Umstände des Ausbleibens einer Rückfälligkeit im Hellfeld bleiben unbekannt und sind einer weiteren Analyse entzogen. So bleibt an dieser Stelle nicht mehr als ein Hinweis auf diese Besonderheit.

---

[210] *Jehle u.a.,* Legalbewährung (2013) (Fn. 200), S. 112.
[211] Bundesamt für Statistik (Hrsg.), Kriminalität und Strafrecht. Rückfallanalysen. Newsletter Nr. 1/2008 vom 28.1.2008, S. 2.
[212] *Kunz/Singelnstein,* Kriminologie (Fn. 23), § 20 Rn. 36.
[213] *Kaiser,* Kriminologie (Fn. 12), § 31, Rn. 51; *F. Streng,* Die Wirksamkeit strafrechtlicher Sanktionen – Zur Tragfähigkeit der Austauschbarkeitsthese, in: Lösel/Bender/Jehle, Kriminologie (Fn. 85), S. 65 (92).
[214] *Streng,* Wirksamkeit, Fn. (213), S. 67; *Kunz/Singelnstein,* Kriminologie (Fn. 23), § 20 Rn. 36, 44.

e) Therapie

Bei der Therapie von straffällig gewordenen Personen ist die Individualisierung der Maßnahme von großer Bedeutung für einen spezialpräventiven Erfolg[215]. Bei einer bestehenden Betäubungsmittelabhängigkeit ist die Therapie das sinnvollste Mittel, um dem Betroffenen zu helfen. Ganz im Gegensatz zur normalen Sanktionierung kann hier nicht von einer Austauschbarkeit der Mittel gesprochen werden. *Andrews u.a.* haben in einer Meta-Analyse drei grundlegende Aspekte herausgearbeitet, die für eine erfolgreiche Therapie Voraussetzung sind[216]:

1. Abstimmung der Therapie auf die jeweilige Gefährlichkeit des Täters (*risk*)
2. Berücksichtigung der individuellen Ursachen der Tat (*criminogenic needs*)
3. Berücksichtigung der individuellen Ansprechbarkeit des Probanden für das jeweilige Programm (*responsivity*)

Laut *Bonta/Andrews* reduzieren Therapiemaßnahmen, die an diesen Aspekten ausgerichtet sind, das Rückfallrisiko um $r = 0,08$ (8%)[217]. Wichtig sind darüber hinaus vor allem ein motiviertes und geschultes Betreuungsteam, gute personelle und finanzielle Ausstattung und Freiräume der Probanden zur Selbstfindung und Selbsthilfe[218]. Dieses Ergebnis wird von weiteren Meta-Analysen bestätigt[219]. Damit stellen sich diese Untersuchungen gegen die *nothing works*-These und bescheinigen der Sozialtherapie einen, wenn auch kleinen, Vorteil hinsichtlich der Rückfallprophylaxe. Der Vorteil durch sozialtherapeutische Maßnahmen liegt in allen Untersuchungen bei ca. 10%. Hinzu kommt, dass zunehmend Stimmen laut werden, die der *nothing works*-These ihre Grundlage entziehen. So beruhen die entsprechenden Erhebungen, welche zu dieser These führten, häufig auf methodischen Fehlern, bzw. berücksichtigten relevante Faktoren nicht hinreichend[220]. Zusammengenommen muss damit heute hinsichtlich der positiven Spezialprävention konstatiert werden, dass hier kleine Erfolge im Rahmen von qualitativen Therapieangeboten erzielt werden können.

f) Fazit

Zusammenfassend lässt sich festhalten, dass eine negativ spezialpräventive Wirkung von Sanktionen im Bereich der konsumorientierten Betäubungsmitteldelikte kaum zu erwarten ist. Positiv spezialpräventive Erfolge sind nur durch ein therapeutisches *setting* zu erreichen, auch wenn die Vorteile gegenüber den normalen Sanktionen nicht sehr groß sind. Straftäter dürfen jedoch nicht so lange in Therapie verbleiben, bis sich ein Erfolg einstellt. Die persönliche Schuld wirkt hier straflimitierend.

---

[215] *Meier*, What works (Fn. 172), S. 116.
[216] *D.A. Andrews u.a.*, Does Correctional Treatment Work?, in: Criminology 28 (1990), S. 369 (369 ff.).
[217] *J. Bonta/D.A. Andrews* The Psychology of Criminal Conduct, 6. Aufl. New York 2017, S. 228.
[218] *Kunz/Singelnstein*, Kriminologie (Fn. 23), § 20 Rn. 30.
[219] *F. Lösel/P. Köferl/F. Weber*, Meta-Evaluation der Sozialtherapie, 1987, S. 224 f.; *R.K. Hanson u.a.*, The Principles of Effective Correctional Treatment Also Apply to Sexual Offenders, in: Criminal Justice and Behavior 2009, S. 865 (865 ff.).
[220] *Meier*, What works (Fn. 172), S. 116; *Kunz/Singelnstein*, Kriminologie (Fn. 23), § 20 Rn. 45 m.w.N.; *Meier*, Sanktionen (Fn. 93), S. 34.

Es ist zu überlegen, ob das Legalverhalten der einzige Bezugspunkt einer Erfolgsbeurteilung von Sanktionen sein sollte. Vielmehr sollten auch psycho-soziale Kriterien in der Person des jeweiligen Probanden herangezogen werden, um positive Veränderungen sichtbar zu machen[221]. Gerade im Bereich von Betäubungsmitteldelikten kann sich eine positive Veränderung im Anschluss an Behandlungsmaßnahmen in den Konsumgewohnheiten niederschlagen oder im persönlichen Umfeld des Probanden. Eine erneute Straffälligkeit trifft hierüber keine Aussage.

V. Grenzen sozialer Kontrolle

1. Verhaltenssteuerung und Paternalismus als Aufgaben der Rechtsordnung

Im folgenden Abschnitt wird nun auf die Funktionen und Aufgaben der Rechtsordnung einzugehen sein, um zu klären, wie und in welchem Maß das Recht in die Sphäre eines jeden Gesellschaftsmitglieds eingreifen darf. Recht und Rechtsordnung werden in diesem Zusammenhang synonym verwendet und beschreiben das gesamte in Deutschland geltende Recht. Der Fokus wird auf den Strafgesetzen als Teil der Rechtsordnung liegen, wobei die Strafgesetze als eine Standardform des Rechts zu begreifen sind[222].

a) Aufgaben des Rechts

Zunächst lassen sich einige grundsätzliche Aufgaben des Rechts beschreiben. So lautet eine häufig in der Rechtssoziologie anzutreffende Erläuterung der Funktion der Rechtsordnung: „Das Recht ist ein soziales Herrschaftsinstrument, das durch Ausgleich widerstreitender Interessen den Zusammenhalt der Gemeinschaft erhalten und fördern soll."[223] Dem schließt sich *Werner* an, wenn er sagt, dass das Recht der Domestikation des Menschen dient[224]. Der Ausgleich der widerstreitenden Interessen soll dadurch gelingen, dass das Recht die Handlungsalternativen des Einzelnen im Interesse des gesellschaftlichen Ganzen einschränkt[225]. Die verschiedenen Funktionsbeschreibungen laufen auf einen gemeinsamen Punkt hinaus. Sie sehen die primäre Aufgabe des Strafrechts in der sozialen Kontrolle und damit in der Gleichschaltung des Verhaltens der Gesellschaftsmitglieder im Sinne der Normen und Werte der Gemeinschaft, in der sie leben[226]. Eine weitere Unterteilung der Funktionsbeschreibung des Rechts erfolgt üblicher Weise in Verhaltenssteuerung auf der einen und Konfliktbereinigung auf der anderen

---

[221]   *Eisenberg,* Kriminologie (Fn. 7), § 15 Rn. 23; *Kunz/Singelnstein,* Kriminologie (Fn. 23), § 20 Rn. 52.
[222]   *H.L.A. Hart,* Der Begriff des Rechts, 1973, S. 38.
[223]   *M. Rehbinder,* Rechtssoziologie, 8. Aufl. 2014, § 6 Rn. 96.
[224]   *F. Werner,* Wandelt sich die Funktion des Rechts im sozialen Rechtsstaat?, Bd. 1, 1966, S. 153 (164).
[225]   *Wittig,* Ansatz (Fn. 30), S. 329.
[226]   *W. Maihofer,* Die gesellschaftliche Funktion des Rechts, in: R. Lautmann/ders./H. Schelsky (Hrsg.), Die Funktion des Rechts in der modernen Gesellschaft, 1970, S. 11 (27); *H. Schelsky,* Systemfunktionaler, anthropologischer und personfunktionaler Ansatz der Rechtssoziologie, ebda., S. 37 (53); *Hart,* Begriff (Fn. 222), S. 62; *K.F. Röhl,* Rechtssoziologie, 1987, S. 217; *B. Rüthers/C. Fischer/A. Birk,* Rechtstheorie mit juristischer Methodenlehre, 9. Aufl. 2016, Rn. 72.

Seite[227]. Die Verhaltenssteuerung bildet die regulative Funktion des Rechts. Sie bietet eine Orientierungshilfe, mit der jeder Einzelne sein Verhalten einschätzen und nach dem Gegensatzpaar Recht/Unrecht bewerten kann. Die Konfliktbereinigung beinhaltet eine Reaktionsfunktion, mit der auf bestehende Inkongruenzen reagiert werden kann. Vorliegend soll das Hauptaugenmerk auf der Funktion der Verhaltenssteuerung liegen, denn es soll der Frage nachgegangen werden, wo die Grenzen des legitimen Eingriffs des Staates in das individuelle Verhalten liegen. Indem die Verhaltenssteuerung nicht nur in dieser Arbeit, aber auch innerhalb der gesamten Forschung an Gewicht gewinnt, spiegelt sich die Umorientierung vom absoluten Reaktionsstrafrecht, das primär repressiv-limitierend wirkt, hin zum Strafrecht als Steuerungselement, bei dem präventiv-gestaltende Elemente im Vordergrund stehen[228].

b) Paternalismus

Die Frage, ob auch eine Verhaltenssteuerung im Bereich des selbstschädigenden Verhaltens legitim sein kann, wird allgemein unter dem Stichwort des Paternalismus behandelt. *John Stuart Mill* war der Erste, der sich Mitte des 19. Jahrhunderts, in seiner Schrift „Über die Freiheit" mit der Frage der Zulässigkeit eines strafrechtlichen Paternalismus auseinandersetzte. Dies stellte sich wie folgt dar:

> „Das Prinzip lautet: daß der einzige Grund, aus dem die Menschheit, einzeln oder vereint, sich in die Handlungsfreiheit eines ihrer Mitglieder einzumengen befugt ist, der ist: sich selbst zu schützen. Daß der einzige Zweck, um dessentwillen man Zwang gegen den Willen eines Mitglieds einer zivilisierten Gemeinschaft rechtmäßig ausüben darf, der ist: die Schädigung anderer zu verhüten. Das eigene Wohl, sei es das physische oder das moralische, ist keine genügende Rechtfertigung. Man kann einen Menschen nicht rechtmäßig zwingen, etwas zu tun oder zu lassen, weil dies besser für ihn wäre, weil es ihn glücklicher machen, weil er nach Meinung anderer klug oder richtig handeln würde. Dies sind wohl gute Gründe, ihm Vorhaltungen zu machen, mit ihm zu rechten, ihn zu überreden oder mit ihm zu unterhandeln, aber keinesfalls um ihn zu zwingen oder ihn mit Unannehmlichkeiten zu bedrohen, wenn er anders handelt."[229]

Aus dieser Beschreibung lassen sich einige konstituierende Merkmale des Paternalismus ableiten. Namentlich geht es beim Paternalismus um selbstschädigendes Verhalten oder den Versuch dazu. Dritte werden dabei nicht, oder jedenfalls nicht unmittelbar, in Mitleidenschaft gezogen. Das selbstschädigende Verhalten wird negativ konnotiert, und es wird versucht, den Paternalisierten unabhängig von seinem Willen an der Selbstschädigung zu hindern. Das Eingreifen in die Sphäre des Paternalisierten geschieht mit der Intention, in dessen Sinne zu handeln. Zusammenfassend kann man Paternalismus definieren als „eine Haltung, wonach unabhängig von individuellen Wünschen, Interessen und Präferenzen oder jedenfalls von deren Artikulation,

---

[227] *L.M. Friedman,* Das Rechtssystem im Blickfeld der Sozialwissenschaften, 1981, S. 31; *Röhl,* Rechtssoziologie (Fn. 226), S. 217; *Raiser,* Grundlagen (Fn. 107), S. 187; *Rehbinder,* Rechtssoziologie (Fn. 223), § 6 Rn. 96.

[228] *P.-A. Albrecht,* Das Strafrecht auf dem Weg vom liberalen Rechtsstaat zum sozialen Interventionsstaat, in: KritV 71 (1988), S. 182 (182 ff.); *Albrecht,* Kriminologie (Fn. 38), S. 65.

[229] *J.S. Mill,* Über die Freiheit (1859); zitiert nach der Reclam-Ausgabe, 1974, S. 16.

Schaden von jemandem abzuwenden und ihm Vorteile zukommen zu lassen sind."[230] Ebenso trifft es *Dworkin*, der erklärt, „by paternalism I shall understand roughly the interference with a person's liberty of action justified by reasons referring exclusively to the welfare, good, happiness, needs, interests or values of the person being concerned."[231]

Das Verständnis des Paternalismus steht auch in Interdependenz mit dem jeweiligen Fachgebiet, um das es geht. So hat der Paternalismus in der Medizin eine positive Konnotation und man verbindet in erster Linie den Begriff der „Fürsorge" mit ihm. In der Sozialphilosophie besteht hingegen eine negative Konnotation, da hier vornehmlich ein Bogen zur „Bevormundung" geschlagen wird[232]. Der eigentliche Kernpunkt des Paternalismus ist, dass dieser ein Zwitterwesen ist, welches zwischen den beiden Auffassungen liegt. Eine wesensmäßige Ambivalenz ist es, die den Begriff und sein Verständnis prägen.

Paternalismus ist darüber hinaus an erster Stelle eine geistige Haltung, welche keinen zwingenden Bezug zum Strafrecht hat. Deshalb erscheint es anfechtbar, wenn *v. Hirsch* Paternalismus als „Gebrauch strafrechtlicher Sanktionen zur Kriminalisierung einer Person, die sich schädigt oder versucht, sich zu schädigen"[233] definiert. *V. Hirsch* bezieht sich mit seiner Definition auf den strafrechtlichen Paternalismus. Die Unterscheidung zwischen Paternalismus und strafrechtlichem Paternalismus soll verdeutlichen, dass Paternalismus nicht zwingend auf das Mittel des Strafrechts angewiesen ist und unabhängig von diesem existieren kann.

aa) Starker und schwacher Paternalismus

Paternalismus kann in schwachen und starken Paternalismus unterteilt werden[234]. Bei schwachem Paternalismus geht es lediglich darum, die Informationslage des Paternalisierten zu verbessern; dies in dem Glauben, dass dieser sich, wenn er alle relevanten Informationen hat, gegen das selbstschädigende Verhalten entscheiden würde. Hat der Paternalisierte schließlich alle für die Situation entscheidenden Informationen, greift der Paternalisierende nicht weiter ein, auch wenn der Paternalisierte an seiner ursprünglichen selbstschädigenden Entscheidung festhält. Um schwachen Paternalismus handelt es sich auch, wenn der Paternalisierende den Paternalisierten aufgrund einer vorherigen Absprache von einem selbstschädigenden Verhalten abhält, selbst wenn der Paternalisierte in der Situation der Selbstschädigung von der anfänglichen Absprache abweichen will.

---

[230]   O. Lagodny, Paternalistische Züge im Strafrecht am Beispiel Deutschlands und Österreichs, in: M. Anderheiden u.a. (Hrsg.), Paternalismus und Recht, 2006, S. 225 (225 f.).

[231]   G. Dworkin, Paternalism, in: The Monist 56 (1972), S. 64 (65).

[232]   D. Birnbacher, Paternalismus im Strafrecht – ethisch vertretbar?, in: A. v. Hirsch/U. Neumann/K. Seelmann (Hrsg.), Paternalismus im Strafrecht, 2010, S. 11 (11).

[233]   A. v. Hirsch, Direkter Paternalismus: Sollten Selbstschädigungen bestraft werden?, in: Anderheiden, Paternalismus (Fn. 230), S. 235 (235).

[234]   J.-C. Wolf, Paternalismus, Moralismus und Überkriminalisierung, in: G. Grötzinger (Hrsg.), Recht auf Sucht?, 1991, S. 38 (43); J.-C. Wolf, Die liberale Paternalismuskritik von John Stuart Mill, in: Anderheiden, Paternalismus (Fn. 230), S. 55 (59 f.).

Starker Paternalismus hingegen kennt keine Grenzen. Hier wird der Paternalisierte auch gegen seinen Willen und mit Zwang von dem selbstschädigenden Verhalten abgehalten. Die Unterscheidung zwischen schwachem und starkem Paternalismus wird häufig kritisiert. Schon *Mill* hielt es in jedem Fall für legitim, die Informationslage des sich potentiell selbst Schädigenden zu verbessern. Dies greift *Birnbacher* dann auch auf und erklärt das Merkmal des „freien und wohlinformierten Willens" als zu den *essentialia negotii* des Paternalismus gehörend. Laut *Birnbacher* sind vier Merkmale für den Paternalismus konstituierend[235]:

1. Es muss sich zugunsten einer Person über deren aktuellen Willen hinweggesetzt werden. Die Handlung *muss* gegen den Willen des Paternalisierten geschehen.
2. Der Wille des Paternalisierten, über den sich hinweggesetzt wird, muss frei und wohlinformiert sein.
3. Die Intervention des Paternalisierenden muss auf das langfristige und wohlerwogene (subjektive) Wohl des Paternalisierten gerichtet sein. Es geht dabei nur um die Intention der Intervention, nicht um die tatsächlichen Auswirkungen. Nur die Intention muss auf das Wohl des Paternalisierten gerichtet sein. Das Wohl wiederum ist allein aus der subjektiven Sicht des Paternalisierten zu bestimmen.
4. Die Mittel, mit welchen der Paternalisierende in die Sphäre des Paternalisierten eingreift, müssen Zwangscharakter haben.

Birnbacher ordnet durch seinen Punkt 2., ebenso wie *Beauchamp,* den schwachen Paternalismus nicht als „echten" Paternalismus ein[236]. Für ihn ist lediglich der starke Paternalismus tatsächlicher Paternalismus, da dieser sich gegen einen Willen richtet, der alle relevanten Umstände der jeweiligen Situation in sich aufgenommen hat. Wir wollen hier der Auffassung folgen, dass nur starker Paternalismus auch als solcher gelten kann. Paternalismus, zwischen Fürsorge und Bevormundung gelegen, würde erheblich an Konturenschärfe verlieren, sollte auch die bloße Verbesserung der Informationslage als Paternalismus gelten. Das Merkmal der Bevormundung würde zu weit hinter dem der Fürsorge zurückstehen. Soll sich das Handeln des Paternalisierenden gegen den Willen des Paternalisierten richten, so muss dies ein freier Wille sein, welcher alle relevanten Informationen beinhaltet. Die Korrektur einer mangelbehafteten Willensbildung erscheint indes weniger als Eingriff in die Sphäre des Paternalisierten denn als Unterstützungsleistung zur Bildung eines Willens.

bb) Direkter und indirekter Paternalismus

Paternalismus kann zusätzlich in direkten und indirekten Paternalismus unterschieden werden[237]. Direkter Paternalismus richtet sich an die Person, welche sich selbst schädigt. Indirekter Paternalismus hingegen richtet sich an eine Person, die der Person, welche sich selbst schädigt,

---

[235] *Birnbacher,* Paternalismus (Fn. 232), S. 12 ff.
[236] *T.L. Beauchamp,* Paternalism and Biobehavioral Control, in: The Monist 60 (1977), S. 62 (67 f.); *Wolf,* Paternalismus (Fn. 234), S. 39; anders: *J. Feinberg,* Legal Paternalism, in: Canadian Journal of Philosophy 1 (1971), S. 105 (113).
[237] *v. Hirsch,* Paternalismus (Fn. 233), S. 235; *Birnbacher,* Paternalismus (Fn. 232), S. 18.

dabei Hilfe leistet. Der Zwangscharakter des indirekten Paternalismus kann sogar stärker wirken als der des direkten. Wird den Produzenten von Cannabis der Anbau und Vertrieb untersagt, wirkt dies bei den Konsumenten unter Umständen stärker, als wenn lediglich der Erwerb und Besitz verboten sind. Indirekter Paternalismus gilt jedoch gemeinhin als schonender und eher zu rechtfertigen. Dies liegt vor allem daran, dass im Bereich des indirekten Paternalismus auch mit dem Verbot der Fremdschädigung argumentiert werden kann.

Anzumerken ist noch, dass Paternalismus nie in Reinform auftritt[238]. Denn das würde bedeuten, dass jemand von selbstschädigendem Verhalten abgehalten wird, welches tatsächlich nur einen Bezug zu ihm selbst hat. Ein solcher Fall ist kaum denkbar, da jedes menschliche Verhalten auch einen sozialen Bezug aufweist und so zumindest mittelbar auch Auswirkungen auf andere Teile der Gesellschaft hat.

cc) Paternalismus und das Betäubungsmittelgesetz

Die deutsche Rechtsordnung versucht direkten Paternalismus in der Regel zu vermeiden. Die §§ 29 ff. BtMG weichen von der Grundregel ab[239]. Diese sanktionieren, mit Ausnahme des Konsums, alle Umgangsformen mit verbotenen Betäubungsmitteln, vom Besitz bis zum Handel. Das Verbot des Besitzes ist als direkter Paternalismus zu werten. Das Verbot des Handels mit Betäubungsmitteln hingegen ist dem indirekten Paternalismus zuzuordnen. Das Betäubungsmittelstrafrecht ist in der deutschen Rechtsordnung das Paradebeispiel, wenn es um das Thema Paternalismus geht. Indem hier der gesamte Umgang mit Betäubungsmittel unter Strafe gestellt wird, soll letztlich der Einzelne davon abgehalten werden, sich mittels des straffreien Konsums selbst zu gefährden.

c) Kritik

Ein Punkt, welcher dem Paternalismus entgegengehalten wird, ist seine Unvereinbarkeit mit den Prinzipien eines liberalen Rechtsstaates[240]. Ihm wird vorgehalten, dass er die Autonomie desjenigen untergrabe, der sich selbst gefährdet, wohingegen eine freiheitlich-demokratische Rechtsordnung gerade diese Autonomie zu wahren und zu schützen habe[241]. Autonomie, als

---

[238] *Wolf*, Paternalismuskritik (Fn. 234), S. 62.
[239] Grundsätzlich: *D.N. Husak*, Drugs and Rights, Cambridge 1992; *A.v. Aaken*, Begrenzte Rationalität und Paternalismusgefahr, in: Anderheiden, Paternalismus (Fn. 230), S. 109 (119, 139); *R. Hefendehl*, Europäisches Strafrecht: bis wohin und nicht weiter?, in: ZIS 2006, S. 229 (233); *v. Hirsch*, Paternalismus (Fn. 233), S. 235; *B. Schünemann*, Kritik am strafrechtlichen Paternalismus – Eine Sisyphus-Arbeit?, in: Hirsch/Neumann/Seelmann, Paternalismus (Fn. 232), S. 221 (230).
[240] *J. Feinberg*, Harm to Others, Oxford 1984, S. 19 ff.; *L. Böllinger*, Strafrecht, Drogenpolitik und Verfassung, in: KritJ 24 (1991), S. 393 (406); *M. Rigopoulou*, Grenzen des Paternalismus im Strafrecht, 2013, S. 117.
[241] *Hart-Hönig*, Strafe (Fn. 86), S. 122; *Lagodny*, Züge (Fn. 230), S. 225; *K.-P. Sommermann*, Art. Staatszwecke, Staatsziele in: W. Heun u.a. (Hrsg.), Evangelisches Staatslexikon, 2006, Sp. 2, S. 2348 (2352); *W. Wohlers/F. Went*, Die pseudo-paternalistische Legitimation strafrechtlicher Normen dargestellt am Beispiel des Betäubungsmittelstrafrechts Deutschlands, der Schweiz und der Niederlande, in: Hirsch/Neumann/Seelmann, Paternalismus (Fn. 232), S. 289 (295 f.).

Selbstbestimmungsrecht jedes Einzelnen, muss auch das Recht umfassen, sich selbst zu schädigen, wenn der Begriff nicht bloß eine leere Hülle darstellen soll. Das Bundesverwaltungsgericht führt dazu aus: „Das Selbstbestimmungsrecht schließt die Befugnis ein, darüber zu entscheiden, welchen Gefahren sich der Einzelne aussetzen will. Es widerspricht im Kern dem umfassenden Persönlichkeitsrecht, das vom Grundgesetz durch die zentralen Grundrechtsnormen der Art. 2 Abs. 1 und Art. 1 Abs. 1 gewährleistet wird, staatlichen Behörden die Befugnis einzuräumen, dem Staatsbürger vorzuschreiben, was er im Interesse seines Eigenschutzes zu tun hat. Eine solche staatliche Bevormundung ist nicht verfassungsgemäß."[242] Nach dieser Aussage kann es keine paternalistischen Begründungen für Gesetze geben, da solche das Persönlichkeitsrecht in verfassungswidriger Art und Weise einschränken würden. Allerdings scheint der Gesetzgeber im Hinblick auf das Betäubungsmittelgesetz ein anderes Verständnis an den Tag zu legen. In der Begründung zum Betäubungsmittelgesetz heißt es, „es geht darum, den einzelnen Menschen, insbesondere den jungen Menschen vor schweren und nicht selten irreparablen Schäden an der Gesundheit und damit vor einer Zerstörung seiner Persönlichkeit, seiner Freiheit und seiner Existenz zu bewahren"[243]. Dahinter verbirgt sich ein positiver Begriff von Freiheit[244].

„The principle [of freedom] cannot require that he should be free not to be free."[245]

Etwaige Einschränkungen von Freiheit (und Gesundheit) durch Drogenkonsum sollen nicht in das Belieben des Einzelnen gestellt sein. Diese Auffassung birgt indes das Risiko eines gesetzlichen Moralismus, der dem Einzelnen Gesundheits- und Lebenserhaltungspflichten auferlegt[246]. Eine solche Pflicht gegen sich selbst ist mit den freiheitlichen Grundwerten unserer Gesellschaft nicht zu vereinbaren. Es kann kein staatlich definiertes Ideal eines Menschen geben, welchem die Gesellschaft zu folgen hat. Diese Auffassung spiegelt sich auch im Strafgesetzbuch wider, indem der Suizid und die Körperverletzung an sich selbst nicht strafbar sind. Selbst wenn man eine solche Pflicht gegen sich selbst anerkennen würde, hieße das nicht, dass diese auch mittels strafrechtlichen Paternalismus durchgesetzt werden müsste[247].

Die weiteren Einwände, welche gegen den strafrechtlichen Paternalismus vorgebracht werden, lassen sich in drei Kategorien einteilen. Die erste Kategorie bildet der strafrechtsutilitaristische Einwand[248]. Dieser bezieht sich darauf, dass der Schaden durch die Strafdrohung, aber vor allem durch die Strafdurchsetzung, deutlich größer ist als der Nutzen (zu den negativen Folgen einer Kriminalisierung näher unter D.VI.1. Die *Labeling Theory*).

---

[242]   BVerwGE 82, 45 (48 f.); *D. Murswiek*, in: M. Sachs (Hrsg.), Grundgesetz, 7. Aufl. 2014, Art. 2 Rn. 209; *H.D. Jarass*, in: ders./B. Pieroth, Grundgesetz, 14. Aufl. 2016, Art. 2 Rn. 100.

[243]   BT-Drucksache VI/1877, S. 5.

[244]   *H.-Y. Wang*, Drogenstraftaten und abstrakte Gefährdungsdelikte, 2003, S. 68.

[245]   *Mill*, Freiheit (Fn. 229), S. 141.

[246]   *R. Hohmann/H. Matt*, Ist die Strafbarkeit der Selbstschädigung verfassungswidrig? – BGH, NJW 1992, 2975, in: JuS 1993, S. 370 (372); *B. Haffke*, Drogenstrafrecht: in: ZStW 107 (1995), S. 761 (777); *Wang*, Drogenstraftaten (Fn. 244), S. 69; *Wohlers/Went*, Legitimation (Fn. 241), S. 295 f.

[247]   *Birnbacher*, Paternalismus (Fn. 232), S. 25.

[248]   *Schünemann*, Kritik (Fn. 239), S. 232; *Rigopoulou*, Paternalismus (Fn. 240), S. 123.

Der präventionsstrafrechtliche Einwand geht davon aus, dass die Strafdrohung, welche vom Strafrecht und insbesondere vom Betäubungsmittelstrafrecht ausgeht, wirkungslos ist und zumindest der direkte Paternalismus mit keiner Strafrechtstheorie vereinbar ist[249]. Eine negativ generalpräventive Wirkung soll beim strafrechtlichen Paternalismus kaum nachzuweisen sein (zur grundsätzlichen Nachweisbarkeit B.III.1.b) Empirische Befunde). Kein voll verantwortlich Handelnder würde seinen Interessen zuwider handeln; deshalb bedarf es auch nicht der Androhung von Strafe, um ihn von der Begehung selbstschädigenden Verhaltens abzuhalten[250]. Für den Selbstschädigenden liegt ja genau diese Selbstschädigung in seinem Interesse. Strafdrohungen sind im Bereich des selbstschädigenden Verhaltens besonders wirkungslos, da diese Delikte zumeist ohne Rücksicht auf etwaige Konsequenzen begangen werden. Damit greifen die Theoriemodelle der negativen Generalprävention nicht. Auch im Hinblick auf die positive Generalprävention scheint der gesetzliche Paternalismus die Schaffung von Normvertrauen und Normanerkennung nicht fördern zu können. Bei der positiven Generalprävention geht es vornehmlich um die Anerkennung fremder Rechtsgüter, die geschützt werden sollen[251]. Die Strafbarkeit selbstschädigenden Handelns stellt sich allerdings häufig als ungerechtfertigte Einmischung in private Angelegenheiten dar. Zusätzlich kann der strafrechtliche Paternalismus nicht dem Paternalisierten die Autonomie absprechen und gleichzeitig zu einer autonomen Anerkennung von Normen und Werten bei anderen Mitgliedern der Gesellschaft führen wollen, ohne dass ein inhaltlicher Widerspruch entsteht[252].

Hinzu tritt noch der strafrechtsethische Einwand[253]. Danach ist der mit einer Strafe einhergehende Tadel nicht mit der Reaktion auf selbstschädigendes Verhalten vereinbar, da das selbstschädigende Verhalten letztlich kein sozialethisches Unrecht enthält[254]. Zudem passt die Strafe nicht als Sanktionsform zum Paternalismus. Die Strafe ist retrospektiv und bezieht sich vor allem auf in der Vergangenheit liegendes Unrecht[255]. Paternalismus dagegen ist vor allem auf die Zukunft gerichtet. Es geht diesem primär darum, die zukünftigen Interessen des Paternalisierten zu wahren und ihm eine zweite Chance zu gewähren. So ist das erste Merkmal bei *Birnbacher*, dass sich beim Paternalismus „zugunsten einer Person" über deren Willen hinweggesetzt werden muss. Eine Strafe liegt kaum im Interesse des Paternalisierten, sodass ein strafrechtlicher Paternalismus letztlich ein Widerspruch in sich ist[256]. Dies trifft auf den Bereich des Betäubungsmittelstrafrechts in besonderem Maße zu. Hier sind Aufklärung und Behandlung einer Strafe sicherlich vorzugswürdig.

---

[249] *Schünemann*, Kritik (Fn. 239), S. 232; *Rigopoulou*, Paternalismus (Fn. 240), S. 125 f.
[250] *W. Gropp*, Deliktstypen mit Sonderbeteiligung, 1992, S. 177; *C. Woitkewitsch*, Strafrechtlicher Schutz des Täters vor sich selbst, 2003, S. 190; *Rigopoulou*, Paternalismus (Fn. 240), S. 125 f.
[251] *Rigopoulou*, Paternalismus (Fn. 240), S. 127.
[252] *C. Nestler*, Grundlagen und Kritik des Betäubungsmittelstrafrechts, in: A. Kreuzer (Hrsg.), Handbuch des Betäubungsmittelstrafrechts, 1998, § 11 Rn. 306; *Rigopoulou*, Paternalismus (Fn. 240), S. 127.
[253] *Schünemann*, Kritik (Fn. 239), S. 232; *Rigopoulou*, Paternalismus (Fn. 240), S. 128.
[254] *v. Hirsch*, Paternalismus (Fn. 233), S. 242.
[255] *v. Hirsch*, Paternalismus (Fn. 233), S. 242; *Rigopoulou*, Paternalismus (Fn. 240), S. 129.
[256] *Husak*, Drugs (Fn. 239), S. 76 f.; *v. Hirsch*, Paternalismus (Fn. 233), S. 240 f.

Jenseits aller Kritik gibt es jedoch auch ein Argument, welches für die Zulässigkeit des gesetzlichen Paternalismus spricht. Dies sind die grundrechtlichen Schutzpflichten, welche den Staat verpflichten, das Leben und die Gesundheit seiner Bürger zu bewahren[257]. Leben und Gesundheit bilden Schutzgüter von hohem Rang, sodass der Staat hinsichtlich dieser in besonderem Maße verpflichtet ist, einzuschreiten. Doch auch hier stellt sich die Frage nach der tatsächlichen Gefährlichkeit von Cannabis (näher dazu unter C.III.2. Gesundheitsgefahren durch Cannabiskonsum).

d) Verhinderung von Fremdschädigungen statt Paternalismus

Diese Einwände lassen deutliche Zweifel an der Rechtmäßigkeit eines strafrechtlichen Paternalismus aufkeimen und somit vor allem an den Strafvorschriften der §§ 29 ff. BtMG. Eine paternalistische Rechtfertigung dieser Vorschriften könnte obsolet sein, falls eine andere Rechtfertigung in Betracht kommt. Der Umgang mit Drogen könnte eine mittelbare Schädigung anderer nach sich ziehen und so das Verbot legitimieren. Zu den typischen Begleiterscheinungen des Umgangs mit Drogen sollen Diebstahl, Körperverletzungen und Sachbeschädigungen zählen[258]. Dann müsste jedoch der Drogenkonsum der Paternalisierten für diese Straftaten verantwortlich sein. Dies ist nur schwerlich zu rechtfertigen, wenn man sich vergegenwärtigt, dass hier immer noch ein separates Ereignis einer anderen Person oder der Person des Konsumenten notwendig ist, damit letztlich ein Schaden entsteht[259]. Der Konsum kann daher nicht für eine eventuell eintretende Rechtsgutsverletzung verantwortlich gemacht werden. Ganz abgesehen davon, dass es sehr fraglich ist, ob die genannten Straftaten tatsächlich typische Begleiterscheinungen von Drogenkonsum sind. In Bezug auf Cannabis erhöhen sich diese Zweifel nochmals.

Ein dazwischentretender Willensentschluss ist es schließlich auch, der es nicht zulässt, eine mittelbare Schädigung anzunehmen, falls der Konsument einen Teil seiner Drogen an eine andere Person abgibt und diese dann die Droge konsumiert[260]. Auch eine mittelbare Schädigung durch eine eventuelle Vorbildfunktion wird durch den Willensentschluss des vollverantwortlich Handelnden ausgeschlossen. Des Weiteren wird die Belastung der Sozialsysteme durch Begleiterscheinungen des Konsums als mittelbare Schädigung herangezogen[261]. Hier sollen vor allem die Krankenkassen und die Rentenversicherung betroffen sein. Es ist bereits zweifelhaft,

---

[257]   BVerfGE 39, 1 (42, 46 f.); *J. Isensee*, Das Grundrecht als Abwehrrecht und als staatliche Schutzpflicht, in: ders./P. Kirchhof (Hrsg.), Handbuch des Staatsrechts der Bundesrepublik Deutschland, Bd. IX, 3. Aufl. 2011, § 191 Rn. 192.

[258]   *B.E. Harcourt*, The Collaps of the Harm Principle, in: Journal of Criminal Law and Criminology 90 (1999), S. 109 (109 ff.); kritisch: *Husak*, Drugs (Fn. 239), S. 195 f.

[259]   *W. Wohlers*, Deliktstypen des Präventionsstrafrechts, 2000, S. 305 f.; *v. Hirsch*, Paternalismus (Fn. 233), S. 246; *A. v. Hirsch/W. Wohlers*, Rechtsguttheorie und Deliktstruktur, in: R. Hefendehl/A. v. Hirsch/W. Wohlers (Hrsg.), Die Rechtsgutstheorie, 2003, S. 196 (196 ff.).

[260]   *Böllinger*, Strafrecht (Fn. 240), S. 405; *ders.*, Betäubungsmittelstrafrecht, Drogenpolitik und Verfassung, in: B. Kanitscheider (Hrsg.), Drogenkonsum – bekämpfen oder freigeben?, 2000, S. 179 (183 f.); *N. Hoerster*, Muss Strafe sein?, 2012, S. 129; *Rigopoulou*, Paternalismus (Fn. 240), S. 134; anders: BGHSt 37, 179 (181 ff.).

[261]   *A. Hoyer*, Anmerkung zu BGH 2 StR 191/92 (LG Köln) vom 01.07.1992, Strafzumessung bei fahrlässiger Herbeiführung des Todes durch Abgabe von Heroin, in: StV 1993, S. 128 (129); *Haffke*, Drogenstrafrecht (Fn. 246), S. 779; *v. Hirsch*, Paternalismus (Fn. 233), S. 245 f.; *Schünemann*, Kritik (Fn. 239), S. 239.

ob der Konsum von Cannabisprodukten überhaupt gesundheitliche Auswirkungen derart hat, dass eine solche Belastung zu befürchten ist (dazu unter C.III.2. Gesundheitsgefahren durch Cannabiskonsum). Zusätzlich besteht bei diesem Argument die Gefahr einer unkontrollierten Ausweitung auf andere Bereiche des Lebens wie Extremsport, ungesundes Essen, legale Drogen oder ähnliches. Namentlich *v. Hirsch* weist jedoch richtigerweise darauf hin, dass es sich in diesem Fall weiterhin um Paternalismus handelt und nicht um eine mittelbare Schädigung Dritter[262]. Entscheidet sich der Staat, für die Folgen aufzukommen, die aus dem Drogenkonsum resultieren, steht dies auch in seiner Verantwortung und er handelt paternalistisch. Er könnte sich auch entscheiden, für solche Folgen nicht aufzukommen. Allerdings wäre an dieser Stelle ein Widerspruch zum Sozialstaatsprinzip zu prüfen.

e) Volksgesundheit

Eine weitere Möglichkeit, paternalistische Normen zu rechtfertigen ist die Konstruktion von Kollektivrechtsgütern[263]. Beim Betäubungsmittelgesetz ist dies namentlich die „Volksgesundheit". Bei der Konstruktion von Kollektivrechtsgütern ist darauf zu achten, dass es sich nicht um „Scheinkollektivrechtsgüter" handelt[264]. Dies ist immer dann der Fall, wenn lediglich Einzelrechtsgüter zusammengefasst werden und das Kollektivrechtsgut nicht über die Summe der Einzelrechtsgüter hinausgeht. Genau dies ist bei der Volksgesundheit der Fall. Die Gesundheit eines Volkes kann es so nicht geben. Diese besteht nur aus der Gesundheit jedes einzelnen Mitglieds der Gesellschaft. Somit scheidet eine Rechtfertigung der §§ 29 ff. BtMG über die „Volksgesundheit" aus (näher dazu unter C.III.2. Gesundheitsgefahren durch Cannabiskonsum).

f) Fazit

Zusammenfassend lässt sich feststellen, dass ein gesetzlicher Paternalismus in einem liberalen Rechtsstaat nicht rechtmäßig ist, sofern er mit den Mitteln des Strafrechts aufwartet. Er verstößt gegen zentrale Werte der Autonomie. Dies gilt sowohl für den direkten als auch für den indirekten Paternalismus. Die zusätzliche Rechtfertigung des indirekten Paternalismus, dass dieser auch der Verhinderung einer Fremdschädigung diene, scheitert ebenfalls an dem Argument der Autonomie. Denn der verantwortlich Handelnde muss selbst entscheiden können, ob er sich selbst schädigt. Ihm durch Sanktionen gegen Dritte die Möglichkeit hierzu zu nehmen ist ebenso wenig hinnehmbar wie ein direktes Verbot. Dies gilt vor allem im Hinblick auf die §§ 29 ff. BtMG[265]. Wie gezeigt, scheiden auch Rechtfertigungsversuche aus, die den Paternalismus durch eine vorhandene mittelbare Drittschädigung ersetzen wollen. So spricht an dieser Stelle einiges dafür, dass die Straftatbestände des Betäubungsmittelrechts, welche vornehmlich mit dem Konsum einhergehen, nicht zu rechtfertigen sind.

---

[262]   *v. Hirsch*, Paternalismus (Fn. 233), S. 245.
[263]   *Schünemann*, Kritik (Fn. 239), S. 231; *Rigopoulou*, Paternalismus (Fn. 240), S. 131.
[264]   *Schünemann*, Kritik (Fn. 239), S. 231; *Wohlers/Went*, Legitimation (Fn. 241), S. 301 f.
[265]   *Wolf*, Paternalismus (Fn. 234), S. 39; *M. Köhler*, Freiheitliches Rechtsprinzip und Betäubungsmittelstrafrecht, in: ZStW 104 (1992), S. 3 (43); *Wang*, Drogenstraftaten (Fn. 244), S. 69.

2. Normgenese und Konflikttheorie

Normgenese bezeichnet das Zustandekommen von Rechtsnormen. Unter Berücksichtigung der Konflikttheorie soll nun untersucht werden, wie sich asymmetrisch verteilte Machtstrukturen auf die Normentstehung auswirken und inwiefern sie Anlass zur Normgenese sind. Dabei gibt es viele unterschiedliche Überlegungen, welche zu den Konflikttheorien gezählt werden. Diese unterscheiden sich vor allem in den jeweiligen Ursachen, aus welchen die Konflikte entstehen. Grob kann eine Unterteilung in konservative und kritisch-radikale Konflikttheorien vorgenommen werden[266]. Im Folgenden wird auf die konservative Variante der Konflikttheorie eingegangen. Die kritisch-radikale Variante, welche vor allem durch *Marx* geprägt wurde, hat durch ihren starken Fokus auf die Klassenunterschiede einen zu engen Blickwinkel auf das Problem.

a) Art der Konflikte

Die Konflikttheorie untersucht gesellschaftspolitische Hintergründe und ihren Einfluss auf die Normgenese. Basis für die Entstehung von Normen sind gesellschaftliche Konflikte[267]. Den Anfang auf diesem Gebiet machten *v. Jhering* und *Heck,* die als Begründer der Interessenjurisprudenz, einem Vorläufer der heutigen Konflikttheorie, gelten. *Heck* konstatierte bereits 1914: „die Gesetze sind die Resultate der in jeder Rechtsgemeinschaft einander gegenübertretenden und um Anerkennung ringenden Interessen materieller, nationaler, religiöser und ethischer Richtung. In dieser Erkenntnis besteht der Kern der Interessenjurisprudenz."[268] Für *Heck* bilden Interessenkonflikte die Basis für den Erlass neuer Rechtsnormen[269]. Diese Erkenntnis bildet auch den Kern der Konflikttheorie. Ursache dieser Konflikte sind Ressourcenstreitigkeiten zwischen verschiedenen Gruppen innerhalb einer Gesellschaft. Normen bilden innerhalb dieser Konflikte ein Mittel zur Sicherung gewonnener Ressourcen. Soziale Kontrolle und Kriminalisierung dienen der überlegenen Partei dazu, ihre Position zu festigen[270]. Mittels konflikttheoretischer Ansätze kann vor allem die Normgenese analysiert werden. Konflikte sind in jeder Gesellschaft von Anfang an vorhanden und ein notwendiger Teil jeder Gesellschaft[271]. Ein sozialer Konflikt kann beschrieben werden als „a struggle over values or claims to status, power, and scarce resources, in which the aims of the conflict parties are not only to gain the desired values but also to neutralize, injure, or eliminate their rivals. Such conflicts may take place between individuals, between collectivities, or between individuals and collectivities. Intergroup as well as intragroup conflicts are perennial features of social life".[272]

---

[266] *F.P. Williams III/M.D. McShane,* Criminological Theory, New York 1988, S. 103.
[267] *Eisenberg,* Kriminologie (Fn. 7), § 25 Rn. 10; *S. Lamnek,* Theorien abweichenden Verhaltens II, 3. Aufl. 2008, S. 35 f.; *T. Singelnstein/P. Stolle,* Die Sicherheitsgesellschaft, 3. Aufl. 2011, S. 126.
[268] *P. Heck,* Gesetzesauslegung und Interessenjurisprudenz, in: AcP 112 (1914), S. 1 (17).
[269] *K.F. Röhl/H.C. Röhl,* Allgemeine Rechtslehre, 3. Aufl. 2008, S. 653.
[270] So auch, aber im Ergebnis zu kritisch gegenüber dem Begriff der sozialen Kontrolle: *H. Cremer-Schäfer,* Einsortieren und Aussortieren, in: KrimJ 27 (1995), S. 89 (89 ff.).
[271] *C.R. Huff,* Conflict Theory in Criminology, in: J.A. Inciardi (Hrsg.), Radical Criminology, Beverly Hills/London 1980, S. 61 (72); *Raiser,* Grundlagen (Fn. 107), S. 293.
[272] *L.A. Coser,* Conflict: Sociological Aspects, in: D.L. Sills (Hrsg.), International Encyclopedia of Social Sciences, Bd. 3/4, New York 1972, S. 232 (232).

Es ist notwendig, davon auszugehen, dass bezüglich der Interessen und Werte innerhalb einer Gesellschaft ein Dissens herrscht[273]. Dieser Punkt spiegelt sich vor allem in der marxistischen Variante der Konflikttheorie und steht im Gegensatz zur klassischen soziologischen Auffassung in Bezug auf das Strafrecht, nach der das Strafrecht auf gesellschaftlichem Konsens beruht[274]. Weiterhin weist die Konflikttheorie eine Parallele zu den *rational choice*-Theorien auf (s. dazu unter B.III.1.a)aa) *Rational choice*-Theorien)[275]. Auch sie beruhen auf dem Menschenbild des *homo oeconomicus*. Denn die Konflikte entstehen aus einem Streben nach den besten Lebensbedingungen, welchem ein rationales Kalkül zugrunde liegt. So dient dieser Ansatz neben der Erklärung des Auftretens von Devianz auch der Erklärung von Normgenese. Die Konflikttheorie muss vom hegemonietheoretischen Ansatz abgegrenzt werden. Während sich die Konflikttheorie mit den gesellschaftspolitischen Hintergründen und Entstehungszusammenhängen von Normen auf der Makroebene beschäftigt, geht es dem hegemonietheoretischen Ansatz stärker um die Analyse der Durchsetzung von Partikularinteressen in modernen Industriegesellschaften[276].

b) Macht als Ziel von Konflikten

Letztlich geht es im Rahmen der Konflikttheorie stets um die Erlangung von Macht. Unter Macht verstehen wir mit *Weber* „die Chance, den eigenen Willen gegenüber einem anderen gegen dessen Widerstand durchzusetzen"[277]. Konstituierend ist eine asymmetrische Interaktionsbeziehung[278]. Weitergehend wird mit Herrschaft dann die anerkannte, legitime, institutionalisierte Macht beschrieben[279]. Damit Macht entstehen kann, ist also ein intragesellschaftliches Gefälle notwendig. Das Streben nach Macht ist eine der Ursachen für Konflikte, während die erlangte Macht im Rahmen der Herrschaftssicherung als Ursache für die Institutionalisierung von Normen gilt. Die Sicherung der erlangten Macht funktioniert innerhalb der Theorie so gut, da, wie oben beschrieben, davon ausgegangen wird, dass hinsichtlich der Werte und Interessen zwischen der herrschenden Gruppe und den beherrschten Gruppen ein Dissens besteht. Dies kann die herrschende Gruppe ausnutzen und dort Normen installieren, wo primär die beherrschten Gruppen betroffen sind. Dadurch soll diesen die Möglichkeit genommen werden, den *status quo* und damit den Herrschaftsanspruch der herrschenden Gruppe in Frage zu stellen. Ziel ist es somit auch, sich die Unterstützung des Staates und seines Rechtssystems

---

[273] *Huff,* Conflict Theory (Fn. 271), S. 63; *R. Quinney,* Class, State, and Crime, New York 1980, S. 44 ff.; *Kaiser,* Kriminologie (Fn. 12), § 32 Rn. 18.
[274] *R. Grathoff/F. Hegner/W. Lipp,* Art. Kollektivbewusstsein, in: Fuchs-Heinritz u.a., Lexikon (Fn. 10), S. 350 f.
[275] *Röhl,* Rechtssoziologie (Fn. 226), S. 443, *Raiser,* Grundlagen (Fn. 107), S. 293.
[276] *Singelnstein/Stolle,* Sicherheitsgesellschaft (2011) (Fn. 267), S. 130.
[277] *M. Weber,* Wirtschaft und Gesellschaft, 5. Aufl. 1972, 1. Teil Kapitel I § 16, Kapitel III § 1.
[278] *Raiser,* Grundlagen (Fn. 107), S. 282.
[279] *Weber,* Wirtschaft (Fn. 277), 1. Teil Kapitel I § 16.

gegen andere Gruppierungen zu sichern[280]. „Kriminalisierungsreformen werden in allen politischen Lagern als Mittel der symbolischen Wertebekräftigung geschätzt."[281]

c) Die Normgenese des Betäubungsmittelgesetzes

Gerade im Bereich des Betäubungsmittelstrafrechts wird die Genese von Normen häufig in einen Zusammenhang mit der Konflikttheorie gebracht. Hier sind es neben machtpolitischen Erwägungen auch ökonomische Gründe, welche ein Verbot unterstützen. So soll unter anderem das Interesse der Industrie an der Erhaltung der Arbeitskraft ein Grund für das Verbot von Betäubungsmitteln sein[282]. Andererseits eignen sich Normen im Bereich des Betäubungsmittelstrafrechts sehr gut als Wegbereiter für die quantitative und qualitative Intensivierung sozialer Kontrolle auf der politischen Ebene[283]. Es ist möglich, die Konflikttheorie auszuweiten und sie ebenfalls auf Konflikte zwischen der herrschenden Schicht und Protestbewegungen anzuwenden[284]. Die im Betäubungsmittelgesetz normierten Werte spiegeln daher nicht zwingend die Werte der Mehrheit der Gesellschaft, sondern unter Umständen die Werte der herrschenden Schicht, die für den Erlass des Betäubungsmittelgesetzes verantwortlich war. Dies würde in einem Widerspruch zu der erarbeiteten Definition der sozialen Kontrolle stehen (zu den spezifischen Konflikten, die zur Etablierung der Cannabisprohibition in Deutschland beigetragen haben, s. unter C.V. Extralegale Gründe der Prohibition).

d) Kritik

An der Konflikttheorie als Grundlage der Analyse von Normgenese wird auch Kritik laut. So wird vor allem eingewendet, dass die Erklärungsansätze zu eindimensional seien[285]. Konflikte würden stets nur mit monokausalen Begründungszusammenhängen versehen, wie Herrschaft oder Klassenunterschiede. Gerade die marxistische Ausformung der Konflikttheorie sieht sich immer wieder diesem Vorwurf ausgesetzt[286]. Dieser Vorwurf mag häufig (und gerade bei *Marx*) sicherlich begründet sein. Dies liegt jedoch an der jeweiligen Ausgestaltung. *Max Weber* hat *Marx* wirtschaftliche Gesichtspunkte noch um die Variablen Macht und Prestige erweitert und damit die potentiellen Konfliktfelder erheblich ausgeweitet. Auch die Konstellation der Konfliktparteien ist nicht notwendigerweise auf zwei Kontrahenten beschränkt. An einem Konflikt sind in der Regel mehrere Parteien, auf verschiedenen Ebenen, beteiligt[287]. Insofern ist die Ausgestaltung der Konflikttheorie durchaus multidimensional möglich.

---

[280]   *Eisenberg,* Kriminologie (Fn. 7), § 6 Rn. 9.
[281]   *M. Voß,* Strafe muß nicht sein, in: H. Peters (Hrsg.), Muß Strafe sein?, 1993, S. 135 (139).
[282]   *Singelnstein/Stolle,* Sicherheitsgesellschaft (2006) (Fn. 7), S. 101.
[283]   *L. Böllinger,* Soziale Disziplinierung und Moralstrafrecht, in: Frehesee/Löschper/Schumann, Strafrecht (Fn. 1), S. 271 (274); *Eisenberg,* Kriminologie (Fn. 7), § 5 Rn. 30.
[284]   *J. Lamla,* Die Konflikttheorie als Gesellschaftstheorie, in: T. Bonacker (Hrsg.), Sozialwissenschaftliche Konflikttheorien, 4 Aufl. 2008, S. 207 (220).
[285]   *Röhl,* Rechtssoziologie (Fn. 226), S. 451.
[286]   *Huff,* Conflict Theory (Fn. 271), S. 66.
[287]   *F.W. Stallberg/R. Stallberg,* Kriminalisierung und Konflikt – zur Analyse ihres Zusammenhangs, in: MSchKrim 60 (1977), S. 16 (27).

e) Fazit

Es wäre irrig zu glauben, dass Konflikte innerhalb der Konflikttheorie stets negativ konnotiert sind. Vielmehr werden Konflikte hier als Mittel der Normgenese in einen Zusammenhang mit Weiterentwicklung und Fortschritt gesetzt[288]. Konflikte führen zu neuen Regeln und verändern damit die Gesellschaft und ihre Strukturen. Gesellschaft, Konflikte und Normgenese stehen in einem interdependenten Verhältnis, in dem kein Teil isoliert dastehen kann. Konflikte und die daraus resultierenden Normen sind essentiell für die Fortentwicklung in modernen Gesellschaften. Problematisch wird die Normgenese im Rahmen von Konflikten vor allem dann, wenn sich nur Werte und Normen der herrschenden Schicht etablieren und diese zur Herrschaftssicherung genutzt werden. Dies widerspricht dem Kerngedanken der sozialen Kontrolle, der es gebietet, dass sich die normierten Werte aus der Mehrheit der Gesellschaft speisen (s. detailliert zur Cannabisprohibition C.V. Extralegale Gründe der Prohibition). Konflikte können jedoch auch im Einklang mit dem Begriff der sozialen Kontrolle zur Normgenese führen. Dies ist immer dann der Fall, wenn die Konfliktlösung in einem ausgehandelten Kompromiss besteht. Dies ist die beste Garantie dafür, ein möglichst breites Spektrum an Interessen und Meinungen in einer Norm zu vereinigen. Eine solche kompromissorientierte Normgenese ist heute in den meisten (westlichen) Ländern Realität.

---

[288] *C.H. Cooley,* Social Organization, New York 1909, S. 199; *Coser,* Conflict (Fn. 272), S. 149; für die Weiterentwicklung innerhalb der Systemtheorie: *N. Luhmann,* Ausdifferenzierung des Rechts, 1981, S. 98.

C. Rechtmäßigkeit des Cannabisverbotes in Deutschland

I. Was ist Cannabis?

Cannabis, auch Hanf genannt, ist eine Pflanzengattung, die zur Familie der Hanfgewächse gehört[289]. Konsumiert werden zumeist die getrockneten Blütentrauben und blütennahen kleinen Blätter der weiblichen Pflanzen, welche als Marihuana bezeichnet werden[290]. Haschisch entsteht aus dem reinen, unveränderten Harz der Blütenblätter und hat eine deutlich stärkere berauschende Wirkung als Marihuana. Die Konsumform entspricht zumeist der von Tabak. Darüber hinaus gibt es noch das Cannabiskonzentrat, auch Haschischöl genannt, welches die höchste THC-Konzentration aufweist[291]. Der primäre psychoaktive Wirkstoff in den Cannabispflanzen ist Delta 9-Tetrahydrocannabinol (THC). Cannabinoide sind die aus Marihuana oder Haschisch gewonnenen Inhaltsstoffe. Zu den Wichtigsten zählt das Tetrahydrocannabinol (THC), welches aus Cannabidiolcarbonsäure (CBDS) entsteht. Dieses ist halluzinogen wirksam und stellt das psychotrope Prinzip des Cannabis dar. Ebenfalls von Bedeutung sind Cannabidiol (CBD) und Cannabinol (CBN) (zur Entwicklung und Bedeutung des THC-Gehaltes s. näher unter C.III.2.d) Auswirkungen des THC-Gehaltes).

II. Rechtliche Behandlung von Cannabis

1. Momentane Regelung

Aktuell legt das Betäubungsmittelgesetz in § 29 Abs. 1 BtMG die Strafbarkeit diverser Umgangsformen mit Cannabisprodukten fest. Was unter Betäubungsmitteln im Sinne des Gesetzes zu verstehen ist, lässt sich § 1 Abs. 1 BtMG in Verbindung mit den Anlagen zu § 1 Abs. 1 BtMG entnehmen. In Anlage I zu § 1 Abs. 1 BtMG werden Cannabis (Marihuana) und das Cannabisharz (Haschisch) als nicht verkehrsfähige Betäubungsmittel ausgewiesen. Allerdings gelten für Cannabis einige Ausnahmen, bei denen eine Verkehrsfähigkeit gegeben ist. Dies ist unter anderem bei Verwendung von Cannabis zu den in Anlage III genannten Zwecken der Fall. Solche Zwecke sind der Anbau zu medizinischen Zwecken, der unter staatlicher Kontrolle gemäß den Art. 23 und 28 Abs. 1 des Einheits-Übereinkommens von 1961 über Suchtstoffe erfolgt, sowie Cannabis als Wirkstoff in Zubereitungen, die als Fertigarzneimittel zugelassen sind. Der Anbau zu medizinischen Zwecken geht auf den Erlass des Gesetzes zur Änderung betäubungsmittelrechtlicher und anderer Vorschriften, welches am 10. März 2017 in Kraft getreten ist, zurück (dazu näher unter E.III.4.c) Gesetz zur Änderung betäubungsmittelrechtlicher und anderer Vorschriften)[292]. Das Gesetz dient vornehmlich dazu, Schwerstkranken einen legalen Zugang zu Cannabis als Medizin zu ermöglichen. Anlage II zu § 1 Abs. 1 BtMG bezieht

---

[289]   *K. Hiller/M.F. Melzig*, Art. Cannabis sativa, in: dies. (Hrsg.), Lexikon der Arzneipflanzen und Drogen, 2. Aufl. 2010, S. 112 f.

[290]   *W. Schmidbauer/J. v. Scheidt*, Cannabis, in: dies. (Hrsg.), Handbuch der Rauschdrogen, 2003, S. 76.

[291]   *N. Krumdiek*, Die national- und internationalrechtliche Grundlage der Cannabisprohibition in Deutschland, 2005, S. 93; *J. Patzak*, in: H.H. Körner/ders./M. Volkmer (Hrsg.), Betäubungsmittelgesetz, 8. Aufl. 2016, Stoffe, Rn. 11.

[292]   Gesetz v. 6.3.2017 – BGBl. I S. 403.

sich lediglich auf den Wirkstoff 9-Tetrahydrocannabinol und bestimmt, dass dieser dann als verkehrsfähiges, aber nicht verschreibungsfähiges Betäubungsmittel gilt, wenn er zur Herstellung von Zubereitungen zu medizinischen Zwecken bestimmt ist. Als Strafrahmen legt § 29 Abs. 1 BtMG eine Freiheitsstrafe bis zu fünf Jahren oder eine Geldstrafe fest. § 29 Abs. 3 bis 5 und §§ 29a bis 31a BtMG verorten verschiedene Qualifikationen und Privilegierungen des Grundtatbestandes, wobei in der vorliegenden Arbeit vor allem die Möglichkeiten eines Strafentfalls nach § 29 Abs. 5 BtMG, das Absehen von einer Verfolgung nach § 31a BtMG und das vorläufige Absehen von der Eröffnung des Hauptverfahrens nach § 37 BtMG von Relevanz sein werden.

2. Möglichkeiten des Strafentfalls

Im Folgenden sollen nur die speziellen Möglichkeiten eines Strafentfalls untersucht werden, welche sich aus dem Betäubungsmittelgesetz direkt ergeben. Daneben spielen auch im Betäubungsmittelrecht die allgemeinen Einstellungsmöglichkeiten nach §§ 153 ff. StPO und die §§ 45 und 47 JGG eine Rolle. Auf die jeweils bestehenden Konkurrenzverhältnisse wird an entsprechender Stelle eingegangen.

a)   § 29 Abs. 5 Betäubungsmittelgesetz

aa)   Analyse der bestehenden Regelung

Von grundsätzlicher Bedeutung bei einer Untersuchung des Betäubungsmittelstrafrechts ist die Beachtung der Möglichkeiten eines Strafentfalls. So waren die existierenden Diversionsvorschriften für das Bundesverfassungsgericht im Cannabis-Urteil[293] ausschlaggebend dafür, dass die Vorschriften des Betäubungsmittelgesetzes noch als verfassungsgemäß gewertet wurden. Die Möglichkeiten des Strafentfalls sind also konstituierend für das Betäubungsmittelgesetz in seiner aktuellen Form.

Nach § 29 Abs. 5 BtMG kann das Gericht von einer Bestrafung nach den Absätzen 1, 2 und 4 absehen, wenn der Täter Betäubungsmittel lediglich zum eigenen Verbrauch in geringen Mengen herstellt, einführt, ausführt, durchführt, erwirbt, sich in sonstiger Weise verschafft oder besitzt. Hierbei handelt es sich um eine materiell-rechtliche Strafzumessungsnorm[294]. Sie setzt mithin einen Schuldspruch voraus. § 29 Abs. 5 BtMG ist Ausdruck des Vorrangs von Hilfe vor Strafe[295]. Geschützt werden sollen vor allem „Drogenprobierer" und Gelegenheitskonsumenten

293   BVerfGE 90, 145 ff.
294   *U. Franke,* in: ders./K. Wienroeder (Hrsg.), Betäubungsmittelgesetz, 3. Aufl. 2008, § 29 Rn. 230; *Patzak,* in: Betäubungsmittelgesetz (Fn. 291), § 29 Teil 29 Rn. 2; *A. Eberth/E. Müller/M. Schütrumpf,* Verteidigung in Betäubungsmittelsachen, 6. Aufl. 2013, Rn. 236; *K. Weber,* Betäubungsmittelgesetz, 4. Aufl. 2013, § 29 Rn. 2060.
295   *Patzak,* in: Betäubungsmittelgesetz (Fn. 291), § 29 Teil 29 Rn. 1.

vor einer Eintragung ins Zentralregister und der damit verbundenen Kriminalisierung[296]. Auch wenn nach dem Wortlaut Dauerkonsumenten und Abhängige von der Vorschrift nicht ausgenommen sind, ist sie nicht auf diesen Täterkreis ausgelegt und wird dort restriktiv angewendet[297].

Voraussetzung für ein Absehen von Strafe nach § 29 Abs. 5 BtMG ist, dass es sich bei den Drogen um eine geringe Menge handelt. Was als geringe Menge anzusehen ist, wird im Gesetz nicht definiert. Die Definition der geringen Menge, die kein Tatbestandsmerkmal bildet, soll der Rechtsprechung überlassen bleiben[298]. Allerdings besteht hierzu bis heute keine eindeutige höchstrichterliche Rechtsprechung. Allgemein anerkannt ist jedoch mittlerweile, dass sich die geringe Menge an den Konsumeinheiten orientiert[299]. Eine Konsumeinheit ist die Menge an Rauschmittel, die ein Drogenanfänger benötigt, um einen Rausch zu erzielen. Es ist dabei stets von einer Person auszugehen, die kein Dauerkonsument ist und eine Toleranzbildung bezüglich der Droge aufweist. Als geringe Menge sind bis zu drei Konsumeinheiten der jeweiligen Droge anzusehen[300]. Gerade im Hinblick auf Cannabis, als die am häufigsten konsumierte illegale Droge, bedarf die Beurteilung der geringen Menge einer weiteren Konkretisierung. Es ist anerkannt, dass bei bis zu sechs Gramm Cannabis eine geringe Menge bejaht werden kann[301]. Unter Zugrundelegung einer schlechten Qualität von 1,5%-igem THC hat der Bundesgerichtshof auch bei bis zu zehn Gramm noch eine geringe Menge angenommen[302]. Die meisten Bundesländer haben mittlerweile Richtlinien zur Beurteilung der geringen Menge bei Cannabis erlassen[303]. Die Richtlinien wurden häufig in Bezug auf § 31a BtMG erlassen, doch muss die geringe Menge bei § 29 Abs. 5 BtMG und bei § 31a BtMG gleich beurteilt werden, sodass eine Übertragung auf diese Norm zulässig ist[304]. Alle Länder haben als untere Grenze mindestens sechs Gramm Cannabis zugrunde gelegt. Mit dem Erlass der Richtlinien folgten die Länder der Aufforderung des Bundesverfassungsgerichts, bundesweit einheitliche Regelungen im Umgang mit Cannabis zu schaffen[305]. § 29 Abs. 5 BtMG ist nach dem Bundesverfassungsgericht (zusammen

---

[296]   BT-Drucks. 8/3551, S. 45; BayObLG, in: StV 1982, S. 423 (423); BVerfG, in: NJW 1994, S. 1577 (1583); BayObLG, in: StV 1995, S. 529 (529); *Krumdiek*, Grundlage (Fn. 291), S. 58; *Franke*, Betäubungsmittelgesetz (Fn. 294), § 29 Rn. 229; *Patzak*, in: Betäubungsmittelgesetz (Fn. 291), § 29 Teil 29 Rn. 1, 101; *Weber*, Betäubungsmittelgesetz (Fn. 294), § 29 Rn. 2053, 2135.

[297]   *H.H. Körner*, Anmerkungen zu BayObLG, Urteil v. 14.2.1995 – 4 StRR 170/94, in: StV 1995, S. 531 (532); *Patzak*, in: Betäubungsmittelgesetz (Fn. 291), § 29 Teil 29 Rn. 22.

[298]   *Patzak*, in: Betäubungsmittelgesetz (Fn. 291), § 29 Teil 29 Rn. 27.

[299]   *Franke*, Betäubungsmittelgesetz (Fn. 294), § 29 Rn. 232; *Patzak*, in: Betäubungsmittelgesetz (Fn. 291), § 29 Teil 29 Rn. 29 f.; *Weber*, Betäubungsmittelgesetz (Fn. 294), § 29 Rn. 2068 ff.

[300]   BayObLG, in: StV 1982, S. 423 (423); OLG Hamm, in: StV 1987, S. 251 (251 f.); BayObLG, in: NStZ 1995, S. 350 (350); *Eberth/Müller/Schütrumpf*, Verteidigung (Fn. 294), Rn. 172.

[301]   *Körner*, Anmerkungen (Fn. 297), S. 532; *Krumdiek*, Grundlage (Fn. 291), S. 59; *Weber*, Betäubungsmittelgesetz (Fn. 294), § 29 Rn. 2079 m.w.N.

[302]   BGH, in: NStZ 1996, S. 139 (139 ff.).

[303]   Eine Tabelle zu den landesrechtlichen Regelungen bei: *Weber*, Betäubungsmittelgesetz (Fn. 294), § 31a Rn. 88.

[304]   *Weber*, Betäubungsmittelgesetz (Fn. 294), § 29 Rn. 2098.

[305]   BVerfGE 90, 145 ff.

mit den anderen Möglichkeiten einer folgenlosen Einstellung) eine einfachgesetzliche Ausprägung des Übermaßverbotes, welches es verbietet, Gelegenheitskonsumenten mit lediglich einer
geringen Menge Cannabis zum Eigenkonsum strafrechtlich zu belangen (Näheres zum Zusammenhang zwischen dem Übermaßverbot und dem Begriff der „Geringen Menge" unter
C.IV.1.c)bb)ddd) Verhältnismäßigkeit (im engeren Sinne)).

Im Jugendstrafrecht kommt § 29 Abs. 5 BtMG nicht zur Anwendung. Hier haben die §§ 45 und
47 JGG Vorrang, da diese stets vorliegen, wenn § 29 Abs. 5 BtMG erfüllt ist, und besser auf
die Bedürfnisse jugendlicher Straftäter zugeschnitten sind[306].

bb) Empirische Daten zu § 29 Abs. 5 BtMG

Trotz der herausgehobenen Bedeutung des § 29 Abs. 5 BtMG als Ausprägung des Übermaßverbotes und damit als Gewährleistung der Verfassungsmäßigkeit des Betäubungsmittelgesetzes in seiner derzeitigen Fassung ist die praktische Bedeutung der Vorschrift gering[307]. Seine
ohnehin geringe Bedeutung wurde durch die Einführung des § 31a BtMG noch weiter geschmä-
lert. Die primäre Relevanz der Vorschrift liegt heute in der Möglichkeit, Fehlentscheidungen
nach § 31a BtMG zu korrigieren und darin, dass § 29 Abs. 5 BtMG revisionsrechtlich überprüfbar ist[308]. Die geringe Anwendungshäufigkeit von § 29 Abs. 5 BtMG kann allerdings auch
ein Hinweis darauf sein, dass die Absprachen zwischen Staatsanwaltschaft und Gericht funktionieren. Denn dann stellt bereits die Staatsanwaltschaft alle einstellungsfähigen Fälle nach
§ 31a BtMG ein[309]. Anhand der folgenden Tabelle wird erkennbar, welche geringe Bedeutung
§ 29 Abs. 5 BtMG heute zukommt.

---

[306]   S. *Aulinger*, Rechtsgleichheit und Rechtswirklichkeit bei der Strafverfolgung von Betäubungsmittelkonsumenten, 1997, S. 58 ff.; *Weber*, Betäubungsmittelgesetz (Fn. 294), § 29 Rn. 2058; unentschieden: *C.*
Schäfer/L. Paoli, Drogenkonsum und Strafverfolgungspraxis, 2006, S. 29 f.; zum grundsätzlichen Vorrang der §§ 45 und 47 JGG vor den allgemeinen Einstellungsgründen *J. Joachimski/C. Haumer*, Strafverfahrensrecht, 7. Aufl. 2015, S. 282 f.

[307]   *Aulinger*, Rechtsgleichheit (Fn. 306), S. 7, 300, 311; *Weber*, Betäubungsmittelgesetz (Fn. 294), § 29 Rn.
2054.

[308]   *Schäfer/Paoli*, Drogenkonsum (Fn. 306), S. 32; *Patzak*, in: Betäubungsmittelgesetz (Fn. 291), § 29 Teil
29 Rn. 55.

[309]   *Schäfer/Paoli*, Drogenkonsum (Fn. 306), S. 322.

Jahr	Abgeurteilte nach allgemeinem Strafrecht: Straftat: § 29 I 1 Nr. 3	Absehen von Strafe bei allen BtM-Delikten	Absehen von Strafe bei § 29 I 1 Nr. 3	Prozentsatz der Anwendung von § 29 V BtMG bei § 29 I 1 Nr. 3	Seitenangabe
2016	25.385	18	9	<0,1%	S. 84 f.
2015	24.202	34	12	<0,1%	S. 84 f.
2014	23.919	37	14	<0,1%	S. 84 f.
2013	21.999	26	11	< 0,1%	S. 84 f.
2012	20.895	18	6	< 0,1%	S. 82 f.
2011	21.142	29	10	< 0,1%	S. 80 f.

Abbildung 1: Empirische Daten zu § 29 Abs. 5 BtMG

Quelle: Statistisches Bundesamt, Rechtspflege Strafverfolgung, abzurufen auf der Homepage des Statistischen Bundesamtes www.destatis.de.

In weniger als 0,1% der abgeurteilten Fälle nach § 29 Abs. 1 S. 1 Nr. 3 BtMG wurde nach § 29 Abs. 5 BtMG entschieden. § 29 Abs. 1 S. 1 Nr. 3 BtMG stellt den Besitz von Drogen unter Strafe. Diese konsumbezogene Tatbestandsalternative steht in einem besonderen Zusammenhang zu § 29 Abs. 5 BtMG, der ja gerade den Gelegenheitskonsumenten, welcher lediglich eine geringe Menge zum Eigenverbrauch besitzt, privilegieren will.

b)   § 31a Betäubungsmittelgesetz

aa)   Analyse der bestehenden Regelung

§ 31a BtMG ist aus einer langwährenden Kontroverse um die Legalisierung von Cannabis hervorgegangen. Hier ist vor allem § 31a Abs. 1 S. 1 BtMG von Bedeutung. Er räumt der Staatsanwaltschaft die Befugnis ein, von der Verfolgung abzusehen, wenn ein Vergehen nach § 29 Abs. 1, 2 oder 4 BtMG vorliegt. § 31a Abs. 1 S. 2 BtMG bezieht sich auf eine folgenlose Einstellung in Zusammenhang mit Betäubungsmitteldelikten in sog. Drogenkonsumräumen. Der Satz 2 betrifft damit vor allem schwerstabhängige Konsumenten harter Drogen und hat für den Bereich des Cannabis wenig Bedeutung. § 31a Abs. 2 BtMG enthält eine weitere Möglichkeit der gerichtlichen Einstellung, auf die im Folgenden jedoch nicht eingegangen wird, da die Bedeutung des § 31a BtMG gerade in der staatsanwaltschaftlichen Einstellungsmöglichkeit liegt. § 31a Abs. 1 S. 1 BtMG stellt eine Weiterentwicklung des § 29 Abs. 5 BtMG dar[310]. Im Vordergrund steht der Verzicht auf die richterliche Zustimmung. Die Staatsanwaltschaft kann autonom über das Absehen von der Verfolgung entscheiden. Damit dient § 31a Abs. 1 S. 1 BtMG

---

[310]   *Franke*, Betäubungsmittelgesetz (Fn. 294), § 31a Rn. 3; *Patzak*, in: Betäubungsmittelgesetz (Fn. 291), § 31a Rn. 5.

in erster Linie der Verfahrenserleichterung und der Entlastung der Strafverfolgungsbehörden[311]. Das bedeutet auch, dass § 31a BtMG kein Schuldspruch zugrunde liegt und damit kein Strafklageverbrauch eintritt[312]. Weiterhin sollte seine Einführung zu einer einheitlicheren Rechtspraxis bei der Einstellung in Zusammenhang mit Betäubungsmitteldelikten führen[313]. § 31a Abs. 1 S. 1 BtMG stellt nicht *per se* eine Erweiterung der Einstellungsmöglichkeiten gegenüber § 29 Abs. 5 BtMG dar. Im Hinblick auf die tatbestandlichen Voraussetzungen ist § 31a Abs. 1 S. 1 BtMG vielmehr enger. Dieser fordert neben einer geringen Schuld auch, dass kein öffentliches Interesse an der Strafverfolgung besteht. Diese Einschränkung wird allerdings durch eine Zunahme an Flexibilität aufgewogen, welche dadurch entsteht, dass die Staatsanwaltschaft unabhängig entscheiden kann. Hierbei kommt es zu einer Monopolisierung der Einstellungsentscheidung bei der Staatsanwaltschaft[314]. § 31a BtMG dient, ebenso wie § 29 Abs. 5 BtMG, der Verwirklichung des Vorrangs Hilfe vor Strafe[315]. Eine weitere Parallele zu § 29 Abs. 5 BtMG ist der Personenkreis, auf den § 31a Abs. 1 S. 1 BtMG abzielt. Auch hier sollen „Drogenprobierer" und Gelegenheitskonsumenten straffrei gehalten werden[316].

Anders als § 29 Abs. 5 BtMG handelt es sich bei § 31a Abs. 1 S. 1 BtMG nicht um eine materielle Vorschrift, sondern lediglich um eine Verfahrensvorschrift, welche nicht revisionsrechtlich angreifbar ist[317]. Die einzige Möglichkeit, gegen eine solche Entscheidung vorzugehen, ist die Dienstaufsichtsbeschwerde. Die Staatsanwaltschaft hat hier nicht den gleichen strengen Beweis- und Strafzumessungsregeln zu folgen wie das Gericht im Falle des § 29 Abs. 5 BtMG.

§ 31a Abs. 1 S. 1 BtMG ist als Ermessensvorschrift ausgestaltet und überlässt der Staatsanwaltschaft einen Spielraum bei der Entscheidung, ob von Strafe abgesehen werden soll[318]. Da das Bundesverfassungsgericht in seinem Cannabis-Urteil auch auf § 31a BtMG als einfachgesetzliche Ausprägung des Übermaßverbotes Bezug genommen hat, ist diese Vorschrift essentiell für die Verfassungsgemäßheit des Betäubungsmittelgesetzes in seiner heutigen Fassung[319]. Darüber hinaus führt die Entscheidung des Bundesverfassungsgerichts dazu, dass sich das Ermessen bei § 31a BtMG in Verbindung mit den Leitlinien der Cannabis-Entscheidung bis hin

---

[311] *Franke,* Betäubungsmittelgesetz (Fn. 294), § 31a Rn. 2; *Patzak,* in: Betäubungsmittelgesetz (Fn. 291), § 31a Rn. 10; *Weber,* Betäubungsmittelgesetz (Fn. 294), § 31a Rn. 14.
[312] *Franke,* Betäubungsmittelgesetz (Fn. 294), § 31a Rn. 9.
[313] BT-Drucks.12/934, S. 6.
[314] *Franke,* Betäubungsmittelgesetz (Fn. 294), § 31a Rn. 8.
[315] *H.H. Körner,* Das Betäubungsmittelgesetz – ein gesetzgeberischer Flickenteppich oder die Auseinandersetzung der Falken und Tauben um eine neue Drogenpolitik, in: StV 1994, S. 514 (514).
[316] BayObLG, in: StV 1982, S. 423 (423); BayObLG, in: StV 1995, S. 529 (529); *Krumdiek,* Grundlage (Fn. 291), S. 59.
[317] *Patzak,* in: Betäubungsmittelgesetz (Fn. 291), § 31a Rn. 12, 135; *Weber,* Betäubungsmittelgesetz (Fn. 294), § 31a Rn. 20.
[318] *Patzak,* in: Betäubungsmittelgesetz (Fn. 291), § 31a Rn. 10; *Weber,* Betäubungsmittelgesetz (Fn. 294), § 31a Rn. 61.
[319] *Patzak,* in: Betäubungsmittelgesetz (Fn. 291), § 31a Rn. 8, 40.

zu einer Einstellungspflicht verdichten kann, soweit es um geringe Mengen zum Eigenverbrauch geht[320]. Die geringe Menge wird bei § 31a BtMG genauso bestimmt wie bei § 29 Abs. 5 BtMG, sodass auf die dortigen Ausführungen verwiesen werden kann (C.II.2.a)aa) Analyse der bestehenden Regelung).

Wichtig hervorzuheben ist, dass bei § 31a Abs. 1 S. 1 BtMG über das öffentliche Interesse sowohl spezialpräventive als auch generalpräventive Gesichtspunkte in die Entscheidung mit einfließen. Hinsichtlich der Spezialprävention ist in der Ermessensentscheidung zu überlegen, welche Reaktion erforderlich ist, um den Täter von der Begehung weiterer Straftaten abzuhalten. Dabei müssen alle Möglichkeiten in Betracht gezogen werden, auch solche, die außerhalb des Strafrechts liegen, wie Therapie, Drogenberatung etc.[321] Bei Gelegenheitskonsumenten mit einer nur geringen Menge Rauschmittel ist regelmäßig ein Absehen von Strafe angezeigt und die spezialpräventiv am besten wirksame Entscheidung. Dies sah auch das Bundesverfassungsgericht in seiner Cannabis-Entscheidung als erwiesen an[322]. Generalpräventive Gesichtspunkte stehen einer Einstellung entgegen, wenn dadurch die Allgemeinheit gefährdet oder das Vertrauen der Öffentlichkeit in die Unverbrüchlichkeit der Rechtsordnung erschüttert würde und eine Bestrafung notwendig ist, um andere von der Begehung ähnlicher Taten abzuhalten[323]. Dies wird jedoch bei konsumbezogenen Straftaten mit geringen Mengen kaum anzunehmen sein, sodass hier das öffentliche Interesse einer Einstellung nicht entgegenstehen wird.

§ 31a Abs. 1 S. 1 BtMG ist gegenüber den §§ 153, 153a StPO, § 29 Abs. 5 BtMG *lex specialis*[324]. Stehen einer Einstellung nach § 31a Abs. 1 S. 1 BtMG die nicht geringe Schuld oder das öffentliche Interesse entgegen, kann jedoch § 29 Abs. 5 BtMG dennoch zur Anwendung gelangen. Die §§ 45 und 47 JGG gehen als jugendspezifische Regelungen dem § 31a BtMG ebenfalls vor[325]. Dort kann besser auf die jugendtypische Verfehlung eingegangen werden, indem suchttherapeutische Maßnahmen neben der Einstellung angeordnet werden können.

bb) Empirische Daten zu § 31a BtMG

§ 31a BtMG avanciert seit seiner Einführung zur wichtigsten Diversionsmöglichkeit in Zusammenhang mit Betäubungsmittelstraftaten. So hat er den § 29 Abs. 5 BtMG in der Praxis fast vollständig verdrängt[326]. Dies ist vor allem darauf zurückzuführen, dass der § 31a BtMG dem

---

[320] *Schäfer/Paoli*, Drogenkonsum (Fn. 306), S. 19; *Patzak*, in: Betäubungsmittelgesetz (Fn. 291), § 31a Rn. 129.

[321] *Patzak*, in: Betäubungsmittelgesetz (Fn. 291), § 31a Rn. 32 f.; *Weber*, Betäubungsmittelgesetz (Fn. 294), § 31a Rn. 42.

[322] BVerfGE 90, 145 ff.

[323] *Aulinger*, Rechtsgleichheit (Fn. 306), S. 53; *Patzak*, in: Betäubungsmittelgesetz (Fn. 291), § 31a Rn. 39; *Weber*, Betäubungsmittelgesetz (Fn. 294), § 31a Rn. 55.

[324] *Franke*, Betäubungsmittelgesetz (Fn. 294), § 31a Rn. 5; *Patzak*, in: Betäubungsmittelgesetz (Fn. 291), § 31a Rn. 13; *Eberth/Müller/Schütrumpf*, Verteidigung (Fn. 294), Rn. 236.

[325] *Patzak*, in: Betäubungsmittelgesetz (Fn. 291), § 31a Rn. 13, 68; *Weber*, Betäubungsmittelgesetz (Fn. 294), § 31a Rn. 19.

[326] *Aulinger*, Rechtsgleichheit (Fn. 306), S. 57, 300, 310, 311; *Schäfer/Paoli*, Drogenkonsum (Fn. 306), S. 320 ff.; *Patzak*, in: Betäubungsmittelgesetz (Fn. 291), § 31a Rn. 12; *Weber*, Betäubungsmittelgesetz (Fn. 294), § 31a Rn. 17.

§ 29 Abs. 5 BtMG zeitlich vorgreift und es Ziel seiner Einführung war, eine Verfahrenserleichterung herbeizuführen, indem die Einstellungsentscheidung bei den Staatsanwaltschaften zentriert wird. Der Forderung des Bundesverfassungsgerichts nach einer bundesweit einheitlichen Einstellungspraxis kamen die Länder durch den Erlass von Richtlinien nach[327]. Sowohl die Studie von *Aulinger* als auch die von *Schäfer/Paoli* kommen zu dem Ergebnis, dass bei Betäubungsmitteldelikten von über 20-Jährigen, die nicht oder gering vorbelastet sind, mit einer geringen Menge Cannabis zum Eigenkonsum (bis sechs Gramm) eine bundesweit einheitliche Einstellungspraxis vorherrscht[328]. Unterschiede bestehen danach vor allem im Umgang mit Jugendlichen im Rahmen der §§ 45 und 47 JGG und bei Wiederholungstätern. Stellenweise wird gerügt, dass die uneinheitliche Einstellungspraxis in diesen Punkten dazu führt, dass den Anforderungen des Bundesverfassungsgerichts nicht genügt wird. Zu berücksichtigen ist jedoch, dass das Jugendstrafrecht nach § 2 Abs. 1 S. 2 JGG vornehmlich am Erziehungsgedanken auszurichten ist. Das bedeutet, dass alle Maßnahmen des Jugendstrafrechts deutlich spezifischer und individualisierter sind als solche des allgemeinen Strafrechts. Es ist bei Jugendlichen besonders darauf zu achten, dass spezialpräventive Belange im Fokus der Entscheidung stehen (zur Spezialprävention s. B.IV. Die spezialpräventive Wirkung des Strafrechts). Danach verwundert es nicht, dass hier Einstellungsentscheidungen weniger einheitlich ausfallen. Dies ist den Besonderheiten des Jugendstrafrechts geschuldet und kann nicht als Manko gesehen werden. Was die Wiederholungstäter betrifft, genügt die Einstellungspraxis noch nicht den Anforderungen an eine einheitliche Rechtspraxis. Hier ist zu berücksichtigen, dass im Bereich der Betäubungsmitteldelikte die Rückfallquoten bei 40 bis 45% liegen[329]. Der überwiegende Teil der Straftäter in diesem Bereich gelangt also nach der Erstentscheidung nicht mehr ins Justizsystem. Auch wenn die Behandlung von Wiederholungstätern als Defizit zu werten ist, so genügt die Regelung insgesamt den Anforderungen des Bundesverfassungsgerichts. Die uneinheitliche Handhabung einer bestimmten Tätergruppe vermag nicht die gesamte Regelung zu kippen. Wenn *Kreuzer* sogar nur einen kleinsten gemeinsamen Nenner bei der Einstellungspraxis fordert, geht die heutige Regelung darüber deutlich hinaus[330].

---

[327] BVerfGE 90, 145 ff.
[328] *Aulinger*, Rechtsgleichheit (Fn. 306), S. 325; *Schäfer/Paoli*, Drogenkonsum (Fn. 306), S. 386; *Weber*, Betäubungsmittelgesetz (Fn. 294), § 31a Rn. 90.
[329] *J.-M. Jehle u.a.*, Legalbewährung nach strafrechtlichen Sanktionen, 2010, S. 117; *Jehle u.a.*, Legalbewährung (2013) (Fn. 200), S. 112.
[330] *A. Kreuzer*, Die Haschisch-Entscheidung des BVerfG, in: NJW 1994, S. 2400 (2400).

Jahr	Von der StA beim Landgericht und von der Amtsanwaltschaft erledigte Ermittlungsverfahren auf dem Sachgebiet des BtMG	Einstellung ohne Auflagen §§ 153, 153b und c, 154 Abs. 1 und 154b bis f StPO, 45 Abs. 1 und 2 JGG, 31a Abs. 1 BtMG	Prozentsatz der Einstellungen ohne Auflagen	Seite
2017	374.020	140.784	37,6%	S. 104
2016	347.430	129.427	37,3%	S. 104
2015	328.457	120.566	36,7%	S. 104
2014	316.966	115.667	36,5%	S. 104
2013	283.545	104.438	36,8%	S. 104
2012	258.440	91.617	35,5%	S. 104
2011	259.014	90.032	34,8%	S. 104

Abbildung 2: Empirische Daten zu § 31a BtMG

Quelle: Statistisches Bundesamt (Hrsg.), Rechtspflege Staatsanwaltschaften, abzurufen auf der Homepage des Statistischen Bundesamtes www.destatis.de.

Die Tabelle zeigt die Bedeutung der Einstellung ohne Auflagen. Mehr als ein Drittel aller Delikte auf dem Gebiet des Betäubungsmittelstrafrechts werden folgenlos eingestellt. Bis 2015 werden keine Zahlen separat für § 31a Abs. 1 S. 1 BtMG ausgegeben, sodass bis dahin nur auf die gemeinsame Veranschlagung mit anderen Möglichkeiten der folgenlosen Einstellung verwiesen werden kann. Ab dem Jahr 2015 wird der Wert gesondert ausgewiesen. 63.623 Verfahren im Betäubungsmittelbereich wurden 2015 nach § 31a Abs. 1 S. 1 BtMG eingestellt. Dies entspricht einem Prozentsatz von 19,4% an allen Verfahren in dem Bereich. Im Jahr 2016 waren es 66.558 (19,1%) und 2017 72.874 (19,5%) Einstellungen. Zudem werden die Betäubungsmitteldelikte nicht unterteilt in Konsumentendelikte und andere Verstöße gegen das Betäubungsmittelrecht. Es ist davon auszugehen, dass die Diversionsrate bei Betäubungsmitteldelikten, die in Zusammenhang mit dem Konsum stehen, noch deutlich höher ist. Auch dies verdeutlicht, dass der folgenlosen Einstellung eine hohe Bedeutung zukommt.

c)   § 37 Betäubungsmittelgesetz

aa)   Analyse der bestehenden Regelung

Die Möglichkeit, nach § 37 Abs. 1 BtMG vorläufig von der Eröffnung des Hauptverfahrens abzusehen, folgt einem anderen Gedanken als die bisherigen Möglichkeiten des Strafentfalls. § 37 BtMG folgt dem Vorrang Therapie vor Strafe und nicht dem Vorrang Hilfe vor Strafe[331].

---

[331]   *Körner*, Betäubungsmittelgesetz (Fn. 315), S. 514; *Franke*, Betäubungsmittelgesetz (Fn. 294), § 37 Rn. 1; *Patzak*, in: Betäubungsmittelgesetz (Fn. 291), § 37 Rn. 1; *Weber*, Betäubungsmittelgesetz (Fn. 294), § 37 Rn. 1.

Nach § 37 Abs. 1 BtMG kann die Staatsanwaltschaft mit Zustimmung des Gerichts vorläufig von der Erhebung der öffentlichen Klage absehen, wenn der Beschuldigte verdächtig ist, eine Straftat auf Grund einer Betäubungsmittelabhängigkeit begangen zu haben, keine höhere Strafe als bis zu zwei Jahren Freiheitsstrafe zu erwarten ist und der Beschuldigte nachweist, dass er sich einer Behandlung unterzieht. Seine Resozialisierungsprognose muss dabei positiv ausfallen. In § 37 Abs. 2 BtMG ist dem Gericht die Möglichkeit eröffnet, mit Zustimmung der Staatsanwaltschaft das Verfahren vorläufig einzustellen. Die Voraussetzungen sind dieselben wie in § 37 Abs. 1 BtMG. Auch hier soll vor allem die staatsanwaltschaftliche Einstellungsmöglichkeit Beachtung finden, da diese praxisrelevanter ist. § 37 BtMG soll verhindern, dass eine bereits begonnene Drogentherapie durch die Hauptverhandlung oder die Verbüßung einer Strafe gefährdet wird[332]. Hervorzuheben ist, dass § 37 BtMG auch für Verbrechen gilt und bereits der Verdacht einer Straftat ausreicht. Dies zeichnet die Norm gegenüber allen anderen Einstellungsmöglichkeiten besonders aus. Die Abhängigkeit muss in einem Kausalverhältnis zur Straftat stehen. Bei dauerhaftem Missbrauch kann eine Behandlungsbedürftigkeit bei weichen Drogen auch ohne körperliche Abhängigkeit bestehen[333]. Damit hat § 37 BtMG einen Anwendungsbereich in Bezug auf Cannabis. Die Behandlung, in der sich der Beschuldigte befindet, bzw. in die er sich begeben muss, hat in der Regel eine stationäre Langzeittherapie zu sein[334]. Bei der Resozialisierungsprognose ist vor allem darauf zu achten, ob der Beschuldigte seine Abhängigkeit wird überwinden können[335]. Auch bei § 37 BtMG handelt es sich um eine Ermessensvorschrift.

Hinsichtlich der Konkurrenzen zeichnet sich kein einheitliches Bild. Während früher eher ein Vorrangverhältnis von § 37 BtMG gegenüber den §§ 153, 153a StPO, §§ 45 und 47 JGG bejaht wurde, wird heute zunehmend von einem Nebeneinander der Vorschriften ausgegangen[336].

bb) Empirische Daten zu § 37 BtMG

Die Bedeutung von § 37 BtMG ist heute verschwindend gering[337]. Der Grund dafür wird vor allem darin gesehen, dass § 37 Abs. 1 BtMG nicht besonders ökonomisch mit Blick auf das Verfahren ist. Es handelt sich um ein vorläufiges Absehen von der Eröffnung des Hauptverfahrens, bzw. um eine vorläufige Einstellung des Hauptverfahrens. Nach misslungenem Therapieversuch muss die Staatsanwaltschaft das Verfahren fortsetzen. Die einzelnen Voraussetzungen beinhalten § 37 Abs. 1 S. 3 Nr. 1 bis 4 BtMG. Da Therapieversuche von Drogenabhängigen eine sehr hohe Abbruchquote aufweisen, erscheint dieses Vorgehen für die Staatsanwaltschaften eher be- als entlastend. Die geringe praktische Relevanz wird aus der folgenden Tabelle

---

[332] *Patzak*, in: Betäubungsmittelgesetz (Fn. 291), § 37 Rn. 1.
[333] *Patzak*, in: Betäubungsmittelgesetz (Fn. 291), § 35 Rn. 67.
[334] *Franke*, Betäubungsmittelgesetz (Fn. 294), § 37 Rn. 8; *Patzak*, in: Betäubungsmittelgesetz (Fn. 291), § 37 Rn. 12.
[335] *Patzak*, in: Betäubungsmittelgesetz (Fn. 291), § 37 Rn. 15.
[336] *Patzak*, in: Betäubungsmittelgesetz (Fn. 291), § 37 Rn. 2; anders: *Franke*, Betäubungsmittelgesetz (Fn. 294), § 37 Rn. 1, der weiter ein Vorrang von § 37 BtMG postuliert.
[337] *Patzak*, in: Betäubungsmittelgesetz (Fn. 291), § 37 Rn. 3; *Weber*, Betäubungsmittelgesetz (Fn. 294), § 37 Rn. 2 m.w.N.

ersichtlich. Weniger als 0,1% der Ermittlungsverfahren werden von den Staatsanwaltschaften nach § 37 Abs. 1 BtMG behandelt.

Jahr	Von der StA beim Landgericht und von der Amtsanwaltschaft erledigte Ermittlungsverfahren auf dem Sachgebiet des BtMG	Einstellung nach § 37 Abs. 1 BtMG bzw. § 38 Abs. 2 (auch i.V.m. § 37 Abs. 1 BtMG)	Prozentsatz an Einstellungen nach § 37 Abs. 1 BtMG bzw. § 38 Abs. 2 (auch i.V.m. § 37 Abs. 1 BtMG)	Seite
2017	374.020	4	< 0,1%	S. 104
2016	347.430	5	< 0,1%	S. 104
2015	328.457	6	< 0,1%	S. 104
2014	316.966	7	< 0,1%	S. 104
2013	283.545	15	< 0,1%	S. 104
2012	258.440	7	< 0,1%	S. 104
2011	259.014	10	< 0,1%	S. 104

Abbildung 3: Empirische Daten zu § 37 BtMG

Quelle: Statistisches Bundesamt (Hrsg.), Rechtspflege Staatsanwaltschaften, abzurufen auf der Homepage des Statistischen Bundesamtes www.destatis.de.

3. Kritische Würdigung der Möglichkeiten des Strafentfalls

a) Geringe Menge – Normale Menge

Augenscheinlich leiden die heutigen Regelungen des Betäubungsmittelstrafrechts an einigen Schwächen, aufgrund derer sie immer wieder Ziel kritischer Anmerkungen waren. So werden die Einstellungsgrenzen häufig trotz ihrer heute weitgehenden Einheitlichkeit als zu gering angesehen. Bereits 1989 schlug die Partei „Die Grünen" vor, dass sich die Grenzen der Straflosigkeit an einer normalen Menge Betäubungsmittel bemessen müssen und nicht an einer *geringen Menge*, wie es heute der Fall ist[338]. Dem folgte zu dieser Zeit auch *Körner*, indem er monierte, dass die Sanktionierung von Bagatelldelikten nur ein Heer von Vorbestraften schaffe und so sozial unauffällige Menschen in eine Fehlentwicklung geleitet würden, welcher vorgegriffen werden müsse[339]. Auch *Körner* fordert, dass es einen Eigenvorratsgrenzwert geben solle. In diesem Zusammenhang ist zu berücksichtigen, dass sich seit 1989 die durchschnittliche THC-Konzentration im Cannabis erhöht hat. Die heutige Einstellungspraxis bei sechs Gramm Cannabis ist mit damaligen Verhältnissen nicht direkt vergleichbar. Plädieren „Die Grünen" und *Körner* also für eine Einstellung auch bei normalem Vorrat eines Einzelnen, muss überlegt

---

[338] BT-Drs. 11/4936.
[339] *H.H. Körner*, Unsinnig und unwürdig. Erwerb und Besitz geringer Heroinmengen sollten straflos bleiben, in: Die ZEIT Nr. 11 v. 10.3.1989, S. 95.

werden, ob dieser Forderung durch die heutige Regelung nachgekommen wurde. Ein grundsätzlicher Kritikpunkt bleibt jedoch bestehen. Auch heute noch betreffen knapp 50% der Strafverfahren konsumorientierte Delikte[340]. Dies erscheint als falsche Schwerpunktsetzung bei der Bekämpfung von Betäubungsmittelkriminalität. Die Ressourcen der Strafverfolgungsbehörden müssen besser genutzt werden, indem man sich vorrangig auf die Händler konzentriert und so einer Überlastung entgegenwirkt[341]. Damit können, unabhängig vom nachfolgenden Punkt, *Kreuzers* Leitlinien einer teleologischen Interpretation des Betäubungsmittelstrafrechts als wesentlich für eine verfassungsgemäße und rationale Anwendung gesehen werden[342]. Diese Leitlinien sind:

1. Die Straftatbestände und strafenden, kriminalisierend wirkenden Rechtsfolgen sind bei Kleinkonsumenten, Erst- und Bagatelltätern sowie bei selbst drogenabhängigen Tätern restriktiv zu handhaben.

2. Diversionsmöglichkeiten (z.B. §§ 45 und 47 JGG, §§ 153 ff. StPO, § 29 Abs. 5 BtMG; jetzt auch § 31a BtMG) und sozialpädagogisch-therapeutische Chancen sind bei diesem Personenkreis extensiv auszulegen.

b) Lediglich prozessuale Lösung

Den Diversionsmöglichkeiten des Betäubungsmittelstrafrechts hängt, und darüber können auch *Kreuzers* Leitlinien nicht hinweghelfen, das Manko einer lediglich prozessualen Lösung an. Dies muss nicht *per se* ein Nachteil gegenüber einer materiell-rechtlichen Lösung sein. Dann müssen aber prozessuale und materiell-rechtliche Lösung gleichwertig erscheinen. An einer solchen Gleichstellung gibt es bisweilen ernstliche Zweifel. Bereits Richter *Sommer* sah in seinem abweichenden Votum zum Cannabis-Urteil einen Widerspruch der prozessualen Lösung zu Art. 103 Abs. 2 GG[343]. Die prozessuale Lösung sei eine Verletzung des Parlamentsvorbehaltes, da die Strafverfolgungsbehörden zur Zurückhaltung gemahnt würden, damit der zu weit gefasste Tatbestand des Betäubungsmittelgesetzes nicht in die Verfassungswidrigkeit rutsche. Denn dann, so *Sommer*, entschieden die Strafverfolgungsbehörden nicht mehr nur über Opportunität, sondern ganz direkt darüber, was strafbar sei und was nicht. Doch was strafbar sei, müsse der Gesetzgeber selbst hinreichend bestimmen und zwar im Tatbestand der jeweiligen Norm. *Nelles/Velten* konkretisieren die prozessuale Lösung dahingehend, dass sie dieser eine Zwitterstellung zwischen formellem und materiellem Strafrecht zumessen, welche auf eine verfassungsrechtliche Einstellungspflicht hinausläuft[344]. Sie mahnen ebenfalls an, dass sich der

---

[340] *J. Hellebrand*, Bekämpfung der Rauschgiftkriminalität durch sinnvollen Einsatz des Strafrechts, 1993, S. 61; *J. Stock/A. Kreuzer*, Drogen und Polizei, 1996, S. 148; Statistisches Bundesamt (Hrsg.), Rechtspflege Strafverfolgung 2016, S. 84, abzurufen auf: https://www.destatis.de/DE/Publikationen/Thematisch/Rechtspflege/StrafverfolgungVollzug/Strafverfolgung2100300167004.pdf;jsessionid=77C7D62F75E364BF8FB352D1233A9BD2.InternetLive1?__blob=publicationFilec (14.12.2017).
[341] *J. Hellebrand*, Große Jagd auf kleine Fische, in: ZRP 1992, S. 247 (250).
[342] *A. Kreuzer*, Therapie und Strafe, in: NJW 1989, S. 1505 (1508).
[343] BVerfGE 90, 145 (224 f.); so auch *Körner*, Unsinnig (Fn. 339), S. 95.
[344] *U. Nelles/P. Velten*, Einstellungsvorschriften als Korrektiv für unverhältnismäßige Strafgesetze?, in: NStZ 1994, S. 366 (366).

Gesetzgeber durch diese Lösung aus der Verantwortung stiehlt, indem *de facto* der Gesetzesanwender über die Strafbarkeit entscheidet.

Letztlich muss nach *Nelles/Velten* die prozessuale Lösung des Bundesverfassungsgerichts vier Kriterien erfüllen, um einen geeigneten Weg darzustellen:[345]

1. Das Ergebnis der Ermächtigung zum Absehen von Strafe oder Verfolgung muss Straffreiheit des Betroffenen sein.
2. Die prozessuale Lösung muss Rechtsanwendungsgleichheit, d.h. eine einheitliche Praxis gewährleisten. Die Strafbarkeitsgrenzen müssen sich mit den Vorgaben des Bundesverfassungsgerichts decken, und sie dürfen nicht von Bundesland zu Bundesland divergieren.
3. Der Einzelne muss sein Recht, in dem vom Bundesverfassungsgericht gesteckten Bereich straflos zu bleiben, durchsetzen können.
4. Die prozessuale Entkriminalisierung darf für den Betroffenen nicht mit Belastungen verbunden sein, die im Vergleichsfalle der materiellrechtlichen Entkriminalisierung nicht bestünden.

Die Lösung des Bundesverfassungsgerichts scheint indessen diese Kriterien nicht erfüllen zu können. Ein Absehen von Strafe kommt an einen Freispruch nicht heran, da bei einem Absehen von Strafe die Kostentragungspflicht nach § 465 Abs. 1 S. 2 StPO beim Angeklagten liegt.

Eine Rechtsanwendungsgleichheit besteht hinsichtlich geringer Mengen Cannabis heute zwar durch die Implementierung von Richtlinien in den Bundesländern. Jedoch haben diese, im Vergleich zu materiellen Vorschriften, keine Außenwirkung und sind außerhalb einer Dienstaufsichtsbeschwerde nicht justiziabel.

Bei der Durchsetzbarkeit genügt es dem Bundesverfassungsgericht, dass es sich bei den Diversionsvorschriften in den Fällen geringer Mengen Cannabis zum Eigenkonsum um gebundene Entscheidungen handeln soll. Die Kannvorschriften mutieren also zu Mussvorschriften. Jedoch bleiben die Diversionsentscheidungen nach § 31a BtMG und §§ 153 ff. StPO nicht gerichtlich überprüfbar. Dies steht einer materiellen Lösung deutlich nach.

Die Belastungen mit Ermittlungsmaßnahmen und die Ungewissheit, die aus einem Mangel an Strafklageverbrauch resultieren, belasten den Einzelnen augenscheinlich mehr als eine materielle Lösung.

Eine Rechtfertigung der prozessualen Lösung kann, *Nelles/Velten* folgend, nur noch auf einem Mehrgewinn dieses Ansatzes basieren[346]. Es könnte ein Vorteil darin liegen, dass nicht in die gesetzgeberische Entscheidungsfreiheit eingegriffen wird. Dies kann jedoch kein Argument sein, da es die gesetzgeberische Entscheidung ist, die einer Rechtfertigung bedarf und nicht der Eingriff in diese Freiheit durch das Bundesverfassungsgericht. Es könnte weiter argumentiert werden, dass die negativ generalpräventive Wirkung des Betäubungsmittelgesetzes so bestehen

---

[345] *Nelles/Velten*, Einstellungsvorschriften (Fn. 344), S. 367 ff.
[346] *Nelles/Velten*, Einstellungsvorschriften (Fn. 344), S. 369 f.

bleibt. Diese Rechtfertigung hat einen erheblichen Nachteil, da sie vornehmlich auf der Offenheit des Verfahrensausgangs beruht. Die Unsicherheit über die Einstellungsentscheidung ist es hier, von welcher das Drohpotential ausgeht. Dies erscheint indes als nicht zu rechtfertigender Ausgangspunkt für eine generalpräventive Wirkung. Nach alledem reicht eine prozessuale Lösung, wie sie das Bundesverfassungsgericht vorschlägt, nicht an eine materiell-rechtliche Lösung heran. Das Bundesverfassungsgericht hätte hier darauf hinwirken müssen, dass der Gesetzgeber eine tatbestandliche Lösung findet, welche einem Verstoß gegen das Übermaßverbot entgegenwirkt. Nach *Nelles/Velten* stellt sich die aktuelle Lösung als „Untergang der rationalen Kriminalpolitik und einer rechtsstaatlichen Strafgesetzgebung"[347] dar.

c)   **Fazit**

Trotz einer mittlerweile sehr einheitlichen Einstellungspraxis der Länder bei kleinen Mengen Cannabis zum Eigenkonsum bestehen weiterhin Zweifel an der Legitimität des Betäubungsmittelstrafrechts in seiner heutigen Form. Hierfür ist zum einen die weiterhin vergleichsweise hohe Zahl an Strafverfahren verantwortlich, die nur Konsumenten betreffen. Diese Tatsache spiegelt eine falsche Schwerpunktsetzung der Strafverfolgungsbehörden wider, die ihren Fokus nach wie vor zu stark auf Bagatelldelikte legen, anstatt auf die Händler, von denen das deutlich höhere Gefährdungspotential ausgeht. Zum anderen basieren die Zweifel auf der nur prozessualen Lösung des Bundesverfassungsgerichts zur Aufrechterhaltung der Verfassungsgemäßheit des Betäubungsmittelgesetzes. Die angeführten Defizite im Vergleich zu einer materiell-rechtlichen Lösung können bis heute durch keinen Erklärungsansatz vollständig beseitigt werden.

III.   Gesetzesbegründung

1.   Regierungsvorlagen

Zu den Regierungsvorlagen zählen der Entwurf der Bundesregierung zur Änderung des Opiumgesetzes von 1971 und der Gesetzesentwurf der Bundesregierung zur Neuordnung des Betäubungsmittelrechts von 1980[348]. In der Begründung zum Erlass des Betäubungsmittelgesetzes wurde 1971 auf zahlreiche Gefahren in Zusammenhang mit Drogen und auch speziell mit Cannabis hingewiesen. Kernpunkte waren die Gefahren des Drogenkonsums für Jugendliche und für die Gesundheit des Einzelnen sowie der Allgemeinheit[349]. Der Schutzzweck der Gesundheit der Allgemeinheit ist heute wieder unter dem Stichwort der „Volksgesundheit" zusammengefasst. Damals wurde bewusst auf die Verwendung dieses Terminus verzichtet, da Assoziationen zur Rhetorik des Dritten Reiches befürchtet wurden. Die Regierung sprach damals von mehreren Todesfällen, die in Zusammenhang mit Drogen gestanden haben sollen. Allerdings ist davon auszugehen, dass hier nicht Bezug auf Cannabis genommen wurde, da kein Todesfall durch

---

[347]   *Nelles/Velten*, Einstellungsvorschriften (Fn. 344), S. 370.
[348]   BT-Drucks. VI/1877; BT-Drucks. VIII/3551.
[349]   BT-Drucks. VI/1877, S. 5; BT-Drucks. VIII/3551, S. 23 f.

dieses Rauschmittel bekannt ist. Laut Regierung führt Drogenkonsum auch zu einer „Zerstörung [der] Persönlichkeit, [der] Freiheit und [der] Existenz"[350]. Darüber hinaus sollte das neue Betäubungsmittelgesetz die Familie und im Weiteren auch die ganze Gesellschaft vor den Beeinträchtigungen eines abhängigen Mitglieds schützen. Erreicht werden sollte dies vornehmlich durch eine umfassende Neuordnung des Opiumgesetzes und der dazugehörigen Rechtsverordnungen sowie einer Erweiterung der Strafrahmen. Die fortschreitende Verbreitung von Cannabis wurde als das Kennzeichen der über Deutschland hereinbrechenden „Rauschgiftwelle" gesehen[351]. In der Vorlage von 1980 sollte die sozialtherapeutische Rehabilitierung eine verstärkte Rolle spielen und damit auf weniger schwerwiegende Vergehen reagiert werden. Cannabis wurde vor allem die Funktion als Schrittmacher hin zu härteren Drogen beigemessen, wohingegen eine medizinische Verwendbarkeit abgelehnt wurde[352]. Der Gesetzgeber erwartete damals binnen fünf Jahren konkrete Ergebnisse zu den gesundheitlichen Gefahren, die durch Cannabiskonsum verursacht werden. Ein Vergleich zwischen Cannabis und Alkohol wurde nicht vorgenommen, da Probleme in Zusammenhang mit Alkohol erst in späteren Lebensjahren aufträten, Cannabis aber schon von Kindern geraucht würde[353]. Eine Differenzierung der verschiedenen illegalen Drogen wurde in beiden Regierungsvorlagen mit der Begründung abgelehnt, dass keine Kriterien dafür vorhanden seien und man sich sonst der Gefahr der Willkür aussetze sehe[354].

2. Gesundheitsgefahren durch Cannabiskonsum

Die Gesundheitsgefahren, welche von Cannabis ausgehen, bilden den Kernpunkt der Prohibitionsbegründung. Gesundheitsgefahren werden sowohl für den Einzelnen als auch für die Allgemeinheit angenommen. Die Annahme, dass der Konsum von Cannabis der Gesundheit nachhaltig schadet, ist seit Einführung des Betäubungsmittelgesetzes der zentrale Punkt jeglicher Argumentation auf diesem Gebiet. Den physischen wie psychischen Auswirkungen von Cannabis ist somit entsprechende Aufmerksamkeit zu widmen. Im Folgenden soll nun der These von der Gefährlichkeit von Cannabis unter Berücksichtigung aktueller Forschungsergebnisse nachgegangen werden. Insbesondere stehen hier die Langzeitfolgen des Konsums und deren Reversibilität im Fokus. Unter Langzeitfolgen bzw. der chronischen Wirkung von Cannabis ist eine im Körper verbleibende Wirkung zu verstehen, die auch nach dem vollständigen Abbau der psychotropen Substanzen bestehen bleibt[355]. Die akute Wirkung eines Cannabisrausches klingt innerhalb weniger Stunden wieder ab, sodass eine solche kurzfristige Beeinträchtigung ein Verbot sicherlich nicht zu tragen vermag. Die Befunde zu vom Cannabiskonsum ausgehenden Gesundheitsgefahren bilden ebenfalls den Kernpunkt zur anschließenden Beurteilung des

---

[350]   BT-Drucks. VI/1877, S. 5.
[351]   BT-Drucks. VI/1877, S. 6; BT-Drucks. VIII/3551.
[352]   BT-Drucks. VI/1877, S. 6; BT-Drucks. VIII/3551, S. 24.
[353]   BT-Drucks. VI/1877, S. 6.
[354]   BT-Drucks. VI/1877, S. 7; BT-Drucks. VIII/3551, S. 24.
[355]   *Krumdiek,* Grundlage (Fn. 291), S. 107.

Urteils des Bundesverfassungsgerichts zum Cannabisverbot. Die Richter gingen von bestehenden Gefahren für die Gesundheit aus und begründeten damit die Verfassungsmäßigkeit der aktuellen Regelung im Umgang mit Cannabis.

a)   Physis

aa)   Physische Gesundheitsgefahren

Einzugehen ist zunächst auf die körperlichen Auswirkungen des Cannabiskonsums. Die massiven Gesundheitsgefahren, die der Gesetzgeber 1971 und 1980 sah, wurden bereits vom Bundesverfassungsgericht 1994 nicht mehr bestätigt. Die Richter gingen von einer geringen Gesundheitsgefahr durch mäßigen Cannabiskonsum aus, wobei sie eine gänzliche Ungefährlichkeit nicht bestätigt sahen[356]. Diese Einschätzung des Bundesverfassungsgerichts hinsichtlich der körperlichen Gesundheitsgefahren durch Cannabis deckten sich mit der Einschätzung, die das Landgericht Lübeck in seinem Vorlageverfahren vertrat[357]. Das Amtsgericht Bernau ging in seinem Vorlageverfahren darüber hinaus und vertrat die Auffassung, dass die negativen körperlichen Auswirkungen von Cannabis hinter denen schlechter, zuckerreicher Ernährung zurückträten[358]. Entscheidend ist jedoch, wie sich diese Einschätzungen heute, unter Berücksichtigung aktueller Forschungsergebnisse darstellen. Sind die Auswirkungen auf die physische Gesundheit immer noch als gering anzusehen oder muss diese Einschätzung revidiert werden?

Grundsätzliche Einigkeit besteht in dem Punkt, dass die körperlichen Beeinträchtigungen durch Cannabis, soweit solche bejaht werden, in jedem Fall hinter denen durch Alkohol verursachten zurückstehen[359]. Darüber hinaus ist kein Todesfall bekannt, der in unmittelbarem Zusammenhang mit Cannabiskonsum steht[360].

Die Konsumform von Cannabis entspricht in der Regel der von Tabak. Cannabis wird in Form von sog. Joints (Cannabis gemischt mit Tabak) geraucht und der Wirkstoff über die Lunge aufgenommen[361]. Hier besteht bereits die erste Schwierigkeit bei der Beurteilung der Gesundheitsgefahren durch Cannabis, denn Untersuchungen an cannabiskonsumierenden Probanden lassen keine differenzierende Beurteilung zwischen den Auswirkungen von Tabak und denen von Cannabis zu[362]. Durch diese Konsumform entstehen für die Cannabiskonsumenten dieselben Gefahren wie für Raucher. Es kann zu Schädigungen der Lungen und des Bronchialsystems

---

[356]   BVerfGE 90, 145 (177, 180).

[357]   LG Lübeck, in: StV 1992, S. 168 (171 ff.).

[358]   AG Bernau, Beschl. v. 11.3.2002 – 3 Cs 224 Js 36.463/01 (zitiert nach Ausdruck von Rechtsportal.de, siehe: http://www.rechtsportal.de/Rechtsprechung/Rechtsprechung/2002/AG-Bernau/Vorlagebeschluss-an-das-BVerfG-wegen-vermuteter-Verfassungswidrigkeit-von-Vorschriften-des-BtMG) (16.5.2016), S. 12.

[359]   LG Lübeck (Fn. 357), S. 169; *C. Nedelmann,* Das Verbot von Cannabis ist ein „kollektiver Irrweg", in: Deutsches Ärzteblatt 2000, S. 2833 (2833); *T. Geschwinde,* Rauschdrogen, 7. Aufl. 2013, Rn. 373.

[360]   *D. Kleiber/K.-A. Kovar,* Auswirkungen des Cannabiskonsums, 1997, S. 1; *M. Krausz/M. Lambert,* Cannabis, in: A. Uchtenhagen/W. Ziegigänsberger (Hrsg.), Suchtmedizin, 2000, S. 77 (80); *N. Krumdiek,* Cannabis sativa L. und das Aufleben alter Vorurteile, in: NStZ 2008, S. 437 (438).

[361]   *Krumdiek,* Grundlage (Fn. 291), S. 107, 111.

[362]   *Krumdiek,* Grundlage (Fn. 291), S. 107; *dies.,* Cannabis (Fn. 360), S. 439.

kommen, wobei mehrheitlich davon ausgegangen wird, dass hier nicht der Wirkstoff THC für die Schädigungen verantwortlich ist, sondern die durch das Verbrennen des Tabaks, bzw. des Cannabis, entstehenden karzinogenen Stoffe[363].

Auseinander gehen die Meinungen vor allem hinsichtlich der Auswirkungen des Cannabiskonsums auf das Herz-Kreislauf-System, das Immunsystem sowie die Fortpflanzungsfähigkeit. Während das Landgericht Lübeck hier keinerlei negative Auswirkungen durch Cannabis feststellen konnte, kommen neuere Studien zu teils abweichenden Ergebnissen[364]. So sieht *Geschwinde* bei langdauerndem Konsum durchaus die Gefahr, dass der Cannabiskonsum sich schädigend auf das Herz-Kreislauf-System auswirkt, eine Senkung des Testosteron-Spiegels zur Folge hat und reversible Schädigungen der Spermiogenese hervorruft[365]. Eine Schädigung des Immunsystems wird aber auch von ihm nicht angenommen, was der vorherrschenden Meinung entspricht[366]. Nach der Auswertung von *Petersen/Thomasius* kann eine Beeinträchtigung des Herz-Kreislauf-Systems nur bei entsprechender Prädisposition festgestellt werden[367]. Ein isolierter Einfluss von Cannabis konnte nicht belegt werden.

Hinsichtlich des Risikofaktors Cannabis in der Schwangerschaft liegen keine validen Befunde vor. Bislang konnten Schädigungen des Embryos bei cannabiskonsumierenden Müttern nicht endgültig nachgewiesen werden, auch wenn ein gewisses Risiko wahrscheinlich ist[368]. Aufgrund der nicht gesicherten Datenlage raten die entsprechenden Studien werdenden Müttern vom Cannabiskonsum ab.

Als unsicher gilt auch die Datenlage hinsichtlich irreversibler Schädigungen des Gehirns durch chronischen Konsum. So gehen einige Studien davon aus, dass eine dauerhafte Schädigung des Gehirns durch Cannabiskonsum, auch bei Langzeitkonsumenten, nicht nachgewiesen werden kann, während andere eine nachhaltige Schädigung des Gehirns für erwiesen halten[369]. *Patzak/Marcus/Goldhausen* sehen in ihrem Artikel zwar die These von einer irreversiblen Hirnschädigung bestätigt, verweisen jedoch genau an dieser Stelle auf keine entsprechenden Stu-

---

363 LG Lübeck (Fn. 357), S. 171; *Kleiber/Kovar,* Auswirkungen (Fn. 360), S. 1; *Krumdiek,* Grundlage (Fn. 291), S. 108 ff. m.w.N.; *K.U. Petersen/R. Thomasius,* Auswirkungen von Cannabiskonsum und -missbrauch, 2007, S. 143; *Krumdiek,* Cannabis (Fn. 360), S. 439, 443; *N. Volkow u.a.,* Adverse Health Effects of Marijuana Use, in: The New England Journal of Medicine 2014, S. 2219 (2222); anders *Patzak,* in: Betäubungsmittelgesetz (Fn. 291), Stoffe, Rn. 21.
364 LG Lübeck (Fn. 357), S. 171.
365 *Geschwinde,* Rauschdrogen (Fn. 359), Rn. 408.
366 *Krumdiek,* Grundlage (Fn. 291), S. 112 f. m.w.N.; *Petersen/Thomasius,* Auswirkungen (Fn. 363), S. 144; *Geschwinde,* Rauschdrogen (Fn. 359), Rn. 409.
367 *Petersen/Thomasius,* Auswirkungen (Fn. 363), S. 143.
368 *Krumdiek,* Grundlage (Fn. 291), S. 115 m.w.N.; *Petersen/Thomasius,* Auswirkungen (Fn. 363), S. 144.
369 *Krumdiek,* Grundlage (Fn. 291), S. 116 m.w.N.; *Krumdiek,* Cannabis (Fn. 360), S. 439; *Geschwinde,* Rauschdrogen (Fn. 359), Rn. 409; anders: *J. Patzak/A. Marcus/S. Goldhausen,* Cannabis – wirklich eine harmlose Droge?, in: NStZ 2006, S. 259 (259, 263); *M.H. Meier u.a.,* Persistent Cannabis User Show Neuropsychological Decline from Childhood to Midlife, in: Proceedings of the National Academy of Sciences 109 (2012), S. 2657 (2657).

dien. Hinzu kommt, dass chronischer Dauerkonsum nur ein selten vorkommendes Konsummuster ist. Nach *Kleiber/Söllner* lassen sich drei Konsummuster feststellen[370]. Es gibt den Individualkonsumenten, der vornehmlich alleine zu Hause Cannabis konsumiert. Die zweite Kategorie ist die des Freizeitkonsumenten, der an sechs Tagen pro Woche konsumiert, dies allerdings nur in Freizeitkontexten. Er trennt strikt zwischen Freizeit und Beruf. Und letztlich der Dauerkonsument, der nicht mehr zwischen Beruf und Freizeit trennt. Er konsumiert auch in Arbeitskontexten. Der Dauerkonsument bildet die Ausnahme. Dieses Konsummuster kommt sehr selten vor.

Meier u.a. weisen in ihrer Studie darauf hin, dass es limitierende Faktoren bei ihrer Untersuchung gab. So handelt es sich bei den Befragungen zum Konsumverhalten um retrospektive Befragungen in Bezug auf Zeiträume, welche stellenweise mehrere Jahre zurücklagen. Hier einen gesicherten Zusammenhang zwischen dem Cannabiskonsum und Hirnschädigungen festzustellen, ist äußerst schwierig.

Letztlich kann hinsichtlich der physischen Auswirkungen nur mit Sicherheit gesagt werden, dass die Gefahr von Lungen- und Bronchial-Schädigungen besteht und diese mit hoher Wahrscheinlichkeit nicht dem Wirkstoff THC zuzuschreiben sind. Die meisten Studien, welche erhebliche Gefahren für die körperliche Gesundheit feststellen, gehen zudem von chronischen Dauerkonsumenten aus. Dies entspricht nicht dem durchschnittlichen Konsummuster bei Cannabis[371]. Hinsichtlich vieler Punkte ist die Datenlage auch nach vielen Jahren der Forschung uneinheitlich. *Krumdiek* sieht in der Tatsache, dass es seit über 100 Jahren Forschung auf dem Gebiet von Cannabis gibt und bisher keine validen Ergebnisse zu körperlichen Beeinträchtigungen gefunden wurden, den Beweis dafür, dass es schwere körperliche Beeinträchtigungen nicht geben kann[372]. Schädliche Auswirkungen auf körperliche Funktionen lassen sich zumeist nicht eindeutig nachweisen, wobei die Ungefährlichkeit ebenfalls nicht zweifelsfrei nachgewiesen wurde. Die meisten Studien zeigen Tendenzen in die eine oder andere Richtung auf, ohne jedoch zu unanfechtbaren Ergebnissen zu kommen. So kann hinsichtlich der körperlichen Auswirkungen von Cannabis heute keine andere Aussage getroffen werden als vom Bundesverfassungsgericht 1994, wenn dieses konstatiert, dass bei mäßigem Genuss höchstens geringe Gefahren für die physische Gesundheit zu erwarten sind, jedoch eine Ungefährlichkeit nicht bescheinigt werden kann[373].

bb) Physische Abhängigkeit

Umstritten ist zudem, ob Cannabis in der Lage ist, eine physische Abhängigkeit hervorzurufen. Das Bundesverfassungsgericht ging davon aus, dass es zu keiner körperlichen Abhängigkeit

---

[370]   *D. Kleiber/R. Söllner,* Cannabiskonsum. Entwicklungstendenzen, Konsummuster und Risiken, 1998, S. 231.
[371]   *Krausz/Lambert,* Cannabis (Fn. 360), S. 77.
[372]   *Krumdiek,* Grundlage (Fn. 291), S. 140.
[373]   BVerfGE 90, 145 (177 ff.).

durch Cannabiskonsum kommen könne[374]. Eine Toleranzbildung sollte ebenfalls, mit Ausnahme von chronischem Dauerkonsum, nicht auftreten. Das Landgericht Lübeck ging in seinem Urteil von milden Entzugserscheinungen aus, die beim Absetzen von Cannabis auftreten können[375]. Zu den Symptomen sollen leichte Schlafstörungen, Irritierbarkeit und innere Unruhe zählen, die bei ihrer Ausgestaltung vergleichbar seien mit dem Absetzen der täglichen Dosis Kaffee. Heute deuten einige Studien darauf hin, dass es beim Absetzen von Cannabis sehr wohl zu körperlichen Entzugserscheinungen kommen kann[376]. Solche werden jedoch in der Regel nur nach chronischem Dauerkonsum beschrieben und sind selbst in diesem Fall nicht zwingend. Zu den beobachteten Symptomen zählen Reizbarkeit, Nervosität, Craving, Verwirrtheit, Hyperalgesie, Appetitminderung, Schweißausbrüche, Schlaflosigkeit, Übelkeit, Zittern, erhöhte Körpertemperatur und vegetative Störungen wie Dysphorie, Aggressivität und Angst[377]. Die Symptome setzen ca. zehn Stunden nach dem letzten Konsum ein und halten sieben bis 21 Tage an[378]. Es ist zu betonen, dass der Verlauf der Entzugserscheinungen sehr mild ist. In Einzelfällen kann es auch zu schwereren Verläufen kommen, doch stellt dies eine seltene Ausnahme dar. *Geschwinde* weist darauf hin, dass die Entzugssymptome nach seiner Auffassung eher psychosomatischer Natur seien und keine originäre Folge des THC-Entzugs[379]. Die Schätzungen zur Höhe der abhängigen Konsumenten gehen weit auseinander. Es finden sich Studien, die von 9% und sogar 17% abhängigen Konsumenten, wenn bereits im Jugendalter mit dem Konsum begonnen wurde, ausgehen[380]. Zumeist wird von etwa 2% abhängigen Konsumenten ausgegangen, wenn der Konsum anderer Drogen kontrolliert wird[381]. *Krumdiek* führt in Bezug auf die Frage nach dem Abhängigkeitspotential von Cannabis das typische Ausstiegsszenario des Hinausreifens an[382]. Wenn dieses Hinausreifen möglich ist, dann könne eine starke Abhängigkeit nicht bestehen. Dieser Auffassung steht der Anstieg an behandlungsbedürftigen Personen entgegen[383]. Nach Auswertung der aktuellen Datenlage ist heute durchaus davon zu sprechen, dass es gewisse Anzeichen einer physischen Abhängigkeit durch chronischen Dauerkonsum gibt. Als Ursache der Entzugssymptome scheint ein somatischer Zusammenhang in die richtige Richtung zu weisen. Dies wird gerade durch das typische Hinausreifen bei Cannabis unterstützt. Richtig ist zwar auch, dass die Behandlungszahlen in Zusammenhang mit Cannabis steigen.

---

[374]   BVerfGE 90, 145 (180).
[375]   LG Lübeck (Fn. 357), S. 169.
[376]   *Patzak/Marcus/Goldhausen*, Cannabis (Fn. 369), S. 265 f.; *R. Thomasius*, Cannabiskonsum und -missbrauch: Deutschlands Suchtproblem Nr. 3 bei Jugendlichen und Erwachsenen, in: MSchKrim 89 (2006), S. 107 (113 f.); *Geschwinde*, Rauschdrogen (Fn. 359), Rn. 376; *Weber*, Betäubungsmittelgesetz (Fn. 294), § 1 Rn. 323; anders *Krumdiek*, Grundlage (Fn. 291), S. 135; *Krumdiek*, Cannabis (Fn. 360), S. 442.
[377]   *Krumdiek*, Cannabis (Fn. 360), S. 442; *Geschwinde*, Rauschdrogen (Fn. 359), Rn. 379.
[378]   *Patzak*, in: Betäubungsmittelgesetz (Fn. 291), Stoffe, Rn. 25; *Geschwinde*, Rauschdrogen (Fn. 359), Rn. 379.
[379]   *Geschwinde*, Rauschdrogen (Fn. 359), Rn. 379.
[380]   *Volkow u.a.*, Health (Fn. 363), S. 2220.
[381]   *Krausz/Lambert*, Cannabis (Fn. 360), S. 77; *Nedelmann*, Verbot (Fn. 359), S. 2836.
[382]   *Krumdiek*, Grundlage (Fn. 291), S. 136; *Krumdiek*, Cannabis (Fn. 360), S. 442.
[383]   *Petersen/Thomasius*, Auswirkungen (Fn. 363), S. 151.

Allerdings ist hier zu hinterfragen, ob die Ursache der Behandlungsbedürftigkeit nicht in anderen psychischen Beeinträchtigungen liegt und das Cannabisproblem eher als Komorbidität auftritt (dazu näher unter C.III.2.e) Alternative Erklärungen psychischer Beeinträchtigungen bei Cannabiskonsumenten).

Darüber hinaus kann von gestiegenen Behandlungszahlen nicht zwingend auf eine Ausweitung des Drogenproblems geschlossen werden. Hier können veränderte Klassifizierungsmethoden der Einrichtungen eine Rolle spielen[384]. Ebenfalls kommt eine erhöhte Bereitschaft zur Annahme solcher Hilfen in Betracht, sei es durch ein gesteigertes Problembewusstsein oder durch erleichterte Zugangsmöglichkeiten[385]. Auch Anordnungen von Justiz und Sozialbehörden können die Aufnahme einer Behandlung nach sich ziehen. Allerdings zeigen die Zahlen zu § 37 BtMG, dass dieser in der Praxis kaum angewendet wird (dazu näher unter C.II.2.c)bb) Empirische Daten zu § 37 BtMG). Es bleibt aber noch die Möglichkeit, eine Behandlung als Auflage im Rahmen des § 153a StPO anzuordnen. Auch zur Wiedererlangung des Führerscheins kann der Nachweis einer Behandlung erforderlich sein. Die Zahlen, wie viele Personen sich einer Behandlung nur auf Anweisung unterziehen, gehen weit auseinander. Nach einer Studie von *Simon* sollen 30% der männlichen und 12% der weiblichen Patienten unfreiwillig in Therapie sein[386]. Andere gehen sogar von rund 70% oder 80% unter den Behandelten aus[387]. Allerdings bezieht sich diese Zahl nicht nur auf Patienten, die aufgrund von Cannabiskonsum behandelt werden.

Ebenso wie bei den physischen Gesundheitsgefahren lässt sich die Entwicklung einer latenten physischen Abhängigkeit nicht widerlegen. Auch wenn der Verlauf mild und die Symptome kurzweilig sind, gibt es hinreichende Anhaltspunkte, dass eine Abhängigkeit möglich ist. Zu berücksichtigen ist, dass der chronische Dauerkonsum nicht die Regel ist und sich nur bei diesem eine Abhängigkeit entwickeln kann. Der normale, moderate Konsument wird daher kaum Gefahr laufen, eine körperliche Abhängigkeit zu entwickeln.

b) Psyche

aa) Psychische Gesundheitsgefahren

Das Landgericht Lübeck ging in seiner Einschätzung von geringen Gefahren durch Cannabis für die menschliche Psyche aus[388]. Das Bundesverfassungsgericht sah hingegen vor allem Gefahren für die Persönlichkeitsentwicklung von Jugendlichen[389]. Das Amtsgericht Bernau be-

---

[384] *J. Kalke/U. Vertheim/H. Stöver*, Seuche Cannabis?, in: Suchttherapie 6 (2005), S. 108 (108 ff.).
[385] *K.-H. Reuband*, Entwicklung des Drogenkonsums in Deutschland und die begrenzte Wirksamkeit der Kriminalpolitik, in: Soziale Probleme 20 (2009), S. 182 (191).
[386] *R. Simon*, Hauptdiagnose Cannabis – Klientenzahlen, Charakteristika und Entwicklungen in Beratungsstellen, in: Deutsche Hauptstelle für Suchtfragen (DHS) (Hrsg.), Cannabis, 2004, S. 58 (69).
[387] *M. Schabdach*, Soziale Konstruktionen des Drogenkonsums und soziale Arbeit, 2009, S. 244.
[388] LG Lübeck (Fn. 357), S. 169.
[389] BVerfGE 90, 145 (180).

zeichnete lediglich den chronischen Dauerkonsum als nicht risikofrei in Bezug auf psychosoziale Folgen[390]. Dass problembehaftete Jugendliche im Schnitt häufiger Cannabis konsumierten, sei indes kein Beleg für die schädliche Wirkung von Cannabis, da hier auch anderer Ursachen in Frage kämen. Eventuell würden auch Ursache und Wirkung verkehrt. Ähnlicher Auffassung ist *Geschwinde*, wenn er sagt, dass es nur geringe Gefahren bei älteren, in der Persönlichkeit gefestigten Konsumenten gibt, die keinen chronischen Konsum, sondern *recreational drug use* betreiben[391]. Im Umkehrschluss bedeutet diese Feststellung aber auch, dass eine weitgehende Ungefährlichkeit gerade nicht für Personen attestiert werden kann, deren Persönlichkeit nicht gefestigt ist, also bei Jugendlichen. Jugendliche machen den größten Anteil an Konsumenten aus. So wird häufig von einer negativen Beeinflussung des Reifungsprozesses durch den Konsum während der Adoleszenz ausgegangen[392]. Der Konsumbeginn im Alter von 15 Jahren soll das Risiko späterer psychischer Auffälligkeiten um das 4,5-fache steigern[393]. Beim Konsumbeginn mit 18 Jahren soll immerhin noch eine Erhöhung um das 1,7-fache vorliegen.

Zu den psychischen Risiken, welche die Studien in Zusammenhang mit Cannabis sehen, zählen vor allem Veränderungen des Sozialverhaltens, Depressionen und Angststörungen[394]. Die Studie von *Volkow u.a.* deutet in ihren Ergebnissen darauf hin, dass zwar ein Zusammenhang zwischen Cannabiskonsum auf der einen und Depressionen und Angststörungen auf der anderen Seite besteht, aber eine Kausalität dennoch nicht festgestellt werden kann. Dieser Umstand beruht der Studie zufolge vor allem darauf, dass es schlicht zu viele Faktoren gibt, die einen Einfluss auf die psychische Gesundheit haben. Eine Kontrolle aller relevanten Faktoren ist damit nicht möglich, was jedoch notwendig wäre, um eine Kausalität nachzuweisen. Bei *Patzak/Marcus/Goldhausen* ist darauf hinzuweisen, dass ein erhöhtes Risiko, an Depressionen oder Angststörungen zu erkranken, für psychisch auffällige Personen festgestellt wird. Dieses erhöhte Risiko gilt damit aber in erster Linie für eine hochselektierte Personenauswahl. Eine Übertragung der Ergebnisse von ohnehin psychisch auffälligen Personen auf die Normalpopulation ist nicht ohne Weiteres möglich.

In der Literatur finden sich auch Stimmen, die einen Zusammenhang zwischen dem Konsum von Cannabis und psychischen Schädigungen konsequent ablehnen[395]. So konnten *Klei-*

---

[390] AG Bernau (Fn. 358), S. 11.
[391] *Geschwinde*, Rauschdrogen (Fn. 359), Rn. 369.
[392] D. *Caspari*, Das Verbot von Cannabis ist ein „kollektiver Irrweg", in: Deutsches Ärzteblatt 2001, S. 972; *Patzak/Marcus/Goldhausen*, Cannabis (Fn. 369), S. 262; *Patzak*, in: Betäubungsmittelgesetz (Fn. 291), Stoffe, Rn. 23; *Weber*, Betäubungsmittelgesetz (Fn. 294), § 1 Rn. 316; Deutsche Beobachtungsstelle für Drogen und Drogensucht (DBDD) (Hrsg.), Bericht 2016 des nationalen REITOX-Knotenpunkts an die EBDD (Begleiterscheinungen), 2016, S. 37.
[393] *Patzak/Marcus/Goldhausen*, Cannabis (Fn. 369), S. 262; *Patzak*, in: Betäubungsmittelgesetz (Fn. 291), Stoffe, Rn. 24.
[394] J. *Macleod u.a.*, Psychological and Social Sequelae of Cannabis and Other Illicit Drug Use by Young People, in: The Lancet 2004, S. 1579 (1579 ff.); *Patzak/Marcus/Goldhausen*, Cannabis (Fn. 369), S. 263; *Volkow u.a.*, Health (Fn. 363), S. 2221.
[395] *Kleiber/Kovar*, Auswirkungen (Fn. 360), S. 2, 119; A. *Stevens*, Das Verbot von Cannabis ist ein „kollektiver Irrweg", in: Deutsches Ärzteblatt 2001, S. 973 (973); *Krumdiek*, Grundlage (Fn. 291), S. 121, 126,

ber/Söllner in ihrer Untersuchung keine signifikanten Unterschiede hinsichtlich der psychischen Gesundheit zwischen Cannabiskonsumenten und der normbildenden Population finden[396]. *Krumdiek* nimmt sogar das am stärksten risikobehaftete Konsummuster des chronischen Dauerkonsums von einer Gefährlichkeit aus[397]. Selbst die intensivste Konsumform soll keine negativen Auswirkungen auf die psychische Gesundheit oder das psychische Wohlbefinden haben. In der Regel werden hier bereits vor dem Konsum bestehende psychische Beeinträchtigungen oder bestehende Prädispositionen der psychischen Gesundheit für einen Zusammenhang von Beeinträchtigungen der Psyche und Cannabiskonsum verantwortlich gemacht (dazu näher unter C.III.2.e) Alternative Erklärungen psychischer Beeinträchtigungen bei Cannabiskonsumenten).

Anhand der aktuellen Befunde zeigt sich in Bezug auf die durch Cannabiskonsum verursachten psychischen Beeinträchtigungen ein ebenso inkonsistentes Bild wie bei den physischen Beeinträchtigungen. Zwar konnten bestimmte Hypothesen mit der Zeit als Mythen entlarvt werden, so unter anderem der Zusammenhang zwischen Cannabiskonsum und Gewaltbereitschaft[398]. Eine grundsätzliche Ungefährlichkeit von Cannabis im Hinblick auf die psychische Gesundheit ist indes nicht zweifelsfrei nachweisbar. Richtig ist, dass die Studien, die eine psychische Beeinträchtigung durch Cannabiskonsum aufzeigen, häufig an methodischen Defiziten leiden. So handelt es sich bei den Probanden um Personen, die bereits psychische Vorschädigungen aufweisen. Abgesehen davon gibt es naturgemäß keine Untersuchungen an nicht konsumgewöhnten Personen[399]. Die meisten Studien beziehen sich auf den chronischen Dauerkonsum und nicht auf ein reguläres Konsummuster, wobei auch hier zumeist nur ein Zusammenhang und keine Kausalität nachgewiesen wird. Es bleibt ungeklärt, ob die psychischen Störungen bereits vor dem ersten Konsum bestanden oder zumindest als Prädisposition angelegt waren. Aufmerksam sollten einen in jedem Fall die Befunde zu Jugendlichen machen. Hier wird weitaus häufiger als bei Erwachsenen ein Zusammenhang zwischen Cannabiskonsum und dem Auftreten psychischer Störungen unterstellt. Durch die Tatsache, dass sich das Gehirn während der Adoleszenz in einer Entwicklungsphase befindet, wird von einer hohen Vulnerabilität bei Jugendlichen ausgegangen. Auch wenn ein negativer Einfluss von Cannabis in dieser Phase nicht einwandfrei nachgewiesen werden kann, so kann das Gegenteil auch nicht mit Bestimmtheit belegt werden. Ein gewisses Restrisiko eines schädlichen Einflusses von Cannabis auf die psychische Gesundheit bleibt somit bestehen. Anzumerken bleibt letztlich, dass reißerische Berichterstat-

---

131 m.w.N.; *Petersen/Thomasius,* Auswirkungen (Fn. 363), S. 152; *Krumdiek,* Cannabis (Fn. 360), S. 438.

[396] *Kleiber/Söllner,* Cannabiskonsum (Fn. 370), S. 231.

[397] *Krumdiek,* Cannabis (Fn. 360), S. 440 m.w.N.

[398] A. *Kreuzer,* Zur Bewertung von Haschisch in der Strafrechtsprechung des Bundesgerichtshofes, in: DRiZ 1991, S. 173 (175).

[399] R. *Rauch,* Das Verbot von Cannabis ist ein „kollektiver Irrweg", in: Deutsches Ärzteblatt 2001, S. 972 (972).

tung in der davon ausgegangen wird, dass Cannabiskonsum zu Wahnvorstellungen von „Spinnen im Kopf" oder zu akustischen Halluzinationen führt, einer rationalen Debatte nicht ansatzweise zuträglich ist[400].

bb) Psychische Abhängigkeit

Neben einer körperlichen Abhängigkeit steht Cannabis im Ruf, eine psychische Abhängigkeit hervorzurufen. Psychische Abhängigkeit wird als ein „… durch Drogen verursachter, innerer Zustand seelischer Zufriedenheit beschrieben, der mit der Tendenz einhergeht, die Droge periodisch oder dauerhaft zu gebrauchen, um auf diese Weise ein Gefühl des Glücks zu produzieren bzw. empfundenes Unbehagen zu vermeiden."[401] Das Bundesverfassungsgericht ging von der Möglichkeit einer solchen psychischen Abhängigkeit aus, stufte das Suchtpotential allerdings als gering ein[402]. Damit schloss sich der Senat der Einschätzung des Landgerichts Lübeck an[403]. Das Amtsgericht Bernau verwies darauf, dass die Möglichkeit einer psychischen Abhängigkeit auf das Konsummuster des chronischen Dauerkonsums beschränkt bleibe[404]. Eine Gesamtbetrachtung lässt den Rückschluss zu, dass heute die Befunde zur psychischen Abhängigkeit durch Cannabis als gesicherter gelten im Vergleich zu den Befunden zur physischen Abhängigkeit[405]. Hierbei ist zu berücksichtigen, dass sich diese Befunde, ähnlich wie die bisherigen, zumeist auf den sehr kleinen Kreis der chronischen Dauerkonsumenten beziehen. Es wird von Zahlen zwischen 4 und 7% psychisch Abhängiger ausgegangen[406]. Andere gehen von 2% psychisch Abhängigen nach der DSM-IV Klassifikation bei Kontrolle anderer Drogen aus[407]. Die Studie von *Volkow u.a.* gelangte zu einer Quote von 9% abhängigen Konsumenten[408]. Ein realistischer Wert ist im mittleren einstelligen Bereich anzusiedeln. In der Studie von *Kleiber/Söllner* fühlten sich jedoch knapp 23% der Konsumenten abhängig. Damit weicht die Selbsteinschätzung deutlich von der Prozentzahl ab, die nach DSM-IV Klassifikation ermittelt wurde. Andere gehen von einer bis zu 50%-igen Wahrscheinlichkeit einer psychischen Abhängigkeit aus, abhängig vom jeweiligen Konsummuster[409]. Solche hohen Werte sollten mit Vorsicht berücksichtigt werden, da sie häufig aus methodisch unsauberen Erhebungen resultieren. Für einen Anstieg psychischer Abhängigkeiten wird auch ein steigender THC-Gehalt verantwortlich gemacht[410] (zur Rolle des THC-Gehaltes in Bezug auf psychische Probleme näher unter C.III.2)d) Auswirkungen des THC-Gehaltes). Gänzlich bestritten wird die Möglichkeit einer

---

[400] Der Spiegel, Ein Joint für die große Pause, Nr. 27 v. 28.6.2004, S. 71.
[401] *Krumdiek,* Grundlage (Fn. 291), S. 135 m.w.N.
[402] BVerfGE 90, 145 (180).
[403] LG Lübeck (Fn. 357), S. 169, 172.
[404] AG Bernau (Fn. 358), S. 22.
[405] *Geschwinde,* Rauschdrogen (Fn. 359), Rn. 381.
[406] *Geschwinde,* Rauschdrogen (Fn. 359), Rn. 381.
[407] *Kleiber/Söllner,* Cannabiskonsum (Fn. 370), S. 232.
[408] *Volkow u.a., Health* (Fn. 363), S. 2219.
[409] *G. Duttge/M. Steuer,* Legalisierung von Cannabis: Verkommt Deutschland zu einer berauschten Gesellschaft?, in: ZRP 2014, S. 181 (182).
[410] *Weber,* Betäubungsmittelgesetz (Fn. 294), § 1 Rn. 325.

psychischen Abhängigkeit heute von kaum einer Seite mehr, ganz im Gegensatz zur körperlichen Abhängigkeit[411]. Als Argument gegen eine weit verbreitete Abhängigkeit wird hier ebenfalls das Ausstiegsszenario des Hinausreifens angeführt, und ebenso steht die steigende Zahl behandlungsbedürftiger Cannabiskonsumenten dem entgegen (dazu bereits unter C.III.2.a)bb) Physische Abhängigkeit). Der Schweregrad der psychischen Abhängigkeit wird zumeist als leicht bewertet. So soll ein Ausstieg aus dem Konsum jederzeit und unabhängig vom Konsummuster möglich sein[412]. Gerade bei der psychischen Abhängigkeit bestehen häufig Einwände, dass diese nicht Resultat der psychotropen Wirkung des Cannabis sei, sondern mehrheitlich aus anderen Problemen und Stimmungslagen resultiere[413] (dazu näher unter C.III.2.e) Alternative Erklärungen psychischer Beeinträchtigungen bei Cannabiskonsumenten).

Auch wenn die Erkenntnisse hinsichtlich einer psychischen Abhängigkeit als gesicherter gelten als die zur körperlichen Abhängigkeit, so ist die Datenlage auch hier nicht eindeutig. Mit hoher Wahrscheinlichkeit kann erneut gesagt werden, dass es zu einer psychischen Abhängigkeit in Zusammenhang mit Cannabis kommen *kann*. Aber auch hier fehlt ein Kausalitätsnachweis. Die originäre Verantwortung des THC für eine vorhandene Abhängigkeit ist nicht nachgewiesen. Es stehen weitere Erklärungen für das Bestehen eines Abhängigkeitssyndroms im Raum. Hier sind vor allem die Motive für den Konsum und psychische Prädispositionen von Bedeutung.

cc) Gefahren für psychische Grundfunktionen und die Intelligenz

Neben den Gefahren für die psychische Gesundheit in Form psychischer Störungen oder Krankheitsbilder soll Cannabis auch das Potential haben, sich negativ auf psychische Grundfunktionen und speziell die Intelligenz auszuwirken. Das Landgericht Lübeck sah keine Anhaltspunkte für ein solches Potential. Der Abbau zerebraler Funktionen und eine Minderung der Intelligenzleistung sollen in keinem Zusammenhang mit Cannabiskonsum stehen[414]. Die Auswirkungen von Cannabiskonsum auf den Intelligenzquotienten (IQ) wird von zahlreichen internationalen Studien untersucht. Hier finden auffällig viele Studien einen Zusammenhang[415]. Viel zitiert ist die Studie von *Meier u.a.* Diese greift bei ihren Daten auf die *Dunedin*-Studie zurück. Bei dieser handelt es sich um eine neuseeländische Langzeituntersuchung, die 1037 Probanden der Jahrgänge 1972/1973 umfasst. Hier werden jährlich verschiedenste Parameter erhoben. Im Alter von 18, 21, 26, 32 und 38 Jahren wurden Gewohnheiten zum Cannabiskonsum ermittelt. Diese Untersuchung ist eine der am besten evaluierten Langzeitstudien, die es zurzeit gibt. *Meier u.a.* konnten durch die Befragungen zu den Cannabisgewohnheiten einen Zusammenhang zwischen

---

[411]   *Krumdiek,* Grundlage (Fn. 291), S. 135 f.; *Thomasius,* Cannabiskonsum (Fn. 376), S. 113; *Petersen/Thomasius,* Auswirkungen (Fn. 363), S. 151.

[412]   *Kleiber/Söllner,* Cannabiskonsum (Fn. 370), S. 232; *Krausz/Lambert,* Cannabis (Fn. 360), S. 77.

[413]   *Kleiber/Kovar,* Auswirkungen (Fn. 360), S. 2.

[414]   LG Lübeck (Fn. 357), S. 171; so auch *Geschwinde,* Rauschdrogen (Fn. 359), Rn. 410.

[415]   *P. Fried u.a.,* Current and Former Marihuana Use, in: CMAJ 2002, S. 887 (887 ff.); *Meier u.a.,* Cannabis (Fn. 369), S. 2658 f.; *Volkow u.a.,* Health (Fn. 363), S. 2220.

chronischem Cannabiskonsum und sinkenden IQ-Werten feststellen. Gerade bei frühem Konsumbeginn wurde eine starke Interdependenz gefunden[416]. Je später der erste Konsum stattfand, desto geringer fielen die Auswirkungen auf den IQ aus. Große Beachtung fanden die Ergebnisse vor allem deshalb, da die Studie zahlreiche Variablen, wie Konsum in den letzten 24 Stunden, Konsum in der letzten Woche, Tabakabhängigkeit, Konsum harter Drogen, Dauerkonsum von Alkohol, Schizophrenie und Dauer der Schulbildung kontrollierte, sodass ein Einfluss dieser Faktoren auf das Ergebnis ausgeschlossen werden konnte[417]. Dennoch kamen schnell erste Zweifel an der Eindeutigkeit dieser Ergebnisse auf. Zwar wurden zahlreiche Einflussgrößen kontrolliert, allerdings fehlten Daten zu neuropsychischen Schädigungen vor Beginn des ersten Konsums, und es handelte sich um retrospektive Befragungen zum Thema Cannabis[418]. Allein diese Tatsache mindert die Aussagekraft der Ergebnisse bereits. Weitere substantielle Kritik brachte schließlich *Rogeberg* mit seiner Analyse der Befunde der Studie von *Meier u.a.* ins Spiel[419]. Nach seiner Aussage tendiert die Korrelation von chronischem Cannabiskonsum und sinkendem IQ gegen Null, wenn der sozio-ökonomische Status berücksichtigt wird. So sei es vor allem ein niedriger sozio-ökonomischer Status, der für ein Sinken der IQ-Punkte verantwortlich ist. Nach *Rogeberg* ist das „Flynn-Dickens" Modell für das Sinken der IQ-Werte verantwortlich[420]. *Flynn* und *Dickens* haben sich mit dem kontinuierlichen Steigen der IQ-Werte in Industrienationen beschäftigt[421]. Der Grund hierfür lag den Forschern zufolge nicht in einer Veränderung der Gene, sondern hatte seinen Grund im sozialen Umfeld. Ein forderndes soziales Umfeld lässt die IQ-Werte steigen, und Menschen mit hohem IQ halten sich vornehmlich in fordernden Umwelten auf. *Rogeberg* folgerte daraus, dass bei Kindern mit einem niedrigen sozio-ökonomischen Status der IQ-Wert in der Schule durch die Anforderung deutlich steigt, während dies bei Kindern mit hohem sozio-ökonomischen Ausgangsstatus nicht der Fall ist. Diese hielten sich bereits zuvor in einem fordernden Umfeld auf, sodass die Anforderungen durch die Schule für sie nicht neu waren. Bei den Kindern mit niedrigem sozio-ökonomischen Status verliert sich nach *Rogebergs* Annahme dieser Effekt nach Austritt aus der Schule wieder, da sie erneut in eine weniger fordernde Umgebung entlassen werden. Das Sinken der IQ-Werte bei Kindern mit niedrigem sozio-ökonomischen Status ist demnach nicht auf den Konsum von Cannabis zurückzuführen, sondern eine Folge des „Flynn-Dickens"-Effektes. In einer Antwort auf *Rogebergs* Kritik weisen *Meier u.a.* diese zurück[422]. Auch unter Berücksichtigung des so-

---

[416]   *Meier u.a.*, Cannabis (Fn. 369), S. 2661.
[417]   *Meier u.a.*, Cannabis (Fn. 369), S. 2658.
[418]   *Meier u.a.*, Cannabis (Fn. 369), S. 2657.
[419]   O. *Rogeberg*, Correlations Between Cannabis Use and IQ Change in the Dunedin Cohort Are Consistent with Confounding from Socioeconomic Status, in: Proceedings of the National Academy of Sciences 110 (2013), S. 4251 (4251 ff.).
[420]   *Rogeberg*, Correlations (Fn. 419), S. 4251.
[421]   W.T. *Dickens*/J.R. *Flynn*, Heritability Estimates Versus Large Environmental Effects, in: Psychological Review 108 (2001), S. 346 (346 ff.); R. *Flynn*, What is Intelligence?, Cambridge 2009; R. *Flynn*, Are We Getting Smarter?, Cambridge 2012.
[422]   Siehe: http://www.moffittcaspi.com/sites/moffittcaspi.com/files/field/publication_uploads/Response_re_Rogeberg.pdf.

zio-ökonomischen Status blieben die Befunde bestehen. Eine Schichtabhängigkeit der Ergebnisse könne nicht festgestellt werden. Dass *Rogeberg* zu anderen Ergebnissen kommt, liegt laut *Meier u.a.* daran, dass dieser mit einem theoretischen Modell rechne. Eine abschließende Bewertung der Ergebnisse kann an dieser Stelle nicht vorgenommen werden. Allerdings zeigt *Rogeberg*, dass Studien, welche einen Zusammenhang zwischen dem Sinken von IQ-Punkten und Cannabiskonsum in jungen Jahren belegen, durchaus nicht frei von möglicher Kritik sind. Es kann andere Faktoren geben, die eine entscheidende Rolle bei der Entwicklung der Intelligenz spielen und häufig nicht adäquat in den Studien kontrolliert werden.

Viele Studien und Autoren, die den Fokus vermehrt auf den sozio-ökonomischen Status und eventuell bestehende psycho-soziale Prädispositionen legen, kommen zu dem Ergebnis, dass der Einfluss von Cannabiskonsum auf die kognitiven Fähigkeiten gering bis nicht vorhanden ist[423]. Ein geringer Effekt wird dem Cannabiskonsum auch hier nur im Falle des chronischen Dauerkonsums zugeschrieben. Wird das soziale Umfeld in den Studien kontrolliert, werden bei moderatem Konsum keine negativen Auswirkungen des Cannabiskonsums auf die Intelligenzleistung festgestellt. Bei anderen Einschätzungen bleibt häufig die Frage unbeantwortet, inwiefern die Einbußen im kognitiven Bereich reversibel sind[424].

Auch bei Forschungen zur Relevanz von Cannabiskonsum im Bereich der kognitiven Beeinträchtigung zeigen sich gemischte Ergebnisse. Es lässt sich erneut kein einheitliches Bild zeichnen. Dies stellt sich exemplarisch an der Studie von *Meier u.a.* und der diesbezüglichen Kritik von *Rogeberg* dar. Dieselben Daten scheinen häufig verschiedenen Interpretationen zugänglich und nicht ausschließlich in eine Richtung zu weisen. Davon abgesehen erschwert das unterschiedliche Studiendesign eine Gesamtauswertung, denn die Auswahl der Variablen fällt sehr unterschiedlich aus. Mithin kann ein Einfluss vor allem des früh beginnenden und dann exzessiv verlaufenden Konsums auf die kognitiven Fähigkeiten nicht gänzlich ausgeschlossen werden, wenngleich der Nachweis über eine kausale Beziehung ausbleibt.

dd) Psychosen

Cannabis soll darüber hinaus auch für das Auftreten von Psychosen verantwortlich sein. Vor allem soll hier ein Zusammenhang zu den schizophrenen Psychosen gegeben sein. Das Landgericht Lübeck vertrat nach der Anhörung der Sachverständigen die Auffassung, dass Cannabis nicht in der Lage sei, originäre Psychosen hervorzurufen, Cannabiskonsum jedoch eine bereits angelegte Psychose auszulösen vermöge[425]. Ähnlicher Auffassung ist auch *Geschwinde*, wenn er konstatiert, dass die Möglichkeit besteht, dass paranoid-halluzinatorische Symptome bei entsprechender Prädisposition persistent werden können[426]. Das Schizophrenierisiko soll bei frü-

---

[423] *Kleiber/Kovar,* Auswirkungen (Fn. 360), S. 145; *Kleiber/Söllner,* Cannabiskonsum (Fn. 370), S. 231; *Krumdiek,* Grundlage (Fn. 291), S. 124 m.w.N.; *Petersen/Thomasius,* Auswirkungen (Fn. 363), S. 157.
[424] *Stevens,* Verbot (Fn. 395), S. 973; *Patzak/Marcus/Goldhausen,* Cannabis (Fn. 369), S. 262.
[425] LG Lübeck (Fn. 357), S. 171.
[426] *Geschwinde,* Rauschdrogen (Fn. 359), Rn. 414 ff.

hem Konsumbeginn um das sechsfache höher liegen als in der Normalpopulation. Eine eigenständige Cannabispsychose lehnt er hingegen ab. Cannabiskonsum könne sich nur auf bereits latent angelegte Psychosen negativ auswirken. Einen Zusammenhang zwischen Cannabiskonsum und erhöhtem Psychoserisiko sieht *Geschwinde* als belegt. Dies verwundert, da er zugesteht, dass in den meisten Untersuchungen der Konsum anderer, ebenfalls das Psychoserisiko erhöhender Drogen nicht hinreichend kontrolliert wurde[427]. Wie unter diesen Umständen ein eindeutiger Zusammenhang zum Cannabiskonsum hergestellt werden soll, bleibt unbeantwortet. Gerade bei der Herstellung eines Zusammenhangs zwischen Cannabiskonsum und dem Auftreten von Psychosen wird nur der chronisch-exzessive Konsum als wirklicher Risikofaktor gesehen[428]. Eine entsprechende Prädisposition als Voraussetzung dafür, dass Cannabiskonsum einen Einfluss auf das Auftreten von Psychosen haben kann, wird heute weitestgehend als notwendiger Prädiktor gesehen[429]. Cannabiskonsum als monokausale Begründung für das Auftreten von persistenten psychotischen Symptomen scheint damit widerlegt zu sein. Allerdings wäre *Krumdiek* zufolge das Auftreten von Psychosen bei bestehender Prädisposition auch ohne Cannabiskonsum wahrscheinlich gewesen. Hier einen Zusammenhang nachzuweisen, erscheint deshalb schwierig. So ist die Beobachtung einer Korrelation nicht mit dem Nachweis einer Kausalität zu verwechseln[430]. Weiterhin ist die Möglichkeit zu berücksichtigen, dass es sich bei Psychosen in Zusammenhang mit Cannabismissbrauch um Formen der Komorbidität handelt und nicht um Fälle einer originären Cannabispsychose[431]. Die These von der Selbstmedikation bei Schizophrenie oder bei anderen psychotischen Erkrankungen scheint heute widerlegt[432]. Es wurde teilweise davon ausgegangen, dass das psychotische Erleben zu verstärktem Cannabisgebrauch in Form einer Selbstmedikation führt bzw., dass auch bereits angelegte Psychosen zu verstärktem Konsum führen. Allerdings greifen nach neueren Erkenntnissen Personen nach einer Schizophreniediagnose nicht häufiger zu Cannabis, und der erste Cannabiskonsum geht dem Auftreten erster Symptome zumeist voraus. All dies spricht eher gegen die Annahme, dass Schizophrenie zu Cannabiskonsum führt. Zu berücksichtigen ist bei den gewonnenen Erkenntnissen, dass die Untersuchungen auf diesem Gebiet oft methodisch fehlerhaft sind. So wird der Konsum anderer Drogen nicht hinreichend kontrolliert[433], oder die Untersuchungen beziehen sich nur auf psychisch auffällige Personen, was eine Vorselektion bedeutet[434]. Hier kann nicht nur nicht davon ausgegangen werden, dass der Nachweis einer Kausalität nicht geführt werden

---

[427] *Geschwinde*, Rauschdrogen (Fn. 359), Rn. 420.

[428] *Duttge/Steuer*, Legalisierung (Fn. 409), S. 182.

[429] *Krumdiek*, Grundlage (Fn. 291), S. 126 m.w.N.; *Patzak*, in: Betäubungsmittelgesetz (Fn. 291), Stoffe, Rn. 24; *Weber*, Betäubungsmittelgesetz (Fn. 294), § 1 Rn. 322 m.w.N.; *Volkow u.a.*, Health (Fn. 363), S. 2221; anders *Caspari*, Verbot (Fn. 392), S. 972.

[430] *Kleiber/Kovar*, Auswirkungen (Fn. 360), S. 154 f.

[431] *Krausz/Lambert*, Cannabis (Fn. 360), S. 82; ähnlich: *Nedelmann*, Verbot (Fn. 359), S. 2836.

[432] *Patzak/Marcus/Goldhausen*, Cannabis (Fn. 369), S. 264 m.w.N.; *Petersen/Thomasius*, Auswirkungen (Fn. 363), S. 152.

[433] *Geschwinde*, Rauschdrogen (Fn. 359), Rn. 420.

[434] *Patzak*, in: Betäubungsmittelgesetz (Fn. 291), Stoffe, Rn. 23.

kann, sondern auch der Nachweis eines Zusammenhangs scheint fraglich. Auch wenn die meisten Untersuchungen in Bezug auf psychisch besonders vulnerable Personen einen Zusammenhang zwischen Cannabiskonsum und dem Auftreten chronisch psychotischen Erlebens konstatieren, so muss bei den entsprechenden Untersuchungen der Blick auch darauf gerichtet werden, ob methodisch sauber gearbeitet wurde und die Ergebnisse damit zuverlässig sind. Letztlich lässt sich ein gewisses Restrisiko für eine kleine Gruppe prädisponierter Personen nicht ausschließen. Hier kann Cannabis dazu beitragen, dass latent angelegte Psychosen ausbrechen. Inwieweit andere Faktoren zum Ausbruch der Psychose geführt hätten, lässt sich indes nicht beantworten. *Stevens* stellt abschließend klar, dass Cannabis seiner Meinung nach nicht deshalb verboten werden könne, weil bei einigen wenigen eine Prädisposition für psychische Erkrankungen besteht[435]. Hieraus lässt sich ablesen, dass Verbotsforderungen in Zusammenhang mit dem Psychoserisiko von Cannabis zum einen nicht von einem normalen Konsummuster ausgehen und zum anderen nur eine sehr kleine Gruppe betroffen ist. Dies als Argument für eine Prohibition anzuführen, erscheint nicht gerechtfertigt.

ee)   Amotivationales Syndrom

Unter dem amotivationalen Syndrom wird eine Zusammenfassung aus allgemeiner Antriebs- und Aktivitätsreduktion, Gleichgültigkeit bezüglich der Ansprüche des täglichen Lebens, fehlender Zielgerichtetheit bzw. Zukunftsorientierung, einem Mangel an Leistungsorientierung sowie die Konzentration auf augenblickliche, lustbetonte Ziele beim Konsumenten verstanden[436]. Das Bundesverfassungsgericht sah die Gefahr eines amotivationalen Syndroms in Zusammenhang mit chronischem Dauerkonsum als gegeben an[437]. Das Landgericht Lübeck war hingegen der Auffassung, dass das amotivationale Syndrom keine spezifische Folge des Cannabiskonsums sein könne[438]. Vielmehr sollte hier das Vorliegen eines amotivationalen Syndroms den Konsum von Cannabis begünstigen, da bei Vorliegen des Syndroms der Cannabisrausch als besonders intensiv und positiv erlebt werden würde[439]. Ähnlich wie früher bei den Psychosen scheint auch beim amotivationalen Syndrom nicht gesichert, was Ursache und was Wirkung ist. Das Amtsgericht Bernau lehnte Cannabis als Ursache für das Auftreten des amotivationalen Syndroms jedenfalls ab[440]. Auch bei Auftreten des amotivationalen Syndroms sind andere Erklärungszusammenhänge zu berücksichtigen und der Fokus nicht monokausal auf Cannabis zu richten. Es kommen vor allem der Konsum weiterer Drogen und schicht- bzw. milieuspezifische Erklärungszusammenhänge in Betracht[441]. Es gibt gleichwohl eine breite Front, die auch heute noch das amotivationale Syndrom als spezifische Folge von exzessivem Cannabiskonsum

---

[435]   *Stevens,* Verbot (Fn. 395), S. 973.
[436]   *Krumdiek,* Grundlage (Fn. 291), S. 127 f.
[437]   BVerfGE 90, 145 (180).
[438]   LG Lübeck (Fn. 357), S. 172.
[439]   *P.S. Schönhöfer,* Die Pharmakologie der Cannabis-Wirkstoffe, in: Arzneimittel-Forschung 23 (1973), S. 50 (55).
[440]   AG Bernau (Fn. 358), S. 11.
[441]   *Kleiber/Kovar,* Auswirkungen (Fn. 360), S. 3; *Geschwinde,* Rauschdrogen (Fn. 359), Rn. 386; *Weber,* Betäubungsmittelgesetz (Fn. 294), § 1 Rn. 319.

sieht[442]. Zu beachten ist erneut, dass sich das amotivationale Syndrom lediglich bei dem Konsummuster des exzessiven Dauerkonsums einstellen soll und normale Konsummuster als weitgehend risikofrei deklariert werden. Es wird erneut nicht vom Normalfall, sondern von einem Extrem ausgegangen. Bis heute wurde kein empirischer Nachweis über einen Zusammenhang erbracht und erst recht nicht über das Bestehen kausaler Zusammenhänge[443]. Ebenfalls scheint unklar, inwieweit das amotivationale Syndrom nur als akute Folge des Cannabiskonsums gesehen wird oder als chronische Folge bestehen bleiben soll. Hierauf wird in den entsprechenden Artikeln häufig nicht detailliert eingegangen. Von Relevanz für eine Pönalisierung wäre ohnehin nur ein persistentes amotivationales Syndrom. Eine akute Antriebsminderung und Lustlosigkeit vermögen ein Verbot wohl in keinem Fall zu tragen. Weiterhin wird ein Zusammenhang von Cannabiskonsum und amotivationalem Syndrom auch ganz abgelehnt[444]. Mit Blick auf das amotivationale Syndrom als spezifische Folge von exzessivem Cannabiskonsum werden somit alle denkbaren Meinungen vertreten. Ein Zusammenhang wird sowohl bejaht als auch verneint oder unter weiteren Vorbehalten bejaht. Es lässt sich daher nicht abschließend klären, inwieweit das amotivationale Syndrom eine Folge chronischen Cannabisgebrauchs ist. Akute Demotivationserscheinungen sollten hier nicht berücksichtigt werden. Wichtig erscheint vor allem, psychologische und soziale Aspekte als alternative Erklärungsansätze für die Entstehung des Syndroms zu berücksichtigen. Gerade vor dem Erstkonsum bestehende hedonistische oder alternative Lebensstile können zur Ausbildung eines amotivationalen Syndroms führen und dies losgelöst vom Cannabiskonsum.

ff) Leistungsorientierung

Das Thema Leistungsorientierung überschneidet sich stellenweise mit der These von der Ausbildung eines amotivationalen Syndroms. Eine niedrige Leistungsorientierung kann als Vorstufe oder als ein Teilaspekt des Syndroms aufgefasst werden. Die Leistungsorientierung ist allerdings auch stets in einen größeren Zusammenhang von übergeordneten Lebensstilen und schicht- und milieuspezifischen Besonderheiten eingebettet. Mit Blick auf die Leistungsorientierung von Cannabiskonsumenten stellte das Landgericht Lübeck fest, dass diese weniger nach Erfolg streben sowie weniger sorgfältig und weniger diszipliniert sind als die Kontrollgruppe[445]. Auch das Landgericht sah den Cannabiskonsum als in einen übergeordneten Lebensstil eingebettet, der originär mit einer geringeren Leistungsorientierung einhergeht. Das Amtsgericht Bernau sah es hingegen als erwiesen an, dass Cannabiskonsumenten im Schnitt keine schlechteren akademischen Leistungen erbringen als Nichtkonsumenten[446]. Ähnlich wie bei

---

[442] *Thomasius*, Cannabiskonsum (Fn. 376), S. 117; *Patzak*, in: Betäubungsmittelgesetz (Fn. 291), Stoffe, Rn. 22.
[443] *Krumdiek*, Grundlage (Fn. 291), S. 128 ff. m.w.N.; *Krumdiek*, Cannabis (Fn. 360), S. 441; *A. Aden/M. Stolle/R. Thomasius*, Cannabisbezogene Störungen bei Jugendlichen und jungen Erwachsenen, in: Sucht 57 (2011), S. 215 (220).
[444] *Kleiber/Kovar*, Auswirkungen (Fn. 360), S. 3; *Kleiber/Söllner*, Cannabiskonsum (Fn. 370), S. 232; *Nedelmann*, Verbot (Fn. 359), S. 2836; *Petersen/Thomasius*, Auswirkungen (Fn. 363), S. 152.
[445] LG Lübeck (Fn. 357), S. 172.
[446] AG Bernau (Fn. 358), S. 12.

den Befunden zu den Auswirkungen des Cannabiskonsums auf die Intelligenz gibt es auch bei der Leistungsorientierung Studien, die belegen sollen, dass cannabiskonsumierende Schüler im Schnitt schlechtere Leistungen erbringen als die Kontrollgruppen[447]. Allerdings wird selbst in diesen Studien klargestellt, dass es sich um keinen bivariaten Zusammenhang handelt, sondern multifaktorielle Erklärungsmuster herangezogen werden müssen[448]. Erneut geht es primär um den chronischen Dauerkonsum, der sich negativ auf die Leistungsorientierung auswirken soll[449]. Auf der anderen Seite wird die Ansicht vertreten, dass die heutigen Konsumenten primär Teil der aktuellen Leistungsgesellschaft sind, aus besser gestellten Familien kommen und sogar ein höheres Leistungsniveau aufweisen als alterskontrollierte Vergleichsgruppen[450]. Letztlich lässt sich nicht hinreichend genau feststellen, ob eine geringere Leistungsorientierung unter Cannabiskonsumenten tatsächlich Folge des Konsums ist oder eingebettet in einen übergeordneten Lebensstil, der bereits vor dem Erstkonsum existent war[451]. Ein hinreichender Zusammenhang lässt sich nach den aktuellen Befunden nicht nachweisen.

c) Schrittmacherfunktion

Die Theorie von der Schrittmacherfunktion wurde bereits 1971 und 1980 in den Regierungsentwürfen der Bundesregierung als Begründung für das Betäubungsmittelgesetz bzw. für dessen Neuordnung angeführt[452]. Bei der Schrittmacherfunktion wird davon ausgegangen, dass Cannabis als Einstiegsdroge fungiert und den Weg zum Konsum härterer Drogen ebnet. Grundlage dieser Annahme war, dass ein großer Teil der Personen, die harte Drogen konsumieren, zuvor Cannabis konsumiert haben. Allerdings gingen bereits das Bundesverfassungsgericht und das Landgericht Lübeck davon aus, dass es eine solche Funktion nicht gebe und sich die frühere Annahme als falsch herausstellte[453]. So wird die Schrittmacherfunktion heute als Mythos gesehen, denn sie lässt außen vor, dass die meisten Konsumenten von Cannabis keine anderen illegalen Drogen konsumieren[454]. Wichtig in Zusammenhang mit der These von der Schrittmacherfunktion ist zu wissen, dass sich der Konsum legaler sowie illegaler Drogen in den meisten Fällen schrittweise vollzieht[455]. Zumeist wird erst Tabak und dann Alkohol probiert. Cannabis bildet den nächsten Schritt. Allerdings ist dieser Schritt, und erst recht der Schritt weiter zu härteren Drogen, keine Notwendigkeit. Kommt es zu einem Umstieg auf härtere Drogen, wird heute davon ausgegangen, dass dies auf keinen Fall durch eine Substanzwirkung des Cannabis

---

[447]   J. Brook/E. Balka/M. Whiteman, The Risk for Late Adolescence of Early Adolescent Marijuana Use, in: AJPH 89 (1999), S. 1549 (1549).

[448]   Volkow u.a., Health (Fn. 363), S. 2221.

[449]   Weber, Betäubungsmittelgesetz (Fn. 294), § 1 Rn. 318; anders: Krumdiek, Cannabis (Fn. 360), S. 440 f.

[450]   Krausz/Lambert, Cannabis (Fn. 360), S. 81.

[451]   Zur den unterschiedlichen Auffassungen: Petersen/Thomasius, Auswirkungen (Fn. 363), S. 152.

[452]   BT-Drucks. VI/1877, S. 6; BT-Drucks. VIII/3551, S. 24.

[453]   BVerfGE 90, 145 (181); LG Lübeck (Fn. 357), S. 172.

[454]   Kreuzer, Bewertung (Fn. 398), S. 175; Krumdiek, Grundlage (Fn. 291), S. 129 f. m.w.N.; Thomasius, Cannabiskonsum (Fn. 376), S. 110; Krumdiek, Cannabis (Fn. 360), S. 441.

[455]   Thomasius, Cannabiskonsum (Fn. 376), S. 112 f.

zustande kommt[456]. Nach *Kleiber/Kovar* ist die These von der Schrittmacherfunktion auch bereits zu weich formuliert, als dass diese hätte belegt werden können[457]. Dies macht sich gerade in den verschiedenen Ausformungen der These bemerkbar. So wird stellenweise angenommen, dass durch den Konsum weicher Drogen die Angst vor härteren Drogen schwindet und so ein Umstieg erleichtert wird[458]. Oder es wird vertreten, dass Tabak, Alkohol und Cannabis Schrittmacherdrogen sind, da sie das Gehirn an den Zustand eines Rausches gewöhnen, woraufhin dieser Zustand dann wiederholt werden möchte[459]. Andere gehen davon aus, dass vor allem Moden und Trends dafür verantwortlich sind, welche Abfolge an Drogen konsumiert wird. Abgesehen davon ist Cannabis bereits durch seine hohe Verbreitung und damit leichte Verfügbarkeit prädestiniert, die erste illegale Droge zu sein[460]. Auch die Einheitlichkeit des Drogenmarktes wird für einen Umstieg verantwortlich gemacht[461]. Alles in allem gilt die Schrittmacherfunktion heute als widerlegt. Der Konsum härterer Drogen beginnt zwar zumeist mit dem Konsum von Cannabis als erster illegaler Droge. Dem gehen allerdings wiederum erhöhter Alkohol- und Tabakkonsum voran. Dass Cannabis allein verantwortlich dafür ist, dass später zu härteren Drogen gegriffen wird, kann heute nicht mehr ernstlich vertreten werden.

d)   Auswirkungen des THC-Gehaltes

Des Weiteren ist umstritten, wie sich ein steigender THC-Gehalt im Cannabis auf den menschlichen Organismus auswirkt. Bei diesem Thema herrscht nicht einmal Einigkeit darüber, ob der THC-Gehalt im Cannabis tatsächlich konstant ansteigt. Das Bundesverfassungsgericht ging 1994 davon aus, dass bei schlechter Qualität eine THC-Konzentration von 2%, bei mittlerer Qualität von 2-4% und bei guter Qualität von bis zu 5% vorläge[462]. Bei Haschisch wurde eine schlechte Qualität bei unter 5% gesehen, eine mittlere bei 5-8% und eine gute bei 10%. Viele Stimmen in der Literatur gehen von einem stetig steigenden THC-Gehalt in dem auf dem Markt erhältlichen Cannabis aus. Es werden Steigerungen um das 4-fache von 3% in den 1980er Jahren auf bis zu 12% im Jahre 2012 angenommen[463]. Dies könnte vor allem ältere Studien zu gesundheitlichen Auswirkungen des Cannabiskonsums in Frage stellen, wenn der THC-Gehalt tatsächlich der entscheidende Faktor bei der Beurteilung der Gefährlichkeit von Cannabis ist. Dies ist gerade bei den körperlichen Auswirkungen sehr fraglich (dazu unter C.III.2.a) Physis). Auch bei den psychischen Gefahren durch Cannabis konnte ein kausaler Zusammenhang zwischen psychischen Beeinträchtigungen und Cannabiskonsum nicht nachgewiesen werden. Unter diesem Gesichtspunkt kann schwerlich beurteilt werden, inwieweit sich erhöhende THC-

---

[456]   *Kleiber/Kovar*, Auswirkungen (Fn. 360), S. 2, 181.
[457]   *Kleiber/Kovar*, Auswirkungen (Fn. 360), S. 180.
[458]   *N. Nedopil*, Forensische Psychiatrie, 4. Aufl. 2012, S. 164; *Geschwinde*, Rauschdrogen (Fn. 359), Rn. 401; *Schwind*, Kriminologie (Fn. 77), § 27 Rn. 15.
[459]   *Volkow u.a.*, Health (Fn. 363), S. 2221.
[460]   *Kleiber/Kovar*, Auswirkungen (Fn. 360), S. 181; *Volkow u.a.*, Health (Fn. 363), S. 2221.
[461]   *Krumdiek*, Cannabis (Fn. 360), S. 441; anders: *Kleiber/Kovar*, Auswirkungen (Fn. 360), S. 182.
[462]   BVerfGE 90, 145 (179).
[463]   *Thomasius*, Cannabiskonsum (Fn. 376), S. 108; *Volkow u.a.*, Health (Fn. 363), S. 2222.

Werte zu erhöhten Gesundheitsgefahren führen[464]. Es ist zu berücksichtigen, dass die 12% THC-Gehalt einen Maximalwert darstellen. Das durchschnittlich auf der Straße gehandelte Cannabis weist solch hohe Wirkstoffkonzentrationen in der Regel nicht auf. Es finden sich zudem Studien, die einem kontinuierlichen Ansteigen des THC-Gehaltes entgegentreten und diesen nicht bestätigen. Es wird davon ausgegangen, dass der THC-Gehalt zumindest seit der Jahrtausendwende relativ konstant bei 6-8% liegt[465]. Dies würde zwar immer noch eine Verdoppelung im Vergleich zu den Werten bedeuten, die das Bundesverfassungsgericht anlegte. Jedoch wäre der These entgegengetreten, dass die THC-Konzentration immer weiter steigt. Richtig ist auch, dass die meisten Gerichtsentscheidungen und Kommentare bei der Berechnung von Grenzwerten von einer THC-Konzentration von 2-4% ausgehen, was nicht mehr dem heutigen Schnitt entspricht[466]. Es könnte somit eine Nachjustierung der Grenzwerte geboten sein. Es ist an dieser Stelle zu berücksichtigen, dass die Gerichte bei der Festlegung von Grenzwerten in Zusammenhang mit den Einstellungsmöglichkeiten absichtlich von einem sehr niedrigen THC-Gehalt ausgingen. Telos der Einstellungsmöglichkeiten ist es, einen Großteil der Konsumenten von Strafe freizuhalten. Das niedrige Ansetzen bei den Grenzwerten verfolgt den Zweck, die Straffreistellung einem breiten Spektrum an Konsumenten zukommen zu lassen. Solange heute noch die Möglichkeit besteht, dass Cannabis einen solch niedrigen THC-Gehalt aufweist, und das ist der Fall, kann auch davon ausgegangen werden, dass die Gerichtsentscheidungen und Kommentare ihre Richtigkeit behalten.

Unter den gegebenen Umständen scheint eine endgültige Klärung der Frage, ob ein Anstieg des THC-Gehaltes tatsächlich die gesundheitlichen Gefahren vergrößert, nicht möglich. Als gesichert kann zurzeit gelten, dass 6-8% THC-Gehalt dem Durchschnitt entsprechen, aber vereinzelt auch höhere Werte erreicht werden. Für diese Arbeit wurden fast ausschließlich Studien herangezogen, die nach der Jahrtausendwende entstanden. Unter Zugrundelegung einer Konstanz der THC-Konzentration seit dieser Zeit behalten die hiesigen Befunde in jedem Fall ihre Gültigkeit.

e)   Alternative Erklärungen psychischer Beeinträchtigungen bei Cannabiskonsumenten

Bislang wurde der Fokus darauf gelegt, inwieweit sich Cannabis *per se* auf die psychische Gesundheit auswirkt. Von Relevanz waren vor allem die originären Wirkstoffe im Cannabis und deren Auswirkungen auf den menschlichen Organismus. In diesem Schritt soll der Frage nachgegangen werden, ob es nicht alternative Erklärungsmuster bzw. Drittvariablen gibt, die einen

---

[464]   Für einen Zusammenhang von erhöhtem THC-Gehalt und steigenden gesundheitlichen Gefahren: *Patzak/Marcus/Goldhausen*, Cannabis (Fn. 369), S. 262; *Geschwinde*, Rauschdrogen (Fn. 359), Rn. 401; zweifelnd: *Weber*, Betäubungsmittelgesetz (Fn. 294), § 1 Rn. 320; gegen einen Zusammenhang: *Krumdiek*, Cannabis (Fn. 360), S. 443.

[465]   *Krumdiek*, Cannabis (Fn. 360), S. 443; Deutsche Beobachtungsstelle für Drogen und Drogensucht (DBDD) (Hrsg.), Bericht 2016 des nationalen REITOX-Knotenpunkts an die EBDD (Drogenmärkte), 2016, S. 13 f.; in den USA lag der Durchschnittswert 2015 bei ca. 11%: Executive Office of the President of the United States (Hrsg.), National Drug Control Strategy, o.O. 2016, S. 87.

[466]   *Patzak/Marcus/Goldhausen*, Cannabis (Fn. 369), S. 262.

Zusammenhang zwischen Cannabiskonsum und Gesundheitsgefahren entstehen lassen. Hervorzuheben sind vor allem soziale Faktoren sowie psychische Vorschädigungen der Konsumenten. So konstatierte bereits das Landgericht Lübeck, dass bei Patienten, die sich in Zusammenhang mit Cannabiskonsum in Therapie begeben, nicht der Konsum das eigentliche Problem sei, sondern persönliche Probleme[467]. Sobald diese therapiert würden, sinke auch der Suchtdruck. Auch das Amtsgericht Bernau sah eine psychische Abhängigkeit von Cannabis nicht in der Substanz begründet, sondern vielmehr in der psychischen Stimmung und den Problemen des Konsumenten[468]. Das Konsummuster wird häufig als Ursache für die Begründung von psychischen Problemen angeführt[469]. Wie bereits bei den jeweiligen Problemstellungen gezeigt, ist es stets das Konsummuster des chronischen Dauerkonsums, welches das höchste Risiko aufweist. Risikosteigernd soll es sich auswirken, wenn früh mit dem Konsum begonnen wird[470]. So sind nach *Geschwinde* folgende Faktoren dafür verantwortlich, dass Cannabiskonsum mit zunehmenden Gesundheitsgefahren einhergeht[471]:

1. Zunehmend riskante Konsummuster
2. Kontinuierliche Erhöhung des Wirkstoffgehaltes
3. Habitueller Missbrauch und konzentrierte Wirkstoffzufuhr
4. Kombination mit anderen Rauschmitteln
5. Ausdehnung des Konsumentenkreises

Nur zwei der fünf Kriterien nehmen dabei Bezug auf den Wirkstoff im Cannabis. Dies zeigt deutlich, wie wichtig das gesamte *surrounding* beim Cannabiskonsum ist. Gerade nicht drogeninduzierte Probleme im emotionalen Bereich, mangelhafte soziale Bindungen und hedonistische Strukturen sollen als Prädiktoren für Cannabismissbrauch fungieren[472]. Der übermäßige Gebrauch von Cannabis kann als Versuch des Ausbruchs aus diesen gestörten Strukturen gesehen werden. Im Gegensatz zu den Psychosen kann Cannabiskonsum hier sehr wohl als Form der Selbstmedikation gesehen werden[473]. Defizite in der Problembewältigung führen dann dazu, dass Cannabis als probates Mittel angesehen wird, die sozialen und persönlichen Probleme zu bewältigen[474]. In Untersuchungen, die den Zusammenhang zwischen Cannabiskonsum und psychischen Störungen evaluieren, können die relevanten sozialen Faktoren häufig nicht in ausreichendem Maße berücksichtigt werden[475]. Dies führt dazu, dass die psychischen Beeinträchtigungen nur als *mögliche* Folge des Cannabiskonsums erkannt werden können. Einige

---

[467] LG Lübeck (Fn. 357), S. 172.
[468] AG Bernau (Fn. 358), S. 11, 21 f.; so auch: *Kleiber/Kovar*, Auswirkungen (Fn. 360), S. 2; *Nedelmann*, Verbot (Fn. 359), S. 2836; *Duttge/Steuer*, Legalisierung (Fn. 409), S. 181.
[469] *Geschwinde*, Rauschdrogen (Fn. 359), Rn. 369.
[470] *Krumdiek*, Cannabis (Fn. 360), S. 442; *Geschwinde*, Rauschdrogen (Fn. 359), Rn. 387.
[471] *Geschwinde*, Rauschdrogen (Fn. 359), Rn. 371.
[472] *T. Redecker*, Das Verbot von Cannabis ist ein „kollektiver Irrweg", in: Deutsches Ärzteblatt 2001, S. 975 (975); *Geschwinde*, Rauschdrogen (Fn. 359), Rn. 390.
[473] *Krumdiek*, Grundlage (Fn. 291), S. 137; *Geschwinde*, Rauschdrogen (Fn. 359), Rn. 387.
[474] *Kleiber/Söllner*, Cannabiskonsum (Fn. 370), S. 232.
[475] *Kleiber/Kovar*, Auswirkungen (Fn. 360), S. 156; *Krumdiek*, Grundlage (Fn. 291), S. 120; *Volkow u.a.*, Health (Fn. 363), S. 2221.

Studien deuten darauf hin, dass 80% der Cannabisabhängigen komorbide Störungen aufweisen[476]. Der Cannabiskonsum steht stellenweise in Verbindung mit schweren Persönlichkeits- und Verhaltensstörungen wie ADHS. Aber auch weniger spezifische Vorerkrankungen wie eine grundsätzlich schlechte psychische Verfassung oder Gesundheit, gekennzeichnet durch Gehemmtheit, Einsamkeit, geringe Selbstwirksamkeit und geringes Selbstwertempfinden, können sich als Prädiktoren für problematischen Konsum herausstellen[477]. Als signifikante Einflussfaktoren werden weiterhin die familiäre Belastung mit einer Substanzstörung, ein niedriges Selbstwertgefühl, Drogenkonsum in persönlichem Umfeld (vor allem *peers*) und problematischer Nikotin- und Alkoholkonsum genannt (dazu näher unter E.I.3. Instanzen informeller sozialer Kontrolle)[478]. Darüber hinaus hat *Rogeberg* unlängst herausgestellt, welche Bedeutung dem sozio-ökonomischen Status als relevantem Einflussfaktor zukommt[479] (dazu näher unter C.III.2.b)ff) Leistungsorientierung).

Mit Blick auf die Leistungsorientierung muss berücksichtigt werden, ob nicht bereits vor dem Konsum ein hedonistischer Lebensstil vorhanden war, welcher mit weniger Leistungs- und Karriereorientierung einhergeht[480].

Es lässt sich festhalten, dass es eine Vielzahl von Faktoren gibt, die einen entscheidenden Einfluss auf den Konsum und auf die psychische Gesundheit ausüben und nicht in der Substanz Cannabis begründet sind. Gerade das soziale Umfeld und die psychische Befindlichkeit des Konsumenten stehen in einer Interdependenz zur Konsumhäufigkeit und zum Konsummuster. Problematischer Konsum und psychische Abhängigkeit können folglich nicht grundsätzlich dem psychotropen Prinzip des Cannabis zugeordnet werden, sondern finden ihren Ursprung häufig im Bereich der Familie, der *peers* und der prädisponierten psychischen Verfasstheit. Beim Nachweis bivariater Zusammenhänge zwischen Cannabiskonsum und Beeinträchtigungen der psychischen Gesundheit muss in Betracht gezogen werden, dass es sich um Scheinkorrelationen handelt, da soziale Faktoren und der sozio-ökonomische Status nicht hinreichend kontrolliert werden. Die Ergebnisse gehen daher nicht über die Vermutung eines Zusammenhangs hinaus. Will man die Wechselwirkungen aus Cannabiskonsum und psychischen Beeinträchtigungen nachvollziehen und verstehen, erscheint es zwingend geboten, in multifaktoriellen Analysen das gesamte Umfeld des Konsumenten und dessen psychische Verfassung in die Untersuchung mit einzubeziehen.

---

[476]   *Krumdiek,* Grundlage (Fn. 291), S. 121 f., 137 m.w.N.; *dies.,* Cannabis (Fn. 360), S. 440 ff.; *Geschwinde,* Rauschdrogen (Fn. 359), Rn. 387; anders: *Weber,* Betäubungsmittelgesetz (Fn. 294), § 1 Rn. 327.
[477]   *Kleiber/Söllner,* Cannabiskonsum (Fn. 370), S. 232.
[478]   *M. Höfler u.a.,* Covariates of Cannabis Use Progression Patterns in a Representative Population Sample of Adolescents, in: Addiction 1999, S. 1679 (1679 ff.); *R. Lieb u.a.,* Epidemiologie des Konsums, Missbrauchs und der Abhängigkeit von legalen und illegalen Drogen bei Jugendlichen und jungen Erwachsenen, in: Sucht 46 (2000), S. 18 (18 ff.).
[479]   *Rogeberg,* Correlations (Fn. 419), S. 4251 ff.; so auch: *Krumdiek,* Cannabis (Fn. 360), S. 442.
[480]   *Kleiber/Kovar,* Auswirkungen (Fn. 360), S. 218; *Krumdiek,* Grundlage (Fn. 291), S. 129.

f) Fazit

Das Fazit, welches das Bundesverfassungsgericht am Ende seiner Entscheidung zog, lautete, dass die Gesundheitsgefahren, die von Cannabis für den Einzelnen und für die Allgemeinheit ausgehen, zwar geringer sind, als es der Gesetzgeber 1971/1980 annahm, Cannabis jedoch auch keine Ungefährlichkeit zu bescheinigen sei[481]. Das Gericht sah also hinreichende Risiken hinsichtlich der Gesundheitsgefahren, sodass ein Verbot von Cannabis weiter aufrechterhalten werden konnte. Das Landgericht Lübeck vertrat eine gegenteilige Auffassung. Der vom Landgericht geladene Experte *Dominiak* bezeichnete Cannabis als das Rauschmittel mit dem individuell und gesamtgesellschaftlich geringsten Gefahrenpotential[482]. Dieser Ansicht folgte das Landgericht. Ein gewisses Restrisiko wurde zwar ebenfalls bejaht, jedoch für vertretbar erachtet. Deutlich macht dies der Hinweis der Kammer, dass der exzessive Gebrauch nahezu jeder Substanz irgendwann gesundheitsgefährlich sei und dies kein Spezifikum von Cannabis darstelle. Das Amtsgericht Bernau sah 2002 sogar die Ungefährlichkeit von Cannabis als erwiesen an[483]. Es ging davon aus, dass die Risikoeinschätzung des Bundesverfassungsgerichts nicht mehr aufrechterhalten werden könne. Lediglich beim Konsummuster des chronischen Dauerkonsums gestand das Amtsgericht dem Cannabiskonsum ein geringes Risiko zu[484]. Die Auswertung aller Befunde zu den Gesundheitsgefahren durch Cannabis zeigt sowohl hinsichtlich physischer als auch psychischer Auswirkungen ein inkonsistentes Bild. Scheinbar vermochten auch weitere 20 Jahre Forschung seit dem Urteil des Bundesverfassungsgerichts es nicht, die Auswirkungen von Cannabis auf Physis und Psyche des Menschen zweifelsfrei zu klären. Keine der Studien konnte eine Kausalität belegen. Die Ergebnisse laufen stets auf vermutete Zusammenhänge hinaus. Gerade im Bereich der Langzeitstudien gibt es eine hohe Variation bei den Einschätzungen[485]. Zusätzlich sind die einzelnen Studien untereinander aufgrund methodischer Unterschiede nur selten vergleichbar, abgesehen davon, dass viele an erheblichen methodischen Schwächen leiden. Der Großteil der Studien berücksichtigt das soziale Umfeld, die psychischen Vorschädigungen und den sozio-ökonomischen Status der Probanden zu wenig. Diese Faktoren können einen großen Einfluss auf psychische Beeinträchtigungen und das Konsummuster haben. Eine Gemeinsamkeit, die sich aus den verschiedenen Ergebnissen herauslesen lässt, ist, dass der moderate Freizeitkonsum mit geringen Gefahren für die Gesundheit einherzugehen scheint. Die wirklichen Gefahren, wenn solche überhaupt existieren, gehen von dem chronischen Dauerkonsum aus, wobei dieses Konsummuster nur sehr selten vorkommt. Darüber hinaus ist belegt, dass das Rauchen von Cannabis Gefahren parallel zu denen des Tabakkonsums aufweist. Auch wenn dem THC keine Karzinogenität nachgewiesen werden konnte, so entstehen doch aus dem Verbrennen der Blüten und Blütenblätter karzinogene Stoffe. Weitere Folgen können Schädigungen des Lungen- und Bronchialsystems sein. Auch

---

481   BVerfGE 90, 145 (177, 181).
482   LG Lübeck (Fn. 357), S. 173.
483   AG Bernau (Fn. 358), S. 4.
484   AG Bernau (Fn. 358), S. 21.
485   *Geschwinde*, Rauschdrogen (Fn. 359), Rn. 406.

wenn *Geschwinde* die Datenlage hinsichtlich psychischer Beeinträchtigungen in Zusammenhang mit Cannabis für gesicherter hält als für die physische Folgen, ist damit nicht viel gewonnen[486]. Denn die Datenlage ist nach wie vor unübersichtlich, und es zeichnet sich kein einheitliches Bild ab. Ein Zusammenhang zwischen chronisch-exzessivem Konsum und psychischen Beeinträchtigungen wird häufig vermutet, vor allem, wenn bereits in der Jugendzeit mit dem Konsum begonnen wurde. Ein endgültiger Nachweis fehlt jedoch auch hier. Letztlich kann heute keine andere Einschätzung zu den Gesundheitsgefahren von Cannabis getroffen werden, als es das Bundesverfassungsgericht 1994 tat. Von Cannabis gehen sicherlich weniger Gefahren aus, als bei Erlass des Betäubungsmittelgesetzes vorausgesetzt wurden, möglicherweise sogar weniger, als vom Bundesverfassungsgericht angenommen wurden. Eine zweifelsfreie Unbedenklichkeit kann aber auch heute nicht konstatiert werden. Die Hoffnung des Gesetzgebers von 1971, es würden innerhalb von fünf Jahren konkrete Ergebnisse zu den Risiken von Cannabis vorliegen, hat sich nicht erfüllt.

IV. Mögliche Verfassungsverstöße des Betäubungsmittelgesetzes unter Berücksichtigung des Cannabis-Urteils des Bundesverfassungsgerichts von 1994

1. Allgemeine Handlungsfreiheit (Art. 2 Abs. 1 GG) und das allgemeine Persönlichkeitsrecht (Art. 1 Abs. 1 GG i.V.m. Art. 2 Abs. 1 GG)

Zunächst ist zu überprüfen, ob die Konzeption des Betäubungsmittelgesetzes die allgemeine Handlungsfreiheit bzw. das Recht auf freie Entfaltung der Persönlichkeit in unverhältnismäßiger Weise verletzt. Auch das Landgericht Lübeck und das Bundesverfassungsgericht stellten diese Norm in das Zentrum ihrer jeweiligen Argumentation[487].

a) Schutzbereich

Der Schutzbereich der allgemeinen Handlungsfreiheit nach Art. 2 Abs. 1 GG umfasst nach heute herrschender Meinung das gesamte Spektrum menschlicher Verhaltensweisen. Art. 2 Abs. 1 GG dient als Auffanggrundrecht und soll einen umfassenden Grundrechtsschutz gewährleisten[488]. Die Norm ist essentieller Ausgangspunkt der Abwehrrechte des Einzelnen gegen den Staat. Demnach sind auch alle Handlungsformen, die das Betäubungsmittelgesetz unter Strafe stellt, und der gesamte Umgang mit Rauschmitteln vom Schutzbereich des Art. 2 Abs. 1 GG erfasst.

---

[486] *Geschwinde*, Rauschdrogen (Fn. 359), Rn. 381.
[487] LG Lübeck (Fn. 357), S. 168 ff.; BVerfGE 90, 145 (145 ff.).
[488] *H. Dreier*, in: ders. (Hrsg.), Grundgesetz Kommentar, Bd. 1, 3. Aufl. 2013, Art. 2 I Rn. 21; *Murswiek*, in: Grundgesetz (Fn. 242), Art. 2 Rn. 51; *Jarass*, in: Grundgesetz (Fn. 242), Art. 2 Rn. 2 ff.; *T. Kingreen/R. Poscher*, Grundrechte. Staatsrecht II, 32. Aufl. 2016, Rn. 403 f.; *U. Di Fabio*, in: T. Maunz/G. Dürig (Hrsg.), Grundgesetz Bd. 1, Art. 2 Abs. 1 (2001), Rn. 12 ff.

Das allgemeine Persönlichkeitsrecht beruht auf der Rechtsprechung des Bundesverfassungsgerichts zu Art. 2 Abs. 1 i.V.m. Art. 1 Abs. 1 GG und ist damit Resultat der richterlichen Rechtsfortbildung[489]. Im Gegensatz zum Auffangtatbestand der allgemeinen Handlungsfreiheit ist der Schutzbereich des allgemeinen Persönlichkeitsrechts enger gefasst. Geschützt werden vor allem die Autonomie bzw. die Integrität des Einzelnen[490]. Das Bundesverfassungsgericht subsumierte „das Recht eines jeden Menschen auf Entspannung und Wohlbefinden" unter das allgemeine Persönlichkeitsrecht, sodass dieses durch das Verbot von Cannabis ebenfalls betroffen ist[491].

Dass der Konsum von Cannabis möglicherweise Gesundheitsgefahren für den Einzelnen nach sich zieht, spielt im Rahmen des Schutzbereiches keine Rolle. Es steht im Rahmen seiner Autonomie jedem frei, sich selbst zu gefährden und seine Gesundheit zu schädigen. Eine eventuelle Schädigung Dritter oder der Allgemeinheit hat auf die Eröffnung des Schutzbereichs ebenfalls keinen Einfluss[492]. Eine solche findet erst im Rahmen der Schranke des Art. 2 Abs. 1 GG Berücksichtigung.

b) Eingriff

Ein Eingriff ist jedes staatliche Handeln, das dem Einzelnen ein Verhalten, das in den Schutzbereich eines Grundrechts fällt, ganz oder teilweise unmöglich macht[493]. In Art. 2 Abs. 1 GG wird durch jede „generelle oder individuelle Regelung eines Grundrechtsverpflichteten eingegriffen, die das geschützte Verhalten regelt."[494]. Durch das umfassende Verbot des Umgangs mit Cannabis durch das Betäubungsmittelgesetz wird es dem Einzelnen effektiv unmöglich gemacht, mit dieser Droge umzugehen. Das Gesetz bedarf zu seiner unmittelbaren Wirkung auch keiner Umsetzung. Da es sich um ein Gesetz handelt, stellt dies eine generelle Regelung eines Grundrechtsverpflichteten dar.

Auch wenn der Konsum straffrei ist, so bleibt dem Konsumenten kein legaler Weg, sich die Droge zu beschaffen. Damit ist ein Eingriff in die allgemeine Handlungsfreiheit durch das Betäubungsmittelgesetz zweifelsfrei gegeben. Dadurch, dass der Einzelne sich die Droge nicht legal beschaffen kann, ist in einem zweiten Schritt auch sein Recht auf Entspannung und Wohlbefinden betroffen, soweit diese Zustände durch den Konsum von Cannabis herbeigeführt werden sollen. Danach wird auch in das Recht auf freie Entfaltung der Persönlichkeit eingegriffen.

---

[489]   BVerfGE 35, 202 (219); 72, 155 (170); 82, 236 (269); 90, 263 (270); 120, 180 (210); 120, 274 (302); 130, 1 (35); *Dreier*, in: Grundgesetz (Fn. 488), Art. 2 I Rn. 69.

[490]   *Dreier*, in: Grundgesetz (Fn. 488), Art. 2 I Rn. 69; *Murswiek*, in: Grundgesetz (Fn. 242), Art. 2 Rn. 59; *Di Fabio*, in: Grundgesetz (Fn. 488), Art. 2 Abs. 1 Rn. 147.

[491]   BVerfGE 90, 145 (161).

[492]   *Hohmann/Matt*, Strafbarkeit (Fn. 246), S. 370, 373; *K. Zapka*, Passivrauchen und Recht, 1993, S. 59 f.

[493]   BVerfGE 105, 279 (303 ff.).

[494]   *Jarass*, in: Grundgesetz (Fn. 242), Art. 2 Rn. 9; so auch: *Dreier*, in: Grundgesetz (Fn. 488), Art. 2 I Rn. 48; *Murswiek*, in: Grundgesetz (Fn. 242), Art. 2 Rn. 79 ff.

c) Rechtfertigung

aa) Schranke

Art. 2 Abs. 1 GG unterliegt der sog. Schrankentrias, bestehend aus den Rechten anderer, der verfassungsmäßigen Ordnung und dem Sittengesetz. Diese Trias gilt sowohl für die allgemeine Handlungsfreiheit als auch für das allgemeine Persönlichkeitsrecht, wobei im Rahmen des allgemeinen Persönlichkeitsrechts strengere Anforderungen an die Schranke der verfassungsmäßigen Ordnung gelegt werden[495]. Die verfassungsmäßige Ordnung ist heute das wichtigste Element der Trias. Die Rechte anderer und das Sittengesetz haben ihre eigenständige Bedeutung verloren, sodass die Trias auf das Element der verfassungsmäßigen Ordnung reduziert werden kann. Seit dem Elfes-Urteil zählen alle formell und materiell mit der Verfassung in Einklang stehenden Normen zur verfassungsmäßigen Ordnung[496]. Das Betäubungsmittelgesetz stellt sich als formelles Gesetz demnach als Teil der verfassungsmäßigen Ordnung dar.

Mit Blick auf die Rechtfertigung des Eingriffs, der von der Cannabisprohibition ausgeht, muss im Rahmen des Art. 2 Abs. 1 GG entschieden werden, ob die Schranke der verfassungsmäßigen Ordnung auch für das Verbot von Cannabis gilt. Der Schranke des Art. 2 Abs. 1 GG sind mithin nur Tätigkeiten entzogen, welche dem Kernbereich privater Lebensführung zuzurechnen sind[497]. Dies gilt sowohl für die allgemeine Handlungsfreiheit als auch für das allgemeine Persönlichkeitsrecht[498]. Die Frage danach, ob der Wunsch nach Rausch und die damit zusammenhängenden Tätigkeiten dem Kernbereich privater Lebensführung zuzuordnen sind, stellt sich, da das Landgericht Lübeck in seinem Vorlagebeschluss von einem „Recht auf Rausch" sprach[499]. Dieses kann dahingehend interpretiert werden, dass es sich um ein schrankenlos zu gewährleistendes Recht handeln soll. Das Bundesverfassungsgericht lehnte es in seiner Entscheidung ab, ein schrankenloses „Recht auf Rausch" anzuerkennen. Das Sichberauschen steht nach Auffassung des Bundesverfassungsgerichts in mannigfaltigen sozialen Aus- und Wechselwirkungen mit der sozialen Außenwelt[500]. Dies soll der Zuordnung zum Kernbereich der privaten Lebensführung entgegenstehen. Für Cannabis gelte damit nichts anderes als für Alkohol- und Nikotinkonsum, die nicht dem Kernbereich unterfallen und nicht vorbehaltlos geschützt werden[501].

---

[495] BVerfGE 65, 1 (44); 78, 77 (85); 79, 256 (269); 82, 192 (195); 120, 180 (201); *Dreier,* in: Grundgesetz (Fn. 488), Art. 2 I Rn. 51 ff, 91; *Murswiek,* in: Grundgesetz (Fn. 242), Art. 2 Rn. 89 ff.; *Jarass,* in: Grundgesetz (Fn. 242), Art. 2 Rn. 13 ff., 58 ff.; *Di Fabio,* in: Grundgesetz (Fn. 488), Art. 2 Abs. 1 Rn. 37 ff.

[496] BVerfGE 6, 32 (38 f.); seitdem: BVerfGE 55, 159 (165); 63, 88 (108 f.); 74, 129 (152); 80, 137 (153); 97, 271 (286); 103, 197 (215).

[497] BVerfGE 6, 32 (41); 54, 148 (153); 130, 1 (22); *Dreier,* in: Grundgesetz (Fn. 488), Art. 2 I Rn. 60; *Murswiek,* in: Grundgesetz (Fn. 242), Art. 2 Rn. 69; *Jarass,* in: Grundgesetz (Fn. 242), Art. 2 Rn. 47 ff.; *Di Fabio,* in: Grundgesetz (Fn. 488), Art. 2 Abs. 1 Rn. 149.

[498] BVerfGE 29, 260 (267); 50, 290 (366); 65, 196 (210).

[499] LG Lübeck (Fn. 357), S. 168, 174.

[500] BVerfGE 90, 145 (171).

[501] *T. Büttner,* Eine verfassungsrechtliche Bewertung des Betäubungsmittelstrafrechts, 1997, S. 59.

Ein entscheidendes Argument, das dem Vorhandensein von sozialen Aus- und Wechselwirkungen entgegensteht, ist, dass diese Wirkungen möglicherweise erst durch die Kriminalisierung des Umgangs mit Cannabis hervorgerufen werden[502]. Erst dadurch gerät der Konsument in das Visier des Justizsystems und sieht sich Verfolgung und Strafdrohung ausgesetzt. Zumeist werden die sozialen Auswirkungen des Drogenkonsums in der potentiellen Entstehung einer Sucht und deren Behandlungsbedürftigkeit gesehen[503]. Dies soll der entscheidende Unterschied zu Tätigkeiten wie Essen oder Sport sein. Hier wird verkannt, dass Essen im Übermaß ebenfalls zur Sucht führen kann und darüber hinaus physische Beeinträchtigungen nach sich zieht. Hier kann noch argumentiert werden, dass Essen notwendig für das menschliche Überleben ist und deshalb erhöhten Schutz genießen muss. Warum allerdings Sport, gerade in extremen Formen, anders behandelt werden soll, leuchtet nicht ein. Das hohe Verletzungsrisiko trägt letztlich das staatliche System der Krankenversicherungen und nicht bloß der Einzelne. Die Aussage, dass der Einzelne im Rahmen eines Rauschzustandes nicht mehr entscheiden könne, ob er in Interaktion mit der sozialen Umwelt tritt, z.B. indem er am Straßenverkehr teilnimmt, überzeugt nicht[504]. Gerade bei Cannabis ist die Wahrscheinlichkeit, dass ein Rausch zu einem solchen Kontrollverlust führt, sehr gering. Die Verantwortung gerade in der stoffspezifischen Wirkung zu suchen, erscheint unter Berücksichtigung der Befunde zu den gesundheitlichen Auswirkungen von Cannabis verfehlt (dazu unter C.III.2. Gesundheitsgefahren durch Cannabiskonsum). Sind es doch gerade die Konsummuster, das *setting* und psycho-soziale Begebenheiten die einen immensen Einfluss auf die Wirkweise von Cannabis haben und eben nicht allein der Wirkstoff. Die Möglichkeit der Entstehung einer Sucht, die im Weiteren auch eine Wechselwirkung mit der Außenwelt bedingt, besteht zwar; ob diese es jedoch tatsächlich vermag, eine Ausgliederung des „Rechts auf Rausch" aus dem Kernbereich privater Lebensführung zu rechtfertigen, erscheint wenigstens zweifelhaft. Zu dieser Erkenntnis tragen die Umstände bei, dass das Risiko der Entstehung einer Sucht gering ist und risikoreiche Konsummuster nur wenig verbreitet sind (dazu unter C.III.2.a)aa) Physische Gesundheitsgefahren/C.III.2.b)bb) Psychische Abhängigkeit).

Es finden sich somit gute Gründe, das „Recht auf Rausch" auch schrankenlos zu gewährleisten und hier wenigstens die Handlungsalternativen des „Sichbeschaffens", des „Erwerbs" und des „Besitzes" zum Kernbereich privater Lebensführung zu zählen[505]. Zwar stehen diese Handlungsalternativen in einem sozialen Kontext, doch sind diese notwendig, um das „Recht auf Rausch", welches *per se* Teil der Privatsphäre ist, zu verwirklichen. Will man das „Recht auf Rausch" dem Kernbereich privater Lebensführung unterwerfen, muss dies konsequent auch für die entsprechenden Vorfeldhandlungen gelten. Im Folgenden soll, zwecks der weiteren Prüfung

---

[502]   *L. Böllinger,* Grenzenlos symbolisches Strafrecht, in: KritJ 27 (1994), S. 405 (407); *A. Siebel,* Drogenstrafrecht in Deutschland und Frankreich, 1997, S. 214.
[503]   *Büttner,* Bewertung (Fn. 501), S. 59.
[504]   *Büttner,* Bewertung (Fn. 501), S. 59.
[505]   *C. Gusy,* Anmerkungen zum BVerfG, Beschluss vom 9.3.1994, 2 BvL 43/92, in: JZ 1994, S. 863 (863).

von Verfassungsverstößen, davon ausgegangen werden, dass das „Recht auf Rausch" der Schranke der verfassungsmäßigen Ordnung des Art. 2 Abs. 1 GG unterliegt.

bb) Verhältnismäßigkeit

aaa) Legitimer Zweck

Damit das Betäubungsmittelgesetz verhältnismäßig ist, muss es einem legitimen Zweck dienen. Die Zwecksetzung des Betäubungsmittelgesetzes findet sich in den beiden Regierungsvorlagen[506] (dazu unter C.III.1. Regierungsvorlagen). Als legitim gilt jeder Zweck, der mit den Grundwerten der Verfassung übereinstimmt[507]. Damit ist die Spannbreite an Zwecken, die als legitim anzusehen sind, sehr weit. Die verfolgten Zwecke wie Gesundheitsschutz, Schutz der Jugend, der Familie und des sozialen Zusammenlebens stellen grundsätzlich legitime Zwecke dar.

Fraglich ist nur, ob diese Zwecksetzung nach heutigem Kenntnisstand noch aufrechterhalten werden kann. Zunächst erscheint der Zweck des Gesundheitsschutzes des Einzelnen als illegitim. Hierbei handelt es sich um eine paternalistische Zielsetzung, welche mit den Mitteln des Strafrechts durchgesetzt werden soll. Ein solcher, strafrechtlicher Paternalismus ist mit einer freiheitlich demokratischen Grundordnung nicht vereinbar (dazu bereits unter B.V.1.b) Paternalismus).

Der Schutz der Gesundheit der Allgemeinheit kann ebenfalls kein legitimes Ziel bilden. Hier ist vor allem auf das Scheinkollektivgut der Volksgesundheit zu verweisen, dem kein eigenständiger Gehalt zukommt (näheres dazu unter B.V.1.b) Paternalismus).

Einer konstruierten Fremdgefährdung, die auch bei konsumorientierten Handlungsalternativen bestehen soll, stehen die Grundsätze der freiverantwortlichen Selbstgefährdung entgegen. Kauft oder besitzt jemand geringe Mengen Drogen zum Eigenverbrauch, besteht zwar die abstrakte Möglichkeit einer Weitergabe, jedoch ist die Gefahr in solchen Fällen derart gering, dass sie nur in der Theorie existiert. Darüber hinaus würde im Falle einer tatsächlichen Weitergabe zwischen der Weitergabe und dem Konsum noch der freiverantwortliche Willensentschluss zum Konsum stehen. Dieser Willensentschluss bildet eine Zäsur, die einer Zurechnung entgegensteht. Dies muss für alle Arten des Umgangs mit Cannabis gelten, in besonderem Maße jedoch für die konsumorientierten Handlungsalternativen, denn diese sind gerade nicht auf eine Fremdgefährdung gerichtet.

Es verbleibt letztlich nur der Schutz der Jugend. Die Konsumentscheidung Jugendlicher ist häufig nicht voll verantwortlich und frei. Der Schutz dieses Personenkreises bildet daher einen

---

[506] BT-Drucks. VI/1877; BT-Drucks. VIII/3551.

[507] *D. Merten*, Verhältnismäßigkeitsgrundsatz, in: ders./H.-J. Papier (Hrsg.), Handbuch der Grundrechte in Deutschland und Europa, Bd. 3, 2009, § 68 Rn. 53 ff.; *H. Maurer*, Staatsrecht I, 6. Aufl. 2010, § 8 Rn. 57; *V. Epping*, Grundrechte, 7. Aufl. 2017, Rn. 51 ff.; *S. Detterbeck*, Verwaltungsrecht mit Verwaltungsprozessrecht, 15. Aufl. 2017, Rn. 232 f.; *F. Hufen*, Staatsrecht II, 5. Aufl. 2016, § 9 Rn. 19; *Kingreen/Poscher*, Grundrechte (Fn. 488), Rn. 297 ff.

legitimen Zweck. In diesem Zusammenhang kann auch der Schutz der Familie noch als legitimer Zweck herangezogen werden. Bei der Auswertung der Zwecksetzungen des Betäubungsmittelgesetzes fällt auf, dass mit der Zeit immer mehr Rechtsgüter zu seiner Legitimierung herangezogen wurden[508]. Die anfänglichen Zwecke wurden ständig erweitert. Dies könnte darauf hindeuten, dass die Aufrechterhaltung der Prohibition immer neue Argumente benötigt, da die ursprünglichen mit der Zeit nicht mehr tragfähig waren.

Der Jugendschutz ist zunächst als legitime Zwecksetzung anzuerkennen, doch würde er in einem zweiten Schritt die Legitimität einbüßen, wenn die neuesten wissenschaftlichen Erkenntnisse Cannabis eine Ungefährlichkeit bescheinigten. Dies kann allerdings nach Auswertung der Datenlage nicht angenommen werden. Die heutigen medizinischen Erkenntnisse konnten nicht die völlige Ungefährlichkeit von Cannabis nachweisen. Es besteht also nach wie vor ein gewisses Risiko beim Konsum von Cannabis, welches erheblich mit dem Konsummuster und auch mit dem Einstiegsalter variiert (dazu bereits unter C.III.2. Gesundheitsgefahren durch Cannabiskonsum).

Man kann die Auffassung vertreten, dass der Nachweis einer völligen Ungefährlichkeit nicht nötig ist und dass auch bei geringen Gesundheitsgefahren der legitime Zweck entfallen sollte[509]. Hier wird jedoch verkannt, dass die Legitimität des Zweckes nur dann entfällt, wenn die Zwecksetzung mit zentralen Grundsätzen des Grundgesetzes nicht vereinbar ist. Die Jugend auch vor geringen gesundheitlichen Gefahren schützen zu wollen, verstößt sicherlich nicht gegen diese Grundsätze. Der Gesundheitsschutz von Jugendlichen bildet demnach auch unter Berücksichtigung des aktuellen Forschungsstandes noch eine legitime Zwecksetzung des Betäubungsmittelgesetzes.

Weitere Zwecke bilden heute die Bekämpfung der organisierten Kriminalität und die Einhaltung der internationalen Übereinkommen über Drogen, auf die hier nicht näher eingegangen werden kann[510].

Dem Gesetzgeber wird häufig vorgeworfen, dass er seine Beobachtungs- und Nachbesserungspflicht verletzt habe[511]. Diese Pflichten treffen den Gesetzgeber immer dann, wenn er auf unsicherer Tatsachengrundlage eine Prognoseentscheidung fällt. Der Gesetzgeber kann in solchen Fällen zunächst präventive Schutzmaßnahmen treffen, auch ohne gesicherte Erkenntnisse. Hier darf der Grundsatz *in dubio contra libertatem* gelten[512]. Auf Dauer soll der Gesetzgeber aber an die materielle Rechtmäßigkeit gebunden sein und ist daher dazu verpflichtet, eine sichere

---

[508]   *H. Schneider*, Haschisch im sanktionsfreien Raum – das Konsumverhalten im Lichte der Entscheidung des Bundesverfassungsgerichts, in: StV 1994, S. 390 (390).
[509]   *Krumdiek*, Grundlage (Fn. 291), S. 341 ff.
[510]   Dazu aber: BVerfGE 90, 145 (186); *Büttner*, Bewertung (Fn. 501), S. 90 ff., 179 ff. m.w.N.; *Krumdiek*, Grundlage (Fn. 291), S. 152 ff.
[511]   Zu den Grundlagen einer Nachbesserungspflicht: BVerfGE 65, 1 (55 f.); 88, 203 (309 f.); *Büttner*, Bewertung (Fn. 501), S. 125 f.; zum Bestehen der Beobachtungs- und Nachbesserungspflicht bei Cannabis: BVerfGE 90, 145 (194); für eine Verletzung der Nachbesserungspflicht: *Krumdiek*, Grundlage (Fn. 291), S. 342, 352, 356 m.w.N.
[512]   *Siebel*, Drogenstrafrecht (Fn. 502), S. 228.

Entscheidungsgrundlage herbeizuführen[513]. Das Betäubungsmittelgesetz war zu Beginn eine solche Schutzmaßnahme, deren Grundlage als nicht gesichert bezeichnet werden kann. Der Gesetzgeber ging in den Regierungsvorlagen davon aus, dass es noch weiterer Forschung bedürfe, bis die gesundheitlichen Auswirkungen vollends geklärt seien. Das Bundesverfassungsgericht sah 1994 die Forschung ebenfalls als noch nicht endgültig abgeschlossen an, ging jedoch von hinreichenden Gesundheitsgefahren durch den Cannabiskonsum aus, sodass ein Verbot aufrechterhalten werden könne. Gleichzeitig wurde der Gesetzgeber explizit verpflichtet „die Auswirkungen des geltenden Rechts unter Einschluss der Erfahrungen des Auslandes zu beobachten und zu überprüfen"[514]. Dadurch, dass bis heute keine materiell-rechtliche Änderung des Betäubungsmittelgesetzes vorgenommen wurde, gehen manche Stimmen davon aus, dass eben diese Beobachtungs- und Nachbesserungspflicht verletzt wurde. Dem kann nicht zugestimmt werden. Hervorzuheben sind hier die beiden Forschungen von *Kleiber/Kovar* und *Kleiber/Söllner,* die im Auftrag des Bundesgesundheitsministeriums erstellt wurden[515]. Auch wenn diese Studien mittlerweile über 15 Jahre alt sind, aktualisiert das Bundesgesundheitsministerium mit seinem jährlichen Drogen- und Suchtbericht die aktuelle Forschungslage. Auch Gesetzesinitiativen, wie zuletzt das Gesetz zur Änderung betäubungsmittelrechtlicher und anderer Vorschriften, welches am 10.3.2017 in Kraft getreten ist oder der Entwurf eines Cannabiskontrollgesetzes durch die Partei Bündnis 90/Die Grünen, halten das Thema im Bewusstsein und in der Beobachtung (dazu näher unter E.III.4. Gesetze und Gesetzesinitiativen)[516]. Des Weiteren weisen die aktuellen Befunde nicht auf eine Ermessensreduzierung auf Null hin. Wie gezeigt, ist die Tatsachenlage im Hinblick auf die Gesundheitsgefahren noch immer nicht abschließend geklärt, und es besteht nach wie vor das Risiko einer Gesundheitsschädigung durch den Konsum von Cannabis. Eine Annahme solcher Gefahren durch den Gesetzgeber ist jedenfalls nicht evident falsch.

Es kann entscheidend sein, wem auf Dauer die Beweislast für eine solch unsichere Tatsachenlage zufällt. Bislang konnte ein Nachweis der Ungefährlichkeit von Cannabis nicht geführt werden. Ebenso wenig wurde belegt, dass Cannabiskonsum zu relevanten Gesundheitsbeeinträchtigungen führt. So wird vertreten, dass es dem Bürger nicht auf Dauer zumutbar ist, Eingriffe ohne gesicherte Tatsachenbasis hinzunehmen[517]. Nach Ablauf einer angemessenen Frist zur Schaffung einer solchen Tatsachengrundlage soll auch hier der Grundsatz *in dubio pro libertate* wieder gelten[518]. Das Bundesverfassungsgericht hat dem Gesetzgeber hinsichtlich der Einschätzung der Gesundheitsgefahren einen weiten Prognosespielraum eingeräumt, sodass eher von

---

[513]   *Krumdiek,* Grundlage (Fn. 291), S. 352 m.w.N.
[514]   BVerfGE 90, 145 (194); dazu auch *Schneider,* Haschisch (Fn. 508), S. 390.
[515]   *Kleiber/Kovar,* Auswirkungen (Fn. 360); *Kleiber/Söllner,* Cannabiskonsum (Fn. 370).
[516]   BT-Drs. 18/4204.
[517]   *Krumdiek,* Grundlage (Fn. 291), S. 353.
[518]   Sondervotum *Sommer* – BVerfGE 90, 145 (216); *H. Schneider,* Anmerkungen zu BGH, Urteil vom 25.8.1992 – I StR 362/92 (LG Karlsruhe), in: StV 1992, S. 514 (515); *Siebel,* Drogenstrafrecht (Fn. 502), S. 228; für eine grundsätzliche Geltung von *in dubio contra libertatem* im Bereich Drogen: *Patzak,* in: Betäubungsmittelgesetz (Fn. 291), Stoffe, Rn. 89.

einer Argumentationslastverteilung zugunsten des Gesetzgebers auszugehen ist[519]. Dies sah das Landgericht Lübeck anders und stellte sich auf den Standpunkt, dass nicht auf Dauer der Bürger Leidtragender einer ungeklärten Gefahrenlage sein darf[520]. *Siebel* weist zutreffender Weise darauf hin, dass *in dubio contra libertatem* nur bei besonders gewichtigen Schutzgütern zur Anwendung kommen darf[521]. Ein solches ist wohl mit dem Gesundheitsschutz Jugendlicher auch gegeben. Doch kann es auch hier kein Dauerzustand sein, dass eine Tatsachenlage ungeklärt bleibt und sich der Bürger Strafdrohungen ausgesetzt sieht, die eventuell einer hinreichenden Grundlage entbehren. Dies muss in Bezug auf Cannabis umso eher gelten, als sich die Forschungslage zumindest dahingehend konkretisiert hat, dass schwere Gesundheitsschäden wohl nicht zu befürchten sind. Es handelt sich zwar im Hinblick auf die Gesundheitsgefahren nach wie vor um eine nicht gesicherte Kenntnislage, aber diese Unsicherheit bewegt sich in einem Rahmen mittlerer bis leichter Gesundheitsbeeinträchtigungen. Es scheint durchaus legitim, hier eine Liberalisierung des Umgangs mit Cannabis zu verantworten. Zumindest bei den konsumbezogenen Delikten müsste heute der Grundsatz *in dubio pro libertate* angewendet werden und die Beweislastverteilung zugunsten der Bürger vorgenommen werden[522]. Dafür sprechen auch die sehr geringe Gefahr einer Fremdgefährdung bei konsumorientierten Handlungsweisen und die Prämisse einer freiheitlichen Grundordnung.

So müssten heute, entgegen der Auffassung des Bundesverfassungsgerichts von 1994, die konsumbezogenen Delikte straffrei gestellt werden. Ein legitimer Zweck ist hier mangels eindeutigen Nachweises der Gefährlichkeit von Cannabis entfallen und die Aufnahme dieser Handlungsalternativen damit unverhältnismäßig. Der Vollständigkeit halber werden im Folgenden auch die konsumbezogenen Handlungsformen einer weitergehenden Prüfung unterzogen. So sollen eventuelle weitere Verfassungsverstöße aufgezeigt und ein umfassendes Ergebnis ermöglicht werden.

bbb) Geeignetheit

Das Mittel, welches der Staat zur Zielerreichung wählt, muss des Weiteren auch geeignet sein, diesen Zweck zu erreichen. Als geeignet wird bereits jedes Mittel angesehen, welches dem Zweck auch nur förderlich ist, ohne dass der Zweck zwingend durch das Mittel erreicht werden muss[523]. Hinsichtlich der Geeignetheit des Betäubungsmittelgesetzes zur Erreichung des Jugendschutzes kann auf die Befunde zur General- und Spezialprävention (dazu unter B. Soziale Kontrolle und ihre Grenzen) verwiesen werden.

---

[519]   BVerfGE 90, 145 (Leitsatz 2).
[520]   LG Lübeck (Fn. 357), S. 168 ff.
[521]   *Siebel*, Drogenstrafrecht (Fn. 502), S. 203.
[522]   *Schneider*, Anmerkungen (Fn. 518), S. 515.
[523]   BVerfGE 30, 250 (263 f.); 30, 292 (316); 67, 157 (175); 103, 293 (307); *Merten*, Verhältnismäßigkeitsgrundsatz (Fn. 507), § 68 Rn. 65; *Maurer*, Staatsrecht (Fn. 507), § 8 Rn. 57; *Epping*, Grundrechte (Fn. 507), Rn. 53; *Hufen*, Staatsrecht (Fn. 507), § 9 Rn. 20; *Kingreen/Poscher*, Grundrechte (Fn. 488), Rn. 301.

Im Rahmen der generalpräventiven Wirkung des Betäubungsmittelgesetzes scheint bereits auch eine nur zweckfördernde Wirkung fraglich. Eine abschreckende Wirkung hat gerade im Bereich der konsumorientierten Betäubungsmitteldelikte nur wenig Chancen, zu greifen. Ein Normbildungs- und Normfestigungsprozess, wie ihn die positive Generalprävention zum Ziel hat, scheint zwar leichter durch einen *common sense* belegbar, aber empirischen Gehalt weist dies nicht auf.

Mit Blick auf die Spezialprävention ergibt sich nichts anderes. Eine spezialpräventive Abschreckungswirkung ist, mangels rational kalkulierenden Täters, nicht zu erwarten. Darüber hinaus sind die Effekte, die von Behandlungsprogrammen ausgehen, eher gering. Häufig besteht schlicht kein Bedürfnis für einen Entzug oder eine Therapie. Die häufigsten Konsummuster weisen ein nur marginales Abhängigkeitspotential auf. Eine Behandlung hat hier schlicht keinen Ansatzpunkt. Sanktionen werden in diesen Fällen oft als ungerechtfertigter Eingriff in die Privatsphäre aufgefasst, sodass eine konstruktive Arbeit mit dem Ziel der positiven Spezialprävention nur geringe Erfolgschancen aufweist.

Die Analyse der Individualdaten zeigt, dass die persönlichen Motive in Zusammenhang mit dem Konsum von Cannabis kaum von der rechtlichen Einordnung im Rahmen des Betäubungsmittelgesetzes beeinflusst werden (s. dazu D.I. Analyse empirischer Individualdaten). Die Aggregatdaten zeigen, dass die Entwicklung der Konsumprävalenzen unabhängig von drogenpolitischen Programmen oder einer veränderten Gesetzgebung verläuft (s. dazu D.II. Analyse empirischer Aggregatdaten).

Auch wenn die Daten auf eine weitgehende Wirkungslosigkeit des Betäubungsmittelgesetzes bei der Verhinderung bzw. der Reduzierung des Konsums hindeuten, ist zu berücksichtigen, dass dem Gesetzgeber an dieser Stelle ein weiter Ermessensspielraum zusteht[524]. Dieser ist gerichtlich nur eingeschränkt überprüfbar und wäre nur dann überschritten, wenn die Einschätzung des Gesetzgebers völlig fehlsam und abwegig wäre[525]. Es darf jedenfalls keine „auf die Stirn geschrieben[e]" Fehleinschätzung des Gesetzgebers sein[526]. Eine solch eindeutige Fehleinschätzung der Lage liegt indes nicht vor. Dass der Gesetzgeber davon ausgeht, dass das Betäubungsmittelgesetz zum Schutz der Jugend der geeignete Weg ist, ist von seiner Einschätzungsprärogative gedeckt[527]. Hieran können auch die stellenweise widersprüchlichen empirischen Befunde nichts ändern[528]. Das Bundesverfassungsgericht überprüft nicht, ob das gewählte Mittel „am zweckmäßigsten, vernünftigsten oder gerechtesten"[529] ist. Solange es positive Befunde zur generalpräventiven und spezialpräventiven Wirksamkeit gibt, kann der Gesetzgeber legitimer Weise von eben diesen Befunden ausgehen und das Betäubungsmittelgesetz für ein geeignetes Instrument halten, den Schutz von Jugend und Gesellschaft zu gewährleisten.

---

[524] BVerfGE 90, 145 (173); 110, 141 (157).
[525] BVerfGE 77, 170 (215); 88, 203 (262); *Büttner*, Bewertung (Fn. 501), S. 94.
[526] Für den VA: BVerwG, in: NJW 1985, S. 2658 (2658).
[527] BVerfGE 90, 145 (181); anders: LG Lübeck (Fn. 357), S. 176 ff.
[528] *Schünemann*, Kritik (Fn. 239), S. 234; *Rigopoulou*, Paternalismus (Fn. 240), S. 131.
[529] BVerfGE 90, 145 (173); *Epping*, Grundrechte (Fn. 507), Rn. 53; *Hufen*, Staatsrecht (Fn. 507), § 9 Rn. 20.

ccc) Erforderlichkeit

Das Betäubungsmittelgesetz in seiner heutigen Form muss, damit es den Anforderungen an den Verhältnismäßigkeitsgrundsatz gerecht wird, auch erforderlich sein. Das bedeutet, dass es kein gleich wirksames, aber milderes Mittel zur Erfüllung des Zwecks geben darf[530]. Als mildere Mittel kämen selbstverständlich gleich mehrere Vorgehensweisen in Frage. Von einer Teilentkriminalisierung über eine Entkriminalisierung bis hin zu einer Legalisierung gibt es ein weites Spektrum alternativer Umgangsformen mit Cannabis. Die entscheidende Frage ist allerdings, ob die Vorgehensweisen auch ebenso effektiv sind wie die Prohibition. Wie gezeigt, sind die vom Betäubungsmittelgesetz ausgehenden Wirkungen der Generalprävention und der Spezialprävention sehr begrenzt. Gerade mit Blick auf die Jugendlichen, also den Hauptkonsumenten von Cannabis, kann nur von äußerst geringen Effekten ausgegangen werden. Es liegt also nahe, davon auszugehen, dass eine der alternativen Vorgehensweisen das Ziel des Gesundheitsschutzes der Jugend besser zu verfolgen vermag[531]. Die alternativen Vorgehensweisen setzen zumeist verstärkt auf Aufklärung über Risiken in Zusammenhang mit Cannabis. So soll der Einzelne vom Konsum durch eine bewusste Entscheidung abgehalten werden oder er soll einen verantwortungsbewussten Umgang mit Cannabis lernen. Einer Liberalisierung würde auch das Potential innewohnen, die Zahl der Konsumenten zu reduzieren, da der Reiz des Verbotenen wegfiele[532]. Die Illegalität übt gerade auf Jugendliche eine gewisse Faszination aus und kann als Motiv für den Konsum gelten.

Bei allen Überlegungen hinsichtlich alternativer Umgangsformen mit Cannabis handelt es sich um Prognosen. Mit Blickrichtung auf Deutschland sind sie keinem Nachweis zugänglich, da sie bis dato nicht in Deutschland getestet wurden. Sicherlich kann hier auf internationale Daten, vor allem aus den USA und den Niederlanden, verwiesen werden, und dies ist unter Berücksichtigung der Beobachtungspflicht des Gesetzgebers sogar notwendig[533] (dazu unter D.III. Das Beispiel USA/D.IV. Das Beispiel Niederlande). Die Rückschlüsse daraus und die Übertragbarkeit dieser Ergebnisse auf Deutschland unterfallen aber erneut der Einschätzungsprärogative des Gesetzgebers. Denn hier können es auch nationale Eigenheiten sein, welche die jeweiligen Prävalenzraten beeinflussen, und es ist nicht gesichert, dass hierzulande dieselben Vorgehensweisen auch dieselben Resultate nach sich ziehen[534]. Ein zwingender Rückschluss von der jeweiligen Betäubungsmittelgesetzgebung auf die Konsumprävalenzen ist jedenfalls nicht angezeigt (D.II. Analyse empirischer Aggregatdaten). Auch im Bereich der Erforderlichkeit hat der

---

[530] *Merten*, Verhältnismäßigkeitsgrundsatz (Fn. 507), § 68 Rn. 66 ff.; *Maurer*, Staatsrecht (Fn. 507), § 8 Rn. 57; *Epping*, Grundrechte (Fn. 507), Rn. 55; *Hufen*, Staatsrecht (Fn. 507), § 9 Rn. 21 ff.; *Kingreen/Poscher*, Grundrechte (Fn. 488), Rn. 303 ff.

[531] AG Bernau (Fn. 358). S. 26 ff.; *Siebel*, Drogenstrafrecht (Fn. 502), S. 225.

[532] LG Lübeck (Fn. 357), S. 177; AG Bernau (Fn. 358), S. 25; *U.E. Kemmesies*, Zwischen Rausch und Realität 2004, S. 123; zweifelnd: BVerfGE 90, 145 (183).

[533] BVerfGE 90, 145 (194).

[534] *Büttner*, Bewertung (Fn. 501), S. 124.

Gesetzgeber ein Gestaltungs- und Einschätzungsermessen, welches einer gerichtlichen Überprüfung weitgehend entzogen ist[535]. Der Gesetzgeber geht innerhalb dieses Spielraums nach wie vor davon aus, dass eine weitere Liberalisierung mehr negative als positive Konsequenzen nach sich ziehen würde. Auch wenn häufig gesagt wird, dass die Drogenprohibition angesichts steigender oder nicht sinkender Prävalenzen gescheitert sei, so ist damit noch nicht belegt, dass sich bei einer Liberalisierung die Situation nicht noch verschlimmern würde[536]. Es gibt kein empirisches Datenmaterial zugunsten einer Liberalisierung, das derart verdichtet ist, dass es den Königsweg weisen kann[537]. Eine Reduzierung des Gestaltungsermessens auf Null ist nicht gegeben. So entschied auch das Bundesverfassungsgericht 1994, dass es keine zwingenden Gründe gegen die Prohibition und für eine Legalisierung gebe[538]. *Kniesel* kritisiert an diesem Punkt, dass das Bundesverfassungsgericht nicht hinreichend zwischen einer Legalisierung und einer Entkriminalisierung unterscheidet und die Unterschiede dieser beiden Vorgehensweisen verkennt[539]. Jedoch ist der entscheidende Punkt hier der Gestaltungsspielraum des Gesetzgebers, und es sind weder für die Legalisierung noch für eine Entkriminalisierung Fakten vorhanden, die das Ermessen des Gesetzgebers auf Null reduzieren würden. Danach hat die Einschätzung des Bundesverfassungsgerichts auch heute noch Bestand. Das Bundesverfassungsgericht legt in seiner Entscheidung den notwendigen *judical restraint* an den Tag[540]. Die Abwägungen rund um eine Kurskorrektur im Bereich des Betäubungsmittelrechts verbleiben beim Gesetzgeber, in dessen Kernkompetenz eine solche Abwägung auch fällt (zu einer Einschätzung hinsichtlich der Geeignetheit liberaler Umgangsformen mit Cannabis s. unter E.III. Alternative Strategien im Umgang mit Cannabis).

ddd) Verhältnismäßigkeit (im engeren Sinne)

Letztlich muss das Betäubungsmittelrecht noch einer umfassenden Abwägung aller grundrechtsrelevanten Umstände standhalten. Es darf kein Missverhältnis der Zweck-Mittel-Relation vorliegen[541]. Es stehen sich hier die allgemeine Handlungsfreiheit bzw. das allgemeine Persönlichkeitsrecht und der Gesundheitsschutz der Jugendlichen gegenüber. Entscheidend ist vor allem die Differenzierung zwischen konsumbezogenen Delikten und solchen mit einer konkreten Fremdgefährdung. Diese Unterscheidung bildete den Kernpunkt der Entscheidung des Bundesverfassungsgerichts von 1994[542]. Im Ergebnis sah das Bundesverfassungsgericht das Verbot aller Handlungsalternativen, die das Betäubungsmittelgesetz nennt, als verfassungsgemäß an.

---

[535] BVerfGE 77, 84 (106); 88, 203 (262); 90, 145 (173, 175 ff., 182).
[536] *Büttner,* Bewertung (Fn. 501), S. 129 f.
[537] *Gusy,* Anmerkungen (Fn. 505), S. 864; anders: AG Bernau (Fn. 358), S. 26; *Siebel,* Drogenstrafrecht (Fn. 502), S. 225.
[538] BVerfGE 90, 145 (182 f.).
[539] *M. Kniesel,* Nach der Entscheidung des BVerfG zur Strafbarkeit weicher Drogen, in: ZRP 1994, S. 352 (356).
[540] *Kreuzer,* Entscheidung (Fn. 330), S. 2400.
[541] *Merten,* Verhältnismäßigkeitsgrundsatz (Fn. 507), § 68 Rn. 71 ff.; *Maurer,* Staatsrecht (Fn. 507), § 8 Rn. 57; *Epping,* Grundrechte (Fn. 507), Rn. 57 ff.; *Hufen,* Staatsrecht (Fn. 507), § 9 Rn. 23 ff.; *Kingreen/Poscher,* Grundrechte (Fn. 488), Rn. 307 ff.
[542] BVerfGE 90, 145 (185 ff.).

Bei geringen Mengen Cannabis zum Eigenkonsum, ohne Fremdgefährdung, stellte das Bundesverfassungsgericht heraus, dass hier den Einstellungsmöglichkeiten nach §§ 153 und 153a StPO und §§ 29 Abs. 5 und 31a BtMG eine tragende Rolle bei der Beurteilung der Verfassungsmäßigkeit des Betäubungsmittelgesetzes insgesamt zukommt[543]. Nur dadurch, dass diese Paragraphen ein Absehen von Strafe ermöglichen, konnte die Entscheidung für die Verfassungsgemäßheit des Betäubungsmittelgesetzes zustande kommen. Im Zuge dessen verpflichtete das Bundesverfassungsgericht die Länder, eine einheitliche Einstellungspraxis herzustellen. Dem sind die Länder mittlerweile durch Erlass entsprechender Richtlinien nachgekommen (dazu C.II.2. Möglichkeiten des Strafentfalls/C.II.3. Kritische Würdigung der Möglichkeiten des Strafentfalls). Wie in diesen Abschnitten gesehen, entspricht die heutige Situation den Anforderungen, welche das Bundesverfassungsgericht an die Einstellungspraxis in den Ländern gestellt hat. Bis sechs Gramm Cannabis herrscht eine sehr einheitliche Einstellungspraxis in den Ländern vor. Lediglich bei Jugendlichen und bei Wiederholungstätern ergeben sich Unterschiede, wobei zu berücksichtigen ist, dass gerade bei Jugendlichen das Jugendgerichtsgesetz individuelle Maßnahmen fordert.

Der aktuelle Umgang mit Cannabis ist weitergehender Kritik ausgesetzt. Zwar sind die Anforderungen des Bundesverfassungsgerichts heute erfüllt, jedoch ist fraglich, ob dies tatsächlich zur Wahrung der Verfassungsmäßigkeit des Betäubungsmittelgesetzes genügt. Wie gesehen, handelt es sich bei den Einstellungsmöglichkeiten um eine Lösung auf prozessualer Basis, mit allen entsprechenden Nachteilen (dazu unter C.II.3. Kritische Würdigung der Möglichkeiten des Strafentfalls). Zwar verdichten sich die Einstellungsmöglichkeiten in Verbindung mit dem Urteil des Bundesverfassungsgerichts zu einer Einstellungspflicht, aber ein Rechtsweg bei einem Verstoß ist dennoch nicht gegeben. Darüber hinaus bilden die Belastungen, welche ein Ermittlungsverfahren mit sich bringt, erhebliche grundrechtsrelevante Eingriffe. Es erscheint sehr zweifelhaft, ob eine solche prozessuale Einstellungspflicht dem geringen Schuldpotential der konsumorientierten Delikte gerecht werden kann[544].

Der Rechtsgüterkanon, der herangezogen wird, um eine legitime Zwecksetzung für das Betäubungsmittelgesetz herzustellen, zeugt davon, dass es erheblichen Aufwandes bedarf, die heutige Regelung aufrecht zu erhalten. Gerade Prinzipien von hohem Rang, wie das Prinzip der Straflosigkeit der Selbstschädigung und das der eigenverantwortlichen Selbstgefährdung, lassen die meisten gesetzgeberischen Zwecke als nicht vereinbar mit der Verfassung erscheinen. Dies gilt in besonderem Maße für die konsumorientierten Delikte[545].

Das Strafrecht darf stets nur *ultima ratio* sein[546]. Das bedeutet, dass im Bereich strafrechtlicher Sanktionen an das Verhältnismäßigkeitsprinzip besonders hohe Anforderungen zu stellen

---

[543] BVerfGE 90, 145 (189).
[544] So auch: *Siebel*, Drogenstrafrecht (Fn. 502), S. 227; *Krumdiek*, Grundlage (Fn. 291), S. 320.
[545] *Büttner*, Bewertung (Fn. 501), S. 137 f., 141.
[546] BVerfGE 39, 1 (46 ff.); 88, 203 (257 f.).

sind[547]. Das Strafrecht darf nur zum Schutz überragend wichtiger Gemeinschaftsgüter herangezogen werden[548]. Der Schutz der Gesundheit von Jugendlichen ist ein solches Gut. Jedoch muss auch die Qualität der Gefahr, die diesem Rechtsgut droht, berücksichtigt werden. Nach wie vor sind die tatsächlichen Gesundheitsgefahren, welche von Cannabis ausgehen, nicht hinreichend geklärt. Große Gefahren werden jedoch einhellig verneint. Die Gefahren, welche für Jugendliche von den konsumbezogenen Handlungsalternativen ausgehen, sollten daher als alltägliche, potentielle Gefahren betrachtet werden, denen Jugendliche auch durch Alkohol, Nikotin, gefährliche Sportarten, falsche Ernährung und den Straßenverkehr ausgesetzt sind[549]. Hinzu kommt, dass von den konsumorientierten Delikten nur eine geringe und höchst abstrakte Gefahr für Jugendliche ausgeht. Dass im Zuge konsumorientierter Umgangsformen mit Cannabis Teile des Rauschgifts an Jugendliche abgegeben werden und so deren Gesundheit gefährdet wird, ist nicht sehr wahrscheinlich. Dieser Vorgang findet nur in wenigen Ausnahmefällen statt. Diese Ausnahmefälle werden indes auch bei Alkohol und Nikotin in Kauf genommen. Das Risiko ist von einer freiheitlichen Gesellschaft schlicht zu tragen, sodass eine Strafbarstellung der Delikte mit dem Schutz anderer nicht zu rechtfertigen ist. Es ist zwar nicht auszuschließen, dass Jugendlichen durch diese Handlungsalternativen Gefahr droht, doch muss unter Berücksichtigung der erheblichen Beeinträchtigungen der allgemeinen Handlungsfreiheit durch die Prohibition und dem geringen Grad an Gefahr hier Art. 2 Abs. 1 GG der Vorrang eingeräumt werden.

Ein weiteres Argument gegen eine Kriminalisierung von Handlungsalternativen den Konsum betreffend sind die Kosten, die dieses Vorgehen für den Justizapparat verursacht. Das Legalitätsprinzip gebietet es, jedem Anfangsverdacht nachzugehen, was eine Schwemme an Anzeigen gegen Konsumenten mit geringen Mengen Cannabis zur Folge hat. Diese Arbeit ist buchstäblich „für den Papierkorb", da die Staatsanwaltschaft diese Fälle anschließend einstellt. Den hierdurch entstehenden Kosten steht kein zu erwartender Vorteil gegenüber[550].

Widersprochen werden muss dem Ansatz, dass die Prohibition die organisierte Kriminalität bekämpft, ist es doch gerade die Kriminalisierung, die einen Schwarzmarkt begünstigt und hier überhaupt das Entstehen von organisierter Kriminalität ermöglicht[551]. Mit einem staatlichen Monopol auf die Abgabe von Cannabis würden ein Schwarzmarkt und damit die organisierte Kriminalität im Bereich des Cannabishandels eher bekämpft als gestärkt (dazu näher unter E.III. Alternative Strategien im Umgang mit Cannabis)[552]. Eine Stärkung des Schwarzmarktes wäre

[547] *Krumdiek*, Grundlage (Fn. 291), S. 340.
[548] *H. Jäger*, Möglichkeiten einer weiteren Reform des Sexualstrafrechts, in: M. Dannecker/V. Sigusch (Hrsg.), Sexualtheorie und Sexualpolitik, 1984, S. 67 (68 f.).
[549] AG Bernau (Fn. 358), S. 28.
[550] *Krumdiek*, Grundlage (Fn. 291), S. 384 f.
[551] *Kniesel*, Entscheidung (Fn. 539), S. 355; *Büttner*, Bewertung (Fn. 501), S. 90; *Krumdiek*, Grundlage (Fn. 291), S. 347; anders für den Handel: BVerfGE 90, 145 (186).
[552] *MacCoun/Reuter*, Drug (Fn. 93), S. 98.

jedenfalls durch eine Entkriminalisierung bzw. Legalisierung der konsumorientierten Handlungsalternativen nicht zu befürchten. Bei einer Liberalisierung des Betäubungsmittelstrafrechts könnte der Fokus verstärkt auf die Kontrolle des Handels gelegt werden.

Im Endeffekt ist dem Amtsgericht Bernau zuzustimmen, wenn dieses konstatiert, dass weder generalpräventive noch spezialpräventive Gesichtspunkte es vermögen, ein Verbot von Cannabis zu rechtfertigen[553]. Die zu erwartenden Vorteile einer Prohibition sind so gering, dass bereits bei der Geeignetheit Zweifel aufkamen. Diese Zweifel erstrecken sich auch in die Verhältnismäßigkeitsprüfung i.e.s. und verdichten sich hier zu Bedenken, die einer Verhältnismäßigkeit des aktuellen Verbotes entgegenstehen. Der Mangel an zu erwartenden Vorteilen steht hier einem starken Eingriff in die persönliche Freiheit der Konsumenten gegenüber. Diese werden kriminalisiert und wenigstens mit den Maßnahmen im Rahmen eines Ermittlungsverfahrens belastet, welche, wie gezeigt, ebenfalls substantiell grundrechtsrelevant sind. Am Ende muss daher festgehalten werden, dass die Aufnahme von konsumbezogenen Handlungsalternativen in das Betäubungsmittelgesetz nicht verfassungsgemäß ist[554].

Nicht so eindeutig ist das Bild bei den Handlungsalternativen, welche eine direkte Fremdgefährdung mit sich bringen. Auch hier stehen relativ geringe gesundheitliche Gefahren durch Cannabis einem Verbot entgegen. Gleiches gilt für das Postulat der eigenverantwortlichen Selbstgefährdung. Allerdings ist zu berücksichtigen, dass durch den Handel und die Abgabe der Gesundheitsschutz von Jugendlichen stärker betroffen ist als bei der abstrakten Gefahr einer Abgabe im Rahmen der konsumbezogenen Handlungen. Auch wenn die Gefahren für die Gesundheit relativ gering sind, so ist der Schutz der Jugend vor gesundheitlichen Beeinträchtigungen doch ein sehr hohes Gut, welches durch Handel oder Abgabe von Cannabis direkt gefährdet wird. Eine Gewichtung zugunsten der Prohibition kann hier eher vertreten werden, wenngleich diese nicht zwingend ist.

2.   Recht auf körperliche Unversehrtheit (Art. 2 Abs. 2 S. 1 GG)

Das Landgericht Lübeck sah in seinem Vorlagebeschluss auch das Recht auf körperliche Unversehrtheit durch das Betäubungsmittelgesetz verletzt[555]. Die Kammer ging davon aus, dass der Bürger, der sich im Rahmen seines „Rechts auf Rausch" berauschen will, durch die Cannabisprohibition gezwungen würde, statt Cannabis Alkohol zu konsumieren. Dies wiederum sei für den menschlichen Organismus wesentlich schädlicher. Das Recht auf körperliche Unversehrtheit schützt die körperliche Gesundheit des Einzelnen auch vor der Zuführung gesundheitsschädlicher Stoffe[556]. Alkohol fällt aufgrund seiner toxischen Wirkung unter diese Stoffe,

---

[553]   AG Bernau (Fn. 358), S. 28, 35; für einen positiv generalpräventiven Effekt des Betäubungsmittelgesetzes: *Aulinger,* Rechtsgleichheit (Fn. 306), S. 17.

[554]   Im Ergebnis anders: *Büttner,* Bewertung (Fn. 501), S. 48.

[555]   LG Lübeck (Fn. 357), S. 180.

[556]   *H. Schulze-Fielitz,* in: Dreier, Grundgesetz (Fn. 488), Art. 2 II Rn. 34, 47; *Murswiek,* in: Grundgesetz (Fn. 242), Art. 2 Rn. 154.

sodass eine Beeinträchtigung des Grundrechts aus Art. 2 Abs. 2 S. 1 GG durch den mittelbaren Zwang zum Alkoholkonsum in Betracht kommt.

Dem Landgericht zufolge kommt der Staat zudem seiner Schutzpflicht, die ebenfalls aus Art. 2 Abs. 2 S. 1 GG resultiert, nicht nach, wenn er Cannabis verbietet. Unter einer Schutzpflicht ist die Verpflichtung des Staates zu verstehen, den Einzelnen vor Grundrechtsverletzungen durch Dritte zu schützen[557]. Im Rahmen von Art. 2 Abs. 2 S. 1 GG hat der Gesetzgeber gerade das Recht der körperlichen Unversehrtheit zu schützen und zu fördern[558]. Die Reichweite der Schutzpflicht orientiert sich an der Qualität des Rechtsgutes, welches geschützt werden soll. In diesem Rahmen kommt der körperlichen Unversehrtheit eine besonders hohe Bedeutung zu[559]. Zu berücksichtigen ist jedoch, dass dem Staat bei der Erfüllung seiner Schutzpflicht ein weites Ermessen zukommt[560]. Soweit dieses nicht auf Null reduziert ist, kann der Staat nicht zu einer konkreten Tätigkeit verpflichtet werden.

Die Schutzpflicht umfasst derweil nicht den Schutz vor sich selbst[561]. Diese Erkenntnis stimmt mit den Ergebnissen zum Paternalismus und zur eigenverantwortlichen Selbstgefährdung überein. Die Schutzpflicht kann daher nur auf Fremdgefährdungen ausgelegt sein, die hier in dem vom Landgericht unterstellten staatlichen Zwang zu sehen ist. Damit stellt sich der Staat selbst als derjenige dar, von dem die Grundrechtsgefährdung ausgeht.

Im Ergebnis ist dem Bundesverfassungsgericht zuzustimmen und eine Verletzung des Grundrechts der körperlichen Unversehrtheit zu verneinen[562]. Zunächst liegt kein Eingriff in den Schutzbereich von Art. 2 Abs. 2 S. 1 GG durch das Betäubungsmittelgesetz vor. Das Gesetz zwingt niemanden, Alkohol zu konsumieren. Hier tritt jeweils die eigenverantwortliche Entscheidung des Konsumenten hinzu[563]. *Böllinger* weist an dieser Stelle zurecht auf den Widerspruch hin, in den sich das Bundesverfassungsgericht an dieser Stelle setzt. Bei der Wahl, Alkohol zu konsumieren, verweist der Senat auf die eigenverantwortliche Entscheidung des Bürgers, gleichzeitig wird im Rahmen der Diskussion um eine Fremdschädigung eine solche eigenverantwortliche Entscheidung jedoch abgelehnt[564].

[557]   *C. Calliess,* Schutzpflichten, in: D. Merten/H.-J. Papier (Hrsg.), Handbuch der Grundrechte in Deutschland und Europa, Bd. 2, 2006, § 44 Rn. 25; *Murswiek,* in: Grundgesetz (Fn. 242), Art. 2 Rn. 188; *Jarass,* in: Grundgesetz (Fn. 242), Art. 2 Rn. 99; *Kingreen/Poscher,* Grundrechte (Fn. 488), Rn. 454 ff.

[558]   BVerfGE 39, 1 (36 ff., 42); 45, 187 (254 f.); 46, 160 (164 f.); 49, 89 (132, 141 f.); 53, 30 (57 f.); 56, 54 (73); 77, 170 (214); 77, 381 (402 f.); 79, 174 (201 f.); 85, 191 (212); 88, 203 (251); 90, 145 (195); 115, 118 (152); 115, 320 (346 f.).

[559]   *Calliess,* Schutzpflichten (Fn. 557), § 44 Rn. 25; *Schulze-Fielitz,* in: Grundgesetz (Fn. 556), Art. 2 II Rn. 76; *Murswiek,* in: Grundgesetz (Fn. 242), Art. 2 Rn. 188 f.

[560]   *Calliess,* Schutzpflichten (Fn. 557), § 44 Rn. 26; *Schulze-Fielitz,* in: Grundgesetz (Fn. 556), Art. 2 II Rn. 86 ff.

[561]   BVerfGE 130, 131 (145); BVerwGE 82, 45 (49); *Murswiek,* in: Grundgesetz (Fn. 242), Art. 2 Rn. 209; *Jarass,* in: Grundgesetz (Fn. 242), Art. 2 Rn. 91, 100.

[562]   BVerfGE 90, 145 (195).

[563]   BVerfGE 90, 145 (195).

[564]   *Böllinger,* Symbolisches Strafrecht (Fn. 502), S. 417.

Der Annahme einer Verletzung der Schutzpflicht stehen mehrere Gesichtspunkte entgegen. Zunächst würde die Schutzwirkung des Art. 2 Abs. 2 S. 1 GG ins Gegenteil verkehrt, würde aus der Schutzpflicht eine Freigabe von Cannabis resultieren[565]. Das Ziel des Gesundheitsschutzes kann nicht dadurch erreicht werden, dass Cannabis legalisiert wird. Der Gesetzgeber ist nicht gezwungen, einzelne gefährliche Stoffe freizugeben, nur weil andere, noch gefährlicherer Stoffe bereits freigegeben sind[566]. Gerade unter Berücksichtigung des hohen Gutes der körperlichen Unversehrtheit scheint eine Pflicht zur Freigabe von Cannabis nicht angezeigt, damit der Staat seiner Schutzpflicht nachkommt. Auch wenn die Gesundheitsgefahren durch Cannabiskonsum gering sind, so können sie nicht ausgeschlossen werden. Daher kann der vom Landgericht vorgeschlagene Weg nicht das Mittel der Wahl sein, um den Einzelnen vor Alkohol zu schützen. Darüber hinaus ist der Ermessensspielraum des Gesetzgebers zu berücksichtigen. Eine Freigabe von Cannabis ist bei weitem nicht der einzige Weg, wie der Einzelne vor den Gefahren durch Alkohol geschützt werden kann. Es ist z.b. an ein generelles Verbot von Alkohol zu denken. Eine Ermessensreduzierung auf Null, hin zu einer verpflichtenden Freigabe von Cannabis, kann nicht angenommen werden. Ein Eingriff in Art. 2 Abs. 2 S. 1 GG ist daher abzulehnen.

3. Freiheit der Person (Art. 2 Abs. 2 S. 2 GG, Art. 104 GG)

Das Amtsgericht Bernau bejahte in seinem Vorlagebeschluss eine Beeinträchtigung der Freiheit der Person durch die Strafdrohung der §§ 29 ff. BtMG. In den Schutzbereich von Art. 2 Abs. 2 S. 2 GG fällt nur die körperliche Bewegungsfreiheit[567]. Geschützt ist dem Bundesverfassungsgericht zufolge das Recht, „einen Ort oder Raum aufzusuchen oder sich dort aufzuhalten, der […] an sich (tatsächlich oder rechtlich) zugänglich ist"[568]. Eine generelle Mobilitätsgarantie ergibt sich aus dem Grundrecht jedoch nicht. Nicht geschützt ist danach die Freiheit sich unbegrenzt überall aufhalten zu dürfen und überall hinzubewegen. Gleiches gilt für den Zwang, sich an bestimmten Orten oder in bestimmten Räumen nicht aufhalten zu dürfen. Art. 104 GG weist denselben Schutzgehalt auf wie Art. 2 Abs. 2 S. 2 GG[569]. Allerdings ist Art. 104 GG vor allem auf Freiheitsbeschränkungen und -entziehungen durch das Justizsystem ausgelegt[570]. Der eigenständige Gehalt von Art. 104 GG liegt in dem Erfordernis eines förmlichen Gesetzes für

---

[565] BVerfGE 90, 145 (195); *Büttner*, Bewertung (Fn. 501), S. 162.

[566] J. *Patzak*, in: H.H. Körner/ders./M. Volkmer (Hrsg.), Betäubungsmittelgesetz, 7. Aufl. 2012, Stoffe, Rn. 84.

[567] BVerfGE 94, 166 (198); 105, 239 (247); *Schulze-Fielitz*, in: Grundgesetz (Fn. 556), Art. 2 II Rn. 98; *Jarass*, in: Grundgesetz (Fn. 242), Art. 2 Rn. 91, 112; *Di Fabio*, in: Grundgesetz (Fn. 488), Art. 2 Abs. 2 Rn. 22.

[568] BVerfGE 94, 166 (198); 96, 10 (21); 105, 239 (248); *Schulze-Fielitz*, in: Grundgesetz (Fn. 556), Art. 2 II Rn. 99; *Murswiek*, in: Grundgesetz (Fn. 242), Art. 2 Rn. 235a; kritisch: *F. Wittreck*, Freiheit der Person, in: J. Isensee/P. Kirchhof (Hrsg.), Handbuch des Staatsrechts der Bundesrepublik Deutschland, Bd. VII, 3. Aufl. 2009, § 151 Rn. 3, 8; *Jarass*, in: Grundgesetz (Fn. 242), Art. 2 Rn. 112.

[569] H. *Schulze-Fielitz*, in: H. Dreier (Hrsg.), Grundgesetz Kommentar, Bd. 3, 2. Aufl. 2008, Art. 104 Rn. 23; *Jarass*, in: Grundgesetz (Fn. 242), Art. 104 Rn. 2.

[570] *Hufen*, Staatsrecht (Fn. 507), § 21 Rn. 7.

Freiheitsbeschränkungen, sodass dieser Art. 2 Abs. 2 S. 3 GG als *lex specialis* verdrängt[571]. Das Amtsgericht sah bereits in der Eröffnung des Hauptverfahrens eine Beeinträchtigung von Art. 2 Abs. 2 S. 2 GG, da dies mit einer Vorführung oder einem Haftbefehl nach § 230 StPO einhergehen kann, sollte der Angeklagte nicht vor Gericht erscheinen. Eine Freiheitsentziehung ist nach der Rechtsprechung ein so hohes Gut, dass in dieses nur bei Vorliegen besonders gewichtiger Gründe eingegriffen werden darf[572]. Solche Gründe können z.b. die Volksgesundheit oder der Schutz der Allgemeinheit oder Dritter darstellen[573]. Hier gelten dieselben Erkenntnisse, die bereits im Rahmen der verfassungsrechtlichen Prüfung von Art. 2 Abs. 1 GG herangezogen wurden (dazu unter C.IV.1.c)bb) Verhältnismäßigkeit). Danach ist der einzig legitime Schutzzweck der Schutz der Jugend. Im Hinblick auf die Tatmodalitäten des Erwerbs, des Sichverschaffens und des Besitzes geringer Mengen zum Eigenverbrauch ohne Fremdgefährdung, wurde bereits dort die Verhältnismäßigkeit abgelehnt. Nichts anderes kann hier gelten. Dem Einzelnen ist es nicht zuzumuten, Beeinträchtigungen der Freiheit hinzunehmen, welche sich aufgrund von Handlungsalternativen ergeben, die nur ein sehr geringes Potential haben, andere zu gefährden. Die Freiheit ist mithin ein hohes Gut. So gewährleistet die Bewegungsfreiheit die Wahrnehmung anderer Freiheitsrechte, ist ihnen also zwingend vorgelagert. Freiheitsentziehende Maßnahmen sind äußerst einschneidend und nur bei großen Gefahren für andere oder die Allgemeinheit vertretbar. Auch hier können die Einstellungsmöglichkeiten und das Absehen von Strafe kein hinreichendes Korrektiv bilden, da bereits im Zuge des Ermittlungsverfahrens bzw. des Hauptverfahrens Maßnahmen der Freiheitsentziehung angeordnet werden können (§§ 134, 230 StPO).

Ein weiterer Verstoß gegen Art. 104 Abs. 1 S. 1 GG kann darin gesehen werden, dass § 1 Abs. 1 bis 3 BtMG die Bundesregierung und das Bundesministerium für Gesundheit dazu ermächtigen, durch Rechtsverordnung die Anlagen I bis III zum BtMG zu ändern[574]. Hierin soll eine unzulässige Übertragung der Normsetzungskompetenz auf die Exekutive liegen, indem diese nun bestimmen kann, was strafbar ist und was nicht[575]. Allerdings ist zu berücksichtigen, dass Art. 104 Abs. 1 S. 1 GG nicht grundsätzlich den Erlass von Rechtsverordnungen ausschließt[576]. Wichtig ist hier vor allem, dass in dem Gesetz selbst das Grundlegende geregelt ist und nur Spezifizierungen an die Exekutive delegiert werden. Diese Voraussetzungen sind im Falle des Betäubungsmittelgesetzes gegeben. Dieses bestimmt selbst, dass eine Freiheitsentziehung als mögliche Folge eines Gesetzesverstoßes in Frage kommt, bestimmt die Voraussetzungen derselbigen und enthält mit § 1 Abs. 2 BtMG eine entsprechende Ermächtigung zum Erlass der Rechtsverordnung. Zusätzliche Orientierung bieten auch die bereits durch den Gesetzgeber in

---

[571] *Kingreen/Poscher,* Grundrechte (Fn. 488), Rn. 461.
[572] BVerfGE 70, 297 (307); 90, 145 (172).
[573] BVerfGE 58, 208 (224); 59, 275 (278); *Schulze-Fielitz,* in: Grundgesetz (Fn. 556), Art. 2 II Rn. 106, m.w.N.; *Di Fabio,* in: Grundgesetz (Fn. 488), Art. 2 Abs. 2 Rn. 46.
[574] *Büttner,* Bewertung (Fn. 501), S. 163.
[575] H. Kaschkat, Verfassungsrechtliche Grenzen strafrechtswirksamer Legislativtechnik, in: E. Schlüchter/K. Laubenthal (Hrsg.), Recht und Kriminalität, 1990, S. 123 (123, 128).
[576] BVerfGE 14, 174 (187); 51, 60 (70 f.); 75, 329 (342 f.); 78, 374 (383); *Jarass,* in: Grundgesetz (Fn. 242), Art. 104 Rn. 3.

die Anlagen aufgenommenen Stoffe. Hieran kann sich die Exekutive orientieren[577]. Damit hat der Gesetzgeber alles Wesentliche selbst bestimmt und die Ermächtigung der Exekutive zur Änderung der Anlagen I bis III ist rechtmäßig. Diese Problematik betrifft die Droge Cannabis indes nicht, da der Stoff bereits durch den Gesetzgeber in die Anlage aufgenommen wurde.

4. Meinungsäußerungsfreiheit (Art. 5 Abs. 1 S. 1 GG)

Als Präzedenzfall für eine Kollision zwischen dem Betäubungsmittelgesetz und der Meinungsfreiheit gilt bislang die folgende Konstellation. Der spätere Kläger im Rahmen der Verfassungsbeschwerde, der sich unter anderem als Vorstand eines Kreisverbandes der Partei Bündnis 90/Die Grünen für die Legalisierung von Cannabis einsetzte, verschaffte sich aus unbekannter Quelle 3,29 Gramm Marihuana, deponierte dieses in seinem Küchenschrank und zeigte sich anschließend selbst an[578]. Darüber informierte er auch die Medien. Grund der Aktion war, dass der Politiker auf die seiner Meinung nach unsinnige Rechtslage aufmerksam machen wollte. Aus diesem Grund stellte das Amtsgericht das Verfahren auch nicht nach § 29 Abs. 5 BtMG ein, da der Angeklagte sich das Marihuana nicht zum Eigenverbrauch verschaffte, sondern um seine Meinung hinsichtlich der aktuellen Rechtslage darzutun. Dagegen erhob der Angeklagte nach Zurückweisung der Revision Verfassungsbeschwerde. Das Bundesverfassungsgericht stellte in seiner Entscheidung klar, dass der Schutzbereich der Meinungsfreiheit in diesem Fall nicht eröffnet war[579]. Die Vorschriften des Betäubungsmittelgesetzes richteten sich nicht gegen die Meinungsfreiheit als solche. Der Senat gestand zwar zu, dass im Einzelfall die Verletzung einer Strafvorschrift als Protest und damit als Meinung zu werten ist. Jedoch sei eine gezielte Rechtsverletzung kein probates Mittel des politischen Meinungskampfes. Art. 5 Abs. 1 S. 1 GG erfasst in seinem sachlichen Schutzbereich vor allem das Äußern und Verbreiten einer Meinung[580]. Dabei unterfällt nicht nur der Inhalt der Äußerung der Meinungsfreiheit, sondern auch die Form bzw. die Art und Weise der Äußerung[581]. Die Modalität der Meinungsäußerung kann vielfältig sein und ist offen für Entwicklungen. Grundsätzlich kann also auch der illegale Erwerb von Cannabis eine Meinungsäußerung darstellen und vom Schutzbereich des Art. 5 Abs. 1 S. 1 GG umfasst sein. Es ist zu berücksichtigen, dass der Meinungsfreiheit in Deutschland ein hohes Gewicht zukommt, da diese für eine funktionierende Demokratie und Meinungsbildung schlechthin konstituierend ist. Im Ergebnis ist dennoch der Auffassung des Bundesverfassungsgerichts zu folgen. Eine Strafvorschrift, auch wenn sie aus anderen Gründen verfassungswidrig ist, darf nicht im Zuge der Meinungsfreiheit gezielt überschritten werden[582]. Meinungskampf gegen missliebige Strafvorschriften muss sich anderer Mittel bedienen, als diese

577	*Büttner*, Bewertung (Fn. 501), S. 165.
578	BVerfG (K), in: NStZ 1997, S. 498.
579	BVerfG (K), in: NStZ 1997, S. 498.
580	*H. Schulze-Fielitz*, in: Dreier, Grundgesetz (Fn. 488), Art. 5 I, II Rn. 67; *H. Bethge*, in: Sachs, Grundgesetz (Fn. 242), Art. 5 Rn. 25 ff.; *Jarass*, in: Grundgesetz (Fn. 242), Art. 5 Rn. 9.
581	BVerfGE 54, 129 (138 f.); 60, 234 (241); 76, 171 (192); *Bethge*, in: Grundgesetz (Fn. 580), Art. 5 Rn. 44; *C. Grabenwarter*, in: Maunz/Dürig, Grundgesetz (Fn. 488), Art. 5 Abs. 1, 2 (2013), Rn. 82.
582	So auch: *Patzak*, in: Betäubungsmittelgesetz (2012) (Fn. 566), Stoffe, Rn. 82.

Strafvorschriften zu verletzen. Die Wahrung der Rechtsordnung ist von übergeordneter Bedeutung. Auf diese kann in einem Rechtsstaat nicht verzichtet werden, auch nicht zur Förderung der Meinungsfreiheit. Dabei erscheint die im Einzelfall vorliegende Verletzung einer Strafvorschrift weniger gewichtig, wenn sie als Nebeneffekt oder Begleiterscheinung auftritt. Dies macht der Senat auch entsprechend deutlich. Die gezielte Rechtsverletzung bedroht jedoch die Rechtsordnung in besonderer Weise, sodass hier eine Grenze zu ziehen ist. Eine solche Überschreitung kann nicht mehr in den Schutzbereich der Meinungsäußerungsfreiheit fallen. Alles andere würde den Staat und die ihn tragenden Prinzipien in unzulässiger Weise gefährden.

5.   Glaubensfreiheit (Art. 4 Abs. 1 und 2 GG)

Eine Kollision zwischen den Vorschriften des Betäubungsmittelgesetzes und der Glaubensfreiheit kommt bisher nur bei der Religion der Rastafaris in Betracht. Diese, in den dreißiger Jahren des 20. Jahrhunderts in Jamaika entstandene, sozial-religiöse Bewegung betrachtet unter anderem die Cannabispflanze als heilig, und der Genuss von Cannabis ist Teil zeremonieller Zusammenkünfte und bei Gottesdiensten[583]. Geklagt hatte ein Musiker, dem das Bundesgesundheitsamt die Erlaubnis zum Anbau von einigen Cannabispflanzen (fünf bis zehn Pflanzen) nach § 3 BtMG verwehrte[584]. Das Verwaltungsgericht Berlin hatte in erster Instanz entschieden, dass die Nichterteilung einer Erlaubnis rechtmäßig war. Nach Auffassung des Gerichts bestanden keine wissenschaftlichen oder öffentlichen Interessen an der Erteilung, wie dies in § 3 Abs. 2 BtMG gefordert ist. Ausweislich der Einlassung des Klägers sollten hier nur wenige Pflanzen und diese nur zum Eigenkonsum angebaut werden[585]. Der Grund für die Erlaubnis sollte nur der private Genuss sein. Nach Auffassung des Gerichts könne dies kein öffentliches oder wissenschaftliches Interesse begründen. Der Kläger machte hingegen geltend, dass die Versagung der Erlaubnis nach §§ 3, 5 Abs. 1 Nr. 5 und 6 BtMG ihn in seinem Grundrecht auf freie Religionsausübung verletze. Das Bundesverwaltungsgericht führte als weitere Gründe für die Versagung an, dass die Erteilung einer Erlaubnis des Anbaus zu religiösen Zwecken eine fatale Signalwirkung habe[586]. Der Öffentlichkeit könnte so ein Weg gewiesen werden, wie man leicht und legal Cannabis konsumieren könne. Gerade für Jugendliche könnte die Erlaubnis in Zusammenhang mit religiöser Zwecksetzung dazu führen, dass Cannabis als weniger gefährlich angesehen wird und der Konsum dadurch steigt[587]. Abzuwägen ist also auch hier wieder zwischen dem Gesundheitsschutz der Jugend und der Glaubensfreiheit des Klägers.

---

[583]   T. Witvliet, Art. Rastafari, in: W. Kasper u.a. (Hrsg.), Lexikon für Theologie und Kirche, Bd. 8, 3. Aufl. 1999, Sp. 1, S. 835; B. Chevannes u.a., Report of the National Commission on Ganja to Rt. Hon. P.J. Patterson, Q.C., M.P. Prime Minister of Jamaica, 2000 (abzurufen auf: http://www.cannabis-med.org/science/Jamaica.htm); E. Kamphausen, Art. Rastafari, in: H.D. Betz u.a. (Hrsg.), Religion in Geschichte und Gegenwart, Bd. 7, 4. Aufl. 2004, Sp. 1, S. 43.

[584]   BVerwG, in: NJW 2001, S. 1365 (1365).

[585]   BVerwG (Fn. 584), S. 1365.

[586]   BVerwG (Fn. 584), S. 1365; so auch: Weber, Betäubungsmittelgesetz (Fn. 294), § 3 Rn. 125.

[587]   BVerwG (Fn. 584), S. 1367.

Das Grundrecht der Glaubensfreiheit umfasst den religiösen Glauben im positiven und negativen (Atheismus) Sinne sowie die auf Weltanschauungen bezogene Sinnstiftung. Dabei sind Religion und Weltanschauung in gleicher Weise geschützt, sodass es einer weitergehenden Abgrenzung nicht bedarf[588]. Der Glaube dient als Zielbestimmung des Menschen und weist einen engen Bezug zu seiner Persönlichkeit auf. Der Glaube konkretisiert darüber hinaus den Sinn der Welt und des menschlichen Lebens[589]. Glaube zeichnet sich durch seine Transzendenz aus und mit dem Sinn, Dinge jenseits wissenschaftlicher Bezüge zu erklären[590]. Für das Bestehen eines Glaubens spricht auch die Gemeinschaft von Gleichgesinnten, ohne dass dieses Merkmal konstituierenden Charakter hätte. Die Glaubensfreiheit ist ein tragendes Merkmal unserer Verfassung, dem ein hoher Stellenwert einzuräumen ist. Dem kann auch nicht entgegenstehen, dass der Glaubensrichtung der Rastafaris in Deutschland nur wenige Personen angehören[591]. Die freie Religionsausübung wird durch die Verfassung gewährleistet, um gerade auch Minderheiten Schutz zu gewähren. Hier den Schutz zu versagen, da es keine weite Verbreitung dieser Glaubensrichtung in Deutschland gibt, ist mit der Verfassung nicht vereinbar.

In den sachlichen Schutzbereich der Glaubensfreiheit fallen sowohl die innere Freiheit (*forum internum*), einen Glauben zu haben, als auch die äußere Freiheit (*forum externum*), diesen zu bekennen und zu verbreiten[592]. Art. 4 Abs. 2 GG weist ausdrücklich darauf hin, dass auch die Ausübung des Glaubens geschützt ist. Um eine solche Ausübung handelt es sich bei dem Konsum von Cannabis durch die Rastafaris. Der Schutzbereich des *forum externum* bestimmt sich zunächst ohne Berücksichtigung der Auswirkungen des religiösen Handelns auf Dritte, wobei naturgemäß auch hier gewisse Grenzen bei fremdschädigendem Handeln zu wahren sind[593]. Der Konsum ist Teil eines Rituals, welches seinen Ursprung im Glauben der Rastafaris hat und daher im Rahmen der Glaubensfreiheit geschützt werden muss[594]. Das Bundesverwaltungsgericht verweist weiterhin darauf, dass keine Parallele zum Wein im Christentum zu ziehen ist, da die Religionsausübung der Rastafaris auch ohne Cannabis hinreichend möglich sei[595]. Worauf das Bundesverwaltungsgericht diese Ansicht stützt, bleibt unklar. Vor allem erscheint widersprüchlich, dass das Bundesverfassungsgericht in seinem Urteil von 1994 Wein als Teil religiöser Tradition gerade herausstellt und ihm so gesteigerte Bedeutung zukommen lässt[596].

[588] BVerfGE 90, 1 (4); *J. Kokott*, in: Sachs, Grundgesetz (Fn. 242), Art. 4 Rn. 16 ff.; *Jarass*, in: Grundgesetz (Fn. 242), Art. 4 Rn. 7; *M. Morlok*, in: Dreier, Grundgesetz (Fn. 488), Art. 4 Rn. 60 ff. geht davon aus, dass es eine objektive Bestimmung des Schutzbereiches nicht geben kann. Vielmehr sei dieser nur mit Blick auf den jeweils Glaubenden bestimmbar.

[589] BVerfGE 105, 279 (293).

[590] *Kokott,* in: Grundgesetz (Fn. 588), Art. 4 Rn. 19.

[591] BVerfGE 32, 98 (106); BVerwG (Fn. 584), S. 1366.

[592] BVerfGE 32, 98 (106 f.); 69, 1 (33 f.); *Morlok*, in: Grundgesetz (Fn. 588), Art. 4 Rn. 60; *Jarass*, in: Grundgesetz (Fn. 242), Art. 4 Rn. 10; *R. Herzog*, in: Maunz/Dürig, Grundgesetz (Fn. 488), Art. 4 (1988), Rn. 66 ff., 99 ff.

[593] *Morlok*, in: Grundgesetz (Fn. 588), Art. 4 Rn. 66; zu den Grenzen bei fremdschädigendem Handeln: *K. Zähle*, Religionsfreiheit und fremdschädigende Praktiken, in: AöR 134 (2009), S. 434 (434 ff.).

[594] Zustimmend: *Morlok*, in: Grundgesetz (Fn. 588), Art. 4 Rn. 67; so wohl auch: *Herzog*, in: Grundgesetz (Fn. 592), Art 4 Rn. 101; im Ergebnis anders: *Kokott*, in: Grundgesetz (Fn. 588), Art. 4 Rn. 58.

[595] BVerwG (Fn. 584), S. 1366.

[596] BVerfGE 90, 145 (197).

Warum dies nicht auch für Cannabis gelten soll, ist nicht nachzuvollziehen. Hinsichtlich des Jugendschutzes sind der Konsum von Wein und Cannabis parallel zu behandeln. Kindern und Jugendlichen kann in beiden Fällen deutlich gemacht werden, dass es sich um zeremonielle Vorgänge handelt, welche erst im Erwachsenenalter zulässig sind. Hierauf kann in der Erziehung oder im Religionsunterricht entsprechend hingewiesen werden.

Das Bundesverwaltungsgericht rechtfertigt seine Entscheidung weiterhin damit, dass der Kläger sich auch dann nicht endgültig strafbar mache, wenn er Cannabis in geringen Mengen zum Eigenverbrauch anbaue, obwohl keine Erlaubnis vorliegt[597]. Hierfür würden die Einstellungsmöglichkeiten und die Möglichkeiten des Absehens von Strafe sorgen. Dieses Argument scheint in höchstem Maße zweifelhaft. Zunächst macht sich der Kläger durch ein solches Verhalten in jedem Fall strafbar, da die §§ 153 ff. StPO und § 31a BtMG nur prozessuale Normen darstellen. In materieller Hinsicht setzt sich der Kläger in Widerspruch zur Rechtsordnung und muss mit Ermittlungsmaßnahmen rechnen, die weitere Grundrechtseingriffe nach sich ziehen (dazu ausführlich C.II.3. Kritische Würdigung der Möglichkeiten des Strafentfalls). Im Rahmen der freien Ausübung seiner Religion muss der Kläger aber sicher davon ausgehen können, strafrechtlich nicht belangt zu werden. Die Glaubensfreiheit darf sich hier nicht in einen Widerspruch zur Rechtsordnung setzen. Insoweit muss sie von einer Strafbarkeit ausgenommen werden.

Eine mögliche Signalwirkung durch eine Erlaubniserteilung kann dieser nicht entgegenstehen, da hier der Religionsausübung gesteigerte Bedeutung zukommt. Die Erteilung einer Erlaubnis im Rahmen religiöser Zwecksetzung ist durchaus auch Jugendlichen zu vermitteln. Hier eine Abgrenzung zwischen Freizeitgenuss und Verwendung im Rahmen der Religionsausübung herzustellen, scheint keine unüberwindbare Hürde. Die Verhinderung einer Verfassungswidrigkeit der §§ 3, 5 Abs. 1 Nr. 5 und 6 BtMG könnte bereits dadurch erreicht werden, dass das Merkmal „öffentliches Interesse" weiter ausgelegt wird und auch die Ausübung religiöser Traditionen darunter fällt[598].

Zusätzlich ist darauf hinzuweisen, dass neben den §§ 3, 5 Abs. 1 Nr. 5 und 6 BtMG auch bereits die §§ 29 ff. BtMG, soweit sie geringe Mengen zum Eigenverbrauch ohne Fremdgefährdung und Handlungen zum Zwecke religiöser Riten betreffen, ebenfalls gegen Art. 4 Abs. 1 und 2 GG verstoßen[599]. Nicht erst die Versagung einer Erlaubnis verletzt die freie Religionsausübung, sondern bereits die Pönalisierung der Handlungsalternativen, die es dem Einzelnen unmöglich machen, mit Cannabis ohne Gesetzesverstoß umzugehen.

---

[597]   BVerwG (Fn. 584), S. 1365; zustimmend: *Weber*, Betäubungsmittelgesetz (Fn. 294), § 3 Rn. 125.
[598]   Anders: BVerwG (Fn. 584), S. 1366.
[599]   BVerwG (Fn. 584), S. 1366; *M. Sachs*, Anmerkungen zum BVerwG, Urteil vom 21.12.2000 – 3 C 20/00, in: JuS 2001, S. 719 (720).

6. Gewissensfreiheit (Art. 4 Abs. 1 GG)

Stellenweise wird vertreten, dass die Entscheidung, Drogen zu konsumieren, eine Gewissensentscheidung und daher durch Art. 4 Abs. 1 GG geschützt ist[600]. Dem ist zu widersprechen. Das Bundesverfassungsgericht hat klargestellt, dass eine Gewissensentscheidung „jede ernste sittliche, d. h. an den Kategorien von ‚Gut' und ‚Böse' orientierte Entscheidung, die der Einzelne in einer bestimmten Lage als für sich bindend und unbedingt verpflichtend innerlich erfährt, so daß er gegen sie nicht ohne ernste Gewissensnot handeln könnte"[601], ist. Die Entscheidung, anders zu handeln, als es das eigene Gewissen erlaubt, muss den Einzelnen in seiner Identität und Integrität bedrohen[602]. Auch die Gewissensfreiheit orientiert sich an der Unterteilung in *forum internum* und *forum externum*[603]. Hierunter fällt die Entscheidung, Drogen zu konsumieren, nicht. Die Entscheidung darüber ist nicht den Kategorien ‚Gut' und ‚Böse' zuzuordnen[604]. Auch ist es nicht vorstellbar, dass der Einzelne den Konsum für sich als derart bindend erachtet, dass eine Gefährdung seiner Identität oder Integrität zu befürchten steht. Zumeist wird es hier an einer entsprechenden Glaubhaftmachung der Zugehörigkeit des Konsums zum Bereich des Gewissens scheitern[605].

7. Kunstfreiheit (Art. 5 Abs. 3 S. 1 GG)

Es ist ebenso denkbar, dass Cannabis im Rahmen eines Kunstprojektes konsumiert wird oder der Konsum selbst als Kunst inszeniert wird. Daher ist zu fragen, inwieweit der Besitz, der Ankauf oder das Sichverschaffen durch die Kunstfreiheit nach Art. 5 Abs. 3 S. 1 GG geschützt sind. Die Definition dessen, was unter Kunst fällt, ist seit langem umstritten, da es der Kunst gerade inhärent ist, dass sie vielfältig ist und sich schwerlich in Grenzen fassen lässt. Heute haben sich drei Kunstbegriffe in der Rechtsprechung und Literatur herausgebildet.

Zunächst kann Kunst durch den materialen Kunstbegriff erfasst werden, welchen das Bundesverfassungsgericht in der Mephisto-Entscheidung aufgriff. Dem Senat zufolge definiere sich Kunst vor allem durch „die freie schöpferische Gestaltung, in der Eindrücke, Erfahrungen, Erlebnisse des Künstlers durch das Medium einer bestimmten Formensprache zu unmittelbarer Anschauung gebracht werden […]; es ist primär nicht Mitteilung, sondern Ausdruck und zwar unmittelbarster Ausdruck der individuellen Persönlichkeit des Künstlers."[606] Der Umgang mit Cannabis ist durchaus unter diesen Kunstbegriff subsumierbar. Da Kunst als Ausdruck der Per-

---

[600]   *Siebel*, Drogenstrafrecht (Fn. 502), S. 228.
[601]   BVerfGE 12, 45 (Leitsatz 2); 48, 127 (173); BVerwGE 127, 302 (325 f.).
[602]   BVerwGE 127, 302 (328); *Kokott*, in: Grundgesetz (Fn. 588), Art. 4 Rn. 90; für eine rein subjektive Betrachtungsweise des Schutzbereiches: *Morlok*, in: Grundgesetz (Fn. 588), Art. 4 Rn. 93.
[603]   BVerfGE 78, 391 (395); BVerfG (K), in: NVwZ-RR 2007, 55; BVerwGE 105, 73 (77); 127, 302 (327); *Kokott*, in: Grundgesetz (Fn. 588), Art. 4 Rn. 91 f.; *Jarass*, in: Grundgesetz (Fn. 242), Art. 4 Rn. 46.
[604]   *Büttner*, Bewertung (Fn. 501), S. 166.
[605]   *Morlok*, in: Grundgesetz (Fn. 588), Art. 4 Rn. 102 f.; *Jarass*, in: Grundgesetz (Fn. 242), Art. 4 Rn. 46.
[606]   BVerfGE 30, 173 (188 f.); weiterhin: BVerfGE 67, 213 (226); 83, 130 (138); 119, 1 (20 f.); BVerwGE 77, 75 (82).

sönlichkeit des Künstlers begriffen wird, kommt es verstärkt auf dessen Identität an. Es ist vorstellbar, dass der Konsum von Cannabis für einen Künstler einen Teil seiner Persönlichkeit und damit seiner freien schöpferischen Gestaltung darstellt.

Der formale Kunstbegriff ist deutlich enger und orientiert sich an Kriterien, die eher fassbar sind. So fällt dem Bundesverfassungsgericht nach ein Geschehen unter den formalen Kunstbegriff, „daß bei formaler, typologischer Betrachtung die Gestattungsanforderungen eines bestimmten Werktyps erfüllt"[607]. So sollen vor allem das Malen, Dichten und Bildhauen als künstlerische Tätigkeiten anerkannt sein, ebenso wie Romane, Plastiken, Theaterstücke, Opernlibretti u.a. als Werktypen[608]. Durch seinen Bezug auf die Vergangenheit kann dieser Kunstbegriff neue Formen der Kunst nicht berücksichtigen und erscheint daher deutlich zu eng. Das Konsumieren von Cannabis bzw. die verbotenen Vorbereitungshandlungen dazu können kaum unter diesen Kunstbegriff fallen, da es sich nicht um eine klassische künstlerische Tätigkeit handelt.

Der dritte Kunstbegriff ist der offene. Danach ist Kernpunkt der Kunst ein Kommunikationsprozess[609]. Konstituierend ist dem Bundesverfassungsgericht nach, „daß es wegen der Mannigfaltigkeit ihres Aussagegehaltes möglich ist, der Darstellung im Wege einer fortgesetzten Interpretation immer weiterreichende Bedeutungen zu entnehmen, so daß sich eine praktisch unerschöpfliche, vielstufige Informationsvermittlung ergibt."[610] Der Vorteil dieses Begriffes liegt vor allem darin, dass er es vermag, alle Formen der Kunst, auch zukünftige, zu umfassen. Allerdings ist die Abgrenzung zur Meinungsfreiheit nicht hinreichend klar[611]. Dieser Kunstbegriff vermag es grundsätzlich, ebenso wie der materiale Kunstbegriff, den Konsum von und Umgang mit Cannabis zu erfassen. In dem Konsum kann durchaus ein Kommunikationsprozess angelegt sein, der einer weitergehenden Interpretation zugänglich ist. Cannabiskonsum könnte damit in ähnlicher Weise geschützt sein, wie ein *happening*. Richtigerweise folgt die jüngere Judikatur dem offenen Kunstbegriff. Nur dieser vermag es, einen umfassenden Schutz der Kunst zu gewährleisten. Etwaige Abgrenzungsprobleme sind zunächst hinzunehmen und im Einzelfall zu klären[612].

Hinsichtlich der Tätigkeiten fallen sowohl der Werk- als auch der Wirkbereich in den Schutzbereich des Grundrechts. Der Werkbereich betrifft vor allem den Schaffensvorgang, während der Wirkbereich den Bereich der Veröffentlichung der Kunst betrifft[613]. Wichtig ist, dass auch

---

[607] BVerfGE 67, 213 (226 f.).
[608] *F. Hufen,* Kunstfreiheit, in: D. Merten/H.-J. Papier (Hrsg.), Handbuch der Grundrechte in Deutschland und Europa, Bd. 4, 2011, § 101 Rn. 44; *F. Wittreck,* in: Dreier, Grundgesetz (Fn. 488), Art. 5 III (K), Rn. 38.
[609] *Wittreck,* in: Grundgesetz (Fn. 608), Art. 5 III (K), Rn. 39.
[610] BVerfGE 67, 213 (227).
[611] *Wittreck,* in: Grundgesetz (Fn. 608), Art. 5 III (K), Rn. 39, m.w.N.
[612] *Jarass,* in: Grundgesetz (Fn. 242), Art. 5 Rn. 118; *R. Scholz,* in: Maunz/Dürig, Grundgesetz (Fn. 488), Art. 5 Abs. III (1982), Rn. 22 ff.
[613] BVerfGE 30, 173 (189); 67, 213 (224); 119, 1 (21 f.); *Wittreck,* in: Grundgesetz (Fn. 608), Art. 5 III (K), Rn. 46 f.; *Bethge,* in: Grundgesetz (Fn. 580), Art. 5 Rn. 188; *Jarass,* in: Grundgesetz (Fn. 242), Art. 5 Rn. 120 f.; *Scholz,* in: Grundgesetz (Fn. 612), Art. 5 Abs. III Rn. 17 ff.

Vorbereitungshandlungen in den Schutzbereich von Art. 5 Abs. 3 S. 1 GG fallen[614]. Besteht die künstlerische Tätigkeit also im Konsumieren von Cannabis, wäre das Sichverschaffen der Droge ebenfalls geschützt.

Gerät die Kunstfreiheit im Bereich des Cannabiskonsums in Konflikt mit dem Jugendschutz, gilt das bei der Glaubensfreiheit Gesagte[615]. Auch hier muss der Schutz der Gesundheit der Jugend hinter der ungestörten Ausübung künstlerischer Tätigkeiten zurücktreten. Dies trifft vor allem auf die Fälle zu, wo es um geringe Mengen Cannabis zum Eigenverbrauch geht und eine Fremdgefährdung ausgeschlossen werden kann. Aber auch bei öffentlicher Darbietung der Kunst müssen Eltern und staatliche Institutionen in der Lage sein, darzulegen, dass es sich um eine Handlung handelt, welche Erwachsenen vorbehalten ist. Andernfalls wäre dem Wirkbereich der Kunstfreiheit nicht ausreichend Rechnung getragen. Eine eventuelle Signal- oder Vorbildwirkung kann hier nicht entgegenstehen. Dies gilt in demselben Umfang für §§ 3, 5 Abs. 1 Nr. 5 und 6 BtMG wie für §§ 29 ff. BtMG und betrifft vornehmlich den Bereich der konsumorientierten Handlungsalternativen.

Für einen gezielten Gesetzesverstoß im Rahmen der Kunstfreit gilt dasselbe wie bei der Meinungsäußerungsfreiheit (dazu näher unter C.IV.4. Meinungsäußerungsfreiheit (Art. 5 Abs. 1 S. 1 GG)). Ein gezielter Gesetzesverstoß kann nicht mehr von dem Schutzbereich der Kunstfreiheit gedeckt sein. Es gilt den Missbrauch des Grundrechts zu verhindern, der durch forcierte Gesetzesverstöße entsteht[616]. Es besteht durchaus die Möglichkeit, dass Cannabiskonsum und der Umgang mit der Droge *anlässlich* einer Kunstaktion in den Schutzbereich fallen. Dies ist eine Frage der Abwägung im Einzelfall.

8. Gleichheitsgrundsatz (Art. 3 Abs. 1 GG)

Dem Bundesverfassungsgericht nach gebietet der Gleichheitsgrundsatz des Art. 3 Abs. 1 GG, Gleiches gleich und Ungleiches ungleich zu behandeln[617]. Wörtlich führt das Gericht dazu aus, dass die Norm verlangt „weder wesentlich Gleiches willkürlich ungleich, noch wesentlich Ungleiches willkürlich gleich zu behandeln"[618]. Hinsichtlich der Feststellung einer Ungleichbehandlung bedarf es zunächst einer Vergleichbarkeit mehrerer Sachverhalte, Personen oder Gruppen[619]. Diese müssen sich unter einen gemeinsamen Oberbegriff subsumieren lassen. Die unter den Oberbegriff subsumierten Sachverhalte, Personen oder Gruppen müssen sich dann in mindestens einem Merkmal unterscheiden. Ein Verstoß gegen den Gleichheitsgrundsatz kommt hier unter drei Blickwinkeln in Betracht. Zum einen könnte eine unterschiedliche Einstellungspraxis in den Bundesländern gegen das Gebot der Gleichbehandlung verstoßen. Zum anderen

---

[614] *Hufen*, Kunstfreiheit (Fn. 608), § 101 Rn. 40; *Wittreck*, in: Grundgesetz (Fn. 608), Art. 5 III (K), Rn. 46.
[615] Für dieselbe Argumentationskette wie bei Art. 4 Abs. 1 und 2, aber mit anderem Ergebnis: *Patzak*, in: Betäubungsmittelgesetz (Fn. 291), § 3, Rn. 53; *Weber*, Betäubungsmittelgesetz (Fn. 294), § 3 Rn. 126.
[616] *Wittreck*, in: Grundgesetz (Fn. 608), Art. 5 III (K), Rn. 42.
[617] BVerfGE 3, 58 (135 f.); 42, 64 (72); 71, 255 (271).
[618] BVerfGE 4, 144 (155).
[619] *Heun*, in: Dreier, Grundgesetz (Fn. 488), Art. 3 Rn. 24; *Jarass*, in: Grundgesetz (Fn. 242), Art. 3 Rn. 7.

könnte eine unterschiedliche Behandlung von Cannabis und Alkohol/Nikotin eine ungerecht-fertigte Ungleichbehandlung darstellen. Des Weiteren kann die mangelnde Differenzierung zwischen weichen und harten Drogen gegen Art. 3 Abs. 1 GG verstoßen.

a) Unterschiedliche Einstellungspraxis der Länder

An diesem Punkt kann im Wesentlichen auf die Ergebnisse des Abschnitts „C.II. Rechtliche Behandlung von Cannabis" verwiesen werden. Vor allem im Unterabschnitt „C.II.3 Kritische Würdigung der Möglichkeiten des Strafentfalls" wurde ausführlich dazu Stellung genommen, dass mit Hilfe der erlassenen Richtlinien heute eine weitgehend einheitliche Einstellungspraxis bei Mengen bis sechs Gramm Cannabis vorliegt, sodass kein Verstoß gegen Verfassungsrecht begründet wird. Unterschiede im Bereich der Wiederholungstäter und bei Jugendlichen fallen nicht derart ins Gewicht, dass diese eine verfassungswidrige Ungleichbehandlung zu rechtfer-tigen vermögen. Unterschiedliche Einstellungsquoten im Bereich des Jugendstrafrechts erklä-ren sich vor allem aus den §§ 45 und 47 JGG, die individualisierte Maßnahmen fordern, sodass hier nicht auf eine einheitliche Praxis hingewirkt werden kann. Ein Verstoß der Einstellungs-praxis der Bundesländer gegen Art. 3 Abs. 1 GG ist heute nicht mehr gegeben.

b) Unterschiedliche Behandlung von Cannabis und Alkohol/Nikotin

Zunächst ist zu konstatieren, dass dem Gesetzgeber auch im Rahmen von Art. 3 Abs. 1 GG ein weiter Gestaltungs- und Ermessensspielraum zukommt[620]. Es bleibt weitestgehend der Legis-lative überlassen, welche Sachverhalte sie als gleich und welche sie als ungleich einstuft[621]. Zur Rechtfertigung einer Gleichbehandlung von Ungleichem bzw. einer Ungleichbehandlung von Gleichem bedarf es nach der „neuen Formel" eines sachlichen Rechtfertigungsgrundes, der am Verhältnismäßigkeitsgrundsatz orientiert sein muss[622]. Dieser Spielraum ist erst dann über-schritten, wenn keine sachlichen Gründe für eine Differenzierung mehr vorliegen[623]. So besagt der Gleichheitsgrundsatz nicht, dass alle potentiell gleich schädlichen Drogen auch gleich be-handelt werden müssen[624]. Vielmehr ist hier eine unterschiedliche Behandlung verschiedener Rauschmittel durch die Einschätzungsprärogative des Gesetzgebers solange gedeckt, wie sich sachliche Gründe für eine unterschiedliche Behandlung finden lassen und diese sich als ver-hältnismäßiges Unterscheidungskriterium darstellen.

---

[620] BVerfGE 40, 121 (139 f.); LG Lübeck (Fn. 357), S. 168; *Böllinger,* Symbolisches Strafrecht (Fn. 502), S. 417; *Patzak,* in: Betäubungsmittelgesetz (2012) (Fn. 566), Stoffe, Rn. 85; mit einigen Beispielen: *Jarass,* in: Grundgesetz (Fn. 242), Art. 3 Rn. 7.

[621] BVerfGE 53, 313 (329).

[622] BVerfGE 55, 72 (88); 60, 123 (133 f.); 81, 208 (224); 82, 126 (146); 124, 199 (219 f.); *Heun,* in: Grund-gesetz (Fn. 619), Art. 3 Rn. 22; *L. Osterloh/A. Nußberger,* in: Sachs, Grundgesetz (Fn. 242), Art. 3 Rn. 14 f.

[623] BVerfGE 17, 122 (130); 71, 39 (53).

[624] BVerfGE 90, 145 (196).

Da das Bundesverfassungsgericht Nikotin nicht als Betäubungsmittel eingestuft hat, wird im Folgenden nur auf den Unterschied zwischen Cannabis und Alkohol eingegangen[625].

Was die gesundheitlichen Folgen angeht, ist heute unzweifelhaft belegt, dass Alkoholmissbrauch zu schweren körperlichen und psychischen Schädigungen führt, während dies für Cannabis größtenteils widerlegt ist[626]. Auch sprechen mindestens 74.000 Todesfälle pro Jahr in Deutschland in direktem Zusammenhang mit Alkoholmissbrauch deutlich für die Gefährlichkeit dieser legalen Droge, wohingegen bis heute nicht ein einziger Todesfall durch den Konsum von Cannabis registriert wurde[627]. Aus gesundheitlicher Sicht scheint eine Ungleichbehandlung also gerechtfertigt, doch müsste danach Alkohol verboten und Cannabis legal sein.

Dies sah auch das Bundesverfassungsgericht in seiner Entscheidung so und erweiterte den Blickwinkel um zahlreiche Kriterien, denen beim Vergleich der beiden Rauschmittel Bedeutung zukommt[628]. So sollten die unterschiedliche Wirkung, verschiedene Verwendungsmöglichkeiten, die Bedeutung der Verwendung für das gesellschaftliche Zusammenleben, die rechtliche und tatsächliche Möglichkeit einer Prohibition und die Erfordernisse der internationalen Zusammenarbeit gegen die organisierte Kriminalität eine Rolle spielen.

Auf die unterschiedliche Wirkung geht der Senat dann aber im Weiteren nicht ein. Hier kann festgehalten werden, dass Alkohol das Potential besitzt, aggressionsfördernd zu wirken[629]. So ist ein deutlicher Zusammenhang zwischen Alkoholkonsum und Gewaltdelikten festzustellen. Im Jahr 2016 wurden knapp ein Drittel aller Gewaltdelikte unter Alkoholeinfluss begangen[630]. Eine ähnliche Statistik fehlt für Cannabis, jedoch kann davon ausgegangen werden, dass der Wert deutlich niedriger ist. Cannabis wirkt vornehmlich sedierend und steht in keinem nachweisbaren Zusammenhang mit Gewaltdelikten[631]. Wird das Argument der unterschiedlichen Wirkung also ins Feld geführt, würde dies erneut dazu führen, dass Cannabis legal gestellt und Alkohol der Prohibition unterstellt werden müsste.

Darüber hinaus sollen die unterschiedlichen Verwendungsmöglichkeiten eine Rolle spielen. Hier nennt der Senat für den Alkohol die Verwendung als Lebens- und Genussmittel und Wein

---

[625] BVerfGE 90, 145 (197); zur Kritik am Begriff des Betäubungsmittels als willkürlich: *Böllinger,* Symbolisches Strafrecht (Fn. 502), S. 417.
[626] LG Lübeck (Fn. 357), S. 169; BVerfGE 90, 145 (197); AG Bernau (Fn. 358), S. 29 f.; *Nedelmann,* Verbot (Fn. 359), S. 2833.
[627] Siehe: http://www.bmg.bund.de/glossarbegriffe/a/alkohol.html (27.12.2015).
[628] BVerfGE 90, 145 (196 f.).
[629] Ministry of Health, Welfare and Sports (Hrsg.), Drug Policy in the Netherlands, Den Haag 1995, S. 33; *Büttner,* Bewertung (Fn. 501), S. 172.
[630] Bundesministerium des Inneren (Hrsg.), Polizeiliche Kriminalstatistik, 2016, S. 15.
[631] *Büttner,* Bewertung (Fn. 501), S. 172; *K. Boers/C. Walburg,* Klassifikationen Jugendlicher anhand ihres delinquenten Verhaltens, in: K. Boers/J. Reinecke (Hrsg.), Delinquenz im Jugendalter, 2007, S. 79 (91), die einen Zusammenhang zwischen Drogenkonsum und Gewaltkriminalität in der frühen Jugendphase konstatieren. Allerdings relativiert sich dieser in zunehmendem Alter. Als Grund wird vor allem auf den besser kontrollierten Konsum/Rausch verwiesen.

als religiöses Symbol[632]. Damit soll beim Alkohol vor allem die nicht rauscherzeugende Wirkung dominieren, ganz im Gegensatz zum Cannabis. Diese Einschätzung kann einer genaueren Betrachtung nicht standhalten. Der Senat blendet hier zahlreiche Verwendungsmöglichkeiten von Cannabis aus, die ebenfalls außerhalb einer Rauschwirkung liegen. Cannabis kann ebenso gut als Genussmittel fungieren wie Alkohol[633]. Darüber hinaus gibt es zahlreiche medizinische Verwendungsmöglichkeiten von Cannabis[634]. Cannabis gilt zudem ebenfalls als religiöses Symbol[635] (dazu bereits unter C.IV.5. Glaubensfreiheit (Art. 4 Abs. 1 und 2 GG)). Dass bei Cannabis die rauscherzeugende Wirkung im Vordergrund stehen soll, bei Alkohol aber nicht, kann nicht nachvollzogen werden[636]. Dass Cannabis weniger häufig als Alkohol seinen alternativen Verwendungsmöglichkeiten zugeführt wird, kann der Prohibition geschuldet sein[637]. So geht *Schneider* davon aus, dass bei Alkohol die Verwendung als Lebens-, Genuss- und Kulturmittel in den Hintergrund rücken würde, wenn er verboten wäre. Es wird also deutlich, dass Cannabis in seinen mannigfaltigen Anwendungsmöglichkeiten dem Alkohol in Nichts nachsteht. Hieraus kann keine Ungleichbehandlung abgeleitet werden.

Der Senat führt weiter aus, dass es beim Alkohol eine hinreichende Wirksamkeit der Instrumente sozialer Kontrolle gebe, welche den negativen Auswirkungen übermäßigen Konsums Einheit gebieten würden[638]. Wenn in Deutschland 9,5 Mio. Menschen Alkohol in gefährlichem Maße konsumieren, etwa 1,77 Mio. Menschen als abhängig gelten, ein Missbrauch bei weiteren 1,61 Mio. Personen vorliegt und jedes Jahr 74.000 Menschen an den Folgen von Alkoholmissbrauch sterben, erscheint diese Auffassung zweifelhaft[639]. Auch die Besteuerung von „Alko-Pops" zu dem Zweck, dass dem überbordenden Konsum durch Jugendliche Grenzen gesetzt werden sollen, steht dem entgegen[640].

Nach Auffassung des Bundesverfassungsgerichts kommt dem Alkohol eine größere Bedeutung für das gesellschaftliche Zusammenleben in Deutschland zu. Vor allem die religiöse Verwendung des Weins sei im christlich geprägten Deutschland wesentlich weiter verbreitet als die Verwendung von Cannabis im Rahmen von Feierlichkeiten bei den Rastafaris. Darüber hinaus sei Alkohol mit der europäischen Tradition derart verbunden, dass er aus dieser nicht mehr weggedacht werden könne[641]. Fraglich ist hier, ob Cannabis überhaupt noch aus Europa bzw. aus Deutschland weggedacht werden kann. Bei den 18- bis 64-Jährigen haben heute über ein

---

[632] BVerfGE 90, 145 (197).
[633] *Büttner,* Bewertung (Fn. 501), S. 171.
[634] AG Bernau (Fn. 358), S. 31; *S. Scheerer,* Herkunft und Verbreitung, in: ders./I. Vogt (Hrsg.), Drogen- und Drogenpolitik, 1989, S. 369 (369 ff.); *Büttner,* Bewertung (Fn. 501), S. 171.
[635] *K. Ambos,* Recht auf Rausch?, in: MschKrim 78 (1995), S. 47 (51).
[636] *Böllinger,* Symbolisches Strafrecht (Fn. 502), S. 418; *ders.,* Betäubungsmittelstrafrecht (Fn. 224), S. 188.
[637] *Schneider,* Haschisch (Fn. 508), S. 391.
[638] BVerfGE 90, 145 (197).
[639] *Schneider,* Haschisch (Fn. 508), S. 391; *Büttner,* Bewertung (Fn. 501), S. 171; *Siebel,* Drogenstrafrecht (Fn. 502), S. 217; Die Drogenbeauftragte der Bundesregierung (Hrsg.), Drogen- und Suchtbericht, 2015, S. 15.
[640] *Krumdiek,* Grundlage (Fn. 291), S. 331.
[641] BVerfGE 90, 145 (197).

Viertel (27,2%) Erfahrungen mit Cannabis, während 6,1% in den letzten zwölf Monaten Cannabis konsumiert haben[642]. Bei den 18- bis 25-Jährigen lag die Zwölfmonats-Prävalenz 2015 sogar bei 16,3%[643].

Wird die Bedeutung einer Droge für das gesellschaftliche Zusammenleben als Argument herangezogen, darf nicht übersehen werden, dass Art. 3 Abs. 1 GG dem Minderheitenschutz dienen soll[644]. Auch wenn Cannabis für weniger Personen von Bedeutung ist als Alkohol, ist dieser Teil der Bevölkerung nicht einfach zu übergehen.

Zusätzlich sollen die tatsächlichen und rechtlichen Möglichkeiten einer Prohibition herangezogen werden[645]. Das Bundesverfassungsgericht sieht keine Möglichkeit, Alkohol durch prohibitive Maßnahmen effektiv einzudämmen und begründet dies vor allem mit der Verwurzelung des Alkohols in der europäischen Tradition und mit der weiten Verbreitung des Rauschmittels. Dies mag letztlich richtig sein, jedoch sollte dann die Frage gestellt werden, ob dies nicht in ähnlichem Umfang auch für Cannabis gelten muss. Die Prävalenzzahlen deuten jedenfalls in diese Richtung. Bislang sprechen alle Argumente gegen eine sachlich gerechtfertigte Ungleichbehandlung von Alkohol und Cannabis. Die meisten Argumente des Bundesverfassungsgerichts, welche für eine Ungleichbehandlung angeführt wurden, sind entkräftet. Die geringen Gesundheitsgefahren, die weite Verbreitung und die vielfältigen Verwendungsmöglichkeiten sprechen für eine Gleichstellung mit Alkohol. Dies muss zwar nicht bedeuten, dass Cannabis zu legalisieren ist, denn eine Gleichstellung könnte auch auf eine Prohibition beider Rauschmittel hinauslaufen. Sieht jedoch das Bundesverfassungsgericht entsprechende Hindernisse tatsächlicher und rechtlicher Natur gegenüber einer Prohibition des Alkohols, so muss die Debatte letztlich auf eine Liberalisierung des Umgangs mit Cannabis hinauslaufen[646]. Bei alledem kann keine Gleichbehandlung im Unrecht kein Argument sein, da die Freigabe von Alkohol nicht gegen geltendes Recht verstößt[647]. Dies muss wiederum in gleichem Maße für Cannabis gelten.

c)   Mangelnde Differenzierung zwischen weichen und harten Drogen

Nach Auffassung des Bundesverfassungsgerichts stellt es keine willkürliche Ungleichbehandlung dar, dass im Rahmen des Betäubungsmittelgesetzes nicht zwischen weichen und harten Drogen unterschieden wird. Durch die weiten Strafrahmen innerhalb der Grenzen des Art. 103 Abs. 2 GG soll der unterschiedlichen Gefährlichkeit verschiedener Drogen und dem unterschiedlichen Unrechts- und Schuldgehalt entsprechend Rechnung getragen werden[648]. Das Landgericht Lübeck sah hingegen keine sachlichen Gründe für die mangelnde Differenzierung

---

[642]   D. Piontek u.a., Kurzbericht Epidemiologischer Suchtsurvey 2015. Tabellenband: Konsum, 2016, S. 4.
[643]   Die Drogenbeauftragte der Bundesregierung (Hrsg.), Drogen- und Suchtbericht, 2016, S. 77.
[644]   AG Bernau (Fn. 358), S. 31.
[645]   BVerfGE 90, 145 (196 f.).
[646]   Anders: Aulinger, Rechtsgleichheit (Fn. 306), S. 20.
[647]   LG Lübeck (Fn. 357), S. 174; AG Bernau (Fn. 358), S. 32.
[648]   BVerfGE 90, 145 (198).

gegeben[649]. Hier ist allerdings der Einschätzungsprärogative des Gesetzgebers der Vorrang einzuräumen[650]. Es erscheint nicht willkürlich, alle Drogen gleich zu behandeln und es dem Tatrichter zu überlassen, entsprechend zu differenzieren. Bei der Unterscheidung zwischen den verschiedenen Drogen spielen derart viele Faktoren eine Rolle, dass eine Einzelfallentscheidung die sachgerechteste Lösung zu sein scheint[651]. Auch würde sich der Gesetzgeber dem Vorwurf der Willkür ausgesetzt sehen, wenn er zwischen weichen und harten Drogen unterschiede. Denn Ansatzpunkte für eine solche generelle Differenzierung sind schwer zu ermitteln und stets angreifbar. Die mangelnde Unterscheidung zwischen weichen und harten Drogen verstößt damit nicht gegen Art. 3 Abs. 1 GG.

9.   Bestimmtheitsgrundsatz (Art. 103 Abs. 2 GG)

In einen Konflikt mit den Aussagen des Art. 103 Abs. 2 GG gerät vor allem die Wahl einer prozessualen Entkriminalisierung. Art. 103 Abs. 2 GG enthält vier Teilgehalte: das Analogieverbot, das Rückwirkungsverbot, das Bestimmtheitsgebot und das Prinzip der Gesetzlichkeit der Bestimmung[652]. Bei der Prüfung des Betäubungsmittelgesetzes spielen vor allem das Bestimmtheitsgebot und das Prinzip der Gesetzlichkeit der Bestimmung eine Rolle. Der Bestimmtheitsgrundsatz des Art. 103 Abs. 2 GG geht in seinen Anforderungen über den allgemeinen Bestimmtheitsgrundsatz hinaus, der im Rechtsstaatsprinzip des Art. 20 Abs. 3 GG begründet liegt[653].

Nach dem Prinzip der Gesetzlichkeit der Bestimmung muss der Gesetzgeber bei Strafvorschriften selbst die entsprechenden Bestimmungen erlassen[654]. Es gilt ein strenger Parlamentsvorbehalt. Dem Bestimmtheitsgebot nach muss der Einzelne aus dem Gesetz erkennen können, welches Verhalten strafbar ist und welche Rechtsfolge an dieses Verhalten geknüpft ist[655]. Die Zwecksetzung des Prinzips der Gesetzlichkeit der Bestimmung und des Bestimmtheitsgrundsatzes laufen an dieser Stelle parallel. Es genügt den verfassungsrechtlichen Anforderungen, wenn das Risiko einer Bestrafung erkennbar ist und die Kriterien der Strafzumessung hinreichend im Gesetz dargelegt sind[656]. Das Bundesverfassungsgericht sah die prozessuale Lösung als mit Art. 103 Abs. 2 GG vereinbar an. Dem Senat zufolge sind „die Grenzen des strafbaren

---

[649]   LG Lübeck (Fn. 357), S. 179.
[650]   *Patzak,* in: Betäubungsmittelgesetz (2012) (Fn. 566), Stoffe, Rn. 85.
[651]   *Böllinger,* Symbolisches Strafrecht (Fn. 502), S. 418.
[652]   *H. Schulze-Fielitz,* in: Dreier, Grundgesetz (Fn. 569), Art. 103 II Rn. 28 ff.; *C. Degenhart,* in: Sachs, Grundgesetz (Fn. 242), Art. 103 Rn. 28 ff.
[653]   BVerfGE 78, 374 (381 f.); 87, 363 (391 f.); 126, 170 (195).
[654]   BVerfGE 87, 399 (411); *Schulze-Fielitz* in: Grundgesetz (Fn. 652), Art. 103 Rn. 28 ff.; *Degenhart,* in: Grundgesetz (Fn. 652), Art. 103 Rn. 63 ff.; *Jarass,* in: Grundgesetz (Fn. 242), Art. 103 Rn. 68 f.
[655]   BVerfGE 73, 206 (234 f.); *Schulze-Fielitz* in: Grundgesetz (Fn. 652), Art. 103 Rn. 38 ff.; *Degenhart,* in: Grundgesetz (Fn. 652), Art. 103 Rn. 67 f.; *C. Degenhart,* Staatsrecht I. Staatsorganisationsrecht, 32. Aufl. 2016, Rn. 376; *Jarass,* in: Grundgesetz (Fn. 242), Art. 103 Rn. 72 f.
[656]   BVerfGE 92, 1 (12); 105, 135 (159 ff.); *Degenhart,* in: Grundgesetz (Fn. 652), Art. 103 Rn. 68; *Jarass,* in: Grundgesetz (Fn. 242), Art. 103 Rn. 79.

Verhaltens [...] ebenso durch das Gesetz bestimmt wie die Einschränkungen des Verfolgungszwangs"[657]. Dies sahen sowohl Richter *Sommer* in seinem Sondervotum als auch das Amtsgericht Bernau in seinem Vorlagebeschluss anders[658]. Kernpunkt der Kritik ist, dass dem Gesetz nicht hinreichend zu entnehmen ist, wann sich der Einzelne strafbar macht und wann nicht. Durch die prozessuale Entkriminalisierung und den Auftrag des Bundesverfassungsgerichts an die Länder zum Erlass von Richtlinien sei es nunmehr der Exekutive überlassen, über die Strafbarkeit zu bestimmen. Indem die Staatsanwaltschaften die Grenzwerte für eine Einstellung festlegen, bestimmen diese unmittelbar über das „Ob" der Strafbarkeit, und dies ohne Bindung an die Öffentlichkeit[659]. *Büttner* wirft im Zuge der Diskussion zurecht die Frage nach der Anwendbarkeit von Art. 103 Abs. 2 GG auf die Einstellungsvorschriften auf[660]. Denn Art. 103 Abs. 2 GG ist nur auf materielles Recht und nicht auf prozessuales Recht anwendbar. Allerdings ist hier nicht nur die reine Stellung im Gesetz, sondern auch der funktionale Regelungsgehalt der Norm entscheidend[661]. Indem das Bundesverfassungsgericht die Einstellungsvorschriften als wesentlich zur Wahrung der Verfassungsmäßigkeit des Betäubungsmittelgesetzes einstufte, wies es den Einstellungsvorschriften materiellen Regelungsgehalt zu. Dadurch ist Art. 103 Abs. 2 GG in diesem Kontext auch auf die Einstellungsvorschriften anwendbar.

Grundsätzlich sind die Einstellungsvorschriften als Teil des Opportunitätsprinzips mit der Rechtsordnung vereinbar[662]. Allerdings müssen auch hier die Grenzen der Strafbarkeit weiterhin im Gesetz verankert sein. Das Bundesverfassungsgericht wies den Einstellungsvorschriften in seiner Entscheidung die Funktion zu, einen materiell zu weit gefassten Tatbestand zu reduzieren[663]. Die Möglichkeit der Einstellung wird damit zu einer Einstellungspflicht und die Exekutive zum Träger der Entscheidung über die Strafbarkeit selbst. Die Einstellungsnormen dienen nicht mehr dem Absehen von Strafe in Einzelfällen, sondern werden zu generellen Normen[664]. Es hat nicht mehr der Gesetzgeber die Letztentscheidung über die Strafbarkeit, sondern die Exekutive. Dem Gesetz selbst ist nicht zu entnehmen, wann sich der Einzelne strafbar macht. Dies bestimmen nun die jeweiligen Richtlinien, die wiederum jederzeit geändert werden können und keiner parlamentarischen Kontrolle unterliegen[665]. Das Risiko der Strafbarkeit ist zwar, die Verfassungsmäßigkeit wahrend, im Gesetz niedergelegt, jedoch fehlen hier die Kriterien der Strafzumessung. Diese werden erst in Zusammenschau mit den Richtlinien erkennbar. Insgesamt offenbart die prozessuale Lösung fundamentale Lücken im materiellen Tatbestand, die bislang nur durch die Schaffung einer Zwitterstellung zwischen materiell-rechtlicher

---

657   BVerfGE 90, 145 (191).
658   Sondervotum *Sommer* – BVerfGE 90, 145 (224); AG Bernau (Fn. 358), S. 41 f.
659   AG Bernau (Fn. 358), S. 43.
660   *Büttner*, Bewertung (Fn. 501), S. 153 f.
661   *Nelles/Velten*, Einstellungsvorschriften (Fn. 344), S. 366, 370.
662   *W. Beulke*, Strafprozessrecht, 12. Aufl. 2012, Rn. 333 ff.; *C. Roxin/B. Schünemann*, Strafverfahrensrecht, 29. Aufl. 2017, § 14 Rn. 5 ff.
663   *Büttner*, Bewertung (Fn. 501), S. 157.
664   *Büttner*, Bewertung (Fn. 501), S. 157.
665   AG Bernau (Fn. 358), S. 42 f.

Entkriminalisierung und rein prozessualer Entkriminalisierung überbrückt wurden[666]. Dieser Systembruch stellt keine Lösung dar, die den verfassungsrechtlichen Anforderungen genügt. Eine prozessuale Entkriminalisierung, verbunden mit einer aus der Entscheidung des Bundesverfassungsgerichts resultierenden Einstellungspflicht, bei der die Voraussetzungen für eine Einstellung der Exekutive überlassen werden, widerspricht sowohl dem Bestimmtheitsgrundsatz als auch dem Prinzip der Gesetzlichkeit der Bestimmung.

10. Rechtsweggarantie (Art. 19 Abs. 4 GG)

Stellenweise wird vertreten, dass die prozessualen Einstellungsmöglichkeiten gegen die Rechtsweggarantie aus Art. 19 Abs. 4 GG verstoßen, da kein Rechtsweg eröffnet ist, wenn die Staatsanwaltschaft trotz Vorliegen der Einstellungsvoraussetzungen die Zustimmung zur Einstellung verweigert[667]. Die Rechtsweggarantie garantiert in ihrem Mindestbestand die Existenz einer staatlichen Gerichtsbarkeit und einen Weg für den Einzelnen zu diesen Gerichten[668]. Einzelne Rechtswege oder ein mehrgliedriger Instanzenzug werden dagegen nicht garantiert. Des Weiteren darf der Gesetzgeber Anforderungen in zeitlicher und sachlicher Hinsicht an das Offenstehen eines Rechtsweges stellen, solange diese sich als verhältnismäßig erweisen[669]. Bei einem Ermittlungsverfahren ist die Eingriffsintensität zu berücksichtigen, die von diesem ausgeht[670]. Das Ermittlungsverfahren kann sich für den Einzelnen als stark belastend darstellen, sodass dieser Umstand es erfordert, dass hier ein Rechtsmittel zur Verfügung steht. Der Verweis auf Rechtsmittel, die im weiteren Verfahren zur Verfügung stehen, genügt indes nicht. Auch wenn mit der Verfahrenseinstellung, der Nichteröffnung des Hauptverfahrens oder dem Freispruch eine Schuld nicht festgestellt wird bzw. die Unschuld festgestellt wird, revidiert diese Entscheidung nicht den Status als Verdächtiger im Ermittlungsverfahren. Nachteilige Auswirkungen in diesem Stadium bleiben bestehen. Danach gebietet es Art. 19 Abs. 4 GG, dass auch auf dieser Stufe ein Rechtsbehelf installiert wird bzw. dass die Einstellung des Verfahrens im Rahmen des Betäubungsmittelgesetzes als materielle Einstellungspflicht ausgestaltet wird[671]. § 29 Abs. 5 BtMG erlangt zwar als Korrektiv einer solchen Fehlentscheidung Bedeutung, vermag es jedoch nicht die nachteiligen Wirkungen des Ermittlungsverfahrens zu negieren. Für

---

[666]   *Kniesel*, Entscheidung (Fn. 539), S. 357; *Nelles/Velten*, Einstellungsvorschriften (Fn. 344), S. 366; *Büttner*, Bewertung (Fn. 501), S. 159.

[667]   Sondervotum *Sommer* – BVerfGE 90, 145 (225); *Nelles/Velten*, Einstellungsvorschriften (Fn. 344), S. 368; AG Bernau (Fn. 358), S. 34; *R. Kölbel*, in: H. Schneider (Hrsg.), Münchener Kommentar zur Strafprozessordnung, Bd. 2, 2016, § 160 Rn. 54; *Roxin/Schünemann*, Strafverfahrensrecht (Fn. 662), § 29 Rn. 12.

[668]   BVerfGE 31, 364 (368); *H. Schulze-Fielitz*, in: Dreier, Grundgesetz (Fn. 488), Art. 19 IV Rn. 42; *M. Sachs*, in: ders., Grundgesetz (Fn. 242), Art. 19 Rn. 139 f.; *Jarass*, in: Grundgesetz (Fn. 242), Art. 19 Rn. 55 f.

[669]   BVerfGE 10, 264 (268); 101, 106 (124); 101, 397 (408).

[670]   *Kölbel*, in: Münchener Kommentar (Fn. 667), § 160 Rn. 55 f.; *Roxin/Schünemann*, Strafverfahrensrecht (Fn. 662), § 29 Rn. 12, m.w.N.

[671]   A.A.: *Büttner*, Bewertung (Fn. 501), S. 148, der betont, dass das Ermittlungsverfahren ein unselbstständiger Teil der Entscheidung über die Eröffnung des Hauptverfahrens ist und der Staatsanwaltschaft die Rolle als „Herrin des Vorverfahrens" zukommt.

Zwangsmaßnahmen im Rahmen des Ermittlungsverfahrens stehen dem Beschuldigten unstreitig die Rechtsbehelfe der Strafprozessordnung zur Verfügung[672]. Insofern verstoßen die lediglich prozessualen Einstellungsmöglichkeiten im Rahmen des Betäubungsmittelgesetzes gegen die Rechtsweggarantie des Art. 19 Abs. 4 GG.

11. Ergebnis

Insgesamt verstößt die heutige Regelung gegen eine Vielzahl an verfassungsrechtlichen Vorschriften oder gerät zumindest potentiell in Konflikt mit diesen. Betroffen sind vor allem die allgemeine Handlungsfreiheit, die Glaubensfreiheit, der Gleichheitsgrundsatz, der Bestimmtheitsgrundsatz und die Rechtsweggarantie. Aber auch in Bezug auf die Meinungsfreiheit und die Kunstfreiheit ergeben sich bei bestimmten Tätigkeiten verfassungsrechtliche Bedenken gegen das Cannabisverbot. Betroffen sind vor allem die konsumbezogenen Handlungsalternativen; mithin die Handlungsalternativen des Erwerbs, des sich in sonstiger Weise Verschaffens und des Besitzes, welche nur eine geringe Beeinträchtigung konkurrierender Grundrechte erwarten lassen. Diese Tatbestandsalternativen des Betäubungsmittelgesetzes können in ihrer heutigen Ausprägung vor der Verfassung keinen Bestand mehr haben und verstoßen gegen das Grundgesetz.

V.   Extralegale Gründe der Prohibition

1.   Cannabis als Protestdroge

Neben den Gründen, welche der Gesetzgeber für das Verbot von Cannabis nennt, besteht häufig die Vermutung, dass diese Gründe nicht erschöpfend oder nur vorgeschoben sind. So sollen es nicht Gesundheitsschutz, Jugendschutz und Schutz der Familie sein, die zu einem Verbot geführt haben, sondern vielmehr die Abwehr einer drohenden Revolte gegen die bestehende Ordnung, welche in den 60er Jahren aufkam.

a)   60er Jahre

Die 60er Jahre stellten sich weltweit als eine Zeit des Protests, des Umbruchs und der Herausbildung alternativer Lebensstile dar. Die bis dato herrschende und im Grundton konservative Werteordnung wurde mehr und mehr in Frage gestellt[673]. Durch die aufkeimende Kritik an der bestehenden Ordnung und der Abwendung vom Establishment brach in der Hauptkultur ein Gefühl der Unsicherheit aus[674]. Cannabis galt zu dieser Zeit als eines der Hauptsymbole des Protests und des alternativen Lebensstils[675]. Durch den Konsum von Cannabis war es möglich,

---

[672]   *Büttner*, Bewertung (Fn. 501), S. 148 m.w.N.; *Kölbel*, in: Münchener Kommentar (Fn. 667), § 160 Rn. 52; *Roxin/Schünemann*, Strafverfahrensrecht (Fn. 662), § 29 Rn. 14, m.w.N.

[673]   *Wohlers/Went*, Legitimation (Fn. 241), S. 303; *Schwind*, Kriminologie (Fn. 77), § 27 Rn. 10.

[674]   S. *Scheerer*, Die Genese der Betäubungsmittelgesetze in der Bundesrepublik Deutschland und in den Niederlanden, 1982, S. 102.

[675]   BayObLG, in: NJW 1969, S. 2297; LG Lübeck (Fn. 357), S. 177; *V. Meudt*, Drogenpolitik in der Bundesrepublik, in: T. Kutsch/G. Wiswede (Hrsg.), Drogenkonsum: Einstieg, Abhängigkeit, Sucht, 1980, S. 195 (210); *Schneider*, Anmerkungen (Fn. 518), S. 516; *Wohlers/Went*, Legitimation (Fn. 241), S. 303.

sich abzugrenzen und sein Anderssein nach außen zu tragen. Durch den gemeinsamen Konsum wurde ein Zugehörigkeitsgefühl zu einer Bewegung vermittelt, die sich bewusst außerhalb der herrschenden Schichten hielt. Konventionelle Normen und Rollen, gesellschaftliche Ziele und herrschende Leistungsorientierung wurden abgelehnt und durch alternative, postmaterialistische Lebensstile ersetzt (näher zum Postmaterialismus bei D.V. Wertestrukturen in der deutschen Gesellschaft)[676]. Aus dieser Tatsache erklärt sich auch, dass Cannabiskonsum häufig in einen Zusammenhang mit dem amotivationalen Syndrom gebracht wird. Doch führt Cannabiskonsum nicht zu einem solchen Syndrom (dazu unter C.III.2.b)ee) Amotivationales Syndrom). Eine alternative Erklärung für ein eventuell vorhandenes vermindertes Leistungs- und Karrierestreben kann die bewusste Abkehr von diesen gesellschaftlichen Zielen bilden. Cannabis, mit seiner dämpfenden, sedierenden Wirkung, wäre dann als Spiegel einer Grundeinstellung der Konsumenten aufzufassen[677].

b)   Reaktion auf Abweichung

Auf das Auftreten solcher Abweichungen von der Leitkultur kann eine Gesellschaft in zwei Weisen reagieren. Sie kann sich entscheiden, Anstrengungen zu unternehmen, um diese Erscheinung auszumerzen und Assimilation zu erzwingen, oder sie kann die Veränderung der moralischen Grenzen des Sozialsystems annehmen und mit systematischer Anpassung darauf reagieren[678]. Daraus resultiert auch der unterschiedliche Umgang mit Cannabis in den einzelnen Ländern wie den USA, Skandinavien, Deutschland und den Niederlanden. Die Niederlande haben für sich bereits sehr früh den Weg einer akzeptierenden und integrativen Haltung gewählt, während die USA diesen Weg erst in neuerer Zeit beschreiten. Deutschland hingegen positionierte sich gerade in erster Zeit klar auf der Seite der Ausmerzung einer solchen Protestbewegung. Da der Protest außerhalb institutionalisierter politischer Prozesse stattfand, konnte diesem nicht mit den üblichen Mitteln innerhalb des Parlaments begegnet werden[679]. Auch die friedliche Ausgestaltung der aufkommenden Bewegung bot wenig Angriffsfläche für eine Abwehr, sodass eine Möglichkeit darin gesehen wurde, die Symbole der Bewegung zu verbieten, zu denen auch das Cannabis zählte. Dieser Hintergrund offenbart einen möglichen ideologischen Charakter des Verbotes von Cannabis[680]. Insoweit diese Thesen tatsächlich zutreffen, stützt sich das Verbot auf Überlegungen zur Moralwidrigkeit und des Machterhalts (zum Machterhalt durch Normgenese B.V.2. Normgenese und Konflikttheorie)[681]. Danach sollte

---

[676]   *Kleiber/Kovar,* Auswirkungen (Fn. 360), S. 217 f.; *Schwind,* Kriminologie (Fn. 77), § 27 Rn. 10.
[677]   *Kleiber/Kovar,* Auswirkungen (Fn. 360), S. 218.
[678]   *Scheerer,* Genese (Fn. 674), S. 79.
[679]   *Meudt,* Drogenpolitik (Fn. 675), S. 210.
[680]   Zur Ideologie des Verbotes in den USA: *N.E. Zinberg/J. A. Robertson,* Drugs and the Public, New York 1972, S. 190 ff.; *E. Goode,* Drugs in American Society, 4. Aufl., New York 1993, S. 58 ff.
[681]   Dazu auch: *C. Hanssen,* Trennung der Märkte, 1999, S. 139 ff.; *J. Eul,* Praktische Veränderungsmöglichkeiten der gegenwärtigen Cannabispolitik, in: Akzeptanz 9 (2001), S. 33 (34 ff.); *Lamla,* Konflikttheorie (Fn. 284), S. 220.

nicht die Droge *per se*, sondern die dahinterstehenden Orientierungen und Lebensmuster bekämpft werden[682].

Das Verbot von Cannabis entwickelte sich im Laufe der Jahre, mitgetragen durch ein ideologisches Fundament, zu einer Art „Glaubenskrieg"[683], der mit den Mitteln eines „moralischen Kreuzzugs"[684] geführt wurde und noch immer wird. *Meudt* erklärt den stellenweise emotionalen Einsatz einiger Politiker für eine Aufrechterhaltung des Verbotes dadurch, dass diesen nicht mehr aktiv bewusst sei, welche Gründe ursprünglich für die Prohibition verantwortlich waren, und sie so im Laufe der Zeit Opfer ihrer eigenen Ideologie geworden seien[685]. Ob diese Aussage in ihrer gesamten Tragweite zutrifft, sei an dieser Stelle dahingestellt, doch ist es sicherlich richtig, dass es nicht nur gesundheitliche Aspekte sind, auf welche sich die Verbotsdebatten stützen, auch wenn dies vordergründig den Anschein hat.

Die unterschiedliche Behandlung von legalen und illegalen Drogen bzw. harten und weichen Drogen kann ebenfalls in einen Zusammenhang mit den dargestellten gesellschaftlichen Konflikten gebracht werden. Legale Drogen wie Alkohol und Tabak sind nicht mit einer ablehnenden Haltung gegenüber dem bestehenden System verbunden. Das Verbot harter Drogen kann als logische Folge des Verbotes weicher Drogen gesehen werden, da andernfalls ein Rechtfertigungsbedürfnis entstehen würde, auf das nur schwer Antworten zu finden wären[686]. Bei dieser Argumentation wird allerdings außen vor gelassen, dass viele harte Drogen, wie Heroin oder Meth-Amphetamin, tatsächlich schwere körperliche Schäden nach sich ziehen können. Hier kann ein Verbot deutlich eher auf den Aspekt des Gesundheitsschutzes bezogen werden. Das Verbot harter Drogen nur als logische Konsequenz des Verbotes weicher Drogen zu verstehen greift zu kurz.

Mit dem Ziel der Abwehr einer Protestbewegung und einer sich auflehnenden Jugend besteht ein potentiell extralegaler Grund, auf den sich vor allem der Beginn der Prohibition zu stützen scheint. Wirklich nachweisen lässt sich dieses Motiv als Grundlage eines Cannabisverbotes selbstverständlich nicht, doch sprechen einige Gründe und die aufgezeigten Zusammenhänge dafür, dass dieses Motiv die Implementierung der Prohibition zumindest begleitet haben könnten. Ob Cannabis heute noch als Protestsymbol gilt, erscheint eher fraglich. Gerade die relativ weite Verbreitung und die sich verändernde Zusammensetzung der Konsumentenstruktur hin zu bürgerlichen Schichten sprechen dagegen. Die heutige Ausprägung des Verbotes ist jedoch nicht losgelöst von ihrem Ursprung zu betrachten. Durch Jahre der ideologischen Drogenpolitik ist eine Abkehr vom Prohibitionsparadigma heute nur noch schwerlich möglich. Die heute Cannabis konsumierende Jugend stellt die bestehende Ordnung sicher nicht in demselben Maße in

---

682   *Meudt*, Drogenpolitik (Fn. 675), S. 210; *W. Schneider*, Risiko Cannabis?, 1995, S. 131.
683   *Siebel*, Drogenstrafrecht (Fn. 502), S. 202 f.
684   *Scheerer*, Genese (Fn. 674), S. 91; *C. v. Wolffersdorff-Ehlert*, Die Cannabis-Szenen, in: S. Scheerer/I. Vogt (Hrsg.), Drogen und Drogenpolitik, 1989, S. 373 (374).
685   *Meudt*, Drogenpolitik (Fn. 675), S. 211.
686   *Meudt*, Drogenpolitik (Fn. 675), S. 211; *Wohlers/Went*, Legitimation (Fn. 241), S. 303.

Frage wie die Jugend der 60er Jahre. Ressentiments gegenüber alternativen Lebensstilen verbleiben derweil als möglicher Grund, ein Verbot aufrecht zu erhalten. Hierfür spricht gerade die traditionelle Ablehnung aller Drogen (mit Ausnahme von Alkohol und Tabak) in den konservativen politischen Lagern.

2. Ablenkung von bestehenden sozial-politischen Problemen

Die Protestbewegung in den 60er Jahren kann als Beginn einer ideologisierten Verbotsbestrebung gesehen werden. Doch auch heute wird an einem Verbot weiter festgehalten. Ein Grund dafür könnte darin bestehen, dass heute vermehrt von bestehenden sozial-politischen Problemen abgelenkt werden soll[687]. Prohibitionsbestrebungen sind grundsätzlich hierfür geeignet. Diese ermöglichen eine Individualisierung von bestehenden gesamtgesellschaftlichen Problemen[688]. Durch die Individualisierung sozialer Probleme findet zum einen eine Normalisierung der Problemlagen statt und zum anderen eine Verantwortungsverlagerung von der Politik hin zum Individuum[689]. Auf diese Weise wird der Druck von der Politik genommen. Nonkonforme Personen werden aus der Gesellschaft ausgeschlossen und in eine eigene Gruppe kategorisiert, welcher dann auf scheinbar legitime Weise ein Platz am Rande der Gesellschaft zugewiesen wird[690]. Probleme wie Armut, Bildungsungerechtigkeit und ein soziales Gefälle innerhalb der Gesellschaft werden als Produkt persönlicher Defizite ausgewiesen und damit außerhalb des politischen Verantwortungsbereichs verortet. Es wird eine moralisch unangemessene Lebensführung der Konsumenten für etwaige Benachteiligungen verantwortlich gemacht und nicht etwa strukturelle Probleme im Sozialwesen[691]. *Baumann* konstatiert in diesem Zusammenhang: „Exklusion wird als Ergebnis eines sozialen Selbstmordes, nicht einer sozialen Hinrichtung präsentiert"[692]. In der modernen Gesellschaft schreiten ökonomische und soziale Entwicklungen immer schneller voran, sodass ein Zurückbleiben großer Teile der unteren sozialen Milieus nicht ausbleibt. Drogenpolitische Programme und Strömungen werden als Mittel zur Manifestation dieses Prozesses und gleichzeitig auch zum Machterhalt herrschender Schichten gewertet (zum Machterhalt durch Normgenese B.V.2. Normgenese und Konflikttheorie)[693].

Die Instrumente des Betäubungsmittelgesetzes, um auf Abweichung zu reagieren, nämlich Strafe und Therapie, übertragen nach dieser Auffassung komplexe überindividuelle Probleme

---

[687]   *Kniesel,* Entscheidung (Fn. 539), S. 355; *Schabdach,* Konstruktionen (Fn. 387), S. 243.

[688]   *K.F. Schumann,* Kriminologie als Wissenschaft vom Strafrecht und seinen Alternativen in: MSchKrim, 70 (1987), S. 81 (84); *Voß,* Strafe (Fn. 281), S. 138 f.; *Schabdach,* Konstruktionen (Fn. 387), S. 243 f.; *Albrecht,* Kriminologie (Fn. 38), S. 69, 73.

[689]   *Voß,* Strafe (Fn. 281), S. 139; *Z. Baumann,* Vom gesellschaftlichen Nutzen von law and order, in: Widersprüche 70 (1998), S. 7 (8).

[690]   *J. Stehr,* Soziale Ausschließung durch Kriminalisierung, in: R. Anhron/F. Bettinger (Hrsg.), Sozialer Ausschluss und soziale Arbeit, 2005, S. 273 (276).

[691]   *Schabdach,* Konstruktionen (Fn. 387), S. 244.

[692]   *Baumann,* Nutzen (Fn. 689), S. 8

[693]   *L. Böllinger,* Umgang mit Cannabis – Die juristische Situation in Deutschland, in: S. Quensel/B. Kolte/F. Nolte (Hrsg.), Zur Cannabis-Situation in Deutschland, 1995, S. 66 (66).

auf die Persönlichkeit der Konsumenten[694]. In diesem Zusammenhang stellt sich das Betäubungsmittelstrafrecht vor allem als symbolisches Strafrecht dar. Das Ziel besteht nicht in der Verhinderung eines bestimmten Verhaltens; es geht dem Gesetzgeber vielmehr darum, ein Surrogat hervorzubringen, da die eigentlichen Probleme nicht adäquat gelöst werden können. Die Drogenpolitik bietet ein Feld zur Individualisierung von Problemlagen. Hier besteht keine Lobby, welche sich gegen die Verstärkung der sozialen Randständigkeit einsetzen würde. Gescheiterte Sozialpolitik wird dann im Zuge von Drogenpolitik verschleiert und durch die Individualisierung politisch handhabbar gemacht[695]. Neben der sozialen Exklusion der Konsumenten wird gleichzeitig ein Konsens zwischen den „Rechtschaffenden" hergestellt.

Es handelt sich hierbei um eine sehr radikale Sichtweise, die sicherlich in einem absoluten Verständnis nicht bestehen kann. Eine derartige Verantwortungsverlagerung kann durchaus einen Teilaspekt der heutigen Prohibition darstellen. Der Politik jedoch eine bewusste Aufrechterhaltung der Exklusion zu unterstellen, ginge wohl zu weit. Auch kann das Cannabisverbot sicherlich nicht als vornehmlich dem Machterhalt dienend klassifiziert werden. Dass der Umgang mit Cannabis und drogenpolitische Programme dazu dienen, Wahlkampf zu machen und Stimmen zu erlangen, ist jedoch bei fast allen Parteien sichtbar. Sinnvoll ist mithin eine vorsichtige Adaption der vorstehenden Gedanken. Eine pauschale Annahme der Zusammenhänge ist nicht möglich und auch nicht notwendig. Die Möglichkeit der Ablenkung von bestehenden sozial-politischen Problemen durch das Drogenstrafrecht ist durchaus gegeben. Inwieweit dieses Vorgehen politische Realität ist, ist eine andere Frage. Hier bedarf es der Überprüfung im Einzelfall und nicht einer pauschalen Unterstellung. Im Zweifel wird der Nachweis solcher Motive jedoch schwer zu führen sein, da diese sich nicht in offiziellen Begründungen wiederfinden.

---

[694]   *Schabdach*, Konstruktionen (Fn. 387), S. 244.
[695]   *Albrecht*, Kriminologie (Fn. 38), S. 72 f.

D. Effektivität des Cannabisverbotes

I. Analyse empirischer Individualdaten

Um die Effektivität der aktuellen Regelung zu bewerten, werden zunächst Daten auf Individualbasis ausgewertet. Individualdaten sind solche, die bei einer Erhebung einem einzelnen Element zugeordnet werden können, mithin also solche Daten, die genau einer Person zuzuordnen sind[696]. Das Ziel ist es herauszufinden, wie sich die Drogenpolitik und das Strafrecht auf das Konsumverhalten auswirken, um so Rückschlüsse auf die Effektivität der momentanen Regelung in Deutschland zu ziehen. Dazu werden auch solche Faktoren berücksichtigt, die das Konsumverhalten beeinflussen können. Eine kritische Auseinandersetzung mit der momentanen Rechtslage soll es ermöglichen, Schwächen und Stärken des aktuellen Umgangs mit Cannabis herauszustellen.

1. Idealtypus

Vor der eigentlichen Auswertung der Individualdaten soll zunächst die Methodik der Erhebungen näher betrachtet werden. Die Methodik hat einen entscheidenden Einfluss auf die Interpretierbarkeit und Validität der Daten.

a) Experiment

„Eine Untersuchung U_u ist bezüglich einer unabhängigen Variablen X ein *Experiment*, wenn die gleichen Sachverhalte unter verschiedenen Bedingungen X_1, X_2, …, X_k systematisch beobachtet werden und wenn Probanden und Bedingungen einander zufällig zugeordnet werden bzw. wenn die Pbn und die Reihenfolgen, in denen sie unter den Bedingungen X_1, X_2, …, X_k systematisch beobachtet werden, einander zufällig zugeordnet werden."[697]

Neben dieser Definition des Experiments gibt es zahlreiche weitere, die sich jeweils in wenigen Aspekten unterscheiden[698]. Trotz der Unterschiede lassen sich drei Merkmale eines idealen Designs herausarbeiten. Diesem muss zunächst eine kausaltheoretische Hypothese vorausgehen, welche im Zuge des Experiments überprüft werden soll. Die unabhängige Variable muss durch den Versuchsleiter manipulierbar sein. Das heißt, das *treatment* (Manipulation der unabhängigen Variable) muss kontrolliert gesetzt werden können. Schließlich müssen die Versuchsbedingungen bzw. die Störvariablen mit Hilfe entsprechender Techniken kontrolliert werden. Das echte bzw. strenge Experiment erfüllt alle Anforderungen an ein ideales Design[699]. Bei einem

---

[696] *H. Wienold*, Art. Merkmale, individuell, in: Fuchs-Heinritz u.a., Lexikon (Fn. 10), S. 437 (437).

[697] *W. Hager*, Grundlagen einer Versuchsplanung zur Prüfung empirischer Hypothesen der Psychologie, in: G. Lüer (Hrsg.), Allgemeine Experimentelle Psychologie, 1987, S. 43 (71).

[698] Weitere Definitionen bei: *D.P. Farrington*, Randomized Experiments on Crime and Justice, in: M. Tonry/N. Morris (Hrsg.), Crime and Justice, Bd. 4, Chicago/London 1983, S. 257 (258); *V. Sarris/S. Reiß*, Kurzer Leitfaden der Experimentalpsychologie, 2005, S. 30; *W. Ellermeier/W. Bösche*, Art. Experimentelle Versuchspläne, in: H. Holling/B. Schmitz (Hrsg.), Handbuch Statistik, Methoden und Evaluation, 2010, S. 37 (37).

[699] *Sarris/Reiß*, Leitfaden (Fn. 698), S. 63 ff.

echten Experiment wird zur Kontrolle von Störvariablen auf die Technik der Randomisierung zurückgegriffen. Bei der Randomisierung werden die Probanden nach dem Zufallsprinzip entweder der Experimentalgruppe oder der Kontrollgruppe zugeteilt[700]. Jeder Proband hat dieselbe Chance, der einen oder der anderen Gruppe zugeteilt zu werden. Die Randomisierung nutzt das Prinzip des statistischen Fehlerausgleichs[701]. Dabei kommt es, bei entsprechender Gruppengröße, irgendwann zu einer Neutralisierung personenbezogener Störvariablen. Bezüglich der Anforderung an die Gruppengröße finden sich in der Literatur Angaben von 10 bis 30 Personen pro Gruppe[702] bis hin zu 50 Personen pro Gruppe[703]. Grundsätzlich gilt: je mehr Probanden, desto höher die Wahrscheinlichkeit, dass alle Störvariablen kontrolliert werden. Die Randomisierung wird häufig als das entscheidende Element gesehen, damit ein Versuch als Experiment gewertet werden kann[704]. Die Zufallsaufteilung auf Experimentalgruppe und Kontrollgruppe hebt das Experiment von anderen Versuchsanordnungen ab. Gleichzeitig stellt die Randomisierung auch die sicherste Variante dar, um den Einfluss von Störvariablen auf das Ergebnis effektiv auszuschließen[705]. Ein großer Vorteil der Randomisierung ist, dass die zu kontrollierenden Störvariablen nicht bekannt sein müssen[706]. Durch die Zufallsverteilung werden alle personenbezogenen Störvariablen kontrolliert. Dieser Vorteil ist von unschätzbarem Wert, da bei einer Versuchsanordnung nie alle potentiellen Störvariablen bekannt und diese in ihrer Zahl auch nicht zu überblicken sind. Der entscheidende Vorteil des Experiments liegt somit in der hohen internen Validität der Ergebnisse, das heißt, dass Veränderungen der abhängigen Variable nur auf das *treatment* zurückzuführen sind[707]. Die externe Validität hingegen betrifft die Generalisierbarkeit der Ergebnisse[708]. Die externe Validität von Experimenten steht denen anderer Forschungsdesigns oft nach, da Experimente zumeist unter kontrollierten Bedingungen durchgeführt werden, welche nicht mit der realen Welt vergleichbar sind[709]. Quasi-experimentelle Designs weisen eine höhere externe Validität auf (dazu unter D.I.1.b) Quasi-Experiment).

Es gibt eine Vielzahl von möglichen Störvariablen, die einen Einfluss auf das Ergebnis haben können und somit die interne Validität negativ beeinflussen. Die Möglichkeit, dass sowohl

---

[700] K. Hoffmann-Holland, Der Modellgedanke im Strafrecht – Eine kriminologische und strafrechtliche Analyse von Modellversuchen, 2005, S. 38; *Ellermeier/Bösche*, Versuchspläne (Fn. 698), S. 43.

[701] N. Döring/ J. Bortz, Forschungsmethoden und Evaluation für Human- und Sozialwissenschaftler, 5. Aufl. 2016, S. 196 f.

[702] *Döring/Bortz*, Forschungsmethoden (Fn. 701), S. 195.

[703] *Farrington*, Experiments (Fn. 698), S. 263; M. Killias/A. Kuhn/M.F. Aebi, Grundriss der Kriminologie – Eine europäische Perspektive, 2. Aufl. 2011, Rn. 1124.

[704] *Hager*, Grundlagen (Fn. 697), S. 71; *Ellermeier/Bösche*, Versuchspläne (Fn. 698), S. 43.

[705] D.T. Campbell/J.C. Stanley, Experimental and Quasi-Experimental Designs for Research on Teaching, in: N.L. Gage (Hrsg.), Handbook of Research on Teaching, Chicago 1963, S. 171 (184); *Schumann*, Experimente (Fn. 98), S. 501; *Killias/Kuhn/Aebi*, Grundriss (Fn. 703), Rn. 1224.

[706] *Sarris/Reiß*, Leitfaden (Fn. 698), S. 66.

[707] *Ellermeier/Bösche*, Versuchspläne (Fn. 698), S. 45; R. Schnell/P.B. Hill/E. Esser, Methoden der empirischen Sozialforschung, 10. Aufl. 2013, S. 207.

[708] *Ellermeier/Bösche*, Versuchspläne (Fn. 698), S. 45; *Schnell/Hill/Esser*, Methoden (Fn. 707), S. 208.

[709] *Farrington*, Experiments (Fn. 698), S. 261; P. Sedlmeier/F. Renkewitz, Forschungsmethoden und Statistik in der Psychologie, 2008, S. 178.

Störvariablen als auch die untersuchten unabhängigen Variablen einen Einfluss auf die abhängige Variable ausüben, wird als „Konfundierung" bezeichnet, die Störvariablen als *confounder*[710]. Als typische Faktoren der Konfundierung kommen in Betracht[711]:

- o Zeitgeschehen (history)
- o Reifung (maturation)
- o Mehrfache Testung (test sophistication)
- o Instrumentierung (instrumentation)
- o Statistische Regression (regression)
- o Auswahlverzerrung (selection)
- o Ausfalleffekte (experimental mortality)
- o Versuchsleitereffekte (experimenter-bias-effects, sog. Rosenthal-Effekt)
- o Interaktive Effekte (interactive effects; carry-over-effects)

Die meisten dieser Faktoren können durch eine Kontrolle per Randomisierung nahezu ausgeschlossen werden. Neben der Randomisierung gibt es noch weitere Techniken zur Kontrolle von Störvariablen. Zu den Gängigsten zählen die Eliminierung, das Konstanthalten und das *Matching*/die Parallelisierung[712]. Das Parallelisieren ist eine sinnvolle Alternative, falls keine Randomisierung erfolgen kann (dazu sogleich). Beim Parallelisieren werden Paare oder Gruppen so gebildet, dass bekannte Störgrößen gleichermaßen auf diese verteilt sind[713]. Allerdings können dadurch nur bekannte Störgrößen kontrolliert werden, was ein entscheidender Nachteil gegenüber der Randomisierung ist.

Das Parallelisieren, vor allem das retrospektive Parallelisieren, wird zumeist im Rahmen von Ex-Post-Facto-Analysen eingesetzt[714]. Dieses Design erfüllt jedoch nur ein Kriterium des idealen Forschungsdesigns, nämlich die Überprüfung einer kausaltheoretischen Hypothese. Der Versuchsleiter kann weder die unabhängige Variable manipulieren, noch können die übrigen Versuchsbedingungen hinreichend kontrolliert werden. Eine kausaltheoretische Aussage ist somit durch dieses Design nicht möglich[715].

Damit reicht keine der Kontrollmöglichkeiten an die Qualität der Randomisierung heran. Das echte Experiment, mit einer Randomisierung der Probanden, bleibt daher die beste Methode, um valide und eindeutige Ergebnisse hervorzubringen. Wichtig zu beachten ist nur, dass die unabhängige der abhängigen Variablen immer vorauszugehen hat, damit sichergestellt ist, dass die unabhängige Variable die abhängige bedingt und nicht umgekehrt[716].

---

[710] *Döring/Bortz*, Forschungsmethoden (Fn. 701), S. 196; *Schnell/Hill/Esser*, Methoden (Fn. 707), S. 207 f.
[711] Ein Überblick über die Faktoren der Konfundierung bei: *Campbell/Stanley*, Designs (Fn. 705), S. 171 ff.; *V. Sarris*, Einführung in die experimentelle Psychologie: Methodische Grundlagen, 1999.
[712] Ein Überblick bei: *Schnell/Hill/Esser*, Methoden (Fn. 707), S. 209 ff.
[713] *Ellermeier/Bösche*, Versuchspläne (Fn. 698), S. 44.
[714] *Campbell/Stanley*, Designs (Fn. 705), S. 240 f.; *Sarris/Reiß*, Leitfaden (Fn. 698), S. 65.
[715] Ausführlicher zu den Problemen einer Ex-Post-Facto-Analyse: *Schnell/Hill/Esser*, Methoden (Fn. 707), S. 223 ff.
[716] *Farrington*, Experiments (Fn. 698), S. 265; *Sedlmeier/Renkewitz*, Forschungsmethoden (Fn. 709), S. 178.

Problematisch ist, dass ein Experiment gerade im Bereich der Kriminologie häufig aufgrund ethischer Einwände nicht durchgeführt werden kann. Dies liegt vornehmlich an der Randomisierung. Gerade im Bereich der Sanktionswirkungsforschung kann eine Aufteilung auf Experimental- und Kontrollgruppe nicht nach Zufallsgesichtspunkten durchgeführt werden[717]. Aber auch die Manipulation der unabhängigen Variablen kann stellenweise aus ethischen Gründen verboten sein[718]. Die Sanktionierung eines Straftäters ist stets eine individuelle Entscheidung, die rechtsstaatlichen Gesichtspunkten zu folgen hat. Das Los über das rechtliche Schicksal eines Menschen entscheiden zu lassen, kann niemals gerechtfertigt sein. Hier steht eindeutig Art. 3 Abs. 1 GG entgegen, der eine Gleichbehandlung bei gleicher Sach- und Rechtslage gebietet. Eine Ausnahme bilden lediglich Sanktionen oder Vollzugsmodalitäten, die zunächst versuchsweise eingeführt werden und die nur eine begrenzte Kapazität aufweisen[719]. Aufgrund der Kapazitätsgrenzen erscheint es hier gerechtfertigt, eine Aufteilung der Probanden durch Randomisierung vorzunehmen.

Zudem ist zu berücksichtigen, dass es eine echte Randomisierung im strafrechtlichen Bereich eigentlich nicht geben kann[720]. Die Zuteilung zu einer Maßnahme beruht immer auf einer Vorselektion durch die jeweilige Institution. Häufig tritt daneben noch das Erfordernis einer Einwilligung des Probanden, da die Maßnahmen eine freiwillige Teilnahme voraussetzen. Beispielhaft sei hier § 9 Abs. 2 StVollzG genannt, der eine Zustimmung des Gefangenen für sozialtherapeutische Maßnahmen erfordert. Diese Vorselektionen stellen Störvariablen dar, die nicht hinreichend kontrolliert werden können. Das Ergebnis der Sanktion, zumeist gemessen am Legalverhalten (dazu näher unter B.IV.3. Empirische Befunde), kann nicht mit Sicherheit auf die Sanktion selbst zurückgeführt werden.

Es ist ein großer Nachteil, dass auch heute noch Neuerungen im Strafrecht und vor allem im Betäubungsmittelrecht nicht zuvor experimentell evaluiert werden. Im Stadium der Testphase sind auch für strafrechtliche Maßnahmen experimentelle Beurteilungen möglich. Die Ergebnisse solcher Experimente können einen soliden Grundstock für die Beurteilung strafrechtsrelevanter Maßnahmen bilden. Würden Gesetze und gesetzliche Folgen bereits vor Inkrafttreten hinsichtlich ihrer Effektivität evaluiert, könnten ineffektive Maßnahmen frühzeitig wieder eingestellt werden, ohne dass es hierzu einer Gesetzesänderung bedarf. Anzumerken ist schließlich noch, dass die Möglichkeit der Durchführung eines Experiments nicht zwingend bedeuten sollte, dass andere Forschungsdesigns, vor allem das Quasi-Experiment (dazu unter D.I.1.b) Quasi-Experiment), außer Betracht bleiben[721]. Es empfiehlt sich, die Ergebnisse beider Designs zu vergleichen und zu berücksichtigen, dass Quasi-Experimente sich durch ein höheres Maß an externer Validität auszeichnen. Darüber hinaus sollten Experimente immer mit Pre-Post-Test

---

[717]   Sarris/Reiß, Leitfaden (Fn. 698), S. 65; Döring/Bortz, Forschungsmethoden (Fn. 701), S. 198.
[718]   Ellermeier/Bösche, Versuchspläne (Fn. 698), S. 47.
[719]   Farrington, Experiments (Fn. 698), S. 289; Schumann, Experimente (Fn. 98), S. 507; Killias/Kuhn/Aebi, Grundriss (Fn. 703), Rn. 1225.
[720]   Schumann, Experimente (Fn. 98), S. 502 f.; Killias/Kuhn/Aebi, Grundriss (Fn. 703), Rn. 1226.
[721]   T.D. Cook/D.T. Campbell, Quasi-Experimentation, Design & Analysis Issue for Field Settings, Boston 1979, S. 386.

Anordnungen arbeiten, da so überprüft werden kann, ob die Aufteilung per Randomisierung erfolgreich war, auch wenn dabei die Möglichkeit besteht, dass der Pre-Test den Post-Test beeinflusst[722]. Ein solcher Einfluss kann kontrolliert werden.

b) Quasi-Experiment

Eine klare Definition wie für das Experiment ist für das Quasi-Experiment nicht vorhanden. So mutet *Campbell/Stanleys* Definitionsversuch auch mehr als Umschreibung denn als pointierte Definition an: „There are many natural social settings in which the research person can introduce something like experimental design into his scheduling of data collection procedures (e.g., the *when* and *to whom* of measurement), even though he lacks the full control over the scheduling of experimental stimuli (the *when* and *to whom* of exposure and the ability of randomize exposures) which makes a true experiment possible. Collectively, such situations can be regarded as quasi-experimental designs."[723] Dieser Definitionsversuch geht indes auch sehr weit, da er auch Untersuchungen als Quasi-Experimente wertet, bei denen eine Kontrollierbarkeit der unabhängigen Variable nicht gegeben ist[724]. Auch würde in diesem Fall das Quasi-Experiment dem Ex-Post-Facto-Design sehr ähneln, bei dem kein gezieltes *treatment* möglich ist. Bei mangelnder Kontrollierbarkeit der unabhängigen Variable sind kausaltheoretische Schlüsse allerdings nicht mehr möglich, da die gefundenen Ergebnisse zu mehrdeutig sind[725]. Zur besseren Unterscheidung sollten daher als Quasi-Experiment nur solche Designs gelten, bei denen die unabhängige Variable kontrollierbar ist[726]. Damit erfüllt das Quasi-Experiment zwei der drei Kriterien für das ideale Design. Es wird eine kausaltheoretische Hypothese überprüft, und der Versuchsleiter hat die Möglichkeit zur Beeinflussung der unabhängigen Variable. Entscheidender Unterschied zum Experiment ist damit die fehlende Randomisierung[727]. Die Probanden der Experimentalgruppe unterscheiden sich von denen der Kontrollgruppe in der zu testenden unabhängigen Variable und zusätzlich in mindestens einer weiteren Variable, die zu der Gruppenbildung geführt hat[728]. Der Unterschied in nur einer weiteren Variable wäre schon der Idealfall in einem Quasi-Experiment. In der Regel unterscheiden sich die Probanden in einer Vielzahl weiterer Faktoren, die einen Einfluss auf das Ergebnis haben können. Die Zuteilung zu der jeweiligen Gruppe erfolgt bei einem Quasi-Experiment nicht aufgrund von Zufallsgesichtspunkten, sondern ist bei Versuchsbeginn bereits vorgegeben. Es kann daher nicht ausgeschlossen werden, dass die Ergebnisse hinsichtlich der abhängigen Variable neben der getesteten unabhängigen Variable auch von der zur Gruppenbildung führenden Störvariable abhängen[729].

---

[722]   *Farrington*, Experiments (Fn. 698), S. 262; *Schnell/Hill/Esser*, Methoden (Fn. 707), S. 223 ff.

[723]   *Campbell/Stanley*, Designs (Fn. 705), S. 34.

[724]   So auch: *Sedlmeier/Renkewitz*, Forschungsmethoden (Fn. 709), S. 177.

[725]   *Sarris/Reiß*, Leitfaden (Fn. 698), S. 72; *Döring/Bortz*, Forschungsmethoden (Fn. 701), S. 199.

[726]   *Sarris/Reiß*, Leitfaden (Fn. 698), S. 65; *Sedlmeier/Renkewitz*, Forschungsmethoden (Fn. 709), S. 176; *Schnell/Hill/Esser*, Methoden (Fn. 707), S. 220.

[727]   *Hager*, Grundlagen (Fn. 697), S. 72; *Hoffmann-Holland*, Modellgedanke (Fn. 700), S. 41; *Döring/Bortz*, Forschungsmethoden (Fn. 701), S. 199; *Sedlmeier/Renkewitz*, Forschungsmethoden (Fn. 709), S. 176.

[728]   *Hager*, Grundlagen (Fn. 697), S. 72, 110.

[729]   *Hager*, Grundlagen (Fn. 697), S. 72, 111; *W.R. Shadish/T.D. Cook/D.T. Campbell*, Experimental and Quasi-Experimental Designs for Generalized Causal Inference, Boston 2002, S. 14.

Zur Kontrolle der *confounder* werden vor allem zwei Techniken angewendet, das Parallelisieren (s. dazu bereits unter D.I.1.a) Experiment) und das Konstanthalten[730]. Beim Konstanthalten werden identifizierte Störvariablen bei der finalen Auswertung außen vor gelassen. Personen, die diese Störvariable aufweisen, werden im Ergebnis nicht berücksichtigt. Daneben können Störvariablen auch in mehrfaktorielle Pläne eingestellt und dann als gesonderter Faktor berücksichtigt werden[731]. All diesen Kontrolltechniken ist gemein, dass sie sich nur auf Störvariablen beziehen, die dem Versuchsleiter bekannt sind. In der Regel gibt es jedoch eine nicht überschaubare Anzahl von möglichen Störvariablen, sodass diese nicht alle durch die genannten Kontrolltechniken kontrolliert werden können. Damit besteht beim Quasi-Experiment aufgrund fehlender Randomisierung stets die Möglichkeit, dass andere als die getesteten unabhängigen Variablen auf das Ergebnis von Einfluss waren. Umso wichtiger ist bei Quasi-Experimenten die Durchführung im Pre-Post-Test-Design. Zeitreihenmessungen sind die effektivste Möglichkeit der Durchführung eines Quasi-Experiments[732]. Dabei sollten mindestens drei Messzeitpunkte vorhanden sein. Der nur schwer zu kontrollierende Einfluss der *confounder* bedingt auch die geringere interne Validität gegenüber dem Experiment[733].

Neben diesen Nachteilen hat das Quasi-Experiment allerdings auch einige Vorteile, die es zu einem wertvollen Instrument der empirischen Forschung machen. Zum einen weist das Quasi-Experiment eine höhere externe Validität auf als das echte Experiment[734]. Dies ist vor allem dadurch bedingt, dass Quasi-Experimente weniger an idealisierte Bedingungen geknüpft sind und somit einen engeren Bezug zur realen Welt aufweisen. Darüber hinaus kann das Quasi-Experiment immer dann zur Anwendung kommen, wenn es sich aus ethischen Gründen verbietet, ein Experiment durchzuführen. Gerade im strafrechtlichen Bereich und bei der Evaluation von Sanktionen kommt dem Quasi-Experiment eine übergeordnete Bedeutung zu. Das Quasi-Experiment kann auch bei vorselektierten Stichproben noch ansetzen und hier verwertbare Ergebnisse produzieren. Dieses Design nähert sich hinsichtlich der Interpretierbarkeit und der Wertigkeit der Befunde dem Experiment bestmöglich an, vor allem, wenn vorhandene Störgrößen entsprechend kontrolliert werden[735]. Solange bei der Interpretation der Ergebnisse eines Quasi-Experiments berücksichtigt wird, dass Störvariablen nicht ganz ausgeschlossen werden können, aber zugleich alles dafür getan wird, diese zu kontrollieren, kann das Quasi-Experiment mit einigem Erfolg in der empirischen Forschung eingesetzt werden[736]. Dies betrifft vor allem die Bereiche der Evaluation politisch-administrativer Maßnahmen und im spezielleren die Evaluation von Gesetzes- und Vollzugsmaßnahmen[737]. Bedeutung kann dem Quasi-Experiment

---

[730]   *Döring/Bortz*, Forschungsmethoden (Fn. 701), S. 200; *Schnell/Hill/Esser*, Methoden (Fn. 707), S. 209 ff.
[731]   *Döring/Bortz*, Forschungsmethoden (Fn. 701), S. 710.
[732]   *Hoffmann-Holland*, Modellgedanke (Fn. 700), S. 42; *S. Hertel/J. Klug/B. Schmitz*, Quasi-experimentelle Versuchspläne, in: Holling/Schmitz, Handbuch (Fn. 698), S. 49 (57).
[733]   *Döring/Bortz*, Forschungsmethoden (Fn. 701), S. 199; *Sedlmeier/Renkewitz*, Forschungsmethoden (Fn. 709), S. 177; *Hertel/Klug/Schmitz*, Versuchspläne (Fn. 732), S. 53.
[734]   *Sarris/Reiß*, Leitfaden (Fn. 698), S. 65; *Hertel/Klug/Schmitz*, Versuchspläne (Fn. 732), S. 52.
[735]   *Hager*, Grundlagen (Fn. 697), S. 111; *Shadish/Cook/Campbell*, Designs (Fn. 729), S. 161.
[736]   *Sarris/Reiß*, Leitfaden (Fn. 698), S. 65; *Schnell/Hill/Esser*, Methoden (Fn. 707), S. 220.
[737]   *Schumann*, Experimente (Fn. 98), S. 503; *Hertel/Klug/Schmitz*, Versuchspläne (Fn. 732), S. 49.

auch als Ergänzung zu einem Experiment zukommen. Dadurch stehen dem Versuchsleiter weitere Ergebnisse zur Verfügung, die zu einer Überprüfung der Befunde aus dem Experiment dienen können[738]. Letztlich kann das Quasi-Experiment in jedem Fall im Sinne der Falsifikationslogik von *Popper*[739] genutzt werden. Da nach dieser Logik eine These nur falsifiziert, aber nicht verifiziert werden kann, können die Ergebnisse von Quasi-Experimenten dazu anhalten, die gefundenen Ergebnisse weiter zu überprüfen und alternative Erklärungen zu finden[740]. Auch dieses Vorgehen liefert einen wichtigen Beitrag für die wissenschaftliche Forschung.

c) Fazit („Sherman Report")

Beim „Sherman Report"[741] handelt es sich um einen Bericht an den U.S. Kongress, dessen Aufgabe es war, die Effektivität von Kriminalitätsbekämpfungsstrategien zu bewerten. Darüber hinaus findet sich in dem Bericht aber auch eine Evaluation der empirischen Erhebungsmethoden solcher Daten, die einen guten Leitfaden bietet, um zu bewerten, welche Methoden angewendet werden müssen, um verwertbare Ergebnisse zu erhalten. Auch der „Sherman Report" enthält drei Gütekriterien für Studiendesigns, die den in Abschnitt C.I.1.a) Experiment gezeigten sehr ähneln. Namentlich handelt es sich bei den Voraussetzungen, die der „Sherman Report" nennt, um:[742]

1) reliable and statistically powerful measures and correlations (including adequate sample sizes and response rates),

2) temporal ordering of the hypothesized cause and effect – so that the program „cause" comes before the crime prevention „effect", and

3) valid comparison groups or other methods to eliminate other explanations, such as „the crime rate would have dropped anyway."

Sind alle drei Kriterien erfüllt, haben die Ergebnisse der jeweiligen Studie starke Beweiskraft, sind nur die ersten beiden Kriterien erfüllt, besteht eine moderate Beweiskraft, und ist nur Kriterium Nummer eins erfüllt, eine schwache Beweiskraft[743]. Der „Sherman Report" unterteilt Studien in fünf Klassifikationen, deren Güte von eins bis fünf zunimmt[744]:

1) Correlation between a crime prevention program and a measure of crime or crime risk factors.

2) Temporal sequence between the program and the crime or risk outcome clearly observed, or a comparison group present without demonstrated comparability to the treatment group.

---

738   *Cook/Campbell*, Quasi-Experimentation (Fn. 721), S. 386.
739   *K. Popper*, Logik der Forschung, 1935.
740   *Shadish/Cook/Campbell*, Designs (Fn. 729), S. 15.
741   *L.W. Sherman u.a.*, Preventing Crime, College Park 1997.
742   *Sherman*, Crime (Fn. 741), S. 35.
743   *Sherman*, Crime (Fn. 741), S. 35.
744   *Sherman*, Crime (Fn. 741), S. 36.

3) A comparison between two or more units of analysis, one with and one without the program.

4) Comparison between multiple units with and without the program, controlling for other factors, or a nonequivalent comparison group has only minor differences evident.

5) Random assignment and analysis of comparable units to program and comparison groups.

Für eine Klassifikation nach 3) muss die Studie eine Kontroll- oder Vergleichsgruppe aufweisen, damit alternative Erklärungen für die abhängige Variable ausgeschlossen werden können[745]. Es sollte versucht werden, offensichtliche Unterschiede in beiden Gruppen zu kontrollieren und die Qualität der Messung zu berücksichtigen. Handelt es sich hingegen um mehr als eine kleine Anzahl vergleichbarer oder sogar randomisierter Fälle, kommt eine Einstufung nach 4) in Betracht[746]. Um eine Einteilung nach 5) zu erreichen, muss das Forschungsdesign eine große Gruppe an Probanden aufweisen, deren Aufteilung durch Randomisierung erfolgt[747]. Die Empfehlungen des Reports hinsichtlich der Verwendbarkeit bzw. Interpretierbarkeit von Untersuchungen laufen unter den Stichwörtern „What Works", „What Doesn't Work", „What's Promising" und „What's Unknown"[748]. „What Works" bezeichnet Untersuchungen, die zu dem Ergebnis kommen, dass die zugrunde liegende Maßnahme als kriminoresistenter Faktor gewertet werden kann. „What Doesn't Work" bezieht sich als Gegenstück darauf, dass die Maßnahmen keine solche Wirkung entfalten können. Gemein ist diesen beiden Kategorien, dass die Untersuchungsergebnisse einen eindeutigen Schluss zulassen. Hier ist davon auszugehen, dass die gefundenen Zusammenhänge tatsächlich existieren und dass diese auch auf andere, ähnlich gelagerte Sachverhalte übertragbar sind[749]. Um diesen Status zu erreichen, müssen Untersuchungen mindestens zwei Studien der Klassifikation 3) beinhalten, deren Ergebnisse einen statistisch relevanten Effekt nachweisen und bei denen der weit überwiegende Teil der vorhandenen Daten denselben Schluss zulässt. „What's Promising" beinhaltet Studien, deren Beweiskraft zu schwach ist für eine eindeutige Interpretation der Ergebnisse und die auch keine Generalisierbarkeit aufweisen[750]. Allerdings deuten in diesen Studien die Daten in eine bestimmte Richtung und rechtfertigen weiteren Forschungsaufwand. Hier muss mindestens eine Studie der Klassifikation nach 3) vorhanden sein, die einen statistisch relevanten Effekt aufweist und bei der der weit überwiegende Teil der Datenlage einen bestimmten Schluss zulässt. Unter „What's Unknown" fallen alle anderen Studien[751]. Hier besteht keine Interpretierbarkeit der Ergebnisse. Es kann nicht gesagt werden, ob Veränderungen der abhängigen Variable tatsächlich auf das *treatment* zurückzuführen sind oder ob Störvariablen dafür verantwortlich sind. Experimente sind danach der höchsten Klassifikation 5) zuzuordnen und Quasi-Experimente der Stufe 4). Damit liegen beide Designs über den Mindestanforderungen von Stufe 3). Ergebnisse von Studien mit experimentellem oder quasi-experimentellem Design können daher immer unter „What Works" oder „What Doesn't Work" eingeordnet werden. Evaluationen von

---

[745] *Sherman*, Crime (Fn. 741), S. 35.
[746] *Sherman*, Crime (Fn. 741), S. 35 f.
[747] *Sherman*, Crime (Fn. 741), S. 36.
[748] *Sherman*, Crime (Fn. 741), S. 37.
[749] *Sherman*, Crime (Fn. 741), S. 37.
[750] *Sherman*, Crime (Fn. 741), S. 37.
[751] *Sherman*, Crime (Fn. 741), S. 37.

Gesetzen, Sanktionen oder anderen Vollzugsmaßnahmen durch Experimente und Quasi-Experimente liefern Ergebnisse, von denen verwendbare Rückschlüsse auf die Effektivität der evaluierten Maßnahme gezogen werden können und deren Ergebnisse zudem generalisierbar sind. Diese beiden Forschungsdesigns bieten den qualitativ höchsten Standard in der empirischen Forschung. Diese Erkenntnis sollte dazu führen, dass empirische Erhebungen stets eines dieser beiden Designs aufweisen oder sogar eine Kombination beider Methoden.

2. Datenlage

Hinsichtlich der Datenlage ist zunächst darauf hinzuweisen, dass es kaum Untersuchungen gibt, die dem Idealtypus entsprechen. Echte Experimente finden sich in der ausgewerteten Literatur nicht. Dies liegt vor allem an den erwähnten rechtlichen und ethischen Grenzen solcher Erhebungen im Bereich der Rechtswirkungsforschung[752]. Einzig eine Untersuchung von *Reuband* weist eine Klassifikation nach 3) auf, da hier eine Kontrollgruppe vorhanden ist[753]. Die Daten stammen allerdings aus den Jahren 1971/1973, sodass eine Übertragbarkeit der Ergebnisse auf die heutige Zeit nicht gegeben sein muss. Zudem handelt es sich bei dieser Studie, ebenso wie bei allen anderen, um eine Befragungsstudie. Von einem quasi-experimentellen Design kann also ebenfalls nicht gesprochen werden, da die Setzung des *treatments* nicht durch den Versuchsleiter erfolgen kann. Dieses wird lediglich retrospektiv erhoben. Hier besteht immer die Gefahr, dass das Ergebnis durch das Antwortverhalten und durch das Erinnerungsvermögen verzerrt wird. Die Rückschlüsse, die aus den vorhandenen Daten gezogen werden, sind also mit Vorsicht zu genießen und können lediglich als richtungsweisend bezeichnet werden. Kausale Schlüsse lassen sich nicht formulieren. Die Datenlage liegt damit irgendwo zwischen „Whats's Promising" und „What's Unknown". Eine Auswertung der vorhandenen Untersuchungen ist dadurch jedoch nicht obsolet. Die Defizite müssen lediglich bei der Interpretation der Ergebnisse berücksichtigt werden. Die vorhandenen Befragungsstudien beziehen sich vor allem auf zwei Situationen: Die des ersten Drogenangebots und die der Beendigung des Drogenkonsums. Gefragt wurde jeweils nach den Beweggründen dafür, das erste Angebot abzulehnen/anzunehmen bzw. mit dem Drogenkonsum aufzuhören. Um die Effektivität der aktuellen Rechtslage zu beurteilen, spielen vor allem Beweggründe eine Rolle, die sich auf den Legalstatus von Cannabis und die Abschreckungswirkung des Betäubungsmittelgesetzes beziehen. Ebenso soll versucht werden, eine eventuell vorhandene, normvalidierende Funktion des Betäubungsmittelgesetzes sichtbar zu machen.

In einer Befragung der Bundeszentrale für gesundheitliche Aufklärung lehnten von den 12- bis 25-Jährigen 82% das erste Drogenangebot ab[754]. Bei der angebotenen Droge handelte es sich zu 89% um Cannabis. „Kein Interesse" war mit 43% die am häufigsten gegebene Antwort, gefolgt von Angst vor Sucht (20%) und Unsicherheit/Angst vor der unmittelbaren Wirkung des

---

[752] Siehe dazu auch: A. *Kreuzer*, Evaluation drogenpolitischer Modelle einer „Harm Reduction", in: Lösel/Bender/Jehle, Kriminologie (Fn. 85), S. 115 (120).
[753] K.-H. *Reuband*, Soziale Determinanten des Drogengebrauchs, 1994, S. 245.
[754] Bundeszentrale für gesundheitliche Aufklärung (Hrsg.), Die Drogenaffinität Jugendlicher in der Bundesrepublik Deutschland 2004, 2004, S. 22.

Rausches (19%). Die Angst vor Strafverfolgung spielte mit 6% dagegen nur eine sehr geringe Rolle. Dieses Antwortverhalten deutet darauf hin, dass der Legalstatus für die Konsumentscheidung keine besondere Rolle spielt. Zu berücksichtigen ist aber, wie immer bei retrospektiven Befragungen, dass die Situation des ersten Drogenangebots eventuell nicht mehr richtig erinnert werden kann. Die Gründe, die zu diesem Zeitpunkt eine Rolle gespielt haben, erscheinen in der Erinnerung eventuell verzerrt. Zudem ist es möglich, dass die Angst vor Strafverfolgung von Jugendlichen ungern zugegeben und deshalb weniger häufig genannt wird. Darüber hinaus werden die Sachverhalte aus dem Lebenszusammenhang gerissen, was es ebenfalls erschwert, Antworten richtig einzuordnen[755].

Zu ähnlichen Ergebnissen wie die Bundeszentrale für gesundheitliche Aufklärung kommen zwei Befragungen von *Kemmesies*. Zunächst wurde nach den wichtigsten Einflussinstanzen bezüglich des Nicht-Konsums bestimmter Substanzen gefragt. Für *Non-User* spielten mit etwas über 40% Medieninformationen die größte Rolle, gefolgt von der Familie mit knapp unter 40%[756]. Das Drogenverbot war nur für 15% der *Non-User* die wichtigste Einflussinstanz. Darüber hinaus gaben nur 20% der Nicht-Konsumenten an, dass das Drogenverbot jemals eine Rolle bei der Entscheidung gespielt hat, ein Drogenangebot abzulehnen[757]. In der zweiten Befragung sollten die Probanden auf einer fünfstufigen Skala angeben, inwieweit die jeweiligen Gründe eine Rolle gespielt haben, bislang keine illegalen Drogen genommen zu haben[758]. Kein Interesse war auch hier die meistgenannte Antwort. Etwa 65% der Befragten gaben dies als Grund an, bisher keine illegalen Drogen genommen zu haben. Der Mittelwert auf der Skala von eins bis fünf lag bei 3,9. Mit Angst vor der Wirkung (über 60% und 3,8) und Angst vor Abhängigkeit (knapp unter 50% und 3,2) rangieren die gesundheitlichen Gründe auf den nachfolgenden Plätzen. Auch dies entspricht den Befunden der Bundeszentrale für gesundheitliche Aufklärung. Das Drogenverbot wurde von weniger als einem Fünftel der Probanden als Grund genannt, keine Drogen konsumiert zu haben. Auf der Skala erreicht das Verbot auch nur eine 2,2. In dieselbe Richtung geht die Studie von *Peterson/Wetz* aus dem Jahre 1975[759]. Nach den Gründen dafür gefragt, keine Rauschmittel zu nehmen, antworteten 75,2% der Schüler, dass sie keine Drogen bräuchten[760]. 57,1% hatten Angst vor gesundheitlichen Schäden und 30,3% hatten Angst, den Konsum innerlich nicht zu verkraften. Auch hier wird wieder die herausragende Stellung der gesundheitlichen Aspekte deutlich. Angst vor strafrechtlicher Verfolgung wurde nur von 7,4% der Schüler als Grund genannt. Damit zeigen die Befragungen von Nicht-Konsumenten ein einheitliches Bild. Der Mangel an Interesse steht stets im Vordergrund, gefolgt von gesundheitlichen Gründen. Angst vor Strafe oder Strafverfolgung wird nur von einem geringen Prozentsatz als Motiv genannt. Dies entspricht den Befunden zur negativen General- und Spezialprävention (dazu bereits unter B.III. Die generalpräventive Wirkung des Strafrechts/B.IV.

---

[755] S. *Hill*, Verbotene Früchte: Cannabiskonsum – Ein soziales Problem?, 2002, S. 18.
[756] *f*, Rausch (Fn. 532), S. 128.
[757] *Kemmesies*, Rausch (Fn. 532), S. 126.
[758] *Kemmesies*, Rausch (Fn. 532), S. 137.
[759] *B. Peterson/R. Wetz*, Drogenerfahrung von Schülern, 1975.
[760] *Peterson/Wetz*, Drogenerfahrung (Fn. 759), S. 44.

Die spezialpräventive Wirkung des Strafrechts). Gerade im Bereich des Betäubungsmittelkonsums lässt sich ein Abschreckungseffekt von Strafe kaum erwarten.

Neben die bereits genannten methodischen Schwierigkeiten bei der Interpretation solcher Befragungsstudien tritt noch ein weiterer Aspekt, der das Antwortverhalten beeinflussen kann. Die Angst vor Strafe kann sich unter Umständen auch in einem Mangel an Interesse widerspiegeln[761]. Dieser Prozess kann unbewusst verlaufen, sodass den Probanden die wahren Gründe für ihr mangelndes Interesse verborgen bleiben. Die Furcht vor Strafe stellt dann eine moderierende Variable dar. Das Betäubungsmittelgesetz würde nach dieser These, vermittelt über die Furcht vor Strafe, ein Desinteresse begründen. Möglich ist jedoch auch, dass die Regelungen des Betäubungsmittelgesetzes eine normvalidierende Funktion entfalten und so im Sinne der positiven Generalprävention auf ein Desinteresse an Betäubungsmitteln hinauslaufen (dazu bereits unter B.III.2. Positive Generalprävention). Die Kenntnis der Rechtslage als Grundvoraussetzung für das Wirksamwerden von Strafe ist im Betäubungsmittelbereich jedenfalls überdurchschnittlich häufig gegeben[762]. Die empirischen Daten sowohl zur General- als auch zur Spezialprävention deuten allerdings darauf hin, dass das Betäubungsmittelstrafrecht kaum normvalidierende Funktionen bzw. Abschreckungswirkungen aufweist (B.III.2. Positive Generalprävention/B.IV.3. Empirische Befunde). Es lässt sich also nicht feststellen, ob, und wenn ja, in welchem Maße, ein mangelndes Interesse Drogen zu nehmen auf eine normvalidierende Funktion des Betäubungsmittelgesetzes oder dessen Abschreckungswirkung zurückzuführen ist[763].

Neben Befragungen hinsichtlich der Gründe für das Ablehnen von Drogenangeboten gibt es solche, die nach den Gründen für das Beenden des begonnenen Drogenkonsums fragen. Methodisch ist hier zu berücksichtigen, dass häufig keine einheitliche Operationalisierung erfolgt[764]. So existiert kein standardisierter Zeitraum, in dem nicht mehr konsumiert werden muss, damit der Konsum als eingestellt gilt. Auch die Frequenz des vorherigen Konsums, damit jemand als Konsument gilt, ist nicht studienübergreifend definiert. So können, *Kleiber/Söllner* folgend, nur Konsumenten mit manifesten Konsummustern aus dem Konsum aussteigen[765]. Probierer und Gelegenheitskonsumenten setzen dagegen den Konsum lediglich nicht fort, wenn sie sich entschließen, in Zukunft nicht mehr zu konsumieren. In ihrer Studie galten nur solche Probanden als Ex-Konsumenten, die zuvor ein manifestes Konsummuster aufwiesen und bei denen der letzte Konsum mindestens drei Monate her war[766]. Die aktuellen Konsumenten müssen dagegen nur einen einmaligen Konsum aufweisen, um als solche zu gelten. Untersucht wurden schließlich cannabisbezogene Komplikationen in Abhängigkeit vom Konsumstatus. Daraus sollte ein Rückschluss auf mögliche Gründe für die Beendigung des Konsums gezogen

---

[761] *Peterson/Wetz,* Drogenerfahrung (Fn. 759), S. 44; *Kemmesies,* Rausch (Fn. 532), S. 140.
[762] *Kemmesies,* Rausch (Fn. 532), S. 123; *K.-H. Reuband,* Prävention durch Abschreckung?, in: K. Mann/U. Havemann-Reinecke/R. Gassmann (Hrsg.), Jugendliche und Suchtmittelkonsum, 2007, S. 209 (217).
[763] *Reuband,* Prävention (Fn. 762), S. 209.
[764] *Kleiber/Söllner,* Cannabiskonsum (Fn. 370), S. 163 f.
[765] *Kleiber/Söllner,* Cannabiskonsum (Fn. 370), S. 164.
[766] *Kleiber/Söllner,* Cannabiskonsum (Fn. 370), S. 166.

werden. Signifikante Unterschiede zwischen ehemaligen Konsumenten und aktuellen Konsumenten bestehen vor allem bei Problemen im sozialen Nahbereich und bei gesundheitlichen Beeinträchtigungen. Hier weisen ehemalige Konsumenten deutlich häufiger Probleme auf als aktuelle Konsumenten. Somit könnten diese Faktoren auf die Beendigung des Konsums einen Einfluss gehabt haben[767]. Allerdings weisen die Autoren darauf hin, dass die Konsumdauer von Ex-Konsumenten und aktuellen Konsumenten fast gleich lang war, sodass von einer hohen physischen und psychischen Vulnerabilität der ehemaligen Konsumenten auszugehen ist[768]. Werden also von Ex-Konsumenten physische oder psychische Beschwerden als Gründe für die Beendigung angegeben, liegt dies nicht unbedingt an der Wirkung des Cannabis. Kein Unterschied besteht allerdings in Bezug auf „Ärger mit der Polizei". Ein solches Problem bejahten 21% der Ex-Konsumenten und 19% der aktuellen Konsumenten, ohne dass die Differenz signifikant war. Dieses Ergebnis deutet nicht darauf hin, dass negative Kontakte mit dem Justizsystem zu einer Beendigung des Konsums führen[769].

Die bereits eingangs erwähnte Studie von *Reuband*, welche als einzige ein Kontrollgruppendesign aufweist, setzt die Beendigungsgründe in Verbindung mit der Art der Auffälligkeit des Drogenkonsums. Unterschieden wird zwischen nicht bekannt, den Eltern bekannt, der Schule/dem Jugendamt bekannt und der Polizei bekannt[770]. Spitzenreiter unter den Gründen sind auch hier die Angst vor Sucht und gesundheitlichen Schäden. Die Angst, erwischt zu werden, gaben 3% derer an, deren Konsum bislang nicht aufgefallen war, 2% derjenigen, deren Eltern vom Konsum wussten, 11%, wenn der Schule oder dem Jugendamt der Konsum bekannt war und 14%, wenn der Konsum polizeibekannt war. Die Angst, erwischt zu werden, spielt nach Bekanntwerden des Konsums bei der Polizei also eine deutlich größere Rolle, als wenn der Konsum noch nicht aufgefallen war. Insgesamt scheint die Kenntnis der Polizei auf die Beendigung des Konsums jedoch nicht von übergeordnetem Einfluss zu sein[771]. Zudem liegen die Hauptgründe für die Beendigung, auch nach einem Polizeikontakt, im Wesentlichen im gesundheitlichen Bereich, gefolgt vom sozialen Nahbereich. Diese Verteilung unterscheidet sich nicht von den Antworten der Probanden, deren Konsum bislang nicht aufgefallen war. Man kann jedoch sagen, dass sich Nicht-Konsumenten mehr von der Rechtslage beeinflussen lassen als Drogenprobierer/Gelegenheitskonsumenten und diese wiederum mehr als Dauerkonsumenten[772]. Mit zunehmender Manifestation des Konsums sinkt also die Wahrscheinlichkeit, dass der Legalstatus den Konsum beeinflussen kann.

Mehrere Untersuchungen zeigen zudem, dass gestillte Neugier ein weit verbreiteter Grund für die Beendigung des Konsums ist, auch wenn bei diesen Studien zu berücksichtigen ist, dass die

---

[767]   *Kleiber/Söllner,* Cannabiskonsum (Fn. 370), S. 173.
[768]   *Kleiber/Söllner,* Cannabiskonsum (Fn. 370), S. 173.
[769]   So auch: *D.B. Kandel/V.H. Raveis,* Cessation of Illicit Drug Use in Young Adulthood, in: Archives of General Psychiatry 46 (1989), S. 109 (109 ff.).
[770]   *Reuband,* Determinanten (Fn. 753), S. 245.
[771]   *Reuband,* Determinanten (Fn. 753), S. 244.
[772]   *Reuband,* Determinanten (Fn. 753), S. 241; *Kleiber/Söllner,* Cannabiskonsum (Fn. 370), S. 164; *Kemmesies,* Rausch (Fn. 532), S. 128.

Definition von Ex-Konsumenten, wie sie *Kleiber/Söllner* vorschlagen, nicht durchweg angewendet wird[773]. Es wird zudem nicht zwischen der Beendigung von manifesten Konsummustern und der Nichtweiterführung durch Probierer/Gelegenheitskonsumenten unterschieden. Gemein ist den Untersuchungen, dass die Angst vor Strafverfolgung ein nachrangiges Motiv für die Beendigung des Konsums bildet. Auch eine Untersuchung von *Reuband*, die den Einfluss verschiedener Variablen auf die Konsumbereitschaft und die letzte Drogeneinnahme zum Untersuchungsgegenstand hatte, deutet stark in die Richtung, dass das Strafrecht eine marginale Relevanz aufweist[774]. Sowohl das Verhaftungsrisiko als auch die Strenge der Sanktion konnten weder die Konsumbereitschaft beeinflussen noch waren sie ausschlaggebend für die letzte Drogeneinnahme. Unmittelbar danach gefragt, ob die aktuelle Rechtslage vorteilhaft oder nachteilig ist, gaben in Amsterdam 63% und in Bremen 78% an, dass die Rechtslage keine Rolle spiele[775]. Weiterhin gaben in einer amerikanischen Studie 69% der High School Seniors an, dass sie Marihuana auch dann nicht konsumieren würden, wenn es legalisiert würde[776].

Ein Grund, der dafür verantwortlich sein könnte, dass das Strafrecht und die Strafverfolgung keinen hemmenden Einfluss auf den Konsum ausüben, ist, dass dem Verbot von Cannabis der Reiz des Verbotenen (*forbidden fruit effect*) inhärent ist[777]. Gerade bei Jugendlichen kann im Rahmen der Adoleszenz der Konsum von Cannabis als Abgrenzung gegenüber den Eltern und der Gesellschaft gesehen werden (dazu auch unter E.I.3.b) *Peers*/E.II. Ubiquität und Spontanbewährung). Soweit ein solcher Reiz vom Betäubungsmittelgesetz ausgeht, wirkt dieser eher konsumfördernd. Diese potentielle Wirkung steht im völligen Gegensatz zu einer erwarteten normvalidierenden oder abschreckenden Wirkung des Verbotes. Inwieweit der „Reiz des Verbotenen" als Konsummotiv tatsächlich besteht, kann nicht eindeutig festgestellt werden. Auszuschließen ist dies, jedenfalls unter Zugrundelegung jugendtypischer Denk- und Verhaltensweisen, nicht[778].

Hinsichtlich der Rückfälligkeit bei Verstößen gegen das Betäubungsmittelgesetz lässt sich feststellen, dass 41,8% der nach dem Betäubungsmittelgesetz Verurteilten erneut straffällig werden[779] (dazu näher unter B.IV.3. Empirische Befunde). Allerdings ist die Aussagekraft dieser Zahl sehr schwach. Es handelt sich lediglich um Hellfelddaten. Die Dunkelziffer wird gerade

---

[773] *Peterson/Wetz,* Drogenerfahrung (Fn. 759), S. 42; *L. Kraus/R. Bauernfeind,* Repräsentativerhebungen zum Gebrauch psychoaktiver Substanzen bei Erwachsenen in Deutschland 1997, in: Sucht 44 (1998) Sonderheft 1, S. 30; *P.D.A. Cohen/H.L. Kaal,* The Irrelevance of Drug Policy: Patterns and Careers of Experienced Cannabis Use in the Populations of Amsterdam, San Francisco, and Bremen, Amsterdam 2001, S. 84.
[774] *Reuband,* Entwicklung (Fn. 385), S. 199.
[775] *Cohen/Kaal,* Irrelevance (Fn. 773), S. 108.
[776] *L.D. Johnston/P.M. O´Malley/J.G. Bachman,* Drug Use, Drinking and Smoking, Rockville 1989, S. 144.
[777] Mitteilung des Senats der Hansestadt Hamburg an die Bürgerschaft im Rahmen eines Konzeptes zur Drogenbekämpfung (Bürgerschaft der Freien und Hansestadt Hamburg Drucks. 13/5196, 13. Wahlperiode, S. 17); *Kemmesies,* Rausch (Fn. 532), S. 123, 140; *MacCoun/Reuter,* Drug (Fn. 93), S. 89.
[778] *MacCoun/Reuter,* Drug (Fn. 93), S. 89 f. m.w.N.
[779] *Jehle u.a.,* Legalbewährung (2013) (Fn. 234), S. 112.

im Betäubungsmittelbereich deutlich höher liegen. Zudem handelt es sich nicht um eine einschlägige Rückfälligkeit, sodass die erneute Verurteilung nicht in Zusammenhang mit Betäubungsmitteln gestanden haben muss. Eine einschlägige Rückfälligkeit wurde in der Schweiz ermittelt und liegt dort nach erfolgter Verurteilung bei 11% bzw. nach erfolgtem Strafvollzug bei 16%[780]. Aber auch von diesen Zahlen kann nicht darauf geschlossen werden, dass die Umsetzung eines Verbotes in der Schweiz als Erfolg beurteilt werden kann. Auch hier handelt es sich um Hellfelddaten, die keinen zuverlässigen Zusammenhang zwischen Sanktion und Legalbewährung zulassen (s. dazu auch unter B.IV.3. Empirische Befunde).

Insgesamt kann zunächst festgestellt werden, dass die Datenlage im Bereich der Wirkungsforschung des Betäubungsmittelgesetzes deutlich zu dünn ist, um verlässliche Aussagen zu treffen. Es fehlt vor allem an methodisch validen Untersuchungen wie Experimenten und Quasi-Experimenten. Zudem gibt es bislang keine Studien, die formelle und informelle Einflüsse sozialer Kontrolle untersuchen und diese in ihrer Wirksamkeit vergleichen[781]. Hier besteht großer Nachholbedarf[782]. Die vorhandenen Daten deuten allerdings insgesamt in dieselbe Richtung. Danach scheint die Rolle des Strafrechts sowohl bei Konsumbeginn als auch bei Konsumbeendigung von untergeordneter Bedeutung. Nur ein sehr geringer Prozentsatz der Befragten gab jeweils an, dass ein Verbot für ihn von Relevanz war. So ist sich die Literatur im Wesentlichen darüber einig, dass die Effektivität des Strafrechts, im Bereich des Betäubungsmittelrechts, als marginal zu bezeichnen bzw. gar nicht vorhanden ist[783]. Andere gehen sogar davon aus, dass ein strafrechtliches Verbot kontraproduktiv ist[784]. Die Befunde zur Analyse der Individualdatenlage decken sich folglich mit den Ergebnissen zu den empirischen Befunden der Spezialprävention (B.IV.3. Empirische Befunde). Auch dort konnte eine Wirkung des Strafrechts im individuellen Bereich nicht nachgewiesen werden. Allerdings besteht weiter die Möglichkeit eines moderierenden spezialpräventiven Einflusses, auch wenn dieser ebenfalls nicht nachgewiesen werden kann[785]. Ein solcher kann sich in einem mangelnden Interesse an Drogen widerspiegeln oder vermittelt über Personen des sozialen Nahbereichs auf den Konsumenten wirken. Verfahren gegen Konsumenten erscheinen nur sinnvoll, soweit hier spezialpräventiver Bedarf besteht[786]. Dieser kann insbesondere gegeben sein, wenn eine Therapie angezeigt ist. Dies wird allerdings bei Konsumenten von Cannabis ohne manifestes Konsummuster nur äußerst selten der Fall sein. Eine Zusammenschau der Individualdatenlage weist, unter Berücksichtigung aller methodischen Schwierigkeiten der vorgefundenen Untersuchungen, in Richtung Ineffektivität der aktuellen strafrechtlichen Regelung im Umgang mit Cannabis.

---

[780] Bundesamt für Statistik, Kriminalität (Fn. 211), S. 2.
[781] *Kemmesies*, Rausch (Fn. 532), S. 35.
[782] Ebenso: *Kreuzer*, Therapie (Fn. 342), S. 1507.
[783] *Büttner*, Bewertung (Fn. 501), S. 114, 135; *K.-H. Reuband*, Cannabiskonsum in Westeuropa unter dem Einfluss rechtlicher Rahmenbedingungen und polizeilicher Praxis, 2001, S. 11; *Reuband*, Entwicklung (Fn. 385), S. 199.
[784] *Schumann*, Experimente (Fn. 98), S. 512; *Albrecht*, Kriminologie (Fn. 38), S. 358.
[785] *Kemmesies*, Rausch (Fn. 532), S. 37.
[786] *Hellebrand*, Jagd (Fn. 341), S. 251.

II. Analyse empirischer Aggregatdaten

Neben den Individualdaten gibt es eine zweite Kategorie von Daten, die Aggregatdaten. Dies sind „solche Merkmale von Mengen von Untersuchungseinheiten, die aus Merkmalen der einzelnen Untersuchungseinheiten abgeleitet sind."[787] Diese, den Individualdaten übergeordneten Merkmale werden häufig verwendet, um Zusammenhänge in der Soziologie und Kriminologie zu beschreiben. Probleme tauchen dabei insbesondere auf, wenn Individual- und Aggregatebene vermengt werden.

1. Das Problem des ökologischen Fehlschlusses

Bei der Verwendung von Aggregatdaten zur Untersuchung der Effektivität des Betäubungsmittelgesetzes kann es vor allem zu einem entscheidenden Problem kommen. Dieses besteht im „ökologischen Fehlschluss". Erstmals wurde dieser Effekt durch *Robinson* im Jahre 1950 beschrieben[788]. In seinem Aufsatz „Ecological Correlations and Behavior of Individuals" untersuchte er die Analphabetenrate verschiedener Staaten in den USA in Abhängigkeit von Hautfarbe und Herkunft. Er fand heraus, dass in den Staaten, in denen mehr Immigranten wohnten, die Fähigkeit, die englische Sprache zu lesen weiter verbreitet war als in Staaten, mit einem geringeren Ausländeranteil[789]. Auf bundesstaatlicher Ebene korrelierte der Ausländeranteil mit der Analphabetenrate im moderaten negativen Bereich (-.526)[790]. Je höher der Ausländeranteil eines Staates also war, desto geringer war die Analphabetenrate in eben diesem Staat. Dies bestätigte sich auf der individuellen Ebene aber gerade nicht, indem dort eine positive Korrelation gefunden wurde (.118), also ein schwacher positiver Zusammenhang zwischen den Merkmalen Ausländer und Analphabet. Es wird also fälschlicherweise davon ausgegangen, dass Zusammenhänge, die sich auf der Aggregatebene nachweisen lassen, ebenso auf der Individualebene existieren[791]. Die Forschungsfrage und damit die abhängige Variable liegen dabei auf der individuellen Ebene, während die erhobenen Daten bzw. die unabhängigen Variablen auf der Kollektivebene angesiedelt sind[792]. Dass sich auf der Ebene der Bundesstaaten eine moderate, negative Korrelation nachweisen ließ, lag gerade nicht daran, dass es die Immigranten waren, die häufiger lesen konnten. Vielmehr ist die Korrelation darauf zurückzuführen, dass die Immigranten vermehrt in Bundesstaaten zogen, in denen eine hohe Lese- und Schreibfähigkeit der Einheimischen gegeben war, da es sich um wohlhabendere Staaten handelte. Hier versprachen sich die Immigranten bessere Chancen auf eine gut bezahlte Arbeit. Probleme entstehen immer dann, wenn „the unit to which the inference refers is smaller than the unit either of observation

---

[787] *Schnell/Hill/Esser*, Methoden (Fn. 707), S. 243.
[788] *W.S. Robinson*, Ecological Correlations and Behavior of Individuals, in: American Sociological Review 15 (1950), S. 351 (351 ff.).
[789] *Robinson*, Correlations (Fn. 788), S. 354.
[790] *Robinson*, Correlations (Fn. 788), S. 354.
[791] *S. Piantadosi/D.P. Byar/S.B. Green*, The Ecological Fallacy, in: American Journal of Epidemiology 127 (1988), S. 893 (893); *D. Holtmann*, Grundlegende multivariate Modelle der sozialwissenschaftlichen Datenanalyse, 3. Aufl. 2010, S. 201; *Schnell/Hill/Esser*, Methoden (Fn. 707), S. 244.
[792] *H.J. Hummel*, Probleme der Mehrebenenanalyse, 1972, S. 85.

or of counting."[793] Dieser Umstand führt allerdings nicht dazu, dass vorhandene Aggregatdaten bei der Analyse von Zusammenhängen, die auf der Individualebene angesiedelt sind, gänzlich außen vor gelassen werden sollten. Denn genauso gut kann es sein, dass sich die auf der Aggregatebene gefundenen Zusammenhänge auch auf der Individualebene wiederfinden. Insoweit müssen die Korrelationen, die sich auf der Aggregatebene finden, dann durch die Auswertung von Daten auf der Individualebene bestätigt werden. Ist im Einzelfall über die Individuen, auf die sich die Merkmale beziehen, nichts bekannt, so ist bei einem Rückschluss von Aggregatdaten auf Zusammenhänge auf individueller Ebene Vorsicht geboten[794]. Es sollte stets berücksichtigt werden, ob nicht andere Erklärungszusammenhänge für die Korrelationen auf der Aggregatebene verantwortlich sein können[795]. So verhält es sich auch, wenn Veränderungen im strafrechtlichen Bereich oder in der Drogenpolitik mit Konsumprävalenzen in Verbindung gesetzt werden. Findet beispielsweise eine Verschärfung des Betäubungsmittelgesetzes parallel zu einer Abnahme der Konsumprävalenzen statt, kann dies zum einen auf die Wirksamkeit der Gesetzesänderung hindeuten. Auf der anderen Seite können auch *confounder* für das Sinken der Prävalenzraten verantwortlich sein. Hier kommen vor allem subkulturelle Trends, die aktuelle Verfügbarkeit der Droge oder auch veränderte Kontrollstrategien in Betracht. Möglich ist auch eine Veränderung der Prävalenzen, vermittelt über den sozialen Nahbereich[796]. So kann eine veränderte Gesetzgebung dazu führen, dass das Thema Drogenkonsum in Familien und unter *peers* verstärkt thematisiert wird und sich so die Konsumgewohnheiten ändern. Die individuellen Motive der Konsumenten, den Konsum zu beenden oder einzuschränken, können von einer abstrakten Ebene aus nicht immer zuverlässig beurteilt werden[797]. Ein direkter Einfluss der Makroebene auf die Mikroebene ist keineswegs selbstverständlich[798]. Dies liegt vor allem daran, dass sowohl auf Makro- als auch Mikroebene spezifische und nicht immer bekannte Faktoren auf das Ergebnis von Einfluss sind, die nicht ebenenübergreifend wirken[799]. Daher ist zu empfehlen, dass Studien, die die Auswirkungen einer Gesetzesänderung untersuchen wollen, auch Daten auf der Individualebene erheben. In dem genannten Beispiel müssten die Konsumenten direkt nach dem Grund der Beendigung ihres Konsums oder dem Grund dafür befragt werden, warum sie mit dem Konsum erst gar nicht beginnen. Diese Daten können dann ggf. die Aussage, dass die Gesetzesänderung für das Absinken der Konsumprävalenzen verantwortlich ist, bestätigen oder aufdecken, welche anderen Gründe hierfür verantwortlich sein können. Der Grund, warum dennoch häufig ausschließlich Aggregatdaten verwendet werden, um individu-

---

[793] *E.K. Scheuch,* Cross-National Comparisons using Aggregate Data, in: R.L. Merritt/S. Rokkan (Hrsg.), Comparing Nations, New Haven/London 1966, S. 131 (164).

[794] *Hummel,* Probleme (Fn. 792), S. 71 f.; *Schnell/Hill/Esser,* Methoden (Fn. 707), S. 244.

[795] *G. King,* A Solution to the Ecological Inference Problem, Princeton 1997, S. 3.

[796] *Hummel,* Probleme (Fn. 792), S. 72.

[797] *Reuband,* Prävention (Fn. 762), S. 210.

[798] *K.-H. Reuband,* Strafverfolgung als Mittel der Generalprävention?, in: H. Schmidt-Semisch/D. Dollinger (Hrsg.), Sozialwissenschaftliche Suchtforschung, 2007, S. 131 (132).

[799] *S. Lieberson,* Making It Count: The Improvement of Social Research and Theory, Berkeley 1985, S. 113.

elle Phänomene zu erklären, ist denkbar einfach. Häufig sind einfach keine oder nicht ausreichend individuelle Daten vorhanden[800]. Zudem ist die Erhebung auf Individualebene meist kostspielig und aufwendig, sodass der Einfachheit halber auf Aggregatdaten zurückgegriffen wird.

Bei der Verwendung von Aggregatdaten ist folglich stets zu berücksichtigen, dass Korrelationen auf der Aggregatebene nicht zwingend mit Korrelationen auf der Individualebene einhergehen. Es dürfen also nicht blind Daten verschiedener Aggregationsstufen miteinander vermengt werden[801]. Aggregatdaten sind durchaus in der Lage, Hinweise auf Korrelationen im individuellen Bereich zu liefern. Werden Aggregatdaten zur Analyse individueller Zusammenhänge genutzt, muss jedoch der zweite Blick auf die Individualebene gehen, um die zuvor gefundenen Daten zu verifizieren[802]. Daher sollten stets alle zur Verfügung stehenden Daten genutzt werden[803]. *Galtung* fasst es treffend zusammen, wenn er sagt, der ökologische Fehlschluss „consists not in making *inference* from one level of analysis to another, but in making direct *translation of properties or relations* from one level to another, i.e., making too simple inferences."[804]

2. Datenlage

Die Analyse von Interdependenzen zwischen politischen Programmen und Konsumprävalenzen für Cannabis schreitet zwar immer weiter voran, dennoch ist die Datenlage hier als nicht ausreichend einzustufen. Studien, die sich auf eine Analyse der innerdeutschen Entwicklungen beziehen, finden sich kaum. Hier ist es vor allem *Reuband,* der eine Auswertung der verschiedenen Strategien der Bundesländer im Umgang mit Cannabis vornimmt[805]. Dieser kommt zu dem Schluss, dass innerhalb von Deutschland kein Zusammenhang zwischen der drogenpolitischen Strategie und der Konsumprävalenz besteht. Ausnahmen bilden Hamburg und Bayern, die jeweils die beiden Extrempositionen besetzen. Hamburg gilt als das liberalste Bundesland, wenn es um den Umgang mit Betäubungsmittelkriminalität geht, wohingegen Bayern eine repressive Strategie verfolgt. Diese Positionen korrelieren mit den Konsumprävalenzen. So weist Hamburg hier den höchsten und Bayern den niedrigsten Wert auf[806]. Für alle anderen Bundesländer lässt sich kein konsistentes Bild zeichnen. Die Gründe hierfür können vielfältiger Natur

---

[800]. *Robinson,* Correlations (Fn. 788), S. 352; *Scheuch,* Comparisons (Fn. 793), S. 131; anders: *H. Menzel,* Comment on Robinson's Ecological Correlations and Behavior of Individuals, in: American Sociological Review 15 (1950), S. 674 (674).

[801] *G. King/R.O. Keohane/S. Verba,* Designing Social Inquiry, Princeton 1994, S. 30; *R.K. Schutt,* Investigating the Social World, 6. Aufl. Los Angeles u.a. 2009, S. 192.

[802] *King/Keohane/Verba,* Inquiry (Fn. 801), S. 31; *S.V. Subramanian/K. Jones/A. Kaddour/N. Krieger,* Revisiting Robinson: The Perils of Individualistic and Ecologic Fallacy, in: International Journal of Epidemiology 38 (2009), S. 342 (344).

[803] *Scheuch,* Comparisons (Fn. 793), S. 150 f.; *Subramanian/Jones/Kaddour/Krieger,* Robinson (Fn. 802), S. 350; anders: *Robinson,* Correlations (Fn. 788), S. 357.

[804] *J. Galtung,* Theory and Methods of Social Research, Oslo 1967, S. 45 (Hervorhebung durch Kursivierung i.O.).

[805] *Reuband,* Strafverfolgung (Fn. 798); *ders.,* Prävention (Fn. 762); *ders.,* Entwicklung (Fn. 385).

[806] *Reuband,* Strafverfolgung (Fn. 798), S. 155; *ders.,* Entwicklung (Fn. 385), S. 197.

sein. Als verantwortliche Variablen kommen vor allem soziale und kulturelle Unterschiede zwischen den verschiedenen Bundesländern in Betracht[807]. Hier sind es vornehmlich informelle Normen und Werte, welche auf den Konsum von Einfluss sein können. Traditionell finden sich in städtischen Ballungsgebieten liberalere Einstellungen gegenüber devianten Verhaltensweisen, sodass diese den Konsum von Cannabis begünstigen können[808]. Dabei ist der gesamte soziale Kontext zu berücksichtigen, in den der Konsument eingebettet ist und nicht nach einer monokausalen Verantwortlichkeit der Drogenpolitik für den Konsum zu suchen[809].

Weiter verbreitet als landesspezifische Analysen ist der internationale Vergleich von Konsumprävalenzen in Abhängigkeit von den jeweiligen drogenpolitischen Strategien. Die Untersuchungen beziehen sich vor allem auf Länder Westeuropas und die USA, da hier eine bestmögliche Vergleichbarkeit zu erwarten ist. Zusätzlich bestehen zahlreiche methodische Schwierigkeiten. Es gibt für derartige Vergleiche keine international einheitlichen Standards und Fragebögen. Unterschiedliche Übersetzungen und Definitionen von Begriffen sind eine besondere Hürde[810].

In Westeuropa spielt vor allem der Rückgang des Cannabiskonsums Ende der 70er Jahre eine Rolle. Dieses Phänomen wurde von den jeweiligen Ländern als Bestätigung für die Wirksamkeit der eigenen Drogenpolitik begriffen. So verwiesen die Vertreter der Abschreckungshypothese auf Schweden, das Mitte der 70er Jahre eine repressive Drogenpolitik installierte[811]. Vertreter einer Strategie der Entkriminalisierung verwiesen hingegen auf die Niederlande, die etwa zur selben Zeit ihr Drogenstrafrecht deutlich liberalisierten. Ein internationaler Vergleich zeigt, dass es sich bei dem Rückgang der Konsumprävalenzen um einen länderübergreifenden Vorgang handelte. In Westeuropa und den USA lässt sich ein wellenförmiges Muster bei den Cannabisprävalenzen erkennen. Auf ein Hoch Anfang der 70er Jahre folgte Ende der 70er Jahre ein Tief[812]. Ein zweites Hoch findet sich Anfang der 80er, welches seit den 1990er Jahren erneut zurückgeht. Dies legt die Vermutung nahe, dass der Rückgang unabhängig von einer innerstaatlichern – liberalen oder repressiven – Strategie erfolgte[813].

---

[807]   *Reuband,* Strafverfolgung (Fn. 798), S. 133, 156.
[808]   *Reuband,* Prävention (Fn. 762), S. 223.
[809]   *Reuband,* Entwicklung (Fn. 385), S. 192.
[810]   *K.A. Bollen/B. Entwisle/A.S. Alderson,* Macrocomparative Research Methods, in: Annual Review of Sociology 19 (1993), S. 321 (342); *K.-H. Reuband,* Drug Use and Drug Policy, in: European Addiction Research 1 (1995), S. 32 (35); *ders.,* Legalisierung oder Repression als Mittel der Drogenprävention?, in: Deutsche Hauptstelle gegen die Suchtgefahren/R. Gaßmann (Hrsg.), Cannabis, 2004, S. 213 (215).
[811]   *D.J. Korf,* Dutch Coffee Shops and Trends in Cannabis Use, in: Addictive Behaviors 27 (2002), S. 851 (852); *Reuband,* Legalisierung (Fn. 810), S. 213.
[812]   *Reuband,* Cannabiskonsum (Fn. 783), S. 56 f.; *Korf,* Coffee Shops (Fn. 811), S. 858, 860.
[813]   *K.-H. Reuband,* Drogenkonsum und Drogenpolitik, 1992, S. 61; *ders.,* Determinanten (Fn. 753), S. 78; *Korf,* Coffee Shops (Fn. 811), S. 861; *Reuband,* Legalisierung (Fn. 810), S. 214.

Danach kommen nahezu alle Studien zu dem Schluss, dass es keinen direkten Zusammenhang zwischen der Drogenpolitik eines Landes und der jeweiligen Konsumprävalenz gibt[814]. Zu denselben Ergebnissen gelangen zwei Studien, die einen Vergleich zwischen Amsterdam und San Francisco bzw. Amsterdam, San Francisco und Bremen hinsichtlich der Konsumprävalenzen vornehmen[815]. Die Städte sollen stellvertretend für das jeweilige Land stehen. Dieses Vorgehen birgt das Risiko, dass Großstädte es in der Regel nicht vermögen, ganze Länder widerzuspiegeln. Hinzu tritt der Verdacht, dass nicht hinreichend berücksichtigt wurde, dass Kalifornien und damit San Francisco ab 1996 Marihuana zu medizinischen Zwecken freigegeben hat, da San Francisco in der Studie eine repressive Drogenpolitik repräsentieren soll[816]. Die Analyse von drogenpolitischen Programmen einzelner Länder anhand von Prävalenzen einzelner Städte ist daher einigen Bedenken ausgesetzt. Untereinander sind vor allem Amsterdam und San Francisco vergleichbar. Es handelt sich um große, urbanisierte Hafenstädte mit Populationen über 700.000, deren Zusammensetzung als heterogen beschrieben werden kann[817]. Bremen ist in abgeschwächter Form mit Amsterdam und San Francisco vergleichbar, da es nur über 500.000 Einwohner verfügt und Defizite in der Urbanisierung aufweist. Für den Vergleich zwischen allen drei Städten kommen *Cohen/Kaal* zu dem Schluss, dass es derart viele Gemeinsamkeiten in Bezug auf das Konsumverhalten zwischen den Städten gibt, dass davon auszugehen ist, dass der unterschiedliche politische Umgang mit dem Thema Drogen offenbar keinen Einfluss auf den Konsum oder die Konsumumstände hat[818]. Auch die Auswertung der Daten der zweiten Studie ergab zahlreiche Parallelen zwischen Amsterdam und San Francisco. Hinsichtlich Einstiegsalter, Alter des erstmalig regelmäßigen Konsums, Alter des Höchstkonsums und Verfügbarkeit gab es keine relevanten Unterschiede[819].

Wenn also die meisten Studien zu dem Schluss kommen, dass die Drogenpolitik keinen entscheidenden Einfluss auf die Konsumprävalenzen ausübt, bleibt zu fragen, welche Faktoren dann eine Rolle spielen. Hier kommen verschiedene Erklärungen in Betracht. Zum einen ist zu vermuten, dass Cannabis-Konsumprävalenzen internationalen Trends folgen[820]. So lässt sich etwa die Hochphase des Konsums Mitte der 60er Jahre mit der Hippiebewegung erklären[821]. Cannabiskonsum war ein konstituierendes Element dieser Bewegung (siehe dazu auch C.V.1.

---

[814] *R.J. MacCoun/P. Reuter*, Interpreting Dutch Cannabis Policy, in: Science 278 (1997), S. 4 (51); *C. Eggenberger/M. Meyer*, Auswirkungen von aktuellen Veränderungen der Cannabis-Gesetzgebung auf das Konsumverhalten, 2000, S. 15; *P.J. Cook/N. Khmilevska*, Cross-National Patterns in Crime Rates, in: M. Tonry/D.P. Farrington (Hrsg.), Crime and Punishment in Western Countries, 1980-1999, Chicago 2005, S. 331 (341); *Krumdiek*, Grundlage (Fn. 291), S. 358, 362 f.; *MacCoun/Reuter*, Drug (Fn. 93), S. 96; ein anderes Ergebnis für die Schweiz: *M. Killias u.a.*, Do Drug Policies Affect Cannabis Markets?, in: European Journal of Criminology 8 (2011), S. 171 (171 ff.).

[815] *Cohen/Kaal*, Irrelevance (Fn. 773); *C. Reinarman/P.D.A. Cohen/H.L. Kaal*, The Limited Relevance of Drug Policy, in: American Journal of Public Health 94 (2004), S. 836 (836 ff.).

[816] Siehe http://www.ncsl.org/research/health/state-medical-marijuana-laws.aspx (11.5.2016).

[817] *Reinarman/Cohen/Kaal*, Relevance (Fn. 815), S. 836.

[818] *Cohen/Kaal*, Irrelevance (Fn. 773), S. 107.

[819] *Reinarman/Cohen/Kaal*, Relevance (Fn. 815), S. 840 f.

[820] *Korf*, Coffee Shops (Fn. 811), S. 864.

[821] *Reuband*, Entwicklung (Fn. 385), S. 182.

Cannabis als Protestdroge). Es liegt die Vermutung nahe, dass im Zuge der Ausbreitung dieser Bewegung von den USA über Westeuropa auch der Cannabiskonsum zunahm. Die Trends müssen allerdings nicht immer so offensichtlich zu Tage treten wie im Fall der Hippiebewegung. Gerade heutzutage können sich Trends im Jugendbereich, medial vermittelt, schneller und weniger offensichtlich verbreiten. Es ist zu vermuten, dass Trends im Betäubungsmittelbereich häufig eher im privaten Rahmen verfolgt werden. Die Protestbewegung der 60er Jahre bildet hier eine Ausnahme. Mit der Trend-These lassen sich auch die wellenförmigen Bewegungen der Konsumprävalenzen erklären. Einem Trend ist inhärent, dass dieser zunächst von wenigen Personen verfolgt wird und mit der Zeit irgendwann als „normal" gilt[822]. Anschließend flacht der Trend dann wieder ab, falls er sich nicht dauerhaft in der Gesellschaft etablieren sollte.

Verbleibende Unterschiede zwischen den jeweiligen Staaten können mit soziokulturellen Unterschieden und gesellschaftlichen Alleinstellungsmerkmalen korrelieren[823]. Staatliche Programme und drogenpolitische Strategien sind stets eingebettet in ein Netz von Instrumenten der sozialen Kontrolle, die neben formellen auch informelle Maßnahmen umfassen[824] (s. zu den verschiedenen Arten sozialer Kontrolle B.II. Soziale Kontrolle mittels Strafrecht).

Innerhalb der jeweiligen Staaten kommen soziale und kulturelle Normen auf der Meso- und Mikroebene in Betracht. Dabei ist der gesamte soziale Kontext entscheidend, in den der potentielle Konsument eingebettet ist. Sowohl der Umgang mit der Droge als auch die vorherrschenden Einstellungen zu dieser, die vom direkten sozialen Umfeld ausgehen, haben Auswirkungen auf die Konsumentscheidung[825]. Sowohl die eigene moralische Beurteilung als auch die von Freunden und Bekannten prägen die Entscheidungsfindung hinsichtlich des Cannabiskonsums an entscheidender Stelle[826]. Es sind vor allem jugendtypische, subkulturelle Normen, die auf die Konsumentscheidung Einfluss nehmen[827]. Jugendliche sind die Hauptkonsumenten von Cannabis, weshalb der in dieser Altersgruppe vorherrschenden Normstruktur besondere Bedeutung zukommt. So wird vermutet, dass der erneute Rückgang der Prävalenzen mit einem Wertewandel, weg von Autonomie und Selbstbestimmung, hin zu traditionellen Werten zusammenhängen könnte[828] (Zum Wertewandel in der Gesellschaft s. auch D.V. Wertestrukturen in der deutschen Gesellschaft). Normen innerhalb der Jugendkultur sind stetem Wandel unterzogen und heute internationaler denn je[829]. Damit verbunden ist zudem eine erhöhte Schnelllebigkeit

---

[822] *R. König*, Kleider und Leute, 1967, S. 18; *Reuband*, Drogenkonsum (Fn. 813), S. 62.

[823] *C.F. Rüter*, Die strafrechtliche Drogenbekämpfung in den Niederlanden, in: ZStW 100 (1988), S. 385 (402); *A. Blätter*, Die Funktionen des Drogengebrauchs und ihre kulturspezifische Nutzung, in: Curare 18 (1995), S. 279 (279 ff.); *Kemmesies*, Rausch (Fn. 532), S. 32; *Reinarman/Cohen/Kaal*, Relevance (Fn. 815), S. 841; *Reuband*, Strafverfolgung (Fn. 798), S. 133.

[824] *D.J. Korf*, Dutch Treat, Amsterdam 1995, S. 66; *J.E. Eck/E.R. Maguire*, Have Changes in Policing Reduced Violent Crime?, in: A. Blumstein/J. Wallman (Hrsg.), Crime Drop in America, 2000, S. 207 (249).

[825] *Reuband*, Entwicklung (Fn. 385), S. 192; speziell zur Etablierung des Marihuanakonsums in New York: *B.D. Johnson/A. Golub/E. Dunlap*, The Rise and Decline of Hard Drugs, Drug Markets, and Violence in Inner-City New York, in: Blumstein/Wallman, Crime Drop (Fn. 824), S. 164 (164 ff.).

[826] *Reuband*, Drogenkonsum (Fn. 813), S. 20 f., 61 f.

[827] *Reuband*, Legalisierung (Fn. 810), S. 214.

[828] *Reuband*, Entwicklung (Fn. 385), S. 200.

[829] *Reuband*, Cannabiskonsum (Fn. 783), S. 11.

der vertretenen Normen und Werte. Es ist davon auszugehen, dass die Abstände zwischen den Wellen in den Prävalenztrajektorien in Zukunft kürzer werden.

Gerade unter Hinzunahme der Befunde zur negativen General- und Spezialprävention scheint sich die Erwartung eines abschreckenden Effektes des Betäubungsmittelgesetzes nicht zu erfüllen (s. dazu näher unter B.III.1. Negative Generalprävention/B.IV.1. Negative Spezialprävention). Hier kommt an entscheidender Stelle zum Tragen, dass der Konsum von Cannabis vor allem als jugendspezifisches Phänomen gilt. Die Ansatzpunkte des *rational choice* vermögen es, bei dieser Altersgruppe nicht zu greifen. Rationale Aspekte stehen beim Konsum nicht im Vordergrund, und ein *commitment to conventional goals* besteht nicht in gefestigter Form. Nach der Kontrolltheorie ist es eher zu erwarten, dass das Strafrecht für Personen im Erwachsenenalter Einfluss auf die Konsumentscheidung nimmt. Aufgrund eines durchschnittlich größeren Besitzstandes an materiellen und immateriellen Gütern haben Erwachsene im Schnitt mehr zu verlieren und wägen deshalb Konsumentscheidungen sorgfältiger und rationaler ab als Jugendliche. Hier können unter Umständen leichte Effekte erwartet werden[830].

Die bisherigen Ausführungen beziehen sich vor allem auf einen direkten Effekt des Strafrechts und drogenpolitischer Programme auf die Konsumprävalenzen. Möglich ist jedoch auch ein indirekter Einfluss staatlicher Maßnahmen. So ist es denkbar, dass die strafrechtliche Regelung einen Einfluss auf die Einstellung der Bevölkerung gegenüber Drogen hat oder soziale Normen und die Verfügbarkeit von Cannabis beeinflusst[831]. Strafrecht kann als Teilaspekt der Sozialisation aufgefasst werden, der auch die moralische Beurteilung des Drogenkonsums prägt[832]. Sozialisationsaspekte des Strafrechts sind in Bezug auf Cannabis von besonderer Bedeutung, da vornehmlich Personen jüngeren Alters diese Droge konsumieren. Hier ist die Sozialisation noch nicht abgeschlossen, sodass Instanzen sozialer Kontrolle prägend sind. Vermittelt über diese Variablen ist es möglich, dass das Strafrecht einen indirekten Einfluss auf die Konsumprävalenzen hat. Bei der Beurteilung der indirekten Effekte des Strafrechts spielen vor allem Aspekte der positiven Generalprävention eine Rolle (s. dazu näher unter B.III.2. Positive Generalprävention). Die Befunde zur positiven Generalprävention lassen allerdings keine bedeutenden Effekte des Strafrechts auf das Normbewusstsein erwarten. Die mangelnde empirische Nachweisbarkeit positiv generalpräventiver Effekte lässt vermuten, dass indirekte Effekte des Strafrechts geringfügig bis nicht vorhanden sind. Möglich wäre auch eine Beeinflussung der Einschätzung der Gesundheitsgefahren durch das Strafrecht[833]. Mögliche Gesundheitsgefahren

---

[830]   *Reuband*, Drogenkonsum (Fn. 813), S. 30; *D.J. Hawkins/M.W. Arthur/R.F. Catalano*, Preventing Substance Abuse, in: M. Tonry/D.P. Farrington (Hrsg.), Building a Safer Society, Chicago 1995, S. 343 (357); *Reuband*, Strafverfolgung (Fn. 798), S. 132.

[831]   *L.D. Johnston/P.M. O'Malley/J.G. Bachman*, Marijuana Decriminalization, Ann Arbor 1981, S. 22, 25; *Reuband*, Drogenkonsum (Fn. 813), S. 22; *ders.*, Prävention (Fn. 762), S. 225.

[832]   *M. Tonry/D.P. Farrington*, Strategic Approaches to Crime Prevention, in: dies. (Hrsg.), Strategic Approaches to Crime Prevention, Chicago 1995, S. 1 (5).

[833]   *Reuband*, Drogenkonsum (Fn. 813), S. 28.

sind bei der Konsumentscheidung von großer Bedeutung (s. D.I.2. Datenlage). Es fehlt an dieser Stelle schlicht die Überprüfung anhand einer Kontrollgruppe, da das Strafrecht stets für alle Personen gilt.

Auch wenn das Fazit von *Blumstein/Tonry/v. Ness,* „cross-national differences in legal and political culture, institutional arrangements, and constitutional traditions and values shape both crime and punishment in ways that no one has yet figured out how to quantify credibly"[834] zutreffend ist, lässt sich insgesamt festhalten, dass die Daten allesamt in die Richtung einer weitestgehenden Wirkungslosigkeit des Strafrechts bei der Beeinflussung der Konsumprävalenzen gehen. Gestützt werden diese Befunde von Untersuchungen in Zusammenhang mit der General- und Spezialprävention. Darüber hinaus besteht auf diesem Gebiet allerdings noch weiterer Forschungsbedarf. Zukünftige Forschungsvorhaben sollten vor allem epidemiologische und soziologische Zusammenhänge berücksichtigen und in das Studiendesign einfließen lassen[835]. Zu fragen ist dabei nicht „What effects arise out of which drug policy?", sondern „Under what conditions do what effects arise out of which kind of policy?"[836]. Als wirklich gesichert können die hiesigen Ergebnisse somit nicht gelten, auch wenn eine tendenzielle Interpretation vorgenommen werden kann. Diese Interpretation lässt nicht erwarten, dass die Konsumprävalenzen durch drogenpolitische Maßnahmen zu steuern sind, ist es doch vornehmlich der Einfluss informeller Normen und Kontexte auf der Meso- und Mikroebene, der handlungsleitend wirkt und somit die Konsumentscheidung prägt (näher zum Einfluss informeller Instanzen sozialer Kontrolle E.I.3. Instanzen informeller sozialer Kontrolle).

III. Das Beispiel USA

Um einen Zusammenhang zwischen Konsumprävalenzen und politischen Programmen zu analysieren, bieten sich Daten aus den USA an, die in Zusammenhang mit der Implementierung von *Medical Marijuana Laws (MML)* stehen. Dabei handelt es sich um Gesetze, die den Konsum und Besitz von Marihuana zu medizinischen Zwecken gestatten. In den USA weisen mittlerweile 29 Bundesstaaten und die Distrikte von Columbia, Guam und Puerto Rico solche Gesetze auf[837]. Diese veränderte Gesetzgebung hinsichtlich des Umgangs mit Marihuana ermöglicht es, zu untersuchen, ob ein Zusammenhang zwischen der Einführung solcher Gesetze und einem Anstieg der Konsumprävalenzen zu verzeichnen ist. Dabei spielt auch die Aktualität dieser Entwicklung eine Rolle. So erstreckt sich die Einführung von *MML* von 1996 bis heute. Untersucht wird vor allem ein Anstieg des Konsums, der nicht medizinisch bedingt ist (*recreational drug use*/Freizeitkonsum). Grund für die Sorge, dass auch der Freizeitkonsum ansteigt,

---

[834]   *A. Blumstein/M. Tonry/A. v. Ness,* Cross-National Measures of Punitiveness, in: Tonry/Farrington, Crime (Fn. 814), S. 347 (349).
[835]   *Reuband,* Entwicklung (Fn. 385), S. 201.
[836]   *Reuband,* Drug Use (Fn. 810), S. 39.
[837]   Siehe http://www.ncsl.org/research/health/state-medical-marijuana-laws.aspx (11.5.2016).

ist, dass Marihuana aufgrund von *MML* leichter verfügbar ist und dass solche Gesetze den (falschen) Anschein erwecken, dass Marihuana nicht gesundheitsschädlich ist. Der Fokus liegt vor allem auf dem Konsum von Jugendlichen und jungen Erwachsenen.

Ferner haben die Bundesstaaten Colorado und Washington im Jahr 2012 auch den Verkauf von Marihuana zum Freizeitkonsum freigegeben[838]. Bis heute folgten dem Alaska, Oregon, Kalifornien, Nevada, Massachusetts, Maine und der Distrikt von Columbia nach.

Medical Marijuana Laws sind Gesetze, die auf einzelstaatlicher Ebene erlassen werden, während der Besitz von Marihuana auf nationaler Eben durch den „Controlled Substances Act" weiter verboten bleibt. Allerdings wird von bundesbehördlicher Seite nicht eingeschritten, solange die folgenden Punkte beachtet werden[839]:

- o Preventing the distribution of marijuana to minors
- o Preventing revenue from the sale of marijuana from going to criminal enterprises, gangs, and cartels
- o Preventing the diversion of marijuana from states where it is legal under state law in some form to other states
- o Preventing state-authorized marijuana activity from being used as a cover or pretext for the trafficking of other illegal drugs or other illegal activity
- o Preventing violence and the use of firearms in the cultivation and distribution of marijuana
- o Preventing drugged driving and the exacerbation of other adverse public health consequences associated with marijuana use
- o Preventing the growing of marijuana on public lands and the attendant public safety and environmental dangers posed by marijuana production on public lands
- o Preventing marijuana possession or use on federal property

1. Entwicklung der Prävalenzen

Insgesamt stehen sich bei der Beurteilung von *MML* zwei Auffassungen gegenüber. Die einen gehen davon aus, dass in Staaten, in denen *MML* implementiert werden, die Konsumprävalenzen ansteigen und das Risikobewusstsein bezüglich des Konsums sinkt, während die anderen keine derartigen Veränderungen feststellen bzw. keinen Zusammenhang zu den *MML* sehen. Einig sind sich beide Parteien zunächst darüber, dass Staaten mit *MML* höhere Konsumprävalenzen aufweisen als Staaten ohne solche Gesetze (*Non Medical Marijuana States* (*NMM-Staaten*))[840]. Dies betrifft vor allem die 30-Tage-Prävalenzen von Jugendlichen und damit den

---

[838] Siehe http://www.ncsl.org/research/health/state-medical-marijuana-laws.aspx (11.5.2016).

[839] *J.W. Hickelooper*, Experimenting with Pot: The State of Colorado's Legalization of Marijuana, in: Milbank Quaterly 92 (2014), S. 243 (245).

[840] *M. Cerda u.a.*, Medical Marijuana Laws in 50 States, in: Drug and Alcohol Dependence 2012, S. 22 (24); *J. Schuermeyer u.a.*, Temporal Trends in Marijuana Attitudes, Availability and Use in Colorado Compared to Non-Medical Marijuana States: 2003-11, in: Drug and Alcohol Dependence 2014, S. 145 (146).

aktuellen Konsum[841]. So lag nach *Wall u.a.* die Monats-Prävalenz für die 12- bis 17-Jährigen in Staaten, die bis 2011 *MML* implementierten, in den Jahren 2002 bis 2008 bei 8,68%[842]. In Staaten, die bis 2011 kein solches Gesetz erließen, lag die Quote bei 6,94%, also niedriger. Damit ist allerdings noch nichts über einen Bezug der höheren Prävalenzen zu den *MML* gesagt. Sollten diese für erhöhte Prävalenzen verantwortlich sein, wäre zu vermuten, dass der Konsum in den entsprechenden Staaten in der Zeit nach Einführung des Gesetzes ansteigt. Der höhere Konsum in *MML*-Staaten im Vergleich zu *NMM*-Staaten muss indes nichts mit den Gesetzen zu tun haben. In nahezu allen späteren *MML*-Staaten finden sich bereits vor dem Erlass der neuen Gesetze höhere Konsumprävalenzen[843]. Eine Veränderung durch *MML* kann daher nicht durch einen Vergleich zwischen *MML*-Staaten und *NMM*-Staaten erfolgen, sondern muss mit Hilfe von Pre-Post-Tests innerhalb eines Bundesstaates erfolgen[844]. Diese Daten zeigen jedoch, dass es keinen spezifischen Anstieg der Konsumprävalenzen nach der Einführung von *MML* gibt, weder bei Erwachsenen noch bei Jugendlichen[845]. Zwar steigen in *MML*-Staaten die Konsumprävalenzen an, aber dieser Trend bestand bereits vor der Gesetzeseinführung und besteht für die gesamten USA. Zu einem anderen Ergebnis kommt die Studie von *Stolzenberg/D'Alessio/Dariano*[846]. Auch hier wird die Möglichkeit berücksichtigt, dass bereits vor der *MML*-Einführung höhere Prävalenzen bestanden haben könnten. Im Ergebnis wird es jedoch für wahrscheinlicher erachtet, dass sich *MML* negativ auf die Konsumprävalenzen auswirken[847]. Allerdings weisen *Wall u.a.* in ihrer Reanalyse der *Stolzenberg/D'Alessio/Dariano* Studie zurecht darauf hin, dass die dortigen Befunde zahlreichen anderen Studien widersprechen, die alle ebenfalls mit den Daten des „US National Survey on Drug Use in Households" gearbeitet haben. Dazu zählen vor allem die Untersuchungen von *Wall u.a.*[848], *Harper/Strumpf/Kaufman*[849] und *Wen/Hockenberry/Cummings*[850]. Darüber hinaus berücksichtigen *Stolzenberg/D'Alessio/Dariano* nicht *hinreichend*, dass erhöhte Prävalenzen in den *MML*-Staaten bereits vor dem Gesetzeserlass bestanden und nicht erst als Folge dessen zu Tage traten. Zu negativen Auswirkungen

---

[841] Rocky Mountain High Intensity Drug Trafficking Area (Hrsg.), The Legalization of Marijuana in Colorado, Denver 2014, S. 23 f.; *D.S. Hasin u.a.,* Medical Marijuana Laws and Adolescent Marijuana Use in the USA from 1991 to 2014, in: The Lancet Psychiatry 2015, S. 601 (605).

[842] *M.M. Wall u.a.,* Adolescent Marijuana Use From 2002 to 2008: Higher in States with Medical Marijuana Laws, Cause Still Unclear, in: Annals of Epidemiology 21 (2011), S. 714 (715).

[843] *Hasin u.a.,* Marijuana (Fn. 841), S. 605, 607; *M.M. Wall u.a.,* Prevalence of Marijuana Use Does Not Differentially Increase Among Youth After States Pass Medical Marijuana Laws, in: International Journal of Drug Policy 29 (2016), S. 9 (9).

[844] *Wall u.a.,* Prevalence (Fn. 843), S. 12.

[845] Rocky Mountain High Intensity Drug Trafficking Area (Hrsg.), Legalization (Fn. 841), S. 23 ff., 43 ff.

[846] *L. Stolzenberg/S.J. D'Alessio/D. Dariano,* The Effect of Medical Cannabis Laws on Juvenile Cannabis Use, in: International Journal of Drug Policy 27 (2016), S. 82-88.

[847] *Stolzenberg/D'Alessio/Dariano,* Effect (Fn. 846), S. 85.

[848] *Wall u.a.,* Marijuana (Fn. 842).

[849] *S. Harper/E.C. Strumpf/J.S. Kaufman,* Do Medical Marijuana Laws Increase Marijuana Use?, in: Annals of Epidemiology 22 (2012), S. 207-212.

[850] *H. Wen/J.M. Hockenberry/J.R. Cummings,* The Effect of Medical Marijuana Laws and Adolescent and Adult Use of Marijuana, Alcohol, and Other Substances, in: Journal of Health Economics 42 (2015), S. 64-80.

von *MML* kommt auch die Untersuchung von *Schuermeyer u.a.* Diese finden einen Zusammenhang zwischen der *MML*-Einführung und einer geringeren Risikoeinschätzung gegenüber Marihuana bei den 12- bis 17-Jährigen sowie über 26-Jährigen, einer leichteren Verfügbarkeit der Droge und einer erhöhten Prävalenz von gesundheitlichen Beeinträchtigungen durch Marihuana[851]. Keinen Zusammenhang finden *Schuermeyer u.a.* allerdings bei den 20-Tage-Prävalenzen der 12- bis 17-Jährigen und den Missbrauchs- bzw. Abhängigkeitsraten der über 26-Jährigen. Diese Daten beziehen sich jedoch nur auf den Bundesstaat Colorado, sodass von einer Generalisierbarkeit der Ergebnisse nicht zweifelsfrei ausgegangen werden kann. Hierzu trägt ebenfalls bei, dass zwar demographische Variablen kontrolliert, eine veränderte Einstellung innerhalb der Gesellschaft oder subkulturelle Normen jedoch nicht berücksichtigt wurden.

Vereinzelt finden sich Studien, die zu dem Schluss kommen, dass die Einführung von *MML* zum Absinken der Prävalenzraten führt[852]. Allerdings beruhen die Ergebnisse von *Harper/Strumpf/Kaufman* an dieser Stelle nur auf fünf von 16 Staaten mit *MML* und hängen maßgeblich von den Staaten Montana und Vermont ab. Bei *Hasin u.a.* gilt das Absinken nur für Schüler der achten Klasse. Ein Grund dafür könnte sein, dass bei jüngeren Schülern noch kein festes Bild von Marihuana besteht und Marihuana durch die Einführung von *MML* vornehmlich in einen medizinischen Kontext gesetzt wird[853]. Eine Generalisierbarkeit dieses Ergebnisses erscheint damit fraglich[854].

2. Alternative Erklärungszusammenhänge

Insgesamt verdichten sich die Hinweise darauf, dass die Einführung von *MML* nicht zu einem Anstieg der Konsumprävalenzen führt[855]. Es bleibt jedoch die Frage, was die höheren Prävalenzraten in *MML*-Staaten hervorruft. Eindeutige Ergebnisse gibt es dazu bisher nicht. *Wall u.a.* führen drei mögliche Erklärungszusammenhänge ins Feld[856]:

1. Staaten mit höheren Konsumraten implementieren eher *MML*
2. *MML* lassen die Konsumprävalenzen ansteigen

---

[851] *Schuermeyer u.a.*, Trends (Fn. 840), S. 153.
[852] *Harper/Strumpf/Kaufman*, Marijuana (Fn. 849), S. 210; *Hasin u.a.*, Marijuana (Fn. 841), S. 607.
[853] *Hasin u.a.*, Marijuana (Fn. 841), S. 607.
[854] *M.M. Wall u.a.*, Commentary on Harper S, Strumpf EC, Kaufman JS. Do Medical Marijuana Laws Increase Marijuana Use? Replication Study and Extension in: Annals of Epidemiology 22 (2012), S. 536 (536 f.).
[855] *S. Khatapoush/D. Hallfors*, „Sending the Wrong Message": Did Medical Marijuana Legalization in California Change Attitudes About and Use of Marijuana? In: Journal of Drug Issues 34 (2004), S. 751 (761); *D.M. Gorman/C.J. Huber*, Do Medical Cannabis Laws Encourage Cannabis Use?, in: International Journal of Drug Policy 18 (2007), S. 160-167; *Harper/Strumpf/Kaufman*, Marijuana (Fn. 849), S. 212; *S.D. Lynne-Landsman/M.D. Livingston/A.C. Wagenaar*, Effects of State Medical Marijuana Laws on Adolescent Marijuana Use, in: American Journal of Public Health 103 (2013), S. 1500 (1503); *Hasin u.a.*, Marijuana (Fn. 841), S. 605; *Wall u.a.*, Prevalence (Fn. 843), S. 11; anders: *Y.-W.L. Chu*, The Effect of Medical Marijuana Laws on Illegal Marijuana Use, in: Journal of Health Economics 38 (2014), S. 43 (44).
[856] *Wall u.a.*, Marijuana (Fn. 842), S. 715 f.; ähnlich: *Cerda u.a.*, Marijuana (Fn. 840), S. 25.

3. Gesellschaftliche Normen, die den Konsum beeinflussen und den Willen erhöhen, *MML* zu implementieren, sind in Staaten, die später *MML* implementieren, stärker ausgeprägt

Die zweite Erklärung wird von den vorhandenen Daten nicht hinreichend gestützt. Die erste Erklärung ist dagegen mit nahezu allen Studien kompatibel. Allerdings scheint vor allem die dritte Möglichkeit einen wichtigen moderierenden Aspekt zu enthalten[857]. So sind es vor allem innerstaatliche bzw. gesellschaftliche Normen, die sowohl die Konsumentscheidung maßgeblich beeinflussen als auch den Willen eines Staates, *MML* zu erlassen[858]. Gesellschaftliche Normen, also bundesstaatsspezifische Einstellungen gegenüber Marihuana, sind zudem in der Lage, die Unterschiede in den Prävalenzen zwischen den einzelnen Bundesstaaten zu erklären. Auch ist sich die Literatur weitgehend einig, dass die Entscheidung zum Drogenkonsum durch ein komplexes Geflecht persönlicher und umweltbedingter Faktoren bedingt ist[859]. Allein drogenpolitische Maßnahmen vermögen danach keinen entscheidenden Einfluss auf diese Entscheidung zu nehmen. Dies entspricht auch den Befunden aus C.I.2 Datenlage.

Die Befunde zu den Konsumprävalenzen können auf die Risikoeinschätzung gegenüber dem Marihuanakonsum übertragen werden. Die Daten deuten darauf hin, dass die Risikoeinschätzung in *MML*-Staaten niedriger ist als in *NMM*-Staaten und weiter abnimmt[860]. Aber auch hier gilt, dass die *MML*-Staaten bereits vor dem jeweiligen Gesetzeserlass durch eine liberale Einstellung gegenüber Marihuana gekennzeichnet waren. Auch die geringere Risikoeinschätzung und die Veränderung dieser Einschätzung im Zeitverlauf scheinen nicht mit der *MML*-Implementierung verknüpft zu sein[861]. Auch hier kommen wieder die innerstaatlichen gesellschaftlichen Normen als entscheidender Einflussfaktor in Betracht. Zudem bedeutet eine geringere Risikoeinschätzung nicht zugleich eine Billigung des Freizeitkonsums[862]. Dieser wird auch in Staaten mit liberaler Einstellung gegenüber *MML* häufig abgelehnt. Inwieweit aber die sich verändernde Risikoeinschätzung auf lange Sicht die Konsumentscheidung beeinflusst, bleibt abzuwarten.

3. Methodik

Neben den grundsätzlichen Problemen bei der Analyse und Interpretation von Aggregatdaten, wie sie eingangs erwähnt wurden, weisen die Studien über die *MML* weitere Hürden auf. Viele Studien beziehen sich nur auf wenige oder auch nur einen Bundesstaat[863]. Durch kleine *samples*

---

[857]   *Khatapoush/Hallfors*, Message (Fn. 855), S. 762; *Wall u.a.*, Marijuana (Fn. 842), S. 715; *Harper/Strumpf/Kaufman*, Marijuana (Fn. 849), S. 211; *Hasin u.a.*, Marijuana (Fn. 841), S. 601; *Stolzenberg/D'Alessio/Dariano*, Effect (Fn. 846), S. 83; *Wall u.a.*, Prevalence (Fn. 843), S. 9.

[858]   *Cerda u.a.*, Marijuana (Fn. 840), S. 23; zweifelnd: *Schuermeyer u.a.*, Trends (Fn. 840), S. 154.

[859]   *Khatapoush/Hallfors*, Message (Fn. 855), S. 754.

[860]   *Schuermeyer u.a.*, Trends (Fn. 840), S. 146.

[861]   *Wall u.a.*, Marijuana (Fn. 842), S. 715; *Harper/Strumpf/Kaufman*, Marijuana (Fn. 849), S. 211; anders: *Khatapoush/Hallfors*, Message (Fn. 855), S. 759; *Chu*, Effect (Fn. 855), S. 44.

[862]   *Khatapoush/Hallfors*, Message (Fn. 855), S. 761.

[863]   *Harper/Strumpf/Kaufman*, Marijuana (Fn. 849); *Lynne-Landsman/Livingston/Wagenaar*, Effects (Fn. 855); *Hickelooper*, Experimenting (Fn. 839); *Schuermeyer u.a.*, Trends (Fn. 840).

leidet die Generalisierbarkeit der Ergebnisse. Darüber hinaus ist oft der untersuchte Post-Test-Zeitraum sehr kurz. Dies ist zwar dem Umstand geschuldet, dass viele Staaten erst seit einem kurzen Zeitraum *MML* aufweisen, jedoch können so bislang nur kurzfristige Effekte beobachtet werden. Für die Beurteilung langfristiger Auswirkungen von *MML* bedarf es weiterer Studien. Da die meisten Studien sich auf Jugendliche beziehen, werden die Befragungen zumeist in den Schulen erhoben. Hier besteht immer die Gefahr einer Verzerrung der Auswahl, da beispielsweise Schulabbrecher nicht miterfasst werden[864]. Durch die Konzentration auf Jugendliche bleibt ebenfalls ungeklärt, inwieweit *MML* die Einstellung Jugendlicher derart beeinflussen, dass diese im Erwachsenenalter erhöhte Konsumprävalenzen aufweisen[865]. Des Weiteren ist zu berücksichtigen, dass untersucht wurde, wie sich *MML* auf den Freizeitkonsum auswirken. Diese Befunde sind nur begrenzt auf die Auswirkungen einer Entkriminalisierung oder Legalisierung übertragbar. In diesen Fällen wäre die Verfügbarkeit von Marihuana noch weitreichender und der Anschein einer Harmlosigkeit könnte noch stärker erweckt werden. Es sind vor allem diese Faktoren, die es auch bereits im Rahmen von *MML* erwarten ließen, dass der Konsum ansteigt und das Risikobewusstsein abnimmt. Eine Legalisierung findet in den USA erst seit 2012 statt. Hier müssen erste Studien abgewartet werden, um nähere Erkenntnisse über die Auswirkungen einer Freigabe zu erzielen. Darüber hinaus ist eine Parallelisierung der Befunde aus den USA und der deutschen Verhältnisse nicht immer möglich. Kulturelle und sozio-demographische Unterschiede lassen es erwarten, dass der Erlass von *MML* in Deutschland nicht dieselben Auswirkungen haben würde wie in den US-Bundesstaaten.

4. Fazit

Im Ergebnis kann trotz mannigfaltiger Einschränkungen festgehalten werden, dass eine staatliche Liberalisierung des Umgangs mit Cannabis eher geringe bis keine Auswirkungen auf die Konsumprävalenzen und das Risikobewusstsein hat.

IV. Das Beispiel Niederlande

Neben den USA spielen auch die Niederlande eine herausgehobene Rolle im Bereich der Drogenpolitik. Die Niederlande gelten als Vorreiter bei der Entkriminalisierung von Betäubungsmitteldelikten. Als Meilenstein dieser Entwicklung gilt die Verabschiedung des „Opium Acts" von 1976. Allerdings begannen die Bestrebungen zur Legalisierung bzw. Entkriminalisierung des Umgangs mit weichen Drogen bereits einige Jahre zuvor. Der „Opium Act" verschob den Fokus der Drogenpolitik. Geahndet werden sollte nun vor allem der Handel mit harten Drogen[866]. Beim Eigenverbrauch von jedweden Drogen sollte dagegen auf eine Strafverfolgung verzichtet werden. Als Grenze für Cannabis wurden 30 Gramm festgesetzt[867]. Der „Opium Act" konstatierte erstmals die Unterscheidung zwischen harten und weichen Drogen, die bis heute

---

[864] *Hasin u.a.,* Marijuana (Fn. 841), S. 607.
[865] *Hasin u.a.,* Marijuana (Fn. 841), S. 607.
[866] *Wohlers/Went,* Legitimation (Fn. 241), S. 311.
[867] *Korf,* Treat (Fn. 824), S. 40.

im „Opiumwet", dem niederländischen Betäubungsmittelgesetz, vorhanden ist[868]. Sowohl Marihuana als auch Haschisch sind in die Liste 2 aufgenommen worden und zählen demnach zu den weichen Drogen. Für diese Unterscheidung spielten vor allem zwei Aspekte eine Rolle. Zum einen war man sich einig, dass weiche Drogen weniger gefährlich sind als harte Drogen[869]. Zum anderen sollte durch eine differenzierte Behandlung eine Trennung der Märkte von harten und weichen Drogen erfolgen[870].

Art. 2 Opiumwet verbietet es, harte Drogen,

  o innerhalb oder außerhalb des niederländischen Hoheitsgebiets zu bringen,
  o anzubauen, zuzubereiten, zu bearbeiten, zu verarbeiten, zu verkaufen, zu liefern, zu erteilen oder zu transportieren,
  o bei sich zu führen,
  o herzustellen.

Art. 3 Opiumwet weitet das Verbot der oben genannten Handlungsweisen auf die weichen Drogen aus. Für den Besitz von fünf Gramm weichen Drogen, 0,5 Gramm harten Drogen oder fünf Cannabispflanzen zum Eigenverbrauch gelten nach dem niederländischen Gesetz besondere Regeln. Der Besitz ist zwar weiterhin strafbar, jedoch werden nach Opportunitätsgesichtspunkten bei diesen Mengen keine weiteren Ermittlungen durchgeführt oder Sanktionen verhängt[871]. Es findet lediglich eine Beschlagnahmung und Vernichtung der Drogen statt. Eine Rückausnahme gilt für Jugendliche. Diese müssen auch bei Besitz geringer Mengen Betäubungsmittel mit Strafverfolgung rechnen[872].

1. Das Opportunitätsprinzip

Die starke Betonung des Opportunitätsprinzips ist eines der Alleinstellungsmerkmale der niederländischen Drogenpolitik. Den Anfang nahm diese Entwicklung im Rahmen der Studentenproteste in den 1970er Jahren[873]. Man entschied sich dafür, dass die Niederlande einen Weg einschlagen sollten, geprägt von wenig Repression und einer herausragenden Stellung des Opportunitätsprinzips. Im Bereich der Konsumentendelikte sollten danach Ermittlungen nicht eingeleitet und bestehende Verfahren eingestellt werden. Strafgesetze sollten in den Niederlanden kein „heiliges Müssen", sondern ein „rechtliches Können" sein[874]. Freilich gibt es das Opportunitätsprinzip auch in anderen Ländern, sodass die Existenz desselben allein noch nicht ausreicht, um die Niederlande von anderen Staaten abzuheben. Allerdings gilt das Opportunitätsprinzip in den Niederlanden für alle Straftaten, und die Anwendung bedarf keiner Zustimmung

---

[868] *Patzak*, in: Betäubungsmittelgesetz (Fn. 291), Vorbem. §§ 29 ff., Rn. 342; s. dazu Liste 1 (harte Drogen) und Liste 2 (weiche Drogen) als Anhang des „Opiumwet".
[869] *I.N. Marshall/C.E. Marshall,* Drug Prevention in the Netherlands, in: E. Leuw/I.H. Marshall (Hrsg.), Between Prohibition and Legalization, Amsterdam/New York 1994, S. 205 (210); *Korf,* Treat (Fn. 824), S. 40; *Wohlers/Went,* Legitimation (Fn. 241), S. 309.
[870] *Korf,* Treat (Fn. 824), S. 44; *Wohlers/Went,* Legitimation (Fn. 241), S. 310.
[871] *Patzak,* in: Betäubungsmittelgesetz (Fn. 291), Vorbem. §§ 29 ff., Rn. 350.
[872] *Patzak,* in: Betäubungsmittelgesetz (Fn. 291), Vorbem. §§ 29 ff., Rn. 350.
[873] *Wohlers/Went,* Legitimation (Fn. 241), S. 308.
[874] *Scheerer,* Genese (Fn. 674), S. 171; *Rüter,* Drogenbekämpfung (Fn. 823), S. 388.

durch das Gericht[875]. Zuständig ist zumeist die Staatsanwaltschaft oder die Polizei. Diese stellen das Verfahren ein, sofern eine Einstellung im öffentlichen Interesse liegt[876]. So kann in den Niederlanden die Staatsanwaltschaft die Polizei anweisen, gewisse Delikte gar nicht mehr zu verfolgen, wenn sich dauerhaft herausstellt, dass dies dem öffentlichen Interesse am besten gerecht wird[877]. Das „Opiumwet" weist nicht nur einen weiten Strafrahmen auf, sondern bietet mannigfaltige Möglichkeiten der Diversion, um einer im Einzelfall geringen Schuld gerecht zu werden[878]. Hintergrund der Abwendung von repressiven Bestrebungen war die Erkenntnis, dass Strafe nicht nur nützt, sondern erhebliche negative Wirkungen mit sich bringt. Vor allem sollte eine Stigmatisierung und Kriminalisierung von Drogenkonsumenten verhindert werden[879]. Drogenkonsumenten sollten nicht vorschnell in das Justizsystem gelangen und der Gefahr einer Reduktion von Ressourcen zur legalen Lebensführung ausgesetzt werden (dazu näher unter D.VI. Folgen des Verbotes und der Ahndung für Betroffene). Die Entwicklung hin zu dieser Ausgestaltung des Opportunitätsprinzips stellt sich als „unauffällige, informelle" Reform dar, die bereits 1969 begann und schließlich 1976 ihren Höhepunkt erfuhr[880]. Der Prozess spielte sich oft im Hintergrund ab und wurde nicht von heftigen öffentlichen Debatten zu dem Thema begleitet.

2. *De facto*-Legalisierung

Ab 1976 kann von einer *de facto*-Legalisierung des Umgangs mit Cannabis gesprochen werden, wenn auch bereits in den Jahren zuvor durch Richtlinien der Justiz ein Umgang mit Cannabis nur in Ausnahmefällen tatsächlich bestraft wurde[881]. Einer *de jure*-Entkriminalisierung stehen letztlich internationale Übereinkommen wie die „Single Convention" entgegen, die von den Niederlanden ratifiziert wurden[882]. Aufgrund dessen ist eine *de facto*-Legalisierung der einzig gangbare Weg für die Niederlande, wollen sie an ihren Liberalisierungsbestrebungen festhalten. Damit nehmen die Niederlande letztlich eine Zwitterstellung zwischen Legalisierung und Entkriminalisierung ein[883].

Teil dieser *de facto*-Legalisierung ist auch die Möglichkeit zur Installation von „Coffeeshops"[884]. Trotz des Verbotes des Handelstreibens mit Betäubungsmitteln wird der Verkauf

---

[875]   *Rüter*, Drogenbekämpfung (Fn. 823), S. 388; *Korf*, Treat (Fn. 824), S. 58.
[876]   Eine detaillierte Erläuterung des niederländischen Opportunitätsprinzips bei: *F.H. Went*, Das Opportunitätsprinzip im schweizerischen und niederländischen Strafverfahren, Rotterdam 2010, S. 223 ff.
[877]   *Rüter*, Drogenbekämpfung (Fn. 823), S. 388, 392.
[878]   *A.M. v. Kalmthout*, Characteristics of Drug Policy in the Netherlands, in: H.-J. Albrecht/ders. (Hrsg.), Drug Policies in Western Europe, 1989, S. 259 (264).
[879]   *Korf*, Treat (Fn. 824), S. 51, 62; *MacCoun/Reuter*, Drug (Fn. 93), S. 240.
[880]   *Scheerer*, Genese (Fn. 674), S. 176.
[881]   *Reuband*, Drogenkonsum (Fn. 813), S. 60; *J. Silvis*, Enforcing Drug Laws in the Netherlands, in: Leuw/Marshall, Prohibition (Fn. 869), S. 41 (47); *MacCoun/Reuter*, Interpreting (Fn. 814), S. 47; *Reuband*, Cannabiskonsum (Fn. 783), S. 56; *L. Zimmer/J.P. Morgen/M. Bröckers*, Cannabis Mythen – Cannabis Fakten, 2004, S. 69.
[882]   *Scheerer*, Genese (Fn. 674), S. 164.
[883]   *MacCoun/Reuter*, Drug (Fn. 93), S. 240.
[884]   *v. Kalmthout*, Characteristics (Fn. 878), S. 264; *Korf*, Coffee Shops (Fn. 811), S. 851 f.

weicher Drogen im Rahmen von „Coffeeshops" geduldet[885]. Damit agieren die Betreiber in einer rechtlichen Grauzone[886]. 80% der Gemeinden in den Niederlanden haben keine „Coffeeshops", und ein Drittel der „Coffeeshops" der Niederlande konzentriert sich in Amsterdam[887]. Damit gelten die „Coffeeshops" eher als urbanes Phänomen und sind nicht typisch für die gesamten Niederlande.

Ziel der Duldung war es, zusammen mit der Diversifikation in harte und weiche Drogen, eine Trennung der Märkte zu erreichen[888]. Es wurde davon ausgegangen, dass Straßendealer sowohl mit harten als auch mit weichen Drogen handeln. Man sah daher die Gefahr, dass Konsumenten weicher Drogen so automatisch auch mit harten Drogen in Kontakt kommen und die Hemmschwelle zu deren Konsum sinkt[889]. Durch den freien Verkauf von Cannabis in „Coffeeshops" sollte diese Konfrontation eingeschränkt und das Risiko eines Umstiegs minimiert werden. Darüber hinaus sollte der gesamte Schwarzmarkt für harte Drogen durch Reduktion der Nachfrage geschwächt werden[890]. Weitergehendes Ziel war es, die Konsumenten von Cannabis vor Stigmatisierung und Kriminalisierung zu schützen, indem diese weiche Drogen in einem sicheren und staatlich überwachten Umfeld erwerben konnten[891]. Auch sollte durch die Konzentration des Handels die Gewährleistung der öffentlichen Ordnung sichergestellt werden[892].

Der Handel mit Cannabis in den Niederlanden kann in vier Phasen unterteilt werden[893]. Zunächst wurde in den 60er Jahren bis in die 70er Jahre hinein auf dem Schwarzmarkt gehandelt. Daran schloss sich die Duldung von „Housedealern" in Jugendzentren, die Duldung des Verkaufs in „Coffeeshops" und der erstmalige Erlass der „AHOJG"-Kriterien an. Die dritte Phase ist schließlich dadurch gekennzeichnet, dass „Coffeeshops" zur zentralen Bezugsquelle für die Konsumenten wurden. Ab 1995 begann die vierte Phase. Diese ist durch eine schrittweise Drosselung der Verfügbarkeit von Cannabis gekennzeichnet. In diese Phase fällt auch die Verschärfung der „AHOJG"-Kriterien. Diese sind heute wie folgt ausgestaltet[894]:

- o A: geen afficering: Keine Werbung
- o H: geen harddrugs: Keine harten Drogen
- o O: geen overlast: Der öffentliche Friede darf nicht gestört werden

---

[885] *Korf,* Treat (Fn. 824), S. 40; *Patzak,* in: Betäubungsmittelgesetz (Fn. 291), Vorbem. §§ 29 ff., Rn. 351.
[886] *Reuband,* Cannabiskonsum (Fn. 783), S. 58.
[887] *M. Wouters,* Cannabis Use and Proximity to Coffee Shops in the Netherlands, in: European Journal of Criminology 9 (2012) S. 337 (338).
[888] *v. Kalmthout,* Characteristics (Fn. 878), S. 340; *Reuband,* Cannabiskonsum (Fn. 783), S. 58; *Thomasius,* Cannabiskonsum (Fn. 376), S. 113; *Wouters,* Cannabis (Fn. 887), S. 340.
[889] *R.J. MacCoun,* What Can We Learn from the Dutch Cannabis Coffeeshop Experience? (working paper), 2010, S. 1.
[890] *F. Trautmann,* Akzeptierende Drogenarbeit in Amsterdam, in: KrimJ 21 (1989), S. 126 (129 f.); *MacCoun/Reuter,* Drug (Fn. 93), S. 240.
[891] *MacCoun/Reuter,* Drug (Fn. 93), S. 240; *Reuband,* Cannabiskonsum (Fn. 783), S. 58.
[892] *Zimmer/Morgen/Bröckers,* Cannabis (Fn. 881), S. 70.
[893] *Korf,* Treat (Fn. 824), S. 69.
[894] *Wohlers/Went,* Legitimation (Fn. 241), S. 314; *Patzak,* in: Betäubungsmittelgesetz (Fn. 291), Vorbem. §§ 29 ff., Rn. 351.

- o J: geen verkoop aan jeugdige: Kein Verkauf an Jugendliche (vor der Verschärfung war ein Verkauf an Personen ab 16 Jahren zulässig)
- o G: geen hoeveelheden groter dan voor eigengebruik: Erwerb nur zum Eigenverbrauch, max. 5 Gramm (vor der Verschärfung 30 Gramm pro Person)

Eine Hinwendung zu repressiveren Strategien im Umgang mit Drogen folgte 1995 auf den Regierungsbericht *paarse drugsnota*[895]. Gründe für das Umdenken waren vor allem zunehmende Störungen der öffentlichen Ordnung durch Drogenkonsumenten, eine abnehmende Akzeptanz des Drogenkonsums innerhalb der Bevölkerung und ein erhöhter Druck aus dem Ausland[896]. Lag bis dato das Ziel der Drogenpolitik vor allem auf *harm reduction*, sollten nun vornehmlich die sozialschädlichen Erscheinungen des Drogenkonsums bekämpft werden[897]. Ziel dieser repressiveren Strategie war es, die Anzahl der „Coffeeshops" erheblich zu reduzieren[898]. Die Zahl sank schließlich von ca. 1200 im Jahr 1995 auf 849 im Jahre 1999 und 591 im Jahre 2014[899]. Zu welchem Anteil dieser Rückgang auf die staatlichen Maßnahmen zurückzuführen ist, kann nicht eindeutig beurteilt werden.

Mit Wirkung zum 01. Januar 2013 wurde eine Neuregelung eingeführt, die die „AHOJG"-Regeln um ein I (Ingezetenencriterium) erweiterte.[900] Danach dürfen nur noch Personen mit einem Wohnsitz in den Niederlanden Cannabis in „Coffeeshops" erwerben. Die Gemeinden können jedoch Ausnahmeregelungen treffen, sodass der Verkauf von Cannabis an Ausländer in großen Städten wie Amsterdam, Rotterdam oder Enschede weiterhin praktiziert wird[901]. Trotz aller Veränderungen sind die Grundprinzipien der niederländischen Drogenpolitik von 1976 auch heute noch aktuell. Ob dies auch in Zukunft noch gilt, bleibt abzuwarten. Von Bedeutung wird auch weiterhin sein, ob Europa seinen Druck hin zu einer Veränderung der Drogenpolitik in den Niederlanden aufrechterhält[902].

Widersprüchlich ist, dass die Niederlande zwar den Verkauf in „Coffeeshops" dulden, aber gleichzeitig gegen den Großhandel mit Cannabis vorgehen. Dieser ist nötig, um die „Coffeeshops" zu beliefern[903]. So dreht sich die aktuelle Diskussion auch darum, ob der Anbau durch Besitzer von „Coffeeshops" mit europarechtlichen Vorgaben vereinbar ist[904].

---

[895] *Wohlers/Went*, Legitimation (Fn. 241), S. 311.
[896] *Zimmer/Morgen/Bröckers*, Cannabis (Fn. 881), S. 247 f.; *Wohlers/Went*, Legitimation (Fn. 241), S. 311.
[897] *T. Blom/H. v. Mastrigt*, The Future of the Dutch Model in the Context of the War on Drugs, in: Leuw/Marshall, Prohibition (Fn. 869), S. 255 (275); *Wohlers/Went*, Legitimation (Fn. 241), S. 311.
[898] *T. de Vos*, Cannabispolitik in den Niederlanden, in: Hauptstelle/Gaßmann, Cannabis (Fn. 810), S. 164 (170).
[899] *Reuband*, Cannabiskonsum (Fn. 783), S. 60; *B. Bieleman/R. Mennes/M. Sijtstra*, Coffeeshops in Nederland 2014, Groningen/Rotterdam 2015, S. 35.
[900] *Patzak*, in: Betäubungsmittelgesetz (Fn. 291), Vorbem. §§ 29 ff., Rn. 494; *D. Buchholz*, Strafbarkeit des Erwerbs von Cannabis in niederländischen Coffeeshops durch deutsche Staatsbürger, in: NJ 2013, S. 111 (112).
[901] *Buchholz*, Strafbarkeit (Fn. 900), S. 112.
[902] *Silvis*, Enforcing (Fn. 881), S. 55 f.
[903] *Reuband*, Cannabiskonsum (Fn. 783), S. 68.
[904] *MacCoun*, Cannabis (Fn. 889), S. 2.

In der Verfügbarkeit von Cannabis in „Coffeeshops" wurde eine immense Gefahr der Steigerung der Prävalenzzahlen in den Niederlanden gesehen. Bei der Untersuchung eines Zusammenhangs zwischen der niederländischen Drogengesetzgebung und den Konsumprävalenzen gelten dieselben Einschränkungen wie bei der Analyse der *MML* in den USA. Es ist auch hier das Problem des ökologischen Fehlschlusses zu berücksichtigen. Daher sind die folgenden Rückschlüsse nur unter Vorbehalt zu ziehen (dazu näher unter D.II.1. Das Problem des ökologischen Fehlschlusses).

3. Entwicklung der Prävalenzen

In den ersten sieben Jahren nach der *de facto*-Legalisierung wiesen die Niederlande keine entscheidenden Veränderungen der Prävalenzzahlen auf[905]. Allerdings lagen die Zahlen über denen in anderen Ländern Westeuropas und in etwa auf der Höhe der USA. Geht man darüber hinaus davon aus, dass eine Gesetzesänderung wie die von 1976 einige Jahre benötigt, bis sie von der Bevölkerung vollständig adaptiert wird und zum Tragen kommt, können die Jahre 1984 bis 1996 als die Zeit gelten, in denen sich das reformierte „Opiumwet" auszuwirken begann. Stellenweise wird in diesem Zeitraum ein Anstieg der Lebenszeitprävalenzen bei den 18- bis 20-Jährigen von 15% auf 44% angenommen und eine Steigerung der Monatsprävalenzen von 8,5% auf 18,5%[906]. Diese Befunde berücksichtigen jedoch zu wenig, dass bereits vor der Gesetzesänderung 1976 die *de facto*-Legalisierung weit fortgeschritten war[907]. Bereits in den Jahren zuvor wurden Konsumentendelikte vom Justizsystem nicht mehr verfolgt. Dies war auch innerhalb der Bevölkerung bekannt, sodass es schwerlich möglich ist, die Auswirkungen der Gesetzesreform gerade in den Jahren 1984 bis 1996 zu suchen. Zudem stiegen zwischen 1992 und 1996 auch in Norwegen und den USA die Konsumprävalenzen an. Zwei Länder also, die eine den Niederlanden entgegengesetzte Drogenpolitik aufwiesen[908]. Darüber hinaus scheint fraglich, ob ein Gesetz tatsächlich acht Jahre benötigen sollte, um seine Wirkung zu entfalten[909]. Letztlich kann ein Anstieg der Konsumprävalenzen in dieser Zeit nicht zum Beweis dienen, dass die *de facto*-Legalisierung dafür verantwortlich war.

4. „Coffeeshops" als moderierende Variable

Die Verfügbarkeit in „Coffeeshops" könnte eine nur moderierende Variable sein. Vermittelt über mehr Verfügbarkeit könnten sich die Einstellungen innerhalb der Bevölkerung liberalisiert haben, was schließlich zu einem erhöhten Konsum führt[910]. Vergleicht man die aktuellen Prävalenzen der USA, der Niederlande und Deutschland miteinander, kann die These eines erhöhten Konsums in den Niederlanden nicht aufrechterhalten werden. Im Jahre 2010 wiesen die

---

[905] *MacCoun/Reuter*, Interpreting (Fn. 814), S. 50 f.; *MacCoun/Reuter*, Drug (Fn. 93), S. 256.
[906] *MacCoun/Reuter*, Interpreting (Fn. 814), S. 51.
[907] *Reuband*, Drogenkonsum (Fn. 813), S. 59; *Silvis*, Enforcing (Fn. 881), S. 47; *Reuband*, Cannabiskonsum (Fn. 783), S. 56.
[908] *MacCoun/Reuter*, Interpreting (Fn. 814), S. 51.
[909] *MacCoun/Reuter*, Interpreting (Fn. 814), S. 51.
[910] *MacCoun*, Cannabis (Fn. 889), S. 6.

USA eine Lebenszeitprävalenz von 51,6% bei den 16- bis 34-Jährigen auf und eine Jahresprävalenz von 24,1%[911]. Die Niederlande liegen weit hinter den USA zurück. Die 15- bis 34-Jährigen wiesen 2009 eine Lebenszeitprävalenz von 36,8% auf und eine Jahresprävalenz von 13,7%[912]. 2012 lag die Lebenszeitprävalenz in Deutschland bei 35,3%, die Jahresprävalenz bei 11,1%[913]. Die USA stehen offensichtlich nach wie vor an der Spitze bei den Konsumentenzahlen. Gegenüber Deutschland erweisen sich die Prävalenzen nur als leicht erhöht. Auch unter Berücksichtigung des ökologischen Fehlschlusses wäre hier ein anderes Ergebnis zu erwarten gewesen, wenn die „Coffeeshops" einen so erheblichen Einfluss auf den Konsum hätten. Auffällig ist auch, dass zwischen 1997 und 2001 die Lebenszeitprävalenz in Deutschland um 7,7% stieg, in den Niederlanden jedoch nur um 1,4%[914]. Auch wenn die Lebenszeitprävalenz nicht den aktuellen Konsum widerspiegelt, hätte in den Niederlanden, im Rahmen der liberalen Drogenpolitik, über die Jahre ein stärkerer Anstieg verzeichnet werden müssen. Dass dies nicht der Fall war, zeugt eher davon, dass die *de facto*-Legalisierung keinen entscheidenden Einfluss auf den Konsum hat (an dieser Stelle sei auch auf die Ergebnisse des Abschnitts D.II.2. Datenlage verwiesen).

Offensichtlich sind Trends in den Trajektorien der Konsumprävalenzen mehr als internationales Phänomen zu verstehen und weniger als von landesspezifischen Regelungen abhängig. Wellenförmige Bewegungen, gekennzeichnet durch Zunahme und Rückgang des Konsums zu bestimmten Zeiten, werden in Westeuropa über die Landesgrenzen hinweg festgestellt[915]. Auffällig, jedoch unter Berücksichtigung der international parallel verlaufenden Entwicklung wohl eher dem Zufall geschuldet, ist indes das Zusammenfallen von Schwankungen in den Prävalenzen mit zeitgleich getroffenen politischen Maßnahmen in den Niederlanden. Der Anstieg der Prävalenzen Anfang der 70er Jahre wird in Verbindung mit dem Aufblühen des Schwarzmarktes gebracht, das Absinken Mitte der 70er Jahre mit dem Aufkommen der „Housedealer", ein erneuter Anstieg in den 80er Jahren wird der Implementierung der „Coffeeshops" zugeschrieben und der Rückgang der Konsumentenzahlen in den 90er Jahren soll mit den Bemühungen der Regierung um eine Reduzierung der „Coffeeshops" korrelieren[916].

Letztlich scheinen die „Coffeeshops" weder die Konsumfrequenz noch die Menge an konsumiertem Cannabis zu beeinflussen[917]. Die Mengen liegen auf ähnlichem Niveau wie bei Personen, die Cannabis auf dem Schwarzmarkt erwerben. Auch führten die *de facto*-Legalisierung und die Duldung von „Coffeeshops" nicht zu einer Expansion der Prävalenzzahlen. Übermäßige Kritik am Weg der Niederlande scheint daher unangebracht. Allerdings ist zu fragen, wie

---

[911]   Siehe http://www.emcdda.europa.eu/online/annual-report/2011/cannabis/3 (21.7.2016).
[912]   Siehe http://www.emcdda.europa.eu/data/2014 (21.7.2016).
[913]   Siehe http://www.emcdda.europa.eu/data/2014 (21.7.2016).
[914]   *Krumdiek*, Grundlage (Fn. 291), S. 359.
[915]   *Reuband*, Cannabiskonsum (Fn. 783), S. 56 f.; *Korf*, Coffee Shops (Fn. 811), S. 864.
[916]   *Korf*, Treat (Fn. 824), S. 77; *Reuband*, Cannabiskonsum (Fn. 783), S. 56 f.; *ders.*, Coffee Shops (Fn. 811), S. 859.
[917]   *Reuband*, Cannabiskonsum (Fn. 783), S. 65; *Wouters*, Cannabis (Fn. 887), S. 344.

es die Niederlande schaffen, dass all die befürchteten negativen Folgen einer solchen Liberalisierung ausblieben.

5. Alleinstellungsmerkmale der Niederlande

Gründe, die für die niedrigen Prävalenzen mitentscheidend sein können, gibt es viele. Deutschland und die Niederlande liegen zwar geografisch nah bei einander und gelten als sprach- und kulturverwandt[918]. Auch waren sowohl die Niederlande als auch Deutschland zwei der ersten Länder, die den Umgang mit Cannabis kriminalisierten[919]. Doch weisen die Niederlande in vielen Bereichen der Gesellschaft, Kultur und Politik Eigenheiten auf, die in ihrer Kombination einzigartig sind und den Weg einer liberalen Drogenpolitik entscheidend geprägt haben.

Entscheidende Prägung erfährt die politische und damit auch die drogenpolitische Landschaft der Niederlande durch einen in der Politik und der Gesellschaft vorherrschenden Pragmatismus[920]. Darunter kann eine weitgehende Normalisierung statt einer Dramatisierung des Drogenkonsums gefasst werden[921]. Als Höhepunkt dieser Vorgehensweise gilt der Erlass des „Opium Acts" von 1976[922]. In einem engen Zusammenhang mit dem Primat des Pragmatismus steht auch die Orientierung an postmaterialistischen Werten (s. näher zur Bedeutung von postmaterialistischen Werten D.V. Wertestrukturen in der deutschen Gesellschaft). Hier gelten die Niederlande ebenfalls als Vorreiter[923]. Es wird weniger die öffentliche Ordnung in den Fokus politischer Maßnahmen gerückt als vielmehr die Autonomie und Selbstentfaltung jedes Einzelnen. Der Staat zieht sich an dieser Stelle zurück und gewährt dem Einzelnen die freie Entscheidung darüber, ob er Drogen konsumieren möchte oder nicht. Sicherlich hat diese Entwicklung seit 1995 einen gewissen Wandel erfahren, doch bislang kann keine Abkehr vom Pragmatismus festgestellt werden. Verkauf und Konsum werden, mit einigen Einschränkungen, nach wie vor geduldet.

Darüber hinaus lässt sich die niederländische Drogenpolitik weitaus mehr von rationalen Gründen leiten, als dies in vielen anderen Ländern der Fall ist. Den Auffassungen von Experten des jeweiligen Sachbereichs kommt bei der Entscheidungsfindung eine gesteigerte Bedeutung zu. Sanktionen und die Kriminalisierung bestimmter Verhaltensweisen sind auch Teil des Rechtsbewusstseins der Bevölkerung. Dieses Rechtsbewusstsein ist jedoch wandelbar, wie sich beispielhaft an der Kriminalisierung homosexueller Handlungen und der Abtreibung zeigt. Der Umgang mit Drogen ist ebenfalls einer sich verändernden gesellschaftlichen Einstellung zugänglich, sodass gerade hier eine starke Betonung rationaler Aspekte sinnvoll erscheint. Die

---

[918]   *Rüter*, Drogenbekämpfung (Fn. 823), S. 387.
[919]   *Korf*, Treat (Fn. 824), S. 45.
[920]   *Marshall/Marshall*, Drug (Fn. 869), S. 206, 211; *MacCoun/Reuter*, Drug (Fn. 93), S. 240; *C.C.J.H. Bijleveld/P.R. Smit*, Crime and Punishment in the Netherlands, in: Tonry/Farrington, Crime (Fn. 814), S. 161 (165).
[921]   *Zimmer/Morgen/Bröckers*, Cannabis (Fn. 881), S. 70.
[922]   *E. Leuw*, Initial Construction and Development of the Official Dutch Drug Policy, in: Leuw/Marshall, Prohibition (Fn. 869), S. 23 (23).
[923]   *C.D. Kaplan u.a.*, Is Dutch Drug Policy an Example to the World?, in: Leuw/Marshall, Prohibition (Fn. 869), S. 311 (317).

Niederlande werden diesem Anspruch in höherem Maße gerecht als Deutschland. Zwar kommt Deutschland seiner Nachbesserungspflicht bei der Betäubungsmittelgesetzgebung nach. Die Niederlande gehen aber über die Mindestanforderungen hinaus. So war für die Novellierung des „Opiumwet" eine Expertenkommission zuständig, die sich aus allen betroffenen Fachbereichen rekrutierte[924]. Darüber hinaus wurden auch Vertreter der jugendlichen Subkultur, also der von dem Gesetz am stärksten betroffenen Gruppe, gehört[925]. Die *de facto*-Legalisierung stellte sich nicht als Zurückweichen der Regierung vor einem bestehenden Problem dar, sondern als Produkt rationaler, pragmatischer Überlegungen[926]. Aufgrund des vorherrschenden Pragmatismus wurde in den Niederlanden diese rationale Drogenpolitik auch von der Bevölkerung mitgetragen, wenngleich die Regierung die Initiative ergriff und die Entscheidung zur Liberalisierung des Drogenstrafrechts von oben nach unten verlief[927]. Anfängliches Misstrauen gegenüber dem Weg der Regierung wich schließlich der Einsicht in dessen Sinnhaftigkeit. Erreicht wurde dies, indem Debatten weniger emotional und dramatisch geführt wurden[928]. Also ganz im Sinne des Pragmatismus und der Normalisierung.

Auch wird verstärkt Wert auf den Abgleich der rechtlichen Lage mit der Realität gelegt[929]. Es wird hinterfragt, ob die Ziele der Drogenpolitik nach wie vor aktuell und die gewählten Mittel weiterhin zur Erreichung dieser Ziele dienlich sind. Diese Deutschland als Nachbesserungspflicht bekannte Notwendigkeit soll letztlich zu einer weniger ideologisch geprägten Gesetzeslage führen (Zur Nachbesserungspflicht in Deutschland s. C.IV.1.c.bb)aaa) Legitimer Zweck).

Ebenfalls von hoher Bedeutung ist die Kompromissbereitschaft bei politischen Fragen in den Niederlanden. Entscheidungen werden vermehrt konsensorientiert gefällt. Durch die Geschichte der Niederlande als Kolonialmacht und Einwanderungsland gab es seit jeher eine Vielzahl verschiedener Religionen, gesellschaftlicher Strömungen und kultureller Einflüsse[930]. All dies hat über die Jahre die Notwendigkeit von Koalitionen und Kompromissen verdeutlicht[931]. Es findet eine *cooperation in diversity* statt[932].

---

[924]   *Scheerer*, Genese (Fn. 674), S. 191 f.; zum Bedarf einer solchen Expertenkommission: *J. Jaffe,* What Counts As a „Drug Problem"?, in: G. Edwards/A. Arief/ders. (Hrsg.), Drugs Use and Misuse, London 1983, S. 101 (110).
[925]   *Korf,* Treat (Fn. 824), S. 51.
[926]   *Rüter,* Drogenbekämpfung (Fn. 823), S. 398.
[927]   *Scheerer,* Genese (Fn. 674), S. 179.
[928]   *v. Kalmthout,* Characteristics (Fn. 878), S. 264; *Korf,* Treat (Fn. 824), S. 52.
[929]   *Rüter,* Drogenbekämpfung (Fn. 823), S. 390.
[930]   *Scheerer,* Genese (Fn. 674), S. 169.
[931]   *Rüter,* Drogenbekämpfung (Fn. 823), S. 403.
[932]   *Kaplan u.a.,* Drug (Fn. 923), S. 314.

Diese Bereitschaft zu Kompromissen und gemeinsamen Lösungen steht in einem interdependenten Verhältnis zu einer betont gelebten Toleranz und Akzeptanz gegenüber jedweden Formen der Devianz[933]. Abweichende Lebensstile, Einstellungen und gesellschaftliche Strömungen werden dabei in die Mitte der Gesellschaft inkludiert[934]. Auch subkulturelle Bewegungen werden in den Niederlanden in die Lösungsfindung miteinbezogen. Dies spiegelt sich im Umgang mit Cannabis wider. Statt einer sozialen Exklusion von Cannabiskonsumenten und einer Verfolgung durch das Strafrecht wird der Konsum gesellschaftlich und justiziell geduldet[935]. Es wird Wert darauf gelegt, dass Drogenkonsumenten nicht an den Rand der Gesellschaft gedrängt und stigmatisiert werden[936]. So heißt es in einem durch das Zentralbüro in Auftrag gegebenen Bericht: „Wer bewusst in seiner Privatsphäre die eigene Gesundheit oder das eigene Leben gefährdet, wird in unserer Gesellschaft nicht gezwungen, eine andere Wahl zu treffen."[937] Hier kommt eine Haltung zum Ausdruck, die wesentlich weniger paternalistisch anmutet als die in Deutschland vertretene (zum Paternalismus bereits unter B.V.1. Verhaltenssteuerung und Paternalismus als Aufgaben der Rechtsordnung)[938]. Ziel ist es, den Konsum als sozial integrierbar zu begreifen und weniger um Prinzipien zu streiten[939]. Diese Inklusion steht nicht zuletzt, ebenso wie der Pragmatismus, in einem engen Zusammenhang mit der Orientierung an postmaterialistischen Werten (s. näher zur Bedeutung von postmaterialistischen Werten D.V. Wertestrukturen in der deutschen Gesellschaft)[940]. Dabei werden die individuellen und sozialen Risiken des Cannabiskonsums als tragbar für die Gesellschaft angesehen[941].

Auch die Ausgestaltung des Strafrechts stellt in den Niederlanden eine Besonderheit dar. Traditionell wird das Strafrecht eher zurückhaltend angewendet[942]. Gerade Personen, die Drogen konsumieren, soll nicht gleich mit dem scharfen Schwert des Strafrechts begegnet werden[943]. Hier stehen vornehmlich medizinische und psychologische Hilfsmaßnahmen im Vordergrund[944]. Es wird abgewogen zwischen den nützlichen Effekten des Strafrechts und den negativen Begleiterscheinungen[945]. Als negative Effekte gelten vor allem die drohende Entfremdung Jugendlicher von akzeptierten Regeln, Werten und Institutionen[946]. Gleichzeitig zeichnet sich

---

[933] *Scheerer*, Genese (Fn. 674), S. 169; *v. Kalmthout*, Characteristics (Fn. 878), S. 261; *Bijleveld/Smit*, Crime (Fn. 920), S. 165.

[934] *Kaplan u.a.*, Drug (Fn. 923), S. 317; *Leuw*, Construction (Fn. 922), S. 24.

[935] *MacCoun/Reuter*, Drug (Fn. 93), S. 241; *Wohlers/Went*, Legitimation (Fn. 241), S. 309.

[936] *Scheerer*, Genese (Fn. 674), S. 176.

[937] Werkgroep van de stichting algemeen centraal bureau voor de geestelijke Volksgezondheid (Hrsg.), Ruimte in het drugbeleid, Meppel 1971, S. 39 f.

[938] *Kaplan u.a.*, Drug (Fn. 923), S. 317; *Marshall/Marshall*, Drug (Fn. 869), S. 207.

[939] *Leuw*, Construction (Fn. 922), S. 24.

[940] *Kaplan u.a.*, Drug (Fn. 923), S. 321.

[941] *Kaplan u.a.*, Drug (Fn. 923), S. 329; *Leuw*, Construction (Fn. 922), S. 35.

[942] *Rüter*, Drogenbekämpfung (Fn. 823), S. 403; *Korf*, Treat (Fn. 824), S. 60; *MacCoun/Reuter*, Drug (Fn. 93), S. 240.

[943] *Reuband*, Cannabiskonsum (Fn. 783), S. 58.

[944] *Kaplan u.a.*, Drug (Fn. 923), S. 317; *Marshall/Marshall*, Drug (Fn. 869), S. 205; *Korf*, Treat (Fn. 824), S. 6.

[945] *Rüter*, Drogenbekämpfung (Fn. 823), S. 389.

[946] *Zimmer/Morgen/Bröckers*, Cannabis (Fn. 881), S. 70.

das Strafrecht auch durch eine große Sanktionsbreite aus. Die Anwendung des Strafrechts fällt in diesem Zusammenhang oft deutlich milder aus als in Deutschland[947]. Grundsätzlich ist dieses Vorgehen dem deutschen Justizsystem nicht fremd, doch wird es nicht so konsequent angewendet wie in den Niederlanden. Symptomatisch dafür ist eine Flexibilität in der Maßnahmenwahl.

6. Fazit

Wie gezeigt, weisen die Niederlande eine ganze Bandbreite an begleitenden Maßnahmen auf, die eine liberale, drogenpolitische Strategie flankieren. Gerade den medizinischen und psychologischen Hilfsmaßnahmen sowie dem gelebten Integrationsgedanken wohnt das Potential inne, die Konsumprävalenzen positiv zu beeinflussen. Unabhängig von dem politischen Umgang mit Drogen können diese Faktoren einen Einfluss darauf haben, dass die Konsumprävalenzen nicht höher liegen als in anderen Jurisdiktionen. Hinsichtlich der politischen Strategie der Niederlande bleibt festzuhalten, dass diese selbst dann einen sinnvollen Weg darstellt, wenn davon ausgegangen wird, dass drogenpolitische Programme nur einen eingeschränkten Einfluss auf die Konsumprävalenzen haben (s. dazu bereits bei D.II.2 Datenlage). Die Niederlande vermeiden mit ihrer *de facto*-Legalisierung viele negative Auswirkungen, die das Strafrecht mit sich bringt (zur *Labeling Theory* D.VI. Folgen des Verbotes und der Ahndung für Betroffene). Konsumenten weicher Drogen werden weder kriminalisiert noch stigmatisiert. Die individuelle Freiheit jedes Einzelnen wird stärker respektiert. Der niederländische Weg entspricht, im Vergleich zu repressiven Strategien, in höherem Maße dem Ideal eines liberalen Rechtsstaates. Paternalistisches Vorgehen rückt in den Hintergrund während gleichzeitig die Eigenverantwortlichkeit jedes Einzelnen betont wird (zum Paternalismus s. B.V.1. Verhaltenssteuerung und Paternalismus als Aufgaben der Rechtsordnung).

So vorzugswürdig die niederländische Drogenpolitik auch sein mag, es stellt sich dennoch die Frage nach der Übertragbarkeit der Ergebnisse auf Deutschland. Historisch gewachsener Pragmatismus, eine Politik, in der rationale Aspekte entscheidend sind, Konsens- und Kompromissorientierung sowie Toleranz und Akzeptanz gegenüber devianten Lebensformen sind in der Qualität und Quantität sicherlich ein niederländisches Spezifikum. Das Funktionieren dieses liberalen Umgangs mit weichen Drogen hängt beträchtlich von genau diesen Faktoren ab, die sich in Deutschland in dieser Ausprägung nicht wiederfinden. Bei dieser Einschätzung handelt es sich freilich um eine Prognose ohne empirische Untermauerung. Auch wenn in den Niederlanden die Bevölkerung zunächst gegen eine Liberalisierung des Drogenstrafrechts war und diese Situation mit der in Deutschland übereinstimmt, so fiel die Entscheidung zur Liberalisierung in den Niederlanden in einem Rahmen, der Veränderungen eher mitträgt. Eine vergleichbare gesellschaftliche Struktur findet sich in Deutschland nicht. Die frühzeitige Orientierung an postmaterialistischen Werten in den Niederlanden trug ebenfalls dazu bei, eine Liberalisierung durchzusetzen (zu postmaterialistischen Werten in Deutschland s. nachfolgend unter D.V. Wer-

---

[947]   *Trautmann*, Drogenarbeit (Fn. 890), S. 131.

testrukturen in der deutschen Gesellschaft). Eine Zusammenschau der niederländischen Verhältnisse legt nahe, dass diese Gründe auch in historisch gewachsenen gesellschaftlichen Strukturen zu verorten sind. Der Weg der Niederlande kann als Erfolgsmodell gelten. Die Übertragbarkeit dieses Weges auf andere Länder kann allerdings nicht abschließend geklärt werden. Die herausgehobene Stellung nationaler Besonderheiten der Niederlande spricht eher dagegen.

V. Wertestrukturen in der deutschen Gesellschaft

Wenn eine Übertragbarkeit des niederländischen Wegs auf Deutschland entscheidend von der Struktur der jeweiligen nationalen Gesellschaft abhängt, dann ist es unerlässlich, eben diese Struktur für Deutschland genauer zu untersuchen. Einer der Aspekte, die mutmaßlich zum Gelingen einer Liberalisierung des Drogenstrafrechts beitragen, ist die Orientierung an postmaterialistischen Werten. Die Niederlande waren eines der ersten Länder, die postmaterialistische Wertestrukturen auch in ihre politischen Entscheidungen mit einfließen ließen. Die *de facto*-Legalisierung weicher Drogen ist eine der prominentesten Folgen dieses Vorgehens. Eine Umfrage unter Schülern durch *Peterson/Wetz* deutet in dieselbe Richtung[948]. Hier gaben 52% der abstinenten Schüler an, dass konventionelle Ziele, wie Beruf, Geld und Sicherheit erstrebenswert seien, während dies nur von 21% der drogenkonsumierenden Schüler so gesehen wurde. Auch die Verwendung von Cannabis als Protestdroge (dazu bereits unter C.V.1. Cannabis als Protestdroge) in den 60er Jahren zeigte, dass eine liberale Weltsicht durchaus mit dem Ziel einer liberalen Drogenpolitik verbunden ist. Ebenso verdeutlicht diese Periode, dass gerade konservative und materialistische Strömungen eine repressive Drogenpolitik befördern. Unter Zuhilfenahme der Theorie des Wertewandels wird im Folgenden von der These ausgegangen, dass postmaterialistische Strömungen in der Gesellschaft in engem Zusammenhang mit Entwicklungen wie Individualisierung, Pluralisierung und Liberalisierung stehen[949]. Eine Interdependenz all dieser Faktoren begünstigt zudem nicht bloß den Drogenkonsum an sich, sondern auch eine liberalere Einstellung der Gesamtgesellschaft gegenüber Drogen[950]. Nach *Geschwinde* ist „letztlich [...] ein (u.U. strafbewehrtes) Verbot bestimmter Drogen darüber hinausgehend zudem auch eine Ausprägung der Werteordnung, die sich eine Gesellschaft gibt – oder auch nicht."[951] Dafür spricht auch die Definition der sozialen Kontrolle (dazu näher unter B.I. Was ist soziale Kontrolle?). Soziale Kontrolle ist gekoppelt an die bestehenden Wertestrukturen in der Gesellschaft[952]. Ändern sich diese Strukturen, sind mittel- bis langfristige Auswirkungen auf das Betäubungsmittelstrafrecht zu erwarten[953]. Damit kann eine weite Verbreitung postmaterialistischer Werte ein entscheidender Faktor sein, der dazu beitragen kann, dass sich ähnliche liberale Strukturen im Umgang mit Betäubungsmitteln entwickeln, wie dies in den

---

[948]   *Peterson/Wetz,* Drogenerfahrung (Fn. 759), S. 59.
[949]   *Schelsky,* Ansatz (Fn. 226), S. 55; *R. Inglehart,* Modernisierung und Postmodernisierung, 1998, S. 24, 448; *K.-H. Hillmann,* Wertewandel. Ursachen – Tendenzen – Folgen, 2004, S. 229.
[950]   So auch: *Kaplan u.a.,* Drug (Fn. 923), S. 317; *Hawkins/Arthur/Catalano,* Preventing (Fn. 830), S. 405; *Reuband,* Legalisierung (Fn. 810), S. 224 f.
[951]   *Geschwinde,* Rauschdrogen (Fn. 359), Rn. 137.
[952]   *Albrecht,* Kriminologie (Fn. 38), S. 73.
[953]   *D. Hermann,* Werte und Kriminalität, 2003, S. 289.

Niederlanden bereits heute der Fall ist[954]. Es soll mithin eine Prognose der weiteren Entwicklung des Betäubungsmittelstrafrechts gewagt werden.

1. Theorie des Wertewandels

Die Theorie des Wertewandels geht zurück auf *Inglehart*. Dieser nahm zunächst eine dichotome Gliederung des menschlichen Wertegefüges in materialistische und postmaterialistische Werte vor. Im Kern gibt es bei *Inglehart* vier *items*, um Personen entweder als Materialisten, Postmaterialisten oder Mischtypen einzustufen. Gefragt wird dabei, welche Ziele den Probanden persönlich wichtig sind. Zur Auswahl stehen die Aufrechterhaltung der Ordnung der Nation, Kampf gegen steigende Preise, verstärktes Mitspracherecht der Menschen bei wichtigen Regierungsentscheidungen und Schutz der freien Meinungsäußerung[955]. Die ersten beiden *items* sind einer materialistischen und die letzten beiden einer postmaterialistischen Werteorientierung zugeordnet. Stellenweise werden noch weitere *items* herangezogen, doch bilden die vier vorgenannten die Kernkriterien[956]. Materialistische Werte spiegeln stets die Priorisierung von Sicherheitsaspekten, Geld und Akzeptanz, während postmaterialistische Werte vornehmlich auf eine freie Entfaltung der Persönlichkeit und Selbstbestimmung gerichtet sind. Auch unkonventionelle Handlungsformen in der Politik und ein höheres Protestpotential werden mit den postmaterialistischen Werten verknüpft (zum Zusammenhang zwischen Cannabiskonsum und Protest s. unter C.V.1. Cannabis als Protestdroge)[957]. Der Theorie vom Wertewandel liegen zwei Hypothesen zugrunde: Zum einen die Mangelhypothese, zum anderen die Sozialisationshypothese. Nach der Mangelhypothese liegen die favorisierten Werte stets in Bereichen, in denen ein Mangel vorherrscht[958]. *Inglehart* greift bei der Gliederung der zu befriedigenden Bedürfnisse auf die Bedürfnispyramide von *Maslow* zurück[959]. Menschen sind demnach geneigt, immer das zu wollen, was sie nicht haben können. Nach der Sozialisationshypothese sind die sozio-ökonomischen Verhältnisse während der Jugendzeit entscheidend bei der Ausprägung eines Wertesystems[960]. In dieser Zeit entwickeln sich Werte, die bis ins Erwachsenenalter weitgehend

---

[954] *C.D. Kaplan,* The Social Functions of Drugs in Coming Decades, in: ders./M. Kooyman (Hrsg.), Responding to a World of Drugs, Rotterdam 1987, S. 15 (15 ff.); kritisch: *Schuermeyer u.a.,* Trends (Fn. 840), S. 154.

[955] *R. Inglehart,* The Silent Revolution in Europe, in: The American Political Science Review 65 (1971), S. 991 (994); ders., The Silent Revolution, Princeton 1977, S. 42; ders., Wertewandel in den westlichen Gesellschaften, in: H. Klages/P. Kmieciak (Hrsg.), Wertewandel und gesellschaftlicher Wandel, 1979, S. 279 (285).

[956] Weitere Kriterien bei: *Inglehart,* Revolution (Fn. 955), S. 42; ders., Wertewandel (Fn. 955), S. 285; *R. Benedikter,* Philosophischer Postmaterialismus, in: ders. (Hrsg.), Postmaterialismus, Bd. 1, 2001, S. 19 (63 ff.); *R. Inglehart/C. Welzel,* Modernization, Cultural Change, and Democracy, New York 2005, S. 48 ff.

[957] *Inglehart,* Wertewandel (Fn. 955), S. 302, 307.

[958] *Inglehart,* Revolution in Europe (Fn. 955), S. 991; ders., Revolution (Fn. 955), S. 21 f.; ders., Wertewandel (Fn. 955), S. 280; ders., Modernisierung (Fn. 949), S. 53.

[959] *Inglehart,* Revolution (Fn. 955), S. 22; *H. Klages,* Die gegenwärtige Situation der Wert- und Wertwandelforschung, in: ders./H.J. Hippler/W. Herbert (Hrsg.), Werte und Wandel, 1992, S. 5 (13 f.).

[960] *Inglehart,* Revolution in Europe (Fn. 955), S. 997 ff.; ders., Revolution (Fn. 955), S. 23; ders., Wertewandel (Fn. 955), S. 280.

stabil bleiben. Somit kommt es bei der Ausprägung von materialistischen bzw. postmaterialistischen Werten vor allem darauf an, welche Ressourcen in der Jugendzeit knapp bemessen waren. Von herausragender Bedeutung ist nach *Inglehart* die ökonomische Situation[961]. Dazu zählen unter anderem das Bildungsniveau, vorherrschende berufliche Strukturen und die Massenkommunikation. Ein Eckpfeiler der Untersuchungen *Ingleharts* ist der zweite Weltkrieg[962]. Dieses Ereignis wird für Europa als Wendepunkt hinsichtlich der vorherrschenden Bedingungen gesehen. Dabei gilt die Zeit vor und während des Krieges als Zeit ökonomischer Entbehrung und mangelnder Sicherheit. Mit Ende des Krieges kam schließlich in den 50er Jahren ein wirtschaftlicher Aufschwung, und das Gefühl von Sicherheit kehrte zurück. Hier liegt auch der von *Inglehart* konstituierte Generationenunterschied begründet[963]. Personen, die ihre Jugend während der Zeit des zweiten Weltkrieges verbracht haben, erfahren in dieser Zeit vornehmlich ökonomische Entbehrung und mangelnde Sicherheit. Dies führt der Theorie zufolge dazu, dass diese Personen im Erwachsenenalter eher materialistischen Werten den Vorzug geben. Personen allerdings, die eine Generation später aufgewachsen sind, haben in der Adoleszenz eher wirtschaftlichen Wohlstand und bestehende Sicherheit erfahren. Diese müssten also vornehmlich postmaterialistisch eingestellt sein. Der Wertewandel bezeichnet schließlich den zunehmenden Übergang von materialistischen Wertegefügen hin zu postmaterialistischen. Als Ursache wird die stetige Zunahme wirtschaftlichen Wohlstands und Sicherheit gesehen.

2. Entwicklung des Wertewandels

Inglehart gibt für den Wertewandel einen Zeitraum von 1970 bis 1994 an[964]. Während dieser Zeit sind nach seiner Ansicht postmaterialistische Werte durchgehend auf dem Vormarsch und lösen die materialistischen Werte, wie sie von der Kriegsgeneration vertreten wurden, nach und nach ab[965]. Dabei verlieren Pflicht- und Akzeptanzwerte zugunsten von Selbsterfahrungswerten, Selbstbestimmtheit und persönlicher Freiheit an Bedeutung. Mithin findet eine Ersetzung traditioneller Wertemuster statt. Diese Entwicklung wird häufig als weltweites Phänomen beschrieben[966]. Die Untersuchungen konzentrieren sich jedoch zumeist auf die USA und Westeuropa[967]. In Deutschland zeigt sich der Wertewandel gut anhand der kumulierten ALLBUS Daten, die im folgenden Schaubild zusammengefasst sind. Die Abbildung beschränkt sich auf die Darstellung der Materialisten und Postmaterialisten. Die nicht dargestellten 60% der Bevölkerung entfallen auf Mischtypen.

---

[961]   *Inglehart*, Revolution in Europe (Fn. 955), S. 1001; *ders.*, Revolution (Fn. 955), S. 21; *ders.*, Modernisierung (Fn. 949), S. 225.

[962]   *Inglehart*, Revolution (Fn. 955), S. 21 f.; *ders.*, Wertewandel (Fn. 955), S. 280.

[963]   *Inglehart*, Revolution (Fn. 955, S. 23; *ders.*, Wertewandel (Fn. 955), S. 297.

[964]   *Inglehart*, Revolution in Europe (Fn. 955), S. 991 ff.; *ders.*, Modernisierung (Fn. 949), S. 225; so auch: *Kleiber/Söllner*, Cannabiskonsum (Fn. 370), S. 209; *S. Hradil*, Vom Wandel des Wertewandels, in: W. Glatzer/R. Habich/K.U. Mayer (Hrsg.), Sozialer Wandel und gesellschaftliche Dauerbeobachtung, 2002, S. 31 (36); *Hermann*, Werte (Fn. 953), S. 288; *Reuband*, Entwicklung (Fn. 385), S. 182 f.

[965]   *H.W. Opaschowski*, WIR! Warum Ichlinge keine Zukunft mehr haben, 2010, S. 39.

[966]   *Kaplan u.a.*, Drug (Fn. 923), S. 317, 330.

[967]   *Hermann*, Werte (Fn. 953), S. 288.

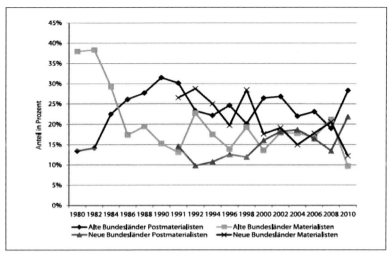

Anmerkung: Die Frage lautet: »Auch in der Politik kann man nicht alles auf einmal haben. Auf dieser Liste finden Sie einige Ziele, die man in der Politik verfolgen kann. Wenn Sie zwischen diesen verschiedenen Zielen wählen müssten, welches Ziel erschiene Ihnen persönlich AM WICHTIGSTEN (AM ZWEITWICHTIGSTEN etc.)?« Antwortvorgaben sind: a) Aufrechterhaltung von Ruhe und Ordnung in diesem Land; b) Mehr Einfluss der Bürger auf die Entscheidungen der Regierung; c) Kampf gegen die steigenden Preise; d) Schutz des Rechtes auf freie Meinungsäußerung. Als Postmaterialisten gelten alle Befragten, die Item B und D auf den ersten beiden Rängen verorten. Materialisten nennen A und C als wichtigstes bzw. zweitwichtigstes Politikziel.

Quellen: Kumulierter ALLBUS 1980–2008; ALLBUS 2010.

Abbildung 4[968]*: Wertewandel in Deutschland 1980-2010*

Zur Erhebung wurde auch hier auf die klassischen vier *items* von *Inglehart* zurückgegriffen. Es zeigt sich deutlich, dass seit Ende der 70er Jahre der Anteil an Materialisten stetig sinkt, während der Anteil an Postmaterialisten zunimmt. Diese Entwicklung hält bis Anfang der 90er Jahre an. Daran schließt sich eine Phase des Angleichens beider Trajektorien an, die Mitte der 90er Jahre abgeschlossen zu sein scheint. Der Wertewandel kommt zu diesem Zeitpunkt zum Erliegen[969]. Dieser Stillstand wird in Deutschland in einen Zusammenhang mit der Wiedervereinigung und wirtschaftlich instabilen Zeiten gesetzt[970]. Dies führt gerade bei der jüngeren Generation wieder zu einer vermehrten Hinwendung zu materialistischen Werten. So spricht *Hradil* bereits von einem „Wandel des Wertewandels"[971] und meint damit ebenfalls eine Rückkehr zu materialistischen Werten.

[968]   Abbildung so bei: *S. Roßteutscher,* Werte und Wertewandel, in: S. Mau/N.M. Schöneck (Hrsg.), Handwörterbuch zur Gesellschaft Deutschlands, Bd. 2, 3. Aufl. 2013, S. 936 (942).

[969]   Ebenfalls einen Stillstand konstatierend: *Hradil,* Wandel (Fn. 964), S. 36; *Reuband,* Entwicklung (Fn. 385), S. 183; *S. Hradil,* Sozialer Wandel, in: Mau/Schöneck, Handwörterbuch (Fn. 968), S. 788 (801).

[970]   *Roßteutscher,* Werte (Fn. 968), S. 943.

[971]   *Hradil,* Wandel (Fn. 964), S. 40; *Opaschowski,* WIR! (Fn. 965), S. 201; *Hradil,* Sozialer Wandel (Fn. 969), S. 801.

3. Aktuelle Situation

Aktuelle Daten weisen in dieselbe Richtung. Als wichtigstes Ziel, das unser Land verfolgen sollte, nannten 47,6% der befragten Personen ökonomisches Wachstum, also einen materialistischen Wert, gefolgt von einem postmaterialistischen Wert, der Steigerung des Mitspracherechts (40,4%)[972]. Eine starke Verteidigungspolitik (4,3%) und der Versuch, Städte und Landschaft zu verschönern (6,1%), liegen jeweils weit dahinter. Es zeigt sich, dass materialistische und postmaterialistische Werte insgesamt in etwa gleich verteilt sind. Zudem lassen sich keine Generationsunterschiede erkennen. Die Antwortverteilung ist über die Altersstufen hinweg sehr ähnlich. Dies steht der Sozialisationshypothese von *Inglehart* entgegen[973]. Gefragt nach den präferierten Zielen nannten 31,1% die Partizipation bei politischen Entscheidungen[974]. Auf Platz zwei wurde der Kampf gegen hohe Preise genannt (26,8%), gefolgt von Wahrung der Meinungsfreiheit (22,1%) und Wahrung der Ordnung innerhalb der Nation (19,2%). Auch hier verteilen sich die Werte zu fast gleichen Teilen auf materialistische und postmaterialistische Antworten. Der Stillstand, der bereits in den 90er Jahren festgestellt wurde, scheint sich in aktuellen Erhebungen zu bestätigen. Dieser scheint sich im Laufe der Jahre verfestigt zu haben. Ein leichter Überhang materialistischer Werteorientierungen zeigt sich, wenn die *items* verändert werden (Stabile Wirtschaft: 49,5%/Kampf gegen hohe Preise: 8,4%/Eine persönlichere und humanere Gesellschaft: 30,6%/Eine Gesellschaft, in der Ideen mehr Wert sind als Geld: 11%). Diese Ergebnisse gehen sogar über einen reinen Stillstand hinaus und unterstützen den von *Hradil* beschriebenen „Wandel des Wertewandels". Die aktuelle ALLBUS-Umfrage aus dem Jahr 2014 deckt sich nicht ganz mit den Befunden des „World Values Survey". Hier überwiegt der Anteil an Postmaterialisten (29%) und postmaterialistischen Mischtypen (31,7%)[975]. Materialisten kommen lediglich auf 10,2% und materialistische Mischtypen auf 28,1%. Auch wenn die ALLBUS-Daten aktuell ein Drittel mehr Postmaterialisten als Materialisten ausweisen, so unterstützen die ALLBUS-Daten der letzten Jahre dennoch einen Stillstand des Wertewandels. Denn eine weitere Zunahme der Postmaterialisten zeigt sich auch hier nicht. Bei *Kemmesies* rekrutieren sich die untersuchten Gruppen (Konsumenten und Nicht-Konsumenten) zum Großteil beide aus dem Milieu der „Selbstverwirklichung"[976]. Hinzuweisen ist an dieser Stelle darauf, dass aus methodischer Sicht Postmaterialisten in Umfragen im Schnitt schlechter zu erreichen sind, da diese häufig mobiler sind, längere Arbeitszeiten haben und häufiger den Wohnort wechseln[977]. Ihr Anteil könnte also noch höher sein, als es die Untersuchungen ausgeben.

[972] World Values Survey, Germany, 2013, S. 5; abzurufen auf: http://www.worldvaluessurvey.org/WVS-DocumentationWV6.jsp (13.10.2016).
[973] Im Ergebnis zustimmend: *Reuband,* Cannabiskonsum (Fn. 783), S. 45.
[974] World Values Survey, Germany (Fn. 972), S. 6.
[975] GESIS Leibniz Institute for the Social Science (Hrsg.), ALLBUS. Allgemeine Bevölkerungsumfrage der Sozialwissenschaften, 2014, S. 255.
[976] *Kemmesies,* Rausch (Fn. 532), S. 242; so auch bei: *R. Richter,* Die Lebensstilgesellschaft, 2005, S. 99.
[977] *J. Marcus,* Der Einfluss von Erhebungsformen auf den Postmaterialismus-Index, in: Methoden – Daten – Analysen 3 (2009), S. 137 (140), m.w.N.

4. Postmaterialistische Strukturen

Die sich an den von *Inglehart* entwickelten *items* orientierenden Umfragen können einen guten Überblick über die Verteilung von Werthaltungen in der Gesellschaft geben. Allerdings ist dies nicht die einzige Möglichkeit, das gesellschaftliche Klima zu evaluieren. Postmaterialistische und materialistische Strömungen, Einstellungen und Werte zeigen sich auch in differenzierteren Formen. So sieht *Giddens* einen Wegfall traditioneller Praktiken in der Politik und eine Hinwendung zu emanzipatorischer Politik[978]. Im Rahmen dieser Politik sollen bestehende Unterschiede zwischen gesellschaftlichen Gruppen beseitigt und eine Teilhabe von Minderheiten an politischen Entscheidungen ermöglicht werden. Die Frage nach dem Umgang mit einer neuen Diversifizierung von Lebensmodellen und -stilen wird von *Giddens* also unter Hinwendung zum Postmaterialismus beantwortet, wenn er mehr Partizipation von Minderheiten fordert[979]. Dies trifft auch auf die Gruppe der Cannabiskonsumenten zu. Gerade erwachsene Cannabiskonsumenten setzen sich in einen Widerspruch zur gesellschaftlichen Erwartungshaltung an sie[980]. Mehr Mitsprache ist ein klassisches postmaterialistisches *item* nach *Inglehart*. Neoliberalen Themen, wie Emanzipation und Individualisierung, stehen in einer Reihe mit der Forderung nach vermehrter Teilhabe von Randgruppen[981]. Individualisierung und Emanzipation stehen nicht automatisch in einem Gegensatz zur Bindung an andere[982]. Kollegialität und Mitmenschlichkeit sind in einer individuellen, aber postmaterialistischen Welt Strukturen, die durchaus parallel existenzfähig sind.

Beck konstatiert drei Dimensionen einer neuen Individualisierung, die sich bereits nach Kriegsende zu entwickeln begannen[983]:

- o 1. Freisetzung des Menschen aus traditionellen Identitäten – vom Stamm über die Familie bis zur Klasse (Freiheitsdimension);
- o 2. Die freie Wahl von Kommunikation, Kontakten und Beziehungen (Bindungs- oder Sozialitätsdimension);
- o 3. Die Selbstverwirklichung der Persönlichkeit über autonome Lebensführung, ein individuelles Gesetz und Selbstbestimmung (Individualisierungsdimension).

Individualisierung ist ein Teilaspekt postmaterialistischer Werteorientierungen, sodass die genannten Entwicklungsdimensionen mit der Theorie vom Wertewandel korrelieren. Dafür sprechen auch die erste und zweite Dimension, die eine Herauslösung aus traditionellen Sozialformen und einen Sicherheitsverlust postulieren. Im Einzelnen sind darunter eine höhere soziale

---

[978] *Giddens,* Modernity (Fn. 24), S. 211.
[979] *Inglehart,* Modernisierung (Fn. 949), S. 387; *Rigopoulou,* Paternalismus (Fn. 240), S. 146; zweifelnd: *Hillmann,* Wertewandel (Fn. 949), S. 233.
[980] *Kleiber/Kovar,* Auswirkungen (Fn. 360), S. 218.
[981] *Kunz/Singelnstein,* Kriminologie (Fn. 23), § 12 Rn. 4; *G. Otte,* Lebensstile, in: Mau/Schöneck, Handwörterbuch (Fn. 968), S. 538 (547).
[982] *C. Welzel,* Demokratie und Humanentwicklung: Grundeinsichten für Bildung und Lehre, in: G. Himmelmann/D. Lange (Hrsg.), Demokratiekompetenz, 2005, S. 65 (68 f.).
[983] *U. Beck,* Risikogesellschaft, 1986, S. 206.

Mobilität, der Ausbau des Sozialstaates, die Bildungsexpansion und die Anhebung des materiellen Wohlstandes zu verstehen[984]. Aber auch Rationalität, Säkularisierung und Demokratisierung sind Kennzeichen des Postmaterialismus[985]. In diesem Kontext findet neben der Individualisierung eine Pluralisierung von Lebensentwürfen statt, die ebenfalls als Teilmenge des postmaterialistischen Wertesystems begriffen werden kann[986]. Indem das Individuum in das Zentrum der Entwicklungen gerückt wird, entstehen mannigfaltige Lebensstile und subkulturelle Bewegungen, die sich nicht mehr einer Leitkultur unterwerfen. Bereits hier kann ein Anknüpfungspunkt an die Auswirkung dieser Entwicklung auf den Umgang mit Drogen gesehen werden. Beide Entwicklungsstränge, die Individualisierung und die Pluralisierung, begünstigen eine liberale Haltung gegenüber devianten Lebensformen, also auch gegenüber dem Gebrauch von Drogen[987]. Durch die Konzentration auf den eigenen Lebensentwurf wird einer Verurteilung anderer Entwürfe entgegengewirkt, während eine Pluralisierung zur Gewöhnung an Andersartigkeit führt[988]. So gaben, gefragt danach, wie sie es beurteilen würden, wenn Studenten auf einer Party Haschisch rauchten, 1982 noch 55% der Befragten an, dies sei „sehr schlimm"[989]. 30% beurteilten das Verhalten noch als „ziemlich schlimm". Im Jahr 2014 lag das Antwortverhalten nur noch zu 27% bei „sehr schlimm" und zu 19% bei „ziemlich schlimm".

Auch wenn Cannabiskonsum nicht der Norm entspricht, so kann doch gesagt werden, dass es im Zuge der Pluralisierung heutzutage zunehmend mehr Konsummuster gibt, die nicht mit einer gelösten gesellschaftlichen Bindung oder einer Protesthaltung einhergehen[990]. Sozial integrierter, unauffälliger Konsum ist sogar eher die Regel als die Ausnahme. Cannabiskonsumenten sind zwar im Vergleich zu den Nicht-Konsumenten in der Unterzahl, jedoch scheint eine zunehmende Loslösung von bestehenden Normen einen akzeptierten Konsum zu befördern[991]. Dies resultiert auch aus der Tatsache, dass es in pluralistischen Gesellschaften eben keinen Wertekonsens gibt[992]. Mit zunehmender Individualisierung nehmen auch hedonistische Handlungsmotive an Häufigkeit zu[993]. Hedonismus ist mit dem Konsum von Drogen in besonderem Maße verbunden[994]. Gerade unter Jugendlichen ist diese auf Freizeit, Selbstentfaltung und schnelle Befriedigung von Bedürfnissen gerichtete Lebensstruktur weit verbreitet. Durch eine

---

[984] *H.-P. Müller/E. Alleweldt*, Modernisierung und Individualisierung, in: Mau/Schöneck, Handwörterbuch (Fn. 968), S. 624 (630); *Otte*, Lebensstile (Fn. 981), S. 540.

[985] *Hermann*, Werte (Fn. 953), S. 78; *Hillmann*, Wertwandel (Fn. 949), S. 235.

[986] *K.-W. Merks*, Grundlinien einer interkulturellen Ethik, 2012, S. 140; *Roßteutscher*, Werte (Fn. 968), S. 940; *Hradil*, Sozialer Wandel (Fn. 969), S. 794.

[987] *Hill*, Verbotene Früchte (Fn. 755), S. 82, 86.

[988] *S. Scheerer*, Aus der Geschichte lernen?, in: Akzept, Bundesarbeit für akzeptierende Drogenarbeit und humane Drogenpolitik e.V. (Hrsg.), Menschenwürde in der Drogenpolitik, 1993, S. 107 (112 ff.); *D. Pélassy*, Wertewandel und Integrationsfähigkeit westeuropäischer Gesellschaften, in: R. Köcher/J. Schild (Hrsg.), Wertewandel in Deutschland und Frankreich, 1998, S. 291 (300); *Krumdiek*, Grundlage (Fn. 291), S. 356; *K.-H. Reuband*, Einstellungen der Bundesbürger zum Cannabisgebrauch und zur Cannabislegalisierung, 1982-2014, in: Soziale Probleme 26 (2015), S. 29 (41).

[989] *Reuband*, Einstellungen (Fn. 988), S. 36.

[990] *Kleiber/Kovar*, Auswirkungen (Fn. 360), S. 209.

[991] *Reuband*, Einstellungen (Fn. 988), S. 43.

[992] *Roßteutscher*, Werte (Fn. 968), S. 937.

[993] *Hillmann*, Wertewandel (Fn. 949), S. 228.

[994] *Hillmann*, Wertewandel (Fn. 949), S. 299.

fortschreitende Individualisierung gilt dies auch in zunehmendem Maße für Erwachsene, die ihre Rolle aus einer postmaterialistischen Perspektive definieren. Der Konsum von Cannabis findet bei diesen Personen verstärkten Anklang[995]. Ein entsprechendes Wertegefüge ist allerdings Voraussetzung, da die Übernahme einer Erwachsenenrolle ebenfalls mit einer Reduzierung oder Beendigung des Konsums in Verbindung gebracht wird[996]. Auch die Bildungsexpansion, als Teilmenge postmaterialistischer Entwicklungen, beeinflusst das Konsumverhalten. So zeigen Studien, dass zunehmende Bildung und erhöhter Cannabiskonsum häufig zusammentreffen[997]. Auch eine Befürwortung der Legalisierung von Cannabis ist unter bildungsnäheren Schichten weiter verbreitet[998].

Die Auswertung einer Emnid-Umfrage aus dem Jahre 2010 von *Eul/Stöver* zum Umgang mit Cannabis in Abhängigkeit von der Parteienpräferenz zeigt einen Zusammenhang zwischen beiden Variablen im Sinne der Theorie des Wertewandels.

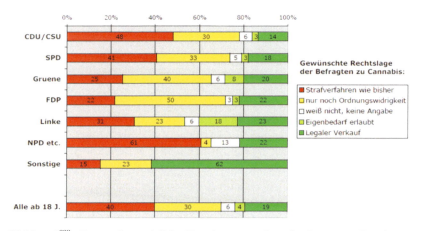

Abbildung 5[999]: Gewünschte rechtliche Einordnung von Cannabis-Besitz zum Eigenkonsum bzw. von Cannabis generell bei potentiellen Wählern verschiedener Parteien bei einer Emnid-Umfrage Juli 2010

---

[995]   *Kemmesies,* Rausch (Fn. 532), S. 249.
[996]   *Kleiber/Söllner,* Cannabiskonsum (Fn. 370), S. 165.
[997]   *Kleiber/Söllner,* Cannabiskonsum (Fn. 370), S. 24 ff.; *J. Eul/H. Stöver,* Konsumerfahrung, Konsumbereitschaft, Risikoeinschätzung und gewünschte Rechtslage und deren Wechselbeziehungen untereinander zu Cannabis und anderen Drogen in der Bevölkerung Deutschlands, in: Akzeptanzorientierte Drogenarbeit 11 (2014), S. 1 (11).
[998]   Siehe: http://www.stern.de/panorama/gesellschaft/stern-umfrage-deutsche-gegen-legalisierung-von-haschisch-6362378.html (14.10.2016).
[999]   Abbildung bei: *Eul/Stöver,* Konsumerfahrung (Fn. 997), S. 30.

Es ist deutlich zu erkennen, dass sich Anhänger konservativer Parteien einen repressiveren Umgang mit Cannabis wünschen als Anhänger kleiner Parteien. Konservativismus ist eng mit einem materialistischen Wertegefüge verbunden[1000]. In besonderem Maße trifft dies auf die rechtspopulistische NPD zu und könnte in ähnlichem Maße für die aktuell erstarkte AfD gelten[1001]. Parteien wie die Grünen und DIE LINKE, aber auch die FDP, vertreten einen eher postmaterialistischen Wertekanon. So verwundert es nicht, dass bei den Wählern dieser Parteien eine Straflosstellung des Umgangs mit Cannabis häufiger favorisiert wird. Diese votieren sehr deutlich gegen ein Strafverfahren. Eine Forsa-Umfrage im Auftrag des „Stern" aus dem Jahr 2015 kommt zu ähnlichen Ergebnissen. Danach lehnen 74% der Wähler von CDU/CSU eine Freigabe ab[1002]. Wähler von SPD (66%), Grünen (66%) und Linken (65%) befürworten eine Legalisierung weitaus häufiger. Die weitergehende Analyse der Daten brachte jedoch zum Vorschein, dass bei Kontrolle der persönlichen Risikoeinschätzung die politische Einstellung fast keinen Einfluss mehr auf die gewünschte Rechtslage hatte[1003]. Die Risikoeinschätzung mag zwar die entscheidende Variable zur Beeinflussung der Haltung gegenüber Cannabis sein. Nicht auszuschließen ist jedoch, dass für den Fall einer Liberalisierung des Drogenstrafrechts die Wähler der liberaleren, postmaterialistischen Parteien einer solchen Gesetzesänderung zumindest weniger ablehnend gegenüberstehen würden. Dass konservative Wählerschichten eine Liberalisierung eher skeptisch sehen, könnte jedoch auch an deren Altersstruktur liegen, die im Schnitt höher liegt als bei den kleineren Parteien. Hier könnte ein Zusammenhang mit dem von *Inglehart* festgestellten Generationenunterschied gegeben sein. Diese These fand allerdings in den Daten des „World Values Survey" keine Bestätigung. *Eul/Stöver* sehen letztlich die gesellschaftspolitische Einstellung als einzigen Faktor, der es vermag, die gewünschte Rechtslage direkt zu beeinflussen[1004]. Dies entspricht der bisherigen These, dass die Werthaltungen sowohl den Konsum als auch die Einstellung gegenüber Cannabis zu beeinflussen vermag.

Es lassen sich auch im Betäubungsmittelrecht Entwicklungen erkennen, welche eine postmaterialistische Ausrichtung aufweisen. Beispielhaft können hier die Einfügung des § 31a BtMG im Jahre 1992 und das Urteil des Bundesverfassungsgerichts zum Cannabisverbot von 1994 sowie der sich daran anschließende Erlass der Richtlinien der Länder zur Einstellung in Cannabisverfahren genannt werden. Ebenso der Erlass des Gesetzes zur Änderung betäubungsmittelrechtlicher und anderer Vorschriften (s. dazu E.III.4.c) Gesetz zur Änderung betäubungsmittelrechtlicher und anderer Vorschriften). Es finden sich also über die Umfragen hinausgehende Hinweise auf postmaterialistische Strukturen innerhalb der Gesellschaft. Dies spricht zwar dafür,

---

[1000]   *Reuband,* Strafverfolgung (Fn. 798), S. 164.
[1001]   Eine Übersicht der Wahlerfolge der AfD: https://de.statista.com/infografik/5701/afd-in-den-landtagen/ (14.10.2016); https://www.bundeswahlleiter.de/bundestagswahlen/2017/ergebnisse/bund-99.html (7.12.2017).
[1002]   Siehe: http://www.stern.de/panorama/gesellschaft/stern-umfrage-deutsche-gegen-legalisierung-von-haschisch-6362378.html (14.10.2016).
[1003]   *Eul/Stöver,* Konsumerfahrung (Fn. 997), S. 31 f.
[1004]   *Eul/Stöver,* Konsumerfahrung (Fn. 997), S. 52.

dass es einen Wertewandel hin zum Postmaterialismus gegeben hat, jedoch stehen die Befunde einem Stillstand dieses Wandels nicht entgegen.

5. Materialistische Strukturen

Zu untersuchen ist dementsprechend auch, an welchen Punkten sich materialistische Strukturen in der heutigen Gesellschaft wiederfinden. Ein vermehrtes Auftreten könnte in Richtung Stillstand des Wertewandels bzw. sogar „Wandel des Wertewandels" deuten. *Giddens* zufolge besteht moderne Politik nicht nur aus emanzipatorischen Aspekten, sondern beinhaltet auch Konservativismus und Radikalismus[1005]. Diese Strömungen werden dem materialistischen Lager zugeschrieben. Der Grund einer verstärkten Hinwendung zu traditionellen Werten und einer Abkehr vom Streben nach Autonomie wird in den letzten Jahren verstärkt in wirtschaftlicher Unsicherheit gesehen[1006]. Dieses Thema stand zuletzt in den 90er Jahren im Fokus. Nach der Wiedervereinigung begann ein Zeitalter der Verunsicherung. Erhöhte Arbeitslosigkeit und die Absicherung der eigenen Rente waren Themen, die die Menschen bewegten. Dabei handelt es sich um eben jene ökonomischen Faktoren, die nach *Inglehart* einen direkten Einfluss auf das Wertegefüge haben. Das Erleben materieller Ressourcenknappheit führt dann dazu, dass genau diesen Werten im Erwachsenenalter mehr Bedeutung beigemessen wird. Diese Entwicklung steht im Gegensatz zur Selbstverwirklichung und zum Cannabiskonsum. Neuerlich aufkommende, materialistische Strömungen wenden sich vornehmlich gegen eine liberale Drogenpolitik und entziehen einer fortschreitenden Entkriminalisierung den Boden. Nicht sicher ist indes, ob es sich bei dieser Entwicklung nur um kurzfristige Schwankungen handelt. Das schließt auch *Inglehart* selbst nicht aus[1007]. Eine andere mögliche Erklärung für eine stattfindende Abkehr von Freiheitswerten könnte eine Übersättigung sein[1008]. Der bis in die 90er Jahre nachgewiesene Wertewandel hat den Wunsch nach Autonomie und Freiheit immer weiter vorangetrieben. Diese Entwicklung ist möglicherweise dann in ein Gefühl der Unsicherheit umgeschlagen. Freiheit geht stets mit einem weniger an Bindung und Sicherheit einher, sodass eine zunehmende Betonung materialistischer Werte als Versuch gesehen werden kann, eben diese Unsicherheit wieder auszugleichen. Es finden sich somit Zeichen eines erneuten Bedeutungszuwachses traditioneller Werte und Bindungen. Hierfür spricht auch das neuerliche Erstarken rechts-konservativer Parteien wie der AfD. Wie bereits dargestellt, sind diese Parteien eng mit materialistischen Wertegefügen verbunden. Dabei wird über den bekannten Konservativismus etablierter Parteien wie CDU/CSU noch hinausgegangen. Individueller Freiheit und einer Individualisierung wird entgegengetreten, während traditionelle Werte bei den Wählern dieser Parteien Konjunktur haben. Bislang finden sich im Parteiprogramm der AfD keine Aussagen hinsichtlich

---

[1005] *Giddens*, Modernity (Fn. 24), S. 210.
[1006] *Hillmann*, Wertwandel (Fn. 949), S. 222.
[1007] *Inglehart*, Modernisierung (Fn. 949), S. 189, 197, 200.
[1008] *Hillmann*, Wertwandel (Fn. 949), S. 230; einen Bedeutungszuwachs materialistischer Werte konstatieren ebenfalls: *C. Duncker*, Dimensionen des Wertewandels in Deutschland, 1998, S. 89; *Reuband*, Entwicklung (Fn. 385), S. 200; *ders.*, Delinquenz im Jugendalter und gesellschaftlicher Wandel, in: B. Dollinger/H. Schmidt-Semisch (Hrsg.), Handbuch Jugendkriminalität, 2. Aufl. 2011, S. 259 (277).

des Umgangs mit Rauschmitteln. Es bleibt abzuwarten, wie dieser ausfallen wird und ob es die AfD auf Dauer vermag, sich in der Parteienlandschaft zu etablieren.

Auch Umfragen, die sich ganz konkret mit der Frage nach einer Liberalisierung des Drogenstrafrechts befassen, deuten tendenziell in Richtung einer stärker materialistischen Positionierung der Gesellschaft. Eine Auswertung der Emnid-Umfragen aus den Jahren 2000, 2002 und 2010 ergab, dass stets über 60% der Befragten eine Sanktionierung des Umgangs mit Cannabis befürworten[1009]. Jedoch lässt sich zwischen 2002 und 2010 eine leichte Verschiebung weg vom Strafrecht, hin zur Ahndung nach dem Ordnungswidrigkeitenrecht erkennen. Während 2002 13,1% der Befragten eine staatliche Freigabe des Verkaufs als gewünschten Zustand angaben, waren es 2010 bereits 19%. 2010 gaben allerdings nur noch 4,6% an, dass der Eigenkonsum straflos gestellt werden sollte (2002: 12,9%). Im Jahr 2000 waren noch 18,5% für eine generelle Freigabe und 15% für den straflosen Eigenkonsum. Diese Ergebnisse deuten in Richtung einer Verschiebung zu materialistischen Ansätzen im Bereich des Drogenstrafrechts, da der kumulierte Wert beider Antwortmöglichkeiten mit den Jahren abnimmt[1010]. Zu ähnlichen Ergebnissen kommt eine Studie von „earsandeyes", in der nur 40% eine Legalisierung von Cannabis befürworten[1011]. Interessanterweise fanden sich auch hier keine Generationenunterschiede, was wiederum gegen die Sozialisationsthese von *Inglehart* spricht[1012].

6.   Kritik an und Alternativen zur Theorie vom Wertewandel

Häufigster Einwand gegen *Ingleharts* Theorie vom Wertewandel ist, dass die schlichte Einteilung in materialistische und postmaterialistische Werte zu einseitig sei und die Multidimensionalität menschlicher Werte nicht hinreichend berücksichtigt werde[1013]. Diese Kritik ließ *Inglehart* nicht unbeantwortet. So bezweifelte er nicht, dass Werte durchaus mehr Dimensionen haben können. Die Beschränkung auf zwei Wertkategorien sei zur Untersuchung des Wertewandels aber durchaus geeignet[1014]. Es handelt sich also bei der Beschränkung nicht um eine absolute Aussage, sondern um eine Operationalisierung im Rahmen seiner Theorie. Allerdings findet sich keine Erklärung bei *Inglehart* dafür, dass die Sozialisationsthese an vielen Stellen widerlegt werden kann. Die vorhergesagten Generationsunterschiede konnten an entscheidenden Stellen nicht verifiziert werden. So gibt es insbesondere keine nennenswerten Unterschiede in der Altersstruktur zwischen Materialisten und Postmaterialisten im „World Values Survey".

[1009]   *Eul/Stöver*, Konsumerfahrung (Fn. 997), S. 26.

[1010]   A.A.: *Reuband*, Einstellungen (Fn. 988), S. 34 ff., hier nahm die Zustimmung zu einer Legalisierung von 1982 (6%) bis 2014 (26%) kontinuierlich zu, während eine Ablehnung abnahm (1982: 90%, 2014: 63%).

[1011]   Siehe: https://www.earsandeyes.com/de/presse/legalize-it-40-der-deutschen-sind-fuer-eine-legalisierung-von-cannabis/ (14.10.2016).

[1012]   *Duncker*, Dimensionen (Fn. 1008), S. 90; *Hradil*, Wandel (Fn. 964), S. 40; *Hermann*, Werte (Fn. 953), S. 65; anders in: http://www.stern.de/panorama/gesellschaft/stern-umfrage-deutsche-gegen-legalisierung-von-haschisch-6362378.html (14.10.2016).

[1013]   *Klages*, Situation (Fn. 959), S. 21; *Hermann*, Werte (Fn. 953), S. 65; *Roßteutscher*, Werte (Fn. 968), S. 940.

[1014]   *Inglehart*, Modernisierung (Fn. 949), S. 166.

Auch bei Umfragen hinsichtlich der gewünschten Rechtslage im Umgang mit Cannabis wird häufig kein Unterschied zwischen den Altersklassen festgestellt.

Eine alternative Interpretation der Wertestruktur geht dahin, dass zwar eine vermehrte Zuwendung zu postmaterialistischen Werten stattfinde, es sich jedoch nicht um einen „Wandel" der Werte handele, sondern um eine Erweiterung des Wertespektrums[1015]. Prominenter Verfechter des Ansatzes von der Wertesynthese ist *Klages,* der nicht von einem Wertewandel, sondern von einem „Wertewandelschub" spricht[1016]. Damit ist nichts anderes gemeint, als dass auch *Klages* in den 70er Jahren eine Zunahme postmaterialistischer Werte erkennt, aber diese Zunahme seiner Ansicht nach nicht auf Kosten der materiellen Werte geht. Alte Werte werden nicht durch neue ersetzt. Die Gesellschaft vermag es vielmehr, eine größere Anzahl an Werten zu vertreten. Dabei können materielle und immaterielle Werte gleichrangig nebeneinander existieren. Dies kann auch damit zu tun haben, dass die Welt sich heute schneller wandelt als noch vor einigen Jahrzehnten. Jüngere Generationen haben in ihrer Jugend wirtschaftlich schwierige Zeiten und Zeiten ökonomischen Wohlstandes erlebt. Für sie sind sowohl Freiheit als auch Sicherheit von Bedeutung[1017]. Es ist zuzugeben, dass seit dem Ende des zweiten Weltkrieges keine vergleichbare Ressourcenknappheit mehr vorgeherrscht hat. Möglicherweise ist die heutige Generation aber sensibler gegenüber Unsicherheiten. Die zunehmende Bedeutung materialistischer Werte muss deshalb nicht im Widerspruch zur Mangelhypothese stehen[1018]. Ausgeschlossen werden kann ein solcher Widerspruch jedoch auch nicht. Stellenweise wird vertreten, dass durchaus die Bereitschaft in der Gesellschaft vorhanden sei, mehr materialistische Werte zu vertreten, aber die Basis zur Umsetzung fehle[1019]. So zwingen dann unsichere Jobs, die Notwendigkeit der Mobilität und fehlende familiäre Bezüge dazu, eine postmaterialistische Einstellung anzunehmen. Die Folge ist, dass es vermehrt zu Mischtypen kommt[1020]. Diese Annahme wird auch von den ALLBUS-Daten unterstützt. 59,8% der Befragten zählen danach zu den Mischtypen[1021].

Klages macht auch auf methodische Probleme bei *Inglehart* aufmerksam. So sollen viele seiner Daten zum Wertewandel auf Periodeneffekte zurückzuführen sein[1022]. Zudem sieht er das *forced-choice*-Verfahren mit vorgegebenen *items* als problematisch an[1023]. *Klages* schlägt an dieser Stelle ein *rating*-Verfahren vor, welches Abstufungen in der Bewertung der einzelnen *items* erlaubt.

[1015] *E. Noelle-Neumann/T. Petersen,* Zeitenwende, in: Aus Politik und Zeitgeschichte B 29/2001, S. 15 (21); *Opaschowski,* WIR! (Fn. 965), S. 53.

[1016] *H. Klages,* Wertorientierungen im Wandel. Rückblick, Gegenwartsanalyse, Prognosen, 1984, S. 91 f., 123 ff., 164 f.; *ders.,* Wertedynamik, 1988, S. 48 ff.; *ders.,* Traditionsbruch als Herausforderung, 1993, S. 3; *Hillmann,* Wertewandel (Fn. 949), S. 221 f.

[1017] *Hradil,* Wandel (Fn. 964), S. 33, 44; *Hillmann,* Wertewandel (Fn. 949), S. 220, 226; *Hradil,* Sozialer Wandel (Fn. 969), S. 801.

[1018] So aber: *Hradil,* Wandel (Fn. 964), S. 40.

[1019] *Hradil,* Wandel (Fn. 964), S. 42.

[1020] *Hillmann,* Wertewandel (Fn. 949), S. 338.

[1021] GESIS Leibniz Institute for the Social Science, ALLBUS (Fn. 975), S. 255.

[1022] *Klages,* Situation (Fn. 959), S. 16.

[1023] *Klages,* Situation (Fn. 959), S. 26.

7. Fazit

Festgehalten werden kann zunächst, dass Postmaterialismus Hand in Hand geht mit gesellschaftlichen Entwicklungen wie Individualisierung, Pluralisierung und Liberalisierung. Im Zuge dessen kann postmaterialistischen Strukturen auch eine größere Toleranz gegenüber dem Konsum von Drogen attestiert werden bzw. ein höherer Konsum *per se*. Bis Anfang der 90er Jahre hätte sich ein relativ klares Fazit an dieser Stelle ergeben. Waren es bis dahin doch eindeutig die postmaterialistischen Strukturen, die in der Gesellschaft überwogen und sich auch weiterhin im Aufwind befanden. Von den 70er Jahren bis Anfang der 90er hätte man, der anfänglich aufgestellten Hypothese folgend, konstatieren können, dass durchaus die gesellschaftliche Basis für eine Liberalisierung des Betäubungsmittelstrafrechts vorhanden gewesen wäre. Seit dem Stillstand des Wertewandels, der in den 90er Jahren begann und bis heute andauert, bzw. dem aktuellen „Wandel des Wertewandels", kann dies so nicht mehr gelten. Das neuerliche Erstarken materialistischer Werte deutet darauf hin, dass das gesellschaftliche Klima eine solche Liberalisierung zurzeit nicht mittragen würde[1024]. Auf der anderen Seite zählen nach den ALLBUS-Daten auch heute noch über 60% der Befragten zu den Postmaterialisten oder postmaterialistischen Mischtypen[1025]. Man kann also sagen, dass das gesellschaftliche Klima nach wie vor eine postmaterialistische Tendenz aufweist. Eine neuerliche Zuwendung zu Werten der Sicherheit und der ökonomischen Stabilität vermochte es bislang noch nicht, den Wertewandel rückgängig zu machen. So gibt es auch Anzeichen, die für eine gesellschaftlich gewünschte Liberalisierung sprechen. Darauf deuten eine geringere Punitivität im Zusammenhang mit Cannabis und die Befürwortung von Cannabis als Medizin hin[1026]. Schwierig einzuschätzen ist die verstärkte Tendenz hin zu den Mischtypen. Hierzu zählen zusammengenommen ebenfalls knapp 60% der Befragten.

Es stellt sich die Frage, ob es tatsächlich nötig ist, dass in der Gesellschaft eine breite Akzeptanz zur Liberalisierung präsent ist. Die Niederlande haben deutlich gemacht, dass eine staatlich initiierte Entkriminalisierung auch ohne breite gesellschaftliche Basis Erfolg haben kann (s. dazu bereits unter D.IV. Das Beispiel Niederlande)[1027]. Einen Königsweg scheint es somit nicht zu geben. Entscheidend ist vielmehr, ob die Gesellschaft auf Lösungen der Politik vertraut oder ob diese aus der Bevölkerung selbst entstehen sollen. *Böllinger* schlägt in diesem Zusammenhang „ein subtiles, stufenweises Vorgehen im Wechselspiel von Drogenpolitik, Drogenjustiz und Drogenarbeit" vor, welches „in Richtung Entkriminalisierung und letztlich legislativer verwaltungs- und ordnungsrechtlicher Regulierung" führen wird[1028]. So muss nicht eine unmittelbare Legalisierung das erste Mittel der Wahl sein. Mit § 31a BtMG, der Einstellungspflicht, die

---

[1024]   Im Ergebnis zustimmend: *Kaiser,* Kriminologie (Fn. 12), § 33 Rn. 29; *Eul/Stöver,* Konsumerfahrung (Fn. 997), S. 50; *Reuband,* Einstellungen (Fn. 988), S. 36; anders für die USA: *Zimmer/Morgen/Bröckers,* Cannabis (Fn. 881), S. 164.
[1025]   GESIS Leibniz Institute for the Social Science, ALLBUS (Fn. 975), S. 255.
[1026]   *Eul/Stöver,* Konsumerfahrung (Fn. 997), S. 50 f.
[1027]   *Scheerer,* Genese (Fn. 674), S. 176 ff.; zur Kritik an diesem Vorgehen: *A. Baratta,* Rationale Drogenpolitik?, 1990, S. 2 ff.
[1028]   *Böllinger,* Umgang (Fn. 693), S. 69.

durch das Cannabis-Urteil begründet wurde, und der Freigabe von Cannabis zu bestimmten medizinischen Zwecken sind bereits erste Schritte in Richtung einer Liberalisierung gemacht. Diese werden auch von der Gesellschaft mitgetragen. Auch wenn die meisten Veränderungen noch vor dem Stillstand des Wertewandels lagen, sind seitdem keine Schritte unternommen worden, diesen Sachstand zu revidieren. Es kann also angenommen werden, dass auch die momentane wertestrukturelle Ausgestaltung eine solche Praxis billigt.

Es ist angesichts der Sachlage schwierig, eine Prognose zu den Möglichkeiten einer Weiterentwicklung des Betäubungsmittelstrafrechts abzugeben. Zum einen kann nicht mit hinreichender Bestimmtheit vorausgesagt werden, wie sich die Wertestruktur in Zukunft weiter verändern wird. Zum anderen ist die Beurteilung der zunehmend vorherrschenden Mischtypen nicht ohne Weiteres möglich. Bezugnehmend auf den *status quo* kann davon ausgegangen werden, dass sich keine breite Mehrheit in der Gesellschaft für eine Legalisierung ausspricht. Für ein solches Unterfangen fehlt die entsprechende Wertestruktur innerhalb der deutschen Gesellschaft. Jedoch werden geringfügige Änderungen in Richtung einer Liberalisierung des Drogenstrafrechts von der Gesellschaft durchaus mitgetragen. Kriminologisch fundierte Änderungen des Rechts, die auf lange Sicht eine Legalisierung zum Ziel haben können, liegen auch heute bereits im Rahmen umsetzbarer Möglichkeiten.

VI. Folgen des Verbotes und der Ahndung für Betroffene

1. Die *Labeling Theory*

Die *Labeling Theory* ist eine Kriminalisierungstheorie[1029]. Von den Kriminalitätstheorien unterscheidet sie sich dadurch, dass sie Kriminalität nicht als *per se* gegebenes Phänomen voraussetzt, sondern den dahinterstehenden Definitionsprozess beleuchtet. Eine Handlung wird danach erst zu dem Zeitpunkt kriminell, in dem Instanzen sozialer Kontrolle sie mit diesem *label* etikettieren. Damit weist die *Labeling Theory* auch einen rechtspolitischen Impetus auf[1030]. Es geht um einen sozialen Zuschreibungsprozess und dessen Auswirkungen auf die betreffende Person[1031]. *Becker,* der als einer der ersten die Eckpfeiler für die *Labeling Theory* legte, führt dazu passend aus: „deviance is not a quality of the act the person commits, but rather a consequence of the application by others of rules and sanctions to an ‚offender'. The deviant is one to whom the label has successfully been applied; deviant behavior is behavior that people so label."[1032] Zuständig für diesen Definitionsprozess sind die Instanzen formeller und informeller sozialer Kontrolle (dazu unter B.II.2. Formelle und informelle Kontrolle)[1033].

[1029]   *Göppinger,* Kriminologie (Fn. 25), § 10 Rn. 50; *Kunz/Singelnstein,* Kriminologie (Fn. 23), § 13 Rn. 7.
[1030]   *H.D. Becker,* Outsiders, New York, 1963, S. 7; *R. Paternoster/L. Iovanni,* The Labeling Perspective and Delinquency, in: Justice Quarterly 6 (1989), S. 359 (363); *Albrecht,* Kriminologie (Fn. 38), S. 74.
[1031]   *Schabdach,* Konstruktionen (Fn. 387), S. 139.
[1032]   *Becker,* Outsiders (Fn. 1030), S. 9.
[1033]   *Schabdach,* Konstruktionen (Fn. 387), S. 139.

Dabei lassen sich zwei Strömungen der *Labeling Theory* unterscheiden. Zum einen geht es darum, weshalb der Einzelne nach erfolgter Sanktionierung erneut straffällig wird[1034]. Zum anderen soll die *Labeling Theory* in einem kritischen Ansatz erklären, warum bestimmte Personengruppen sanktioniert werden und andere nicht[1035].

## a)	Sekundäre Devianz

An dieser Stelle soll vor allem die erste Strömung von Interesse sein. Die erneute Straffälligkeit nach erfolgter Sanktionierung wird unter den Begriff der „sekundären Devianz" gefasst. Der Begriff wurde maßgeblich durch *Lemert* geprägt[1036]. Die sekundäre Devianz ist zentraler Untersuchungsgegenstand der *Labeling Theory*[1037]. Die ursprüngliche, also primäre Devianz, spielt im Rahmen der *Labeling Theory* gemeinhin keine Rolle. Sie wird entweder als gegeben hingenommen oder es werden ätiologische Theorien zu ihrer Ursachenforschung herangezogen[1038]. Den Erklärungszusammenhang für die sekundäre Devianz beschreiben *Maddan/Marshall* pointiert: „A person labeled as a deviant may accept that deviant label by coming to view himself or herself as a deviant (i.e., internalizing the label) and then engaging in further behavior that is both consistent with the label and the way in which the label was applied."[1039] Damit sieht die *Labeling Theory* die Ursache für sekundäre Devianz nicht in der Person des Täters oder ökologischen Faktoren, sondern vor allem in der Reaktion auf die primäre Devianz[1040]. Indem externe Instanzen den Einzelnen als Abweichling deklarieren, gewinnt dieser die Überzeugung, ein solcher zu sein. *Tannenbaum* spricht in diesem Zusammenhang von der *dramatization of evil*[1041]. Gemeint ist damit, dass die Etikettierung als deviant oder delinquent die Situation für die Person noch verschlimmert. Es folgt eine Internalisierung und eine Übernahme

---

[1034]   *L.W. Sherman*, Experiments in Criminal Sanctions, in: D.P. Farrington/J. Murray (Hrsg.), Labeling Theory, New Brunswick/London 2014, S. 149 (152).

[1035]   *Kunz/Singelnstein*, Kriminologie (Fn. 23), § 13 Rn. 9; *K.S. Williams*, Textbook on Criminology, 7. Aufl. Oxford 2012, S. 413; *Schwind*, Kriminologie (Fn. 77), § 8 Rn. 3 f. – Als wichtigster deutscher Vertreter der kritischen Interpretation gilt *Fritz Sack*. Dabei geht die Argumentation in eine ähnliche Richtung wie bei der Konflikttheorie (s. dazu bereits unter B.V.2. Normgenese und Konflikttheorie). Jedoch widerspricht sie der ursprünglichen Intention der *Labeling Theory*, wie sie bei *Lemert* vorkommt: *E.M. Lemert*, Human Deviance, Social Problems, and Social Control, Englewood Cliffs, 1967, S. 40; so auch: *U.A. Lammel*, Rauschmittelkonsum und Freizeitverhalten der 14- bis 18-Jährigen, 2003, S. 180.

[1036]   *Lemert*, Deviance (Fn. 1035), S. 17.

[1037]   *S. Maddan/I.H. Marshall*, Labeling and Symbolic Interaction Theories, in: J.M. Miller (Hrsg.), 21st Century Criminology, Bd. 1, Thousand Oaks 2009, S. 253 (253).

[1038]   *M. Ray/W.R. Downs*, An Empirical Test of Labeling Theory Using Longitudinal Data, in: Journal of Research in Crime and Delinquency 23 (1986), S. 169 (170); *S. Hester/P. Eglin*, A Sociology of Crime, London 1992, S. 112; *Kaiser*, Kriminologie (Fn. 12), § 32 Rn. 12.

[1039]   *Maddan/Marshall*, Labeling (Fn. 1037), S. 253 f.

[1040]   *E.M. Lemert*, Social Pathology, New York 1951, S. 75 ff.; *Lemert*, Deviance (Fn. 1035), S. 40; *Ray/Downs*, Test (Fn. 1038), S. 169.

[1041]   *F. Tannenbaum*, Crime and the Community, Boston 1938, S. 19.

des *labels* in das Selbstbild des Täters[1042]. Erst diese, von außen angestoßene Veränderung des Täters, führt in einem weiteren Schritt zu sekundärer Devianz[1043].

Primäre Devianz kann auch noch bei mehrfacher Tatbegehung vorliegen[1044]. Sie endet dort, wo sich das *label* in der Person des Täters manifestiert hat und auch Neutralisierungstechniken nicht mehr zur Aufrechterhaltung des alten Selbstbildes ausreichen[1045]. Hier beginnt die sekundäre Devianz. Dieser Kreislauf wird häufig als *self-fulfilling prophecy* beschrieben[1046]. Ein Element der *self-fulfilling prophecy* ist die Reduktion legaler Ressourcen zur Lebensführung. Durch den Justizkontakt und eine eventuelle Verurteilung ergeben sich negative Auswirkungen in wesentlichen Bereichen des Lebens. Es besteht die Gefahr einer Stigmatisierung oder Diskriminierung, etwa durch Eintragungen im Führungszeugnis[1047]. Dies wirkt sich auf Ausbildung und Beruf aus. Eine Inhaftierung gefährdet sogar die eigene Wohnung. Auch besteht die Möglichkeit, dass sich Personen des sozialen Nahbereichs distanzieren. All dies leistet einen Beitrag dazu, dass Devianz zur Notwendigkeit wird, um das eigene Leben zu bestreiten[1048]. Im Rahmen der Lösung sozialer Bindungen kann ergänzend die Kontrolltheorie herangezogen werden, um eine sich verfestigende Kriminalität zu erklären (zur Kontrolltheorie s. unter B.III.1.a)bb) Kontrolltheorie nach *Hirschi*). In Folge von Stigmatisierung und Diskriminierung kommt es vermehrt zur Solidarisierung mit devianten *peers*, die einer ähnlichen Etikettierung unterliegen[1049]. Gerade Jugendliche, die als Hauptkonsumenten von Cannabis gelten, sind hier gefährdet. Drohende Ausgrenzung und Sanktionierung durch Nicht-Konsumenten steigern die Wahrscheinlichkeit einer Identifizierung mit und einer Anbindung an cannabiskonsumierende Subkulturen[1050]. Es ist darauf hinzuweisen, dass dem primär devianten Verhalten *per se*, dem Konsum von Cannabis, keine derart negativen Auswirkungen innewohnen. Erst die staatliche Reaktion bringt dieses Potential mit sich. Dem soll im Bereich von Betäubungsmitteldelikten, spätestens seit dem Cannabis-Urteil des Bundesverfassungsgerichts, verstärkt mit Diversionsmöglichkeiten begegnet werden (dazu bereits unter C.II.2. Möglichkeiten des Strafentfalls). So

---

[1042] *Ray/Downs*, Test (Fn. 1038), S. 170; *Hester/Eglin*, Sociology (Fn. 1038), S. 111; *T.L. Henderson*, The Effect of Getting Caught, Ottawa 1997, S. 20; *Göppinger*, Kriminologie (Fn. 25), § 10 Rn. 58; *Kunz/Singelnstein*, Kriminologie (Fn. 23), § 13 Rn. 17.

[1043] *L. Cao*, Major Criminological Theories, Belmont 2004, S. 135; *Maddan/Marshall*, Labeling (Fn. 1037), S. 254.

[1044] *Williams*, Textbook (Fn. 1035), S. 419.

[1045] *Becker*, Outsiders (Fn. 1030), S. 37; *Kunz/Singelnstein*, Kriminologie (Fn. 23), § 13 Rn. 12; *Williams*, Textbook (Fn. 1035), S. 418.

[1046] *M.W. Klein*, Labeling Theory and Delinquency Policy, in: Criminal Justice and Behavior 13 (1986), S. 47 (49); *Henderson*, Effect (Fn. 1042), S. 18; *Lammel*, Rauschmittelkonsum (Fn. 1035), S. 181; *MacCoun/Reuter*, Drug (Fn. 93), S. 91; *Kunz/Singelnstein*, Kriminologie (Fn. 23), § 13 Rn. 13.

[1047] LG Lübeck (Fn. 357), S. 178; *Reuband*, Drogenkonsum (Fn. 813), S. 18 f.; *Büttner*, Bewertung (Fn. 501), S. 136; *Hester/Eglin*, Sociology (Fn. 1038), S. 112; *J.G. Bernburg/M.D. Krohn*, Labeling, Life Chances, and Adult Crime, in: Criminology 41 (2003), S. 1287 (1290); *Zimmer/Morgen/Bröckers*, Cannabis (Fn. 881), S. 164.

[1048] *Hester/Eglin*, Sociology (Fn. 1038), S. 111.

[1049] *J.G. Bernburg/M.D. Krohn/C.J. Rivera*, Official Labeling, Criminal Embeddedness, and Subsequent Delinquency, in: Journal of Research in Crime and Delinquency 43 (2006), S. 67 (69); *Maddan/Marshall*, Labeling (Fn. 1037), S. 254; *Williams*, Textbook (Fn. 1035), S. 420.

[1050] *Becker*, Outsiders (Fn. 1030), S. 67.

soll das *labeling* verhindert werden. Allerdings kann bereits das Ermittlungsverfahren *labeling*-Effekte auslösen. Ein solches wird aufgrund des Legalitätsprinzips stets durchgeführt, wenn die Justiz von einer Straftat erfährt. Selbst pädagogischen und sozialen Maßnahmen wohnt ein *labeling*-Risiko inne[1051]. Dennoch wird der informelle Sanktionenweg von der *Labeling Theory* favorisiert[1052]. Während die ätiologischen Theorien Interventionen als notwendige Bedingung für die Legalbewährung sehen, versucht die *Labeling Theory* eben diese restriktiv einzusetzen[1053].

b) Definitorische Aspekte

Wer ein *label* erhält und wer nicht, ist häufig abhängig vom Zeitgeist bzw. den vorherrschenden gesellschaftlichen Strukturen (zu den Wertestrukturen in Deutschland bereits unter D.V. Wertestrukturen in der deutschen Gesellschaft)[1054]. Prominentes Beispiel dafür ist die Alkoholprohibition in den USA zwischen 1920 und 1933. Ein und dasselbe Verhalten, in diesem Fall der Alkoholkonsum, kann innerhalb weniger Jahre seine strafrechtliche Relevanz völlig verlieren. Auch hier ist es allein ein Zuschreibungsprozess, der den Konsum während der Prohibition als Straftat deklarierte und nicht das Verhalten *per se*. Die *Labeling Theory* ist vor allem auf opferlose Delikte wie den Umgang mit Cannabis zugeschnitten, da diese ohne einen entsprechenden Zuschreibungsprozess als rechtlich neutral einzuordnen sind[1055]. Es sind vornehmlich moralische Unternehmer, die Normen festlegen[1056]. Häufig soll der Einzelne vor gefährlichem oder nicht moralischem Verhalten geschützt werden. All dies gilt auch im Rahmen der Beurteilung von Cannabiskonsum und dem Umgang mit Cannabis. So wandelte sich bereits in den Niederlanden (dazu näher unter D.IV. Das Beispiel Niederlande) und den USA (dazu näher unter D.III. Das Beispiel USA) die Sichtweise und Kriminovalenz im Hinblick auf den Umgang mit Cannabis. International ist in der westlichen Welt eine zunehmende Liberalisierung festzustellen. Hierzu und zu der fortdauernden Diskussion um eine liberalere Drogenpolitik hat die *Labeling Theory* einen entscheidenden Beitrag geleistet[1057].

c) Kritik

Kritik an der theoretischen Konzeption wird vor allem aufgrund ihrer Schlichtheit geübt[1058]. Sie breche einen komplexen Zusammenhang auf zu wenige Elemente herunter. Neben der Sanktion spielten für die Rückfälligkeit auch Alter, Geschlecht, Ethnie und Milieu-Zugehörigkeit eine Rolle[1059]. Außerdem würde nur die Reaktion im Fokus stehen und der Täter zu stark vernachlässigt. Dem ist entgegenzuhalten, dass die *Labeling Theory* nicht den Anspruch erhebt,

---

[1051] *Kaiser*, Kriminologie (Fn. 12), § 32 Rn. 13; *Göppinger*, Kriminologie (Fn. 25), § 10 Rn. 67.
[1052] *Kaiser*, Kriminologie (Fn. 12), § 32 Rn. 10; *Williams*, Textbook (Fn. 1035), S. 415, 426.
[1053] *Göppinger*, Kriminologie (Fn. 25), § 10 Rn. 61; *Albrecht*, Kriminologie (Fn. 38), S. 39.
[1054] *Kaiser*, Kriminologie (Fn. 12), § 36 Rn. 26; *Henderson*, Effect (Fn. 1042), S. 13; *Maddan/Marshall*, Labeling (Fn. 1037), S. 255; *Williams*, Textbook (Fn. 1035), S. 415.
[1055] *Lammel*, Rauschmittelkonsum (Fn. 1035), S. 182; *Williams*, Textbook (Fn. 1035), S. 415, 424.
[1056] *Kunz/Singelnstein*, Kriminologie (Fn. 23), § 13 Rn. 17; *Williams*, Textbook (Fn. 1035), S. 415.
[1057] *Williams*, Textbook (Fn. 1035), S. 415, 425.
[1058] *Maddan/Marshall*, Labeling (Fn. 1037), S. 256; *Kunz/Singelnstein*, Kriminologie (Fn. 23), § 13 Rn. 17.
[1059] *Henderson*, Effect (Fn. 1042), S. 20.

die gesamte Kriminalität erklären zu können. Sie räumt auch anderen Theorien neben sich Platz ein und das nicht nur hinsichtlich der primären Devianz[1060]. Es handelt sich bei der *Labeling Theory* um einen integrativen Ansatz, welcher multikausalen Begründungszusammenhängen für Kriminalität nicht entgegensteht[1061]. Allerdings bietet die *Labeling Theory* keinen Anhaltspunkt dafür, ab welchem Grad eine Sanktion zu den beschriebenen negativen Folgen führt[1062]. Auch wird, außerhalb des kritischen Ansatzes, häufig nicht deutlich, welche Motivation die Instanzen sozialer Kontrolle für ihr Handeln haben[1063]. Missverstanden wird die *Labeling Theory* oft hinsichtlich des Zusammenhangs zwischen Sanktion und sekundärer Devianz. Dieser ist nicht, wie vielfach behauptet, deterministisch ausgestaltet[1064]. Vielmehr bezieht sich die *Labeling Theory* auf *mögliche* Folgen einer Sanktion, nicht auf zwingende. In dieser Lesart der *Labeling Theory* besteht dann auch kein Widerspruch zur Spontanbewährung (zur Spontanbewährung unter E.II. Ubiquität und Spontanbewährung)[1065]. Hinsichtlich der primären Devianz bietet die *Labeling Theory* keine Erklärungen; dies ist zwar ein Nachteil, aber darauf ist die Theorie schlicht nicht angelegt. Weiterhin fehlt in der *Labeling Theory* jedwede Bezugnahme zur Abschreckungsthese (zur negativen Generalprävention bereits unter B.III.1. Negative Generalprävention/zur negativen Spezialprävention bereits unter B.IV.1. Negative Spezialprävention)[1066]. Sie setzt sich in einen Gegensatz zu ihr, ohne die Möglichkeit einer abschreckenden Wirkung von Sanktionen zu thematisieren[1067]. Da sich die *Labeling Theory* nicht als deterministisch darstellt, wird auch nicht die Möglichkeit einer abschreckenden Wirkung von Strafe negiert[1068]. Diese ist lediglich kein Teil des Erklärungsansatzes der *Labeling Theory*. Daneben kann persistente Kriminalität ohne Intervention nicht mit Hilfe der *Labeling Theory* erklärt werden[1069]. Manche sehen einen Konflikt zur Ubiquitätsthese, da eine Gleichverteilung der Kriminalität von der *Labeling Theory* nicht vorausgesetzt würde (zur Ubiquität s. unter E.II. Ubiquität und Spontanbewährung)[1070]. Dies mag hinsichtlich der sekundären Devianz auch zutreffen. Doch in Bezug auf die primäre Devianz ist die Ubiquitätsthese durchaus mit der *Labeling Theory* vereinbar[1071].

d) Fazit

Es wird deutlich, dass Strafen unter Umständen weitreichende Folgen für das Leben des Einzelnen haben können. Dies muss in jedem Fall bei der Sanktionswahl berücksichtigt werden.

[1060] *Williams*, Textbook (Fn. 1035), S. 419; *Schwind*, Kriminologie (Fn. 77), § 8 Rn. 14.
[1061] *Lammel*, Rauschmittelkonsum (Fn. 1035), S. 183.
[1062] *Kaiser*, Kriminologie (Fn. 12), § 32 Rn. 12; *Göppinger*, Kriminologie (Fn. 25), § 10 Rn. 69.
[1063] *H. Peters*, Als Partisanenwissenschaft ausgedient, als Theorie aber nicht sterblich, in: KrimJ 28 (1996), S. 107 (108).
[1064] *A.K. Cohen*, Deviance and Control, Englewood Cliffs 1966, S. 102 ff.; *Reuband*, Determinanten (Fn. 753), S. 209; *Henderson*, Effect (Fn. 1042), S. 20; *Williams*, Textbook (Fn. 1035), S. 415, 424.
[1065] A.A.: *Göppinger*, Kriminologie (Fn. 25), § 10 Rn. 69.
[1066] *Maddan/Marshall*, Labeling (Fn. 1037), S. 257.
[1067] *Klein*, Labeling Theory (Fn. 1046), S. 51; *MacCoun/Reuter*, Drug (Fn. 93), S. 98.
[1068] *Henderson*, Effect (Fn. 1042), S. 20.
[1069] *Maddan/Marshall*, Labeling (Fn. 1037), S. 257.
[1070] *Schwind*, Kriminologie (Fn. 77), § 8 Rn. 12.
[1071] *Kaiser*, Kriminologie (Fn. 12), § 32 Rn. 10; *Schabdach*, Konstruktionen (Fn. 387), S. 139 f.

Gerade bei Jugendlichen sind die negativen Auswirkungen einer Bestrafung besonders einschneidend. Soziale Exklusion und die Reduktion von Ressourcen zur legalen Lebensführung wirken bei Jugendlichen in einer Zeit, in der sich zahlreiche Weichen für die weitere Lebensführung stellen. Werden diese negativ beeinflusst, können sich Konsequenzen ergeben, die von persistenter Wirkung sind. Deshalb ist es vor allem im Jugendstrafrecht von größter Wichtigkeit, das Für und Wider einer bestimmten Strafe hinreichend abzuwägen. In diese Rechnung sind mögliche *labeling*-Effekte stets einzustellen. Es bleibt immer eine Frage des Einzelfalles, ob sich eine Person von Strafe eher abschrecken lassen wird oder die *labeling*-Effekte überwiegen. Hier sind die Befunde zu den empirischen Daten der Abschreckungswirkung (dazu bereits unter B.III.1.b) Empirische Befunde/B.IV.3. Empirische Befunde) und zur *Labeling Theory* (dazu nachfolgend unter D.VI.2. Empirische Daten) zu berücksichtigen. Auf diese Weise kann sich einer effektiven Sanktionierung bestmöglich angenähert werden.

2.   Empirische Daten

Nun sind die empirischen Daten zur *Labeling Theory* in den Blick zu nehmen. Der Fokus liegt auf dem Verhältnis von Sanktion zur sekundären Devianz bzw. der Reduktion von Ressourcen zur legalen Lebensführung[1072]. Es kann an dieser Stelle vorweggenommen werden, dass die verschiedenen Untersuchungen zur *Labeling Theory* zu sehr unterschiedlichen Ergebnissen kommen. In der Untersuchung von *Klein* wurden beispielsweise 36% der entlassenen Häftlinge innerhalb von sechs Monaten erneut inhaftiert[1073]. Nach 15 Monaten waren es bereits 50%. Die Ergebnisse deuten also in Richtung der *Labeling Theory*, auch wenn die Zusammenhänge nur schwach ausgeprägt waren[1074]. Aber gerade diese im Ergebnis nur schwachen Korrelationen erschweren es, eindeutige empirische Aussagen zu treffen. Eine weitere Einschränkung findet sich im Hinblick auf das Geschlecht. So finden einige Studien Nachweise für eine bestehende sekundäre Devianz im Sinne der *Labeling Theory*, jedoch nur bei männlichen Probanden[1075]. Auch die Auswertung der „Cambridge Study in Delinquent Development" von *Murray u.a.* ist vor dem Hintergrund zu betrachten, dass sich in der Studie primär weiße, männliche Probanden aus der Arbeiterklasse befanden[1076]. Im Ergebnis stützt auch diese Studie für die selektive Stichprobe die *Labeling Theory*. Dort steigerte eine Verurteilung im Alter zwischen 15 und 18 Jahren

[1072]   *Becker*, Outsiders (Fn. 1030), S. 179; *M.D. Krohn/G. Lopes/J.T. Ward*, Effects of Official Intervention on Later Offending in the Rochester Youth Development Study, in: Farrington/Murray, Labeling Theory (Fn. 1034), S. 179 (180).

[1073]   *Klein*, Labeling Theory (Fn. 1046), S. 63; ebenfalls für eine weitestgehende Bestätigung der *Labeling Theory*: *D.P. Farrington*, The Effects of Public Labeling, in: British Journal of Criminology 17 (1977), S. 112 (112 ff.); *C.W. Thomas/D.M. Bishop*, The Effect of Formal and Informal Sanctions on Delinquency, in: Journal of Criminal Law and Criminology 75 (1984), S. 1222 (1222 ff.); *Reuband*, Determinanten (Fn. 753), S. 214 f., m.w.N.; *Downs/Robertson*, Control Theory (Fn. 100), S. 3; *J.G. Bernburg*, State Reaction, Life-Course Outcomes, and Structural Disadvantage, Albany 2002; *A. Petrosino/C. Turpin-Petrosino/S. Guckenburg*, The Impact of Juvenile System Processing on Delinquency, in: Farrington/Murray, Labeling Theory (Fn. 1034), S. 113 (122).

[1074]   *Klein*, Labeling Theory (Fn. 1046), S. 74.

[1075]   *Ray/Downs*, Test (Fn. 1038), S. 191.

[1076]   *J. Murray u.a.*, Long-Term Effects of Conviction and Incarceration on Men in the Cambridge Study in Delinquent Development, in: Farrington/Murray, Labeling Theory (Fn. 1034), S. 209 (214).

das Risiko selbstberichteter Delinquenz und der Entwicklung einer antisozialen Persönlichkeit[1077]. Hier kommt bereits eine weitere Einschränkung ins Spiel. So sind es gerade Jugendliche, bei denen das Phänomen der sekundären Devianz nachgewiesen werden kann[1078]. Dies mag hinsichtlich der Allgemeingültigkeit der Theorie eine durchaus schwerwiegende Einschränkung sein, doch im Hinblick auf den Konsum von Cannabis stellt sich dies anders dar. Männliche Jugendliche sind die Hauptkonsumenten von Cannabis. Mithin kommt es gerade auf diese Gruppe an, sollen negative Auswirkungen des Betäubungsmittelstrafrechts untersucht werden. Sanktionen im Bereich der Betäubungsmittelkriminalität treffen also im Durchschnitt vor allem solche Personen, bei denen das *labeling* in der Lage ist, sekundäre Devianz und erhebliche Defizite für den weiteren Lebensweg hervorzurufen. Dies sollte zur Vorsicht bei der Sanktionenwahl mahnen. Dem erwarteten (jedoch kaum vorhandenen) abschreckenden Effekt stehen bei männlichen Jugendlichen nicht zu unterschätzende Negativauswirkungen entgegen.

Dabei ist es nicht nur das formelle *labeling*, welches einen negativen Einfluss ausübt. *Ray/Downes* fanden heraus, dass auch das elterliche *label* auf späteren Drogenkonsum (sekundäre Devianz) von Einfluss ist[1079]. Wobei auch dies nur für die männlichen Teilnehmer zutraf.

Eine Veränderung des Selbstbildes muss nicht durch externes *labeling* geschehen, sondern kann Folge einer Selbstreflektion sein[1080]. An dieser Stelle spielt das Selbstwertgefühl des Probanden eine Rolle. Eine Auswirkung formellen *labelings* auf das deviante Selbstbild konnte weder bei Männern noch bei Frauen nachgewiesen werden[1081]. Das Selbstbild scheint einen isolierten Einfluss auf die sekundäre Devianz zu haben. Daneben kann das Selbstbild die *social bonds* beeinflussen und somit im Sinne der Kontrolltheorie kriminovalent wirken (zur Kontrolltheorie bereits unter B.III.1.a)bb) Kontrolltheorie nach *Hirschi*)[1082]. Die isolierte Wirksamkeit des Selbstbildes spricht gegen die Annahmen der *Labeling Theory*, dass formelles *labeling* auf das eigene Ich einwirkt und so sekundäre Devianz fördert. Zwar beeinflusst das *self-label* sekundäre Devianz, aber nicht als Folge formellen *labelings*. Die Idee einer *self-fulfilling prophecy* kann nach diesem Befund nicht in ihrer ursprünglichen Form aufrechterhalten werden.

Eine Reduktion der Möglichkeiten zur normkonformen Lebensführung findet sich vor allem im schulischen Bereich. In manchen Studien korreliert eine formelle Intervention im Jugendalter mit einer 70%-igen Wahrscheinlichkeit, die Schule vorzeitig abzubrechen, und mit einer hohen

---

[1077]   *Murray u.a.*, Effects (Fn. 1076), S. 224, 231.
[1078]   *Murray u.a.*, Effects (Fn. 1076), S. 226; ebenso: *T. Hirschi*, Labeling Theory and Juvenile Delinquency, in: W.R. Gove (Hrsg.), The Labelling of Deviance, 2. Aufl. Beverly Hills/London 1980, S. 271 (281); *Bernburg/Krohn*, Labeling (Fn. 1047), S. 1304; *Bernburg/Krohn/Rivera*, Official Labeling (Fn. 1049), S. 81; *K. Barrick*, A Review of Prior Tests of Labeling Theory, in: Farrington/Murray, Labeling Theory (Fn. 1034), S. 89 (101); *Krohn/Lopes/Ward*, Effects (Fn. 1072), S. 195; *Petrosino/Turpin-Petrosino/Guckenburg*, Impact (Fn. 1073), S. 122.
[1079]   *Ray/Downs*, Test (Fn. 1038), S. 186; gegen einen Einfluss von *parental-labeling* auf späteren Drogenkonsum: *Downs/Robertson*, Control Theory (Fn. 100), S. 13.
[1080]   *Ray/Downs*, Test (Fn. 1038), S. 171.
[1081]   *Ray/Downs*, Test (Fn. 1038), S. 191; *Krohn/Lopes/Ward*, Effects (Fn. 1072), S. 199.
[1082]   *Downs/Robertson*, Control Theory (Fn. 100), S. 4; *Maddan/Marshall*, Labeling (Fn. 1037), S. 260; *Murray u.a.*, Effects (Fn. 1076), S. 211.

Wahrscheinlichkeit für eine Phase der Arbeitslosigkeit[1083]. Dies spricht für die *Labeling Theory*. Fallen entscheidende Elemente, die für eine legale Lebensführung notwendig sind, weg, verengt dies den Handlungsspielraum derart, dass deviante Strategien häufiger in den Vordergrund rücken.

Es finden sich jedoch auch Studien, die einen Einfluss formellen *labelings* auf sekundäre Devianz vollständig negieren[1084]. Dies trifft in besonderem Maße auf den Cannabiskonsum zu. Verfestigt sich der Konsum zu einem Dauerkonsum, so geht hier nur selten ein *labeling* voraus[1085]. Der Konsum gerät in den seltensten Fällen ins Hellfeld.

a)   Störvariablen

Andere Untersuchungen kommen zu dem Schluss, dass es weniger die Sanktion ist, die auf die sekundäre Devianz von Einfluss ist, als vielmehr zahlreiche weitere Variablen[1086]. So soll die Schwere des vorangegangenen Delikts, neben dem Geschlecht (-.180 für Frauen), den größten Einfluss auf die sekundäre Devianz haben[1087]. In der Untersuchung von *Henderson* lag der Einfluss dieser Variablen bei .203, wohingegen die Vorverurteilung nur einen Wert von .102 erreichte. Die Schwere der Sanktion wies sogar eine negative Korrelation auf (-.117), was der *Labeling Theory* widerspricht. Zu demselben Ergebnis kommen *Ray/Downes*, die sich speziell mit den Auswirkungen des *labelings* auf späteren Drogenkonsum befasst haben. Auch hier spielte das Geschlecht eine hervorgehobene Rolle[1088]. Bei männlichen Probanden war das formelle *labeling* auf den späteren Drogenkonsum von Einfluss. Bei weiblichen Probanden war hingegen nur der vormalige Drogenkonsum auf den späteren Konsum von Einfluss. Beim Drogenkonsum ist auch entscheidend, wie weit die Drogenkarriere bereits fortgeschritten ist[1089]. So besteht die Möglichkeit, dass zu Beginn des Konsums eine formelle Intervention noch abschreckend wirkt. Eine weitere Variable, die die sekundäre Devianz entscheidend beeinflusst, ist das soziale *setting*, in das der Konsument eingebettet ist. Bestehen vornehmlich deviante *peer*-Kontakte, so erhöht sich die Wahrscheinlichkeit, dass Neutralisierungstechniken das eigene Verhalten rechtfertigen und formelle Justizkontakte bagatellisiert werden[1090]. Innerhalb devianter Gruppen kann formeller Druck von außen dazu führen, dass eine stärkere Identifikation mit der

---

[1083]   *Bernburg/Krohn*, Labeling (Fn. 1047), S. 1300; ebenfalls zu negativen Auswirkungen formeller Justizkontakte: *Krohn/Lopes/Ward*, Effects (Fn. 1072), S. 188, 196, 203.

[1084]   *Downs/Robertson*, Control Theory (Fn. 100), S. 13, 20.

[1085]   *M. Mankoff*, Societal Reactions and Career Deviance, in: Sociological Quaterly 12 (1971), S. 204 (204 ff.); *C.R. Tittle.*, Labelling and Crime, in: Gove, Labelling (Fn. 1078), S. 241 (258).

[1086]   *Bernburg/Krohn/Rivera*, Official Labeling (Fn. 1049), S. 81; *Krohn/Lopes/Ward*, Effects (Fn. 1072), S. 196; *Murray u.a.*, Effects (Fn. 1076), S. 211.

[1087]   *Henderson*, Effect (Fn. 1042), S. 93 ff.; so auch: *Barrick*, Review (Fn. 1078), S. 95 ff.

[1088]   *Ray/Downs*, Test (Fn. 1038), S. 184.

[1089]   *Becker*, Outsiders (Fn. 1030), S. 37; *Reuband*, Determinanten (Fn. 753), S. 227 ff.; *Petrosino/Turpin-Petrosino/Guckenburg*, Impact (Fn. 1073), S. 132.

[1090]   *Reuband*, Determinanten (Fn. 753), S. 227 ff.

Gruppe stattfindet[1091]. Das Justizsystem wird als Feindbild begriffen, gegen das es sich aufzulehnen gilt. Als Mittel steht auch hier sekundäre Devianz zur Wahl. Ebenfalls von Bedeutung ist die Persönlichkeit jedes Einzelnen[1092]. Charakterzüge und Persönlichkeitsstruktur sind Elemente, die hier ausschlaggebend sind. Dies spricht dafür, dass es eine pauschale Wirkung von Strafe gar nicht geben kann.

b) Kritik

Die empirische Erhebung der *Labeling Theory* stellt die Wissenschaft vor einige Herausforderungen. Dabei ist vor allem die Operationalisierung der Variablen ein Problem. Ob ein externes *label* zum *self-label* wird, lässt sich kaum standardisiert erheben[1093]. Genauso wenig wie die Auswirkung dieser Transformation auf die sekundäre Devianz. In methodischer Hinsicht ist darauf zu achten, dass das *treatment* vor der Messung der abhängigen Variable liegt (dazu näher unter D.I.1.a) Experiment)[1094]. Im Rahmen der *Labeling Theory* kann es sonst dazu kommen, dass Änderungen des Verhaltens auf das *label* von Einfluss sind und nicht umgekehrt. Ebenfalls problematisch ist die Arbeit mit Rückfalldaten, wie sie häufig bei der Evaluation der *Labeling Theory* verwendet werden[1095]. Die Ergebnisse der Auswertung der Rückfalldaten stützten die These von „im Zweifel weniger" nicht durchgehend, was im Sinne der *Labeling Theory* zu erwarten gewesen wäre (näher zur Auswertung der Rückfalldaten unter B.IV.3. Empirische Befunde). Bei der Interpretation der Ergebnisse ist zu berücksichtigen, dass vorbestrafte Täter ohnehin leichter wieder ins Justizsystem gelangen, eine erneute Verhaftung nichts über die Schuld besagt und Statistiken häufig nicht die einschlägige Rückfälligkeit erheben.

Die sekundäre Devianz auf ihre Einschlägigkeit hin zu überprüfen ist deshalb wichtig, da Untersuchungen zeigen, dass *labeling*-Effekte bei Drogenkonsumenten nur dann auftreten, wenn sich der erste Polizeikontakt auf Betäubungsmittel bezog[1096]. Auch findet die *Labeling Theory* häufiger in den Studien Bestätigung, die mit selbstberichteter Delinquenz, also Dunkelfelddaten arbeiten[1097]. Ein weiterer Punkt, der einer validen empirischen Erhebung entgegensteht, ist, dass rechtsstaatliche Gründe der Durchführung von Experimenten entgegenstehen. Die Sanktionswahl darf in einem Rechtsstaat nicht nach Zufälligkeitsgesichtspunkten erfolgen (dazu bereits ausführlich unter B.IV.3. Empirische Befunde). Auf der anderen Seite bilden jedoch Experimente das bestmögliche Forschungsdesign (dazu unter D.I.1.a) Experiment). Ergebnisse zu den Auswirkungen formellen *labelings* sind deshalb nie gänzlich davor gefeit, dass Störvariablen

---

[1091] *Reuband*, Determinanten (Fn. 753), S. 246, m.w.N.; *Bernburg/Krohn/Rivera*, Official Labeling (Fn. 1049), S. 67; *Murray u.a.*, Effects (Fn. 1076), S. 211.

[1092] *Barrick*, Review (Fn. 1078), S. 108 ff.

[1093] *Tittle*, Labelling (Fn. 1085), S. 242; *Ray/Downs*, Test (Fn. 1038), S. 171; *Reuband*, Determinanten (Fn. 753), S. 212; *Williams*, Textbook (Fn. 1035), S. 425.

[1094] *Ray/Downs*, Test (Fn. 1038), S. 170.

[1095] *Tittle*, Labelling (Fn. 1085), S. 243 f.; *Maddan/Marshall*, Labeling (Fn. 1037), S. 258.

[1096] *Reuband*, Determinanten (Fn. 753), S. 238 ff.; für einen indirekten Effekt von Verhaftungen auf späteren Drogenkonsum: *Krohn/Lopes/Ward*, Effects (Fn. 1072), S. 195.

[1097] *Barrick*, Review (Fn. 1078), S. 98.

das Ergebnis beeinflussen[1098]. Aber gerade diesen wird im Rahmen der Rückfälligkeit eine große Bedeutung zugemessen (s. zuvor).

Auch wenn es möglich ist, auf theoretischer Ebene einen Widerspruch zwischen *Labeling Theory* und Spontanbewährung zu vermeiden, so ist dies bei empirischer Betrachtung nicht mehr möglich[1099]. Wird der Umgang mit Cannabis im Laufe der Adoleszenz vermehrt eingestellt, so wird eine Nachweisbarkeit von Folgen des *labelings* schwierig. Hier scheinen Befunde in Richtung der Spontanbewährung zugleich gegen einen *labeling*-Effekt zu sprechen (Befunde zur Spontanbewährung unter E.II. Ubiquität und Spontanbewährung). Viele Untersuchungen leiden an einer mangelnden Generalisierbarkeit der Ergebnisse, da die Untersuchungen häufig an stark selektierten Stichproben durchgeführt werden[1100]. Gerade die Gruppe der Inhaftierten wird oft zur Überprüfung der *Labeling Theory* herangezogen. Unberücksichtigt bleibt dann, dass die Inhaftierung die schwerste Form der Sanktion darstellt und diese Form auch nur bei besonders gravierenden Delikten verhängt wird. Eine Transformation dieser Ergebnisse auf leichte Betäubungsmittelkriminalität oder ähnliche Delikte ist nicht ohne Weiteres möglich. Das größte Problem ist letztendlich, dass es schlicht zu wenige (qualitativ verwertbare) Studien im Bereich der *Labeling Theory* gibt, um präzise Aussagen treffen zu können[1101]. Die *Labeling Theory* ist ein Ansatz, der vor allem in der theoretischen Auseinandersetzung Bedeutung erlangt, nicht jedoch im empirischen Bereich.

c) Fazit

Deviantes Verhalten ist letztlich ein komplexer Prozess, auf den verschiedene Aspekte einwirken. Hier können Erklärungsansätze der *Labeling Theory* und der Kontrolltheorie ineinandergreifen[1102]. Vor allem aber dürfen psychologische, soziale und ökonomische Umweltfaktoren nicht außer Betracht bleiben[1103]. Die *Labeling Theory* ist keine Theorie, die es vermag oder für sich beansprucht, alleine zu stehen. Es ist ihr integrativer Charakter zu berücksichtigen. Als nicht deterministische Theorie kann die *Labeling Theory* einen entscheidenden Beitrag dazu leisten, Sanktionen gerechter und effektiver zu gestalten.

Für männliche Jugendliche scheinen die Ergebnisse die *Labeling Theory* zu bestätigen, auch wenn die Erhebungen häufig an methodischen Schwächen leiden und die Zusammenhänge schwacher bis mittlerer Natur sind[1104]. Männliche Jugendliche als Hauptkonsumenten von Cannabis sind damit besonders gefährdet, durch Sanktionen nach dem Betäubungsmittelstrafrecht

---

[1098] *Reuband,* Determinanten (Fn. 753), S. 214; *Murray u.a.,* Effects (Fn. 1076), S. 230; *Sherman,* Experiments (Fn. 1034), S. 150.

[1099] *Hirschi,* Labeling Theory (Fn. 1078), S. 271 ff.; *Reuband,* Determinanten (Fn. 753), S. 210.

[1100] *Reuband,* Determinanten (Fn. 753), S. 210.

[1101] *Reuband,* Determinanten (Fn. 753), S. 211; *Barrick,* Review (Fn. 1078), S. 91.

[1102] *Reuband,* Determinanten (Fn. 753), S. 241; *Downs/Robertson,* Control Theory (Fn. 100), S. 6; *Sherman,* Experiments (Fn. 1034), S. 149.

[1103] *Barrick,* Review (Fn. 1078), S. 93; *Murray u.a.,* Effects (Fn. 1076), S. 210.

[1104] So auch: *W.R. Gove,* Postscripts, in: ders., Labelling (Fn. 1078), S. 264 (268); *D.P. Farrington/J. Murray,* Empirical Tests of Labeling Theory in Criminology, in: dies. (Hrsg.), Labeling Theory (Fn. 1034), S. 1 (2).

sekundär deviante Tendenzen zu entwickeln. Hinzu kommt noch die Gefahr, dass ihnen Ressourcen genommen werden, die für einen legalen Lebensweg essentiell sind. Gerade im Bereich der Betäubungsmittelkriminalität sind negative Auswirkungen auf das Leben Jugendlicher zu befürchten, die häufig in keinem angemessenen Verhältnis zum Nutzen der Strafe stehen. Der Entscheidung über das „Wie", aber vor allem über das „Ob" kommt im Jugendstrafrecht eine gesteigerte Bedeutung zu. Gerade ein erwarteter Abschreckungseffekt im Sinne der negativen Spezialprävention (dazu unter B.IV.1. Negative Spezialprävention) ist immer in das Verhältnis zu den Auswirkungen nach der *Labeling Theory* zu setzen. Vorzugswürdig erscheinen daher gerade diverse Maßnahmen oder eine Nicht-Intervention, soweit dies vertretbar ist[1105].

Bei Frauen spielen *labeling*-Effekte nur eine untergeordnete Rolle. Auf der anderen Seite können aber auch hier negative Effekte des *labeling* nicht gänzlich ausgeschlossen werden. Möglicherweise trifft es *Tittle* am besten, wenn er sagt, „sanctioning sometimes produces deterrence, sometimes leads to secondary deviance, sometimes does both, and sometimes does neither."[1106] Es stellt sich danach nicht die Frage, ob es einen *labeling*-Effekt oder einen Abschreckungseffekt gibt, sondern, welche Umweltbedingungen dafür verantwortlich sind, dass sich solche Effekte auswirken können[1107]. Danach kann es sinnvoll sein, die Theorie hinsichtlich weiterer Parameter wie Geschlecht und Alter zu modifizieren[1108].

[1105] *Petrosino/Turpin-Petrosino/Guckenburg*, Impact (Fn. 1073), S. 133; *Sherman*, Experiments (Fn. 1034), S. 160.

[1106] *C.R. Tittle*, Deterrents or Labeling, in: Social Forces 53 (1975), S. 399 (408); ähnlich: *Barrick*, Review (Fn. 1078), S. 94; *Sherman*, Experiments (Fn. 1034), S. 149: „What effects does punishment have on the punished? The best answer to this question is ‚it depends'. Sometimes punishment causes less future crime by the punished. Sometimes it causes more. Sometimes punishment makes no difference."

[1107] *Reuband*, Determinanten (Fn. 753), S. 252.

[1108] *Ray/Downs*, Test (Fn. 1038), S. 191.

E. Alternative Strategien im Umgang mit Cannabis unter Berücksichtigung der Verantwortlichkeit informeller sozialer Kontrolle

I. Informelle soziale Kontrolle

Informelle soziale Kontrolle geht, wie bereits gezeigt, von Instanzen aus, deren originäre Aufgabe nicht in der sozialen Kontrolle besteht. Solche Instanzen sind insbesondere die Familie und die *peer-groups* (E.I.3. Instanzen informeller sozialer Kontrolle). Beide zählen zu den primären Sozialisationsinstanzen. Diese wirken am stärksten auf den Einzelnen[1109].

1. Die Bedeutung informeller sozialer Kontrolle

Die Bedeutsamkeit der informellen sozialen Kontrolle bei der Erklärung von Devianz und Delinquenz ist in der Literatur seit langem anerkannt[1110]. Ihr wird sogar häufig ein größerer Einfluss beigemessen als den Instanzen formeller sozialer Kontrolle[1111]. Dies gilt in besonderem Maße auch für den Umgang mit Cannabis und anderen Rauschmitteln[1112]. Werte und Normen in Verbindung mit Drogen werden primär in der Kinder- und Jugendzeit in Gruppen des sozialen Nahbereichs erlernt[1113]. Die dort stattfindende Sozialisation ist ein Teilaspekt sozialer Kontrolle[1114]. Die Rolle der Instanzen informeller sozialer Kontrolle steht auch in Interdependenz zur legitimen Reichweite des Strafrechts. Sollte es informellen Instanzen gelingen, bestimmte Bereiche der Devianz, z.B. den Drogenkonsum, effektiver zu kontrollieren und zu sanktionieren, würde dies bedeuten, dass sich das Strafrecht aus diesen Bereichen zurückziehen muss[1115]. Geschieht dies nicht, gerät das Strafrecht unmittelbar in Konflikt mit dem *ultima ratio*-Prinzip. Auch das Strafrecht selbst geht zuweilen davon aus, dass die Instanzen informeller sozialer

---

[1109] *P. Massing*, Art. Sozialisation, in: G. Weißeno u.a. (Hrsg.), Wörterbuch Politische Bildung, 2007, S. 367 (370).

[1110] *Thomasius*, Cannabiskonsum (Fn. 376), S. 112, m.w.N.; *K. Boers/J. Reinecke*, Strukturdynamisches Analysemodell und Forschungshypothesen, in: dies. Delinquenz (Fn. 631), S. 45; *K. Boers/D. Seddig/J. Reinecke*, Sozialstrukturelle Bedingungen und Delinquenz im Verlauf des Jugendalters, in: MSchKrim 92 (2009), S. 267 (270); *Albrecht*, Kriminologie (Fn. 38), S. 59; *Kunz/Singelnstein*, Kriminologie (Fn. 23), § 10 Rn. 2 f.

[1111] *Wittig*, Verbrecher (Fn. 27), S. 59; *Tonry/Farrington*, Approaches (Fn. 832), S. 5; *Meier*, Sanktionen (Fn. 93), 28; zustimmend, aber kritisch gegenüber einer Geltung der Aussage für alle Verhaltensbereiche: *Kaiser*, Kriminologie (Fn. 12), § 28 Rn. 5.

[1112] *D. Maloff u.a.*, Informal Social Controls and Their Influence on Substance Use, in: Journal of Drug Issues 9 (1979), S. 161 (169, 179); *Kreuzer*, Bewertung (Fn. 398), S. 176; *Körner*, Anmerkungen (Fn. 297), S. 533; *Kleiber/Söllner*, Cannabiskonsum (Fn. 370), S. 232; *U.E. Kemmesies/H. Hess*, Zum Steuerungseinfluß des Betäubungsmittelgesetzes, in: F. Haft/H. Hof/S. Wesche (Hrsg.), Bausteine zu einer Verhaltenstheorie des Rechts, 2001, S. 315 (321 f.); *Reinarman/Cohen/Kaal*, Relevance (Fn. 815), S. 841; *Geschwinde*, Rauschdrogen (Fn. 359), Rn. 392.

[1113] *Baurmann*, Vorüberlegungen (Fn. 15), S. 372 f.; *K. Hurrelmann*, Trendwende beim Konsum psychoaktiver Substanzen?, in: Deutsche Jugend 1997, S. 517 (517 f.); *Kemmesies*, Rausch (Fn. 532), S. 125; *K. Boers u.a.*, Jugendkriminalität – Altersverlauf und Erklärungszusammenhänge, in: Neue Kriminalpolitik 22 (2010), S. 58 (63).

[1114] Zum Zusammenhang zwischen Sozialisation und innerer sozialer Kontrolle s. unter B.II.1. Innere und äußere Kontrolle; dazu auch: *Sack*, Kontrolle (Fn. 1), S. 26.

[1115] *Albrecht*, Effizienz (Fn. 23), S. 306; *Baurmann*, Vorüberlegungen (Fn. 15), S. 372; *Hassemer*, Variationen (Fn. 98), S. 35; ähnlich: *Kaiser*, Kriminologie (Fn. 12), § 31 Rn. 40.

Kontrolle delinquentem Verhalten wirkungsvoll begegnen können. So wird der Diebstahl innerhalb der Familie (§ 247 StGB) nur auf Antrag verfolgt. Es wird der Familie zugestanden, auf ein solches Verhalten intern reagieren zu können und es ggf. zu sanktionieren[1116]. Gleiches soll auch in Zusammenhang mit Betäubungsmitteln gelten. So vermuten manche Experten, dass eine Legalisierung von Cannabis keinen Einfluss auf die Quantität und die Qualität des Konsums hätte und dies auf den Einfluss der informellen Kontrolle zurückzuführen wäre[1117]. Dies legt nahe, den sozialen Nahbereich von Konsumenten verstärkt in den Blick zu nehmen. Auch hier soll theoriegeleitet untersucht werden, welchen Einfluss die Instanzen informeller sozialer Kontrolle bei der Konsumentscheidung bzw. beim generellen Umgang mit Cannabis haben. Diese Ergebnisse sind von entscheidender Bedeutung bei der Entwicklung von Lösungswegen im Umgang mit Cannabis, da sie dazu beitragen, den richtigen Ansatzpunkt für drogenpolitische Maßnahmen zu wählen. Bestätigt sich die Vermutung, dass informelle gegenüber formeller sozialer Kontrolle den größeren Einfluss ausübt, muss dies eine zukünftige Schwerpunktsetzung der Politik beeinflussen.

2. Theorie differentieller Kontakte

Als theoretische Fundierung für die Überlegungen hinsichtlich der Instanzen informeller sozialer Kontrolle soll die Theorie der differentiellen Kontakte dienen. Damit wird vorliegend vor allem auf die Sozialisationsthese eingegangen, nach der Jugendliche Delinquenz in Gruppen lernen[1118]. Die Theorie differentieller Kontakte geht zurück auf *Edwin H. Sutherland*[1119]. *Sutherland* führte seine Theorie mit Hilfe von neun Thesen ein. Diese sind im Einzelnen[1120]:

1. Kriminelles Verhalten ist gelerntes Verhalten
2. Kriminelles Verhalten wird in Interaktion mit anderen Personen in einem Kommunikationsprozess erlernt
3. Kriminelles Verhalten wird hauptsächlich in intimen persönlichen Gruppen erlernt
4. Das Erlernen kriminellen Verhaltens schließt das Lernen a) der Techniken zur Ausführung des Verbrechens, die manchmal sehr kompliziert, manchmal sehr einfach sind, b) die spezifische Richtung von Motiven, Trieben, Rationalisierungen und Attitüden ein
5. Die spezifische Richtung von Motiven und Trieben wird gelernt, indem Gesetze positiv oder negativ definiert werden

---

[1116] F. Sack, Neue Perspektiven in der Kriminalsoziologie, in: ders./R. König (Hrsg.), Kriminalsoziologie, 3. Aufl. 1979, S. 431 (455).

[1117] H. Schmidt-Semisch, Zwischen Sucht und Genuß, in: J. Neumeyer/G. Schaich-Walch (Hrsg.), Zwischen Legalisierung und Normalisierung, 1992, S. 140 (140 ff.); MacCoun/Reuter, Drug (Fn. 93), S. 99.

[1118] Den Gegenpol dazu stellt die Selektionsthese dar, nach der sich delinquente Jugendliche vor allem delinquenten Gruppen anschließen. Eine Zusammenführung beider Thesen erfolgt durch das Interaktionsmodell *Thornberrys*, nach dem die Konsumdisposition die Wahl der *peers* beeinflusst und diese wiederum das Konsumverhalten bestärken: T.P. Thornberry, Toward on Interactional Theory of Delinquency, in: Criminology 25 (1987), S. 863 (863 ff.).

[1119] Erstmalig erschienen in: E.H. Sutherland, Principles of Criminology, 3. Aufl. 1939; mit einer Modifizierung hin zur heute verwendeten Version in: E.H. Sutherland, Principles of Criminology, 4. Aufl. 1947.

[1120] E.H. Sutherland, A Statement of the Theory, in: A. Cohen/A. Lindensmith/K. Schuessler (Hrsg.), The Sutherland Papers, Bloomington 1956, S. 7 (8 ff.).

6. Eine Person wird delinquent infolge eines Überwiegens der die Verletzung begünstigenden Einstellungen über jene, die Gesetzesverletzungen negativ beurteilen

7. Differentielle Kontakte variieren nach Häufigkeit, Dauer, Priorität und Intensität

8. Der Prozess, in dem kriminelles Verhalten durch Kontakte mit kriminellen und antikriminellen Verhaltensmustern gelernt wird, umfasst alle Mechanismen, die bei jedem anderen Lernprozess auch beteiligt sind

9. Obwohl kriminelles Verhalten ein Ausdruck genereller Bedürfnisse und Werte ist, wird es nicht durch diese generellen Bedürfnisse und Werte erklärt, da nichtkriminelles Verhalten Ausdruck eben derselben Bedürfnisse und Werte ist

Zentral für die Vorstellung *Sutherlands* ist, dass kriminelles Verhalten erlerntes Verhalten ist. Danach gibt es keine originäre Kriminalität, und Kriminalität kann auch nicht aus sich selbst heraus entstehen[1121]. Kriminalität kann nicht neu erfunden werden. Die einzige Möglichkeit, wie Kriminalität entstehen kann, ist durch einen Lernprozess. Gleiches gilt nach *Becker* auch für den Konsum von Drogen. Auch dieser setzt einen Lernprozess entsprechend der Theorie differentieller Kontakte voraus und umfasst neben den Techniken des Konsums auch die positive Konnotation der Wirkung der Droge[1122]. Dieser Lernprozess findet durch Kommunikation in Gruppen des sozialen Nahbereichs statt (Punkte 2. und 3.). Die Kommunikation kann nach *Sutherland* sowohl verbal als auch mit Hilfe von Mimik und Gestik stattfinden[1123]. Die Punkte 5. und 6. enthalten einen weiteren zentralen Aspekt. Danach ist die Kriminalitätsentstehung davon abhängig, welche Einstellung gegenüber Gesetzen und Regeln in den Gruppen vorherrschen, von denen der Einzelne lernt. Überwiegen für den Einzelnen Normverletzungen begünstigende Einstellungen und Kontakte, während gleichzeitig ein Mangel an konformen Einstellungen und Kontakten herrscht, so wird der Einzelne delinquent[1124]. Bei umgekehrter Verteilung verhält sich der Einzelne normkonform. Es kommt auf ein Überwiegen von Einstellungen und Kontakten an, da der Einzelne zumeist sowohl delinquenzfördernden als auch konformen Umständen zugleich ausgesetzt ist[1125]. Drogenkonsumenten sind danach vor allem in ein soziales Umfeld eingebettet, in dem der Konsum positiv konnotiert wird[1126]. Die Theorie differentieller Kontakte ist damit in der Lage, sowohl kriminelles als auch konformes Verhalten zu erklären. Dies ist im Bereich des Betäubungsmittelkonsums von großem Vorteil. Neben der Entscheidung für den Konsum bietet die Theorie auch eine Erklärung für den Abbruch desselbigen bzw. der Entscheidung zur Abstinenz[1127]. Dem Kinder- und Jugendalter misst die Theorie

---

[1121] *Sutherland*, Statement (Fn. 1120), S. 8; *E.H. Sutherland*, Critique of the Theory, in: Cohen/Lindensmith/Schuessler, Sutherland Papers (Fn. 1120), S. 30 (30).

[1122] *Becker*, Outsiders (Fn. 1030), S. 46 ff.; zusammenfassend bei: *H.S. Becker*, Die soziale Definition des Drogenkonsums und der drogenbewirkten Erfahrung, in: D.J. Lettieri/R. Welz (Hrsg.), Drogenabhängigkeit, 1983, S. 193 (193 ff.); *V. Johnson*, Adolescent Alcohol and Marijuana Use, in: American Journal of Drug and Alcohol Abuse 14 (1988), S. 419 (420).

[1123] *Sutherland*, Statement (Fn. 1120), S. 8.

[1124] *Sutherland*, Statement (Fn. 1120), S. 9; *ders.*, Critique (Fn. 1121), S. 30 f.

[1125] *Sutherland*, Statement (Fn. 1120), S. 9; der Name der Theorie nimmt genau auf diese unterschiedlichen („differentiellen") Kontakte Bezug.

[1126] *Goode*, Drugs (Fn. 680), S. 75 f.; *Kemmesies*, Rausch (Fn. 532), S. 125.

[1127] *Kemmesies*, Rausch (Fn. 532), S. 141.

besondere Bedeutung zu. Aufgegriffen wird dies in Punkt 7. unter dem Stichwort Priorität. Die hier herrschenden Einflüsse können persistente Verhaltensmuster etablieren, welche auf die spätere Wahl der Sozialkontakte von Einfluss sein können[1128]. Damit entspricht die Theorie den Befunden zur Bedeutung der Sozialisation (dazu zuvor unter E.I.1. Die Bedeutung informeller sozialer Kontrolle).

Ergänzt wurde die Theorie später um die Theorie differentieller Identifikation, welche den Fokus auf die Personen und Gruppen legt, mit denen sich Jugendliche im Laufe ihrer Sozialisation identifizieren[1129]. Auch die Theorie differentieller Verstärkung knüpft an *Sutherlands* Ursprungstheorie an. Diese konzentriert sich vor allem auf den Lernvorgang und berücksichtigt das Prinzip der operanten Konditionierung[1130]. Eine Weiterentwicklung hat die Theorie differentieller Kontakte auch durch die Theorie des sozialen Lernens erhalten[1131]. Diese geht vor allem darauf ein, wie gelernt wird. Die Modalitäten lässt die Theorie differentieller Kontakte weitestgehend unbeleuchtet. Damit geht die Theorie des sozialen Lernens über *Sutherlands* Ansatz hinaus und ermöglicht ein tiefergehendes Verständnis der Lernvorgänge. Der Ansatz von *Sutherland* ist jedoch trotz seiner einfacheren Strukturierung gut geeignet, um deviantes Verhalten zu erklären[1132]. Dies gilt insbesondere für die vorliegende Arbeit[1133]. Für die relevanten Untersuchungen bietet er einen ausreichenden Rahmen und es bedarf keiner detaillierten Beleuchtung der einzelnen Lernvorgänge. Dies würde auch den Rahmen der Arbeit sprengen.

a)   Verhältnis zur Kontrolltheorie

Die Theorie differentieller Kontakte und die Kontrolltheorie (dazu bereits unter E.I.2. Theorie differentieller Kontakte) weisen neben Gemeinsamkeiten auch Unterschiede auf[1134]. Unterschiedlich sind die Ausgangspunkte beider Theorien. Die Kontrolltheorie versucht zu erklären, warum der Einzelne konform wird und zählt damit zu den Konformitätstheorien. Sie geht davon aus, dass der Einzelne von Natur aus eine delinquente Neigung aufweist. Die Theorie differentieller Kontakte legt demgegenüber das Bild eines konformen Menschen zugrunde und wird den Kriminalitätstheorien zugeordnet. Danach muss erklärt werden, warum der Einzelne kriminell wird. Gemeinsam ist beiden die Anknüpfung an die Instanzen der informellen sozialen

---

[1128]   So auch: *Göppinger*, Kriminologie (Fn. 25), § 9 Rn. 40.

[1129]   Dazu bei: *D. Glaser*, Criminality Theories and Behavioral Images, in: D.R. Cressy/D.A. Ward (Hrsg.), Delinquency, Crime and Social Process, New York u.a. 1969, S. 515 (515 ff.).

[1130]   Dazu bei: *M. Killias*, „Kriminelles Verhalten wird gelernt" – aber wie?, in: MschKrim 64 (1981), S. 329 (329 ff.); *P. Barkey*, Lerntheoretische Ansätze zur Delinquenzerklärung, in: F. Lösel (Hrsg.), Kriminalpsychologie, 1983, S. 52 (52 ff.); *C.R. Hollin*, Criminological Psychology, in: M. Maguire/R. Morgan/R. Reiner (Hrsg.), The Oxford Handbook of Criminology, 5. Aufl. Oxford 2012, S. 81 (81 ff.).

[1131]   Dazu bei: *Göppinger*, Kriminologie (Fn. 25), § 9 Rn. 46 ff.; *R.L. Akers/C.S. Sellers*, Criminological Theories, 6. Aufl. 2013 New York, S. 80 ff.

[1132]   *L. Böhnisch*, Abweichendes Verhalten, 5. Aufl. 2017, S. 63.

[1133]   *Reuband*, Determinanten (Fn. 753), S. 161, der die Theorie differentieller Kontakte ebenfalls als geeignetes Instrument ansieht, um den Zusammenhang zwischen Eltern/peers und Drogenkonsum aufzuzeigen; ebenso: *B.S. Griffin/C.T. Griffin*, Drug Use and Differential Association, in: Drug Forum 7 (1978/79), S. 1 (1 ff.).

[1134]   Ausführlich zum Verhältnis zwischen Kontrolltheorie und der Theorie differentieller Kontakte: *Reuband*, Determinanten (Fn. 753), S. 160 ff.

Kontrolle. Der Kontrolltheorie nach ist das Element *attachment to meaningful persons* ein protektiver Faktor gegen Kriminalität. Damit ist die Bindung an Familie und *peers* immer positiv ausgestaltet, selbst wenn diese Instanzen unkonventionelle Normen und Werte vertreten[1135]. Der Theorie differentieller Kontakte nach findet hier der entsprechende Lernprozess statt, der zur Kriminalität führt, falls in der Gruppe normverletzende Definitionen vorherrschend sind. Ob eine Person an sich kriminell ist, ist nicht entscheidend. So können auch kriminelle Personen konventionelle Werte und Definitionen vermitteln[1136]. Die Theorie differentieller Kontakte weist ein ambivalentes Verhältnis gegenüber den Instanzen informeller sozialer Kontrolle auf.

Nach der Kontrolltheorie ist ein Mangel an *attachment to meaningful persons* direkt mit der Entstehung von Delinquenz verbunden, während nach *Sutherland* ein Mangel an konventionellen Strukturen lediglich die Wahrscheinlichkeit steigert, dass Delinquenz entsteht[1137]. Es müssen immer auch delinquente Kontakte hinzutreten, die den Lernprozess initiieren. Ein Mangel an positivem Einfluss des sozialen Nahbereichs hat nach der Kontrolltheorie einen direkten Effekt auf die Entstehung von Kriminalität, während er bei der Theorie differentieller Kontakte immer über delinquente Kontakte vermittelt werden muss[1138]. *Reuband* geht davon aus, dass Eltern und Schule nur vermittelt über die *peer*-Kontakte einen Einfluss auf den Drogenkonsum haben[1139]. Dem liegt die Annahme zugrunde, dass Eltern und Schule Teil der konventionellen Kontakte sind und die *peers* zumeist delinquent ausgestaltet sind. Diese Annahme mag häufig zutreffen, kann jedoch keine Allgemeingültigkeit für sich beanspruchen (dazu näher unter E.I.3. Instanzen informeller sozialer Kontrolle).

Neben dem *attachment* besteht auch eine Verbindung der Theorie differentieller Kontakte zu dem Merkmal *belief in conventional goals*. So sollen sich die Definitionen, die der Einzelne in seinem sozialen Nahbereich erfährt und erlernt, später in seinem *belief* widerspiegeln[1140].

Ein weiterer Unterschied zwischen den beiden Theorien besteht darin, dass die Kontrolltheorie den sozialen Kontakten einen direkten Einfluss auf die Konsumentscheidung zumisst. Die Theorie differentieller Kontakte geht hingegen davon aus, dass erst die Definition von Rechtsbrüchen durch die soziale Gruppe auf den Einzelnen wirkt. Der reine Kontakt hat keinen Einfluss[1141].

[1135] *Hirschi,* Causes (Fn. 53), S. 94 f.; wobei offene Befürwortung von Devianz auch nach der Kontrolltheorie als Risikofaktor zu werten ist.

[1136] *D.R. Cressy,* Epidemiology and Individual Conduct, in: Pacific Sociological Review 3 (1960), S. 47 (49).

[1137] *Hirschi,* Causes (Fn. 53), S. 98.

[1138] *Hirschi,* Causes (Fn. 53), S. 155.

[1139] *Reuband,* Determinanten (Fn. 753), S. 160.

[1140] *R.E. Johnson/A.C. Marcos/S.J. Bahr,* The Role of Peers in the Complex Etiology of Adolescent Drug Use, in: Criminology 25 (1987), S. 323 (329).

[1141] *Reuband,* Determinanten (Fn. 753), S. 169; kritisch gegenüber dieser Annahme: *G.F. Jensen,* Parents, Peers, and Delinquent Action, in: American Journal of Sociology 78 (1972), S. 562 (562 ff.); *T.J. Bernard/J.B. Snipes/A.L. Gerould,* Vold's Theoretical Criminology, 7. Aufl. New York 2015, S. 190.

Insgesamt lässt sich sagen, dass die Kontrolltheorie und die Theorie differentieller Kontakte in einem komplementären Verhältnis stehen[1142]. Sie ergänzen sich gegenseitig. Ein Verständnis der Verflechtungen, aber auch der Gegensätze zwischen beiden Theorien hilft dabei, jede einzelne besser zu verstehen und ihren Anwendungsbereich zu definieren. Dies ist bei der Analyse der empirischen Ergebnisse von großem Wert.

b)   Kritik

Keine Erklärung hat die Theorie differentieller Kontakte dafür, weshalb der Einzelne kriminelle oder nicht-kriminelle Kontakte hat oder warum Kriminalität überhaupt entsteht[1143]. *Sutherland* sieht die Gründe dafür als komplex und multikausal an, ohne jedoch im Detail auf diesen Aspekt einzugehen[1144]. Insgesamt soll der gesamte soziale Kontext für die Kontaktauswahl ausschlaggebend sein, wobei ein Grund für deviante Kontakte in problematischen Familienverhältnissen gesehen wird[1145]. Aber auch die Persönlichkeit soll eine Rolle spielen[1146]. Die Theorie beansprucht nicht für sich, eine umfassende Antwort auf die Frage nach der Kriminalitätsentstehung zu haben[1147].

Der Theorie wird häufig vorgeworfen, dass sie nicht erklären könne, warum der Einzelne trotz intensiver delinquenter Strukturen konform bleibt[1148]. Diese Kritik geht fehl. Sie berücksichtigt nicht, dass auch auf die konventionellen Strukturen Bezug genommen wird und diese es vermögen, die delinquenten Strukturen zu überlagern[1149]. Allerdings finden sich keine konkreten Aussagen dazu, in welchem Verhältnis kriminogene und konventionelle Strukturen stehen müssen, damit die eine oder andere Seite überwiegt[1150].

Sutherland übersah seinerzeit die heutige Bedeutung der Massenmedien[1151]. Nach seiner Theorie findet das Lernen immer in persönlichem Kontakt statt. Dies kann heute in der Konsequenz nicht mehr aufrechterhalten werden, wenngleich der persönliche Kontakt noch immer den größten Einfluss ausübt.

[1142]   *Reuband*, Determinanten (Fn. 753), S. 169; dazu auch: *E. Linden/J.C. Hackler*, Affective Ties and Delinquency, in: The Pacific Sociological Review 16 (1973), S. 27 (27 ff.).

[1143]   Zu diesem Einwand: *Kaiser*, Kriminologie (Fn. 12), § 45 Rn. 1; *Göppinger*, Kriminologie (Fn. 25), § 9 Rn. 44; *Kunz/Singelstein*, Kriminologie (Fn. 23), § 10 Rn. 27.

[1144]   *Sutherland*, Statement (Fn. 1120), S. 11.

[1145]   *E.H. Sutherland*, Development of the Theory, in: Cohen/Lindensmith/Schuessler, Sutherland Papers (Fn. 1120), S. 13 (28).

[1146]   *Sutherland*, Critique (Fn. 1121), S. 31; kritisch zur mangelnden Berücksichtigung der Persönlichkeit: *Hirschi*, Causes (Fn. 53), S. 159.

[1147]   *E.H. Sutherland/D.R. Cressey/D.F. Luckenbill*, Principles of Criminology, 11. Aufl. 1992, S. 92.

[1148]   So u.a.: *Albrecht*, Kriminologie (Fn. 38), S. 32, mit Verweis auf Polizisten und Gefängniswärter.

[1149]   *Cressy*, Epidemiology (Fn. 1136), S. 48 f.; *Sutherland/Cressey/Luckenbill*, Principles (Fn. 1147), S. 91 f.; *Albrecht*, Kriminologie (Fn. 38), S. 32.

[1150]   *Kunz/Singelstein*, Kriminologie (Fn. 23), § 10 Rn. 27; s. dazu auch Punkte 5. und 6.

[1151]   *J.F. Short*, Differential Association as a Hypothesis, in: Social Problems 8 (1960), S. 14 (17); *Killias*, Verhalten (Fn. 1130), S. 338; *Albrecht*, Kriminologie (Fn. 38), S. 32.

Des Weiteren ist die Theorie nicht in der Lage, alle Formen der Kriminalität zu erklären. Hierzu zählen u.a. Wirtschaftskriminalität und Affekttaten[1152]. Beides sind Delikte, welche nicht in einem Kommunikationsprozess durch Erlernen entstehen. Verstöße gegen das Betäubungsmittelgesetz sind jedoch Delikte, welche einem Lernprozess im sozialen Nahbereich zugänglich sind (dazu unter E.I.3. Instanzen informeller sozialer Kontrolle).

Ein Einwand, dem die Theorie nicht hinreichend entgegentreten kann, ist, dass sie es nicht vermag zu erklären, warum einige Personen unter denselben Umständen kriminell werden und andere nicht[1153]. Dieser Einwand mag begründet sein, aber auch hier sollte wieder berücksichtigt werden, dass die Theorie nicht derart umfassend ausgestaltet ist, dass sie Antworten auf jedwede Problemstellung geben kann[1154]. Sie ist ausreichend offen formuliert, als dass an dieser Stelle andere, persönlichkeitsorientierte Theorien ansetzen können[1155]. Charakter, Selbstbewusstsein und weitere Persönlichkeitsmerkmale sind mit Sicherheit Variablen, die eine unterschiedliche Reaktion auf dieselben Umstände zu erklären vermögen. *Sutherland* selbst äußert sich widersprüchlich zu dem Umfang, zu dem die Persönlichkeit berücksichtigt werden soll. Einerseits soll diese nur bei der Auswahl der Kontakte eine Rolle spielen, andererseits soll die Historie einer Person die Anfälligkeit des Einzelnen für Kriminalität doch mitbestimmen können[1156]. Unabhängig von der Auffassung *Sutherlands* schließt die Konstruktion der Theorie eine Berücksichtigung der Persönlichkeit nicht aus, sodass diese durchaus als Erklärung hinzugezogen werden kann, wenn die Theorie selbst Lücken aufweist[1157].

Insgesamt gilt vielen die Theorie als zu allgemein und deshalb nicht hinreichend operationalisierbar[1158]. Dass die Theorie recht allgemein gehalten ist, mag zwar zutreffen, doch ist dies nicht negativ zu bewerten. Ziel ist es, die Bedeutung der Instanzen informeller sozialer Kontrolle im Rahmen des Drogenkonsums aufzuzeigen. Dies kann auch anhand einer allgemeinen Theorie verdeutlicht werden. Lerntheorien, die wie die Theorie sozialen Lernens in die Tiefe gehen, können zwar ein weitergehendes Verständnis vermitteln, gehen jedoch über das im Rahmen dieser Arbeit Notwendige hinaus.

[1152] *Sutherland*, Critique (Fn. 1121), S. 33; *Cressy*, Epidemiology (Fn. 1136), S. 51; *Sutherland/Cressey/Luckenbill*, Principles (Fn. 1147), S. 93; *Göppinger*, Kriminologie (Fn. 25), § 9 Rn. 44.
[1153] *Sutherland/Cressey/Luckenbill*, Principles (Fn. 1147), S. 95.
[1154] *Kunz/Singelnstein*, Kriminologie (Fn. 23), § 10 Rn. 27.
[1155] *Killias*, Verhalten (Fn. 1130), S. 340.
[1156] *Sutherland*, Development (Fn. 1145), S. 25 ff.; *E.H. Sutherland*, Susceptibility and Differential Association, in: Cohen/Lindensmith/Schuessler, Sutherland Papers (Fn. 1120), S. 42 (42 f.); *Short*, Association (Fn. 1151), S. 16.
[1157] *Short*, Association (Fn. 1151), S. 17; *Kaiser*, Kriminologie (Fn. 12), § 45 Rn. 17.
[1158] *Cressy*, Epidemiology (Fn. 1136), S. 53; *T. Hirschi/M.R. Gottfredson*, Understandig Crime, Beverly Hills 1980; S. 16; *Kaiser*, Kriminologie (Fn. 12), § 45 Rn. 18; *Bernard/Snipes/Gerould*, Vold (Fn. 1141), S. 192.

3. Instanzen informeller sozialer Kontrolle

Die nachfolgenden Untersuchungen hinsichtlich des Einflusses von Familie und *peers* auf den Umgang mit Cannabis von Jugendlichen sollen als empirische Fundierung für die Theorie differentieller Kontakte dienen. Gleichzeitig findet aber auch die Kontrolltheorie entsprechende Berücksichtigung, und es werden Brücken zwischen beiden theoretischen Modellen geschlagen, um die Bedeutung der Familie und *peers* differenziert herauszustellen (zur Kontrolltheorie unter B.III.1.a)bb) Kontrolltheorie nach *Hirschi*). Es ist zu berücksichtigen, dass die meisten der Untersuchungen auf dem Gebiet keinen direkten Bezug zur Theorie aufbauen. Die Operationalisierung der Untersuchungen ist dementsprechend nicht auf die Theorie differentieller Kontakte zugeschnitten. Dennoch ist davon auszugehen, dass die ausgewählten Studien einen hinreichend starken Bezug zum lerntheoretischen Ansatz der Theorie aufweisen und daher entsprechend interpretierbare Aussagen zulassen.

a) Familie

Die Familie gilt als Kerngebiet der Sozialisation Jugendlicher. Im Rahmen der Theorie differentieller Kontakte spielt die Familie ebenfalls eine herausragende Rolle, da sie für die Vermittlung von Werten und Normen verantwortlich ist. Vermittelt über die Verhaltensdefinitionen soll die Familie (mindestens) einen indirekten Einfluss auf die Delinquenz des Jugendlichen haben und im speziellen auch auf die Konsumentscheidung und den Konsumverlauf[1159]. Konkret ist hier die Ausgestaltung der familiären Verhältnisse entscheidend. Dies entspricht auch der Theorie der differentiellen Kontakte. Danach lernt der Einzelne in der sozialen Interaktion sowohl kriminelle als auch konforme Verhaltensweisen. Die Ausgestaltung der familiären Verhältnisse ist mithin von hoher Bedeutung.

aa) Protektive Verhältnisse

Ein positiv ausgestaltetes Familienleben und eine positive Bindung an die Eltern gelten gemeinhin als protektive Faktoren, nicht nur gegenüber Delinquenz im Allgemeinen, sondern auch gegenüber Cannabiskonsum im Speziellen[1160]. Entscheidend ist zunächst der Grad der Bindung an die Eltern[1161]. Der Kontrolltheorie folgend ist ein hohes Maß an *attachment* für die Norm-

---

[1159]   *Hurrelmann*, Trendwende (Fn. 1113), S. 518.
[1160]   *Reuband*, Determinanten (Fn. 753), S. 168; *Boers/Reinecke*, Analysemodell (Fn. 1110), S. 45; *Boers/Seddig/Reinecke*, Bedingungen (Fn. 1110), S. 270; *Boers u.a.*, Jugendkriminalität (Fn. 1113), S. 63 f.
[1161]   Nach der Kontrolltheorie ist die Ausgestaltung der Familie von untergeordneter Bedeutung. Eine offene Befürwortung von Devianz ist jedoch auch nach dieser Auffassung ein Risikofaktor: *Hirschi*, Causes (Fn. 53), S. 94 f., 108; a.A., nach der das Familienumfeld in jedem Fall positiv ausgestaltet sein muss: *K.J. Gruber/M. Floyd-Taylor*, A Family Perspective for Substance Abuse, in: Journal of Social Work Practice in the Addictions 6 (2006), S. 1 (13).

konformität bedeutsam (zur Kontrolltheorie unter B.III.1.a)bb) Kontrolltheorie nach *Hirschi*)[1162]. Merkmale eines intakten *attachment* sind u.a. eine funktionierende und intime Kommunikation, die sich auf einer Gefühlsebene bewegt und Zukunftspläne beinhaltet[1163]. Dafür ist vor allem die Stabilität des familiären Umfeldes wichtig[1164]. Durch eine enge Bindung sind die Eltern in der Lage, dem Jugendlichen soziale Kompetenzen, *coping*-Strategien und Selbstbewusstsein beizubringen.[1165] All dies befähigt Jugendliche, in Risikosituationen von Drogenkonsum abzusehen. Gleichzeitig trägt eine Identifizierung des Jugendlichen mit den Eltern dazu bei, dass dieser die konformen Normen und Werte bzw. Handlungsstrategien effektiver adaptiert[1166].

Protektive Faktoren sind auch ein funktionierendes Familienmanagement und das Heraushalten der Kinder aus elterlichem Substanzkonsum[1167]. Das Familienmanagement sollte von den Eltern proaktiv ausgestaltet sein und klaren Regeln unterliegen, damit der Jugendliche sich in das System einfügt. Das proaktiv ausgestaltete Familienmanagement korreliert danach mit -.29** mit dem Marihuanakonsum Jugendlicher[1168]. Die Bindung an die Mutter weist nur eine Korrelation von -.08 auf, ohne signifikant zu sein. Ohne Signifikanz blieb in dieser Studie auch der Marihuanakonsum der Eltern (-.05), welcher jedoch regelmäßig als Risikofaktor angesehen wird[1169]. Im Zuge der Ausgestaltung des Familienmanagements kommt der elterlichen Kontrolle und Überwachung des Jugendlichen eine entscheidende Rolle zu[1170]. Die Kontrolle des Jugendlichen ist sehr wichtig, wenn der Konsum positiv beeinflusst werden soll. Dabei ist nicht nur das „Ob", sondern auch das „Wie" maßgebend. Ein hohes Maß an Kontrolle wirkt protektiv, während exzessive Kontrolle die Wirkung ins Gegenteil verkehrt[1171]. Durch eine entsprechende Überwachung ist der Jugendliche insgesamt weniger riskanten Situationen ausgesetzt, die mit potentiellem Konsum in Verbindung stehen[1172]. Dies umfasst auch eine geringere Bindung an

---

[1162]   *Hirschi*, Causes (Fn. 53), S. 83, 88; *Kleiber/Söllner*, Cannabiskonsum (Fn. 370), S. 181; *J.S. Brook u.a.*, Risk Factors for Adolescent Marijuana Use Across Cultures and Across Time, in: The Journal of Genetic Psychology 162 (2001), S. 357 (359); *Gruber/Floyd-Taylor*, Perspective (Fn. 1161), S. 13; *B.F. Piko/E. Kovács*, Do Parents and School Matter?, in: Addictive Behaviors 35 (2010), S. 53 (53).

[1163]   *Hirschi*, Causes (Fn. 53), S. 91; *G. Prado u.a.*, A Randomized Controlled Trial of a Parent-Centered Intervention in Preventing Substance Use and HIV Risk Behaviors in Hispanic Adolescents, in: Journal of Consulting & Clinical Psychology 75 (2007), S. 914 (915, 923), m.w.N..

[1164]   *E.R. Oetting/F. Beauvais*, Peer Cluster Theory: Drugs and the Adolescent, in: Journal of Counseling and Development 65 (1986), S. 17 (20); *Kleiber/Söllner*, Cannabiskonsum (Fn. 370), S. 181 f.; *Gruber/Floyd-Taylor*, Perspective (Fn. 1161), S. 13.

[1165]   *Piko/Kovács*, Parents (Fn. 1162), S. 53.

[1166]   *Hirschi*, Causes (Fn. 53), S. 92; *Brook u.a.*, Risk Factors (Fn. 1162), S. 366 f.

[1167]   *Hawkins/Arthur/Catalano*, Preventing (Fn. 830), S. 382; *R. Kosterman u.a.*, The Dynamics of Alcohol and Marijuana Initiation, in: American Journal of Public Health 90 (2000), S. 360 (360).

[1168] $** P < 0.01.$

[1169]   *Gruber/Floyd-Taylor*, Perspective (Fn. 1161), S. 12.

[1170]   *Piko/Kovács*, Parents (Fn. 1162), S. 53.

[1171]   *C.H. Ripple/S.S. Luthar*, Familial Factors in Illicit Drug Abuse, in: The American Journal of Drug and Alcohol Abuse 22 (1996), S. 147 (162); *Piko/Kovács*, Parents (Fn. 1162), S. 53.

[1172]   *X. Li/B. Stanton/S. Feigelman*, Impact of Perceived Parental Monitoring on Adolescent Risk Behavior Over 4 Years, in: Journal of Adolescent Health 27 (2000), S. 49 (49 ff.); *Piko/Kovács*, Parents (Fn. 1162), S. 53.

delinquente *peers* (zur Rolle der *peers* nachfolgend unter E.I.3.b) *Peers*). Die Kontrolle des Jugendlichen sollte, um einen positiven Einfluss auszuüben, eine entsprechende Qualität der Erziehungspraktiken aufweisen. So kann nachgewiesen werden, dass Eltern, die in qualitativer Erziehung geschult wurden und die gelernten Praktiken anwendeten, deviantes Verhalten und Drogenkonsum bei ihren Kindern reduzieren konnten[1173]. Die Eltern sollten durchsetzungsfähig sein, den Jugendlichen fordern und in die Beziehung zu ihm involviert sein[1174]. Auch die Widerstandsfähigkeit gegenüber *peer*-Druck (Gruppenzwang) kann durch eine solche Erziehung reduziert werden[1175].

Elterliche Zuneigung und das Interesse der Eltern an dem Jugendlichen und seinen schulischen Leistungen sind ebenfalls Kennzeichen einer positiven Eltern-Kind-Bindung[1176]. Die Zuneigung manifestiert sich u.a. in einer unterstützenden Haltung gegenüber dem Kind[1177]. Dieses muss das Gefühl haben, dass die Eltern auch in schwierigen Zeiten hinter ihm stehen und sich entsprechend um es kümmern. Ist die Beziehung derart ausgestaltet, fungiert sie nicht nur als präventiver Faktor, der den Konsumbeginn verhindern kann, sondern auch als Faktor, der einen bereits bestehenden Konsum positiv beeinflusst. Dieser Einfluss kann von einer Verringerung der Intensität bis hin zu einer Einstellung des Konsums führen.

bb) Risikoverhältnisse

Delinquente Jugendliche haben, der Kontrolltheorie folgend, zumeist eine geringere Bindung an die Eltern. Es fehlt das entsprechende *attachment*, sodass die Wahrscheinlichkeit devianter Handlungen und damit auch des Cannabiskonsums steigt[1178]. Dies liegt auch daran, dass die Auflösung traditioneller Bindungen zu einem Mehr an Freizeit führt, welches in einem devianten *setting* genutzt werden kann und genutzt wird[1179]. Mit einer mangelnden Bindung und wenig verbrachter Zeit innerhalb der Familie geht auch ein abnehmender lerntheoretischer Effekt einher, und die Familie kann ihre Funktion als protektiver Faktor gegen Drogenkonsum nicht mehr wahrnehmen. Eine frühe Abgrenzung von den Eltern stellt somit einen Risikofaktor hinsichtlich der Konsumentscheidung dar[1180]. Dies ist teilweise auch einer daraus resultierenden engeren

[1173] *E.R. Oetting/J.F. Donnermeyer*, Primary Socialization Theory, in: Substance Use & Misuse 33 (1998), S. 995 (1006), m.w.N.; *Prado u.a.*, Trial (Fn. 1163), S. 915; a.A.: *J.R. Harris*, Where Is the Childs's Environment?, in: Psychological Review 102 (1995), S. 458 ff.

[1174] *J.S. Brook/I.F. Lukoff/M. Whiteman*, Initiation Into Adolescent Marijuana Use, in: The Journal of Genetic Psychology 137 (1980), S. 133 (134).

[1175] *E.M. Kung/A.D. Farrell*, The Role of Parents and Peers in Early Adolescent Substance Use, in: Journal of Child and Family Studies 9 (2000), S. 509 (522).

[1176] *R. Needle u.a.*, Interpersonal Influences in Adolescent Drug Use, in: International Journal of the Addictions 1986, S. 739 (740); *K. Boers/P. Kurz*, Schule, Familie, Einstellungen, Lebensstile, delinquentes und abweichendes Verhalten, 2000, S. 34; *Gruber/Floyd-Taylor*, Perspective (Fn. 1161), S. 12.

[1177] *E.R. Oetting/F. Beauvais*, Common Elements in Youth Drug Abuse, in: Journal of Drug Issues 17 (1987), S. 133 (140 f.); *Gruber/Floyd-Taylor*, Perspective (Fn. 1161), S. 13; *Prado u.a.*, Trial (Fn. 1163), S. 915; *K.S. Elkington/J.A. Bauermeister/M.A. Zimmerman*, Do Parents and Peers Matter?, in: Journal of Adolescence 34 (2011), S. 1035 (1036).

[1178] *Kleiber/Söllner*, Cannabiskonsum (Fn. 370), S. 185.

[1179] *Boers/Kurz*, Schule (Fn. 1176), S. 34.

[1180] *Hurrelmann*, Trendwende (Fn. 1113), S. 521.

Bindung an deviante *peers* geschuldet. Eine mangelnde Stabilität, wie sie insbesondere auch durch die Trennung der Eltern hervorgerufen werden kann, führt dazu, dass eine protektive Bindung zwischen Eltern und Kind erschwert wird[1181]. In manchen Studien liegt bei über 80% der jugendlichen Cannabiskonsumenten eine solche *broken home* Situation vor[1182].

Eine mangelhafte Erziehung, die mit einem hohen Maß an Konflikten einhergeht, steigert das Risiko des Drogenkonsums[1183]. Im Rahmen der Erziehung ist ein autoritärer Erziehungsstil als Risikofaktor zu klassifizieren[1184]. Dieser Befund korreliert mit den Ergebnissen zu den protektiven Faktoren, wonach eine exzessive Kontrolle und Überwachung des Jugendlichen sich ebenfalls negativ auf die Konsumentscheidung auswirken. Verlassen die elterliche Strenge und Kontrolle ein gesundes Maß, verkehrt sich ein ansonsten positives elterliches Engagement ins Gegenteil. Ebenso negative Auswirkungen hat ein Mangel an Kontrolle und Überwachung, der dem Jugendlichen zu viel Freiraum bietet und ihn entsprechend häufig risikoreichen Situationen aussetzt[1185].

Weitere Merkmale eines insuffizienten Erziehungsstils sind mangelnde Disziplin durch die Eltern und ein nur geringer Anspruch an den Jugendlichen, vor allem an dessen schulische Leistungen[1186]. Auch eine inkonsistente Haltung gegenüber dem Jugendlichen, in der keine klare Erwartungshaltung zum Ausdruck kommt, wirkt sich negativ aus. Mangelnde Bestätigung und exzessive Strafen führen zu einem Misstrauensverhältnis und einer gestörten Eltern-Kind-Bindung, die es nicht mehr vermag, dem Jugendlichen Kompetenzen zu konformen Verhaltensweisen an die Hand zu geben. Ein Widerstand gegenüber Risikosituationen und gegenüber *peer*-Druck kann von dem Jugendlichen in solchen Fällen nicht mehr erwartet werden[1187]. Gleichzeitig dient der Drogenkonsum stellenweise dazu, mangelnde Zuneigung der Eltern zu kompensieren[1188]. Diese Haltungen von Eltern reduzieren das *attachment* erheblich. All diese

---

[1181]   *Kleiber/Söllner,* Cannabiskonsum (Fn. 370), S. 183; *Ripple/Luthar,* Factors (Fn. 1171), S. 167.
[1182]   *K. Stosberg,* Sozialisation und Drogen. Entstehung, Fortdauer und Rückfall des Drogenverhaltens, 1993, S. 50; ebenfalls für einen großen Einfluss von *broken home*-Situationen: *T.J. Dishion/R. Loeber,* Adolescent Marijuana and Alcohol Use, in: The American Journal of Drug and Alcohol Abuse 11 (1985), S. 11 (11); *Oetting/Beauvais,* Elements (Fn. 1177), S. 140 f.; *Elkington/Bauermeister/Zimmerman,* Parents (Fn. 1177), S. 1036.
[1183]   *Dishion/Loeber,* Marijuana (Fn. 1182), S. 12; *Hawkins/Arthur/Catalano,* Preventing (Fn. 830), S. 381; *Gruber/Floyd-Taylor,* Perspective (Fn. 1161), S. 12; *R. Ramirez u.a.,* Peer Influences on Adolescent Alcohol and Other Drug Use Outcomes, in: Journal of Nursing Scholarship 44 (2012), S. 36 (37).
[1184]   *Hurrelmann,* Trendwende (Fn. 1113), S. 519; *Kleiber/Söllner,* Cannabiskonsum (Fn. 370), S. 182; *Brook u.a.,* Risk Factors (Fn. 1162), S. 366.
[1185]   *Dishion/Loeber,* Marijuana (Fn. 1182), S. 11; *L. Steinberg/A. Fletcher/N. Darling,* Parental Monitoring and Peer Influences on Adolescent Substance Use, in: Pediatrics 93 (1994), S. 1060 (1063); *D.V. Ary u.a.,* Adolescent Problem Behavior, in: Behaviour Research and Therapy 37 (1999), S. 217 (226); *Kosterman u.a.,* Dynamics (Fn. 1167), S. 360.
[1186]   *Brook/Lukoff/Whiteman,* Initiation (Fn. 1174), S. 134; *Hawkins/Arthur/Catalano,* Preventing (Fn. 830), S. 382; *Kung/Farrell,* Role (Fn. 1175), S. 510, m.w.N.
[1187]   *Geschwinde,* Rauschdrogen (Fn. 359), Rn. 392.
[1188]   *Kleiber/Söllner,* Cannabiskonsum (Fn. 370), S. 182.

Faktoren beeinflussen nicht nur die Entscheidung zum Konsumbeginn, sondern auch den Verlauf bereits bestehenden Konsums[1189].

Auch die Ausgestaltung der familiären Verhältnisse kann konsumfördernd sein. Faktoren wie Alkoholismus, Arbeitslosigkeit und niedriger sozio-ökonomischer Status steigern das Risiko des Jugendlichen zum Cannabiskonsum[1190]. Die Art der Beeinflussung des Jugendlichen durch den elterlichen Konsum kann unterschiedlich ausgestaltet sein. Weniger Kontrolle und Restriktionen können den Konsum befördern. Ebenso kann der grundsätzlich liberalere Lebensstil, der durch die Eltern vorgelebt wird, das Konsumverhalten des Jugendlichen begünstigen. So wirkt sich nicht nur der Konsum, sondern auch bereits eine positive Einstellung gegenüber Drogen konsumfördernd auf den Jugendlichen aus[1191].

cc) Wirkweise des elterlichen Einflusses

Neben dem „Ob" des Einflusses von Familie und Eltern ist auch das „Wie" entscheidend. Vornehmlich sind hier zwei Auffassungen zu unterscheiden. Die einen weisen den Eltern einen direkten Einfluss auf die Konsumentscheidung Jugendlicher zu, während die anderen einen Einfluss indirekt, vermittelt über die Auswahl der *peers* annehmen. So soll insbesondere eine mangelnde Bindung an die Eltern und eine mangelhafte Erziehung bzw. Überwachung dazu führen, dass sich der Jugendliche delinquenten und cannabiskonsumierenden *peers* anschließt[1192]. Dieser indirekte Einfluss entspricht dem Wirkmechanismus der Theorie differentieller Kontakte. Die *peer*-Auswahl des Jugendlichen verläuft, dem indirekten Einfluss folgend, dann anhand der Werte und Normen, die von den Eltern erlernt wurden[1193]. Gerade die unmittelbaren Werthaltungen der Eltern gegenüber Cannabiskonsum sind von großer Bedeutung. Die Eltern bilden eine moderierende Variable zwischen dem Jugendlichen und dem Einfluss der *peers*[1194]. Es ist anzumerken, dass der Einfluss von Eltern und *peers* nicht immer in einem Gegensatz zu einander stehen muss, auch wenn dies häufig der Fall ist. Eine mangelnde Kompatibilität zwischen Eltern und *peers* stellt jedenfalls einen Risikofaktor dar[1195]. Eine entsprechende

[1189] *Gruber/Floyd-Taylor,* Perspective (Fn. 1161), S. 7, m.w.N.
[1190] *Hurrelmann,* Trendwende (Fn. 1113), S. 519; *Oetting/Donnermeyer,* Socialization (Fn. 1173), S. 1002.
[1191] *Gruber/Floyd-Taylor,* Perspective (Fn. 1161), S. 4.
[1192] *Hirschi,* Causes (Fn. 53), S. 100; *Jensen,* Parents (Fn. 1141), S. 563; *J.P. Hoffmann,* Investigating the Age Effects of Family Structure on Adolescent Marijuana Use, in: Journal of Youth and Adolescence 23 (1994), S. 215 (218); *Reuband,* Determinanten (Fn. 753), S. 194; *Hawkins/Arthur/Catalano,* Preventing (Fn. 830), S. 382; *Kleiber/Söllner,* Cannabiskonsum (Fn. 370), S. 180 f.; *Kung/Farrell,* Role (Fn. 1175), S. 511.
[1193] *D.B. Kandel,* Interpersonal Influence on Adolescent Illegal Drug Use, in: E. Josephson/E.E. Carroll (Hrsg.), Drug Use, Washington 1974, S. 207 (211); *Kosterman u.a.,* Dynamics (Fn. 1167), S. 360.
[1194] *D.B. Kandel,* On Processes of Peer Influences in Adolescent Drug Use, in: Advances in Alcohol and Substance Abuse 4 (1985), S. 139 (148).
[1195] *R. Jessor/S.L. Jessor,* Problem Behavior and Psychosocial Development, New York 1977, S. 119; *R. Jessor/J.D. Chase/J.E. Donovan,* Psychosocial Correlates of Marijuana Use and Problem Drinking in a National Sample of Adolescents, in: American Journal of Public Health 70 (1980), S. 604 (605).

starke Bindung an die Eltern kann als protektiver Faktor wirken und verhindern, dass sich der Jugendliche *peers* anschließt, die durch Devianz und Cannabiskonsum geprägt sind[1196].

Die Erziehung und die Eltern-Kind-Beziehung beeinflussen die schulischen Leistungen und schulischen Probleme. Diese Faktoren sind ihrerseits wieder mit dem Konsum Jugendlicher verknüpft. Probleme in der Schule und schlechte Noten gelten als Risikofaktoren für den frühen Umgang mit Cannabis[1197]. Gute Schulleistungen hingegen sind für männliche Jugendliche mit -.16 und für weibliche mit -.14 mit Cannabiskonsum verknüpft[1198].

Wenngleich für die Kontrolltheorie das Bestehen des *attachment* entscheidender ist als die Ausgestaltung desselbigen, so ist doch anzumerken, dass positive Familienverhältnisse eher protektiv wirken als negative. Dies ist auch im Sinne eines direkten Einflusses der Familie auf den Jugendlichen zu verstehen[1199]. Vermittelt die Familie nicht die entsprechenden konformen Werte und Normen, so wird es für den Jugendlichen schwieriger, konforme Handlungsstrategien auszubilden. Mangelnde Konfliktfähigkeit oder widersprüchliche Sozialisationsinhalte können bei dem Einzelnen zu kompensatorischem Drogenkonsum führen[1200]. Geringe elterliche Unterstützung führt indes zu mangelnden *coping*-Strategien, die es dem Jugendlichen erschweren, Drogenangebote abzulehnen[1201].

Wichtig für den Einfluss der Eltern ist, dass dem Jugendlichen in der Situation, in der er sich zum Konsum entscheidet, die sanktionierende Reaktion und die entsprechenden Einstellungen der Eltern präsent sind[1202]. Dies kann nur durch eine effektive und gut strukturierte Erziehung erfolgen, die den Jugendlichen Kompetenzen lehrt, die er in den entsprechenden Situationen abrufen kann. Eine stringente Erziehung führt unter Umständen zu einer geringen Schwächung der Bindung zwischen Eltern und Kind, jedoch senken die klaren Regeln die Wahrscheinlichkeit des Konsums in einem solchen Maße, dass die Schwächung aufgefangen wird[1203]. Die elterliche Befürwortung von delinquentem Verhalten beeinflusst den Konsum des Jugendlichen moderat (w=.28**/m=-.30**)[1204].

Der Substanzkonsum von Eltern kann naturgemäß einen Einfluss auf den Jugendlichen ausüben, wenn dieser derart ausgestaltet ist, dass die Eltern ihren Erziehungsaufgaben nicht mehr nachkommen und den Jugendlichen vernachlässigen[1205]. Ein Mangel an Überwachung und Kontrolle ist die Folge, der wiederum dazu führt, dass sich die Jugendlichen überproportional

---

[1196] *Hirschi,* Causes (Fn. 53), S. 99.
[1197] *Oetting/Beauvais,* Elements (Fn. 1177), S. 139; *Stosberg,* Sozialisation (Fn. 1182), S. 15; *Ary u.a.,* Behavior (Fn. 1185), S. 218; *Geschwinde,* Rauschdrogen (Fn. 359), Rn. 392; kritisch: *Reuband,* Determinanten (Fn. 753), S. 159.
[1198] *Jessor/Chase/Donovan,* Correlates (Fn. 1195), S. 607.
[1199] *Steinberg/Fletcher/Darling,* Monitoring (Fn. 1185), S. 1060.
[1200] *Stosberg,* Sozialisation (Fn. 1182), S. 13.
[1201] *Stosberg,* Sozialisation (Fn. 1182), S. 37 ff.; *Kung/Farrell,* Role (Fn. 1175), S. 522; *Gruber/Floyd-Taylor,* Perspective (Fn. 1161), S. 1.
[1202] *Hirschi,* Causes (Fn. 53), S. 88; *Oetting/Donnermeyer,* Socialization (Fn. 1173), S. 1004.
[1203] *Johnson/Marcos/Bahr,* Role (Fn. 1140), S. 326; *Kosterman u.a.,* Dynamics (Fn. 1167), S. 365.
[1204] *Jessor/Jessor,* Behavior (Fn. 1195), S. 118; ** = P < 0.01.
[1205] *Stosberg,* Sozialisation (Fn. 1182), S. 48; *Kleiber/Söllner,* Cannabiskonsum (Fn. 370), S. 186.

häufig risikobehafteten Situationen ausgesetzt sehen, die in Verbindung mit Drogenkonsum stehen[1206]. Aber auch elterlicher Konsum unterhalb dieser Schwelle kann negative Auswirkungen haben[1207]. Die permanente Konfrontation mit dem Konsum bewirkt eine Erhöhung des Konsumrisikos bei dem Jugendlichen[1208]. Dabei beeinflussen Eltern vor allem die Initiation des Konsums.

Der indirekte Einfluss ist einer Untersuchung von *Jensen* nach etwas größer als der direkte. So beeinflusst die elterliche Überwachung den Anschluss an delinquente *peers* mit -.37, während sie das delinquente Verhalten des Jugendlichen mit -.27 beeinflusst[1209]. Hinsichtlich der Unterstützung durch die Eltern gleichen sich indirekter und direkter Einfluss weitgehend an (Einfluss auf den Anschluss an delinquente *peers*: -.28; Einfluss auf deviantes Verhalten: -.30)[1210]. Überwachung und Unterstützung haben einen separaten Einfluss auf die Devianz und das Konsumverhalten der Jugendlichen.

dd) Methodik

Hinsichtlich der Methodik der vorhandenen Studien gibt es einige zu berücksichtigende Punkte. Viele Studien unterscheiden nicht zwischen den einzelnen Drogenarten, sodass eine Übertragung der Ergebnisse auf den isolierten Bereich Cannabis nicht immer ohne Weiteres möglich ist. Ebenso wenig wird zwischen Konsumbeginn, Konsumverlauf oder den jeweiligen Prävalenzen differenziert[1211]. Zudem spielen für die Konsumentscheidung oft Alter, Geschlecht und Ethnie eine wichtige Rolle, was im Studiendesign nicht immer berücksichtigt wird oder die Studien konzentrieren sich nur auf bestimmte Personengruppen[1212]. Hierunter leidet die externe Validität. Gerade bei Studien, die den Einfluss der Familie untersuchen, spielt es eine große Rolle, welche Parteien befragt werden. Jugendliche stellen den elterlichen Konsum beispielsweise oft deutlich anders dar, als es die Eltern tun, wenn diese direkt befragt werden[1213].

Ein großes Manko ist, dass viele der Untersuchungen nur Querschnittsdaten verwenden. Hierdurch können Ursache und Wirkung nicht hinreichend differenziert werden[1214]. Diese Studien

---

[1206]   *Steinberg/Fletcher/Darling,* Monitoring (Fn. 1185), S. 1063; *Dishion/Loeber,* Marijuana (Fn. 1182), S. 22 f., die der mangelnden Überwachung einen größeren Einfluss einräumen als dem isoliert betrachteten Konsum der Eltern.

[1207]   *J.S. Brook/M. Whiteman/A.S. Gordon,* Stages of Drug Use in Adolescence, in: Developmental Psychology 19 (1983), S. 269 (269); *Gruber/Floyd-Taylor,* Perspective (Fn. 1161), S. 1.

[1208]   *Johnson/Marcos/Bahr,* Role (Fn. 1140), S. 328; *Oetting/Donnermeyer,* Socialization (Fn. 1173), S. 1004, m.w.N.

[1209]   *Jensen,* Parents (Fn. 1141), S. 567 ff.

[1210]   *Jensen,* Parents (Fn. 1141), S. 568.

[1211]   *M. Guxens u.a.,* Factors Associated with the Onset of Cannabis Use, in: Gaceta Sanitaria 21 (2007), S. 252 (258).

[1212]   *Kosterman u.a.,* Dynamics (Fn. 1167), S. 364.

[1213]   Zum unterschiedlichen Einfluss zwischen erwartetem Konsum der Eltern und dem tatsächlichen Konsum: *D.B. Kandel,* Adolescent Marijuana Use: Role of Parents and Peers, in: Science 181 (1973), S. 1067 (1068); dazu auch: *Kung/Farrell,* Role (Fn. 1175), S. 525.

[1214]   Kritisch dazu auch: *Kandel,* Influence (Fn. 1193), S. 212; *Steinberg/Fletcher/Darling,* Monitoring (Fn. 1185), S. 1063; *Guxens u.a.,* Factors (Fn. 1211), S. 253.

können keine Aussage darüber treffen, ob problematische Familienverhältnisse den Cannabiskonsum tatsächlich beeinflussen oder ob dieser bereits vor dem Auftreten der Probleme bestand. Auch ein Kontrollgruppendesign fehlt häufig. All dies mindert die Interpretierbarkeit der Ergebnisse in nicht unerheblichem Umfang. Allerdings stellen *Jessor/Jessor* fest, dass die Prädiktoren für den Konsum in Querschnitt- und Längsschnittanalysen dieselben sind[1215]. Dies könnte für eine erweiterte Interpretierbarkeit der Querschnittsdaten sprechen, was angesichts des Mangels an Längsschnittdaten positiv zu bewerten ist.

ee) Bedeutung der Familie für den Cannabiskonsum Jugendlicher

Hinsichtlich des Ausmaßes der Bedeutung der Eltern für den Cannabiskonsum finden sich unterschiedliche Einschätzungen. Viele Studien messen den Eltern eine nur geringe Bedeutung für die Konsumentscheidung der Kinder zu[1216]. In der Untersuchung von *Johnson/Marcos/Bahr* korreliert die Bindung an die Eltern mit dem Cannabiskonsum der Kindern nur mit -.10. Bei *Elkington/Bauermeister/Zimmerman* korrelieren familiäre Risikofaktoren und Substanzgebrauch mit .14[1217]. In der Untersuchung von *Kleiber/Söllner* unterschieden sich die Konsumgrade der Jugendlichen gar nicht im Hinblick auf die familiären Verhältnisse[1218]. Der Grund für diesen mangelnden bzw. geringen Einfluss wird stellenweise in der überbordenden Bedeutung der *peers* in diesem Bereich gesehen[1219]. Die Stellung der *peers* soll mit zunehmendem Alter innerhalb der Jugendzeit immer wichtiger werden, während der Einfluss der Eltern zurückgeht[1220]. Stellenweise wird auch eine grundsätzliche Schwächung informeller Kontrollinstanzen konstatiert, die auf Prozesse der Bindungsschwächung durch moderne Lebensverhältnisse zurückgeführt wird[1221]. So ist der Einfluss der Eltern auch davon abhängig, in welchen sozialen Kontext er eingebettet ist[1222].

[1215] *Jessor/Jessor,* Behavior (Fn. 1195), S. 171; einen Gleichklang aller Querschnittsanalysen hinsichtlich der Relevanz familiärer Faktoren konstatierend: *Ripple/Luthar,* Factors (Fn. 1171), S. 158.

[1216] So: *Maloff u.a.,* Controls (Fn. 1112), S. 171; *Kemmesies,* Rausch (Fn. 532), S. 120; speziell für geringen Einfluss des elterlichen Drogenkonsums: *Kandel,* Influence (Fn. 1193), S. 225; *Johnson/Marcos/Bahr,* Role (Fn. 1140), S. 326, bei denen der Einfluss elterlichen Drogenkonsums bei .00 (ns) liegt; tendenziell einen Einfluss elterlichen Konsums bejahend: *Kandel,* Use (Fn. 1213), S. 1069.

[1217] *Johnson/Marcos/Bahr,* Role (Fn. 1140), S. 332; *Elkington/Bauermeister/Zimmerman,* Parents (Fn. 1177), S. 1044.

[1218] *Kleiber/Söllner,* Cannabiskonsum (Fn. 370), S. 190, 201; so auch: *Griffin/Griffin,* Drug Use (Fn. 1133), S. 5, jedoch nur in Bezug auf harte Drogen; *Ramirez u.a.,* Influences (Fn. 1183), S. 36.

[1219] *Kandel,* Use (Fn. 1213), S. 1069; *Kemmesies,* Rausch (Fn. 532), S. 34, m.w.N.

[1220] *Kleiber/Söllner,* Cannabiskonsum (Fn. 370), S. 180 f.; *Ary u.a.,* Behavior (Fn. 1185), S. 226.

[1221] *Boers/Kurz,* Schule (Fn. 1176), S. 34.

[1222] *Kandel,* Influence (Fn. 1193), S. 229.

Den Gegensatz dazu bilden die Stimmen in der Literatur, die sehr wohl einen bedeutsamen Einfluss der Eltern sehen[1223]. So besteht nach einer Studie von *Reuband* eine 30%-ige Abbruchquote unter den jugendlichen Konsumenten, wenn eine Intervention durch die Eltern erfolgt[1224]. In der Untersuchung von *Gruber/Floyd-Taylor* stieg die Wahrscheinlichkeit des jugendlichen Konsums für den Fall, dass Eltern oder Geschwister konsumieren, um das Zweifache, und *Dishion/Loeber* sehen den Einfluss elterlicher Kontrolle auf den Marihuanakonsum der Kinder bei -.43[1225]. Andere gehen sogar soweit, dass der elterliche Einfluss wichtiger ist als derjenige der *peers*[1226]. Diese Annahme stellt jedoch die Ausnahme dar. Häufig anzutreffen ist die Differenzierung zwischen Konsumenten und Nicht-Konsumenten. Eltern sind danach vor allem für Nicht-Konsumenten handlungsleitend, während Konsumenten sich eher an den *peers* orientieren[1227]. Differenziert werden kann auch nach dem Einflussbereich von Eltern und *peers*. So sind Eltern vornehmlich für die Ausbildung grundlegender Werte und Normen verantwortlich, während die *peers* eher kurzfristige Entscheidungen des Jugendlichen beeinflussen [1228].

Letztlich kann als Konsens festgehalten werden, dass es Jugendliche gibt, die trotz risikoreichen *settings* vom Drogenkonsum absehen. Hier liegt es nahe, den Grund dafür *auch* bei den Eltern und den Handlungskompetenzen zu suchen, die dem Jugendlichen an die Hand gegeben wurden[1229]. Ebenso kann der elterliche Einfluss Jugendliche davon abhalten, sich solchen *settings* überhaupt erst auszusetzen. Die Wahl konformer *peers* kann zu Teilen auf eine entsprechende Erziehung zurückzuführen sein. In diesen Fällen wiegt die Definitionsmacht der Eltern schwerer als die Bindung an die devianten *peers*, und die Eltern können ihre Rolle als protektive Faktoren entfalten[1230]. Dieser Befund steht ganz im Sinne der Theorie differentieller Kontakte, die ein Überwiegen delinquenter Normen fordert, damit der Einzelne sich zur Delinquenz bekennt. Haben jedoch die Eltern zumindest einen so großen Einfluss, dass sie ein „Überwiegen"

[1223]   *Jensen*, Parents (Fn. 1141), S. 567; *Brook/Lukoff/Whiteman*, Initiation (Fn. 1174), S. 139; *Kandel*, Processes (Fn. 1194), S. 158; *Steinberg/Fletcher/Darling*, Monitoring (Fn. 1185), S. 1063; *E.C. Hair u.a.*, The Continued Importance of Quality Parent-Adolescent Relationships During Late Adolescence, in: Journal of Research on Adolescence 18 (2008), S. 187 (187 ff.); *Piko/Kovács*, Parents (Fn. 1162), S. 53; *I. Licanin*, Parents-Adolescent Relationship and Drug Use, in: European Psychiatry 30, Supplement 1 (2015), S. 1216 (1216).

[1224]   *Reuband*, Determinanten (Fn. 753), S. 227.

[1225]   *Gruber/Floyd-Taylor*, Perspective (Fn. 1161), S. 4; so auch: *J. Gfroer*, Correlation Between Drug Use by Teenagers and Drug Use by Older Family Members, in: American Journal of Drug & Alcohol Abuse 13 (1987), S. 95 (95 ff.); *Dishion/Loeber*, Marijuana (Fn. 1182), S. 18.

[1226]   *Hirschi*, Causes (Fn. 53), S. 99; *G.R. Patterson/T.J. Dishion*, Contributions of Family and Peers to Delinquency, in: Criminology 23 (1985), S. 63 (63 ff.).

[1227]   *Kemmesies*, Rausch (Fn. 532), S. 127 ff.; a.A.: *Reuband*, Determinanten (Fn. 753), S. 198, der einen direkten Einfluss der Eltern auf Nicht-Konsumenten verneint, diesen aber mit zunehmender Konsumintensität bejaht.

[1228]   *Kandel*, Processes (Fn. 1194), S. 147; a.A.: *Gruber/Floyd-Taylor*, Perspective (Fn. 1161), S. 1, die einen Einfluss der Familie sowohl auf Konsumbeginn, Konsumfrequenz als auch Art der konsumierten Droge sehen.

[1229]   *Kleiber/Söllner*, Cannabiskonsum (Fn. 370), S. 184; *Guxens u.a.*, Factors (Fn. 1211), S. 258; *Prado u.a.*, Trial (Fn. 1163), S. 915; *K. Winters*, Parents as Interventionists to Address Adolescent Drug Abuse, in: Drug and Alcohol Dependence 156 (2015), S. 240 (240).

[1230]   *Kung/Farrell*, Role (Fn. 1175), S. 510.

des Einflusses der (delinquenten) *peers* verhindern, so kann ihr Einfluss eine protektive Wirkung entfalten[1231]. Der Einfluss der Eltern mag zwar ein indirekter sein und der Effekt sich im unteren bis moderaten Bereich bewegen, eine Negation des Einflusses erscheint hingegen verfehlt.

b) *Peers*

Neben der Familie wird auch den *peers* ein entsprechend hoher Einfluss auf das Verhalten Jugendlicher beigemessen. Die Theorie differentieller Kontakte berücksichtigt die *peers* als wichtigen sozialen Nahraum, in dem entsprechendes Verhalten erlernt wird. Die *peers* stehen in ihrer Bedeutung häufig sogar über den Eltern. Dies liegt vor allem daran, dass den Eltern nur eine vermittelnde Rolle zugewiesen wird. Die Werte, Normen und vor allem die Definitionen der Eltern sollen die *peer*-Auswahl des Jugendlichen beeinflussen, während den *peers* der originäre Einfluss auf den Jugendlichen zufällt.

aa) Struktur

Für Art und Wirkrichtung des Einflusses der *peers* ist vor allem deren Struktur entscheidend. Während die Kontrolltheorie dem *attachment* zu den *peers* stets einen positiven Einfluss beimisst, geht die Theorie differentieller Kontakte davon aus, dass von den *peers* sowohl konformes als auch kriminelles Verhalten erlernt werden kann[1232]. Da die *peers* unterschiedlich ausgestaltet sind und ein Jugendlicher durchaus auch verschiedenen *peer*-Gruppen angehören kann, wirken auf ihn unterschiedliche Einflüsse. In diesem Fall kommt es darauf an, welcher *peer*-Einfluss überwiegt, der konforme oder der kriminelle[1233]. Förderlich für den Einfluss der *peers* auf den Jugendlichen ist, dass die meisten Jugendlichen das Verhältnis zu ihren *peers* als positiv beschreiben[1234]. In diesem Rahmen ist zu berücksichtigen, dass das Konsum-*setting* vornehmlich durch die *peers* ausgestaltet ist[1235]. So werden Werte von bis zu 96% für ein *peer-setting* beim ersten Konsum angegeben[1236]. Der erste, aber auch der fortgesetzte Konsum findet selten allein statt, sondern zumeist mit Freunden[1237]. Hier werden nicht nur der Umgang mit der Droge und dem Rausch erlernt, sondern auch entsprechende Neutralisationstechniken. Es verwundert nicht, dass sich Freunde in dem Punkt des Drogenkonsums so stark ähneln, wie in

---

[1231] *Johnson/Marcos/Bahr*, Role (Fn. 1140), S. 326.
[1232] Für einen stets positiven Einfluss im Rahmen der Kontrolltheorie: *Hirschi*, Causes (Fn. 53), S. 84.
[1233] *Kandel*, Processes (Fn. 1194), S. 152 f.; *Steinberg/Fletcher/Darling*, Monitoring (Fn. 1185), S. 1063; *Oetting/Donnermeyer*, Socialization (Fn. 1173), S. 1010; *Boers/Kurz*, Schule (Fn. 1176), S. 29.
[1234] *Reuband*, Determinanten (Fn. 753), S. 171.
[1235] *Kandel*, Influence (Fn. 1193), S. 207; *Maloff u.a.*, Controls (Fn. 1112), S. 170; *Oetting/Beauvais*, Elements (Fn. 1177), S. 137; *Stosberg*, Sozialisation (Fn. 1182), S. 11, 40; *Hurrelmann*, Trendwende (Fn. 1113), S. 520 f.
[1236] *Kemmesies*, Rausch (Fn. 532), S. 132.
[1237] *Kemmesies*, Rausch (Fn. 532), S. 34.

kaum einem anderen Vergleichspunkt[1238]. Auch die Bindung an *peers* mit ähnlichen Problemlagen kann zu vermehrtem Drogenkonsum im Sinne einer gegenseitigen Verstärkung oder einer gemeinsamen Kompensation führen[1239]. Drogenkonsumierende Freunde als Vorbilder der Jugendlichen stellen einen enormen Risikofaktor dar und beeinflussen den Konsum erheblich (m=.67/w=.66[1240])[1241].

Einen positiven Einfluss haben die *peers* derweil, wenn diese konforme Normen und Werte bestätigen und ihr Freizeitverhalten vornehmlich auf prosoziale Aktivitäten ausgerichtet ist[1242]. Weisen die *peers* eine entsprechend starke Bindung an die Eltern auf, spiegelt sich dies in einem positiven Einfluss auf den Jugendlichen. In Parallele zur Kontrolle durch die Eltern, scheint auch die Kontrolle durch die *peers* Einfluss auf den Cannabiskonsum zu nehmen. Eine hohe Kontrolle durch die Freunde senkt danach die Konsumwahrscheinlichkeit[1243].

Die Struktur der *peers* steht in einem Wechselwirkungsverhältnis zu den Eltern. An dieser Schnittstelle des sozialen Nahbereichs Jugendlicher entscheiden sich weitere Wirkrichtungen der beiden Instanzen. Als konsumfördernd gilt, wenn eine hohe Inkompatibilität zwischen den Eltern und den *peers* vorherrscht[1244]. Die Kompatibilität wirkt nach einer Untersuchung von *Jessor/Chase/Donovan* für weibliche Probanden mit -.19 und für männliche mit -.16 als protektiver Faktor[1245]. Die Kompatibilität vermeidet Verunsicherung bei Jugendlichen und stärkt feste Strukturen, die Sicherheit vermitteln. Beides sind protektive Faktoren gegenüber dem Konsum. Eine kritische Wechselwirkung besteht in dem Sinne, als dass eine schwache Bindung an die Eltern, die auf familiäre Probleme zurückzuführen ist, dazu führen kann, dass Jugendliche sich vermehrt an deviante/cannabiskonsumierende *peers* binden[1246]. Diese weisen häufig ähnliche Problemlagen auf.

[1238]   *Kandel,* Use (Fn. 1213), S. 1067; *Kandel,* Influence (Fn. 1193), S. 230; *Kandel,* Processes (Fn. 1194), S. 139; *Oetting/Beauvais,* Elements (Fn. 1177), S. 137; *Oetting/Donnermeyer,* Socialization (Fn. 1173), S. 1011.

[1239]   *Oetting/Beauvais,* Elements (Fn. 1177), S. 137; *Oetting/Donnermeyer,* Socialization (Fn. 1173), S. 1012.

[1240]   *Jessor/Chase/Donovan,* Correlates (Fn. 1195), S. 607.

[1241]   *A.D. Farrell/S.J. Danish/C. Howard,* Risk Factors for Drug Use in Urban Adolescents, in: American Journal of Community Psychology 20 (1992), S. 263 (279); *Reuband,* Determinanten (Fn. 753), S. 198; *D. Dupre u.a.,* Initiation and Progression of Alcohol, Marijuana, and Cocaine Among Adolescent Abusers, in: American Journal on Addictions 4 (1995), S. 43 (43 f.); *Elkington/Bauermeister/Zimmerman,* Parents (Fn. 1177), S. 1036.

[1242]   *Oetting/Beauvais,* Elements (Fn. 1177), S. 137; *Oetting/Donnermeyer,* Socialization (Fn. 1173), S. 1010; *Brook u.a.,* Risk Factors (Fn. 1162), S. 367; *Elkington/Bauermeister/Zimmerman,* Parents (Fn. 1177), S. 1036.

[1243]   *Jessor/Jessor,* Behavior (Fn. 1195), S. 119; in einer vorhergehenden Studie bei *Jessor/Jessor,* Behavior (Fn. 1195), S. 118 lagen die Werte noch bei w = -.16 und m = -.35*** (*** = $P < 0.001$.).

[1244]   *Jessor/Jessor,* Behavior (Fn. 1195), S. 119.

[1245]   *Jessor/Chase/Donovan,* Correlates (Fn. 1195), S. 607.

[1246]   *Brook/Lukoff/Whiteman,* Initiation (Fn. 1174), S. 134; *Oetting/Donnermeyer,* Socialization (Fn. 1173), S. 1012.

bb) Wirkweise des *peer*-Einflusses

Hinsichtlich des *peer*-Einflusses scheint Einigkeit darüber zu bestehen, dass dieser Einfluss zumeist ein direkter ist. Die Wahl der *peers* kann zwar durch die Eltern vermittelt werden, wurden die *peers* jedoch vom Jugendlichen einmal ausgewählt, so beeinflussen diese dessen Cannabiskonsum auf direktem Weg[1247]. Handelt es sich um deviante *peers*, so adaptieren die Jugendlichen deren deviante Verhaltensmuster und passen sich den *peers* an[1248].

Auch wenn die Beziehung zu den *peers* zumeist positiv ausgestaltet ist, erhöhen eine geringe Akzeptanz von sowie Zurückweisung durch die *peers* die Wahrscheinlichkeit des Drogenkonsums[1249]. Gerade die Zurückweisung durch konventionelle *peers* führt zu einer Bindung an deviante, cannabiskonsumierende *peers*. Der Jugendliche passt sich in diesem Fall den Gegebenheiten seines sozialen Nahbereichs an. Hier erfährt der Jugendliche den Drogenkonsum als normkonformes Verhalten und eine Akzeptanz seines Verhaltens, welches von der konventionellen Gesellschaft als deviant etikettiert wird[1250]. Hierzu tragen auch Neutralisationstechniken bei, die der Jugendliche in den subkulturellen *settings* erlernt[1251]. Es findet mithin eine gegenseitige Verstärkung und Bestätigung zwischen dem Jugendlichen und den *peers* statt[1252].

Ein typischer Wirkmechanismus innerhalb von *peer*-Gruppen ist der *peer*-Druck[1253]. Dabei handelt es sich um einen der wichtigsten Prädiktoren von jugendlichem Drogenkonsum[1254]. Der *peer*-Druck stellt sich in Zusammenhang mit Cannabis als ein Drängen der *peers* auf den Konsum des Jugendlichen dar, dem dieser nur schwer widerstehen kann. Dies gilt vor allem für männliche Jugendliche[1255]. Der *peer*-Druck korreliert mit dem jugendlichen Konsum wie folgt: m=.54/w=-.53[1256]. In der Untersuchung von *Dupre* gaben 16% der befragten Jugendlichen an, aufgrund von *peer*-Druck Drogen konsumiert zu haben[1257]. 19% verwiesen darauf, dass es alle anderen auch gemacht hätten, was durchaus eine gewisse Nähe zum *peer*-Druck darstellt[1258]. Besonders stark ausgeprägt ist der Druck, wenn er in ein *setting* eingebettet ist, in dem der Jugendliche ohnehin häufig Kontakt mit Cannabis hat, sei es durch die Familie, sei es durch

---

[1247] *Jensen*, Parents (Fn. 1141), S. 573; *Reuband*, Determinanten (Fn. 753), S. 202; *Boers u.a.*, Jugendkriminalität (Fn. 1113), S. 63; für einen *peer*-Einfluss vor allem vermittelt über die Definitionsmacht: *Griffin/Griffin*, Drug Use (Fn. 1133), S. 5; anders als alle anderen: *Brook/Lukoff/Whiteman*, Initiation (Fn. 1174), S. 140, die den *peers* nur eine vermittelnde Rolle zuweisen.

[1248] *Reuband*, Determinanten (Fn. 753), S. 172; *Boers/Reinecke*, Analysemodell (Fn. 1110), S. 45; *Boers/Seddig/Reinecke*, Bedingungen (Fn. 1110), S. 270.

[1249] *Hawkins/Arthur/Catalano*, Preventing (Fn. 830), S. 384 f.; *Oetting/Donnermeyer*, Socialization (Fn. 1173), S. 1012.

[1250] *Stosberg*, Sozialisation (Fn. 1182), S. 43.

[1251] *Oetting/Beauvais*, Cluster (Fn. 1164), S. 19.

[1252] *Hirschi*, Causes (Fn. 53), S. 139.

[1253] *Kandel*, Influence (Fn. 1193), S. 229; *Farrell/Danish/Howard*, Factors (Fn. 1241), S. 279; *Dupre u.a.*, Initiation (Fn. 1241), S. 43 f.

[1254] *Johnson/Marcos/Bahr*, Role (Fn. 1140), S. 323; a.A.: *Guxens u.a.*, Factors (Fn. 1211), S. 258, welche die *peer*-Auswahl für wichtiger halten als den *peer*-Druck.

[1255] *Kung/Farrell*, Role (Fn. 1175), S. 517.

[1256] *Jessor/Chase/Donovan*, Correlates (Fn. 1195), S. 607.

[1257] *Dupre u.a.*, Initiation (Fn. 1241), S. 45.

[1258] *Oetting/Beauvais*, Cluster (Fn. 1164), S. 19; *Johnson*, Use (Fn. 1122), S. 430.

Freunde[1259]. Der Wunsch nach Anerkennung durch Gleichaltrige ist hoch und führt dazu, dass sich Jugendliche von Gruppen häufig in eine bestimmte Richtung leiten lassen, ohne dass sie ausreichend Ressourcen haben, dem zu widerstehen. Ein protektiver Faktor gegen solchen *peer*-Druck ist eine positive Erziehung, die dem Jugendlichen dazu verhelfen kann, eine selbstbewusste Persönlichkeit auszubilden (s. dazu unter E.I.3.a) Familie)[1260]. Auf der anderen Seite sind drohende Sanktionen der *peer*-Gruppe bei Drogenkonsum in der Lage, den Jugendlichen davon abzuhalten zu konsumieren[1261]. Dies ist nur bei konformer Struktur der *peers* denkbar.

In der Literatur gibt es immer wieder Stimmen, die davon ausgehen, dass der Jugendliche zunächst deviante Werte und Normen internalisiert und sich aufgrund dieser entsprechenden *peers* anschließt[1262]. Andere gehen zumindest davon aus, dass die Wirkrichtung nicht abschließend geklärt werden kann[1263]. Dies entspricht der Selektionsthese und weniger der Sozialisationsthese, von der vorliegend im Rahmen der Theorie differentieller Kontakte ausgegangen wird. Für eine Falsifizierung der Sozialisationsthese finden sich keine entsprechenden Hinweise. Eine eingehende Betrachtung der Wirkmechanismen jugendlicher Interaktion mit *peers* deutet dahin, dass die Selektionsthese isoliert keinen Bestand haben kann. Es erscheint nicht plausibel, dass der Jugendliche sich aufgrund gefestigter Verhaltens- und Denkweisen *peer*-Gruppen aussucht und diese keinen Einfluss mehr auf den Jugendlichen nehmen. Das Interaktionsmodell nach *Thornberry* kann an dieser Stelle eine sinnvolle Ergänzung bieten, da es beide Thesen zu vereinen versucht[1264]. In jedem Fall ist daran festzuhalten, dass ein direkter Lerneffekt des Jugendlichen im *peer-setting* stattfindet, wenngleich die Wahl der Gruppe unter Umständen durch eine bereits bestehende Prädisposition mitbeeinflusst sein kann.

cc) Methodik

Hier kann im Wesentlichen auf die methodischen Probleme verwiesen werden, die auch im Rahmen der Untersuchung des Einflusses der Familie relevant sind (dazu unter E.I.3.a) Familie). Exemplarisch ist an dieser Stelle nochmals anzumerken, dass nicht hinreichend geklärt ist, in welche Richtung die Interdependenz zwischen Jugendlichem und *peers* verläuft[1265]. Der Grund dafür liegt in mangelnden Längsschnittdaten und grundsätzlichen methodischen Problemen. Die Operationalisierung einer devianten Einstellung Jugendlicher, die zunächst frei von *peer*-Einflüssen besteht, kann kaum erhoben werden. Interaktion mit Gleichaltrigen besteht zumeist seit dem Kindesalter und setzt sich im weiteren Verlauf der Adoleszenz fort. Wird mit *Jessor/Jessor* eine weitestgehende Parallelität zwischen Längsschnitt- und Querschnittsdaten

---

[1259]   *Johnson/Marcos/Bahr*, Role (Fn. 1140), S. 328.
[1260]   *Dupre u.a.*, Initiation (Fn. 1241), S. 44.
[1261]   *Oetting/Beauvais*, Cluster (Fn. 1164), S. 19; a.A.: *Johnson*, Use (Fn. 1122), S. 431.
[1262]   *S. Glueck/E. Glueck*, Unraveling Juvenile Delinquency, Cambridge 1950, S. 164; *Hirschi*, Causes (Fn. 53), S. 159; zumindest die Möglichkeit in Betracht ziehend: *Reuband*, Determinanten (Fn. 753), S. 196.
[1263]   *Kandel*, Influence (Fn. 1193), S. 238.
[1264]   Dazu eingehend: *Thornberry*, Interactional Theory (Fn. 1118), S. 863 ff.
[1265]   *Farrell/Danish/Howard*, Factors (Fn. 1241), S. 282; *Steinberg/Fletcher/Darling*, Monitoring (Fn. 1185), S. 1063.

angenommen, kann von einer weitergehenden Interpretierbarkeit der Querschnittsdaten ausgegangen werden[1266].

Die Instanzen informeller sozialer Kontrolle werden zu häufig separiert voneinander untersucht. Auf diese Weise lassen sich Interdependenzen zwischen den Instanzen (z.b. zwischen Familie und *peers*) nicht hinreichend darstellen[1267]. Es ist davon auszugehen, dass die gegenseitige Beeinflussung der Instanzen einen nicht geringen Beitrag zur Konsumentscheidung des Jugendlichen liefert. Es ist zu empfehlen, kommende Studien auf mehrere Instanzen informeller sozialer Kontrolle auszuweiten und die spezifischen Wechselwirkungen zu untersuchen.

dd) Bedeutung der *peers* für den Cannabiskonsum Jugendlicher

Hinsichtlich der Bedeutung der *peers* sind sich die Studien weitgehend einig. Der Einfluss der *peers* auf die Konsumentscheidung wird fast durchgängig als sehr hoch eingestuft[1268]. Gerade in einem Vergleich mit den Eltern werden die *peers* als die einflussreichere Instanz informeller sozialer Kontrolle beschrieben. Ihr Einfluss überwiegt gegenüber dem elterlichen zumeist deutlich, sodass gesagt werden kann, dass die *peers* der wichtigste Prädiktor für den Konsum Jugendlicher sind[1269]. Der Umgang mit delinquenten Freunden und die delinquenten Definitionen des Jugendlichen korrelieren dabei vergleichsweise stark (.43)[1270]. Danach sind die Freunde des Jugendlichen ein entscheidender Faktor, den es zu berücksichtigen gilt, wenn man herausfinden will, wie Definitionen bei Jugendlichen entstehen[1271]. Der direkte Einfluss delinquenter Freunde auf das delinquente Verhalten des Jugendlichen, welcher vor allem im Rahmen der Kontrolltheorie vertreten wird, ist mit .60 noch deutlich stärker ausgeprägt[1272]. *Jessor/Jessor* fanden eine starke Korrelation zwischen der Zustimmung der Freunde zu problematischem Verhalten und der Delinquenz des Jugendlichen (w = .51*** und m = .59***)[1273]. In derselben Studie wurde zudem ein großer Einfluss der Freunde als Vorbild für problematisches Verhalten (w = .49*** und m = .55***) gefunden. Entscheidend sind vor allem die Anzahl delinquenter Freunde und die Akzeptanz normverletzender Werte[1274]. Hieran knüpft die Erkenntnis an, dass

---

[1266]   *Jessor/Jessor*, Behavior (Fn. 1195), S. 171; so ebenfalls: *Needle u.a.*, Influences (Fn. 1176), S. 740.
[1267]   *Kandel*, Influence (Fn. 1193), S. 211.
[1268]   *Hirschi*, Causes (Fn. 53), S. 98; *Kandel*, Influence (Fn. 1193), S. 212; *Dishion/Loeber*, Marijuana (Fn. 1182), S. 13; *Stosberg*, Sozialisation (Fn. 1182), S. 10; *Hurrelmann*, Trendwende (Fn. 1113), S. 518; *Boers/Seddig/Reinecke*, Bedingungen (Fn. 1110), S. 271; die Ursache des Konsums eher multifaktoriell verortend: *Kemmesies*, Rausch (Fn. 532), S. 140.
[1269]   *Jensen*, Parents (Fn. 1141), S. 564; *Kandel*, Use (Fn. 1213), S. 1067; *Kandel*, Influence (Fn. 1193), S. 227; *Dishion/Loeber*, Marijuana (Fn. 1182), S. 22; *Kandel*, Processes (Fn. 1194), S. 148; *Needle u.a.*, Influences (Fn. 1176), S. 762; *Oetting/Beauvais*, Elements (Fn. 1177), S. 133; *Stosberg*, Sozialisation (Fn. 1182), S. 52; *Kung/Farrell*, Role (Fn. 1175), S. 510, 522; a.A.: *Brook/Lukoff/Whiteman*, Initiation (Fn. 1174), S. 139.
[1270]   *Jensen*, Parents (Fn. 1141), S. 568.
[1271]   So auch: *Reuband*, Determinanten (Fn. 753), S. 187.
[1272]   *Jensen*, Parents (Fn. 1141), S. 568.
[1273]   *Jessor/Jessor*, Behavior (Fn. 1195), S. 118; *** = P < 0.001; *Kandel*, Influence (Fn. 1193), S. 208 sieht sogar einen proportionalen Zusammenhang zwischen der Anzahl cannabiskonsumierender Freunde und dem Konsum des Jugendlichen.
[1274]   *Hirschi*, Causes (Fn. 53), S. 98; *Jensen*, Parents (Fn. 1141), S. 568.

Nicht-Konsumenten im Schnitt kleinere Freundeskreise haben als Konsumenten und mehr Wert auf feste Bindungen legen, während Konsumenten vornehmlich in größeren, locker zusammengesetzten Gruppen agieren[1275]. Von übergeordneter Bedeutung für den Einfluss auf den Cannabiskonsum sind der Konsum der *peers* und die Werethaltungen gegenüber dem Substanzkonsum[1276]. Drogenkonsumierende Freunde weisen bei *Johnson/Marcos/Bahr* einen Einfluss auf jugendlichen Cannabiskonsum von .61 auf und die von Freunden abgeleiteten Definitionen von .51[1277]. Diese hohen Korrelationskoeffizienten zeigen auf, dass die *peers* als Prädiktoren für Cannabiskonsum von ausgesprochener Bedeutung sind. Der *peer*-Einfluss kann manchen Studien zufolge zwischen 48%[1278] und 66%[1279] der Variation des jugendlichen Konsums erklären. Nach *Oetting/Beauvais* erklärt der Einfluss von Variablen, die in Zusammenhang mit dem *peer*-Einfluss stehen, sogar 95% der Varianz jugendlichen Konsums[1280].

Auch die Kontrolle und Überwachung durch die *peers*, die ähnlich ausgestaltet ist, wie die elterliche Überwachung, ist einer der Wirkmechanismen jugendlichen Miteinanders, der es vermag, den Konsum zu beeinflussen. In der Untersuchung von *Jessor/Jessor* wirkte dieser sich für weibliche Probanden mit -.25* und für männliche Probanden mit -.33*** auf den Konsum der Jugendlichen aus[1281].

Eine stärkere Bindung an *peers* wird häufig in einen Zusammenhang gebracht mit einer Schwächung der Bindung an die Eltern[1282]. Dieser Umstand erhöht wiederum das Risiko von deviantem Verhalten und Cannabiskonsum, da diese Faktoren vor allem in *peer*-Gruppen risikosteigernd beeinflusst werden. So sind die *peers* vor allem für Konsumenten handlungsleitend[1283]. Bei Nicht-Konsumenten steht der *peer*-Einfluss durchaus noch im Vordergrund, jedoch ist den Eltern ein größerer Raum zur Einflussnahme zugewiesen. Die *peers* wirken sowohl im Rahmen des aktuellen Konsums wie auch beim Abbruch des Konsums[1284]. Im Rahmen des aktuellen Konsums sind die *peers* vor allem Bezugsquelle von Cannabis, aber auch Ort des Erlernens des Umgangs mit der Droge[1285]. Hinsichtlich des Abbruchs können sie diesen verhindern oder verzögern.

[1275] *Peterson/Wetz,* Drogenerfahrung (Fn. 759), S. 90 f.
[1276] *Kandel,* Use (Fn. 1213), S. 1068 f.; *Kandel,* Influence (Fn. 1193), S. 227; *Jessor/Jessor,* Behavior (Fn. 1195), S. 198; *Oetting/Beauvais,* Elements (Fn. 1177), S. 137; *Stosberg,* Sozialisation (Fn. 1182), S. 41; *Steinberg/Fletcher/Darling,* Monitoring (Fn. 1185), S. 1063.
[1277] *Johnson/Marcos/Bahr,* Role (Fn. 1140), S. 332.
[1278] *Kandel,* Processes (Fn. 1194), S. 151.
[1279] *Griffin/Griffin,* Drug Use (Fn. 1133), S. 6.
[1280] *Oetting/Beauvais,* Cluster (Fn. 1164), S. 19.
[1281] *Jessor/Jessor,* Behavior (Fn. 1195), S. 118; * = P ‹ 0.05, *** = P ‹ 0.001.
[1282] *Oetting/Donnermeyer,* Socialization (Fn. 1173), S. 999; a.A.: *Hirschi,* Causes (Fn. 53), S. 143.
[1283] *Kandel,* Influence (Fn. 1193), S. 232; *Kandel,* Processes (Fn. 1194), S. 139; *Kemmesies,* Rausch (Fn. 532), S. 127.
[1284] *Peterson/Wetz,* Drogenerfahrung (Fn. 759), S. 90; *Oetting/Beauvais,* Elements (Fn. 1177), S. 136.
[1285] *Oetting/Beauvais,* Cluster (Fn. 1164), S. 19.

Die hohe Bedeutung der *peers* im Rahmen der Konsumentscheidung Jugendlicher spiegelt nochmals die Tatsache wider, dass es sich beim Cannabiskonsum um ein jugendtypisches Phänomen handelt, welches im Laufe der Adoleszenz abklingt.[1286]

c) Sonderrolle der Geschwister

Die Geschwister spielen eine Sonderrolle, da sie zwar zur Familie gehören, jedoch strukturell und ihrem Einfluss nach den *peers* zugerechnet werden müssen. Die Untersuchungen zeigen, dass ein signifikanter Zusammenhang zwischen dem Konsum älterer Geschwister und dem Konsum des Jugendlichen besteht[1287]. Dieser Zusammenhang beruht auf mehreren Faktoren. So sind ältere Geschwister neben ihrer Rolle als Vorbild häufig auch Bezugsquelle für Cannabis und dienen als Mitkonsumenten[1288]. Auch der Umgang mit der Substanz wird oft in diesem *setting* erlernt[1289]. Der Konsum von Geschwistern soll das Risiko des Konsums bei Jugendlichen um das Zweifache steigern können[1290]. Der Einfluss von Geschwistern bleibt allerdings hinter dem der *peers* zurück[1291]. Dies mag daran liegen, dass Geschwister in die Familie des Jugendlichen eingebunden sind und die Eltern von dem Konsum nichts erfahren sollen. Alters- und Geschlechtsunterschiede zwischen den Geschwistern können dazu beitragen, dass weniger Zeit miteinander verbracht wird oder der Einfluss geringer ist. Auch bei den Geschwistern ist die Wirkrichtung des Einflusses nicht hinreichend geklärt. Es kann nicht mit letzter Sicherheit festgestellt werden, ob es sich um einen direkten Einfluss handelt oder dieser vermittelt wird über die *peer*-Auswahl[1292].

d) Fazit

Eine Zusammenschau der Ergebnisse zum Einfluss von Familie und *peers* zeigt auf, dass es nicht eine Instanz informeller sozialer Kontrolle allein ist, die die Konsumentscheidung Jugendlicher beeinflusst. Vielmehr ist es ein Zusammenspiel aus beiden Instanzen, die in einem interdependenten Verhältnis zu einander stehen[1293]. Die Schule, eine weitere Instanz informeller sozialer Kontrolle, hat ebenfalls Einfluss auf das Konsumverhalten von Jugendlichen und ist in ihrem Wirkungsgrad mit der Familie und den *peers* verwoben. Die Schule spielt im Rahmen der Theorie differentieller Kontakte nur eine untergeordnete Rolle, sodass hier nicht näher auf diese Instanz eingegangen wird. Insgesamt bestätigen die Befunde die Kontrolltheorie und in besonderem Maße die Theorie differentieller Kontakte[1294]. Der große Einfluss der *peers* und der, wenn auch geringere, Einfluss der Eltern sprechen dafür, dass deviantes Verhalten Jugend-

---

[1286] So auch: *Boers/Walburg*, Klassifikationen (Fn. 631), S. 89.
[1287] *Needle u.a.*, Influences (Fn. 1176), S. 739; *Kleiber/Söllner*, Cannabiskonsum (Fn. 370), S. 179.
[1288] *Gruber/Floyd-Taylor*, Perspective (Fn. 1161), S. 8.
[1289] *Maloff u.a.*, Controls (Fn. 1112), S. 169.
[1290] *Gfroer*, Correlation (Fn. 1225), S. 95 ff.; *Gruber/Floyd-Taylor*, Perspective (Fn. 1161), S. 4.
[1291] *Needle u.a.*, Influences (Fn. 1176), S. 739.
[1292] *Needle u.a.*, Influences (Fn. 1176), S. 763.
[1293] Ebenso: *Ramirez u.a.*, Influences (Fn. 1183), S. 37.
[1294] So auch: *Kandel*, Use (Fn. 1213), S. 1069.

licher stark von Lernprozessen innerhalb des sozialen Nahbereichs abhängt. Gerade der Konsum von Cannabis ist eng mit dem Konsum der *peers* verbunden. Werthaltungen und Handlungskompetenzen, die innerhalb der Familie vermittelt werden, beeinflussen über die Auswahl der *peers* wenigstens indirekt das Konsumverhalten der Jugendlichen.

Des Weiteren kann der Einfluss der Instanzen informeller sozialer Kontrolle nie unabhängig von persönlichkeitspsychologischen Prozessen betrachtet werden[1295]. Der Charakter und die Persönlichkeit des Jugendlichen haben ebenfalls einen Einfluss auf seine Konsumentscheidung. Die Persönlichkeit ist zwar zum Teil Produkt aus den Einflüssen des sozialen Nahbereichs, jedoch beschränkt sie sich nicht darauf.

II. Ubiquität und Spontanbewährung

Im Rahmen alternativer Strategien, die gerade die Bedeutung der informellen sozialen Kontrolle berücksichtigen, ist auch auf die Phänomene der Ubiquität und der Spontanbewährung einzugehen. Beide Phänomene bilden zusammen mit der Intensität (die im vorliegenden Zusammenhang keine Relevanz aufweist) die Trias der Jugendkriminalität[1296].

Ubiquität meint, dass Kriminalität im Jugendalter als „normal" gilt und eine typische Begleiterscheinung des Sozialisationsprozesses ist[1297]. Danach begeht so gut wie jeder Jugendliche im Laufe des Jugendalters ein Delikt oder wenige Delikte von leichter bis mittlerer Schwere[1298]. In der Untersuchungsreihe „Kriminalität in der modernen Stadt" von *Boers/Walburg/Reinecke* berichten bis zu einem Fünftel der Jugendlichen, in den letzten zwölf Monaten ein geringfügiges Delikt begangen zu haben[1299]. Die Lebenszeitprävalenz weist in der Studie sogar Werte von 71% bei Jungen und 53% bei Mädchen auf[1300]. Nicht die Regel ist hingegen, dass diese Delikte ins Hellfeld geraten oder gar formell sanktioniert werden[1301]. Wird die Jugendkriminalität im Hellfeld bekannt, ist damit zu rechnen, dass auf leichte bis mittlere Kriminalität mit Diversionsmöglichkeiten reagiert wird. Werden die Delikte dem Hellfeld bekannt, beschränkt sich dies auf maximal ein bis zwei Delikte[1302]. Gründe für die weite Verbreitung von Kriminalität im Jugendalter sind vor allem die Spannungen, die mit der Übernahme neuer Rollenbilder und der

---

[1295] *Johnson/Marcos/Bahr*, Role (Fn. 1140), S. 326; *Kleiber/Söllner*, Cannabiskonsum (Fn. 370), S. 203.

[1296] *K. Boers*, Kontinuität und Abbruch persistenter Delinquenzverläufe, in: DVJJ (Hrsg.), Fördern – Fordern – Fallenlassen, 2008, S. 340 (340).

[1297] *P.-A. Albrecht*, Jugendstrafrecht, 3. Aufl. 2000, S. 18; *K. Boers/C. Walburg/J. Reinecke*, Jugendkriminalität, in: MSchKrim 89 (2006), S. 63 (68); *Boers/Walburg*, Klassifikationen (Fn. 631), S. 83; *K. Laubenthal/H. Baier/N. Nestler*, Jugendstrafrecht, 3. Aufl. 2015, Rn. 13; *Schwind*, Kriminologie (Fn. 77), § 3 Rn. 28.

[1298] *Boers*, Kontinuität (Fn. 1296), S. 344; *Boers u.a.*, Jugendkriminalität (Fn. 1113), S. 58; *B.-D. Meier/D. Rössner/H. Schöch*, Jugendstrafrecht, 3. Aufl. 2013, § 3 Rn. 4 f.

[1299] *Boers/Walburg/Reinecke*, Jugendkriminalität (Fn. 1297), S. 69; *Boers/Walburg*, Klassifikationen (Fn. 631), S. 83; näher zur Panelstudie „Kriminalität in der modernen Stadt" auch bei: *Boers/Reinecke*, Analysemodell (Fn. 1110), S. 41 ff.

[1300] *Boers*, Kontinuität (Fn. 1296), S. 343.

[1301] *G. Kaiser*, Jugendkriminalität, 3. Aufl. 1982, S. 36; *Albrecht*, Jugendstrafrecht (Fn. 1297), S. 14.

[1302] *Albrecht*, Jugendstrafrecht (Fn. 1297), S. 14.

eigenen Identitätsfindung einhergehen[1303]. Delinquenz dient oft der Abgrenzung gegenüber der Welt der Erwachsenen.

Die Spontanbewährung beschreibt den glockenförmigen Verlauf der Jugendkriminalität. Nach einem starken Anstieg im frühen bis mittleren Jugendalter (ca. 14/15 Jahre im Dunkelfeld) folgt wenig später bereits ein starker Rückgang der Kriminalität (ca. mit 15/16 Jahren im Dunkelfeld)[1304]. Im Hellfeld zeigt sich die Spontanbewährung später als im Dunkelfeld. Dieser Vorgang verläuft ohne Intervention von Institutionen formeller sozialer Kontrolle[1305]. Es handelt sich vielmehr um den Ausdruck einer erfolgreich verlaufenden Normsozialisation, die von Maßnahmen der informellen sozialen Kontrolle begleitet werden kann[1306]. Am Ende der Normsozialisation steht die Bildung eines Rechtsbewusstseins, welches den Jugendlichen von der Begehung weiterer Taten abzuhalten vermag. Ein weiterer Grund kann in der zunehmenden Eingliederung in die Gesellschaft liegen, die stabilere Lebensbedingungen schafft[1307]. Die Spontanbewährung ist ein Zeichen für die Episodenhaftigkeit jugendlicher Kriminalität und für das entwicklungstypische Hinausreifen aus dieser[1308].

Die Untersuchungen zu den Erkenntnissen der Ubiquität und der Spontanbewährung umfassen zumeist Gewalt- und Eigentumskriminalität, Erschleichen von Leistungen und in gewissem Umfang Internetkriminalität. Jedoch wird die Drogenkriminalität, vor allem konsumorientierte Delikte, bei den Untersuchungen zumeist nicht berücksichtigt. Fraglich erscheint also, inwieweit die Ergebnisse zur Ubiquität und Spontanbewährung auch auf den Konsum von Drogen und damit verbundene Verstöße gegen das Betäubungsmittelgesetz übertragbar sind.

Ein Blick auf die Statistiken zur Altersverteilung der Cannabiskonsumenten zeigt, dass es sich beim Cannabiskonsum in jedem Fall um ein jugendtypisches Phänomen handelt. Der Großteil der Konsumenten ist zwischen 18 und 20 Jahre alt. In diesem Alter beträgt die Zwölfmonats-Prävalenz zwischen 16% und 20%, während die Lebenszeitprävalenz bei knapp 30% liegt[1309]. Im Alter zwischen zwölf und 17 Jahren spielt der Cannabiskonsum dagegen noch eine deutlich geringere Rolle[1310]. Hier liegt die Zwölfmonats-Prävalenz bei ca. 7%[1311]. Ein Rückgang des

---

[1303]   *Meier/Rössner/Schöch*, Jugendstrafrecht (Fn. 1298), § 3 Rn. 4.
[1304]   *Boers/Walburg/Reinecke*, Jugendkriminalität (Fn. 1297), S. 72; *Boers/Walburg*, Klassifikationen (Fn. 631), S. 84.
[1305]   *Boers*, Kontinuität (Fn. 1296), S. 344; *Boers/Seddig/Reinecke*, Bedingungen (Fn. 1110), S. 285; *Boers u.a.*, Jugendkriminalität (Fn. 1113), S. 60; *Schwind*, Kriminologie (Fn. 77), § 3 Rn. 27a.
[1306]   *Boers/Walburg*, Klassifikationen (Fn. 631), S. 83; *Boers*, Kontinuität (Fn. 1296), S. 340; *Boers u.a.*, Jugendkriminalität (Fn. 1113), S. 60; *M. Walter/F. Neubacher*, Jugendkriminalität, 4. Aufl. 2011, Rn. 553.
[1307]   *Meier/Rössner/Schöch*, Jugendstrafrecht (Fn. 1298), § 3 Rn. 6.
[1308]   *Boers/Walburg/Reinecke*, Jugendkriminalität (Fn. 1297), S. 68; *Boers/Walburg*, Klassifikationen (Fn. 631), S. 83; *Laubenthal/Baier/Nestler*, Jugendstrafrecht (Fn. 1297), Rn. 16; *H. Ostendorf*, Jugendstrafrecht, 8. Aufl. 2015, Rn. 13; *Schwind*, Kriminologie (Fn. 77), § 3 Rn. 28.
[1309]   *Piontek u.a.*, Kurzbericht (Tabellenband: Konsum) (Fn. 642), S. 4; *A. Pabst u.a.*, Substanzkonsum und substanzbezogene Störungen in Deutschland im Jahr 2012, in: Sucht 59 (2013), S. 321 (326).
[1310]   A.A.: *Boers u.a.*, Jugendkriminalität (Fn. 1113), S. 61, die bereits ab dem 16. Lebensjahr einen Rückgang des Drogenkonsums verzeichnen.
[1311]   Bundeszentrale für gesundheitliche Aufklärung (Hrsg.), Die Drogenaffinität Jugendlicher in der Bundesrepublik Deutschland 2015, 2016, S. 60.

aktuellen Konsums ist bereits zwischen dem 21. und 24. Lebensjahr zu verzeichnen, wobei dieser zunächst leicht auf Werte zwischen 13,7% und 18,9% zurückgeht[1312]. Zwischen 25 und 29 Jahren bricht der Konsum dann stark ein und sinkt weiter auf 9,8% bis 11,1%. Gleichzeitig erreicht die Lebenszeitprävalenz in dieser Altersgruppe mit 42,3% den höchsten Wert. In der Altersgruppe zwischen 30 und 39 Jahren liegt die Zwölfmonats-Prävalenz sogar nur noch zwischen 5,7% und 6,2%. Vergleicht man die Zahlen in der Altersverteilung 18 bis 24 Jahre (20,6%) und 25 bis 39 Jahre (8,3%), so wird der Rückgang besonders deutlich[1313]. Eine ähnliche Altersverteilung ergibt sich auch für die 30-Tage-Prävalenzen[1314].

Diese Daten zeigen, dass es sich auch beim Cannabiskonsum um ein ubiquitäres Phänomen handelt. Hier konsumieren in der Spitzengruppe knapp ein Fünftel der Jugendlichen Cannabis. Es ergibt sich eine glockenförmige Kurve in der Altersverteilung, wie sie für die Spontanbewährung kennzeichnend ist[1315]. Da es sich bei Konsumentendelikten primär um Dunkelfeldkriminalität handelt und diese nur selten ins Hellfeld gelangen, ist nicht davon auszugehen, dass die Abnahme des Konsums mit Interventionen der formellen Instanzen sozialer Kontrolle einhergeht, sondern es sich um einen Prozess des Hinausreifens handelt. Der Prozess der Spontanbewährung verläuft weniger abrupt als in den Untersuchungen zur Gewalt- und Eigentumskriminalität und findet deutlich später statt[1316]. Während Gewalt- und Eigentumskriminalität bereits zwischen dem 15. und 16. Lebensjahr deutlich zurückgehen, findet dieser Prozess bei Drogenkonsum erst im Bereich zwischen dem 25. und 29. Lebensjahr statt, um dann auch nach dem 30. Lebensjahr noch weiter zu fallen. Drogenkonsum ist mithin ein Phänomen, welches sich später als andere Formen der Jugendkriminalität entwickelt. Dennoch kann festgestellt werden, dass es sich auch bei dem Konsum von Cannabis um ein jugendtypisches Verhalten handelt. Die Ubiquität als Phänomen jugendlicher Kriminalität ist nach den Daten auf den Drogenkonsum übertragbar. Eingeschränkt gilt dies auch für die Spontanbewährung, die zwar ebenfalls ohne formelle Intervention stattzufinden scheint, jedoch nicht ganz so deutlich zu Tage tritt wie bei den Untersuchungen zur sonstigen Jugendkriminalität. Diesen Befund stützen Umfragen zu den Gründen für die Beendigung des Drogenkonsums. Kontakte zum Justizsystem oder zur Polizei bilden weit überwiegend keine Gründe für den Konsumabbruch (s. dazu bereits unter D.I.2. Datenlage). Eine Episodenhaftigkeit des Cannabiskonsums ist somit zu bejahen[1317]. Deutlich wird, dass es auch beim Drogenkonsum Jugendlicher keiner formellen Intervention bedarf, damit der Konsum im Laufe der Zeit eingestellt wird. Das Eingreifen der

---

[1312] *Piontek u.a.,* Kurzbericht (Tabellenband: Konsum) (Fn. 642), S. 4; *Pabst u.a., Substanzkonsum* (Fn. 1309), S. 326.

[1313] *D. Piontek u.a.,* Kurzbericht Epidemiologischer Suchtsurvey 2015. Tabellenband: Trends, 2016, S. 5

[1314] *Piontek u.a.,* Kurzbericht (Tabellenband: Konsum) (Fn. 642), S. 4.

[1315] Ähnlich: *S. Pudney,* The Road to Ruin?, London 2002, S. 19.

[1316] *Boers/Walburg,* Klassifikationen (Fn. 631), S. 90, die in ihrer Untersuchung in der 10. Klasse einen Rückgang der Kriminalität verzeichnen, jedoch einen weiteren Anstieg des Alkohol- und Drogenkonsums konstatieren; ebenso bei: *A. Pöge,* Soziale Jugendmilieus und Delinquenz, in: Boers/Reinecke, Delinquenz (Fn. 631), S. 201 (214).

[1317] So auch: *Kleiber/Söllner,* Cannabiskonsum (Fn. 370), S. 168 f.; *Boers/Walburg,* Klassifikationen (Fn. 631), S. 89.

Polizei und der Justizorgane behindert einen Prozess, der sich ohnehin vollzieht[1318]. Reifungsprozesse im jungen Erwachsenenalter und informelle soziale Kontrolle scheinen ausreichende Mittel zu sein, um den Drogenkonsum mit zunehmendem Alter zu kontrollieren und zu reduzieren. Eine weitere Erklärung zur Reduktion des Konsums im Erwachsenenalter kann die Kontrolltheorie bieten (B.III.1.a)bb) Kontrolltheorie nach *Hirschi*). Danach sind es Ressourcen wie eine eigene Familie, ein Beruf und zunehmende finanzielle Unabhängigkeit, die als protektive Faktoren gegenüber deviantem Verhalten wirken. Diese Ressourcen entwickeln sich erst im Erwachsenenalter, sodass hier eine Erklärung dafür liegen könnte, warum die Spontanbewährung im Bereich des Cannabiskonsums in diese Lebensphase fällt. Letztlich weisen die Erkenntnisse zur Ubiquität und Spontanbewährung in eine ähnliche Richtung wie die Ergebnisse zur *Labeling Theory*. Zwar soll nach der *Labeling Theory* vornehmlich komplett auf Sanktionierung verzichtet werden, die informelle Kontrolle wird der formellen Kontrolle jedoch vorgezogen. Das effektivere Mittel zur Reaktion auf jugendliche Devianz sehen beide Ansätze im informellen Bereich sozialer Kontrolle. Die Anwendung des Strafrechts wird aufgrund ihrer negativen Begleiterscheinungen konsequent abgelehnt. Kommt es dennoch zu einem strafrechtlichen Verfahren, sind die Diversionsmöglichkeiten anzuwenden[1319].

III. Alternative Strategien im Umgang mit Cannabis

Die bisherigen Erkenntnisse zeigen, dass der aktuelle staatliche Umgang mit Cannabis sowohl ineffizient als auch teilweise verfassungswidrig ist. Das Strafrecht wird seinem Anspruch, den Drogenkonsum zu regulieren, nicht gerecht. Gleichzeitig gehen von einer Kriminalisierung der Konsumenten nachhaltig negative Auswirkungen aus, denen keine zu erwartenden positiven Aspekte gegenüberstehen. Ebenso wurde deutlich, dass es gerade Instanzen informeller sozialer Kontrolle sind, die es vermögen, auf die Konsumentscheidung Jugendlicher von Einfluss zu sein. All diese Erkenntnisse müssen nun zusammengeführt werden, um aus ihnen einen konstruktiven Vorschlag für eine alternative Strategie im Umgang mit Cannabis abzuleiten.

Alternative Strategien im Umgang mit Cannabis lassen sich zumeist in eine der nachfolgend dargestellten Kategorien einteilen, von denen jede verschiedene Vor- und Nachteile mit sich bringt. Die Analyse der verschiedenen Modelle soll es ermöglichen, eine Empfehlung zum zukünftigen Umgang mit Cannabis abzugeben. Ein Überblick über aktuelle Liberalisierungstendenzen und -bestrebungen dient der Verortung des momentanen Entwicklungsstandes auf dem Gebiet.

Auf eventuelle Konflikte der beschriebenen Modelle und der Empfehlungen mit bestehenden internationalen Übereinkommen bezüglich Drogen und psychotropen Stoffen wird an dieser Stelle nicht näher eingegangen. Im Zweifel würde hier die Möglichkeit bestehen, auf eine Änderung der Übereinkommen hinsichtlich der Droge Cannabis hinzuwirken. Weitergehend be-

---

[1318] So auch: *F. Streng,* Jugendstrafrecht, 4. Aufl. 2016, Rn. 9.
[1319] *Boers,* Kontinuität (Fn. 1296), S. 344.

steht die Möglichkeit, die entsprechenden Übereinkommen aufzukündigen und unter veränderten Bedingungen wieder beizutreten. Jedenfalls stellen die Übereinkommen kein unüberwindliches Hindernis dar, welches einer Änderung der Drogenpolitik dauerhaft im Weg stünde. Dies gilt gerade unter Berücksichtigung der Tatsache, dass die Übereinkommen nicht weiter gehen dürfen, als dies von Verfassung wegen zulässig ist (zur Verfassungswidrigkeit der Sanktionierung der Konsumentendelikte nach dem BtMG s. C.IV. Mögliche Verfassungsverstöße des Betäubungsmittelgesetzes unter Berücksichtigung des Cannabis-Urteils des Bundesverfassungsgerichts von 1994)[1320].

1. Entpönalisierung

Unter der Entpönalisierung ist eine vermehrte Anwendung der Diversionsmöglichkeiten der §§ 153 ff. StPO und §§ 29 Abs. 5, 31a BtMG zu verstehen (detailliert zu den Einstellungsmöglichkeiten nach dem BtMG unter C.II.2. Möglichkeiten des Strafentfalls)[1321]. Alle Verhaltensweisen im Umgang mit Cannabis bleiben danach strafbar, doch es wird vermehrt von der Möglichkeit Gebrauch gemacht, von Strafe abzusehen. Das Modell der Entpönalisierung ist in Deutschland bereits implementiert und zielt auf eine Straffreistellung von Probierern und Gelegenheitskonsumenten. Dies verdeutlichen vor allem die betäubungsmittelspezifischen Einstellungsmöglichkeiten, auch in Verbindung mit dem Cannabis-Urteil des Bundesverfassungsgerichts. Eine Entpönalisierung stellt den kleinsten Schritt in Richtung einer Liberalisierung des Strafrechts dar, den Deutschland bereits teilweise gegangen ist[1322]. Die bestehenden Einstellungsmöglichkeiten können allerdings extensiver angewendet werden, als dies bislang der Fall ist. Bei der Forderung nach einer Entpönalisierung handelt es sich mithin um die Forderung nach einer Ausweitung der Anwendung des Opportunitätsprinzips[1323]. Zum einen ist an eine Heraufsetzung dessen, was unter einer geringen Menge zu verstehen ist, zu denken[1324]. Dies wäre auch ohne Gesetzesänderung jederzeit möglich[1325]. Des Weiteren können die Einstellungsmöglichkeiten auch auf Delikte ausgeweitet werden, die eine Abgabe oder einen Handel mit Cannabis betreffen. Dies bedürfte im Rahmen von §§ 29 Abs. 5, 31a BtMG einer Gesetzesänderung. Die Folge wäre, dass es zu weniger Verurteilungen und einer Reduzierung von Stigmatisierung und *labeling*-Effekten kommen würde (zu den *labeling*-Effekten unter D.VI.1. Die

---

[1320] Näher zu den internationalen Übereinkommen: BT-Drs. 18/4204, S. 44; BVerfGE 90, 145 (186); *Büttner*, Bewertung (Fn. 501), S. 90 ff., 179 ff. m.w.N.; *H.-J. Albrecht*, Internationales Betäubungsmittelrecht und internationale Betäubungsmittelkontrolle, in: Kreuzer, Handbuch (Fn. 252), S. 651 (651 ff.); *Hill*, Früchte (Fn. 755), S. 39 ff., 116 ff.; *Krumdiek*, Grundlage (Fn. 291), S. 152 ff., 401.
[1321] *Schneider*, Risiko (Fn. 682), S. 109; *Büttner*, Bewertung (Fn. 501), S. 44; *C. Gebhardt*, Drogenpolitik, in: Kreuzer, Handbuch (Fn. 252), § 9 Rn. 96; *Hill*, Früchte (Fn. 755), S. 107; *Weber*, Betäubungsmittelgesetz (Fn. 294), Einl. Rn. 168.
[1322] So auch: *A. Paul*, Überlegungen zum Cannabisverbot, in: MSchKrim 88 (2005), S. 273 (282).
[1323] *Büttner*, Bewertung (Fn. 501), S. 44.
[1324] *S. Quensel*, Cannabispolitik, in: Scheerer/Vogt, Drogen (Fn. 684), S. 396 (399).
[1325] *Hill*, Früchte (Fn. 755), S. 108.

Labeling Theory)[1326]. Gänzlich aufgehoben werden diese Effekte im Rahmen einer Entpönalisierung nicht, da auch die Strafverfolgung durch die Polizei solche Effekte nach sich zieht. Aufgrund des Legalitätsprinzips bliebe die Polizei zur Verfolgung weiter verpflichtet.

Der Nachteil einer Entpönalisierung liegt gerade in der Aufrechterhaltung der Prohibition und aller nachteiligen Wirkungen, die von dieser ausgehen. Die Aufrechterhaltung des Schwarzmarktes, fehlender effektiver Jugendschutz, fehlende Kontrolle über die Qualität und Erschwernisse für Präventions- und Hilfsmaßnahmen sind nur einige dieser negativen Auswirkungen[1327]. Gleichzeitig besteht in diesem Rahmen stets ein gewisses Maß an Rechtsunsicherheit, da der Einzelne nicht mit Sicherheit voraussehen kann, ob und wie sein Verhalten geahndet wird. Dies ist dem Umstand geschuldet, dass es sich lediglich um eine prozessuale Möglichkeit zum Absehen von Strafe handelt und nicht um eine materielle (C.II.3. Kritische Würdigung der Möglichkeiten des Strafentfalls).

2. Entkriminalisierung

Bei einer Entkriminalisierung bleibt der Umgang mit Cannabis grundsätzlich strafbar, jedoch werden einzelne Handlungsweisen von der Sanktionierung nach dem Strafrecht ausgenommen bzw. die Strafbarkeit wird eingeschränkt[1328]. Definitorisches Merkmal der Entkriminalisierung ist, dass diese sich stets auf Menschen und deren Handlungsweisen bezieht[1329]. Lediglich diese können entkriminalisiert werden, nicht aber die Droge selbst. Denn nur menschliches Handeln kann mit einer Kriminalstrafe belegt sein und somit auch davon befreit werden.

Die Entkriminalisierung lässt eine weitergehende Unterteilung in eine ersatzlose, eine Teil- und eine *de facto*-Entkriminalisierung zu[1330]. Um eine ersatzlose Entkriminalisierung handelt es sich, wenn die Handlungsweise weder mit Kriminalstrafe noch mit einer anderweitigen Sanktionierung belegt ist. Bei der Teilentkriminalisierung hingegen besteht die Möglichkeit, die Verhaltensweisen auch weiterhin zu sanktionieren, z.B. nach dem OWiG[1331]. Lediglich eine Verfolgung nach dem Strafrecht ist ausgeschlossen. Daneben kann die Bezeichnung Teilentkriminalisierung auch dazu genutzt werden, um zu verdeutlichen, dass nur ein Teilaspekt der

[1326] *Hill*, Früchte (Fn. 755), S. 108.
[1327] *Büttner*, Bewertung (Fn. 501), S. 136; *Hill*, Früchte (Fn. 755), S. 108.
[1328] *Quensel*, Cannabispolitik (Fn. 1324), S. 400; *Schneider*, Risiko (Fn. 682), S. 109; *Büttner*, Bewertung (Fn. 501), S. 41; *Gebhardt*, Drogenpolitik (Fn. 1321), § 9 Rn. 97; *Hill*, Früchte (Fn. 755), S. 109; *MacCoun/Reuter*, Drug (Fn. 93), S. 74; *Weber*, Betäubungsmittelgesetz (Fn. 294), Einl. Rn. 164.
[1329] *Schneider*, Risiko (Fn. 682), S. 110; *Büttner*, Bewertung (Fn. 501), S. 42; *H. Schmidt-Semisch*, Alternative Drogenkontrollmodelle, in: L. Böllinger/H. Stöver (Hrsg.), Drogenpraxis, Drogenrecht, Drogenpolitik, 5. Aufl. 2002, S. 439 (440.).
[1330] *Quensel*, Cannabispolitik (Fn. 1324), S. 399; *Schneider*, Risiko (Fn. 682), S. 109; *Büttner*, Bewertung (Fn. 501), S. 42; *Schmidt-Semisch*, Drogenkontrollmodelle (Fn. 1329), S. 440.
[1331] *Quensel*, Cannabispolitik (Fn. 1324), S. 399; *H.-J. Albrecht*, Voraussetzungen und Konsequenzen einer Entkriminalisierung im Drogenbereich, in: W. de Boor/W. Frisch/I. Rode (Hrsg.), Entkriminalisierung im Drogenbereich, 1991, S. 1 (36); *A. Kreuzer*, Mittelweg zwischen kriminalisierendem Drogenkrieg und Abschaffung der strafrechtlichen Drogenprohibition, in: Neumeyer/Schaich-Walch, Legalisierung (Fn. 1117), S. 179 ff.; *Büttner*, Bewertung (Fn. 501), S. 43; *Hill*, Früchte (Fn. 755), S. 109; *Schmidt-Semisch*, Drogenkontrollmodelle (Fn. 1329), S. 440.

Umgangsweise mit Cannabis entkriminalisiert wird. Hier kommen die Konsumentendelikte in Betracht oder Handlungsweisen ohne Fremdgefährdung[1332]. Eine Reduktion der Strafbarkeit auf Handlungsweisen mit einer Fremdgefährdung kann durch die Einfügung einer Fremdgefährdungs- oder Sozialwidrigkeitsklausel parallel zu § 240 Abs. 2 StGB oder als objektive Bedingung der Strafbarkeit wie bei §§ 283 Abs. 6 und 326 Abs. 5 StGB verwirklicht werden[1333]. Insoweit wird der Begriff nicht einheitlich gehandhabt. Im Falle der Herabsetzung der Strafen für bestimmte Handlungsweisen ist darauf zu achten, dass es nicht zu *net-widening*-Effekten kommt[1334]. Im Rahmen der *de facto*-Entkriminalisierung bleibt ein Verhalten weiterhin strafbar, wird jedoch tatsächlich nicht mehr geahndet[1335]. Dieses Modell findet sich zurzeit in den Niederlanden (D.IV. Das Beispiel Niederlande). Die *de facto*-Entkriminalisierung wird häufig als Vorstufe zu einer Entkriminalisierung oder Legalisierung gesehen[1336].

Vorteil der Entkriminalisierung ist eine weitergehende Reduktion der Stigmatisierung und des *labelings* als es bei der bloßen Entpönalisierung der Fall ist[1337]. Auch werden die Kosten für die Strafverfolgung und -vollstreckung gesenkt, indem gegen Konsumenten nicht mehr vorgegangen wird. Teilweise würden die Einsparungen durch erhöhte Ausgaben in den Sozialsystemen wieder aufgehoben, jedoch voraussichtlich nicht gänzlich[1338].

Der Gedanke der Entkriminalisierung ist nicht stringent, da zumeist nur eine Entkriminalisierung der Konsumentendelikte erfolgen soll, jedoch der Handel weiterhin strafbewehrt bleibt[1339]. Dadurch wird der Schwarzmarkt nicht bekämpft, und es herrscht keine staatliche Kontrolle über den Handel oder die Droge selbst[1340]. Der Jugendschutz wird in diesem Modell nicht hinreichend gewährleistet. Insgesamt weist die Entkriminalisierung zu wenige Vorzüge gegenüber der aktuellen Regelung auf, um als dauerhafte Lösung zu gelten[1341]. Die *de facto*-Entkriminalisierung gerät in Deutschland zusätzlich in einen Konflikt mit dem Legalitätsprinzip[1342].

[1332] *V. Allmers*, Entkriminalisierung der Betäubungsmittelkonsumenten, in: ZRP 1991, S. 41 (41 ff.); *H. Schneider*, Zur Entkriminalisierung der Konsumverhaltensweisen des BtM-Strafrechts im Lichte internationalrechtlicher Verpflichtungen, in: StV 1992, S. 489 (489 ff.); einer Entkriminalisierung der Konsumentendelikte bedarf es schon von Verfassung wegen, dazu eingehend: C.IV. Mögliche Verfassungsverstöße des Betäubungsmittelgesetzes unter Berücksichtigung des Cannabis-Urteils des Bundesverfassungsgerichts von 1994.

[1333] *Büttner*, Bewertung (Fn. 501), S. 43.

[1334] *Quensel*, Cannabispolitik (Fn. 1324), S. 399.

[1335] *Quensel*, Cannabispolitik (Fn. 1324), S. 399; *Schmidt-Semisch*, Drogenkontrollmodelle (Fn. 1329), S. 440.

[1336] *Quensel*, Cannabispolitik (Fn. 1324), S. 400.

[1337] *Quensel*, Cannabispolitik (Fn. 1324), S. 399.

[1338] *Albrecht*, Kriminologie (Fn. 38), S. 356 f.

[1339] *H.H. Körner*, Verheißt die Abschaffung des Betäubungsmittelgesetzes und der traditionellen Drogenhilfe eine Lösung des Drogenproblems?, in: Betrifft Justiz Nr. 27, S. 127 (128); *Hill*, Früchte (Fn. 755), S. 110; zu Unrecht extrem kritisch gegenüber einer Entkriminalisierung sowie Legalisierung: *Kaiser*, Kriminologie (Fn. 12), § 36 Rn. 29, § 55 Rn. 41; *Thomasius*, Cannabiskonsum (Fn. 376), S. 123 ff.

[1340] *Kaiser*, Kriminologie (Fn. 12), § 36 Rn. 29; *Krumdiek*, Grundlage (Fn. 291), S. 371.

[1341] *Quensel*, Cannabispolitik (Fn. 1324), S. 399.

[1342] *L. Böllinger*, Verfassungsrechtliche und kriminalpolitische Aspekte eines Ausstiegs aus repressiver Drogenpolitik, in: Neumeyer/Schaich-Walch, Legalisierung (Fn. 1117), S. 147 (163); *Schmidt-Semisch*, Drogenkontrollmodelle (Fn. 1329), S. 442.

Gleichzeitig ist es Aufgabe der Legislative, Rechtsänderungen in bedeutendem Umfang vorzunehmen. Dies sollte nicht durch die Justiz geschehen[1343]. Die Entkriminalisierung kann daher als sinnvoller erster Schritt zur Ablösung der aktuellen Regelung gesehen werden, allerdings nur in Form einer Interimslösung. Um die wichtigsten Probleme im Zusammenhang mit weichen Drogen bzw. Cannabis anzugehen, bedarf es einer Lösung, die weiter geht als eine Entkriminalisierung bestimmter Verhaltensweisen.

3. Legalisierung

Unter einer Legalisierung wird die vollständige Herausnahme einer Droge aus dem Strafrecht und damit dem Betäubungsmittelgesetz verstanden[1344]. Alle Umgangsformen mit der Droge sind demnach legal. Der Handel wird dem freien Spiel der Kräfte auf dem Markt überlassen[1345]. Anders als die Entkriminalisierung bezieht sich die Legalisierung auf Substanzen und nicht auf menschliche Handlungsweisen[1346]. Einer Legalisierung ist nur die Droge an sich zugänglich.

Nicht ausgeschlossen sind im Rahmen der Legalisierung Regulierungen nach dem Jugendschutzgesetz, dem Straßenverkehrsrecht oder in Anlehnung an das Arzneimittel- oder Genussmittelrecht[1347]. Insoweit kann das „freie Spiel der Kräfte" doch Einschränkungen erfahren.

a) Volllegalisierung

Im Rahmen einer Volllegalisierung würde Cannabis mit Tabak und Alkohol auf eine Stufe gestellt und ab einer bestimmten Altersgrenze frei verkauft[1348]. Auch der private Anbau und die Weitergabe der Droge an andere wären legal. Der Nachteil einer solchen Volllegalisierung ist vor allem in der Aufrechterhaltung des Schwarzmarktes zu sehen. Durch die Legalisierung des Handels ist keine effektive Kontrolle des Distributionsprozesses und der Qualität der Drogen gesichert[1349]. Der Jugendschutz würde nicht hinreichend gewährleistet, da dieser auf einem

---

[1343]   *Körner,* Abschaffung (Fn. 1339), S. 128; *Kniesel,* Entscheidung (Fn. 539), S. 358.

[1344]   *Schneider,* Risiko (Fn. 682), S. 110; *Büttner,* Bewertung (Fn. 501), S. 41; *Gebhardt,* Drogenpolitik (Fn. 1321), § 9 Rn. 98; *Hill,* Früchte (Fn. 755), S. 107.

[1345]   *Weber,* Betäubungsmittelgesetz (Fn. 294), Einl. Rn. 125.

[1346]   *Schneider,* Risiko (Fn. 682), S. 110; *Büttner,* Bewertung (Fn. 501), S. 42; *Hill,* Früchte (Fn. 755), S. 111; *Schmidt-Semisch,* Drogenkontrollmodelle (Fn. 1329), S. 440.

[1347]   *Büttner,* Bewertung (Fn. 501), S. 41, m.w.N. Früher wurde häufig eine Unterwerfung von Cannabis unter § 1 des Lebensmittel- und Bedarfsgegenständegesetzes (LMBG) vorgeschlagen. Durch die Novellierung und den Transfer der Regelungen in das Lebensmittel- und Futtermittelgesetzbuch (LFGB) ist diese Möglichkeit nicht mehr gegeben. § 2 LFGB bestimmt unter Verweis auf Art. 2 der Verordnung (EG) Nr. 178/2002, dass nicht zu den Lebensmitteln gehören: „Betäubungsmittel und psychotrope Stoffe im Sinne des Einheitsübereinkommens der Vereinten Nationen über Suchtstoffe, 1961, und des Übereinkommens der Vereinten Nationen über psychotrope Stoffe, 1971 [Art. 2 lit. g]". Damit scheidet eine Subsumierung von Cannabis unter das LFGB heute aus.

[1348]   *C. Bauer/H. Bossong,* Zwischen Markt und Mafia. Modelle einer effektiven Drogenkontrolle, in: Neumeyer/Schaich-Walch, Legalisierung (Fn. 1117), S. 79 (81); *H. Schmidt-Semisch/F. Nolte,* Drogen, 2000, S. 78 f.; *MacCoun/Reuter,* Drug (Fn. 93), S. 74; *Paul,* Überlegungen (Fn. 1322), S. 285, der eine Volllegalisierung als langfristiges Ziel angibt.

[1349]   *Büttner,* Bewertung (Fn. 501), S. 45.

freien Markt keiner effektiven Kontrolle unterliegt[1350]. Auch würde die weitgehend unkontrollierte Kommerzialisierung zu starke Konsumanreize setzen[1351]. Der Vorteil einer Volllegalisierung liegt damit vor allem in der Kostenersparnis im Justizsystem.

b) Staatlich lizensiertes Abgabemodell und Rahmenbedingungen

Eine staatlich lizensierte Abgabe sieht vor, dass Cannabis in speziellen Geschäften vertrieben wird[1352]. Diese Verkaufsstellen bedürfen einer vorherigen Lizensierung durch den Staat[1353]. Die Lizenzvergabe ist an verschiedene Kriterien gekoppelt. Insbesondere müssen die Zuverlässigkeit des Gewerbetreibenden sowie eine entsprechende Aus- und Fortbildung des Personals gesichert sein[1354]. Neben dem Verkauf werden auch der Anbau und der Import, also die gesamte Distributionskette des Cannabis, unter staatliche Aufsicht gestellt[1355]. Was den Anbau und den Import betrifft, kann mittlerweile auf eine in Form der neu gebildeten Cannabisagentur bestehende Infrastruktur zurückgegriffen werden[1356]. Diese koordiniert derzeit den Distributionsprozess des Cannabis im Rahmen der Verwendung als Medizin (dazu näher unter E.III.4.c) Gesetz zur Änderung betäubungsmittelrechtlicher und anderer Vorschriften). Der Staat erhält eine umfassende Kontrolle über alle relevanten Variablen, von der Herstellung, über den Verkauf bis zur Qualität und der THC-Konzentration. Durch die staatlichen Qualitätskontrollen wird ein Mindeststandard bei den verkauften Produkten gewährleistet, welcher Gesundheitsgefahren durch minderwertiges oder versetztes Cannabis vorbeugt[1357]. Durch eine entsprechende Schulung des Personals, gerade in Fragen der Drogenprävention, Drogenhilfe und bestehenden Therapiemöglichkeiten, wird ein schneller und unkomplizierter Zugang zu Hilfen und Informationen gewährleistet[1358]. Das Personal sollte über alle relevanten Faktoren des Cannabiskonsums aufklären[1359]. Dies betrifft sowohl die negativen wie auch die positiven Aspekte[1360]. Parallel sind alle Waren in den Cannabisgeschäften mit Gebrauchsanweisungen, Angaben zu den Inhaltsstoffen, Kindersicherungen und Warnhinweisen zu versehen[1361]. Es ist zu erwarten, dass

---

[1350]   *Paul,* Überlegungen (Fn. 1322), S. 280.

[1351]   *E.A. Nadelmann,* Thinking Seriously About Alternatives to Drug Prohibition, in: Daedalus 121 (1992), S. 85 (98); *R. MacCoun/P. Reuter,* Evaluating Alternative Cannabis Regimes, in: The British Journal of Psychiatry 178 (2001), S. 123 (127).

[1352]   *Quensel,* Cannabispolitik (Fn. 1324), S. 397; detailliert zu einem Lizenzsystem in den Niederlanden: *M. Lap,* Frau Antje hat was Neues, in: Akzept e.V./NIAD (Hrsg.), Drogen ohne Grenzen, 1995, S. 61 (61 ff.); ebenfalls ein detailliertes eigenes Modell hat *Paul* entworfen: *Paul,* Überlegungen (Fn. 1322), S. 282 ff.

[1353]   Insofern kritisch gegenüber dem „Coffeeshop"-Modell: *Paul,* Überlegungen (Fn. 1322), S. 282.

[1354]   *Quensel,* Cannabispolitik (Fn. 1324), S. 397; *Krumdiek,* Grundlage (Fn. 291), S. 373, 403.

[1355]   *Quensel,* Cannabispolitik (Fn. 1324), S. 397; *Krumdiek,* Grundlage (Fn. 291), S. 378.

[1356]   S. zur Cannabisagentur: http://www.bfarm.de/DE/Bundesopiumstelle/Cannabis/Cannabisagentur/_node.html (23.5.2017); *Schneider,* Risiko (Fn. 682), S. 119, der ebenfalls die Schaffung einer solchen Institution vorschlug und diese „Cannabisamt" nennen wollte.

[1357]   *Rigopoulou,* Paternalismus (Fn. 240), S. 123; *Krumdiek,* Grundlage (Fn. 291), S. 374.

[1358]   *Paul,* Überlegungen (Fn. 1322), S. 288.

[1359]   *Siebel,* Drogenstrafrecht (Fn. 502), S. 242; *Schmidt-Semisch/Nolte,* Drogen (Fn. 1348), S. 81; *Krumdiek,* Grundlage (Fn. 291), S. 408.

[1360]   *Quensel,* Cannabispolitik (Fn. 1324), S. 401; *Schneider,* Risiko (Fn. 682), S. 107; *Krumdiek,* Grundlage (Fn. 291), S. 374, 408.

[1361]   *Schmidt-Semisch/Nolte,* Drogen (Fn. 1348), S. 79 f.

Probleme bei bestehender Legalisierung eher angesprochen und dadurch problematischer Konsum früher erkannt und behandelt wird[1362]. Konsumenten müssen bei einer Thematisierung ihres Konsums keine Sanktionen mehr befürchten. Dies fördert eine offene Kommunikation über das Thema, welche auch auf Risiken effektiver und gezielter eingehen kann[1363]. Insgesamt ist ein rationalerer Umgang mit der Droge zu erwarten, der zu einer Normalisierung des Konsums beiträgt[1364]. Eine weitere Möglichkeit stellt ein verpflichtendes Aufklärungsgespräch beim Erstbezug der Droge dar[1365].

Das Personal sollte direkt vom Staat bezahlt werden, wobei das Gehalt unabhängig vom Umsatz der Abgabestelle sein muss[1366]. So wird sichergestellt, dass von Seiten der Abgabestellen nicht auf einen maximalen Erlös und hohe Verkaufsraten abgezielt wird.

Staatlich festgelegt werden auch Altersgrenzen für den Erwerb und den Besitz. Der Erwerb in den Fachgeschäften sollte auf 18 Jahre festgesetzt werden[1367]. So wird der Jugendschutz bestmöglich gewährleistet[1368]. Jugendliche sind für negative Folgen von Cannabiskonsum anfälliger als Erwachsene, sodass es gilt, den Konsum unter Jugendlichen möglichst einzuschränken (zu den Gesundheitsgefahren durch Cannabiskonsum unter C.III.2. Gesundheitsgefahren durch Cannabiskonsum). Der Besitz von Cannabis sollte jedoch bereits ab 16 Jahren legal sein. Dadurch wird dem Umstand Rechnung getragen, dass der Konsum gerade unter Jugendlichen weit verbreitet ist und es nicht zu einer Kriminalisierung gerade junger Menschen kommen soll[1369]. Durch Zugangskontrollen in den Cannabisfachgeschäften wird die Einhaltung der Altersgrenzen kontrolliert[1370].

Durch die Festlegung von Höchstabgabemengen pro Kauf und pro Monat, bezogen auf eine Person, wird die Gefahr der Weitergabe eingeschränkt[1371]. Eine Kontrolle kann hier über ein Chipkartensystem erfolgen[1372]. Dabei werden bereits erworbene Mengen zentral gespeichert

---

[1362] *P. Cohen*, Schadensminimierung durch Selbstregulierung, in: Neumeyer/Schaich-Walch, Legalisierung (Fn. 1117), S. 43 (44); *I.I. Michaels/H. Stöver*, Entkriminalisierung der Konsumenten, Legalisierung der Drogen, ebda., S. 97 (98); *Schneider*, Risiko (Fn. 682), S. 116; *Krumdiek*, Grundlage (Fn. 291), S. 374.

[1363] *J. Neumeyer/G. Schaich-Walch*, Zwischen Normalisierung und Legalisierung, in: dies., Legalisierung (Fn. 1117), S. 9 (11); *Schneider*, Risiko (Fn. 682), S. 107; *Krumdiek*, Grundlage (Fn. 291), S. 373.

[1364] *R.R. Carr/E.J. Meyers*, Marijuana and Cocaine, in: The Drug Abuse Council (Hrsg.), The Facts About Drug Abuse, New York/London 1980, S. 153 (177); *Quensel*, Cannabispolitik (Fn. 1324), S. 401; *Schneider*, Risiko (Fn. 682), S. 121; *Schmidt-Semisch/Nolte*, Drogen (Fn. 1348), S. 81; *Krumdiek*, Grundlage (Fn. 291), S. 372 f.

[1365] *K.-H. Hartwig/I. Pies*, Plädoyer für eine rationale Drogenpolitik, in: Neumeyer/Schaich-Walch, Legalisierung (Fn. 1117), S. 116 (119).

[1366] *Krumdiek*, Grundlage (Fn. 291), S. 403.

[1367] *Hartwig/Pies*, Plädoyer (Fn. 1365), S. 120; *Krumdiek*, Grundlage (Fn. 291), S. 402; *Paul*, Überlegungen (Fn. 1322), S. 283; für einen Verkauf bereits ab 16 Jahren: *Siebel*, Drogenstrafrecht (Fn. 502), S. 242; *Hill*, Früchte (Fn. 755), S. 111.

[1368] *Krumdiek*, Grundlage (Fn. 291), S. 372.

[1369] *Hill*, Früchte (Fn. 755), S. 111; *Paul*, Überlegungen (Fn. 1322), S. 283.

[1370] *Albrecht*, Kriminologie (Fn. 38), S. 357.

[1371] *Krumdiek*, Grundlage (Fn. 291), S. 375.

[1372] *Paul*, Überlegungen (Fn. 1322), S. 285.

und sind in jeder Verkaufsstelle abrufbar. Die Mengenbegrenzung sollte nicht zu niedrig bemessen sein, damit der Schwarzmarkt nicht erneut an Bedeutung gewinnt. Die Mengen dürfen jedoch nicht so hoch sein, dass sie die Gefahr der Weitergabe erhöhen[1373]. Auch darf die Verkaufsstelle nur eine vorher festgelegte Menge Cannabis vorrätig haben[1374].

Es sollte ein Verbot jeglicher Werbung gelten[1375]. Weder darf danach für das Produkt Cannabis noch für die Verkaufsstellen geworben werden. Lediglich in Fachzeitschriften, die sich an ein entsprechendes Fachpublikum richten, darf für die Produkte und Shops Werbung geschaltet werden[1376].

Für eine solche staatlich lizenzierte Abgabe spricht die Möglichkeit zur effektiven Bekämpfung des Schwarzmarktes[1377]. Durch eine Festlegung von Einheitspreisen, die sich auf Schwarzmarktniveau befinden und gleichzeitiger Sanktionierung von Käufen außerhalb staatlich lizensierter Abgabestellen wird dem Schwarzmarkt auf Dauer die Kundschaft entzogen[1378]. Selbst bei Preisen, die leicht über dem Schwarzmarktniveau liegen, ist nicht zu erwarten, dass sich die Kunden freiwillig durch den Schwarzmarktkauf strafbar machen[1379]. Eine Sanktionierung von Käufen außerhalb staatlicher Abgabestellen sollte als Ordnungswidrigkeit ausgestaltet sein, um eine unnötige Kriminalisierung der Käufer zu vermeiden. Eine unentgeltliche Abgabe geringer Mengen Cannabis unter volljährigen Bekannten oder Freunden ist von der Sanktionierung ausgenommen[1380].

Der Eigenanbau von Cannabis bleibt verboten[1381]. Hierfür besteht angesichts des staatlichen Vertriebs kein Bedürfnis. Die Legalisierung auch des Eigenanbaus würde dem Ziel der staatlichen Kontrolle über den Vertrieb und die im Umlauf befindlichen Cannabismengen entgegenstehen. Auch der Jugendschutz wäre nicht mehr hinreichend gewährleistet. Zuwiderhandlungen sollten als Ordnungswidrigkeit ausgestaltet sein, um eine Kriminalisierung zu verhindern.

[1373] Vorgeschlagen werden max. 5 g pro Kauf: *Krumdiek*, Grundlage (Fn. 291), S. 402 oder max. 0,5 g pro Kauf und 6 g pro Monat: *Paul*, Überlegungen (Fn. 1322), S. 283.

[1374] *Krumdiek*, Grundlage (Fn. 291), S. 403.

[1375] *Bauer/Bossong*, Markt (Fn. 1348), S. 85 f.; *Schneider*, Risiko (Fn. 682), S. 120; *Siebel*, Drogenstrafrecht (Fn. 502), S. 242; *Krumdiek*, Grundlage (Fn. 291), S. 406; für eine eingeschränkte Werbung: *Quensel*, Cannabispolitik (Fn. 1324), S. 398; *Schmidt-Semisch/Nolte*, Drogen (Fn. 1348), S. 79.

[1376] Vgl. § 16 CannKG.

[1377] *Büttner*, Bewertung (Fn. 501), S. 44; *Krumdiek*, Grundlage (Fn. 291), S. 372; *Albrecht*, Kriminologie (Fn. 38), S. 357; zu Unrecht extrem kritisch gegenüber einer Entkriminalisierung sowie Legalisierung: *Kaiser*, Kriminologie (Fn. 12), § 36 Rn. 29; *Thomasius*, Cannabiskonsum (Fn. 376), S. 123 ff.

[1378] *Quensel*, Cannabispolitik (Fn. 1324), S. 398; *Siebel*, Drogenstrafrecht (Fn. 502), S. 242; *Krumdiek*, Grundlage (Fn. 291), S. 403; für einen Preis unterhalb des Schwarzmarktes: *Hartwig/Pies*, Plädoyer (Fn. 1365), S. 120; für einen Kaufpreis, der nur kostendeckend ist: *Bauer/Bossong*, Markt (Fn. 1348), S. 83.

[1379] *Paul*, Überlegungen (Fn. 1322), S. 285; für einen höheren Preis auch der Gesetzesvorschlag zu einem Cannabiskontrollgesetz: BT-Drs. 18/4204, S. 43 (dazu näher unter D.III.4.b) Entwurf eines Cannabiskontrollgesetzes).

[1380] *Bauer/Bossong*, Markt (Fn. 1348), S. 92; *Paul*, Überlegungen (Fn. 1322), S. 286, der den gemeinsamen Konsum straffrei stellen will.

[1381] *Krumdiek*, Grundlage (Fn. 291), S. 404; *Paul*, Überlegungen (Fn. 1322), S. 286; a.A.: *J. Neumeyer/S. Scheerer*, Künftige Drogenpolitik, in: Neumeyer/Schaich-Walch, Legalisierung (Fn. 1117), S. 189 (195); *Schneider*, Risiko (Fn. 682), S. 120.

Durch einen Vertrieb in speziellen Geschäften kommt es zu einer Trennung der Märkte, wie am Beispiel der „Coffeeshops" in den Niederlanden deutlich wird (dazu unter D.IV. Das Beispiel Niederlande). In diesem Rahmen sollte es den Vertriebsstellen ebenfalls untersagt sein, Tabak oder Alkohol zu verkaufen[1382]. Die Cannabisgeschäfte vertreiben lediglich Cannabis, um so einem Mischkonsum mit anderen Rauschmitteln keinen Vorschub zu leisten.

Durch die Implementierung dieses Modells und den damit verbundenen Rückgang des Schwarzmarktes werden immense Kosten für Strafverfolgung und -vollstreckung eingespart[1383]. Ein Teil dieser Einsparungen kann für Präventions- und Hilfsprojekte eingesetzt werden[1384]. Auch eine Gegenfinanzierung erhöhter Kosten auf Seiten der Krankenkassen ist möglich, die grundsätzlich für Schäden durch den Konsum aufkommen[1385]. Durch eine Besteuerung des Verkaufs von Cannabis werden zusätzliche Einnahmen des Staates generiert, die zu Teilen ebenfalls den oben genannten Zwecken zufließen können[1386].

Befürchtungen, dass ein erleichterter Zugang zu Cannabis zu einem dramatischen Anstieg der Konsumenten und einer Zunahme der Intensität des Konsums führen wird scheinen sich angesichts der Entwicklungen in den USA und den Niederlanden nicht zu bestätigen (D.III. Das Beispiel USA/D.IV. Das Beispiel Niederlande)[1387]. Es ist zu berücksichtigen, dass der reine Legalstatus keinen nennenswerten Einfluss auf die Konsumprävalenzen hat (D.I.2. Datenlage). Auch die Erkenntnisse zur Wirksamkeit der Instanzen informeller sozialer Kontrolle sprechen gegen eine extensive Ausweitung des Konsums, da der informelle Raum einen effektiven Mechanismus zur Konsumregulation darstellt, der durch eine Legalisierung nicht beseitigt würde (zur Wirksamkeit der informellen sozialen Kontrolle unter E.I. Informelle soziale Kontrolle). Die mögliche Weitergabe von Cannabis durch Erwachsene an Jugendliche ist ein weiterer Einwand gegen das Legalisierungsmodell. Cannabis ist jedoch für Jugendliche auch heute relativ leicht zu beschaffen[1388]. Auf dem Schwarzmarkt bestehen keinerlei Alterskontrollen. Eine leichtere Verfügbarkeit der Droge für Jugendliche ist also auch im Falle des Verkaufs in Cannabisgeschäften nicht zu befürchten[1389]. Gerade die Mengenbegrenzungen pro Kauf und pro Monat tragen dazu bei, dass das Risiko der Weitergabe minimiert wird. Der weitestgehend freie Verkauf sendet indes kein falsches Signal einer völligen Ungefährlichkeit[1390]. Angesichts der

---

[1382]   *Krumdiek*, Grundlage (Fn. 291), S. 375, 403.
[1383]   *Schmidt-Semisch/Nolte*, Drogen (Fn. 1348), S. 81.
[1384]   *Krumdiek*, Grundlage (Fn. 291), S. 409.
[1385]   *Schmidt-Semisch/Nolte*, Drogen (Fn. 1348), S. 80 f.
[1386]   *Quensel*, Cannabispolitik (Fn. 1324), S. 397; *B.G. Thamm*, Drogenfreigabe – Kapitulation oder Ausweg?, 1989, S. 55; *Schneider*, Risiko (Fn. 682), S. 121; *Büttner*, Bewertung (Fn. 501), S. 45; *Schmidt-Semisch/Nolte*, Drogen (Fn. 1348), S. 79; *Krumdiek*, Grundlage (Fn. 291), S. 409; *Albrecht*, Kriminologie (Fn. 38), S. 357; gegen eine Besteuerung, da dies diese den Staat zu einer Förderung des Konsums veranlassen könnte: *Siebel*, Drogenstrafrecht (Fn. 502), S. 242.
[1387]   Kritisch gegenüber einer sicheren Prognose: *Kaiser*, Kriminologie (Fn. 12), § 36 Rn. 30.
[1388]   *Nadelmann*, Alternatives (Fn. 1351), S. 110.
[1389]   *H. Hess*, Drogenpolitik und Drogenkriminalität, in: Neumeyer/Schaich-Walch, Legalisierung (Fn. 1117), S. 18 (42).
[1390]   *Krumdiek*, Grundlage (Fn. 291), S. 373, 376.

---

geringen Gesundheitsgefahren des Cannabiskonsums für Erwachsene sendet eher die Prohibition ein falsches Signal der Gefährlichkeit. Zugleich wird über tatsächliche Gesundheitsrisiken durch das Verkaufspersonal und Informationsmaterial innerhalb der Geschäfte aufgeklärt.

c) Apothekenmodell

Vielfach wird vorgeschlagen, dass die Abgabe von Cannabis über Apotheken erfolgen sollte[1391]. Hier bestehen viele Parallelen zum Modell der staatlich lizensierten Abgabe. Die Vor- und Nachteile beider Modelle decken sich fast vollständig. Das Apothekenmodell wird teilweise mit einer Rezeptpflicht für den Bezug von Cannabis verbunden[1392]. Der Vorteil des Apothekenmodells liegt darin, dass auf eine bereits bestehende Infrastruktur zurückgegriffen werden kann[1393]. Zudem handelt es sich bei den Mitarbeitern in Apotheken um Fachkräfte, die in der Beratung geschult sind. Es kann ein hohes Maß an Verantwortung unterstellt werden. Gerade Hinweise auf Hilfs- und Therapiemöglichkeiten können in Apotheken effektiv vermittelt werden. Auch bestünde mit einer potentiellen Rezeptpflicht eine gewisse Hürde, mit dem Konsum anzufangen[1394]. Dies könnte eine Ausweitung des Konsums verhindern. Gleichzeitig würde dies allerdings zu einer Einschränkung des Käuferkreises und damit einer Aufrechterhaltung des Schwarzmarktes führen.

Es ist zu berücksichtigen, dass Apotheken vornehmlich dazu dienen, Medikamente an kranke Patienten auszugeben. Der Vertrieb von Genussmitteln steht hier nicht im Vordergrund. Der Vertrieb von Cannabis über Apotheken würde zur Vermischung von verschiedenen Kundenkreisen und Wirtschaftszweigen führen. Es steht zu befürchten, dass der Kauf von Cannabis in einer Apotheke einen stigmatisierenden Effekt haben könnte[1395]. Cannabis und Medizin sollten hinsichtlich des Freizeitkonsums nicht vermischt werden[1396]. Gleichzeitig steht zu befürchten, dass ein kommerzieller Vertrieb von Cannabis die Leistungsfähigkeit der Apotheken übersteigen würde. Ein Vertrieb über Apotheken ist demnach ein Modell mit vielen Vorteilen, wenngleich es hinter den Vorteilen einer Abgabe durch staatlich lizensierte Stellen zurückbleibt.

4. Gesetze und Gesetzesinitiativen

In den letzten Jahren und Jahrzehnten gab es immer wieder Vorstöße und Gesetzesinitiativen, die eine Liberalisierung des Betäubungsmittelgesetzes zum Ziel hatten.

[1391]   LG Lübeck (Fn. 357), S. 177; *Quensel,* Cannabispolitik (Fn. 1324), S. 397; detailliert zur Abgabe in Apotheken: *P. Raschke/J. Kalke,* Cannabis in Apotheken, 1997, S. 48 ff.; zu kritisch gegenüber diesem Modell: *Kaiser,* Kriminologie (Fn. 12), § 55 Rn. 41.

[1392]   *Böllinger,* Aspekte (Fn. 1342), S. 166; *Hartwig/Pies,* Plädoyer (Fn. 1365), S. 119 f.; *Büttner,* Bewertung (Fn. 501), S. 45; *Siebel,* Drogenstrafrecht (Fn. 502), S. 242; *Albrecht,* Kriminologie (Fn. 38), S. 356.

[1393]   *Paul,* Überlegungen (Fn. 1322), S. 284.

[1394]   *Hartwig/Pies,* Plädoyer (Fn. 1365), S. 123.

[1395]   *Krumdiek,* Grundlage (Fn. 291), S. 402; a.A.: *Paul,* Überlegungen (Fn. 1322), S. 284.

[1396]   *Neumeyer/Scheerer,* Drogenpolitik (Fn. 1381), S. 191.

a) Reformvorschläge der Hessischen Kommission „Kriminalpolitik"

Das hessische Ministerium für Justiz richtete 1991 die Kommission „Kriminalpolitik" ein, die Vorschläge für eine Reform des Strafrechts erarbeiten sollte. Eines der Ziele bestand darin, alternative Strategien im Umgang mit Betäubungsmitteln zu erarbeiten. Das Ergebnis der Kommission war, dass eine spezifische Entkriminalisierung von weichen Drogen empfohlen wurde[1397]. Hierzu sollte Cannabis aus der Anlage I zum BtMG gestrichen werden. Auch die Kommission rückte in ihrem Vorschlag die Ziele des Gesundheitsschutzes und der Prävention in den Vordergrund und sah die Prohibition als Auslaufmodell an[1398]. Durch die Schaffung einer legalen Bezugsmöglichkeit sollte der Schwarzmarkt bekämpft werden. Eine Schonung der Sozialsysteme wird in der Prohibition nicht gesehen, da diese einen Anstieg der Prävalenzen nicht verhindern konnte. Die freiwerdenden Ressourcen des Justizsystems sollen dem Vorschlag nach zur Bekämpfung des illegalen Handels eingesetzt werden[1399]. Die Kommission nannte drei Prämissen, die einer Reform des Umgangs mit Cannabis zugrunde zu legen sind. Die erste Prämisse bildet der gesundheitspolitische Präventions- und Interventionsansatz[1400]. Danach müssen die Gefahren durch Drogen für Konsumenten und die Allgemeinheit auf ein Minimum reduziert werden. Gleichzeitig bedarf es einer effektiven Prävention und Vorsorge sowie Therapiemöglichkeiten für Süchtige. Die zweite Prämisse besagt, dass in einem Rechtsstaat auf Selbstschädigung nicht mit repressiven Steuerungsmitteln zu reagieren ist. Neben dem Jugendschutz ist das Mittel der „überzeugenden Vernunft" zu verwenden. Zusätzlich können Zugangsbeschränkungen durch Abgaben, Steuern und staatliche Verfügungsmonopole eingeführt werden. Mit der zweiten Prämisse liegt der Vorschlag der hessischen Kommission bereits sehr nah am Modell der staatlich lizensierten Abgabe. Die dritte Prämisse bezieht sich auf die Bekämpfung des Drogenelends, welches in Zusammenhang mit Cannabis keine Rolle spielt. Die Mehrheit der Kommission sah das Strafrecht als kontraproduktives Mittel im Umgang mit Drogen an[1401]. Hinsichtlich konkreter Reformvorschläge war die Kommission der Auffassung, dass ein staatliches Vertriebsmonopol erst nach hinreichender empirischer Evaluierung implementiert werden sollte[1402]. Hier sollen gesundheitspolitische, sozialpolitische, kriminalpolitische und ökonomische Aspekte erfasst werden[1403]. Damit zeigt sich deutlich, dass auch die Expertenkommission des hessischen Justizministeriums zu dem Schluss kommt, dass dem Modell der staatlich lizensierten Abgabe das Potential innewohnt, die beste Strategie in Bezug auf Cannabis zu sein. Die staatliche Kontrolle der Abgabe und eine detaillierte empirische Begleitung der etwaigen Folgen sind der Kommission zur Folge unverzichtbar[1404].

[1397]   Hessische Kommission „Kriminalpolitik", Entkriminalisierungsvorschläge der Hessischen Kommission „Kriminalpolitik" zum Betäubungsmittelstrafrecht, in: P.-A. Albrecht/W. Hassemer/M. Voß (Hrsg.), Rechtsgüterschutz durch Entkriminalisierung, 1992, S. 29 (29).

[1398]   Kommission „Kriminalpolitik", Entkriminalisierungsvorschläge (Fn. 1397), S. 37.

[1399]   Kommission „Kriminalpolitik", Entkriminalisierungsvorschläge (Fn. 1397), S. 38.

[1400]   Kommission „Kriminalpolitik", Entkriminalisierungsvorschläge (Fn. 1397), S. 38 f.

[1401]   Kommission „Kriminalpolitik", Entkriminalisierungsvorschläge (Fn. 1397), S. 39.

[1402]   Kommission „Kriminalpolitik", Entkriminalisierungsvorschläge (Fn. 1397), S. 37.

[1403]   Kommission „Kriminalpolitik", Entkriminalisierungsvorschläge (Fn. 1397), S. 43.

[1404]   Kommission „Kriminalpolitik", Entkriminalisierungsvorschläge (Fn. 1397), S. 42 f.

b) Entwurf eines Cannabiskontrollgesetzes

Der Gesetzesentwurf zu einem Cannabiskontrollgesetz (CannKG) stammt von der Bundestags-fraktion Bündnis 90/Die Grünen und datiert vom 3. März 2015[1405]. Der Gesetzesentwurf geht in seinem Kern von einem Scheitern der aktuellen Prohibitionspolitik in Bezug auf Cannabis aus und fordert eine Reform des Betäubungsmittelgesetzes[1406]. Als negative Folgen des Verbotes werden u.a. genannt, dass Jugendliche nicht vom Konsum abgehalten werden, dass eine glaubwürdige Prävention nicht ermöglicht wird und dass der Schwarzmarkt keiner effektiven Kontrolle zugänglich ist[1407]. Hinsichtlich der Kriminalisierung der Konsumentendelikte wird auf einen unverhältnismäßigen Eingriff in die allgemeine Handlungsfreiheit verwiesen (hierzu bereits zustimmend unter C.IV.1. Allgemeine Handlungsfreiheit (Art. 2 Abs. 1 GG) und das allgemeine Persönlichkeitsrecht (Art. 1 Abs. 1 GG i.V.m. Art. 2 Abs. 1 GG))[1408]. Als Zielbe-stimmung des Gesetzes formuliert § 1 CannKG: „Ziel dieses Gesetzes ist es, Volljährigen einen Zugang zu Cannabis als Genussmittel zu ermöglichen. Zugleich dient das Gesetz dem Jugend- und Verbraucherschutz sowie der Suchtprävention." Jugendschutz, Prävention und Gesund-heitsschutz werden auch in diesem Gesetzesvorschlag in den Vordergrund gerückt[1409]. Jugend-lichen darf Cannabis unter keinen Umständen zugänglich gemacht werden (§ 4 CannKG). Es wird davon ausgegangen, dass Cannabiskonsum gerade für Minderjährige besondere Gesund-heitsgefahren birgt (s. zu den Gesundheitsgefahren durch Cannabis C.III.2. Gesundheitsgefah-ren durch Cannabiskonsum)[1410]. Der Gesetzesvorschlag bezieht sich in seinem Anwendungs-bereich nur auf den Freizeitkonsum und lässt die medizinische Verwendbarkeit außen vor (§ 2 Abs. 1 CannKG) (Zur gesetzlichen Grundlage der medizinischen Verwendbarkeit von Canna-bis s. unter E.III.4.c) Gesetz zur Änderung betäubungsmittelrechtlicher und anderer Vorschrif-ten).

Zur Lösung der Nachteile der bestehenden Regelung wird eine Herausnahme von Cannabis aus dem Strafrecht vorgeschlagen[1411]. Zudem soll ein staatlich regulierter Markt für Cannabis ge-schaffen werden (dazu auch der Vorschlag zur Legalisierung E.III.3.b) Staatlich lizensiertes Abgabemodell und Rahmenbedingungen). Es wird herausgehoben, dass nur auf einem kontrol-lierten Markt ein effektiver Jugendschutz, eine vollständige Kontrolle der Handelskette und eine Trennung der Märkte möglich sind[1412]. Ein Erwerb soll ab 18 Jahren möglich sein und begleitet werden von Mindestabständen der Verkaufsstellen zu Jugendeinrichtungen, einem Verbot von Werbung und effektiven Zugangskontrollen in den Geschäften[1413]. Das Werbever-

---

[1405]   BT-Drs. 18/4204.
[1406]   BT-Drs. 18/4204, S. 1.
[1407]   BT-Drs. 18/4204, S. 1, 40.
[1408]   BT-Drs. 18/4204, S. 1 f., 40.
[1409]   BT-Drs. 18/4204, S. 41.
[1410]   BT-Drs. 18/4204, S. 40.
[1411]   BT-Drs. 18/4204, S. 2.
[1412]   BT-Drs. 18/4204, S. 2.
[1413]   BT-Drs. 18/4204, S. 2.

bot wird durch § 16 CannKG geregelt und lässt Ausnahmen für Fachzeitschriften zu. Erwachsene dürfen danach bis zu 30 g Cannabis im Eigenbesitz haben (§ 5 Abs. 1 CannKG). Diese Menge erscheint unter dem Gesichtspunkt der Gefahr der Weitergabe relativ hoch. Auch bedarf es einer so großen Menge Cannabis nicht, um den privaten Vorrat zu decken (s. dazu bereits unter E.III.3. Legalisierung). Auch die Legalisierung des Eigenanbaus, die § 5 Abs. 2 CannKG vorsieht, ist kritisch zu sehen. Dadurch werden eine effektive staatliche Kontrolle und ein effektiver Jugendschutz konterkariert, sodass dieser Vorschlag abzulehnen ist.

Die Qualität des Cannabis wird an verschiedenen Stellen sichergestellt. So muss das Cannabis nach dem Stand von Wissenschaft und Technik hergestellt werden, und es dürfen keine Verunreinigungen oder eine Vermischung mit Tabak stattfinden (§ 10 CannKG). § 11 CannKG regelt, dass der Vertrieb über Fachgeschäfte zu erfolgen hat. Dies entspricht den Überlegungen zum Modell der staatlich lizensierten Abgabe (dazu unter E.III.3.b) Staatlich lizensiertes Abgabemodell und Rahmenbedingungen). Es handelt sich um ein präventives Verbot mit Erlaubnisvorbehalt, sodass die Lizenz zum Vertrieb dann zu erteilen ist, wenn keine Versagensgründe entgegenstehen (§ 19 CannKG). Einen nicht enumerativen Katalog von Versagungstatbeständen enthält § 20 CannKG. Versagt werden kann die Genehmigung vor allem bei einschlägigen Gesetzesverstößen oder mangelnder Zuverlässigkeit. Mit dem Kriterium der Zuverlässigkeit knüpft das Cannabiskontrollgesetz an ein typisches Kriterium für das Betreiben eines Gewerbes an[1414].

Die Höchstabgabemenge von 30 g (§ 11 Abs. 1 CannKG) ist aus denselben Gründen abzulehnen wie der Besitz einer solchen Menge. Die Produkte müssen entsprechend gekennzeichnet und das Verkaufspersonal geschult werden[1415]. § 23 CannKG ist überschrieben mit dem Titel „Suchtprävention, Sozialkonzept und Zertifikat ‚Verantwortungsvolles Verkaufen'". Danach soll sichergestellt werden, dass die Geschäfte Maßnahmen zur Suchtprävention entwickeln, eine entsprechende Schulung des Personals vornehmen sowie eine umfassende Beratung und den Jugendschutz gewährleisten. Die Kompetenz des Personals soll im Rahmen der Schulung „Verantwortungsvolles Verkaufen" sichergestellt werden, wobei eine permanente Fortbildung verpflichtend ist. Es soll riskantem Konsum vorgebeugt werden und der Verkauf untersagt sein, wenn die Gefahr der Weitergabe an Jugendliche besteht. Bei Zuwiderhandlungen besteht die Möglichkeit des Widerrufs der Lizenz (§§ 31 ff. CannKG). Die Behörden sind ermächtigt, entsprechende Kontrollen durchzuführen.

Der Verkauf soll besteuert werden[1416]. Nach Schätzungen sollen die Mehreinnahmen bei bis zu 2 Mrd. Euro liegen. Darüber hinaus wird von Einsparungen im Justizsystem in Höhe von 1,8

[1414] S. vor allem § 35 GewO.
[1415] BT-Drs. 18/4204, S. 2.
[1416] S. dazu den Vorschlag zu einem Cannabissteuergesetz (CannStG) in: BT-Drs. 18/4204, S. 25 ff.

Mrd. Euro ausgegangen. Mit den Mehreinnahmen sollen Präventionsprojekte und soziale Anliegen finanziert werden[1417]. Kritisiert wird in diesem Zusammenhang auch, dass zwei Drittel der Mittel für den Bereich der Betäubungsmittel in repressive Maßnahmen fließen[1418].

§ 42 CannKG enthält Strafvorschriften für bestimmte Fälle der Zuwiderhandlung gegen das Cannabiskontrollgesetz, während § 43 CannKG für weniger schwerwiegende Verstöße Bußgeldvorschriften bereithält.

Das Bundesministerium für Gesundheit wird in § 45 CannKG dazu verpflichtet, das Cannabiskontrollgesetz alle vier Jahre zu evaluieren. Eine empirische Begleitung von Gesetzesneuerungen im Bereich des Betäubungsmittelgesetzes hielt auch die Hessische Kommission „Kriminalpolitik" für unverzichtbar (dazu unter E.III.4.a) Reformvorschläge der Hessischen Kommission „Kriminalpolitik").

Im Rahmen des Straßenverkehrsgesetzes sollen entsprechende Grenzwerte für das Führen von Kraftfahrzeugen in § 24a StVG ergänzt werden. Als Grenzwert wird hier eine Konzentration von 5,0 ng/ml oder mehr aktives Delta-9-Tetrahydrocannabinol (aktives THC) im Blutserum vorgeschlagen[1419]. Dieser Wert ist jedoch in seiner Höhe nicht unumstritten[1420].

Nach der ersten Beratung über den Gesetzesentwurf im Bundestag am 20. März 2015 wurde der Gesetzesvorschlag zur federführenden Beratung an den Ausschuss für Gesundheit überwiesen, der mit der Mehrheit von CDU/CSU und SPD den Gesetzesvorschlag gegen die Stimmen der Fraktionen Bündnis 90/Die Grünen und DIE LINKE zurückwies[1421]. Auch alle anderen beteiligten Ausschüsse beschlossen die Ablehnung des Gesetzesentwurfs[1422]. Im Bundestag wurde der Gesetzesvorschlag schließlich in der zweiten Beratung mit den Stimmen von CDU/CSU und SPD abgelehnt[1423]. Die Ablehnung einer solchen Legalisierung korreliert mit den Befunden zur aktuellen Verfasstheit der deutschen Gesellschaft (dazu näher unter D.V. Wertestrukturen in der deutschen Gesellschaft). Es ist bedauerlich, dass der vorliegende Gesetzesvorschlag keine Mehrheit gefunden hat, da er, mit wenigen Ausnahmen, viele positive Reformvorschläge beinhaltet. Die Regelung zum genehmigungspflichtigen Vertrieb von Cannabis in Fachgeschäften deckt sich mit dem Modell der staatlich lizenzierten Abgabe, welches unter E.III.3.b) Staatlich lizenziertes Abgabemodell und Rahmenbedingungen besprochen wurde. Im Vergleich bietet dieses Modell die größten Vorteile gegenüber der aktuellen Regelung und wäre somit ein Schritt in die richtige Richtung gewesen.

[1417]   BT-Drs. 18/4204, S. 43.
[1418]   BT-Drs. 18/4204, S. 43.
[1419]   BT-Drs. 18/4204, S. 38.
[1420]   Wortprotokoll der 70. Sitzung des Ausschusses für Gesundheit, Protokoll-Nr. 18/70.
[1421]   BT-Drs. 18/12476, S. 1.
[1422]   BT-Drs. 18/12476, S. 3 f.
[1423]   BT-Plenarprotokoll 18/238, S. 24365C (24376D).

c) Gesetz zur Änderung betäubungsmittelrechtlicher und anderer Vorschriften

Das Gesetz zur Änderung betäubungsmittelrechtlicher und anderer Vorschriften, welches am 10. März 2017 in Kraft getreten ist, dient vor allem dazu, schwerstkranken Patienten einen Zugang zu Cannabis als Medizin zu verschaffen[1424]. Diese sollen nach einer entsprechenden Indikation und bei fehlenden Therapiealternativen Cannabis zum Zwecke der Behandlung in Apotheken erwerben können[1425]. Hierzu soll auch der Anbau von Cannabis in Deutschland ermöglicht werden. Die notwendigen gesetzlichen Änderungen finden sich in § 19 Abs. 2a BtMG. Das Bundesinstitut für Arzneimittel und Medizinprodukte (BfArM) zeichnet sich verantwortlich für den Anbau und die Distribution bis zu den Apotheken. Um diese neue Aufgabe wahrzunehmen, wurde jüngst die Cannabisagentur ins Leben gerufen, die dem BfArM angegliedert ist[1426]. Darüber hinaus wird die Erstattungsfähigkeit der Cannabisarzneimittel durch die gesetzlichen Krankenkassen (GKV) sichergestellt, indem § 31 Abs. 6 SGB V entsprechend geändert wird. Das Betäubungsmittelgesetz stellt die Verkehrs- und Verschreibungsfähigkeit von weiteren Cannabisarzneimitteln wie getrockneten Cannabisblüten und Cannabisextrakt in standardisierter Form sicher, indem die entsprechenden Cannabisarzneimittel in Anlage III zum BtMG aufgenommen wurden und in Anlage I nur noch unter Vorbehalt verbleiben[1427].

Das Gesetz zur Änderung betäubungsmittelrechtlicher und anderer Vorschriften ist ein Schritt in die richtige Richtung, auch wenn es weit hinter den eigentlich sinnvollen Schritten zu einer Legalisierung zurückbleibt. Dennoch stellen sich die weitergehende Verwendbarkeit von Cannabis als Medizin und die Erstattungsfähigkeit durch die GKV als Tendenz zur Liberalisierung dar. Sicherlich ist dieser Neuerung nicht übermäßiges Gewicht beizumessen, wie auch die Ablehnung des Gesetzesvorschlags zum Cannabiskontrollgesetz deutlich macht. Dennoch ist hierin eine gewisse Öffnung von Seiten des Staates zu sehen, auf die in der Zukunft aufgebaut werden kann. Von Bedeutung ist hierbei vor allem die Schaffung einer Infrastruktur für den Distributionsprozess durch die Cannabisagentur (zur Nützlichkeit der Cannabisagentur im Rahmen einer Legalisierung s. unter E.III.3.b) Staatlich lizensiertes Abgabemodell und Rahmenbedingungen).

d) Entwurf eines Gesetzes zur Änderung betäubungsmittelrechtlicher und anderer Vorschriften

Der Entwurf eines Gesetzes zur Änderung betäubungsmittelrechtlicher und anderer Vorschriften stammt federführend von *Ambos/Böllinger/Schefold*. Er wird jedoch von weiteren namenhaften Persönlichkeiten unterstützt[1428]. Kernpunkt des Gesetzesvorschlags ist die Installierung

---

[1424] Gesetz v. 6.3.2017 – BGBl. I 2017, S. 403.
[1425] BT-Drs. 18/8965, S. 1.
[1426] BT-Drs. 18/8965, S. 14; s. zur Cannabisagentur: http://www.bfarm.de/DE/Bundesopiumstelle/Cannabis/Cannabisagentur/_node.html (23.5.2017).
[1427] BT-Drs. 18/8965, S. 1.
[1428] S. dazu: *K. Ambos/L. Böllinger/D. Schefold*, Entwurf eines Gesetzes zur Änderung des Betäubungsmittelgesetzes, in: ZRP 2016, S. 81 (84); die Autoren *Ambos* und *Böllinger* sowie zahlreiche Unterstützer

der Möglichkeit zur Durchführung von Modellversuchen mit der Abgabe von Cannabis. Es wird vorgeschlagen, das Betäubungsmittelgesetz um einen § 10b zu erweitern, in dessen Abs. 1 es heißen soll: „Einer Erlaubnis der zuständigen obersten Landesbehörde bedarf, wer im Rahmen eines wissenschaftlich begleiteten örtlichen Versuchs ärztlich nicht verschriebene Gebrauchsmengen von Cannabis an berechtigte Verbraucher abgeben will (Cannabis-Abgabestelle)."[1429] Die Laufzeit der Projekte soll sieben Jahre betragen. Die Autoren knüpfen mit ihrem Vorschlag an das Cannabis-Urteil des Bundesverfassungsgerichts (s. dazu unter C.IV. Mögliche Verfassungsverstöße des Betäubungsmittelgesetzes unter Berücksichtigung des Cannabis-Urteils des Bundesverfassungsgerichts von 1994), das Gesetz zur Änderung betäubungsmittelrechtlicher und anderer Vorschriften (s. dazu unter E.III.4.c) Gesetz zur Änderung betäubungsmittelrechtlicher und anderer Vorschriften) und das Cannabiskontrollgesetz (s. dazu unter E.III.4.b) Entwurf eines Cannabiskontrollgesetzes) an[1430]. Der Gesetzesentwurf findet eine breite Unterstützung bei Vereinen und Verbänden, so u.a. Neue Richtervereinigung e.V., Strafverteidigervereinigung, Bund Deutscher Kriminalbeamter sowie die Polizeigewerkschaft[1431]. Als Grenzwerte für die Abgabe wird 15 g vorgeschlagen[1432]. Damit liegt der Vorschlag um die Hälfte hinter der Menge, die nach dem Cannabiskontrollgesetz abgegeben werden soll. 15 g stellen als monatliche Höchstmenge einen durchaus realistischen Wert dar. Die Altersgrenze von 16 Jahren ist jedoch auf 18 Jahre anzuheben. Die Forderung nach entsprechenden Abständen der Abgabestellen zu Jugendeinrichtungen und die Schulung des Personals korrelieren mit Forderungen, die auch im Rahmen der Legalisierung thematisiert wurden.

Es handelt sich bei dem Gesetzesentwurf um einen notwendigen und sinnvollen Schritt auf dem Weg zu einer Legalisierung. Die Evaluation von alternativen Strategien im Umgang mit Cannabis ist stets eine notwendige Voraussetzung, unabhängig davon, ob diese der Implementierung vorausgeht oder diese begleitet. Da eine Legalisierung von Cannabis zurzeit nicht mehrheitsfähig ist, ist es in jedem Fall sinnvoll, die Evaluierung vorwegzustellen und die Ergebnisse entsprechend auszuwerten[1433]. So können Modellprojekte bei erfolgreicher Durchführung den Weg zu einer Legalisierung ebnen.

5.   Empfehlungen

Es zeigt sich deutlich, dass das Modell einer staatlich lizenzierten Abgabe die größten Vorteile aufweist. Zum einen gegenüber der aktuellen Regelung, aber auch gegenüber den möglichen Alternativen. Das Apothekenmodell ist ebenfalls eine sehr gute Alternative, steht jedoch aus den genannten Gründen hinter dem Vertrieb in speziellen Cannabisgeschäften zurück. Letztlich

---

    des Gesetzesvorschlags gehören ebenfalls dem Schildower-Kreis an und haben die Resolution zur Einsetzung einer Enquête-Kommission unterschrieben, die sich mit der Reform des BtMG beschäftigen soll. Die Resolution ist abzurufen auf: http://schildower-kreis.de/resolution-deutscher-strafrechtsprofessorinnen-und-professoren-an-die-abgeordneten-des-deutschen-bundestages/ (1.6.2017).

[1429]   *Ambos/Böllinger/Schefold*, Entwurf (Fn. 1428), S. 81.
[1430]   *Ambos/Böllinger/Schefold*, Entwurf (Fn. 1428), S. 81 f.
[1431]   *Ambos/Böllinger/Schefold*, Entwurf (Fn. 1428), S. 82.
[1432]   *Ambos/Böllinger/Schefold*, Entwurf (Fn. 1428), S. 83
[1433]   *Ambos/Böllinger/Schefold*, Entwurf (Fn. 1428), S. 82 f.

muss konstatiert werden, dass eine Änderung der Drogenpolitik nur langsam und Schritt für Schritt erfolgen kann[1434]. Dies gilt vor allem unter Berücksichtigung des Meinungs- und Werteklimas, welches in Zusammenhang mit Cannabis in Deutschland vorherrscht (dazu näher unter D.V. Wertestrukturen in der deutschen Gesellschaft). Zunächst sollten daher Modellprojekte installiert werden, um so die Auswirkungen eines staatlich lizensierten Abgabemodells zu evaluieren[1435]. Parallel sollte auch eine sich verändernde Auffassung zu einem solchen Modell in der Bevölkerung erhoben werden. Der Fokus ist zukünftig auf Prävention und Gesundheitsfürsorge zu richten[1436]. Eine Entkriminalisierung von Konsumentendelikten kann ebenfalls ein sinnvoller Zwischenschritt auf dem Weg in eine staatlich kontrollierte Legalisierung sein. Langfristiges Ziel muss jedoch ein Verzicht auf Repression und Prohibition sein[1437].

a)   **Rahmenbedingungen einer Legalisierung[1438]**

1. Streichung von Cannabis und dessen Wirkstoffen aus den Anlagen I und II des BtMG
2. Erlass eines Gesetzes zur Regelung des Umgangs mit Cannabis
3. Verkauf von Cannabis nur in staatlich lizensierten Geschäften, die auf den Verkauf von Cannabis spezialisiert sind
4. Staatliche Kontrolle des gesamten Distributionswegs, vom Anbau bis zum Verkauf
5. Staatliche Qualitätskontrollen
6. Umfassendes Werbeverbot für Cannabis und die Verkaufsstellen
7. Mindestabstand der Verkaufsstellen zu Schulen, Kindergärten und sämtlichen Jugendeinrichtungen
8. Dem verkauften Cannabis sind Gebrauchsanweisungen beizulegen, es sind die genauen Inhaltsstoffe anzugeben, es ist in Behältnissen zu vertreiben, die über eine Kindersicherung verfügen, und es sind Warnhinweise zu den möglichen gesundheitlichen Folgen des Konsums auf dem Produkt anzubringen
9. Es besteht eine Aus- und Fortbildungspflicht für das Verkaufspersonal. Dieses hat bei Bedarf über Hilfsangebote und Therapiemöglichkeiten zu informieren
10. Es ist ein einheitlicher Preis für die jeweiligen Cannabisprodukte festzusetzen, welcher sich auf dem Niveau des Schwarzmarktpreises bewegen sollte
11. Keine unentgeltliche Abgabe von Cannabis in den Geschäften
12. Festlegung von Höchstabgabemengen pro Kauf und pro Monat
13. Festlegung von Höchstmengen für den Besitz
14. Verkauf an Personen ab 18 Jahren
15. Besitz geringer Mengen bereits ab 16 Jahren

[1434]   So auch: *Quensel*, Cannabispolitik (Fn. 1324), S. 402; *Neumeyer/Scheerer*, Drogenpolitik (Fn. 1381), S. 189; *Patzak*, in: Betäubungsmittelgesetz (2012) (Fn. 566), Stoffe, Rn. 96.

[1435]   *Körner*, Abschaffung (Fn. 1339), S. 129; *Kniesel*, Entscheidung (Fn. 539), S. 358; *Siebel*, Drogenstrafrecht (Fn. 502), S. 243; *Albrecht*, Kriminologie (Fn. 38), S. 360.

[1436]   *Krumdiek*, Grundlage (Fn. 291), S. 402, 408; *Albrecht*, Kriminologie (Fn. 38), S. 356.

[1437]   *Albrecht*, Voraussetzungen (Fn. 1331), S. 37; *Bauer/Bossong*, Markt (Fn. 1348), S. 94.

[1438]   Die folgenden Bedingungen finden sich u.a. bei: LG Lübeck (Fn. 357), S. 177; *Lap*, Frau Antje (Fn. 1352), S. 61 ff.; *Schmidt-Semisch*, Drogenkontrollmodelle (Fn. 1329), S. 448 f.; viele Bedingungen finden sich auch in den „AHOJG"-Kriterien für die niederländischen „Coffeeshops" wieder (s. dazu D.IV. Das Beispiel Niederlande).

16. Für Schäden durch mangelhaftes Cannabis besteht eine Haftung nach dem Produkthaftungsgesetz
17. Auf den Cannabisvertrieb sind Steuern zu erheben, die zur Finanzierung von Aufklärung und Prävention dienen. Auch ist eine Gegenfinanzierung erhöhter Kosten der Sozialsysteme möglich
18. Für gesundheitliche Beeinträchtigungen und Schäden durch den Konsum von Cannabis kommen die Krankenkassen auf
19. Schaffung zuverlässiger Grenzwerte für die Teilnahme am Straßenverkehr
20. Der Eigenanbau bleibt weiterhin verboten und wird als Ordnungswidrigkeit ausgestaltet
21. Der Kauf außerhalb staatlich lizensierter Geschäfte ist ebenfalls als Ordnungswidrigkeit einzustufen

Hinsichtlich der Straftat- und Ordnungswidrigkeitentatbestände kann weitestgehend auf die §§ 42, 43 CannKG verwiesen werden, die alle sanktionswürdigen Verhaltensweisen erfassen. Ausnahmen bilden der Erwerb von Cannabis außerhalb staatlich lizensierter Abgabestellen und der Eigenanbau. Beides sollte zur effektiven Bekämpfung des Schwarzmarktes und zur besseren Kontrolle des im Umlauf befindlichen Cannabis als Ordnungswidrigkeit geahndet werden. Eine Strafbarkeit soll vermieden werden.

b)   Vorteile einer staatlich lizensierten Abgabe[1439]

1. Durch die Lizenzvergabe kann Einfluss auf die Personen genommen werden, die als Händler auftreten
2. Die Preise für Cannabis können einheitlich festgelegt werden
3. Die Orte des Verkaufs und des Vertriebs sind einer staatlichen Regulierung und Kontrolle zugänglich
4. Quantität und Qualität des auf dem Markt erhältlichen Cannabis werden kontrollierbar
5. Der Jugendschutz wird besser gewährleistet
6. Dem Schwarzmarkthandel mit Cannabis wird die Grundlage entzogen
7. Wahrung der Autonomie der Konsumenten
8. Geringere Kosten im Rahmen der Strafverfolgung und -vollstreckung, sowie im ganzen Justizsystem
9. Weniger Beschaffungskriminalität
10. Durch eine Legalisierung wird der Weg zu einer offenen und objektiven Kommunikation über Cannabis eröffnet, die nicht mehr durch die Gefahren einer Strafverfolgung beeinträchtigt wird. Ein rationaler Diskurs wird ermöglicht
11. Die Drogenprävention erreicht Menschen schneller und die Hemmschwelle, Hilfsangebote anzunehmen sinkt

---

[1439]   Die folgenden Vorteile finden sich vor allem bei: LG Lübeck (Fn. 357), S. 177; *Schmidt-Semisch,* Drogenkontrollmodelle (Fn. 1329), S. 448 f.

IV. Übertragbarkeit der Ergebnisse auf andere Drogen

Die vorliegende Arbeit setzt den Fokus klar auf die Droge Cannabis und richtet die Untersuchungen und Fragestellungen an Cannabis aus. Darüber hinaus stellt sich die Frage der Übertragbarkeit der Ergebnisse auf andere Drogen. Dazu kann an dieser Stelle nicht abschließend Stellung genommen werden. Jede Droge hat Spezifika, die in eine Bewertung mit einfließen müssen. Dies trifft in besonderem Maße auf die gesundheitlichen Gefahren des Konsums zu. Allerdings beinhalten viele Abschnitte dieser Arbeit Aussagen, die betäubungsmittelübergreifend Geltung beanspruchen. Dies trifft vor allem auf die Ausführungen des zweiten Kapitels (B. Soziale Kontrolle und ihre Grenzen) zu. Auch die Befunde zu Kapitel D. Effektivität des Cannabisverbotes und E. Alternative Strategien im Umgang mit Cannabis unter Berücksichtigung der Verantwortlichkeit informeller sozialer Kontrolle lassen sich weitgehend auf andere Drogen übertragen. Hinsichtlich der alternativen Strategien im Umgang mit Drogen teilen sich die Meinungen dazu, inwieweit andere Drogen dieselbe Behandlung wie Cannabis erfahren sollen[1440]. Viele Vorteile des Modells der staatlich lizensierten Abgabe gelten auch für die Abgabe anderer Drogen. Auch hier würde der Jugendschutz besser gewährleistet und der Schwarzmarkt effektiver bekämpft. Die Sicherstellung der Qualität und der Reinheit der Droge ist bei anderen Drogen wie Heroin, Kokain, Amphetamin und Ecstasy sogar von größerer Bedeutung als bei Cannabis. Auch hinsichtlich der Beschaffungskriminalität kann eine Legalisierung harter Drogen Vorteile bringen, da eine solche vor allem in Zusammenhang mit härteren Drogen steht. Die Förderung von Hilfsangeboten und Therapiemöglichkeiten ist angesichts größerer Gesundheitsrisiken beim Konsum harter Drogen von großer Wichtigkeit. Schneller Zugang zu solchen Hilfen und eine geringere Hemmschwelle diese aufzusuchen kann durch eine Legalisierung befördert werden.

[1440] Dazu näher bei: *Bauer/Bossong*, Markt (Fn. 1348), S. 94; *Böllinger*, Aspekte (Fn. 1342), S. 166; Kommission „Kriminalpolitik", Entkriminalisierungsvorschläge (Fn. 1397), S. 29, 40 ff.; *U.E. Kemmesies*, Kompulsive Drogengebraucher in den Niederlanden und in Deutschland, 1995, S. 304; *Schmidt-Semisch/Nolte*, Drogen (Fn. 1348), S. 78 f.; *Schmidt-Semisch*, Drogenkontrollmodelle (Fn. 1329), S. 446 ff.; *Krumdiek*, Grundlage (Fn. 291), S. 407; *Paul*, Überlegungen (Fn. 1322), S. 288 f.

F. Zusammenfassung

Das Cannabisverbot in seiner heutigen Form stellt sich unter verschiedenen Gesichtspunkten als ineffizient und aus verfassungsrechtlicher Sicht als illegitim dar.

I. Soziale Kontrolle und ihre Grenzen

Zunächst bedarf der Begriff der sozialen Kontrolle einer näheren Definition, auch wenn er oftmals aufgrund seiner Unschärfe als undefinierbar gilt. Deutlich wird, dass soziale Kontrolle durch die gesellschaftliche Mehrheit erfolgen und die Kontrolle von der Gesellschaft bzw. Vertretern dieser gegenüber dem Einzelnen ausgeübt werden muss. Häufig wird versucht, den Begriff zu konturieren, indem nur reaktive Maßnahmen zur sozialen Kontrolle gezählt werden oder eine spezifische Intention gefordert wird. Manche dieser Versuche, wie die Notwendigkeit einer Intention, stellen sich als sinnvoll dar, während andere den Begriff zu eng werden lassen. Danach definiert sich soziale Kontrolle im Rahmen dieser Arbeit als Gesamtheit der formellen und informellen Verfahren zur Durchsetzung formeller und informeller Normen durch soziale Instanzen. Auslöser der Verfahren ist gegenwärtige oder erwartete Devianz, welche präventiv verhindert oder reaktiv sanktioniert werden soll, um normkonformes Verhalten herbeizuführen.

Soziale Kontrolle kann in innere und äußere Kontrolle unterteilt werden, wobei unter innerer Kontrolle die Internalisierung von Normen zu verstehen ist. Es geht um eine präventive Kontrolle, bei der der Einzelne Normen befolgt, da er sie selbst für richtig erachtet. Äußere Kontrolle bezieht sich auf die reaktiven Folgen auf Devianz und Delinquenz. Diese umfasst sowohl positive als auch negative Sanktionen. Das Strafrecht gehört klassischerweise zur äußeren sozialen Kontrolle, während die soziale Kontrolle durch informelle Instanzen vor allem auf den Aufbau einer inneren Normakzeptanz zielt.

Formelle soziale Kontrolle zeichnet sich dadurch aus, dass diese von staatlichen Instanzen ausgeht, deren originäre Aufgabe die soziale Kontrolle ist (Polizei, Gerichte, Strafvollzug etc.). Zu den Instanzen informeller sozialer Kontrolle zählen derweil Familie, Schule und *peer-groups*.

Zunächst wurde das Strafrecht in den Fokus der Untersuchungen gestellt. Die Auswertung der Befunde zu den relativen Straftheorien erbrachte insgesamt nur geringe Hinweise auf die Wirksamkeit im betäubungsmittelrechtlichen Bereich. Dies ist zunächst den theoretischen Fundierungen der negativen General- und Spezialprävention geschuldet, welche auf Jugendliche nicht hinreichend anwendbar sind. Sowohl die *rational choice*-Theorien als auch die Kontrolltheorien erfordern einen rational kalkulierenden Täter. Dieser wird als Voraussetzung für einen wirksamen Abschreckungseffekt des Strafrechts gesehen. Diese Voraussetzung ist im Bereich des Umgangs mit Cannabis in den meisten Fällen nicht gegeben. Der Umgang mit Cannabis ist ein Delikt, welches typischerweise anderen Motiven und Mechanismen unterworfen ist als rationaler Abwägung. Hier sind es oft spontane Handlungen und Gruppendynamiken, die von Einfluss auf das Handeln des Einzelnen sind. Cannabiskonsum ist einer Kosten-Nutzen-Kalkulation, wie sie ein Abschreckungseffekt erfordert, nur sehr eingeschränkt zugänglich. Hierzu trägt auch bei, dass es gerade Jugendliche sind, die Cannabis konsumieren. Das Handeln Jugendlicher ist grundsätzlich weniger von rationaler Abwägung geprägt, als es die Theorien erfordern. Aufgrund eines Mangels an Reife in diesem Stadium der Adoleszenz sind *peer*-Einfluss und *ad hoc*-Entscheidungen prägende Handlungsmotive Jugendlicher. Die empirischen Befunde untermauern die fehlende Abschreckungswirkung. Es wird deutlich, dass sich die theoretischen Schwächen der Ansätze in Bezug auf Cannabis auch in der Realität widerspiegeln. Jugendliche lassen sich von etwaigen Strafdrohungen nicht abschrecken, obwohl der Legalstatus der Droge hinlänglich bekannt ist. Zu der Wirkungslosigkeit des Abschreckungseffektes trägt weiterhin die mangelnde Entdeckungswahrscheinlichkeit bei. Beim Cannabiskonsum handelt es sich vornehmlich um Vorgänge im privaten Bereich, die nur selten ins Hellfeld gelangen. Der Verfolgungsdruck auf Konsumenten ist gering.

Im Rahmen der positiven General- und Spezialprävention ist es weniger der Mangel in der theoretischen Begründung der Effekte als vielmehr die fehlende empirische Nachweisbarkeit, die einer Wirksamkeit des Strafrechts entgegensteht. Die Systemtheorie vermag es, einen soliden theoretischen Unterbau für die positive Generalprävention zu liefern. Es ist nicht anzuzweifeln, dass das Strafrecht, als kontrafaktisch stabilisierte Verhaltenserwartung, auch bei Verstößen aufrechterhalten wird und so das Normvertrauen der Bürger stützt. Allerdings finden sich in den empirischen Daten keine hinreichenden Belege dafür, inwieweit die bezweckte Norminternalisierung tatsächlich stattfindet und inwieweit diese dann im Bereich des jugendlichen Umgangs mit Cannabis handlungsleitend wird. Die mangelnde Nachweisbarkeit eines positiv-generalpräventiven Effektes weist der Theorie derweil eher die Funktion eines übergeordneten Prinzips denn als tatsächlich wirksame Straftheorie zu. Diese Erkenntnis ist nicht spezifisch auf das Betäubungsmittelgesetz oder den Täterkreis der Jugendlichen zugeschnitten, sondern gilt übergreifend für alle Delikte und Tätergruppen.

Hinsichtlich der empirischen Nachweisbarkeit einer positiv-spezialpräventiven Wirkung liegen vor allem Studien vor, die sich mit stationären Maßnahmen im Strafvollzug auseinandersetzen. Da im Betäubungsmittelbereich, gerade in Zusammenhang mit Cannabis, aber vornehmlich ambulante Maßnahmen ergriffen werden, sind diese Ergebnisse nicht ohne Weiteres übertragbar und können keine validen Aussagen zur positiven Spezialprävention im Bereich der Cannabiskriminalität treffen.

Das Betäubungsmittelstrafrecht muss in diesem Zusammenhang auch unter dem Gesichtspunkt des Paternalismus betrachtet werden. Das Verbot von Cannabis stellt sich als gesetzlich ausgeformter Paternalismus dar, der in die Sphäre des Einzelnen eingreift und diesem die autonome Entscheidung über den Konsum verwehrt. Es wurde aufgezeigt, dass sowohl der indirekte als auch der direkte Paternalismus mit einer liberalen Rechtsordnung nicht in Einklang zu bringen sind. Diese weist der Autonomie des Einzelnen hohe Bedeutung zu. Die Autonomie ist geradezu konstituierend für eine liberale Rechtsordnung. Auch das Prinzip der Straflosigkeit der Selbstschädigung sowie die eigenverantwortliche Selbstgefährdung stehen der Legitimität eines strafrechtlichen Paternalismus entgegen. Das Verbot von Cannabis, auch zum Zwecke des

Eigenkonsums, ohne Fremdgefährdung ist nicht mit den vorgenannten Prinzipien in Einklang zu bringen. Die Rechtfertigung des Cannabisverbotes über das Kollektivrechtsgut der „Volksgesundheit" scheitert indes bereits daran, dass es sich lediglich um ein Scheinkollektivrechtsgut handelt, welches nicht über die bloße Aufsummierung von Einzelrechtsgütern hinausgeht.

Ob die Konflikttheorie im Rahmen der Normgenese des Betäubungsmittelgesetzes und des Cannabisverbotes tatsächlich einen hinreichenden Erklärungszusammenhang bietet, erscheint indes zweifelhaft. Zweifel entstehen vor allem dann, wenn einseitig davon ausgegangen wird, dass der Grund hinter dem Verbot in der Aufrechterhaltung von konservativen Machtstrukturen liegt. Ein solcher Zusammenhang kann nicht mit hinreichender Sicherheit nachgewiesen werden. Sinnvollerweise wird die Konflikttheorie derart verstanden, dass sich die Ergebnisse der Konflikte als Fortschritt und gesellschaftliche Evolution darstellen. In der modernen Gesellschaft ist die Normgenese mehr als Produkt von ausgehandelten Kompromissen denn als oktroyierte Entscheidung zu begreifen.

II.   Rechtmäßigkeit des Cannabisverbotes in Deutschland

Die Rechtmäßigkeit des Cannabisverbotes ist von ebenso großer Bedeutung für die Analyse der Rechtslage wie die Wirksamkeit des Strafrechts selbst. Eine illegitime bzw. verfassungswidrige Rechtslage darf nicht aufrechterhalten werden. Hierzu war eine umfassende Bewertung der aktuellen Rechtslage erforderlich.

Derzeit werden Cannabis (Marihuana) und das Cannabisharz (Haschisch) als nicht verkehrsfähige Betäubungsmittel in der Anlage I zum BtMG aufgeführt. Ausnahmsweise kann Cannabis jedoch verschrieben werden, wenn es den Zwecken gemäß Anlage III dient. Seit dem Inkrafttreten des Gesetzes zur Änderung betäubungsmittelrechtlicher und anderer Vorschriften besteht die Möglichkeit, Cannabis als Medizin für schwerstkranke Patienten zu verschreiben.

Die Diversionsmöglichkeiten innerhalb des Betäubungsmittelgesetzes (§§ 29 Abs. 5, 31a und 37) und die Möglichkeit der Nutzung der Diversionsmöglichkeiten des allgemeinen Strafrechts (§§ 153 ff. StPO) sowie der jugendspezifischen Einstellungsmöglichkeiten (§§ 45 und 47 JGG) verdeutlichen, dass der Staat bereits erkannt hat, dass strafrechtliche Sanktionen im Bereich der Betäubungsmittelkriminalität kein Allheilmittel sind, ja sogar kontraindiziert sein können. Gerade die hohe Zahl an Verfahren, die nach dem praktisch bedeutsamsten § 31a BtMG erledigt werden, spricht eine eindeutige Sprache. Nach dieser Vorschrift wurden 2017 19,5% der Verfahren im Betäubungsmittelbereich eingestellt.

Kritisch zu bewerten ist, dass es sich bei den Diversionsmöglichkeiten nach dem Betäubungsmittelstrafrecht lediglich um eine prozessuale Lösung handelt. Dem Bundesverfassungsgericht zufolge verdichtet sich die Einstellungsmöglichkeit zusammen mit dem Cannabis-Urteil zwar zu einer Einstellungspflicht, dennoch bleibt die Strafbarkeit letztlich von der staatsanwaltschaftlichen Entscheidung über die Einstellung abhängig. Die prozessuale Lösung nimmt eine Zwitterstellung zwischen einer formellen und einer materiellen Lösung ein, welche nicht zu rechtfertigen ist und nicht an die Wirksamkeit einer materiellen Lösung heranreicht. Innerhalb des Ermittlungsverfahrens kann sich der Einzelne nicht hinreichend gegen ein zu Unrecht eingeleitetes Ermittlungsverfahren wehren. Die aktuelle Lage ist mit vielen Unsicherheiten für die Konsumenten verbunden. Die Verantwortung für die Entscheidung über eine Einstellungspflicht obliegt dem Gesetzgeber und darf nicht der Exekutive überantwortet werden. Positiv anzumerken ist, dass die heutigen Richtlinien der Länder einheitlich eine Einstellung der Verfahren bei bis zu 6 g Cannabis vorsehen. Manche Länder gehen auch darüber hinaus.

Im Rahmen der Überprüfung der Legitimität des Cannabisverbotes spielen neben den Einstellungsmöglichkeiten auch die Gesundheitsgefahren durch den Konsum eine wichtige Rolle. Während die Regierungsvorlagen für die Prohibition noch davon ausgingen, dass der Konsum zu einer „Zerstörung [der] Persönlichkeit, [der] Freiheit und [der] Existenz"[1441] führt, gehen aktuelle Erkenntnisse von einer deutlich reduzierten Gefährlichkeit aus.

Die Gefahren für die physische Gesundheit durch den Cannabiskonsum sind nachweislich mit denen des Rauchens von Zigaretten vergleichbar. Hier kommen vor allem Lungen- und Bronchial-Schädigungen in Betracht, die jedoch nicht auf das THC zurückzuführen sind, sondern auf das Verbrennen des Tabaks bzw. des Cannabis selbst. Eine darüber hinausgehende Gefahr von körperlichen Schädigungen konnte bislang nicht nachgewiesen werden. Auch wenn die völlige Ungefährlichkeit des Konsums nicht bestätigt werden konnte, so steht doch mit hinreichender Sicherheit fest, dass diese Gefahren sich in einem zu tolerierenden Rahmen bewegen, der dem Einzelnen die Freiheit belassen sollte, selbst zu entscheiden. In dieselbe Richtung deuten auch die leichten Entzugssymptome, welche, wenn überhaupt, nur nach Beendigung von chronischem Dauerkonsum auftreten.

Hinsichtlich der Gefahren für die Psyche durch den Cannabiskonsum wurden im Laufe der Jahre zahlreiche Annahmen getroffen, die heute als widerlegt gelten. Prominente Beispiele sind die Schrittmacherthese und das amotivationale Syndrom oder aber der Zusammenhang zur Gewaltkriminalität. Die Datenlage ist hinsichtlich der Gefahren für die psychische Gesundheit weniger einheitlich als bei den physischen Gefahren. Gefahren werden hauptsächlich für Jugendliche angenommen, da diese sich in einem Stadium der Entwicklung befinden, auf das Cannabis negativen Einfluss haben kann. Anzumerken ist, dass Studien, die von einer weitergehenden Gefährlichkeit ausgehen, zumeist das Konsummuster des chronischen Dauerkonsums zugrunde legen. Dabei handelt es sich nicht um das typische Konsummuster. Es ist davon auszugehen, dass in vielen Fällen, in denen Cannabiskonsum in einen Zusammenhang mit psychischen Beeinträchtigungen gesetzt wird, eine entsprechende Prädisposition bestand. Ohne eine angelegte Vulnerabilität vermag es Cannabis kaum, originär die psychische Verfasstheit negativ zu beeinflussen. Es verbleibt letztlich ein Restrisiko, das nicht ausgeschlossen werden kann. Gleiches gilt für die psychische Abhängigkeit von Cannabis. Eine solche kann auftreten, ist jedoch ebenfalls nur als schwach ausgeprägt anzusehen und kann innerhalb kurzer Zeit voll-

---

[1441] BT-Drucks. VI/1877, S. 5.

ständig überwunden werden. Von großem Einfluss auf das Entstehen einer psychischen Abhängigkeit sind das gesamte *setting*, in das der Konsument eingebunden ist sowie eine eventuell bestehende Komorbidität. Es ist also nicht das psychotrope Prinzip des THC allein, welches eine Abhängigkeit auslöst. Erst in Kombination mit den genannten Umweltfaktoren ist eine solche zu erklären.

Die Auswirkungen des Konsums, auch des chronischen Dauerkonsums, auf psychische Grundfunktionen wie die Intelligenz sind nach wie vor umstritten. Allerdings deutet hier viel darauf hin, dass nachgewiesene Zusammenhänge häufig Scheinkorrelationen sind und die Zusammenhänge über Störvariablen vermittelt werden. So kann gerade der sozio-ökonomische Status einen großen Einfluss auf die Entwicklung der Intelligenz Jugendlicher haben, der den Einfluss des Cannabiskonsums letztlich überlagert.

Wie bereits erwähnt, kann die Schrittmacherthese heute nicht mehr ernstlich vertreten werden. Der simple Nachweis, dass die meisten Konsumenten von Cannabis niemals auf andere illegale Drogen umsteigen, entzieht der These bereits jede Grundlage.

Die Annahme eines Zusammenhangs zwischen Cannabiskonsum und dem amotivationalen Syndrom bzw. einer geringen Leistungsbereitschaft muss heute ebenfalls verneint werden. Eine geringere Leistungsbereitschaft muss auch unter dem Aspekt eines übergeordneten Lebensstils verstanden werden. Cannabiskonsum ist stellenweise Teil eines Lebensstils, der sich von der Leistungsgesellschaft bewusst abgrenzt. In diesem Fall geht der Konsum einer Abwendung von der Leistungsgesellschaft zeitlich nach und nicht vor.

Ein übermäßiger Anstieg des THC-Gehaltes von Cannabis kann ebenfalls nicht nachgewiesen werden. Ein solcher Anstieg wird häufig in Verbindung gebracht mit zunehmenden gesundheitlichen Gefahren. Ob Cannabis mit zunehmendem THC-Gehalt in seinem Gefahrenpotential steigt, kann nicht mit Sicherheit gesagt werden. Jedoch ist bei einem durchschnittlichen THC-Gehalt von 6 bis 8% nicht davon auszugehen, dass ein übermäßiges Risiko besteht.

Bei Untersuchungen zu den Auswirkungen des Cannabiskonsums auf die Gesundheit müssen stets alternative Erklärungszusammenhänge in Betracht gezogen werden, damit nicht vorschnell monokausale Zusammenhänge postuliert werden. Solche alternativen Erklärungszusammenhänge sind vor allem in bestehenden Prädispositionen zu psychischen Erkrankungen zu sehen. Aber auch soziale Umweltfaktoren und das *setting*, in das der Einzelne eingebettet ist, sind von übergeordneter Bedeutung. So ist stets der sozio-ökonomische Status zu erheben, wenn untersucht werden soll, welchen Einfluss Cannabiskonsum auf die Gesundheit des Einzelnen hat. Ebenso ist das Konsummuster von großer Bedeutung, da es vor allem der chronische Dauerkonsum ist, der ein erhöhtes Risiko enthält.

Letztlich bleibt festzuhalten, dass der moderate Freizeitkonsum Erwachsener weitgehend risikofrei ist bzw. mit solch geringen Risiken verbunden ist, dass diese von der Gesellschaft zu tragen sind.

Die Evaluation der Gesundheitsgefahren stellte einen notwendigen Schritt dar, damit danach auf die Verfassungsgemäßheit der Gesetzeslage in Bezug auf Cannabis eingegangen werden konnte. Denn auch im Rahmen des Cannabis-Urteils des Bundesverfassungsgerichts spielten die Gesundheitsgefahren durch den Konsum eine zentrale Rolle.

Hohe Bedeutung kommt der allgemeinen Handlungsfreiheit (Art. 2 Abs. 1 GG) und dem allgemeinen Persönlichkeitsrecht (Art. 1 Abs. 1 GG i.V.m. Art. 2 Abs. 1 GG) zu. Das Verbot des gesamten Umgangs mit Cannabis macht es dem Einzelnen letztlich unmöglich, seinen Konsum straffrei zu gestalten. Hierin liegt ein klarer Eingriff in Art. 2 Abs. 1 GG. Im Rahmen der Rechtfertigung des Eingriffs erscheint es bereits zweifelhaft, den Cannabiskonsum nicht dem absolut geschützten Bereich privater Lebensführung zu unterwerfen. Das Landgericht Lübeck geht hier von einem schrankenlos zu gewährenden „Recht auf Rausch" aus. Der soziale Bezug, den der Konsum erfährt, ist vor allem auf die Kriminalisierung und die damit verbundene Strafverfolgung zurückzuführen. Die Gefahr einer Sucht, die ebenfalls einen sozialen Bezug begründen soll, ist, wie gezeigt, sehr gering und in ihrem Ausmaß von so geringem Gewicht, dass davon auszugehen ist, dass diese in den meisten Fällen keiner Behandlung bedarf. Naturgemäß ist der Erwerbsvorgang bzw. das Sichverschaffen der Droge mit sozialer Interaktion verbunden, doch kann dies die Zuweisung des Konsums zum Bereich privater Lebensführung, als notwendige Begleiterscheinung, nicht in Zweifel ziehen.

Geht man jedoch mit dem Bundesverfassungsgericht davon aus, dass der Cannabiskonsum unter dem Schrankenvorbehalt des Art. 2 Abs. 1 GG steht, so ist dem Verbot in der aktuellen Fassung die Verhältnismäßigkeit abzusprechen. Viele Zielsetzungen, denen das Betäubungsmittelgesetz dienen soll, können keine legitimen Zwecke darstellen. Die „Volksgesundheit" kann als konstruiertes Scheinkollektivrechtsgut kein legitimes Ziel einer Prohibition sein. Ebenso scheidet eine Fremdgefährdung anderer bei geringen Mengen Cannabis zum Eigengebrauch regelmäßig aus. Einzig legitimer Zweck des Verbotes kann der Schutz der Jugend sein. Da die Konsumentscheidung Jugendlicher häufig nicht frei und voll verantwortlich ist, bedarf es hier eines weitergehenden Schutzes. Einer Fremdgefährdung kann bei Jugendlichen nicht mit dem Argument der eigenverantwortlichen Selbstgefährdung entgegengetreten werden. Das Betäubungsmittelstrafrecht ist nicht bzw. nur unter großen Einschränkungen in der Lage, den Zweck zu erreichen. Dies wurde bereits bei der Untersuchung der relativen Straftheorien deutlich. Dennoch stellt sich der aktuelle Weg als von der Einschätzungsprärogative des Gesetzgebers gedeckt dar. Im Rahmen der Erforderlichkeit kommen eine Vielzahl an alternativen Umgangsformen mit Cannabis als mildere Mittel in Betracht. Von einer Volllegalisierung bis zu einer partiellen Entkriminalisierung. Ob diese Mittel indes gleich wirksam sind, lässt sich nicht mit Sicherheit sagen, da es sich um Prognoseentscheidungen handelt, die keine hinreichende empirische Grundlage aufweisen. Im Rahmen der Verhältnismäßigkeit im engeren Sinne sind die Diversionsmöglichkeiten des Betäubungsmittelgesetzes zu berücksichtigen. Für das Bundesverfassungsgericht gaben diese Möglichkeiten den Ausschlag, die Prohibition noch als verfassungsgemäß zu werten.

Im Ergebnis überwiegen jedoch die Prinzipien der Straflosigkeit der Selbstschädigung und der eigenverantwortlichen Selbstgefährdung, die dem Konsumenten die Verantwortung für den Konsum zuweisen. Auch kann bei einer geringen Menge zum Eigenverbrauch nicht von einer hinreichend konkretisierten Möglichkeit einer Fremdgefährdung ausgegangen werden, als dass diese ein Verbot der Konsumentendelikte rechtfertigt. Die verbleibenden Risiken sind derart gering, dass diese von einer freiheitlich ausgerichteten Gesellschaft zu tragen sind. Das Strafrecht muss hier, auch unter Berücksichtigung des *ultima ratio*-Prinzips, zurückstehen.

Eine Verletzung des Grundrechts auf körperliche Unversehrtheit (Art. 2 Abs. 2 S. 1 GG) ist nicht gegeben. Die Annahme einer Schutzpflichtverletzung des Staates, wie sie das Landgericht Lübeck vertrat, kann nicht nachvollzogen werden. Das Verbot von Cannabis führt nicht dazu, dass der Einzelne im Rahmen seines „Rechts auf Rausch" zu Alkohol als Ersatzdroge greifen muss und dadurch größeren Gesundheitsgefahren ausgesetzt ist. Auch hier greift das Prinzip der eigenverantwortlichen Selbstgefährdung. Jeder Einzelne ist selbst dafür verantwortlich, was er konsumiert.

Die Freiheit der Person (Art. 2 Abs. 2 S. 2, 104 GG) ist verletzt, soweit das Gesetz für konsumorientierte Handlungsweisen Haftstrafen oder andere Arten des Freiheitsentzugs vorsieht. Darunter fallen auch die Vorführung und der Haftbefehl in einem Strafverfahren. Hier kann nicht mehr von einer Verhältnismäßigkeit der Regelung ausgegangen werden. Die Ermächtigung zum Erlass von Rechtsverordnungen in § 1 Abs. 1 bis 3 BtMG verstößt indes nicht gegen Art. 104 Abs. 1 S. 1 GG, da alles Wesentliche im Gesetz selbst geregelt ist. Gerade die Strafbarkeit des Umgangs mit Cannabis ist bereits im Betäubungsmittelgesetz selbst geregelt.

Ob Cannabiskonsum unter die Meinungsäußerungsfreiheit nach Art. 5 Abs. 1 S. 1 GG fällt, ist eine Frage des jeweiligen Einzelfalles. Cannabiskonsum kann durchaus als Art und Weise der Meinungsäußerung durch das Grundgesetz geschützt sein, allerdings gilt dies nicht für den Fall, dass es sich um einen gezielten Gesetzesverstoß handelt. Ein solcher kann nicht als von der Meinungsfreiheit geschützt angesehen werden.

Praktisch unstreitig fällt der Cannabiskonsum in bestimmten Konstellationen in den Schutzbereich der Glaubensfreiheit (Art. 4 Abs. 1 und 2 GG). Für die Glaubensgemeinschaft der Rastafaris ist der Konsum von Cannabis ein ritueller Akt, der als solcher der Glaubensfreiheit unterfällt. Hier bestehen keine Unterschiede zum Konsum von Messwein im christlichen Glauben. Eine falsche Rezeption dieses Vorgangs in der Öffentlichkeit kann ein Verbot des Konsums zu religiösen Zwecken nicht rechtfertigen. Der Glaubensfreiheit kommt insoweit eine gesteigerte Bedeutung zu.

Unter die Gewissensfreiheit (Art. 4 Abs. 1 GG) kann der Cannabiskonsum hingegen nicht subsumiert werden. Die Entscheidung zum Konsum ist nicht an den Kategorien von ‚Gut' und ‚Böse' ausgerichtet und damit keine Gewissensentscheidung.

Der Cannabiskonsum kann im Rahmen einer Performance-Kunst oder eines *happenings* durch die Kunstfreiheit (Art. 5 Abs. 3 S. 1 GG) geschützt sein. Heute ist dem offenen Kunstbegriff zu folgen, der insoweit keine Einschränkungen nach der äußeren Form der Kunst trifft. Als Vorbereitungshandlungen, die ebenfalls geschützt sind, sind dann auch der Erwerb, das Sichverschaffen und der Besitz aufgrund von Art. 5 Abs. 3 S. 1 GG straffrei zu stellen. Es gilt ebenfalls, dass der gezielte Gesetzesverstoß, unter dem Deckmantel des Grundrechts, nicht geschützt werden kann.

Im Rahmen des Gleichheitsgrundsatzes (Art. 3 Abs. 1 GG) kommen verschiedene Beeinträchtigungen in Betracht, die im Ergebnis jedoch nicht durchgreifen. So besteht heute über die Ländergrenzen hinweg eine Einstellungspflicht bei bis zu 6 g Cannabis. Die dazu erlassenen Richtlinien genügen für eine grundrechtskonforme Gleichbehandlung. Die unterschiedliche Behandlung von Cannabis auf der einen und Alkohol sowie Nikotin auf der anderen Seite führt unter Berücksichtigung des Art. 3 Abs. 1 GG nicht dazu, dass Cannabis straffrei zu stellen ist. Es ist anzumerken, dass die Kriterien für eine Differenzierung, wie sie das Bundesverfassungsgericht vorgebracht hat, nicht haltbar sind. Cannabis kann, ebenso wie Alkohol, auf mannigfaltige Weise genutzt werden. Von der Medizin über Genussmittel bis zur religiösen Verwendung. Die zunehmende Verbreitung lässt Cannabis als in der Gesellschaft angekommen erscheinen, sodass auch hier zunehmend weniger Unterschied zum Alkohol besteht. Dem Gesetzgeber bleibt hier ein Spielraum, wie er mit potentiell gefährlichen Stoffen umgeht. Da das Bundesverfassungsgericht davon ausging, dass eine Alkoholprohibition nicht umsetzbar sei, muss die Debatte an dieser Stelle jedoch auf eine Liberalisierung des Umgangs mit Cannabis hinauslaufen. Die mangelnde Differenzierung zwischen weichen und harten Drogen verstößt nicht gegen Art. 3 Abs. 1 GG. Hier bestehen keine hinreichend objektiven Kriterien für eine derartige Differenzierung, sodass sich der Gesetzgeber dem Vorwurf der Willkür ausgesetzt sehen könnte.

Daraus, dass die Einstellungsmöglichkeiten nur prozessualer Natur sind, und die Richtlinienkompetenz bezüglich der Grenzen einer Einstellungspflicht bei der Exekutive liegt, resultiert ein Verstoß gegen den Bestimmtheitsgrundsatz (Art. 103 Abs. 2 GG). Durch das CannabisUrteil des Bundesverfassungsgerichts hat sich die Einstellungsmöglichkeit bei geringen Mengen zum Eigenverbrauch ohne Fremdgefährdung zu einer Einstellungspflicht verdichtet. Da die Entscheidung darüber, wann eingestellt wird, durch die Staatsanwaltschaften jederzeit geändert werden kann, unterliegt die Strafbarkeit nicht mehr der parlamentarischen Kontrolle und verletzt somit Art. 103 Abs. 2 GG.

Der Einzelne hat keine Möglichkeit, gegen die Entscheidung der Staatsanwaltschaft vorzugehen, ein Ermittlungsverfahren einzuleiten, obwohl die Voraussetzungen einer Einstellung vorliegen. Dies verstößt gegen die Rechtsweggarantie des Art. 19 Abs. 4 GG. Die Eingriffsintensität des Ermittlungsverfahrens erfordert ein entsprechendes Rechtsmittel. Auch reicht ein Verweis auf die Rechtsschutzmöglichkeiten des Hauptverfahrens nicht aus, dieses Defizit aufzuwiegen. Die Einstellungspflicht muss daher materiell-rechtlich ausgestaltet werden oder es bedarf eines entsprechenden Rechtsmittels im Rahmen des Ermittlungsverfahrens.

Die aktuellen Regelungen des Betäubungsmittelgesetzes verstoßen gegen zahlreiche grundge-
setzliche Vorschriften. Dies sind vor allem die allgemeine Handlungsfreiheit, die Glaubensfreiheit, der Gleichheitsgrundsatz, der Bestimmtheitsgrundsatz und die Rechtsweggarantie. Weitere Konfliktfelder eröffnen sich im Rahmen der Meinungs- und Kunstfreiheit. Hier wird die
Illegitimität des Betäubungsmittelstrafrechts deutlich. Die Verstöße sind in Bezug auf geringe
Mengen zum Eigenverbrauch und die konsumorientierten Handlungsweisen evident und können nicht durch die lediglich prozessualen Einstellungsmöglichkeiten aufgefangen werden. Die
Entscheidung des Bundesverfassungsgerichts ist danach, auch unter Berücksichtigung der neuesten Erkenntnisse zu den Gesundheitsgefahren durch Cannabiskonsum, zu revidieren. Dem
Gesetzgeber ist aufzutragen, für eine verfassungskonforme Regelung Sorge zu tragen, die letztlich nur in einer weitergehenden Liberalisierung bestehen kann.

Die Erkenntnisse zu den extralegalen Gründen sind unter Vorbehalt zu adaptieren. Dass Cannabis in den 60er Jahren vor allem als Protestdroge verboten werden sollte und dass die Prohibition heute der Ablenkung von bestehenden sozialen Problemlagen dient, sind potentiell bestehende Zusammenhänge, welche sich jedoch nicht beweisen lassen. Es sind vor allem alternative Erklärungsmodelle, die zu einer kritischen Reflektion über das Cannabisverbot dienen
können.

III. Effektivität des Cannabisverbotes

Um ein detailliertes Bild von der Effektivität der Cannabisprohibition zu gewinnen, bedurfte es
empirischer Daten. Hier war zunächst auf Individualdaten einzugehen, die im Rahmen der Untersuchung zur Wirksamkeit des Betäubungsmittelrechts am besten geeignet sind. Die Zusammenhänge, die erhoben werden sollten, befinden sich auf der individuellen Ebene. Die Auswertung der idealtypischen Modelle ergab, dass Experimente das optimale Studiendesign darstellen. Nur diese können den Einfluss von Störvariablen durch Randomisierung ausschließen.
Aufgrund rechtsstaatlicher und ethischer Bedenken kann im Bereich der Sanktionswirkungsforschung zumeist nicht mit Experimenten gearbeitet werden, sodass auf Quasi-Experimente
zurückgegriffen werden muss. Hier kann mittels verschiedener Techniken versucht werden, den
Einfluss von Störvariablen auszuschließen und so valide Ergebnisse zu erhalten. Der „Sherman
Report"[1442] stellt einen guten Leitfaden zur Interpretierbarkeit und Bewertung der Validität von
Forschungsdesigns dar, an dem sich bei der Auswertung empirischer Daten orientiert werden
kann.

Unter den ausgewerteten Untersuchungen zu den Individualdaten fanden sich aus den genannten Gründen keine Experimente. Es ist also bei der Interpretation der Ergebnisse zu berücksichtigen, dass der Einfluss von *confoundern* nicht ausgeschlossen werden kann. Es wurde vor allem der Frage nachgegangen, welche Motive für den Beginn und die Beendigung des Konsums
maßgeblich waren. Die Daten zeigen, dass die meisten Jugendlichen in Deutschland das erste
Drogenangebot ablehnen, und dass die primär angebotene Droge Cannabis ist. Dies entspricht

---

[1442] *Sherman u.a.*, Crime (Fn. 741).

dem Umstand, dass Cannabis die am weitesten verbreitete illegale Droge in Deutschland ist. Vornehmlicher Grund für die Ablehnung des Angebots waren ein Mangel an Interesse und die Angst vor Sucht bzw. die Angst vor negativen gesundheitlichen Folgen. Der Legalstatus war über die Studien hinweg kein Faktor, der auf die Reaktion auf das erste Drogenangebot von Einfluss war. Die Angst vor Strafverfolgung war überwiegend nicht dafür verantwortlich, dass das erste Drogenangebot abgelehnt wurde. Bei den Gründen für die Beendigung des Konsums finden sich ähnliche Antwortmuster. Auch hier spielt die Angst vor Entdeckung keine entscheidende Rolle. Vielmehr sind es die Angst vor Gesundheitsgefahren, aber auch die Reaktion des sozialen Nahbereichs, die eine Abstinenz befördern. Gestillte Neugier ist ein weiterer Faktor. Es kann festgehalten werden, dass sich Nicht-Konsumenten insgesamt eher von dem Legalstatus der Droge beeinflussen lassen als Konsumenten, wenngleich das Niveau des Einflusses weiterhin niedrig bleibt. Diese Befunde korrelieren mit den Ergebnissen des ersten Kapitels, wonach kein oder nur ein sehr geringer Abschreckungseffekt von dem Betäubungsmittelgesetz ausgeht. Dies gilt nicht nur für Deutschland, sondern länderübergreifend.

Möglich bleibt, dass hinter einem Mangel an Interesse als Motiv zur Ablehnung des Angebots in Wahrheit doch Furcht vor Strafe steht und der Einzelne dies nicht hinreichend reflektiert. Dann würde die Furcht vor Strafe den Einfluss des Betäubungsmittelstrafrechts moderieren und es könnte doch von einer normvalidierenden Wirkung des Strafrechts, im Sinne der positiven Generalprävention oder eines Abschreckungseffektes, ausgegangen werden. Dieser Umstand lässt sich anhand der ausgewerteten Daten jedoch nicht belegen und bleibt damit im Bereich der Mutmaßungen.

Die Daten zur Rückfälligkeit nach erfolgter Sanktionierung nach dem Betäubungsmittelgesetz sind wenig aussagekräftig. Es handelt sich lediglich um Hellfelddaten, und es wurde keine einschlägige Rückfälligkeit erhoben. Ein zuverlässiger Schluss von der Sanktionierung auf die Legalbewährung war damit nicht möglich.

Es kann festgehalten werden, dass es zu wenige valide Untersuchungen im Bereich der Individualdatenforschung gibt und die vorhandenen Studien häufig an methodischen Schwächen leiden. Das mindert die Interpretierbarkeit der Ergebnisse. Insgesamt deuten die Befunde jedoch in eine einheitliche Richtung. Nach dem Großteil der Studien zufolge haben die drohende Sanktionierung und die Illegalität der Droge keinen Einfluss auf die Konsumentscheidung. Es ist von einer weitgehend fehlenden Wirkung des Betäubungsmittelstrafrechts auf die Konsumentscheidung auszugehen. Die einzige Möglichkeit einer sinnvollen Anwendung des Strafrechts wäre die Verordnung einer Therapie, sofern hierfür eine Indikation besteht. Dies ist bei Cannabiskonsum zumeist zu verneinen. Auch ist weitergehend zu eruieren, inwieweit eine verpflichtende Therapie positive Effekte haben kann.

Neben den Individualdaten wurden auch Aggregatdaten zur Untersuchung der Effektivität prohibitiver Regelungen im Umgang mit Cannabis herangezogen. In methodischer Hinsicht ist vor allem das Problem des ökologischen Fehlschlusses zu berücksichtigen. Dabei handelt es sich um die fehlerhafte Übertragung von Zusammenhängen auf Aggregatebene auf die Individual-ebene. So können Veränderungen der Drogenpolitik und -gesetzgebung (Aggregatebene) nicht ohne Weiteres in einen Zusammenhang mit Veränderungen der Konsumprävalenzen (Individualebene) gebracht werden. Hier besteht immer die Gefahr, dass auf der Individualebene andere Faktoren für die sich verändernden Raten verantwortlich sind. Hier kommen vor allem Trends, die Verfügbarkeit der Droge, aber auch sich verändernde Kontrollstrategien der Ermittlungsbehörden in Betracht.

Es wurden Studien herangezogen, welche eine Korrelation zwischen drogenpolitischen Programmen und den Konsumprävalenzen zum Gegenstand haben. Für Deutschland ist die Datenlage solcher Untersuchungen sehr dünn, sodass vor allem auf internationale Studien Bezug genommen wurde. Innerhalb von Deutschland fanden sich mit Ausnahme von Hamburg und München keine Zusammenhänge zwischen den drogenpolitischen Strategien der Bundesländer und den Konsumentenzahlen. Es ist zu vermuten, dass es vor allem informelle Normen und Werte sind, die auf den Konsum von Einfluss sind, ebenso wie ein Stadt-Land-Gefälle. Beim Vergleich internationaler Studien führen Unterschiede in der Methodik und Operationalisierung häufig zu einer schlechten Vergleichbarkeit. Untersuchungen der Konsumprävalenzen zwischen den 70er und 90er Jahren weisen wellenförmige Trajektorien auf, und das weltweit. Dabei zeigen sich ähnliche Verläufe in allen untersuchten westlichen Ländern, und zwar unabhängig davon, ob die Länder eine repressive oder liberale Drogenpolitik verfolgten. Dieser Umstand deutet darauf hin, dass drogenpolitische Strategien keinen entscheidenden Einfluss auf den Konsum haben. Als Grund für den wellenförmigen Verlauf der Konsumentenzahlen gelten internationale Trends, die die Beliebtheit einer Droge steigern oder senken können. Gerade für Jugendliche, die Hauptkonsumenten von Cannabis, ist Trendverhalten symptomatisch. So findet sich Ende der 60er Jahre länderübergreifend ein starker Anstieg des Konsums von Cannabis, was in einen Zusammenhang mit der Ausbreitung der Hippiebewegung gebracht wird. Bestehende Unterschiede zwischen Ländern können häufig mit sozio-kulturellen Eigenheiten der Länder begründet werden. So weisen die Niederlande seit Jahrzenten eine sehr liberale Gesellschaftsstruktur auf, die sich auch in der Drogenpolitik niederschlägt.

Möglich bleibt ein indirekter Einfluss der Drogenpolitik auf die Konsumentenzahlen. Im Sinne der positiven Generalprävention ist es möglich, dass sich die drogenpolitischen Strategien auf die Werte und Normen oder auch die Einschätzung der Gesundheitsgefahren auswirken und so indirekt die Konsumprävalenzen beeinflussen. Ein solcher Einfluss kann jedoch angesichts der mangelnden empirischen Nachweisbarkeit eines positiv generalpräventiven Effektes nicht mit hinreichender Sicherheit bestätigt werden. Auszuschließen ist er jedoch ebenso wenig.

Die Analyse der Aggregatdaten hat gezeigt, dass davon auszugehen ist, dass die Drogenpolitik und -gesetzgebung in Bezug auf die Konsumprävalenzen nicht ausschlaggebend ist.

Angesichts der Tatsache, dass knapp die Hälfte aller Bundesstaaten in den USA Marihuana zu medizinischen Zwecken freigegeben haben, bot sich eine Analyse der Auswirkungen dieses

Vorgehens auf den Freizeitkonsum an. Die Auswirkungen der *MML* auf die Konsumprävalenzen stehen, da es sich um aggregierte Daten handelt, immer unter dem Vorbehalt eingeschränkter Interpretierbarkeit. Methodische Probleme ergaben sich zudem aus den kleinen *samples* (es wurden nur wenige Bundesstaaten untersucht) und den zu kurzen Post-Test-Zeiträumen. Letzteres ist dem Umstand geschuldet, dass die *MML* erst seit relativ kurzer Zeit existieren. Die Daten zeigen größtenteils, dass es durch die Implementierung von *MML* nicht zu einem Anstieg der Konsumprävalenzen innerhalb eines Bundesstaates kam. Unterschiede in den Konsumentenzahlen zwischen *MML*-Staaten und *NMM*-Staaten bestanden zumeist bereits vor der entsprechenden Gesetzesänderung, sodass diese nicht durch die Gesetzeslockerung verursacht worden sein können. Weisen *MML*-Staaten höhere Konsumprävalenzen auf als *NMM*-Staaten, so kann dies darauf zurückzuführen sein, dass Staaten mit ohnehin höheren Konsumraten eher geneigt sind, liberalere Gesetze zu erlassen. Sehr wahrscheinlich ist indes, dass Unterschiede in den gesellschaftlichen Normen und Werten zwischen den Bundesstaaten für die Divergenzen verantwortlich sind. Dies entspricht den Befunden im Rahmen der Auswertung der Aggregatdaten. Eine direkte Übertragbarkeit der Ergebnisse zu den *MML* auf die Auswirkungen einer Entkriminalisierung bzw. einer Legalisierung ist nicht möglich. Da eine Legalisierung in den USA erst seit 2012 stattfindet, liegen hier noch nicht ausreichend Studien vor, um die Auswirkung dieses Vorgehens adäquat zu beurteilen.

Der klassische Vergleich der deutschen Drogengesetzgebung findet mit den Niederlanden statt. Aufgrund der geografischen und sozio-demografischen Vergleichbarkeit bietet sich ein Vergleich der Prävalenzzahlen dieser beiden Staaten an. Auch hier ist der ökologische Fehlschluss bei der Auswertung der Aggregatdaten zu berücksichtigen. Die Niederlande zeichnen sich durch die faktische Entkriminalisierung von Cannabis aus, wenngleich *de jure* Cannabis ebenfalls verboten ist. Resultat dieser Entwicklung ist die staatliche Duldung von „Coffeeshops", in denen Cannabis vertrieben wird. Die Niederlande wiesen bereits vor der *de facto*-Legalisierung höhere Konsumraten auf als der Rest Westeuropas. Eine Analyse der Trajektorien der Konsumraten zeigt, dass sich die Konsumraten der Niederlande nach der *de facto*-Legalisierung parallel zu denen von Norwegen oder den USA entwickelten, wobei Norwegen und die USA in dieser Zeit eine deutlich repressivere Drogenpolitik verfolgten. Auch hier ist zu vermuten, dass es jene internationalen und subkulturellen Trends sind, die eine Veränderung der Konsumprävalenzen bewirken, die bereits bei der Analyse der Aggregatdaten zum Tragen kamen. Aktuelle Zahlen sprechen ebenfalls gegen die These, dass die Liberalisierung in den Niederlanden zu einem höheren Konsum geführt hat. So liegen sowohl die Lebenszeitprävalenz als auch die Jahresprävalenz der Niederlande hinter denen der USA und sind gegenüber Deutschland nur leicht erhöht. Dies spricht dafür, dass eine liberale Drogenpolitik nicht zwingend mit einem Anstieg des Konsums einhergeht. Gründe dafür, dass in den Niederlanden eine liberale Drogenpolitik von der Gesellschaft getragen wird und funktioniert, sind vor allem eine lange Tradition liberaler Politik im Allgemeinen und der Aufbau breit angelegter Präventions- und Hilfsprogramme für Konsumenten. Autonomie und Selbstbestimmung nehmen in der niederländischen Gesellschaft einen deutlich höheren Stellenwert ein als in vielen anderen westlichen Ländern und gipfeln in einem Pragmatismus und Inklusionsgedanken, der auch das Strafrecht umfasst. Dieses wird klassischerweise in den Niederlanden sehr zurückhaltend eingesetzt. All' diese Besonderheiten tragen letztlich dazu bei, dass der liberale Umgang mit Drogen in den Niederlanden funktioniert. Gleichzeitig erschweren sie jedoch eine Übertragbarkeit der Ergebnisse auf andere Staaten, sodass nicht festgestellt werden kann, ob der niederländische Weg auch in Deutschland gangbar wäre. Hieran bestehen vor allem deshalb Zweifel, da der liberale Weg der Niederlande auf eine lange Historie zurückblicken kann. Dies ist in Deutschland nicht der Fall.

Eine mangelnde Übertragbarkeit der niederländischen Drogenpolitik legen auch die Ergebnisse zu den Wertestrukturen innerhalb der deutschen Gesellschaft nahe. Die bestehende Wertestruktur einer Gesellschaft hat auch Einfluss auf die Einstellung dieser Gesellschaft gegenüber Drogen. In den Niederlanden gehen postmaterialistische Strukturen und eine liberale Drogenpolitik Hand in Hand. Den Gegenpol dazu bilden materialistische Strukturen. Befunde zur Theorie des Wertewandels sollten eine Prognose ermöglichen, ob eine Liberalisierung des Umgangs mit Cannabis in naher Zukunft umsetzbar wäre und von der Gesellschaft mitgetragen werden würde. Letzteres ist nach der Definition sozialer Kontrolle unerlässlich. Es zeigte sich, dass die Theorie vom Wertewandel in ihrer Konsequenz heute nicht aufrechterhalten werden kann. Bis in die 90er Jahre sank der Anteil an Materialisten stetig und der Anteil an Postmaterialisten stieg an. Allerdings findet seitdem eine Angleichung beider Pole innerhalb der Gesellschaft statt. Der Wandel ist mithin zum Stillstand gekommen. Stellenweise wird auch ein „Wandel des Wertewandels" konstatiert, was die neuerliche Hinwendung zu materialistischen Werten meint. Postmaterialistische und materialistische Werte sind aktuell in der Gesellschaft in etwa gleichen Teilen zu finden. Dennoch kann eine zunehmende Individualisierung und Pluralisierung von Lebensstilen festgestellt werden. Diese Entwicklung ist eng mit dem Postmaterialismus verbunden. Es wird dabei der eigene Lebensentwurf in den Fokus gerückt, während sich gleichzeitig eine Toleranz gegenüber anderen und abweichenden Lebensmodellen ausbildet. Mithin stellt dies eine Entwicklung dar, in die sich die Akzeptanz gegenüber Drogenkonsum einfügen kann. Im Rahmen von Befragungen, die die gewünschte Rechtslage in Bezug auf Cannabis erheben, fordern auch heute noch über 60% eine Sanktionierung. Dieser Befund korreliert eher mit den vorhandenen materialistischen Strukturen. Dennoch ist erkennbar, dass heute weniger strenge Sanktionen gefordert werden und zunehmend mehr Personen den Besitz geringer Mengen straflos stellen wollen. Betrachtet man das Gesamtbild, kann jedoch heute nicht davon ausgegangen werden, dass die Gesellschaft aufgrund ihrer Wertestruktur eine Legalisierung mittragen würde. Dafür sind materialistische Strukturen zu stark innerhalb der Gesellschaft vertreten. Es erscheint jedoch realistisch, dass erste Maßnahmen hin zu einer Entkriminalisierung von der Bevölkerung akzeptiert werden würden. Hierfür spricht nicht nur die Einführung von Richtlinien zur Straffreistellung beim Eigenbesitz geringer Mengen Cannabis, sondern auch die Freigabe von Cannabis zur Behandlung von Schwerstkranken. Man kann in diesen Entwicklungen erste, kleine Schritte hin zu einer weitergehenden Liberalisierung sehen.

Nicht aus dem Blickfeld geraten dürfen die unmittelbar und mittelbar negativen Folgen der Kriminalisierung, wie sie in der *Labeling Theory* zusammengefasst sind. Im Rahmen der *Labeling Theory* wird Kriminalität als Zuschreibungsprozess durch die Instanzen formeller sozialer Kontrolle begriffen und nicht als etwas, das originär existiert. Sekundäre Devianz stellt sich als Folge der Sanktionierung primärer Devianz dar. Der Reaktion auf die erste Straffälligkeit kommt danach entscheidende Bedeutung für die nachfolgende Legalbewährung zu. Der Täter nimmt das *label* des Kriminellen, welches ihm durch die Sanktionierung auferlegt wird, in sein Selbstbild auf, sodass weitergehende Kriminalität im Sinne einer *self-fulfilling prophecy* entsteht. Die Kriminalisierung kann zudem eine Reduzierung der Ressourcen zur legalen Lebensführung, wie Ausbildung, Beruf oder soziale Kontakte nach sich ziehen. Die Kriminalisierung des Umgangs mit Cannabis trifft vor allem Jugendliche, die die Hauptkonsumenten von Cannabis sind. Aus Sicht der *Labeling Theory* sollte auf Sanktionen bestmöglich verzichtet werden. Wo diese dennoch notwendig sind, sollte vor allem auf diversive Maßnahmen zurückgegriffen werden. Erste Schritte in diese Richtung bilden die Erlasse der Richtlinien, die eine verbindliche Einstellung von Konsumentendelikten vorsehen. Es bleibt zu berücksichtigen, dass auch von den Ermittlungsverfahren entsprechende *labeling*-Effekte ausgehen. Bei Konsumentendelikten in Zusammenhang mit Cannabis, einem Delikt, dem keine originäre Sanktionswürdigkeit zukommt, besteht durchaus die Möglichkeit, auf Strafe zu verzichten. Internationale Entwicklungen in den Niederlanden und den USA, die eine zunehmende Liberalisierung und Legalisierung von Cannabis zum Gegenstand haben, sind unter Berücksichtigung der *Labeling Theory* positiv zu beurteilen. Die empirische Datenlage zum Nachweis eines *labeling*-Effektes ist sehr uneinheitlich und Zusammenhänge, die gefunden werden, weisen häufig nur schwache Korrelationen auf. Nachweisen lässt sich ein solcher Effekt vor allem bei männlichen Jugendlichen. Da diese die Hauptkonsumenten von Cannabis sind, wohnt dem Betäubungsmittelstrafrecht das Potential inne, besonders häufig negative Folgen nach sich zu ziehen. Im Bereich der Cannabiskriminalität sind als *confounder* der Fortschritt der Drogenkarriere und das soziale *setting* des Konsumenten zu berücksichtigen. Beides hat, neben der Sanktionierung, einen großen Einfluss auf die sekundäre Devianz. Bei Drogenkonsumenten kommt es gerade dann zu einem betäubungsmittelbezogenen *labeling*, wenn der erste Polizeikontakt sich auf Drogen bezog. Methodisch ist zu berücksichtigen, dass sich viele Untersuchungen auf Rückfalldaten aus dem Hellfeld und auf Inhaftierte beziehen. Eine Übertragbarkeit der Ergebnisse auf leichte Kriminalität und Drogenkriminalität ist nicht ohne Weiteres möglich. So sind der theoretische Gehalt und Nutzen der Theorie größer als der empirische. Zudem darf ein möglicher Abschreckungseffekt nicht über die *Labeling Theory* vernachlässigt werden, wenn dieser ausnahmsweise doch erfolgversprechend ist.

IV. Alternative Strategien im Umgang mit Cannabis unter Berücksichtigung der Verantwortlichkeit informeller sozialer Kontrolle

Nachdem die Untersuchungen gezeigt haben, dass die aktuelle Regelung im Umgang mit Cannabis sowohl ineffektiv als auch illegitim ist, bedarf es einer konstruktiven und lösungsorientierten Sichtweise auf das Problem. Da die weitgehende Wirkungslosigkeit formeller sozialer

Kontrolle zu Tage getreten ist, war der Blickwinkel auf die Instanzen informeller sozialer Kontrolle zu erweitern. Die Bedeutung informeller sozialer Kontrolle im Rahmen der Erklärung und Verhinderung von Devianz und Delinquenz ist heute unbestritten. Gerade im Bereich von Betäubungsmitteln spielt der soziale Nahraum eine übergeordnete Rolle.

Geleitet wurden die Untersuchungen zur Familie und zu den *peers* von der Theorie differentieller Kontakte. Nach dieser ist kriminelles Verhalten erlernt. Gelernt wird vor allem im sozialen Nahbereich, was den Instanzen informeller sozialer Kontrolle eine entscheidende Stellung einräumt. Konformität und Delinquenz hängen der Theorie zufolge maßgeblich von der Ausgestaltung des sozialen Umfelds ab. Überwiegen dort delinquente Strukturen, wird auch der Einzelne delinquent. Herrschen vornehmlich konforme Strukturen vor, so orientiert sich der Einzelne an diesen.

Die Theorie differentieller Kontakte steht in Wechselwirkung zur Kontrolltheorie. Beide knüpfen an die Instanzen informeller sozialer Kontrolle an. Allerdings ist das Element *attachment to meaningful persons* im Rahmen der Kontrolltheorie stets ein protektiver Faktor, während die Theorie differentieller Kontakte darauf abstellt, welche Werte die Personen im Einzelnen vermitteln. Ein Mangel an diesem Element ist der Kontrolltheorie nach direkt mit der Entstehung von Kriminalität verknüpft, während es im Rahmen der Theorie differentieller Kontakte lediglich die Wahrscheinlichkeit von Delinquenz erhöht. Die Theorie differentieller Kontakte misst den sozialen Kontakten ohnehin nur einen indirekten Einfluss zu. Dieser wird über die in der Gruppe herrschenden Definitionen vermittelt. Auch dies ist bei der Kontrolltheorie anders. Insgesamt stellt sich das Verhältnis der Theorien als komplementär und weniger als konträr dar.

Auch wenn die Theorie differentieller Kontakte die Persönlichkeit des Täters zu wenig berücksichtigt, so bietet sie dennoch einen guten Rahmen für die Untersuchungen des sozialen Nahbereichs und liefert eine passende Erklärung zu dessen Wirkweise.

Die Befunde zur Familie und zu den *peers* stützen sich auf Untersuchungen, die die Theorie differentieller Kontakte nicht direkt in Bezug nehmen. Dennoch gehen alle Untersuchungen davon aus, dass der Einfluss durch einen Lerneffekt erzielt wird, womit zumindest indirekt auf die Theorie verwiesen wird.

Zunächst wurde der Einfluss der Familie, die zum Kernbereich des sozialen Nahraums zählt, untersucht. Die Ergebnisse machen deutlich, dass die Wirkrichtung des familiären Einflusses durchaus von dessen Ausgestaltung abhängt. Dies entspricht den Befunden zur Theorie differentieller Kontakte und widerspricht der Kontrolltheorie. Protektive Wirkung entfaltet die Familie vor allem dann, wenn das Familienleben positiv ausgestaltet ist und eine positive Bindung an die Eltern besteht. Vertrauen und Stabilität müssen das Zusammenleben kennzeichnen, während dem Jugendlichen ein gesundes Selbstbewusstsein sowie *coping*-Strategien vermittelt werden. Trifft all dies zu, steigt die Wahrscheinlichkeit, dass der Jugendliche sich für die Abstinenz entscheidet. Eltern müssen klare Regeln setzen und einen positiven aber stringenten Erziehungsstil pflegen. In diesem Rahmen ist ein gewisses Maß an Kontrolle und Überwachung von protektiver Wirkung, solange diese nicht überzogen ausgestaltet werden. Eine positive Eltern-

Kind-Bindung ist auch dadurch gekennzeichnet, dass Eltern sich für das Leben und die schulischen Leistungen des Jugendlichen interessieren. Kommen all diese Faktoren zusammen, sinkt das Konsumrisiko des Jugendlichen.

Eine geringe Bindung an die Eltern fördert das Konsumrisiko hingegen. Ebenso eine mangelhafte Erziehung, die sich nicht ausreichend an den zuvor genannten Kriterien orientiert oder diese gar ins Gegenteil verkehrt. So erhöhen eine exzessive Kontrolle und Überwachung das Konsumrisiko des Jugendlichen. Ein Mangel an Überwachung und Kontrolle hat indes denselben Effekt. Risikoreich wirkt es sich aus, wenn die Eltern einen inkonsistenten Erziehungsstil pflegen, der mit geringem Interesse und wenig Anspruch an den Jugendlichen einhergeht. Drogenkonsum kann als Kompensation eines negativ ausgestalteten Zuhauses auftreten oder infolge von *peer*-Druck, da der Jugendliche keine Strategien erlernt, diesem zu widerstehen. Weitere Risikofaktoren bilden der Cannabiskonsum, Alkoholismus und die Arbeitslosigkeit der Eltern sowie ein niedriger sozio-ökonomischer Status.

Der Cannabiskonsum Jugendlicher tritt häufig als indirekte Folge negativer Erziehung auf. Die direkte Folge ist die Bindung an deviante *peers*. In einem zweiten Schritt werden dann die Verhaltensweisen dieser *peers* übernommen, wozu auch der Drogenkonsum zählen kann. Entgegen der Kontrolltheorie ist die Ausgestaltung der familiären Verhältnisse von hoher Bedeutung. Eine reine Bindung an die Familie genügt nicht, um protektive Funktionen zu übernehmen. Methodisch ist bei vielen Studien zu berücksichtigen, dass diese verschiedene Drogenarten nicht separieren sowie Faktoren wie Alter, Geschlecht und Ethnie nicht hinreichend berücksichtigen. All dies mindert die Validität solcher Studien. Es ist stets zu beachten, ob nur die Eltern oder auch die Jugendlichen befragt wurden. Dieser Umstand wirkt sich auf die Ergebnisse aus.

Insgesamt kommt dem elterlichen Einfluss im Rahmen der Konsumentscheidung von Jugendlichen nur eine geringe bis mittlere Bedeutung zu. Gerade mit fortschreitendem Alter nimmt der elterliche Einfluss ab und der *peer*-Einfluss zu. Bei Nicht-Konsumenten ist der elterliche Einfluss größer als bei Konsumenten.

Insgesamt steht der Einfluss der Eltern hinter dem der *peers* zurück. Dennoch können eine positive Eltern-Kind-Bindung und eine positive Erziehung dazu beitragen, dass sich der Jugendliche in Risikosituationen gegen den Konsum entscheidet, sich weniger an deviante *peers* bindet und *peer*-Druck besser widerstehen kann.

Die *peers* bilden die zweite Gruppe, der ein entscheidender Einfluss auf die Konsumentscheidung des Jugendlichen beigemessen wird. Jugendliche gehören in der Regel verschiedenen *peer*-Gruppen an, die unterschiedlich ausgestaltet sein können. Während die Kontrolltheorie den *peers*, als Teil des *attachment*, stets einen positiven Einfluss beimisst, stellt die Theorie differentieller Kontakte auf die konkrete Ausgestaltung der *peers* ab. Das Verhältnis des Jugendlichen zu seinen *peers* ist zumeist positiv ausgestaltet. Weit überwiegend findet der erste Konsum von Cannabis in einem *peer-setting* statt. Von den *peers* lernt der Jugendliche den gesamten Umgang mit den Drogen, den Konsum, und seine Einstellung gegenüber der Wirkung hängt weitestgehend von den *peers* ab. Nimmt sich der Jugendliche drogenkonsumierende Freunde zum Vorbild, beeinflusst das die Wahrscheinlichkeit seines Drogenkonsums erheblich. Werden in seiner *peer*-Gruppe vor allem konforme Werte und Normen vertreten, so hat dies einen positiven Einfluss und die Konsumwahrscheinlichkeit nimmt ab. Eine Zurückweisung durch *peers*, insbesondere durch konforme *peers*, steigert die Wahrscheinlichkeit des Konsums. Ein hohes Maß an Inkompatibilität zwischen *peers* und Eltern erhöht das Risiko des Cannabiskonsums, und Probleme mit den Eltern werden teilweise über eine engere Bindung an deviante *peers* kompensiert. Im Gegensatz zu den Eltern herrscht weitgehend Einigkeit darüber, dass der Einfluss der *peers* auf den Drogenkonsum des Jugendlichen ein direkter ist. Typischerweise kann von der Gruppe *peer*-Druck auf den Jugendlichen ausgeübt werden, mithin also ein Drängen zum Konsum. Gerade männliche Jugendliche können diesem Gruppenzwang nur schwer widerstehen. An dieser Stelle kann eine entsprechende Erziehung, die dem Jugendlichen ausreichend *coping*-Strategien an die Hand gegeben hat, dazu führen, dass der Jugendliche dem Druck widersteht und nicht konsumiert. Die Sozialisationsthese, in Form der Theorie differentieller Kontakte, wird auch nicht durch die Selektionstheorie widerlegt. Sie wird höchstens durch das Interaktionsmodell von *Thornberry* ergänzt.

Methodisch ist auf dieselben Probleme hinzuweisen wie bei der Untersuchung der Familie. Des Weiteren sollten in Zukunft vermehrt Eltern und *peers* gemeinsam im Studiendesign berücksichtigt werden, damit Interdependenzen der Einflüsse sichtbar werden. Dies ist bislang zu selten der Fall.

Der Einfluss der *peers* auf die Konsumentscheidung des Jugendlichen ist über alle Studien hinweg hoch. Im Vergleich zu den Eltern sind *peers* die deutlich einflussreichere Instanz informeller sozialer Kontrolle. Bei Nicht-Konsumenten ist der Einfluss der Eltern höher als bei Konsumenten. Die Freunde beeinflussen sowohl die Definitionen des Jugendlichen in Bezug auf Drogen als auch den Konsum *per se*. Je höher die Zahl devianter bzw. konsumierender Freunde, desto höher liegt die Wahrscheinlichkeit, dass auch der Jugendliche Cannabis konsumiert. Insgesamt kann festgehalten werden, dass Jugendliche unter einem kombinierten Einfluss aus Eltern und *peers* stehen, die in einem reziproken Verhältnis den Konsum des Jugendlichen beeinflussen. Die Eltern sind dabei vornehmlich für die Ausbildung von Normen und Werthaltungen verantwortlich, während die *peers* den Konsum ganz direkt steuern. Zusätzlich sind auch der Charakter und die Persönlichkeit des Jugendlichen nicht aus dem Blick zu verlieren. Diese Faktoren beeinflussen den Konsum des Jugendlichen unabhängig vom sozialen Nahbereich.

Die Geschwister nehmen eine Sonderrolle ein, da sie zwar der Familie angehören, aber von ihrer Wirkrichtung eher den *peers* zugeordnet werden können. So ist der Einfluss der Geschwister größer als derjenige der Eltern, aber geringer als derjenige der *peers*. Für ein Zurückbleiben des Einflusses hinter dem der *peers* können Alters- und Geschlechtsunterschiede verantwortlich sein sowie die eventuelle Befürchtung der Jugendlichen, dass die Geschwister den Konsum den Eltern mitteilen. Hinsichtlich der Wirkrichtung ist nicht abschließend geklärt, ob die Geschwister den Konsum direkt oder nur vermittelt über die *peer*-Auswahl beeinflussen.

Im Rahmen der Evaluierung alternativer Strategien im Umgang mit Cannabis, die von einer vornehmlichen Wirksamkeit informeller sozialer Kontrolle ausgeht, ist auch auf die Phänomene der Ubiquität und der Spontanbewährung einzugehen. Beide Phänomene kennzeichnen typischerweise kriminelles Verhalten Jugendlicher. Ubiquität bezeichnet den Umstand, dass Jugendkriminalität als „normal" und als typisches Kennzeichen des Sozialisationsprozesses gilt. Fast alle Jugendlichen begehen im Laufe ihres Lebens eines oder wenige, leichte bis mittelschwere Delikte. Die Spontanbewährung beschreibt den glockenförmigen Verlauf der Jugendkriminalität. Im frühen bis mittleren Jugendalter (ca. 14/15 Jahre im Dunkelfeld) steigt die Kriminalität stark an. Kurz darauf geht diese jedoch bereits wieder zurück (mit ca. 15/16 Jahren im Dunkelfeld). Es bedarf zum Rückgang der Kriminalität keiner formellen Intervention, weswegen diese auch als „spontan" beschrieben wird. Die eintretende Legalbewährung ist Zeichen einer erfolgreich verlaufenden Normsozialisation. Einzig sinnvolle Intervention bilden Maßnahmen informeller sozialer Kontrolle, die zum Gelingen der Spontanbewährung beitragen können. Auch hier wird erneut die Bedeutung der Instanzen informeller sozialer Kontrolle sichtbar.

Im Alter zwischen 18 und 20 Jahren beträgt die Zwölfmonats-Prävalenz des Cannabiskonsums zwischen 16 und 20%, und erreicht dort den höchsten Wert. Im Alter zwischen 25 und 29 Jahren liegt der *peak* der Lebenszeitprävalenz mit 42,3%. Diese Zahlen machen deutlich, dass es sich beim Cannabiskonsum um ein ubiquitäres Phänomen handelt. Eine Auswertung der Altersverteilung der Cannabiskonsumenten zeigte, dass ab dem 25. Lebensjahr ein starker Rückgang der Konsumraten zu verzeichnen ist. Da es sich beim Cannabiskonsum primär um eine Dunkelfeldaktivität handelt, ist davon auszugehen, dass der Rückgang nicht mit einer formellen Intervention zusammenhängt, sondern Resultat einer im Betäubungsmittelbereich verzögert verlaufenden Spontanbewährung ist. Der Konsumverlauf ist ebenfalls glockenförmig. Diese Erkenntnis entspricht den Befunden im Rahmen der Analyse der Individualdaten, die aufgezeigt haben, dass eine formelle Intervention nur selten für den Konsumabbruch verantwortlich ist. Letztlich ist der Cannabiskonsum weit überwiegend ebenso episodenhaft wie die Jugendkriminalität im Allgemeinen. Es ist zu empfehlen, nicht mit dem Mittel des Strafrechts in diesen Prozess einzugreifen, um dessen natürlichen Ablauf nicht zu gefährden. Interventionen des sozialen Nahbereichs sind durchaus in der Lage, den Jugendlichen vom Konsum abzuhalten oder diesen einzuschränken. Formelle Interventionen hingegen sind kontraindiziert.

Bislang wurde deutlich, dass das Strafrecht als Steuerungsmittel im Umgang mit Cannabis sowohl ineffizient als auch illegitim, da verfassungswidrig, ist. Den negativen Folgen der Kriminalisierung stehen keine positiven Auswirkungen gegenüber, und die Erkenntnisse zu den Instanzen informeller sozialer Kontrolle belegen, dass eine Beeinflussung der Konsumentscheidung auf dieser Ebene stattfindet. Diese Erkenntnisse bedurften einer Zusammenführung in Form eines Vorschlags alternativer Strategien im Umgang mit Cannabis. Als solche kommen die Entpönalisierung, die Entkriminalisierung und die Legalisierung in Betracht.

Die Entpönalisierung betrifft vor allem die vermehrte Anwendung von Diversionsmaßnahmen im Bereich der Betäubungsmittelkriminalität, während die Handlungen weiterhin strafbar bleiben. Durch die §§ 153 ff. StPO und §§ 29 Abs. 5 und 31a BtMG in Verbindung mit dem Cannabis-Urteil des Bundesverfassungsgerichts ist dieses Modell in Deutschland bereits implementiert. Eine Entpönalisierung vermag es jedoch nicht, die negativen Effekte der Ermittlungsverfahren für den Einzelnen und die immensen Kosten zu verhindern. Damit geht dieses Modell in seiner Wirkweise nicht weit genug. Indem das Verbot aufrechterhalten bleibt, wird der Schwarzmarkt nicht bekämpft, sodass ein zentrales Ziel nicht erreicht wird.

Im Rahmen einer Entkriminalisierung werden lediglich einzelne Handlungsweisen von der Sanktionierung ausgenommen. Typischerweise sind dies konsumbezogene Delikte. Bei der ersatzlosen Entkriminalisierung wird die Kriminalstrafe durch keinerlei andere Sanktion ersetzt. Bei der Teilentkriminalisierung besteht die Möglichkeit der Ersetzung. Im Rahmen der *de facto*-Entkriminalisierung wird ein weiterhin strafbares Verhalten nur tatsächlich nicht mehr geahndet. Die Entkriminalisierung hat den Vorteil, dass sie zu einer vollständigen Reduktion der negativen Folgen des Strafrechts für die entkriminalisierten Handlungsweisen führt. Das Modell kann ebenfalls zu weitgehenden Einsparungen der Kosten für das Justizsystem führen. Da im Rahmen der Entkriminalisierung zumeist nur Konsumentendelikte entkriminalisiert werden, bleibt der Handel weiterhin strafbewehrt. Dadurch wird der Schwarzmarkt aufrechterhalten, und der Staat erlangt keine ausreichende Kontrolle über die Droge und ihre Verbreitung. Auch der Jugendschutz wird nicht ausreichend gewährleistet. Sinnvoll ist eine Entkriminalisierung in jedem Fall, wenn sie einen ersten Schritt auf dem Weg zu einer Legalisierung bildet.

Die Legalisierung bildet die höchste Stufe einer Liberalisierung im Betäubungsmittelbereich. Dabei handelt es sich um die völlige Herausnahme einer Droge aus dem (Betäubungsmittel-) Strafrecht. Einschränkende Regelungen nach dem Jugendschutzgesetz, dem Straßenverkehrsrecht oder in Anlehnung an das Arzneimittel- oder Genussmittelrecht sind auch im Rahmen einer Legalisierung möglich. Im Rahmen der Volllegalisierung wird Cannabis parallel zu Alkohol und Tabak behandelt. Der Verkauf wird, ab einer bestimmten Altersgrenze, frei gestaltet und der private Anbau ist erlaubt.

Im Rahmen eines staatlich lizensierten Abgabemodells wird Cannabis in speziellen Geschäften vertrieben. Die Lizenzvergabe hängt von Kriterien wie der Zuverlässigkeit des Betreibers und einer entsprechenden Schulung der Mitarbeiter ab. Der gesamte Distributionsprozess wird unter staatliche Aufsicht gestellt. In diesem Rahmen kann auf die neu gegründete Cannabisagentur zurückgegriffen werden. Den Verkaufsstellen wird die Pflicht zur umfassenden Aufklärung über die Droge und ihre Risiken auferlegt. Zudem müssen diese über Hilfs- und Therapieangebote in Zusammenhang mit einer Abhängigkeit oder einem problematischen Konsum informieren. Eine weitgehende Legalisierung lässt erwarten, dass sich Konsumenten mit risikoreichen Konsummustern eher Hilfe suchen, da sie keine Sanktionierung mehr befürchten müssen. Die Abgabe sollte an Personen ab 18 Jahren erfolgen. Der Besitz hingegen kann bereits ab 16 Jahren freigegeben werden, da es gerade Jugendliche sind, die Cannabis konsumieren und diese nicht kriminalisiert werden sollen. Ebenso sind Höchstabgabemengen festzulegen. Damit wird der Weitergabe der Droge ebenso vorgebeugt wie einem exzessiven Konsum. Durch eine Preisbindung für Cannabis auf Schwarzmarktniveau wird dieser effektiv bekämpft, da nicht zu erwarten steht, dass die Konsumenten sich weiterhin auf illegalem Weg mit der Droge versorgen werden, wenn dies zu gleichen Konditionen auf legalem Weg möglich ist. Dazu sollte der Kauf außerhalb staatlicher Abgabestellen als Ordnungswidrigkeit ausgestaltet werden. Von einer Sanktionierung ist die Abgabe geringer Mengen unter Erwachsenen ausgenommen. Zur effektiven Kontrolle des gesamten Umlaufs von Cannabis bleibt der Eigenanbau verboten. Hierfür besteht angesichts der Verkaufsstellen auch kein Bedürfnis. Die Einsparungen im Justizsystem und Gewinne aus einer Steuer auf den Verkauf sollen Präventions- und Hilfsprojekten in Zusammenhang mit Drogen zugutekommen. Die Erkenntnisse aus der Analyse der Individual- und Aggregatdaten sowie den USA und den Niederlanden zeigen, dass im Rahmen einer staatlich lizensierten Abgabe nicht mit einem exzessiven Anstieg der Konsumprävalenzen zu rechnen ist.

Eine weitere Möglichkeit besteht in der Abgabe von Cannabis in Apotheken. Auch hier ist eine umfassende Aufklärung und Beratung gewährleistet, und es kann auf bestehende Strukturen zurückgegriffen werden. Allerdings spricht gegen dieses Modell, dass hier zwei Wirtschaftszweige vermengt werden. Apotheken sollen in erster Linie Medikamente bereitstellen und nicht Rausch- bzw. Genussmittel. Darüber hinaus ist zu erwarten, dass das bestehende Apothekennetz diese zusätzliche Aufgabe nicht stemmen kann.

Zahlreiche Gesetzesinitiativen und Reformvorschläge haben in den letzten Jahren und Jahrzehnten eine Liberalisierung des Umgangs mit Cannabis zum Ziel gehabt und sich mit alternativen Strategien im Umgang mit Cannabis befasst. So schlug die Hessische Kommission „Kriminalpolitik" vor, Cannabis aus der Anlage I zum BtMG zu streichen. Gesundheitsschutz und Prävention sollten in den Vordergrund gerückt und die Kriminalisierung aufgehoben werden. Jugendschutz sollte durch „überzeugende Vernunft" und nicht mittels Strafrecht gewährleistet werden. Das Strafrecht wurde mehrheitlich als kontraindiziertes Mittel im Umgang mit Cannabis angesehen. Ein staatliches Vertriebsmonopol wurde nach einer erfolgreichen Evaluierung als langfristiges Ziel gesehen.

Der Gesetzesentwurf zu einem Cannabiskontrollgesetz der Partei Bündnis 90/Die Grünen beinhaltet viele Vorschläge, wie sie im Rahmen der staatlichen Abgabe bereits erörtert wurden. Damit deckt sich der hier gemachte Vorschlag für ein staatlich lizensiertes Abgabemodell über weite Strecken mit dem Cannabiskontrollgesetz. Der Gesetzesvorschlag rückt ebenfalls den Gesundheits- und Jugendschutz in den Fokus und konstatiert, dass das Strafrecht kein geeigneter Weg sei, diese Ziele zu erreichen. Mittels einer staatlich kontrollierten Abgabe werden diese wichtigen Ziele besser erreicht, und das unter Wahrung der verfassungsmäßigen Rechte der Konsumenten. An einigen Stellen geht der Gesetzesvorschlag jedoch über das hinaus, was im Rahmen des Abgabemodells als sinnvoll erachtet wird. So liegt die Höchstabgabemenge mit 30 g deutlich zu hoch, um eine Weitergabe und exzessiven Konsum zu verhindern. Ebenfalls kritisch sind die Grenzwerte für den Straßenverkehr zu sehen. Sinnvoll erscheinen die Vorschläge einer fortlaufenden Evaluierung des Cannabiskontrollgesetzes und einer ständigen Fortentwicklung desselben. Ebenso sind der Straf- und Ordnungswidrigkeitenkatalog sinnvoll ausgestaltet. Der Gesetzesvorschlag wurde am 2. Juni 2017 im Bundestag in zweiter Beratung mit den Stimmen von CDU/CSU und SPD abgelehnt.

Das Gesetz zur Änderung betäubungsmittelrechtlicher und anderer Vorschriften hat hingegen den Bundestag passiert und ermöglicht Schwerstkranken seit dem 10. März 2017, Cannabis legal zu medizinischen Zwecken zu verwenden, wenn der Arzt eine entsprechende Indikation feststellt. Darüber hinaus wird in diesem Zuge eine Cannabisagentur neu geschaffen, die den gesamten Distributionsprozess des Cannabis überwacht und einen Anbau in Deutschland regulieren soll. Zudem ist Cannabis als Medizin zukünftig von den gesetzlichen Krankenkassen erstattungsfähig, was ein sinnvoller Fortschritt ist. Auch wenn das Gesetz weit hinter der geforderten Legalisierung zurückbleibt, so stellt es doch einen wichtigen ersten Schritt in Richtung einer weitergehenden Liberalisierung dar.

Der Gesetzesentwurf zur Änderung betäubungsmittelrechtlicher und anderer Vorschriften von *Ambos/Böllinger/Schefold* zielt vor allem darauf, Modellversuche für eine legale Abgabe von Cannabis zu ermöglichen. Nur so können die Folgen einer etwaigen Legalisierung sinnvoll evaluiert werden und die Vorteile gegen die Nachteile abgewogen werden. Die maximale Abgabemenge soll bei 15 g liegen. Der Gesetzesvorschlag ist eine notwendige Bedingung, wenn alternative Strategien entwickelt werden sollen, die sich vor allem von rationalen Aspekten leiten lassen. Der Gesetzesvorschlag hat eine große Bandbreite an Unterstützern auf seiner Seite (u.a. Neue Richtervereinigung e.V., Strafverteidigervereinigung, Bund Deutscher Kriminalbeamter sowie die Polizeigewerkschaft).

Eine Übertragbarkeit der Befunde auf andere Drogen kann nicht abschließend beurteilt werden. Viele Aussagen dieser Arbeit beinhalten übergeordnete Aspekte, welche unabhängig von der Art der Droge Geltung beanspruchen. Dies betrifft vor allem Aussagen der Kapitel B. Soziale Kontrolle und ihre Grenzen, D. Effektivität des Cannabisverbotes und E. Alternative Strategien im Umgang mit Cannabis unter Berücksichtigung der Verantwortlichkeit informeller sozialer Kontrolle. Nicht übertragbar sind die Befunde zu den Gesundheitsgefahren. Die Vorteile des Modells der staatlichen Abgabe gelten drogenübergreifend. Gerade der Bekämpfung des Schwarzmarktes kommt bei harten Drogen eine gesteigerte Bedeutung zu, da Verunreinigungen der Substanzen hier eine wesentlich größere Rolle spielen. Auch die Bekämpfung der Beschaffungskriminalität ist bei harten Drogen ein vorrangiges Ziel. Ebenso die Förderung von Hilfsangeboten und Therapiemöglichkeiten, die angesichts größerer Gesundheitsgefahren bei harten Drogen, unbedingt zu gewährleisten sind.

G. Literaturverzeichnis

van Aaken, Anne, Begrenzte Rationalität und Paternalismusgefahr: Das Prinzip des schonendsten Paternalismus, in: Michael Anderheiden u.a. (Hrsg.), Paternalismus und Recht, 2006, S. 109-144

Aden, Anneke/Stolle, Martin/Thomasius, Rainer, Cannabisbezogene Störungen bei Jugendlichen und jungen Erwachsenen, in: Sucht 57 (2011), S. 215-230

Akers, Ronald L., Self-Control as a General Theory of Crime, in: Journal of Quantative Criminology 28 (1991), S. 201-211

Akers, Ronald L./Sellers, Christine S., Criminological Theories, 6. Aufl. 2013, New York

Albrecht, Hans-Jörg, Die generalpräventive Effizienz von strafrechtlichen Sanktionen, in: Günther Kaiser (Hrsg.), Empirische Kriminologie. Ein Jahrzehnt kriminologischer Forschung am Max-Planck-Institut Freiburg i.Br., 1980, S. 305-327

Albrecht, Hans-Jörg/Dünkel, Frieder/Spieß, Gerhard, Empirische Sanktionsforschung und die Begründbarkeit von Kriminalpolitik, in: MschKrim 64 (1981), S. 310-326

Albrecht, Hans-Jörg, Voraussetzungen und Konsequenzen einer Entkriminalisierung im Drogenbereich, in: Wolfgang de Boor/Wolfgang Frisch/Irmgard Rode (Hrsg.), Entkriminalisierung im Drogenbereich, 1991, S. 1-37

Albrecht, Hans-Jörg, Internationales Betäubungsmittelrecht und internationale Betäubungsmittelkontrolle, in: Arthur Kreuzer (Hrsg.), Handbuch des Betäubungsmittelstrafrechts, 1998, S. 651-695

Albrecht, Peter-Alexis, Spezialprävention angesichts neuer Tätergruppen, in: ZStW 97 (1985), S. 831-870

Albrecht, Peter-Alexis, Das Strafrecht auf dem Weg vom liberalen Rechtsstaat zum sozialen Interventionsstaat. Entwicklungstendenzen des materiellen Strafrechts, in: KritV 71 (1988), S. 182-209

Albrecht, Peter-Alexis, Jugendstrafrecht, 3. Aufl. 2000

Albrecht, Peter-Alexis, Kriminologie, 4. Aufl. 2010

Allmers, Volker, Entkriminalisierung der Betäubungsmittelkonsumenten, in: ZRP 1991, S. 41-44

Ambos, Kai, Recht auf Rausch? Anmerkungen zu den Entscheidungen des zweiten Senats des BVerfG vom 9.3.1994 und des kolumbianischen Verfassungsgerichts vom 5.5.1994, in: MschKrim 78 (1995), S. 47-54

Ambos, Kai/Böllinger, Lorenz/Schefold, Dian, Entwurf eines Gesetzes zur Änderung des Betäubungsmittelgesetzes, in: ZRP 81 (2016), S. 81-84

Amelang, Manfred, Sozial abweichendes Verhalten. Entstehung – Verbreitung – Verhinderung, 1986

Andenaes, Johannes, The General Preventive Effects of Punishment, in: University of Pennsylvania Law Review 114 (1966), S. 949-983

Andrews, Donald A. u.a., Does Correctional Treatment Work? A Clinically Relevant and Psychologically Informed Meta-Analysis, in: Criminology 28 (1990), S. 369-404

Antony, Jürgen/Entorf, Horst, Zur Gültigkeit der Abschreckung im Sinne der ökonomischen Theorie der Kriminalität: Grundzüge einer Meta-Studie, in: Hans-Jörg Albrecht/Horst Entorf (Hrsg.), Kriminalität, Ökonomie und Europäischer Sozialstaat, 2003, S. 167-186

Ary, Dennis V. u.a., Adolescent Problem Behavior: The Influence of Parents and Peers, in: Behaviour Research and Therapy 37 (1999), S. 217-230

Ashworth, Andrew, Was ist positive Generalprävention? Eine kurze Antwort, in: Bernd Schünemann/Andrew von Hirsch/Nils Jareborg (Hrsg.), Positive Generalprävention, 1998, S. 65-81

Aulinger, Susanne, Rechtsgleichheit und Rechtswirklichkeit bei der Strafverfolgung von Betäubungsmittelkonsumenten: Die Anwendung von § 31 a BtMG im Kontext anderer Einstellungsvorschriften, 1997

Baratta, Alessandro, Integrations-Prävention. Eine systemtheoretische Neubegründung der Strafe, in: KrimJ 16 (1984), S. 132-148

Baratta, Alessandro, Rationale Drogenpolitik? Die soziologischen Dimensionen eines strafrechtlichen Verbots, in: KrimJ 22 (1990), S. 2-25

Baratta, Alessandro, Jenseits der Strafe – Rechtsgüterschutz in der Risikogesellschaft. Zur Neubewertung der Funktionen des Strafrechts, in: Fritjof Haft u.a. (Hrsg.), Strafgerechtigkeit. Festschrift für Arthur Kaufmann zum 70. Geburtstag, 1993, S. 393-416

Barkey, Peter, Lerntheoretische Ansätze zur Delinquenzerklärung, in: Friedrich Lösel (Hrsg.), Kriminalpsychologie. Grundlagen und Anwendungsbereiche, 1983, S. 52-62

Barrick, Kelle, A Review of Prior Tests of Labeling Theory, in: David P. Farrington/Joseph Murray (Hrsg.), Labeling Theory: Empirical Tests, New Brunswick/London 2014, S. 89-112

Bauer, Christine/Bossong, Horst, Zwischen Markt und Mafia. Modelle einer effektiven Drogenkontrolle, in: Jürgen Neumeyer/Gudrun Schaich-Walch (Hrsg.), Zwischen Legalisierung und Normalisierung. Ausstiegsszenarien aus der repressiven Drogenpolitik, 1992, S. 79-96

Baumann, Zygmunt, Vom gesellschaftlichen Nutzen von Law and Order, in: Widersprüche 70 (1998), S. 7-21

Baurmann, Michael, Vorüberlegungen zu einer empirischen Theorie der positiven Generalprävention, in: GA 141 (1994), S. 368-384

Beauchamp, Tom L., Paternalism and Biobehavioral Control, in: The Monist 60 (1977), S. 62-80

Beck, Ulrich, Risikogesellschaft. Auf dem Weg in eine andere Moderne, 1986

Becker, Howard S., Outsiders: Studies in the Sociology of Deviance, New York, 1963

Becker, Howard S., Die soziale Definition des Drogenkonsums und der drogenbewirkten Erfahrung, in: Dan J. Lettieri/Rainer Welz (Hrsg.), Drogenabhängigkeit. Ursachen und Verlaufsformen, 1983, S. 193-202

Becker, Gary S., Der ökonomische Ansatz zur Erklärung menschlichen Verhaltens, 2. Aufl. 1993

Benedikter, Roland, Philosophischer Postmaterialismus. Eine Einführung, in: ders. (Hrsg.), Postmaterialismus. Einführung in das postmaterialistische Denken, Bd. 1, 2001, S. 19-90

Bernard, Thomas/Snipes, Jeffrey B./Gerould, Alexander L., Vold`s Theoretical Criminology, 7. Aufl. New York 2015

Bernburg, Jon G., State Reaction, Life-Course Outcomes, and Structural Disadvantage: A Panel Study of the Impact of Formal Criminal Labeling on the Transition to Adulthood, Albany 2002

Bernburg, Jon G./Krohn, Marvin D., Labeling, Life Chances, and Adult Crime: The Direct and Indirect Effects of Official Intervention in Adolescence on Crime and Early Adulthood, in: Criminology 41 (2003), S. 1287-1317

Bernburg, Jon G./Krohn, Marvin D./Rivera, Craig J., Official Labeling, Criminal Embeddedness, and Subsequent Delinquency: A Longitudinal Test of Labeling Theory, in: Journal of Research in Crime and Delinquency 43 (2006), S. 67-88

Beulke, Werner, Strafprozessrecht, 12. Aufl. 2012

Bieleman, Bert/Mennes, Ralph/Sijtstra, Maurits, Coffeeshops in Nederland 2014. Aantallen coffeeshops en gemeentelijk beleid 1999-2014, Groningen/Rotterdam 2015

Bijleveld, Catrien C. J. H./Smit, Paul R., Crime and Punishment in the Netherlands, in: Michael Tonry/David P. Farrington (Hrsg.), Crime and Punishment in Western Countries, 1980-1999, Chicago 2005, S. 161-212

Birnbacher, Dieter, Paternalismus im Strafrecht – ethisch vertretbar?, in: Andrew von Hirsch/Ulfrid Neumann/Kurt Seelmann (Hrsg.), Paternalismus im Strafrecht. Die Kriminalisierung von selbstschädigendem Verhalten, 2010, S. 11-26

Bischoff, Barbara, Die Stabsstelle Besondere Aufgaben bei der Treuhandanstalt. Ein funktionales Konzept zur Bekämpfung von Wirtschaftskriminalität?, 2016

Blätter, Andrea, Die Funktionen des Drogengebrauchs und ihre kulturspezifische Nutzung, in: Curare 18 (1995), S. 279-290

Blom, Tom/van Mastrigt, Hans, The Future of the Dutch Model in the Context of the War on Drugs, in: Ed. Leuw/Ineke Haen Marshall (Hrsg.), Between Prohibition and Legalization. The Dutch Experiment in Drug Policy, Amsterdam/New York 1994, S. 255-282

Blumstein, Alfred/Tonry, Michael/van Ness, Asheley, Cross-National Measures of Punitiveness, in: Michael Tonry/David P. Farrington (Hrsg.), Crime and Punishment in Western Countries, 1980-1999, Chicago 2005, S. 347-376

Bock, Michael, Kriminologie und Spezialprävention. Ein skeptischer Lagebericht, in: ZStW 102 (1990), S. 504-533

Bock, Michael, Ideen und Schimären im Strafrecht, in: ZStW 103 (1991), S. 636-656.

Bock, Michael, Prävention und Empirie – Über das Verhältnis von Strafzwecken und Erfahrungswissen, in: JuS 1994, S. 89-99

Bock, Michael, Kriminologie, 4. Aufl. 2013

Boers, Klaus, Vom möglichen Nutzen der Systemtheorie für die Kriminologie. Ein Versuch anhand der kriminologischen Längsschnittforschung, in: Detlev Frehsee/Gabi Löpscher/Gerlinda Smaus (Hrsg.), Konstruktion der Wirklichkeit durch Kriminalität und Strafe, 1997, S. 552-587

Boers, Klaus/Kurz, Peter, Schule, Familie, Einstellungen, Lebensstile, delinquentes und abweichendes Verhalten, 2000

Boers, Klaus/Walburg, Christian/Reinecke, Jost Jugendkriminalität – Keine Zunahme im Dunkelfeld, kaum Unterschiede zwischen Einheimischen und Migranten. Befunde aus Duisburger und Münsteraner Längsschnittstudien, in: MSchKrim 89 (2006), S. 63-87

Boers, Klaus/Walburg, Christian, Klassifikationen Jugendlicher anhand ihres delinquenten Verhaltens, in: Klaus Boers/Jost Reinecke (Hrsg.), Delinquenz im Jugendalter. Erkenntnisse aus einer Münsteraner Längsschnittstudie, 2007, S. 79-95

Boers, Klaus/Reinecke, Jost, Strukturdynamisches Analysemodell und Forschungshypothesen, in: dies. (Hrsg.), Delinquenz im Jugendalter. Erkenntnisse aus einer Münsteraner Längsschnittstudie, 2007, S. 41-55

Boers, Klaus, Kontinuität und Abbruch persistenter Delinquenzverläufe, in: DVJJ (Hrsg.), Fördern – Fordern – Fallenlassen. Aktuelle Entwicklungen im Umgang mit Jugenddelinquenz, 2008, S. 340-376

Boers, Klaus/Seddig, Daniel/Reinecke, Jost, Sozialstrukturelle Bedingungen und Delinquenz im Verlauf des Jugendalters. Analysen mit einem kombinierten Markov- und Wachstumsmodell, in: MSchKrim 92 (2009), S. 267-288

Boers, Klaus u.a., Jugendkriminalität – Altersverlauf und Erklärungszusammenhänge. Ergebnisse der Duisburger Verlaufsstudie *Kriminalität in der modernen Stadt*, in: Neue Kriminalpolitik 22 (2010), S. 58-65

Boers, Klaus, Kriminologische Forschung und Systemtheorie, in: ders. (Hrsg.), Kriminologische Perspektiven. Wissenschaftliches Symposium zum 70. Geburtstag von Klaus Sessar, 2012, S. 251-285

Böhm, Alexander, Die spezialpräventiven Wirkungen der strafrechtlichen Sanktionen, in: Jörg-Martin Jehle (Hrsg.), Kriminalprävention und Strafjustiz, 1996, S. 263-290

Böhnisch, Lothar, Abweichendes Verhalten. Eine pädagogisch-soziologische Einführung, 5. Aufl. 2017

Bollen, Kenneth A./Entwisle, Barbara/Alderson, Arthur S., Macrocomparative Research Methods, in: Annual Review of Sociology 19 (1993), S. 321-351

Böllinger, Lorenz, Strafrecht, Drogenpolitik und Verfassung, in: KritJ 24 (1991), S. 393-408

Böllinger, Lorenz, Verfassungsrechtliche und kriminalpolitische Aspekte eines Ausstiegs aus repressiver Drogenpolitik, in: Jürgen Neumeyer/Gudrun Schaich-Walch (Hrsg.), Zwischen Legalisierung und Normalisierung. Ausstiegsszenarien aus der repressiven Drogenpolitik, 1992, S. 147-167

Böllinger, Lorenz, Soziale Disziplinierung und Moralstrafrecht – Illegaler Drogenkonsum und BtMG, in: Detlev Frehesee/Gabi Löschper/Karl F. Schumann (Hrsg.), Strafrecht, soziale Kontrolle, soziale Disziplinierung, 1993, S. 271-280

Böllinger, Lorenz, Grenzenlos symbolisches Strafrecht, in: KritJ 27 (1994), S. 405-420

Böllinger, Lorenz, Umgang mit Cannabis – Die juristische Situation in Deutschland, in: Stephan Quensel/Brigitta Kolte/Frank Nolte (Hrsg.), Zur Cannabis-Situation in Deutschland, 1995, S. 66-70

Böllinger, Lorenz, Betäubungsmittelstrafrecht, Drogenpolitik und Verfassung, in: Bernulf Kanitscheider (Hrsg.), Drogenkonsum – bekämpfen oder freigeben, 2000, S. 179-196

Bonta, James/ Andrews, Donald A., The Psychology of Criminal Conduct, 6. Aufl. New York 2017

Brook, Judith S./Lukoff, Irving, F./Whiteman, Martin, Initiation Into Adolescent Marijuana Use, in: The Journal of Genetic Psychology 137 (1980), S. 133-142

Brook, Judith S./Whiteman, Martin/Gordon, Ann Scovell, Stages of Drug Use in Adolescence: Personality, Peer, and Family Correlates, in: Developmental Psychology 19 (1983), S. 269-277

Brook, Judith/Balka, Elinor/Whiteman, Martin, The Risk for Late Adolescence of Early Adolescent Marijuana Use, in: AJPH 89 (1999), S. 1549-1554

Brook, Judith S. u.a., Risk Factors for Adolescent Marijuana Use Across Cultures and Across Time, in: The Journal of Genetic Psychology 162 (2001), S. 357-374

Bruns, Hans-Jürgen, Strafzumessungsrecht. Gesamtdarstellung, 2. Aufl. 1985

Buchholz, Dario, Strafbarkeit des Erwerbs von Cannabis in niederländischen Coffeeshops durch deutsche Staatsbürger, in: NJ 2013, S. 111-114

Bundesamt für Statistik (Hrsg.), Kriminalität und Strafrecht. Rückfallanalysen. Newsletter Nr. 1/2008 vom 28. Januar 2008, 2008

Bundesministerium des Inneren (Hrsg.), Polizeiliche Kriminalstatistik, 2016

Bundeszentrale für gesundheitliche Aufklärung (Hrsg.), Die Drogenaffinität Jugendlicher in der Bundesrepublik Deutschland 2004. Eine Wiederholungsbefragung der Bundeszentrale für gesundheitliche Aufklärung, Köln. Teilband illegale Drogen, 2004

Bundeszentrale für gesundheitliche Aufklärung (Hrsg.), Die Drogenaffinität Jugendlicher in der Bundesrepublik Deutschland 2015. Rauchen, Alkoholkonsum und Konsum illegaler Drogen: aktuelle Verbreitung und Trends, 2016

Bussmann, Kai D., Kritische Kriminologie und Systemtheorie. Zur Bedeutung von Strafrecht aus systemtheoretischer Sicht, in: ders./Reinhard Kreissl (Hrsg.), Kritische Kriminologie in der Diskussion, 1996, S. 73-122

Büttner, Thomas, Eine verfassungsrechtliche Bewertung des Betäubungsmittelstrafrechts. Zum Cannabis-Beschluß des Bundesverfassungsgerichts, 1997

Calliess, Christian, Schutzpflichten, in: Detlef Merten/Hans-Jürgen Papier (Hrsg.), Handbuch der Grundrechte in Deutschland und Europa, Bd. 2, 2006, § 44 (S. 963-992)

Campbell, Donald T./Stanley, Julian C., Experimental and Quasi-Experimental Designs for Research on Teaching, in: Nathaniel L. Gage (Hrsg.), Handbook of Research on Teaching, Chicago 1963, S. 171-246

Cao, Liqun, Major Criminological Theories: Concepts and Measures, Belmont 2004

Carr, Robert R./Meyers, Erik J., Marijuana and Cocaine: The Process of Change in Drug Policy, in: The Drug Abuse Council (Hrsg.), The Facts About Drug Abuse, New York/London 1980, S. 153-189

Caspari, Dieter, Das Verbot von Cannabis ist ein „kollektiver Irrweg". Zum Beitrag von Dr. med. Carl Nedelmann in Heft 43/2000, in: Deutsches Ärzteblatt 2001, S. 972

Cerda, Magdalena u.a., Medical Marijuana Laws in 50 States: Investigation the Relationship Between State Legalization of Medical Marijuana and Marijuana Use, Abuse and Dependence, in: Drug and Alcohol Dependence 2012, S. 22-27

Chu, Yu-Wei L., The Effect of Medical Marijuana Laws on Illegal Marijuana Use, in: Journal of Health Economics 38 (2014), S. 43-61

Clark, Alexander L./Gibbs, Jack P., Social Control: A Reformulation, in: Social Problems 13 (1965), S. 398-415

Cohen, Albert K., Deviance and Control, Englewood Cliffs 1966

Cohen, Peter, Schadensminimierung durch Selbstregulierung. Ein Grundkonzept für die allgemeine Drogenpolitik: Jürgen Neumeyer/Gudrun Schaich-Walch (Hrsg.), Zwischen Legalisierung und Normalisierung. Ausstiegsszenarien aus der repressiven Drogenpolitik, 1992, S. 43- 56

Cohen, Peter D. A./Kaal, Hendrien L., The Irrelevance of Drug Policy: Patterns and Careers of Experienced Cannabis Use in the Populations of Amsterdam, San Francisco, and Bremen, Amsterdam 2001

Cohen, Stanley, Visions of Social Control. Crime, Punishment and Classification, Cambridge 1985

Coleman, James S., Collective Decisions, in: Sociological Inquiry 34 (1964), S. 166-181

Cook, Thomas D./Campbell, Donald T., Quasi-Experimentation, Design & Analysis Issue for Field Settings, Boston 1979

Cook, Philip J./Khmilevska, Nataliya, Cross-National Patterns in Crime Rates, in: Michael Tonry/David P. Farrington (Hrsg.), Crime and Punishment in Western Countries, 1980-1999, Chicago 2005, S. 331-346

Cooley, Charles H., Social Organization, New York 1909

Coser, Lewis A., Conflict: Sociological Aspects, in: David L. Sills (Hrsg.), International Encyclopedia of Social Sciences, Bd. 3/4, New York 1972, S. 232-236

Cremer-Schäfer, Helga, Einsortieren und Aussortieren. Zur Funktion der Strafe bei der Verwaltung der Ausschließung, in: KrimJ 27 (1995), S. 89-119

Cressy, Donald R., Epidemiology and Individual Conduct: A Case from Criminology, in: Pacific Sociological Review 3 (1960), S. 47-58

Degenhart, Christoph, Staatsrecht I. Staatsorganisationsrecht, 32. Aufl. 2016

Detterbeck, Steffen, Verwaltungsrecht mit Verwaltungsprozessrecht, 15. Aufl. 2017

Deutsche Beobachtungsstelle für Drogen und Drogensucht (DBDD) (Hrsg.), Bericht 2016 des nationalen REITOX-Knotenpunkts an die EBDD. (Datenjahr 2015 / 2016). Drogenmärkte und Kriminalität, 2016

Deutsche Beobachtungsstelle für Drogen und Drogensucht (DBDD) (Hrsg.), Bericht 2016 des nationalen REITOX-Knotenpunkts an die EBDD. (Datenjahr 2015 / 2016). Gesundheitliche Begleiterscheinungen und Schadensminimierung, 2016

Dickens, William T./Flynn, James R., Heritability Estimates Versus Large Environmental Effects: The IQ Paradox Resolved, in: Psychological Review 108 (2001), S. 346-369

Dishion, Thomas J./Loeber, Rolf, Adolescent Marijuana and Alcohol Use: The Role of Parents and Peers Revisited, in: The American Journal of Drug and Alcohol Abuse 11 (1985), S. 11-25

Dölling, Dieter/Hermann, Dieter, Befragungsstudien zur negativen Generalprävention: Eine Bestandsaufnahme, in: Hans-Jörg Albrecht/Horst Entorf (Hrsg.), Kriminalität, Ökonomie und Europäischer Sozialstaat, 2003, S. 133-166

Dölling, Dieter, Zur spezialpräventiven Aufgabe des Strafrechts, in: Dieter Dölling (Hrsg.), Jus humanum. Grundlagen des Rechts und Strafrechts. Festschrift für Ernst-Joachim Lampe zum 70.Geburtstag, 2003, S. 597-609

Dölling, Dieter u.a., Metaanalyse empirischer Abschreckungsstudien – Untersuchungsansatz und erste empirische Befunde in: Friedrich Lösel/Doris Bender/Jörg-Martin Jehle (Hrsg.), Kriminologie und wissensbasierte Kriminalpolitik. Entwicklungs- und Evaluationsforschung, 2007, S. 633-648

Döring, Nicola/Bortz, Jürgen, Forschungsmethoden und Evaluation für Human- und Sozialwissenschaftler, 5. Aufl. 2016

Downs, William R./Robertson, Joan F., Control Theory, Labeling Theory, and the Delivery of Services for Drug Abuse to Adolescents, in: Adolescence 32 (1997), S. 1-24

Dreier, Horst (Hrsg.), Grundgesetz Kommentar, Bd. 3, 2. Aufl. 2008

Dreier, Horst (Hrsg.), Grundgesetz Kommentar, Bd. 1, 3. Aufl. 2013

Die Drogenbeauftrage der Bundesregierung (Hrsg.), Drogen- und Suchtbericht, 2015

Die Drogenbeauftragte der Bundesregierung (Hrsg.), Drogen- und Suchtbericht, 2016

Duncker, Christian, Dimensionen des Wertewandels in Deutschland. Eine Analyse anhand ausgewählter Zeitreihen, 1998

Dupre, Deidre u.a., Initiation and Progression of Alcohol, Marijuana, and Cocaine Among Adolescent Abusers, in: American Journal on Addictions 4 (1995), S. 43-48

Duttge, Gunnar/Steuer, Melanie, Legalisierung von Cannabis: Verkommt Deutschland zu einer berauschten Gesellschaft?, in: ZRP 2014, S. 181-184

Dworkin, Gerald, Paternalism, in: The Monist 56 (1972), S. 64-84

Eberth, Alexander/Müller, Eckhart/Schütrumpf, Matthias, Verteidigung in Betäubungsmittelsachen, 6. Aufl. 2013

Eck, John E./Maguire, Edward R., Have Changes in Policing Reduced Violent Crime? An Assessment of the Evidence, in: Alfred Blumstein/Joel Wallman (Hrsg.), Crime Drop in America, 2000, S. 207- 265

Eggenberger, Christian/Meyer, Matthias, Auswirkungen von aktuellen Veränderungen der Cannabis-Gesetzgebung auf das Konsumverhalten. Eine Literaturanalyse am Beispiel von sieben Ländern, 2000

Eisele, Hermann, Die general- und spezialpräventive Wirkung strafrechtlicher Sanktionen – Methoden – Ergebnisse – Metaanalysen, 1999

Eisenberg, Ulrich, Kriminologie, 6. Aufl. 2005

Elkington, Katherine S./Bauermeister, José A./Zimmerman, Marc. A., Do Parents and Peers Matter? A Prospective Socio-Ecological Examination of Substance Use and Sexual Risk Among African American Youth, in: Journal of Adolescence 34 (2011), S. 1035-1047

Ellermeier, Wolfgang/Bösche, Wolfgang, Art. Experimentelle Versuchspläne, in: Heinz Holling/Bernhard Schmitz (Hrsg.), Handbuch Statistik, Methoden und Evaluation, 2010, S. 37-48

Elster, Jon, Some Unsolved Problems in the Theory of Rational Behavior, in: Acta Sociologica 36 (1993), S. 179-190

Epping, Volker, Grundrechte, 7. Aufl. 2017

Eul, Joachim, Praktische Veränderungsmöglichkeiten der gegenwärtigen Cannabispolitik, in: Akzeptanz 9 (2001), S. 33-37

Eul, Joachim/Stöver, Heino, Konsumerfahrung, Konsumbereitschaft, Risikoeinschätzung und gewünschte Rechtslage und deren Wechselbeziehungen untereinander zu Cannabis und anderen Drogen in der Bevölkerung Deutschlands, in: Akzeptanzorientierte Drogenarbeit 11 (2014), S. 1-64

Executive Office of the President of the United States (Hrsg.), National Drug Control Strategy. Data Supplement 2016, o.O. 2016

Farrell, Albert D./ Danish, Steven J./Howard, Catherine, Risk Factors for Drug Use in Urban Adolescents: Identification and Cross-Validation, in: American Journal of Community Psychology 20 (1992), S. 263-286

Farrington, David P., The Effects of Public Labeling, in: British Journal of Criminology 17 (1977), S. 112-125

Farrington, David P., Randomized Experiments on Crime and Justice, in: Michael Tonry/Norval Morris (Hrsg.), Crime and Justice. An Annual Review of Research, Bd. 4, Chicago/London 1983, S. 257-308

Farrington, David P./Murray, Joseph, Empirical Tests of Labeling Theory in Criminology, in: dies. (Hrsg.), Labeling Theory: Empirical Tests, New Brunswick/London 2014, S. 1-12

Feinberg, Joel, Legal Paternalism, in: Canadian Journal of Philosophy 1 (1971), S. 105-124

Feinberg, Joel, Harm to Others, Oxford 1984

v. Feuerbach, Paul Johann Anselm, Lehrbuch des gemeinen in Deutschland gültigen peinlichen Rechts, 14. Aufl. 1847

Flynn, James R., What is Intelligence?: Beyond the Flynn Effect, Cambridge 2009

Flynn, James R., Are We Getting Smarter?: Rising IQ in the Twenty-First Century, Cambridge 2012

Franke, Ulrich/Wienroeder, Karl (Hrsg.), Betäubungsmittelgesetz, 3. Aufl. 2008

Fried, Peter u.a., Current and Former Marihuana Use: Preliminary Findings of a Longitudinal Study of Effects on IQ in Young Adults, in: CMAJ 2002, S. 887-891

Friedman, Lawrence Meir, Das Rechtssystem im Blickfeld der Sozialwissenschaften, 1981

Frisch, Wolfgang, Schwächen und berechtigte Aspekte der Theorie der positiven Generalprävention. Zur Schwierigkeit des „Abschieds von Kant und Hegel", in: Bernd Schünemann/Andrew von Hirsch/Nils Jareborg (Hrsg.), Positive Generalprävention, 1998, S. 125-146

Galtung, Johan, Theory and Methods of Social Research, Oslo 1967

Gebhardt, Christoph, Drogenpolitik, in: Arthur Kreuzer (Hrsg.), Handbuch des Betäubungsmittelstrafrechts, 1998, S. 583-652

Geschwinde, Thomas, Rauschdrogen. Marktformen und Wirkungsweisen, 7. Aufl. 2013

GESIS Leibniz Institute for the Social Science (Hrsg.), ALLBUS. Allgemeine Bevölkerungsumfrage der Sozialwissenschaften, 2014

Gfroerer, Joseph, Correlation Between Drug Use by Teenagers and Drug Use by Older Family Members, in: American Journal of Drug & Alcohol Abuse 13 (1987), S. 95-108

Giddens, Anthony, Modernity and Self-Identity, Stanford 1991

Glaser, Daniel, Criminality Theories and Behavioral Images, in: Donald R. Cressy/David A. Ward (Hrsg.), Delinquency, Crime and Social Process, New York u.a. 1969, S. 515-530

Glueck, Sheldon/Glueck, Eleanor, Unraveling Juvenile Delinquency, Cambridge 1950

Goode, Erich, Drugs in American Society, 4. Aufl., 1993 New York

Göppinger, Hans, Kriminologie, 6. Aufl. 2008

Gottfredson, Michael/Hirschi, Travis, A General Theory of Crime, Stanford 1990

Gove, Walter R., Postscripts, in: ders. (Hrsg.), The Labelling of Deviance: Evaluating a Perspective, 2. Aufl. Beverly Hills/London 1980, S. 264-271

Grathoff, Richard/Hegner, Friedhart/Lipp, Wolfgang, Art. Kollektivbewusstsein, in: Werner Fuchs-Heinritz u.a. (Hrsg.), Lexikon zur Soziologie, 5. Aufl. 2011, S. 350-351

Griffin, Brenda S./Griffin, Charles T., Drug Use and Differential Association, in: Drug Forum 7 (1978/79), S. 1-8

Gropp, Walter, Deliktstypen mit Sonderbeteiligung, 1992

Gruber, Kenneth, J./Floyd-Taylor, Melissa, A Family Perspective for Substance Abuse: Implications from the Literature, in: Journal of Social Work Practice in the Addictions 6 (2006), S. 1-19

Gusy, Christoph, Anmerkungen zum BVerfG, Beschluss vom 9.3.1994, 2 BvL 43/92, in: JZ 1994, S. 863-864

Guxens, Mónica u.a., Factors Associated with the Onset of Cannabis Use: A Systematic Review of Cohort Studies, in: Gaceta Sanitaria 21 (2007), S. 252-260

Haffke, Bernhard, Tiefenpsychologie und Generalprävention. Eine strafrechtstheoretische Untersuchung, 1976

Haffke, Bernhard, Drogenstrafrecht, in: ZStW 107 (1995), S. 761-792

Hager, Willi, Grundlagen einer Versuchsplanung zur Prüfung empirischer Hypothesen der Psychologie, in: Gerd Lüer (Hrsg.), Allgemeine Experimentelle Psychologie. Eine Einführung in die methodischen Grundlagen mit praktischen Übungen für das Experimentelle Praktikum, 1987, S. 43-253

Hair, Elizabeth C. u.a., The Continued Importance of Quality Parent-Adolescent Relationships During Late Adolescence, in: Journal of Research on Adolescence 18 (2008), S. 187-200

Hanson, Robert Karl u.a., The Principles of Effective Correctional Treatment also Apply to Sexual Offenders: A Meta-Analysis, in: Criminal Justice and Behavior 2009, S. 865-891

Hanssen, Christian, Trennung der Märkte. Rechtsdogmatische und rechtspolitische Probleme einer Liberalisierung des Drogenstrafrecht, 1999

Harcourt, Bernard E., The Collaps of the Harm Principle, in: Journal of Criminal Law and Criminology 90 (1999), S. 109-194

Harper, Sam/Strumpf, Erin C./Kaufman, Jay S., Do Medical Marijuana Laws Increase Marijuana Use? Replication Study and Extension, in: Annals of Epidemiology 21 (2012), S. 207-212

Harris, Judith R., Where Is the Childs`s Environment? A Group Socialization Theory of Development, in: Psychological Review 102 (1995), S. 458-489

Hart, H.L.A., Der Begriff des Rechts, 1973

Hart-Hönig, Kai, Gerechte und zweckmäßige Strafe. Zugleich ein Beitrag zur Theorie positiver Generalprävention, 1992

Hartwig, Karl-Hans/Pies, Ingo, Plädoyer für eine rationale Drogenpolitik. Ein Beitrag zur ökonomischen Aufklärung, in: Jürgen Neumeyer/Gudrun Schaich-Walch (Hrsg.), Zwischen Legalisierung und Normalisierung. Ausstiegsszenarien aus der repressiven Drogenpolitik, 1992, S. 116-125

Hasin, Deborah S., u.a., Medical Marijuana Laws and Adolescent Marijuana Use in the USA from 1991 to 2014: Results from Annual, Repeated Cross-Sectional Surveys, in: The Lancet Psychiatry 2015, S. 601-608

Hassemer, Winfried, Generalprävention und Strafzumessung, in: ders./Klaus Lüderssen/Wolfgang Naucke (Hrsg.), Hauptprobleme der Generalprävention, 1979, S. 29-53

Hassemer, Winfried, Variationen der positiven Generalprävention, in: Bernd Schünemann/Andrew von Hirsch/Nils Jareborg (Hrsg.), Positive Generalprävention, 1998, S. 29-50

Hassemer, Winfried, Darf der strafende Staat Verurteilte bessern wollen? Resozialisierung im Rahmen positiver Generalprävention, in: Cornelius Prittwitz u.a. (Hrsg.), Festschrift für Klaus Lüderssen zum 70. Geburtstag am 2. Mai 2002, 2002, S. 221-240

Hausschild, Jörn, Die positive Generalprävention und das Strafverfahren. Eine systematische Betrachtung, 2000

Hawkins, David J./Arthur, Michael W./Catalano, Richard F., Preventing Substance Abuse, in: Michael Tonry/David P. Farrington (Hrsg.), Building a Safer Society. Strategic Approaches to Crime Prevention, Chicago 1995, S. 343-428

Heck, Philip, Gesetzesauslegung und Interessenjurisprudenz, in: AcP 112 (1914), S. 1-313

Hefendehl, Roland, Europäisches Strafrecht: bis wohin und nicht weiter?, in: ZIS 2006, S. 229-236

Hegel, Georg Wilhelm Friedrich, Grundlinien der Philosophie des Rechts oder Naturrecht und Staatswissenschaft im Grundriße, (1820; zitiert nach der Glockner-Ausgabe, 3. Aufl. 1952)

Hellebrand, Johannes, Große Jagd auf kleine Fische. Überlegungen zum sinnvollen Einsatz des Strafrechts im Drogenbereich, in: ZRP 1992, S. 247-251

Hellebrand, Johannes, Bekämpfung der Rauschgiftkriminalität durch sinnvollen Einsatz des Strafrechts, 1993

Henderson, Tara Leigh, The Effect of Getting Caught: Putting the Labeling Theory to the Empirical Test, Ottawa 1997

Hermann, Dieter, Werte und Kriminalität. Konzeption einer allgemeinen Kriminalitätstheorie, 2003

Hertel, Silke/Klug, Julia/Schmitz, Bernhard, Quasi-experimentelle Versuchspläne, in: Heinz Holling/Bernhard Schmitz (Hrsg.), Handbuch Statistik, Methoden und Evaluation, 2010, S. 49-62

Herzog, Felix, Prävention des Unrechts oder Manifestation des Rechts. Bausteine zur Überwindung des heteronom-präventiven Denkens in der Strafrechtstheorie der Moderne, 1987

Hess, Henner, Probleme der sozialen Kontrolle, in: Hans-Jürgen Kerner/Hans Göppinger/Franz Streng (Hrsg.), Kriminologie – Psychiatrie – Strafrecht. Festschrift für Heinz Leferenz zum 70. Geburtstag, 1983, S. 3-24

Hess, Henner, Drogenpolitik und Drogenkriminalität. Von der Repression zur Entkriminalisierung: Jürgen Neumeyer/Gudrun Schaich-Walch (Hrsg.), Zwischen Legalisierung und Normalisierung. Ausstiegsszenarien aus der repressiven Drogenpolitik, 1992, S. 18-42

Hessische Kommission „Kriminalpolitik", Entkriminalisierungsvorschläge der Hessischen Kommission „Kriminalpolitik" zum Betäubungsmittelstrafrecht, in: Peter-Alexis Albrecht/Winfried Hassemer/Michael Voß (Hrsg.), Rechtsgüterschutz durch Entkriminalisierung. Vorschläge der Hessischen Kommission „Kriminalpolitik" zur Reform des Strafrechts, 1992, S. 29-48

Hester, Stephen/Eglin, Peter, A Sociology of Crime, London 1992

Hickelooper, John W., Experimenting with Pot: The State of Colorado's Legalization of Marijuana, in: Milbank Quaterly 92 (2014), S. 243-249

Hill, Stephan, Verbotene Früchte: Cannabiskonsum – Ein soziales Problem?, 2002

Hiller, Karl/Melzig, Matthias F. (Hrsg.), Art. Cannabis sativa in: Lexikon der Arzneipflanzen und Drogen, 2. Aufl. 2010

Hillmann, Karl-Heinz, Wertwandel. Ursachen – Tendenzen – Folgen, 2004

v. Hirsch, Andrew u.a., Criminal Deterrence and Sentence Severity. An Analysis of Recent Research, Oxford 1999

v. Hirsch, Andrew/Wohlers, Wolfgang, Rechtsguttheorie und Deliktstruktur: Zu den Kriterien fairer Zurechnung, in: Roland Hefendehl/Andrew von Hirsch/Wolfgang Wohlers (Hrsg.), Die Rechtsgutstheorie. Legitimationsbasis des Strafrechts oder dogmatisches Glasperlenspiel?, 2003, S. 196-214

v. Hirsch, Andrew, Direkter Paternalismus: Sollten Selbstschädigungen bestraft werden?, in: Michael Anderheiden u.a. (Hrsg.), Paternalismus und Recht, 2006, S. 235-248

Hirschi, Travis, Causes of Delinquency, Berkeley u.a. 1969

Hirschi, Travis, Labeling Theory and Juvenile Delinquency: An Assessment of the Evidence, in: Walter R. Gove (Hrsg.), The Labelling of Deviance: Evaluating a Perspective, 2. Aufl. Beverly Hills/London 1980, S. 271-292

Hirschi, Travis/Gottfredson, Michael R., Understandig Crime. Current Theory and Research, Beverly Hills 1980

Hirschi, Travis, On the Compatibilty of Rational Choice and Social Control Theories of Crime, in: Derek B. Cornish/Ronald V. Clarke (Hrsg.), The Reasoning Criminal. Rational Choice Perspectives on Offending, New York 1986, S. 105-118

Hirschi, Travis, Das Karriereparadigma aus Sicht der Kontrolltheorie, in: MSchrKrim 72 (1989), S. 413-422

Hirtenlehner, Helmut/Birklbauer, Alois, Rückfallprävention durch Entlassungspolitik? Ein natürliches Experiment, in: NK 20 (2008), S. 25-32

Hochstettler, Andy, Classical Perspectives, in: J. Mitchell Miller (Hrsg.), 21st Century Criminology. A Reference Handbook, Bd. 1, Thousand Oaks 2009, S. 201-209

Hoerster, Norbert, Muss Strafe sein? Positionen der Philosophie, 2012

Hoffmann, John P., Investigating the Age Effects of Family Structure on Adolescent Marijuana Use, in: Journal of Youth and Adolescence, 23 (1994), S. 215-235

Hoffmann-Holland, Klaus, Der Modellgedanke im Strafrecht – Eine kriminologische und strafrechtliche Analyse von Modellversuchen, 2005

Höfler, Michael u.a., Covariates of Cannabis Use Progression Patterns in a Represantative Population Sample of Adolescents: A Prospective Examniation of Vulnerability and Risc Factors, in: Addiction 1999, S. 1679-1694

Hohmann, Ralf/Matt, Holger, Ist die Strafbarkeit der Selbstschädigung verfassungswidrig? – BGH, NJW 1992, 2975, in: JuS 1993, S. 370-374

Hollin, Clive R., Criminological Psychology, in: Mike Maguire/Rod Morgan/Robert Reiner (Hrsg.), The Oxford Handbook of Criminology, 5. Aufl. Oxford 2012, S. 81-112

Holtmann, Dieter, Grundlegende multivariate Modelle der sozialwissenschaftlichen Datenanalyse, 3. Aufl. 2010

Hörnle, Tatjana/von Hirsch, Andrew, Positive Generalprävention und Tadel, in: GA 142 (1995), S. 261-282

Hörnle, Tatjana, Straftheorien, 2011

Hoyer, Andreas, Anmerkung zu BGH 2 StR 191/92 (LG Köln) vom 01.07.1992, Strafzumessung bei fahrlässiger Herbeiführung des Todes durch Abgabe von Heroin, in: StV 1993, S. 128-130

Hradil, Stefan, Vom Wandel des Wertewandels. Die Individualisierung und eine ihrer Gegenbewegungen, in: Wolfgang Glatzer/Roland Habich/Karl Ulrich Mayer (Hrsg.), Sozialer Wandel und gesellschaftliche Dauerbeobachtung, 2002, S. 31-48

Hradil, Stefan, Sozialer Wandel. Gesellschaftliche Entwicklungstrends, in: Steffen Mau/Nadine M. Schöneck (Hrsg.), Handwörterbuch zur Gesellschaft Deutschlands, Bd. 2, 3. Aufl. 2013, S. 788-802

Hufen, Friedhelm, Kunstfreiheit, in: Detlef Merten/Hans-Jürgen Papier (Hrsg.), Handbuch der Grundrechte in Deutschland und Europa, Bd. 4, 2011, § 101 (S. 801-874)

Hufen, Friedhelm, Staatsrecht II. Grundrechte, 5. Aufl. 2016

Huff, C. Ronald, Conflict Theory in Criminology, in: James A. Inciardi (Hrsg.), Radical Criminology. The Coming Crisis, Beverly Hills/London 1980, S. 61-77

Hummel, Hans J., Probleme der Mehrebenenanalyse, 1972

Hurrelmann, Klaus, Trendwende beim Konsum psychoaktiver Substanzen? Zum Zusammenhang von Sozialisation und Drogen im Jugendalter, in: Deutsche Jugend 1997, S. 517-526

Husak, Douglas N., Drugs and Rights, Cambridge 1992

Inglehart, Ronald, The Silent Revolution in Europe: Intergenerational Change in Post-Industrial Societies, in: The American Political Science Review 65 (1971), S. 991-1017

Inglehart, Ronald, The Silent Revolution. Changing Values and Political Attitudes Among Western Publics, Princeton 1977

Inglehart, Ronald, Wertewandel in den westlichen Gesellschaften: Politische Konsequenzen von materialistischen und postmaterialistischen Prioritäten, in: Helmut Klages/Peter Kmieciak (Hrsg.), Wertewandel und gesellschaftlicher Wandel, 1979, S. 279-316

Inglehart, Ronald/Welzel, Christian, Modernization, Cultural Change, and Democracy: The Human Development Sequence, New York 2005

Inglehart, Ronald, Modernisierung und Postmodernisierung. Kultureller, wirtschaftlicher und politischer Wandel in 43 Gesellschaften, 1998

Isensee, Josef, Das Grundrecht als Abwehrrecht und als staatliche Schutzpflicht, in: ders./Paul Kirchhof (Hrsg.), Handbuch des Staatsrechts der Bundesrepublik Deutschland, Bd. IX, 3. Aufl. 2011, § 191 (S. 413-568)

Jaffe, Jerome, What Counts As a "Drug Problem"?, in: Griffith Edwards/Awni Arief/ders. (Hrsg.), Drugs Use and Misuse: Cultural Perspectives, London 1983, S. 101-111

Jäger, Herber, Möglichkeiten einer weiteren Reform des Sexualstrafrechts, in: Martin Dannecker/Volkmar Sigusch (Hrsg.), Sexualtheorie und Sexualpolitik. Ergebnisse einer Tagung, 1984, S. 67-76

Jakobs, Günther, Strafrecht Allgemeiner Teil, 2. Aufl. 1991

Jakobs, Günther, Das Schuldprinzip, 1993

Jakobs, Günther, Strafrecht zwischen Funktionalismus und alteuropäischem Prinzipiendenken, in: ZStW 107 (1995), S. 843-876

Jarass, Hans D./Piertoh, Bodo (Hrsg.), Grundgesetz für die Bundesrepublik Deutschland. Kommentar, 14. Aufl. 2016

Jehle, Jörg-Martin/Heinz, Wolfgang/Sutterer, Peter, Legalbewährung nach strafrechtlichen Sanktionen. Eine kommentierte Rückfallstatistik, 2003

Jehle, Jörg-Martin u.a., Legalbewährung nach strafrechtlichen Sanktionen. Eine bundesweite Rückfalluntersuchung 2004 bis 2007, 2010

Jehle, Jörg-Martin u.a., Legalbewährung nach strafrechtlichen Sanktionen. Eine bundesweite Rückfalluntersuchung 2007 bis 2010 und 2004 bis 2010, 2013

Jensen, Gary F., Parents, Peers, and Delinquent Action: A Test of the Differential Associations Perspective, in: American Journal of Sociology 78 (1972), S. 562-575

Jessor, Richard/Jessor, Shirley L., Problem Behavior and Psychosocial Development: A Longitudinal Study of Youth, New York 1977

Jessor, Richard/Chase, James D./Donovan, John E., Psychosocial Correlates of Marijuana Use and Problem Drinking in a National Sample of Adolescents, in: American Journal of Public Health 70 (1980), S. 604-613

Joachimski, Jupp/Haumer, Christine, Strafverfahrensrecht. Rechtsprechungsorientierte Vorbereitung auf die zweite Staatsprüfung, 7. Aufl. 2015

Johnson, Bruce D./Golub, Andrew/Dunlap, Eloise, The Rise and Decline of Hard Drugs, Drug Markets, and Violence in Inner-City New York, in: Alfred Blumstein/Joel Wallman (Hrsg.), Crime Drop in America, 2000, S. 164-206

Johnson, Richard E./Marcos, Anastasios C./Bahr, Stephen J., The Role of Peers in the Complex Etiology of Adolescent Drug Use, in: Criminology 25 (1987), S. 323-340

Johnson, Valerie, Adolescent Alcohol and Marijuana Use: A Longitudinal Assessment of a Social Learning Perspective, in: American Journal of Drug and Alcohol Abuse 14 (1988), S. 419-439

Johnston, Lloyd D./O´Malley, Patrick M./Bachman, Jerald G., Marijuana Decriminalization: The Impact on Youth, 1975-1980. Monitoring the Future Occasional Paper No.13, Ann Arbor 1981

Johnston, Lloyd D./O´Malley, Patrick M./Bachman, Jerald G., Drug Use Drinking and Smoking: National Survey Results from High School, College, and Young Adult Population, 1975-1988, Rockville 1989

Jung, Heike, Sanktionensysteme und Menschenrechte, 1992

Kaiser, Günther, Jugendkriminalität, 3. Aufl. 1982

Kaiser, Günther, Kriminologie. Ein Lehrbuch, 3. Aufl. 1996

Kalke, Jens/Vertheim, Uwe/Stöver, Heino, Seuche Cannabis? Kritische Bemerkungen zu neueren epidemiologischen Studien, in: Suchttherapie 6 (2005), S. 108-115

van Kalmthout, Anton M., Characteristics of Drug Policy in the Netherlands, in: Hans-Jörg Albrecht/ders. (Hrsg.), Drug Policies in Western Europe, 1989, S.259-292

Kalpers-Schwaderlapp, Martina, Diversion to Nothing. Eine vergleichende Rückfalluntersuchung der gemäß § 45 Abs. 2 Nr. 2 JGG eingestellten bzw. im förmlichen Jugendverfahren abgeurteilten einfachen Diebstahlsverfahren von Jugendlich in den Landgerichtsbezirken Koblenz und Mainz, 1989

Kamphausen, Erhard, Art. Rastafari, in: Hans Dieter Betz u.a. (Hrsg.), Religion in Geschichte und Gegenwart. Handwörterbuch für Theologie und Religionswissenschaft, Bd. 7, 4. Aufl. 2004, Sp. 1, S. 43

Kandel, Denise B., Adolescent Marijuana Use: Role of Parents and Peers, in: Science 181 (1973), S. 1067-1070

Kandel, Denise B., Interpersonal Influence on Adolescent Illegal Drug Use, in: Erick Josephson/Eleanor E. Carroll (Hrsg.), Drug Use: Epidemiological and Sociological Approaches, Washington 1974, S. 207-240

Kandel, Denise B., On Processes of Peer Influences in Adolescent Drug Use: A Developmental Perspective, in: Advances in Alcohol and Substance Abuse 4 (1985), S. 139-163

Kandel, Denise B./Raveis, Victoria H., Cessation of Illicit Drug Use in Young Adulthood, in: Archives of General Psychiatry 46 (1989), S. 109-116

Kant, Immanuel, Metaphysik der Sitten, (1797; zitiert nach der Meiner-Ausgabe, 3. Aufl. 2009)

Kaplan, Charles D., The Social Functions of Drugs in Coming Decades, in: ders./Martien Kooyman (Hrsg.), Responding to a World of Drugs: Intentional and Unintentional Effects of Control, Treatment and Prevention. Proceedings 15th International Institute on the Prevention and Treatment of Drug Dependence, Rotterdam 1987, S. 15-19

Kaplan, Charles D. u.a., Is Dutch Drug Policy an Example to the World?, in: Ed. Leuw/Ineke Haen Marshall (Hrsg.), Between Prohibition and Legalization. The Dutch Experiment in Drug Policy, Amsterdam/New York 1994, S. 311-335

Karstedt, Susanne/Greve, Werner, Die Vernunft des Verbrechens. Rational, irrational oder banal? Der Rational-Choice Ansatz in der Kriminologie, in: Kai-D. Bussman/Reinhard Kreissl (Hrsg.), Kritische Kriminologie in der Diskussion. Theorien, Analysen, Positionen, 1996, S. 171-210

Kaschkat, Hannes, Verfassungsrechtliche Grenzen strafrechtswirksamer Legislativtechnik. Dargestellt am Beispiel des Betäubungsmittelgesetzes, in: Ellen Schlüchter/Klaus Laubenthal (Hrsg.), Recht und Kriminalität: Festschrift für Friedrich-Wilhelm Krause zum 70. Geburtstag, 1990, S. 123-136

Kemmesies, Uwe E., Kompulsive Drogengebraucher in den Niederlanden und in Deutschland. Die offene Drogenszene in Amsterdam und Frankfurt a.M. – eine lebensweltnahe, systematische Vergleichsstudie, 1995

Kemmesies, Uwe E./Hess, Henner, Zum Steuerungseinfluß des Betäubungsmittelgesetzes, in: Fritjof Haft/Hagen Hof/Steffen Wesche (Hrsg.), Bausteine zu einer Verhaltenstheorie des Rechts, 2001, S. 315-323

Kemmesies, Uwe E., Zwischen Rausch und Realität. Drogenkonsum im bürgerlichen Milieu, 2004

Khatapoush, Shereen/Hallfors, Denise, "Sending the Wrong Message": Did Medical Marijuana Legalization in California Change Attitudes About and Use of Marijuana? In: Journal of Drug Issues 34 (2004), S. 751–770

Killias, Martin, „Kriminelles Verhalten wird gelernt" – aber wie? Zur Rezeption der Sozialisationsforschung in der Kriminologie, in: MschKrim 64 (1981), S. 329-342

Killias, Martin/Vilettaz, Patrice, Rückfall nach Freiheits- und Alternativstrafen: Lehren aus einer systematischen Literaturübersicht, in: Friedrich Lösel (Hrsg.), Kriminologie und wissensbasierte Kriminalpolitik: Entwicklungs- und Evaluationsforschung, 2007, S. 207-226

Killias, Martin u.a., Do Drug Policies Affect Cannabis Markets? A Natural Experiment in Switzerland, 2000–10, in: European Journal of Criminology 8 (2011), S. 171-186

Killias, Martin/Kuhn, André/Aebi, Marcelo F., Grundriss der Kriminologie – Eine europäische Perspektive, 2. Aufl. Bern 2011

King, Gary/Keohane, Robert O./Verba, Sidney, Designing Social Inquiry, Scientific Inference and Qualatative Research, Princeton 1994

King, Gary, A Solution to the Ecological Inference Problem. Reconstructing Individual Behavior from Aggregate Data, Princeton 1997

Kingreen, Thorsten/Poscher, Ralf, Grundrechte. Staatsrecht II, 32. Aufl. 2016

Klages, Helmut, Wertorientierungen im Wandel. Rückblick, Gegenwartsanalyse, Prognosen, 2. Aufl. 1985

Klages, Helmut, Wertedynamik. Über die Wandelbarkeit des Selbstverständlichen, 1988

Klages, Helmut, Die gegenwärtige Situation der Wert- und Wertwandelforschung – Probleme und Perspektiven, in: ders./Hans-Jürgen Hippler/Willi Herbert (Hrsg.), Werte und Wandel. Ergebnisse und Methoden einer Forschungstradition, 1992, S. 5-39

Klages, Helmut, Traditionsbruch als Herausforderung. Perspektiven der Wertewandelsgesellschaft, 1993

Kleiber, Dieter/Kovar, Karl-Artur, Auswirkungen des Cannabiskonsums. Eine Expertise zu pharmakologischen und psychosozialen Konsequenzen, 1997

Kleiber, Dieter/Söllner, Renate, Cannabiskonsum. Entwicklungstendenzen, Konsummuster und Risiken, 1998

Klein, Malcolm W., Labeling Theory and Delinquency Policy: An Experimental Test, in: Criminal Justice and Behavior 13 (1986), S. 47-79

Kniesel, Michael, Nach der Entscheidung des BVerfG zur Strafbarkeit weicher Drogen: Anfang vom Ende der Drogenpolitik durch Strafrecht?, in: ZRP 1994, S. 352-358

Köhler, Michael, Freiheitliches Rechtsprinzip und Betäubungsmittelstrafrecht, in: ZStW 104 (1992), S. 3-64

König, René, Kleider und Leute. Zur Soziologie der Mode, 1967

Korf, Dirk J., Dutch Treat. Formal Control and Illicit Drug Use in the Netherlands, Amsterdam 1995

Korf, Dirk J., Dutch Coffee Shops and Trends in Cannabis Use, in: Addictive Behaviors 27 (2002), S. 851-866

Körner, Harald Hans, Unsinnig und unwürdig. Erwerb und Besitz geringer Heroinmengen sollten straflos bleiben, in: Die ZEIT Nr. 11 v. 10.3.1989, abzurufen auf: http://www.zeit.de/1989/11/unsinnig-und-unwuerdig (zuletzt aufgerufen am 24.6.2017)

Körner, Harald Hans, Verheißt die Abschaffung des Betäubungsmittelgesetzes und der traditionellen Drogenhilfe eine Lösung des Drogenproblems?, in: Betrifft Justiz Nr. 27, S. 127-130

Körner, Harald Hans, Das Betäubungsmittelgesetz – ein gesetzgeberischer Flickenteppich oder die Auseinandersetzung der Falken und Tauben um eine neue Drogenpolitik, in: StV 1994, S. 514-519

Körner, Harald Hans, Anmerkungen zu BayOLG, Urteil v. 14.02.1995 – 4 StRR 170/94, in: StV 1995, S. 531-533

Körner, Harald Hans/Patzak, Jörn/Volkmer, Mathias (Hrsg.), Betäubungsmittelgesetz. Arzneimittelgesetz. Grundstoffüberwachungsgesetz, 7. Aufl. 2012

Körner, Harald Hans/Patzak, Jörn/Volkmer, Mathias (Hrsg.), Betäubungsmittelgesetz. Arzneimittelgesetz. Grundstoffüberwachungsgesetz, 8. Aufl. 2016

Kosterman, Rick u.a., The Dynamics of Alcohol and Marijuana Initiation: Patterns and Predictors of First Use in Adolescence, in: American Journal of Public Health 90 (2000), S. 360-366

Kuhlen, Lothar, Anmerkungen zur positiven Generalprävention, in: Bernd Schünemann/Andrew von Hirsch/Nils Jareborg (Hrsg.), Positive Generalprävention, 1998, S. 55-63

Kunz, Karl-Ludwig/Singelnstein, Tobias, Kriminologie, 7. Aufl. 2016

Kraus, Ludwig/Bauernfeind, Rita, Repräsentativerhebungen zum Gebrauch psychoaktiver Substanzen bei Erwachsenen in Deutschland 1997, in: Sucht 44 (1998) Sonderheft 1

Krausz, Michael/Lambert, Martin, Cannabis, in: Ambros Uchtenhagen/Walter Ziegigänsberger (Hrsg.), Suchtmedizin. Konzepte, Strategien und therapeutisches Management, 2000, S. 77-82

Kreuzer, Arthur, Therapie und Strafe. Versuch einer Zwischenbilanz zur Drogenpolitik und zum Betäubungsmittelgesetz von 1981, in: NJW 1989, S. 1505-1512

Kreuzer, Arthur, Zur Bewertung von Haschisch in der Strafrechtsprechung des Bundesgerichtshofes, in: DRiZ 1991, S. 173-176

Kreuzer, Arthur, Mittelweg zwischen kriminalisierendem Drogenkrieg und Abschaffung der strafrechtlichen Drogenprohibition, in: Jürgen Neumeyer/Gudrun Schaich-Walch (Hrsg.), Zwischen Legalisierung und Normalisierung. Ausstiegsszenarien aus der repressiven Drogenpolitik, 1992, S. 179-188

Kreuzer, Arthur, Die Haschisch-Entscheidung des BVerfG, in: NJW 1994, S. 2400-2402

Kreuzer, Arthur, Prävention durch Repression, in: Heinz Schöch/Jörg-Martin Jehle (Hrsg.), Angewandte Kriminologie zwischen Freiheit und Sicherheit, 2004, S. 205-218

Kreuzer, Arthur, Evaluation drogenpolitischer Modelle einer „Harm Reduction", in: Friedrich Lösel/Doris Bender/Jörg-Matin Jehle (Hrsg.), Kriminologie und wissensbasierte Kriminalpolitik: Entwicklungs- und Evaluationsforschung, 2007, S. 115-132

Krohn, Marvin D./Lopes, Giza/Ward, Jeffrey T., Effects of Official Intervention on Later Offending in the Rochester Youth Development Study, in: David P. Farrington/Joseph Murray (Hrsg.), Labeling Theory: Empirical Tests, New Brunswick/London 2014, S. 179-208

Krumdiek, Nicole, Die national- und internationalrechtliche Grundlage der Cannabisprohibition in Deutschland. Eine Untersuchung unter Einbeziehung des aktuellen Forschungsstandes hinsichtlich der gesundheitlichen und sozialen Auswirkungen des Konsums von Cannabis, 2005

Krumdiek, Nicole, Cannabis sativa L. und das Aufleben alter Vorurteile, in: NStZ 2008, S. 437-444

Kung, Eva M./Farrell, Albert D., The Role of Parents and Peers in Early Adolescent Substance Use: An Examination of Mediating and Moderating Effects, in: Journal of Child and Family Studies 9 (2000), S. 509-528

Lagodny, Otto, Paternalistische Züge im Strafrecht am Beispiel Deutschlands und Österreichs, in: Michael Anderheiden u.a. (Hrsg.), Paternalismus und Recht, 2006, S. 225-234

Lamla, Jörn, Die Konflikttheorie als Gesellschaftstheorie, in: Thorsten Bonacker (Hrsg.), Sozialwissenschaftliche Konflikttheorien. Eine Einführung, 4. Aufl. 2008, S. 207-230

Lammel, Ute Antonia, Rauschmittelkonsum und Freizeitverhalten der 14- bis 18-Jährigen. Orientierungslinien einer zeitgemäßen Sekundärprävention, 2003

Lamnek, Siegfried, Theorien abweichenden Verhaltens II. „Moderne" Ansätze, 3. Aufl. 2008

Lap, Mario, Frau Antje hat was Neues: Nedweed in Coffeeshops – ein Vorschlag für ein Lizenzsystem, in: Akzept e.V./NIAD (Hrsg.), Drogen ohne Grenzen, 1995, S. 61-69

Laubenthal, Klaus/Baier, Helmut/Nestler, Nina, Jugendstrafrecht, 3. Aufl. 2015

Lemert, Edwin M., Social Pathology, New York 1951

Lemert, Edwin M., Human Deviance, Social Problems, and Social Control, Englewood Cliffs, 1967

Leuw, Ed., Initial Construction and Development of the Official Dutch Drug Policy, in: ders./Ineke Haen Marshall (Hrsg.), Between Prohibition and Legalization. The Dutch Experiment in Drug Policy, Amsterdam/New York 1994, S. 23-40

Li, Xiaoming/Stanton, Bonita/Feigelman, Susan, Impact of Perceived Parental Monitoring on Adolescenct Risk Behavior Over 4 Years, in: Journal of Adolescent Health 27 (2000), S. 49-56

Licanin, Ifeta, Parents-Adolescent Relationship and Drug Use, in: European Psychiatry 30, Supplement 1 (2015), S. 1216

Lieb, Roselind u.a., Epidemiologie des Konsums, Missbrauchs und der Abhängigkeit von legalen und illegalen Drogen bei Jugendlichen und jungen Erwachsenen: Die prospektiv-longitudiale Verlaufsstudie EDSP, in: Sucht 46 (2000), S. 18-31

Lieberson, Stanley, Making It Count: The Improvement of Social Research and Theory, Berkeley 1985

Linden, Eric/Hackler, James C., Affective Ties and Delinquency, in: The Pacific Sociological Review 16 (1973), S. 27-46

v. Liszt, Franz, Der Zweckgedanke im Strafrecht (1882), in: ders. (Hrsg.), Aufsätze und kleinere Monographien, Bd. 1, 1905 (zitiert nach der Olms-Weidmann-Ausgabe, 1999, S. 126-179

Lösel, Friedrich/Köferl, Peter/Weber, Florian, Meta-Evaluation der Sozialtherapie. Qualitative und quantitative Analysen zur Behandlungsforschung in sozialtherapeutischen Anstalten des Justizvollzugs, 1987

Luhmann, Niklas, Rechtssoziologie, Bd. 1, 1972

Luhmann, Niklas, Soziologie als Theorie sozialer Systeme (1967), in: ders. (Hrsg.), Soziologische Aufklärung. Aufsätze zur Theorie sozialer Systeme, Bd. 1, 4. Aufl. 1974, S. 113-136

Luhmann, Niklas, Ausdifferenzierung des Rechts. Beiträge zur Rechtssoziologie und Rechtstheorie, 1981

Luhmann, Niklas, Soziale Systeme. Grundriß einer allgemeinen Theorie, 1984

Luhmann, Niklas, Die soziologische Beobachtung des Rechts, 1986

Luhmann, Niklas, Das Recht der Gesellschaft, 1995

Lynne-Landsman, Sarah D./Livingston, Melvin D./Wagenaar, Alexander C., Effects of State Medical Marijuana Laws on Adolescent Marijuana Use, in: American Journal of Public Health 103 (2013), S. 1500-1506

MacCoun, Robert J./Reuter, Peter, Interpreting Dutch Cannabis Policy: Reasoning by Analogy in the Legalization Debate, in: Science 278 (1997), S. 47-53

MacCoun Robert J./Reuter, Peter, Drug War Heresies. Learning from Other Vices, Times, and Places, Cambridge 2001

MacCoun, Robert J./Reuter, Peter, Evaluating Alternative Cannabis Regimes, in: The British Journal of Psychiatry 178 (2001), S. 123-128

MacCoun, Robert J., What Can We Learn from the Dutch Cannabis Coffeeshop Experience?, (working paper) 2010

Macleod, John u.a., Psychological and Social Sequelae of Cannabis and Other Illicit Drug Use by Young People: A Systematic Review of Longitudinal, General Population Studies, in: The Lancet, 2004, S. 1579-1588

Maddan, Sean/Marshall, Ineke Haen, Labeling and Symbolic Interaction Theories, in: J. Mitchell Miller (Hrsg.), 21st Century Criminology: A Reference Handbook, Bd. 1, Thousand Oaks 2009, S. 253-261

Maihofer, Werner, Die gesellschaftliche Funktion des Rechts, in: Rüdiger Lautmann/Werner Maihofer/Helmut Schelsky (Hrsg.), Die Funktion des Rechts in der modernen Gesellschaft, 1970, S. 11-36

Maloff, Deborah u.a., Informal Social Controls and Their Influence on Substance Use, in: Journal of Drug Issues 9 (1979), S. 161-184

Mankoff, Milton, Societal Reactions and Career Deviance: A Critcal Analysis, in: Sociological Quaterly 12 (1971), S. 204-218

Marcus, Jan, Der Einfluss von Erhebungsformen auf den Postmaterialismus-Index, in: Methoden – Daten – Analysen 3 (2009), S. 137-166

Marshall, Ineke Haen/Marshall, Chris E., Drug Prevention in the Netherlands: A Low-Key Approach, in: Ed. Leuw/ Ineke Haen Marshall (Hrsg.), Between Prohibition and Legalization. The Dutch Experiment in Drug Policy, Amsterdam/New York 1994, S. 205-232

Massing, Peter, Art. Sozialisation, in: Georg Weißeno u.a. (Hrsg.), Wörterbuch Politische Bildung, 2007, S. 367-376

Maultzsch, Felix, Hegels Rechtsphilosophie als Grundlage systemtheoretischer Strafbegründung, in: Jura 2001, S. 85-92

Maunz, Theodor/Dürig, Günter (Hrsg.), Grundgesetz Kommentar, Bd. 1, 80. EL 2017

Maurer, Hartmut, Staatsrecht I. Grundlagen. Verfassungsorgane. Staatsfunktionen, 6. Aufl. 2010

Meier, Bernd-Dieter, What works? Die Ergebnisse der neueren Sanktionsforschung aus kriminologischer Sicht, in: JZ 2010, S. 112-120

Meier, Bernd-Dieter/Rössner, Dieter/Schöch, Heinz, Jugendstrafrecht, 3. Aufl. 2013

Meier, Bernd-Dieter, Strafrechtliche Sanktionen, 4. Aufl. 2015

Meier, Madeline H. u.a., Persistent Cannabis User Show Neuropsychological Decline from Childhood to Midlife, in: Proceedings of the National Academy of Sciences 109 (2012), S. 2657-2664

Meier, Robert F., Perspectives on the Concept of Social Control, in: Annual Review of Sociology 8 (1982), S. 35-55

Menzel, Herbert, Comment on Robinson's Ecological Correlations and Behavior of Individuals, in: American Sociological Review 15 (1950), S. 674

Mergen, Armand, Verunsicherte Kriminologie, 1975

Merks, Karl-Wilhelm, Grundlinien einer interkulturellen Ethik. Moral zwischen Pluralismus und Universalität, 2012

Merten, Detlef, Verhältnismäßigkeitsgrundsatz, in: ders./H.-J. Papier (Hrsg.), Handbuch der Grundrechte in Deutschland und Europa, Bd. 3, 2009, § 68 (S. 517-568)

Meudt, Volker, Drogenpolitik in der Bundesrepublik, in: Thomas Kutsch/Günter Wiswede (Hrsg.), Drogenkonsum: Einstieg, Abhängigkeit, Sucht, 1980, S. 195-215

Michaels, Ingo Ilja/Stöver, Heino, Entkriminalisierung der Konsumenten, Legalisierung der Drogen. Welche Akzente kann die Drogenhilfe setzen?, in: Jürgen Neumeyer/Gudrun Schaich-Walch (Hrsg.), Zwischen Legalisierung und Normalisierung. Ausstiegsszenarien aus der repressiven Drogenpolitik, 1992, S. 97-115

Mill, John Stuart, Über die Freiheit (1859; zitiert nach der Reclam-Ausgabe, 1974)

Ministry of Health, Welfare and Sports (Hrsg.), Drug Policy in the Netherland: Continuity and Change, Den Haag 1995

Müller, Hans-Peter/Alleweldt, Erika, Modernisierung und Individualisierung, in: Steffen Mau/Nadine M. Schöneck (Hrsg.), Handwörterbuch zur Gesellschaft Deutschlands, Bd. 2, 3. Aufl. 2013, S. 624-636

Müller-Dietz, Heinz, Integrationsprävention und Strafrecht. Zum positiven Aspekt der Generalprävention, in: Theo Vogel (Hrsg.), Festschrift für Hans-Heinrich Jescheck zum 70. Geburtstag, 1985, S. 813-828

Müller-Tuckfeld, Jens Christian, Integrationsprävention, 1998

Münch, Richard, Theorie des Handelns: Zur Rekonstruktion der Beiträge von Talcott Parsons, Emile Durkheim und Max Weber, 1982

Murray, Joseph u.a., Long-Term Effects of Conviction and Incarceration on Men in the Cambridge Study in Delinquent Development, in: David P. Farrington/ders. (Hrsg.), Labeling Theory: Empirical Tests, New Brunswick/London 2014, S. 209-236

Mushoff, Tobias, Strafe – Maßregel – Sicherungsverwahrung. Eine kritische Untersuchung über das Verhältnis von Schuld und Prävention, 2008

Nadelmann, Ethan A., Thinking Seriously About Alternatives to Drug Prohibition, in: Daedalus 121 (1992), S. 85-132

Nedelmann, Carl, Das Verbot von Cannabis ist ein „kollektiver Irrweg", in: Deutsches Ärzteblatt 2000, S. 2833-2837

Nedopil, Norbert, Forensische Psychiatrie, 4. Aufl. 2012

Needle, Richard u.a., Interpersonal Influences in Adolescent Drug Use – The Role of Older Siblings, Parents, and Peers, in: International Journal of the Addictions 1986, S. 739-766

Nelles, Ursula/Velten, Petra, Einstellungsvorschriften als Korrektiv für unverhältnismäßige Strafgesetze?, in: NStZ 1994, S. 366-370

Nestler, Cornelius, Grundlagen und Kritik des Betäubungsmittelstrafrechts, in: Arthur Kreuzer (Hrsg.), Handbuch des Betäubungsmittelstrafrechts, 1998

Neumann, Ulfried/Schroth, Ulrich, Neuere Theorien zur Kriminalität und Strafe, 1980

Neumeyer, Jürgen/Scheerer, Sebastian, Künftige Drogenpolitik. Ein Szenario, in: Jürgen Neumeyer/Gudrun Schaich-Walch (Hrsg.), Zwischen Legalisierung und Normalisierung. Ausstiegsszenarien aus der repressiven Drogenpolitik, 1992, S. 189-198

Neumeyer, Jürgen/Schaich-Walch, Gudrun, Zwischen Normalisierung und Legalisierung, in: dies. (Hrsg.), Zwischen Legalisierung und Normalisierung. Ausstiegsszenarien aus der repressiven Drogenpolitik, 1992, S. 9-17

Niggli, Marcel A., Kriminologische Theorien und ihre Bedeutung für die Kriminologie in Deutschland, der Schweiz und den USA – Ein empirischer Vergleich, in: MschrKrim 75 (1992), S. 261-277

Noelle-Neumann, Elisabeth/Petersen, Thomas, Zeitenwende. Der Wertewandel 30 Jahre später, in: Aus Politik und Zeitgeschichte B 29/2001, S. 15-21

Nogala, Detlef, Erscheinungs- und Begriffswandel von Sozialkontrolle eingangs des 21. Jahrhunderts, in: Helge Peters (Hrsg.), Soziale Kontrolle. Zum Problem der Nonkonformität in der Gesellschaft, 2000, S. 111-131

Oetting, Eugene R./Beauvais Fred, Peer Cluster Theory: Drugs and the Adolescent, in: Journal of Counseling and Development 65 (1986), S. 17-22

Oetting, Eugene R./Beauvais Fred, Common Elements in Youth Drug Abuse: Peer Clusters and Other Psychosocial Factors, in: Journal of Drug Issues 17 (1987), S. 133-151

Oetting, Eugene R./Donnermeyer, Joseph F., Primary Socialization Theory: The Etiology of Drug Use and Deviance, in: Substance Use & Misuse 33 (1998), S. 995-1026

Opaschowski, Horst W., WIR! Warum Ichlinge keine Zukunft mehr haben, 2010

Otte, Gunnar, Lebensstile, in: Steffen Mau/Nadine M. Schöneck (Hrsg.), Handwörterbuch zur Gesellschaft Deutschlands, Bd. 2, 3. Aufl. 2013, S. 538-551

Otto, Hans-Jochen, Generalprävention und externe Verhaltenskontrolle. Wandel vom soziologischen zum ökonomischen Paradigma in der nordamerikanischen Kriminologie?, 1982

Pabst, Alexander u.a., Substanzkonsum und substanzbezogene Störungen in Deutschland im Jahr 2012, in: Sucht 59 (2013), S. 321-331

Paternoster, Raymond/Iovanni, Leeann, The Labeling Perspective and Delinquency: An Elaboration of the Theory and an Assessment of the Evidence, in: Justice Quaterly 6 (1989), S. 359-394

Patterson, Gerald R./Dishion, Thomas J., Contributions of Family and Peers to Delinquency, in: Criminology 23 (1985), S. 63-79

Patzak, Jörn/Marcus, Alexander/Goldhausen, Sabine, Cannabis – wirklich eine harmlose Droge?, in: NStZ 2006, S. 259-266

Paul, Andreas, Überlegungen zum Cannabisverbot. Wie könnten Alternativen aussehen?, in: MSchKrim 88 (2005), S. 273-289

Pélassy, Dominique, Wertewandel und Integrationsfähigkeit westeuropäischer Gesellschaften, in: Renate Köcher/Joachim Schild (Hrsg.), Wertewandel in Deutschland und Frankreich, 1998, S. 291-308

Peters, Helge, Devianz und soziale Kontrolle. Eine Einführung in die Soziologie abweichenden Verhaltens, 2. Aufl., 1995

Peters, Helge, Als Partisanenwissenschaft ausgedient, als Theorie aber nicht sterblich: Der labeling approach, in: KrimJ 28 (1996), S. 107-115

Peters, Helge, Soziale Probleme und soziale Kontrolle, 2002

Peters, Helge, Devianz und soziale Kontrolle. Eine Einführung in die Soziologie abweichenden Verhaltens, 3. Aufl. 2009

Petersen, Kay Uwe/Thomasius, Rainer, Auswirkungen von Cannabiskonsum und -missbrauch. Eine Expertise zu gesundheitlichen und psychosozialen Folgen. Ein systematisches Review der international publizierten Studien von 1996 – 2006, 2007

Peterson, Bernd/Wetz, Rainer, Drogenerfahrung von Schülern. Ergebnisse einer empirischen Untersuchung, 1975

Petrosino, Anthony/Turpin-Petrosino, Carolyn/Guckenburg, Sarah, The Impact of Juvenile System Processing on Delinquency, in: David P. Farrington/Joseph Murray (Hrsg.), Labeling Theory: Empirical Tests, New Brunswick/London 2014, S. 113-148

Piantadosi, Steven/Byar, David P./Green, Sylvan B., The Ecological Fallacy, in: American Journal of Epidemiology 127 (1988), S.893-904

Piko, Bettina F./Kovács, Eszter, Do Parents and School Matter? Protective Factors for Adolescent Substance Use, in: Addictive Behaviors 35 (2010), S. 53-56

Piontek, Daniela u.a., Kurzbericht Epidemiologischer Suchtsurvey 2015. Tabellenband: Konsum illegaler Drogen, multipler Drogenerfahrung und Hinweise auf klinisch relevanten Drogenkonsum nach Geschlecht und Alter im Jahr 2015, 2016

Piontek, Daniela u.a., Kurzbericht Epidemiologischer Suchtsurvey 2015. Tabellenband: Trends der Prävalenz des Konsums illegaler Drogen und des klinisch relevanten Cannabisgebrauchs nach Geschlecht und Alter 1990-2015, 2016

Pöge, Andreas, Soziale Jugendmilieus und Delinquenz, in: Klaus Boers/Jost Reinecke (Hrsg.), Delinquenz im Jugendalter. Erkenntnisse aus einer Münsteraner Längsschnittstudie, 2007, S. 201-239

Popitz, Heinrich, Der Begriff der sozialen Rolle als Element der soziologischen Theorie, 4. Aufl. 1975

Popper, Karl, Logik der Forschung, 1935

Prado, Guillermo u.a., A Randomized Controlled Trial of a Parent-Centered Intervention in Preventing Substance Use and HIV Risk Behaviors in Hispanic Adolescents, in: Journal of Consulting & Clinical Psychology 75 (2007), S. 914-926

Prittwitz, Cornelius, Strafrecht und Risiko, 1993

Pudney, Stephan, The Road to Ruin? Sequences of Initiation Into Drug Use and Offending by Young People in Britain, London 2002

Quensel, Stephan, Cannabispolitik, in: Sebastian Scheerer/Irmgard Vogt (Hrsg.), Drogen und Drogenpolitik. Ein Handbuch, 1989, S. 396-404

Raiser, Thomas, Grundlagen der Rechtssoziologie, 6. Aufl. 2013

Ramirez, Rhonda u.a., Peer Influences on Adolescent Alcohol and Other Drug Use Outcomes, in: Journal of Nursing Scholarship 44 (2012), S. 36-44

Raschke, Peter/Kalke, Jens, Cannabis in Apotheken. Kontrollierte Abgabe als Heroinprävention, 1997

Rauch, Rita, Das Verbot von Cannabis ist ein „kollektiver Irrweg". Zum Beitrag von Dr. med. Carl Nedelmann in Heft 43/2000, in: Deutsches Ärzteblatt 2001, S. 972-973

Ray, Melvin/Downs, William R., An Empirical Test of Labeling Theory Using Longitudinal Data, in: Journal of Research in Crime and Delinquency 23 (1986), S. 169-194

Redecker, Thomas, Das Verbot von Cannabis ist ein „kollektiver Irrweg". Zum Beitrag von Dr. med. Carl Nedelmann in Heft 43/2000, in: Deutsches Ärzteblatt 2001, S.975

Rehbinder, Manfred, Rechtssoziologie. Ein Studienbuch, 8. Aufl. 2014

Reinarman, Craig/Cohen, Peter D. A./Kaal, Hendrien L., The Limited Relevance of Drug Policy: Cannabis in Amsterdam and in San Francisco, in: American Journal of Public Health 94 (2004), S. 836-842

Reuband, Karl-Heinz, Drogenkonsum und Drogenpolitik. Deutschland und die Niederlande im Vergleich, 1992

Reuband, Karl-Heinz, Soziale Determinanten des Drogengebrauchs. Eine sozialwissenschaftliche Analyse des Gebrauchs weicher Drogen in der Bundesrepublik Deutschland, 1994

Reuband, Karl-Heinz, Drug Use and Drug Policy, in: European Addiction Research 1 (1995), S. 32-41

Reuband, Karl-Heinz, Cannabiskonsum in Westeuropa unter dem Einfluss rechtlicher Rahmenbedingungen und polizeilicher Praxis. Eine vergleichende Analyse epidemiologischer Befunde, 2001

Reuband, Karl-Heinz, Legalisierung oder Repression als Mittel der Drogenprävention? Variationen der Drogenpolitik in Westeuropa und ihre Effekte, in: Deutsche Hauptstelle gegen die Suchtgefahren/Raphael Gaßmann (Hrsg.), Cannabis. Neue Beiträge zu einer alten Diskussion, 2004, S. 213-245

Reuband, Karl-Heinz, Prävention durch Abschreckung? Drogenpolitik und Cannabisverbreitung im innerdeutschen Vergleich, in: Karl Mann /Ursula Havemann-Reinecke/Raphael Gassmann (Hrsg.), Jugendliche und Suchtmittelkonsum. Trends – Grundlagen – Maßnahmen, 2007, S. 209-227

Reuband, Karl-Heinz, Strafverfolgung als Mittel der Generalprävention? Der Stellenwert strafrechtlicher Regelungen für die Verbreitung des Cannabiskonsums in der Bundesrepublik, in: Henning Schmidt-Semisch/Bernd Dollinger (Hrsg.), Sozialwissenschaftliche Suchtforschung, 2007, S. 131-168

Reuband, Karl-Heinz, Entwicklung des Drogenkonsums in Deutschland und die begrenzte Wirksamkeit der Kriminalpolitik, in: Soziale Probleme. Zeitschrift für soziale Probleme und soziale Kontrolle 20 (2009), S. 182-206

Reuband, Karl-Heinz, Delinquenz im Jugendalter und gesellschaftlicher Wandel. Delinquenzverbreitung, Entdeckungsrisiken und polizeiliche Intervention im Trendvergleich – dargestellt am Beispiel Dresdner und Düsseldorfer Studenten, in: Bernd Dollinger/Henning Schmidt-Semisch (Hrsg.), Handbuch Jugendkriminalität. Kriminologie und Sozialpädagogik im Dialog, 2. Aufl. 2011, S. 259-292

Reuband, Karl-Heinz, Einstellungen der Bundesbürger zum Cannabisgebrauch und zur Cannabislegalisierung: Ein Langzeitvergleich bundesweiter Bevölkerungsumfragen, 1982-2014, in: Soziale Probleme 26 (2015), S. 29-45

Richter, Rudolf, Die Lebensstilgesellschaft, 2005

Rigopoulou, Maria, Grenzen des Paternalismus im Strafrecht, 2013

Ripple, Carol H./Luthar, Suniya S., Familial Factors in Illicit Drug Abuse: An Interdisciplinary Perspective, in: The American Journal of Drug and Alcohol Abuse 22 (1996), S. 147-172

Robinson, William S., Ecological Correlations and Behavior of Individuals, in: American Sociological Review 15 (1950), S. 351-357

Rocky Mountain High Intensity Drug Trafficking Area (Hrsg.), The Legalization of Marijuana in Colorado: The Impact, 2014

Rogeberg, Ole, Correlations Between Cannabis Use and IQ Change in the Dunedin Cohort Are Consistent with Confounding from Socioeconomic Status, in: Proceedings of the National Academy of Sciences 110 (2013), S. 4251-4254

Röhl, Klaus Friedrich, Rechtssoziologie. Ein Lehrbuch, 1987

Röhl, Klaus Friedrich/Röhl, Hans Christian, Allgemeine Rechtslehre. Ein Lehrbuch, 3. Aufl. 2008

Ross, Eward A., Social control, in: American Journal of Sociology 1 (1896), S. 513-535

Roßteutscher, Sigrid, Werte und Wertewandel, in: Steffen Mau/Nadine M. Schöneck (Hrsg.), Handwörterbuch zur Gesellschaft Deutschlands, Bd. 2, 3. Aufl. 2013, S. 936-948

Roxin, Claus, Zur jüngsten Diskussion über Schuld, Prävention und Verantwortlichkeit im Strafrecht, in: Arthur Kaufmann u.a. (Hrsg.), Festschrift für Paul Bockelmann zum 70. Geburtstag, 1979, S. 279-310

Roxin, Claus, Die Wiedergutmachung im strafrechtlichen Sanktionensystem, in: Heinz Schöch (Hrsg.), Wiedergutmachung und Strafrecht. Symposium aus Anlaß des 80. Geburtstages von Friedrich Schaffstein, 1987, S. 37-55

Roxin, Claus, Das Schuldprinzip im Wandel, in: Fritjof Haft u.a. (Hrsg.), Strafgerechtigkeit. Festschrift für Arthur Kaufmann zum 70. Geburtstag, 1993, S. 519-536

Roxin, Claus, Strafrecht Allgemeiner Teil, Bd. 1, 4. Aufl. 2006

Roxin, Claus/Schünemann, Bernd, Strafverfahrensrecht. Ein Studienbuch, 29. Aufl. 2017

Rubin, Paul H., The Economics of Crime, in: Ralph Andreano/John J. Siegfried (Hrsg.), The Economics of Crime, Cambridge 1980, S. 13-27

Rusche, Georg/Kirchheimer, Otto, Punishment and Social Structure, New York 1939

Rüter, Christiaan F., Die strafrechtliche Drogenbekämpfung in den Niederlanden. Ein Königreich für Aussteiger?, in: ZStW 100 (1988), S. 385-404

Rüthers, Bernd/Fischer, Christian/Birk, Axel, Rechtstheorie mit juristischer Methodenlehre, 9. Aufl. 2016

Sachs, Michael, Anmerkungen zum BVerwG, Urteil vom 21.12.2000 – 3 C 20/00, in: JuS 2001, S. 719-720

Sachs, Michael (Hrsg.), Grundgesetz Kommentar, 7. Aufl. 2014

Sack, Fritz, Neue Perspektiven in der Kriminalsoziologie, in: ders./René König (Hrsg.), Kriminalsoziologie, 3. Aufl. 1979, S. 431-476

Sack, Fritz, Strafrechtliche Kontrolle und Sozialdisziplinierung, in: Detlev Frehsee/Gabi Löschper/Karl F. Schumann (Hrsg.), Strafrecht, soziale Kontrolle, soziale Disziplinierung, 1993, S. 16-45

Sack, Fritz, Conflicts and Convergences of Theoretical and Methodological Perspectives in Criminology, in: European Journal of Crime, Criminal Law, and Criminal Justice 2 (1994), S. 2-18

Sarris, Viktor, Einführung in die experimentelle Psychologie: Methodische Grundlagen, 1999

Sarris, Viktor/Reiß, Siegbert, Kurzer Leitfaden der Experimentalpsychologie, 2005

Schabdach, Michael, Soziale Konstruktionen des Drogenkonsums und soziale Arbeit. Historische Dimensionen und aktuelle Entwicklungen, 2009

Schäfer, Carsten/Paoli, Letizia, Drogenkonsum und Strafverfolgungspraxis: Eine Untersuchung zur Rechtswirklichkeit der Anwendung des § 31 a BtMG und anderer Opportunitätsvorschriften auf Drogenkonsumentendelikte, Berlin 2006

Scheerer, Sebastian, Die Genese der Betäubungsmittelgesetze in der Bundesrepublik Deutschland und in den Niederlanden, 1982

Scheerer, Sebastian, Herkunft und Verbreitung, in: ders./Irmgard Vogt (Hrsg.), Drogen und Drogenpolitik. Ein Handbuch, 1989, S. 369-372

Scheerer, Sebastian, Aus der Geschichte lernen? Einige Fälle, in denen Prohibition schon mal abgeschafft wurde, in: Akzept, Bundesarbeit für akzeptierende Drogenarbeit und humane Drogenpolitik e.V. (Hrsg.), Menschenwürde in der Drogenpolitik – Ohne Legalisierung geht es nicht, 1993, S. 107-115

Scheerer, Sebastian/Hess, Henner, Social Control: A Defence and Reformulation, in: Roberto Bergalli/Colin Sumner (Hrsg.), Social Control and Political Order, London/Thousand Oaks/New Delhi 1997, S. 96-130

Scheerer, Sebastian, „Soziale Kontrolle" – schöner Begriff für böse Dinge?, in: Helge Peters (Hrsg.), Soziale Kontrolle. Zum Problem der Nonkonformität in der Gesellschaft, 2000, S. 153-169

Schelsky, Helmut, Systemfunktionaler, anthropologischer und personfunktionaler Ansatz der Rechtssoziologie, in: Rüdiger Lautmann/Werner Maihofer/Helmut Schelsky (Hrsg.), Die Funktion des Rechts in der modernen Gesellschaft, 1970, S. 37-90

Scheuch, Erwin K., Cross-National Comparisons Using Aggregate Data: Some Substantive and Methodological Problems, in: Richard L. Merritt/Stein Rokkan (Hrsg.), Comparing Nations. The Use of Quantitative Data in Cross-National Research, New Haven/London 1966, S. 131-168

Schmidbauer, Wolfgang/vom Scheidt, Jürgen (Hrsg.), Handbuch der Rauschdrogen, 2003

Schmidt-Semisch, Henning, Zwischen Sucht und Genuß. Notizen zur Drogenerziehung, in: Jürgen Neumeyer/Gudrun Schaich-Walch (Hrsg.), Zwischen Legalisierung und Normalisierung. Ausstiegsszenarien aus der repressiven Drogenpolitik, 1992, S. 140-146

Schmidt-Semisch, Henning/Nolte, Frank, Drogen, 2000

Schmidt-Semisch, Henning, Alternative Drogenkontrollmodelle, in: Lorenz Böllinger/Heino Stöver (Hrsg.), Drogenpraxis, Drogenrecht, Drogenpolitik. Handbuch für Drogenbenutzer, Eltern, Drogenberater Ärzte und Juristen, 5. Aufl. 2002, S. 439-450

Schneider, Hans Joachim, Kriminologie. Ein internationales Handbuch, Bd.1, 2014

Schneider, Hartmut, Anmerkungen zu BGH Urteil vom 25.8.1992 – I StR 362/92 (LG Karlsruhe), in: StV 1992, S. 514-516

Schneider, Hartmut, Zur Entkriminalisierung der Konsumverhaltensweisen des BtM-Strafrechts im Lichte internationalrechtlicher Verpflichtungen, in: StV 1992, S. 489-492

Schneider, Hartmut, Haschisch im sanktionsfreien Raum – das Konsumverhalten im Lichte der Entscheidung des Bundesverfassungsgerichts, in: StV 1994, S. 390-393

Schneider, Hartmut (Hrsg.), Münchener Kommentar zur Strafprozessordnung, Bd. 2, 2016

Schneider, Wolfgang, Risiko Cannabis? Bedingungen und Auswirkungen eines kontrollierten, sozial-integrierten Gebrauchs von Haschisch und Marihuana, 1995

Schnell, Rainer/Hill, Paul B./Esser, Elke, Methoden der empirischen Sozialforschung, 10. Aufl. 2013

Schöch, Heinz, Empirische Grundlagen der Generalprävention, in: Theo Vogler (Hrsg.), Festschrift für Hans-Heinrich Jescheck, 1985, S. 1081-1106

Schöch, Heinz, Die Rechtswirklichkeit und präventive Effizienz strafrechtlicher Sanktionen, in: Jörg-Martin Jehle (Hrsg.), Kriminalprävention und Strafjustiz, 1996, S. 291-326

Schönhöfer, Peter S., Die Pharmakologie der Cannabis-Wirkstoffe, in: Arzneimittelforschung 23 (1973), S. 50-56

Schuermeyer, Joseph u.a., Temporal Trends in Marijuana Attitudes, Availability and Use in Colorado Compared to Non-Medical Marijuana States: 2003-11, in: Drug and Alcohol Dependence 2014, S. 145-155

Schumann, Karl. F. u.a., Jugendkriminalität und die Grenzen der Generalprävention, 1987

Schumann, Karl F., Kriminologie als Wissenschaft vom Strafrecht und seinen Alternativen in: MSchKrim 70 (1987), S. 81-88

Schumann, Karl F., Empirische Beweisbarkeit der Grundannahmen von positiver Generalprävention, in: Bernd Schünemann/Andrew von Hirsch/Nils Jareborg (Hrsg.), Positive Generalprävention, 1998, S. 17-28

Schumann, Karl F., Experimente mit Kriminalitätsprävention, in: Hagen Hof/Gertrude Lübbe-Wolff (Hrsg.), Wirkungsforschung zum Recht I, 1999, S. 501-514

Schünemann, Bernd, Kritik am strafrechtlichen Paternalismus – Eine Sisyphus-Arbeit?, in: Andrew von Hirsch/Ulfrid Neumann/Kurt Seelmann (Hrsg.), Paternalismus im Strafrecht. Die Kriminalisierung von selbstschädigendem Verhalten, 2010, S. 221-240

Schutt, Russell K., Investigating the Social World, 7. Aufl. Los Angeles u.a 2012

Schwind, Hans-Dieter, Kriminologie. Eine praxisorientierte Einführung mit Beispielen, 23. Aufl. 2016

Sedlmeier, Peter/Renkewitz, Frank, Forschungsmethoden und Statistik in der Psychologie, 2008

Sherman, Lawrence W. u.a., Preventing Crime. What Works, What Doesn't Work, What's Promising, College Park 1997

Sherman, Lawrence W., Experiments in Criminal Sanctions: Labeling, Defiance, and Restorative Justice, in: David P. Farrington/Joseph Murray (Hrsg.), Labeling Theory: Empirical Tests, New Brunswick/London 2014, S. 149-178

Short, James F., Differential Association as a Hypothesis, in: Social Problems 8 (1960), S. 14-25

Siebel, Andreas, Drogenstrafrecht in Deutschland und Frankreich, 1997

Silvis, Jos, Enforcing Drug Laws in the Netherlands, in: Ed. Leuw/Ineke Haen Marshall (Hrsg.), Between Prohibition and Legalization. The Dutch Experiment in Drug Policy, Amsterdam/New York 1994, S. 41-58

Simon, Roland, Hauptdiagnose Cannabis – Klientenzahlen, Charakteristika und Entwicklungen in Beratungsstellen, in: Deutsche Hauptstelle für Suchtfragen (DHS) (Hrsg.), Cannabis. Neue Beiträge zu einer alten Diskussion 2004, S. 58-74

Singelnstein, Tobias/Stolle, Peer, Die Sicherheitsgesellschaft. Soziale Kontrolle im 21. Jahrhundert, 1. Aufl. 2006

Singelnstein, Tobias/Stolle, Peer, Die Sicherheitsgesellschaft. Soziale Kontrolle im 21. Jahrhundert, 3. Aufl. 2011

Smid, Stefan, Zur Einführung: Niklas Luhmanns systemtheoretische Konzeption des Rechts, in: JuS 1986, S. 513-517

Sommermann, Karl-Peter, Art. Staatszwecke, Staatsziele, in: Werner Heun u.a. (Hrsg.), Evangelisches Staatslexikon, 2006, Sp. 2 S. 2348-2355

Stallberg, Friedrich W./Stallberg, Rüdiger, Kriminalisierung und Konflikt – zur Analyse ihres Zusammenhangs, in: MSchKrim 60 (1977), S. 16-32

Stehr, Johannes, Soziale Ausschließung durch Kriminalisierung: Anforderungen an eine kritische soziale Arbeit, in: Roland Anhron/Frank Bettinger (Hrsg.), Sozialer Ausschluss und soziale Arbeit. Positionsbestimmungen einer kritischen Theorie und Praxis sozialer Arbeit, 2005, S. 273-288

Steinberg, Laurence/Fletcher, Anne/Darling, Nancy, Parental Monitoring and Peer Influences on Adolescent Substance Use, in: Pediatrics 93 (1994), S. 1060-1065

Steinert, Heinz, Soziale Ausschließung – Das richtige Thema zur richtigen Zeit, in: KrimJ 27 (1995), S. 82-88

Stevens, Andreas, Das Verbot von Cannabis ist ein „kollektiver Irrweg". Zum Beitrag von Dr. med. Carl Nedelmann in Heft 43/2000, in: Deutsches Ärzteblatt 2001, S. 973-974

Stock, Jürgen/Kreuzer, Arthur, Drogen und Polizei. Eine kriminologische Untersuchung polizeilicher Rechtsanwendung, 1996

Stolzenberg, Lisa/D'Alessio, Stewart J./Dariano, Dustin, The Effect of Medical Cannabis Laws on Juvenile Cannabis Use, in: International Journal of Drug Policy 27 (2016), S. 82-88

Stosberg, Krista, Sozialisation und Drogen. Entstehung, Fortdauer und Rückfall des Drogenverhaltens, 1993

Streng, Franz, Die Wirksamkeit strafrechtlicher Sanktionen - Zur Tragfähigkeit der Austauschbarkeitsthese, in: Friedrich Lösel/Doris Bender/Jörg-Matin Jehle (Hrsg.), Kriminologie und wissensbasierte Kriminalpolitik: Entwicklungs- und Evaluationsforschung, 2007, S. 65-92

Streng, Franz, Strafrechtliche Sanktionen. Die Strafzumessung und ihre Grundlagen, 3. Aufl. 2012

Streng, Franz, Jugendstrafrecht, 4. Aufl. 2016

Subramanian, S V/Jones, Kelvyn/Kaddour, Afamia/Krieger, Nancy, Revisiting Robinson: The Perils of Individualistic and Ecologic Fallacy, in: International Journal of Epidemiology 38 (2009), S. 342-360

Sutherland, Edwin H., Principles of Criminology, 3. Aufl. 1939

Sutherland, Edwin H., Principles of Criminology, 4. Aufl. 1947

Sutherland, Edwin H., A Statement of the Theory, in: Albert Cohen/Alfred Lindensmith/Karl Schuessler (Hrsg.), The Sutherland Papers, Bloomington 1956, S. 7-12

Sutherland, Edwin H., Critique of the Theory, in: Albert Cohen/Alfred Lindensmith/Karl Schuessler (Hrsg.), The Sutherland Papers, Bloomington 1956, S. 30-41

Sutherland, Edwin H., Development of the Theory, in: Albert Cohen/Alfred Lindensmith/Karl Schuessler (Hrsg.), The Sutherland Papers, Bloomington 1956, S. 13-29

Sutherland, Edwin H., Susceptibility and Differential Association, in: Albert Cohen/Alfred Lindensmith/Karl Schuessler (Hrsg.), The Sutherland Papers, Bloomington 1956, S. 42-43

Sutherland, Edwin H./Cressey, Donald R./Luckenbill, David F., Principles of Criminology, 11. Aufl. 1992

Thamm, Berndt Georg, Drogenfreigabe – Kapitulation oder Ausweg?, 1989

Thomas, Charles W./Bishop, Donna M., The Effect of Formal and Informal Sanctions on Delinquency: A Longitudinal Comparison of Labelling and Deterrence Theories, in: Journal of Criminal Law and Criminology 75 (1984), S. 1222-1245

Thomasius, Rainer, Cannabiskonsum und -missbrauch: Deutschlands Suchtproblem Nr. 3 bei Jugendlichen und Erwachsenen. Mit Prävention und frühen Hilfen der Suchtgefahr entgegenwirken, in: MSchKrim 89 (2006), S. 107-130

Thornberry, Terence P., Toward on Interactional Theory of Delinquency, in: Criminology 25 (1987), S. 863-891

Tittle, Charles R., Deterrents or Labeling, in: Social Forces 53 (1975), S. 399-410

Tittle, Charles R., Labelling and Crime: An Empirical Evaluation, in: Walter R. Gove (Hrsg.), The Labelling of Deviance: Evaluating a Perspective, 2. Aufl. Beverly Hills/London 1980, S. 241-263

Tonry, Michael/Farrington, David P., Strategic Approaches to Crime Prevention, in: dies. (Hrsg.), Building a Safer Society. Strategic Approaches to Crime Prevention, Chicago 1995, S. 1-20

Trautmann, Franz, Akzeptierende Drogenarbeit in Amsterdam – Wie fortschrittlich ist die niederländische Drogenpolitik?, in: KrimJ 21 (1989), S. 126-135

Treiber, Hubert, Art. Kontrolle, äußere, in: Werner Fuchs-Heinritz u.a. (Hrsg.), Lexikon zur Soziologie, 5. Aufl. 2011, S. 372-373

Treiber, Hubert, Art. Kontrolle, innere, in: Werner Fuchs-Heinritz u.a. (Hrsg.), Lexikon zur Soziologie, 5. Aufl. 2011, S. 373

Volkow, Nora u.a., Adverse Health Effects of Marijuana Use, in: The New England Journal of Medicine 2014, S. 2219-2227

de Vos, Toon, Cannabispolitik in den Niederlanden, in: Deutsche Hauptstelle gegen die Suchtgefahren/Raphael Gaßmann (Hrsg.), Cannabis. Neue Beiträge zu einer alten Diskussion, 2004, S. 164-171

Voß, Michael, Strafe muß nicht sein. Zu einer Inanspruchnahme des Strafrechts, die an Bestrafung nicht interessiert ist, in: Helge Peters (Hrsg.), Muß Strafe sein? Zur Analyse und Kritik strafrechtlicher Praxis, 1993, S. 135-150

Wall, Melanie M. u.a., Adolescent Marijuana Use From 2002 to 2008: Higher in States with Medical Marijuana Laws, Cause Still Unclear, in: Annals of Epidemiology 21 (2011), 714–716

Wall, Melanie M. u.a., Commentary on Harper S, Strumpf EC, Kaufman JS. Do Medical Marijuana Laws Increase Marijuana Use? Replication Study and Extension in: Annals of Epidemiology 22 (2012), S. 536–537

Wall, Melanie M. u.a., Prevalence of Marijuana Use Does Not Differentially Increase Among Youth After States Pass Medical Marijuana Laws: Commentary on Stolzenberg et al. (2015) and Reanalysis of US National Survey on Drug Use in Households Data 2002-2011, in: International Journal of Drug Policy 29 (2016), S. 9-13

Walter, Michael/Neubacher, Frank, Jugendkriminalität, 4. Aufl. 2011

Wang, Huang-Yu, Drogenstraftaten und abstrakte Gefährdungsdelikte, 2003

Weber, Klaus (Hrsg.), Betäubungsmittelgesetz, Kommentar, 4. Aufl. 2013

Weber, Max, Wirtschaft und Gesellschaft. Grundriss der verstehenden Soziologie, 5. Aufl. 1972

Weis, Kurt, Art. Soziale Kontrolle, in: Gerd Reinhold/Siegfried Lamnek/Helga Recker (Hrsg.), Soziologie-Lexikon, 4. Aufl. 2000, S. 568-571

Welzel, Christian, Demokratie und Humanentwicklung: Grundeinsichten für Bildung und Lehre, in: Gerhard Himmelmann/Dirk Lange (Hrsg.), Demokratiekompetenz: Beiträge aus der Politikwissenschaft, Pädagogik und politischer Bildung, 2005, S. 65-77

Wen, Hefei/Hockenberry, Jason M./Cummings, Janet R., The Effect of Medical Marijuana Laws and Adolescent and Adult Use of Marijuana, Alcohol, and Other Substances, in: Journal of Health Economics 42 (2015), S. 64-80

Went, Floriaan H., Das Opportunitätsprinzip im schweizerischen und niederländischen Strafverfahren. Eine rechtvergleichende Studie unter besonderer Berücksichtigung der Rechtsgeschichte und des internationalen Rechts, Rotterdam 2010

Werkgroep van de stichting algemeen centraal bureau voor de geestelijke Volksgezondheid (Hrsg.), Ruimte in het drugbeleid, Meppel 1971

Werner, Fritz, Wandelt sich die Funktion des Rechts im sozialen Rechtsstaat?, in: Karl Dietrich Bracher u.a. (Hrsg.), Die moderne Demokratie und ihr Recht. Festschrift für Gerhard Leibholz zum 65. Geburtstag, Bd. 1, 1966, S. 153-166

Wienold, Hanns, Art. Merkmale, individuell, in: Werner Fuchs-Heinritz u.a. (Hrsg.), Lexikon zur Soziologie, 5. Aufl. 2011, S. 437

Williams, Katherine S., Textbook on Criminology, 7. Aufl., Oxford 2012

Williams III, Franklin P./McShane, Marilyn D., Criminological Theory, New York 1988

Winters, Ken, Parents as Interventionists to Address Adolescent Drug Abuse, in: Drug and Alcohol Dependence 156 (2015), S. 240

Wittig, Petra, Der rationale Verbrecher. Der ökonomische Ansatz zur Erklärung kriminellen Verhaltens, 1993

Wittig, Petra, Der ökonomische Ansatz zur Erklärung kriminellen Verhaltens, in: MSchKrim 76 (1993), S. 328-335

Wittreck, Fabian, Art. Straftheorien, in: Peter Prechtl/Franz-Peter Burkard (Hrsg.), Metzler Lexikon Philosophie, 3. Aufl. 2008, S. 586.

Wittreck, Fabian, Freiheit der Person, in: in: Josef Isensee/Paul Kirchhof (Hrsg.), Handbuch des Staatsrechts der Bundesrepublik Deutschland, Bd. VII, 3. Aufl. 2009, § 151 (S. 281-308)

Witvliet, Theo, Art. Rastafari, in: Walter Kasper u.a. (Hrsg.), Lexikon für Theologie und Kirche, Bd. 8, 3. Aufl. 1999, Sp. 1, S. 835

Wohlers, Wolfgang, Deliktstypen des Präventionsstrafrechts, 2000

Wohlers, Wolfgang/Went, Floriaan H., Die pseudo-paternalistische Legitimation strafrechtlicher Normen dargestellt am Beispiel des Betäubungsmittelstrafrechts Deutschlands, der Schweiz und der Niederlande, in: Andrew von Hirsch/Ulfrid Neumann/Kurt Seelmann (Hrsg.), Paternalismus im Strafrecht. Die Kriminalisierung von selbstschädigendem Verhalten, 2010, S. 289-322

Woitkewitsch, Christopher, Strafrechtlicher Schutz des Täters vor sich selbst, 2003

Wolf, Jean-Claude, Paternalismus, Moralismus und Überkriminalisierung, in: Gerd Grötzinger (Hrsg.), Recht auf Sucht? Drogen, Markt, Gesetze, 1991, S. 38-65

Wolf, Jean-Claude, Die liberale Paternalismuskritik von John Stuart Mill, in: Michael Anderheiden u.a. (Hrsg.), Paternalismus und Recht, 2006, S. 55-68

von Wolffersdorff-Ehlert, Christian, Die Cannabis-Szenen, in: Sebastian Scheerer/Irmgard Vogt (Hrsg.), Drogen und Drogenpolitik. Ein Handbuch, 1989, S. 373- 378

Wouters, Marije, Cannabis Use and Proximity to Coffee Shops in the Netherlands, in: European Journal of Criminology 9 (2012), S. 337-353

Zähle, Kai, Religionsfreiheit und fremdschädigende Praktiken, in: AöR 134 (2009), S. 434-454

Zapka, Klaus, Passivrauchen und Recht. Eine kritische Bestandsaufnahme der Rechtsprechung, 1993

Zimmer, Lynn/Morgen, John P./Bröckers, Mathias Cannabis Mythen – Cannabis Fakten. Eine Analyse der wissenschaftlichen Diskussion, Solothurn 2004

Zinberg, Norman E./Robertson, John A., Drugs and the Public, New York 1972

Zipf, Heinz, Die Strafzumessung. Eine systematische Darstellung für Strafrechtspraxis und Ausbildung, 1977

Hamburger Studien zur Kriminologie und Kriminalpolitik
hrsg. von Prof. Dr. Susanne Krasmann, Prof. Dr. Fritz Sack, Prof. Dr. Klaus Sessar, Prof. Dr. Bernhard Villmow und Prof. Dr. Peter Wetzels

Anna-Sophie Noack
Knast – Macht – Widerstand
Eine machtanalytische Annäherung an die Geschehnisse vom 28. Mai bis 01. Juni 1990 in der JVA Fuhlsbüttel
Bd. 53, 2016, 138 S., 34,90 €, br., ISBN 978-3-643-13506-3

Sophie Perthus
Von der Gefahrenabwehr zur sozialräumlichen Risikokalkulation
Kommunale Kriminalprävention in Leipzig-Connewitz im Dienste der Inwertsetzung des Stadtteils, 1990 – 2014
Bd. 52, 2016, 162 S., 29,90 €, br., ISBN 978-3-643-13472-1

Christian Helge Peters
Souveränität in der Kontrollgesellschaft
Souveräne Vergesellschaftung krimineller Abweichung
Bd. 51, 2015, 174 S., 34,90 €, br., ISBN 978-3-643-13032-7

Laura Naegler
Gentrification and Resistance
Cultural criminology, control, and the commodification of urban protest in Hamburg
vol. 50, 2011, 184 pp., 29,90 €, pb., ISBN 3-643-90114-9

Gisela Best
Zur Aktualisierung des Inzestverbots
Eine Erörterung anlässlich des Urteils des Bundesverfassungsgerichts
Bd. 49, 2010, 128 S., 19,90 €, br., ISBN 978-3-643-10924-8

Kerrin-Sina Arfsten
The Minuteman Civil Defense Corps
Border Vigilantism, Immigration Control and Security on the US-Mexican Border
vol. 48, 2010, 128 pp., 19,90 €, pb., ISBN 978-3-643-10703-9

Andreas Prokop
Aggression, Scham und metakognitive Fähigkeiten
Zur Mikroanalyse der Kultur der Kontrolle
Bd. 47, 2010, 112 S., 19,90 €, br., ISBN 978-3-643-10637-7

Mareile Kaufmann
Ethnic Profiling and Counter-Terrorism
Examples of European Practice and Possible Repercussions
vol. 46, 2010, 128 pp., 19,90 €, pb., ISBN 978-3-643-10447-2

Thorsten Kruwinnus
Das enge und das weite Verständnis der Kriminalsoziologie bei Franz Exner
Eine vergleichend-werkimmanente Vorstudie
Bd. 45, 2009, 128 S., 19,90 €, br., ISBN 978-3-643-10162-4

Walter Fuchs
Franz Exner (1881 – 1947) und das Gemeinschaftsfremdengesetz
Zum Barbarisierungspotenzial moderner Kriminalwissenschaft
Bd. 44, 2009, 128 S., 19,90 €, br., ISBN 978-3-8258-1990-3

LIT Verlag Berlin – Münster – Wien – Zürich – London
Auslieferung Deutschland / Österreich / Schweiz: siehe Impressumsseite